基金投资全攻略
养只金基下金蛋

李文毕（@懒人养基）　著

电子工业出版社

Publishing House of Electronics Industry

北京·BEIJING

内 容 简 介

这是一本写给普通人，尤其是投资小白的基金投资著作，通篇传递了作者经过真金白银实践验证过的基金投资观——"养只金基下金蛋"，以及一种深入骨髓的"懒"的理念：在基金投资中尽量少动才能实现躺赢，并且在此基础之上试图帮助读者建立自己的投资体系，系统地解决基金能不能买、买什么、怎么买、要不要卖、怎么卖的问题。

本书的与众不同之处在于其用翔实的数据分析、独特的投资理念为读者呈现了一份细致入微的基金投资全攻略，有投资心法、有投资规划、有具体策略，做到真正的"授人以渔"。无论对于投资小白入门所需，还是有经验的基金投资者进阶参考，本书都是一本货真价实的基金投资图书。

图书在版编目（CIP）数据

基金投资全攻略：养只金基下金蛋 / 李文毕著. —北京：电子工业出版社，2023.6
ISBN 978-7-121-45483-7

Ⅰ. ①基… Ⅱ. ①李… Ⅲ. ①基金－投资 Ⅳ.①F830.59

中国国家版本馆 CIP 数据核字（2023）第 072654 号

责任编辑：孙学瑛
印　　刷：三河市君旺印务有限公司
装　　订：三河市君旺印务有限公司
出版发行：电子工业出版社
　　　　　北京市海淀区万寿路 173 信箱　　邮编：100036
开　　本：720×1000　1/16　印张：28.5　字数：590.2 千字
版　　次：2023 年 6 月第 1 版
印　　次：2023 年 6 月第 1 次印刷
定　　价：118.00 元

凡所购买电子工业出版社图书有缺损问题，请向购买书店调换。若书店售缺，请与本社发行部联系，联系及邮购电话：（010）88254888，88258888。

质量投诉请发邮件至 zlts@phei.com.cn，盗版侵权举报请发邮件至 dbqq@phei.com.cn。

本书咨询联系方式：（010）51260888-819，faq@phei.com.cn。

前　言

基金投资，简单吗？

非常简单！

这是因为公募基金的投资门槛很低，银行、券商、互联网等各种平台上都可以操作，开户非常方便快捷，几百元、几十元，甚至几元钱就可以试水基金投资。

基金投资，容易吗？

并不容易！

基金的种类和数量太多，应该选取哪些基金进行投资？何时买？何时卖？基金投资真的能帮我们赚到钱、甚至帮我们实现一定程度的财务自由吗？

诸如此类的问题又成为我们基金投资路上的"拦路虎"。

因为投资门槛低，所以大部分基金投资者可能只是听到单位同事、亲戚朋友或者隔壁邻居赚钱了就匆匆入市。

一开始胆小，只用小钱"试水"；慢慢觉得钱好赚了，胆子越来越大，投入的钱也越来越多；等把钱全部投完了，股价也到顶了，这时候股价下跌很快，投资者还来不及反应，就已经被套牢在山顶上了……

我们人生中的前十几年都是先学习再考试，但我们的基金投资却经常是"考砸"了，才想起来学习：原来基金投资并不是想象中的那么简单。

投资本来就是一门实践性很强的学问，先"考试"再学习，或者边"考试"边学习本来就是常态，也是大部分基金投资者从"菜鸟"迈向成熟的必由之路。

那是不是每个投资者都必须经历先"考砸"再学习或者边"考试"边学习、"摸着石头过河"的成长之路呢？

答案当然是否定的！

因为投资成功"有迹可循"，所以我们可以提前学习前人成功的投资方法！

虽然不同的投资者可能有风格各异的成功"心法"，但所有投资者的成功都离不开一个东西：完整而不复杂的投资体系，或者叫完整的投资攻略。

有了完整的投资攻略，我们的基金投资就有了明确的方向和可资借鉴的方法，我们就可以少走弯路，在投资道路上越走越顺。

基金投资者建立完整投资攻略的思路其实也很简单。

（1）建立对基金投资的完整认知：基金投资确实可以赚钱，存在可以复制的、具有确定性的赚钱方法。

（2）找到这个可以复制的、具有确定性的赚钱方法并付诸实践：

买什么？

怎么买？

卖不卖？

怎么卖？

《基金投资全攻略：养只金基下金蛋》正是一本为帮助普通基金投资者建立完整的投资攻略而写的书。

第 1 章和第 2 章，帮助基金投资者建立对基金投资的完整认知。

第 3 章至第 6 章，帮助基金投资者学习如何挑选基金，解决"买什么"的问题。

第 7 章至第 9 章，细致入微地探讨基金"怎么买""卖不卖""怎么卖"的问题。

本书既讲述了投资理念，又有具体投资实操内容的分享。

本书书名副标题"养只金基下金蛋"其实已经将投资理念概括和传递出来了：买基金就是买基金持有的企业，赚企业成长和增值的钱。

摒弃短线赌博式的零和博弈，通过长期持有来赚企业成长和增值的钱，才是确定性更高的、可以复制的和实现多赢的赚钱方式。

投资实操方面，本书涉及了：如何做基金投资规划，一步步看懂、挑选优秀基金，根据不同的风险偏好用基金构建自己的投资组合，下跌、震荡和上涨市场中能不能买入、如何买入、怎么定投、如何抄底，持有过程中如何面对震荡和大跌，如何缓解持有过程中的焦虑情绪，需不需要卖出止盈、如何卖出止盈，等等。

第 1 章和第 2 章侧重于投资理念方面的内容，其余章节侧重于投资实操方面的内容。

但理念和实操往往又是水乳交融、不可分离的。

比如第 1 章在讲述我们为什么要投资基金时，分享了我对普通投资者实现财务自由的系统观点，制订了一个根据每个人具体的收入状况实现财务自由的方案。我认为这个财务自由方案也非常具备实操性。

再如，第 9 章在讲述如何处理基金投资与工作和生活的关系时，我的主要观点是，在工作和生活中，"躺平"意味着落后，"躺赢"当然只能是一种天真的幻想。但对于基金投资就完全不一样，"多动"往往容易挨打，是产生投资负行为差的主要根源，往往带来负收益。基金投资的"躺平"和"躺赢"，既是理念，也是具体的实操规则。

本书所呈现的"基金投资体系"，是我内心对基金投资这一宏大主题具体认知的真实表达，也是对我多年基金投资思考和实践的总结和升华；而基金所代表的财富的视角，在某种程度上也是我个人的人生观、价值观和世界观的外化。

当编辑老师知道我在经营着企业同时还要运营自媒体时，悉心问我"创作会不会很辛苦"，我的回答、也是我的真实感受是"没感觉到辛苦"，因为所有文字好像都是从我内心深处自然"流淌"出来的。

因此，与市面上的一些基金投资书相比，本书内容可能不会显得那么冰冷、教条，说不定还能让读者朋友感到些许的温暖；本书的可读性可能更强，也可能会显得更"自成体系"一些。

我在本书中所分享的投资体系是逻辑自洽的，也是我自己用真金白银实践过的。

这一投资攻略让我在基金投资中赚到了钱，并且我相信自己所遵循的投资理念、所使用的投资框架还能帮助我在未来的基金投资中继续取得成功。

当然，由于每个人的受教育程度、所处的人生阶段、财务状况乃至性格的不同，所以并不存在一种可以不加修改、普遍适用的投资攻略。本书所分享的投资理念、投资框架，以及具体的投资方法和策略仅供参考，并不一定适合每一位读者朋友。

我在书中也多次提到，我所分享的方法和列举的基金对任何读者都不构成投资建议，请读者朋友在投资过程中审慎决策，对自己的投资切实负责。

无论如何，希望我在本书分享的投资理念和思路能够给各位读者朋友以启迪。

经济社会是不断前进的，资本市场也在不断发展，因此我们的投资攻略也不能一成不变。

我的投资攻略也一定会与时俱进，本书的相关内容也会在我后续的投资实践中不断完善和更新。

如果读者朋友对我的分享感兴趣，觉得对自己有用，那么欢迎您关注我的公众号"懒人养基"，我们可以继续一起交流、一起进步，一起通过投资基金慢慢变富。

作　者

2023 年 5 月

目　录

基金投资全攻略：养只金基下金蛋

第1章

我们为什么要投资基金

现代国家货币宽松是常态，由此带来的货币贬值将成为未来多年的长期趋势。投资集合了全社会最好生意的股市是对抗通胀和实现财富增值的重要途径。

把专业的事情交给专业的人去做，通过基金投资股市，对普通人来说是更好的选择。

1.1 基金是投资股市的更好方式

全社会最好的生意、最优质的资产在哪里？当然在股市！从腾讯、阿里巴巴、京东、美团，到平安银行、招商银行、贵州茅台、伊利股份，再到恒瑞医药、美的、格力、海尔，还有我们每个人所在省市的其他著名企业，你数得出来的好公司、好生意几乎都在股市。可以说，股市汇集了绝大部分行业的龙头企业和其他细分行业里的佼佼者。绝大部分普通人的生意和企业，与上市公司的总体赢利水平还是有着巨大差距的。

然而，人们对股市的评价却毁誉参半。有一个流传已久的段子是这样说的："如果你爱一个人，就带他入股市，因为股市是天堂；如果你恨一个人，就带他入股市，因为股市是地狱。"不信可以随机问问身边的亲戚朋友，视股市为赌博的大有人在，投资股市（炒股）的人往往被视作不务正业。

为什么汇集了全社会最好公司和生意的股市，却给我们如此不堪的印象呢？直接的原因当然是所有参与者投资股市的结果大多是"一赚二平七亏"，也就是说，超过三分之二的人是亏钱的。而导致这一结果的根源是大部分普通投资者对股市的认知，以及交易的思维与方法有误。大部分普通投资者来股市赚钱本没错，但都想赚快钱，还想以在个股股价上博取短差的方式来实现，于是在股市上看着各种图形，听着各种消息，追着各种热点，时刻被情绪所裹挟，频繁地进进出出。对于经历过曾经小赚，然后在高位信心满满地不断加仓，之后又因股市下跌而大幅亏损并绝望割肉的投资者来说，股市简直就是噩梦。但是，当下一轮牛市来临的时候，他们又会好了伤疤忘了痛，禁不住诱惑冲进去，重复又一个噩梦般的循环。

但是，换一个角度来投资，结果就可能大不一样。

买股票，实际上买的是公司股权，即收益权。股票（股市）的背后，其实质就是生意。对于这个说法，相信大部分人不会有什么异议。但可悲的是，大部分普通投资者（至少是亏钱的那七成投资者）并没有主动地、有意识地这么思考：投资了一个生意，就有一个春种秋收的过程，有一个让它慢慢成长直至能为你赚钱的过程。这就要求我们必须长期投资，3年、5年、10年，甚至几十年！问题是，企业也有生命周期，时间长了，单个企业健康成长的确定性就不存在了。如果投资的企业赚不了钱，甚至垮了怎么办？

是的，没人能确保你投资的单个企业在10年、20年后仍然赚钱。20年前，没人知道腾讯、阿里巴巴能长成今天的巨头，它们的创立者马化腾、马云同样不知道。另一方面，20年前生机勃勃的宝钢、鞍钢、武钢、首钢，已今非昔比。未来10年、20年，腾讯、阿里巴巴会不会也面临"廉颇老矣"的困局？我们同样不知道。所以，对于单个的公司、单一个股，我们绝大多数普通投资者是没有能力深入理解并坚持长期投资的。

我们唯一能确定的就是，10年、20年后，今天的大量优秀企业中一定有一些会发展得更好、更大，现在名不见经传的大量普通企业中会有一些能成长为耀眼的明星。到那时候，腾讯、阿里巴巴、华为不一定还有今天这样的顶尖地位，但一定会有像今天的腾讯、阿里巴巴、华为一样光芒万丈的企业巨头。

没错，投资包含一定数量企业的优秀公司群体，就可以在一定程度上消除单个企业成长路上的不确定性。在此基础上，这样的公司群体，会在其发展过程中，逐年淘汰差的企业，补充更优秀的企业，通过新陈代谢机制成为永续的好公司群体。这就是股票指数，与其相对应的产品就是指数基金。

每年调整一到两次样本股票的上证50指数、沪深300指数、中证500指数、创业板指数、恒生指数、标普500指数等宽基指数与消费、医药、科技、半导体、新能源、人工智能等行业或主题指数，这两者所对应的指数基金，为我们将股市当成生意来投资提供了现实可能性。例如，投资沪深300指数，就是投资中国最大（最好）的300家企业，每投入一笔，就是买入了这300家企业一定的份额。

理论上来讲，股票指数，特别是宽基指数，是"长生不老"的，而且是长期上涨的。也就是说，宽基指数下跌后，只要时间足够长，就总是能涨回来的，它的长期趋势就是不断创新高（任何个股都没有这样的确定性），这更为我们把股市当作生意来投资并获得良好回报提供了长期确定性。举例为证：沪深300指数从2004年12月31日基点1000点，到2020年12月18日收盘为4999.97点，16年涨幅为400%，年化收益率约为10.58%；恒生指数从1964年7月31日基点100点，到2020年12月18日收盘点为26498.60点，56年上涨了263倍，年化收益率约为10.48%……

除了指数基金，主动偏股型基金可以在指数的基础上进行优化，总体回报更高。表征主动偏股平均水平的偏股混合型基金指数（809002）在基准日期2003年12月31日的基点为1000点，2020年12月31日为12986.54点，17年的年化收益率为16.28%，相当于平均每4.4年投资资产就能翻一番！当然，无论是指数基金还是主动基金，其回报都不是线性的，它们会波动，有时还有非常剧烈的波动。我们可以通过基金定投和大类资产配置等方法，来平滑波动并实现长期获利。

1.2 以做生意的视角做投资，获取被动收入

上节说到，绝大多数普通人的生意和企业，与上市公司的总体赢利水平差距是十分巨大的。

我们来看一组数据：2020 年 A 股 4242 家上市公司平均实现营收约 125 亿元，平均每家上市公司净利润为 10.23 亿元。与上市公司的高营收相比，普通人在自己的生意和企业上终其一生，还是难以企及的！上节同样提到，长期投资沪深 300 指数和恒生指数的年化收益率都超过了 10%，公募主动偏股型基金长期年化收益率超过了 16%！而我国中小型企业的平均寿命只有 3 年左右。要想在财富上更上一层楼，无非两种方式：第一种方式是我们为钱工作，第二种方式则是让钱为我们工作，将赚到的钱源源不断地投入股市，购买我们社会上最优质的生意，让这些优秀的上市公司为我们打工、为我们赚钱。说起来有点拗口，但两者有着本质的不同。我们为钱工作，创造的是主动收入，一旦我们停止工作，收入就会中断。而让钱为我们工作，则是创造被动收入，无论我们是娱乐、睡觉，还是生病、休假，它都在不停歇地为我们创造财富，帮助我们实现"躺赢"。

是的！我们每个人，不论什么身份地位，都应该考虑同时赚取主动收入和被动收入，而且越早越好，马上行动！当被动收入的资产积累到一定程度，它所产生的现金流能够完全覆盖我们的日常开支时，我们便达成了财务自由的目标，这时就可以停止工作，提前退休，过自己喜欢的生活，做自己喜欢的事情。

我主张做个"佛系"的生意人：学做百年老店，只深耕，精益求精！不扩张，不负债，更不跨业经营——扩张的事交给股市。

因为贪婪是人的本性，我们希望赚的钱越来越多，希望自己的生意、自己的企业越做越大，但生意或企业往往会"死"在扩张路上。

生意顺利的时候，我们往往信心满满，甚至"壕"气冲天，会不惜负债扩大工厂或店面，招更多的人、进更多的货、赚更多的钱！而经济都是在衰退、复苏、过热、滞胀中不断循环往复的。我们感觉生意好做的时候往往处于复苏或过热的阶段；等扩张完毕，你希望赚更多钱的时候，滞胀或衰退时期可能已悄然来临：往日的门庭若市逐渐变得门可罗雀，现金流可能突然变得难以维系。一个经济周期就能把你的扩张"干趴下"，更不用说黑天鹅事件可能带来的致命打击了！

就算企业发展和扩张都很顺利，一旦实体生意规模大到一定程度，就会有多种

力量推着你前行，当你感觉身不由己的时候，即使想后退往往也来不及了。

做个"佛系"的选择，将自己合法赚到的钱通过投资股票、基金的方式源源不断地购入优质权益资产，并通过复利积累慢慢变富。只要方法正确，年化收益率10%左右的市场平均水平（沪深300指数、恒生指数），是我们通过努力可以实现的；像公募主动偏股型基金16%左右的年化收益率（于2020年年底计算数据），更可以作为我们理想化的目标。

打开复利计算器，假设一次性可投资资金为10万元或者100万元，做生意赚的钱除满足日常生活开支外，再留足日常周转备用金，以每月定额投入一次的方式进行投资。假设月定投金额是1000元或者1万元，按年化收益率分别为10%及16%来算，投资5~50年的资产增值情形见表1-1和表1-2。

表1-1 投资资产增值计算表（一）（一次性投资）

投资时间	投资10万元 年化收益率10%	投资10万元 年化收益率16%	投资100万元 年化收益率10%	投资100万元 年化收益率16%
第0年	10万元	10万元	100万元	100万元
第5年	16万元	21万元	160万元	210万元
第10年	26万元	44万元	260万元	440万元
第15年	42万元	93万元	420万元	930万元
第20年	67万元	195万元	670万元	1950万元
第25年	108万元	409万元	1080万元	4090万元
第30年	174万元	858万元	1740万元	8580亿元
第40年	453万元	3787万元	4530万元	3.79亿元
第50年	1174万元	1.67亿元	1.17亿元	16.70亿元

表1-2 投资资产增值计算表（二）（每月定投）

投资时间	月定投1000元 年化收益率10%	月定投1000元 年化收益率16%	月定投1万元 年化收益率10%	月定投1万元 年化收益率16%
第0年	0元	0元	0元	0元
第5年	7.81万元	9.22万元	78.08万元	92.20万元
第10年	20.66万元	29.65万元	206.55万元	296.50万元
第13年	32.05万元	52.40万元	320.60万元	524.00万元
第15年	41.79万元	74.86万元	417.92万元	748.60万元
第18年	60.56万元	125.24万元	605.57万元	1252.40万元
第20年	76.57万元	174.95万元	765.70万元	1749.50万元
第25年	133.79万元	396.52万元	1337.89万元	3965.20万元
第30年	227.93万元	887.05万元	2279.33万元	8870.50万元
第40年	637.68万元	4377.01万元	6376.78万元	4.38亿元
第50年	1746.88万元	2.15亿元	1.75亿元	21.50亿元

堪称"世界第八大奇迹"的复利效果是不是很令人震撼？一次性投资100万元，按10%的年化收益率来算，25年后可以突破1000万元；如果能达到公募主动偏股型基金近17年的16%左右的年化收益率，则达到1000万元只需15年多一点。再加

上做生意赚了钱还可以不断追加投资，所以财富增值速度其实并不慢。

如果觉得复利计算器用起来不方便，那么可以记一个所谓的"72法则"：以1%的复利来计算利息，经过72年以后，本金会变成原来的2倍。这个公式好用的地方在于它能以一推十，例如：年化收益率为10%的投资，经过7.2年（72/10）本金就能翻倍，不到15年就能达到4倍；年化收益率为16%的投资，则只要4.5年（72/16）本金就能翻倍，而变成4倍只需要9年的时间。

那些看起来离我们普通人很遥远的财富——上千万元、上亿元的金融资产并不那么遥不可及：从10万元起步，达到1亿元需要近50年；从100万元起步，达到1亿元只需30年左右。

当然，这个"72法则"的使用有两个前提：第一，越早开始投资越好；第二，活得越久越好。沃伦·巴菲特50岁的时候，资产也只是千万级别；40多年后，90多岁的巴菲特资产达到了数百亿美元之巨。

作为普通人的我们，不一定非得追求"一个亿的小目标"，但靠长期源源不断的投资使自己的财富获得一定程度的增长是完全可以办到的。

1.3 战胜通胀，参与财富的第三次分配

1.3.1 通货膨胀与通货紧缩

通货膨胀，是指因货币供给大于实际的货币需求而造成的货币流动性过剩，导致货币贬值、物价普遍而持续上涨的现象，简称"通胀"。与之相反的是通货紧缩：因市场上流通货币不足而造成的货币升值、物价普遍而持续下跌的现象，简称"通缩"。

经济发展总是处于不是通胀就是通缩的非均衡状态。只不过通胀或通缩幅度不大，我们感受不强烈而已。在现实生活中，我们听到的通胀话题更多一些，它更容易引起大众的抱怨和不满，原因很简单，通胀发生时，同样的钱买到的东西变少，大众的生活水平降低了。

按照美国经济学家卡甘（P. Cagan）的定义，严重的、不能控制的物价急速上涨，一旦物价水平月度上涨超过50%，就称为"恶性通货膨胀"，简称"恶性通胀"。

恶性通货膨胀的危害极大，它意味着一个国家信用的丧失，会导致人心不安和社会动荡，甚至摧毁整个国家经济的根基。所以恶性通胀被视为洪水猛兽，它是所有现代国家都绝不愿看到的。

那么，通胀就完全一无是处吗？或者说，通缩就一定比通胀好吗？

1.3.2　通货膨胀并非一无是处

从社会经济发展的角度来说，大家最怕的实际上是通缩。日本在"失去的 30 年"中，多数时间就处于通缩状态，政府用尽了几乎所有能用的调节措施都收效甚微。而温和通胀是有利于经济增长的，几乎所有发达国家，尤其是日本，就长期把 2% 的通货膨胀率作为经济健康发展的一个货币政策调控目标。

企业最怕的事情就是，手里的商品（产品）价格一降再降却还是不好卖，最后只有低价倾销，比如成本 100 元的商品就卖 10 元，清仓完毕，关门走人。通缩环境会让企业赢利减少、亏损甚至倒闭，进而造成大量人员失业，使经济陷入恶性循环。

企业最乐意看到自己的商品（产品）能够涨价，而且还卖得好。温和通胀能够增加企业收入、改善企业赢利；企业收入增加会通过税收、工资和利息等渠道改善政府、居民、金融机构等其他部门的收入状况，有助于提升总需求[1]，形成经济的良性循环。

适度、温和的通胀，还是推动社会前进的动力。对我们个人来讲，温和通胀让我们在不敢懈怠的同时又能看到希望，我们就会不断努力。人人努力的结果就是，经济发展，社会进步，我们都成为受益者。

中国在改革开放后的 40 年里，大部分时间就处在温和通胀中。几十年来，虽然物价总体来说上涨了很多，但人们的生活水平得到了极大的提高。

1.3.3　应对通缩的"大放水"不一定引起大通胀

关于货币数量与物价的关系，有一个经典公式，叫"费雪方程式"。

假设 M 为一定时期内流通货币的平均数量，V 为货币流通速度，P 为各类商品价格的加权平均数，T 为各类商品的交易数量，则有下列恒等式成立：

$$MV=PT \quad\quad 或者 \quad\quad P=MV/T$$

理解这个恒等式并做出合理推论，只需要初中数学甚至小学数学水平就可以了。可是，我们的媒体上总不乏"大放水必然大通胀"的言论。

其实，"大放水"不一定引起大通胀。

为什么呢？

根据这个恒等式（注意是恒等式，也就是说，无论其变量如何取值，这个等式永远成立）可知，引起价格变动的变量有三个，货币数量只是其中一个。若要达到

1　总需求（Aggregate Demand，AD）是一个宏观经济学概念，指在一个特定时期内对最终物品及服务的需求的总和。

货币数量 M 增加（放水）即引起价格 P 上涨的效果，就必须保证货币流通速度 V 不降低，或者处在分母位置的商品数量 T 不增加。而实际情况是，后两个变量都存在促使价格下降的可能性。

先说货币流通速度，或者说货币乘数。我们期望的美好情形是这样的：银行给 A 企业贷款 100 万元，A 企业用这笔贷款中的 30 万元发放工资、70 万元向 B 企业采购原材料，工人拿到工资后会用 30 万元购买 C 企业的产品，B 企业转而用这 70 万元支付欠 D 企业的账款……而不论在哪一个环节，支付都是通过银行执行的，每一个环节都会导致收款银行的存款增加，这样银行就有更多的钱再贷出去。如此往复，货币"乘数"就被创造出来了。

经济越景气，人们的信心越足，货币流通速度就越快，货币"乘数"就越大。可是，经济景气时，央行是不会"放水"的，只可能"缩表"，收缩货币流动性。央行"放水"，都是出现在经济不景气、大众消费信心下降、货币流动性不足的时候。

而且，央行"放水"并非直接放给企业或个人，而是放到商业银行。如果商业银行认为贷款风险过大，就可能减弱向外贷款的意愿；而企业若感觉赚钱太难，也可能不愿意多贷款（处在不景气时期可能连贷款利息都赚不够）；至于个人层面，还房贷已经让人喘不过气来了，消费贷款就暂缓吧。直接的后果就是社会融资减少，M2（广义货币供应量）增速降低。

这种情境下，企业即使贷到款了，也可能选择暂时观望，把钱放在理财里，这样钱又回到银行体系里了。个人也一样，贷到款后暂时也不敢花，先放货币基金里吧。这样一来，钱并没有真正流通起来，货币流通速度肯定是下降的。

换句话说，如果"放水"前 M 是 10，V 是 5，"放水"后 M 变成 12，但是 V 变成 4 了，那么分子项 MV 是不是不增反降，由 50 变成 48 了？

再来看作为分母项的商品交易数量 T，这才是引起商品价格变化的更关键变量。

市场经济放大了人类的贪婪，做生意的人恨不得扩张扩张再扩张，只要有利可图，只要有需求，商品就会源源不断地被生产出来。

以服装为例，看看自己家的衣柜，即使永远不买衣服，这辈子都可能够穿了，可是，商场、仓库、工厂的存货数量，每分每秒仍在增加。

手机、笔记本电脑的质量越来越好了，不玩游戏的话，用不坏，用不卡，想换个手机、笔记本电脑还得找个借口。可是，每分每秒又有数不清的手机、笔记本电脑被生产出来。

吃、穿、住、行，每一个领域，有什么商品不在以疯狂的速度生产呢？

在正常的市场经济国家中，绝大多数商品的现状是什么？过剩！过剩！过剩！

是的。作为分母项的 T，商品交易数量，几乎是无穷无尽的，想要多大，就有多大。

分子变大了，分母变大的幅度更大，结果是不是反而变小了？

美国、欧盟"放水"可不是近几年才有的事，日本更不是。从 2008 年起，美国就开始了一轮又一轮的量化宽松，欧盟、日本多年来也一直在"放水"，可都没有引起严重的通货膨胀，反而更多的时候是在为应对通货紧缩而头疼。

而通缩的源头正是由于分配机制扭曲而导致的有效需求不足、商品绝对过剩。

1.3.4　大宗商品价格上涨、PPI 不断走高不等于通货膨胀

读到这里，可能有读者会问：经常听到新闻里讲有色金属、原油等一众大宗商品的价格涨了很多，PPI（生产者价格指数）也不断走高，这是通胀吗？或者跟通胀有什么关系？

大宗商品价格上涨、PPI 不断走高不是通胀，只是可能引起通胀的一个重要因素。

理由有二：

第一，大宗商品价格上涨、PPI 不断走高只是生产资料的价格上涨，具有周期性，比如伦敦金属交易所铜期货价格在 2021 年 5 月已经突破 1 万美元，2022 年 8 月则跌破了 8000 美元；布伦特原油价格于 2022 年 3 月突破 100 美元，但在 2022 年 9 月以后又重新回到 100 美元以下，不符合通货膨胀物价持续上涨且不可逆的特征。

第二，大宗商品价格上涨、PPI 不断走高是产生成本推动型通货膨胀的一个重要因素，但是不一定传导至终端商品。CPI（终端商品价格）是否上涨最终仍然取决于有效需求是否强劲。如果有效需求不足，CPI 上不去，下游企业赢利减少或者亏损，就会减少生产量，从而减少对大宗商品的需求，大宗商品价格和 PPI 就会回落。

1.3.5　温和通胀之下选择投资

世界上的贫富差距越来越大，人民日报海外版于 2022 年 1 月 25 日发布的文章《全球贫富差距加大，美西方难辞其咎》提到，最新公布的《2022 年世界不平等报告》显示，过去 20 年里，在全球收入最高的 10% 人群和收入底层的 50% 人群之间，收入差距几乎翻了一番。

而富人的日常消费基本上是固定的，不会因为钱多了而增加多少消费；占世界人口绝大多数的穷人想消费但没有钱，消费不起就形成不了有效需求。

一方面，全社会有效需求不足；另一方面，哪里成本最低就在哪里生产商品。全球化让总体低成本的商品绝对过剩，这种格局让通缩成为全世界尤其是发达国家

基金投资全攻略：养只金基下金蛋

挥之不去的阴影。

为了应对通缩，实现充分就业，不断"放水"会成为常态。

通常，一个国家正常的货币增速大体遵循以下公式：

货币增长率=GDP增长率+通胀率+（2%～3%）。

观察近些年国内外的情况，央行不断"放水"，一部分货币流向实体经济，相当部分货币则流向了资产市场。结果是，大的通胀没有发生，资产价格却飙涨，典型代表如中国楼市和美国股市。

全球不断"放水"的客观后果是社会财富发生了二次分配，拥有资产的富人越来越富，没有资产的穷人越来越穷。

未来依然如此，恶性通胀只会发生在非正常国家；而政局稳定、市场机制完善的现代国家，长期来看会以应对通缩、追求温和通胀为目标，所以低通缩和温和通胀是其未来的常态。

另一方面，资产价格不断飙升，无论是股票还是房地产，以10年以上的周期来看，其价格几乎涨到让人"怀疑人生"。

长期来看，再温和的通胀对货币购买力的影响都是巨大的。不信的话，可以自己用计算器试一试：0.99乘以0.99，得出的结果再乘以0.99，这样不断乘下去，次数多了，结果会趋近于0。

也就是说，即使是1%的年通胀率，时间长了币值也会趋近于0。更何况长期通胀水平大概率不止1%。

有一句话说得对："跑不赢谁，也不能跑不赢CPI。"

因此，权益资产可能是中国未来10年、20年里最大的机会。

要跑赢CPI，首先可以配置债券基金，因为长期来看债券是能跑赢CPI的；其次，根据自己对风险的承受能力，一定要配置部分股票基金。根据比例配置主动偏债型基金和主动偏股型基金也是不错的选择。

配置完毕后可以长期持有，每年做一次动态再平衡。

管它怎么"放水"，只要我们持有权益资产，我们就能参与"放水"引起的三次财富分配，从资产价格上涨中受益。

我们上班工作、做生意赚钱，靠自己的劳动、靠自己的努力赚钱，这是第一次财富分配；通过税收的转移支付，我们普通人都能享受公共福利，这是第二次财富分配；第三次财富分配就是投资增值带来的财富分配，要是10年、20年前你把房子买了，那现在你就已经能享受到一波房产增值带来的收益了。从目前的情况来看，未来的10年、20年是权益投资非常好的时机，有可能比肩10年、20年前的房地产投资，这是我自己的认识，不一定对，但我对此还是非常看好的。

先跑赢通胀，再争取慢慢变富。

1.4 实现财务自由

一提到投资，有一个话题永远绕不开，那就是财务自由。

1.4.1 如何定义财务自由

财务自由的基本定义是，被动收入可以覆盖我们日常生活所需全部开支，包括衣、食、住、行，医疗健康的需要，基本的交际，必要的娱乐，等等。

但财务自由也是分层次的，就拿基础的衣食住行来说，吃山珍海味，一身行头上百万，住豪华别墅，出行坐豪车、头等舱，是一种财务自由；粗茶淡饭，衣着简约朴素，住普通公寓，开十几万的代步车，也是一种财务自由。

而绝对的财务自由差不多是一个伪命题。原因也很简单：欲壑难填！

高度商业化的现代社会可以创造无穷无尽的需求和供给，让我们无论拥有多少资产，都会觉得忐忑不安、钱不够用。

仅仅是各种奢侈品，就能让我们即使拥有再多的钱也会产生无力感。

百万财富，可能连财务自由起步的标准都达不到；千万财富，一个上百万的手提包就可以把你打败；亿万财富，一辆限量款超跑就能让你望而却步……更遑论豪华游艇、私人飞机、顶级豪宅等各种极尽奢华的"销金窟"了。

据说马斯克已经开始预订火星旅行的门票了，而对我们绝大部分人来说，环游地球都还没有能力办到，火星旅行当然只能是一种奢望。

至于互联网上有些财务自由标准就不用看了，它们只会让人充满焦虑和绝望。

对普通人来讲，最基础或最低层次的财务自由，就是被动收入稳定超过自己的年薪或自己创业的年均收入，这时候就可以停止工作，退休了。

我认为这种只跟自己比的财务自由，与个人的能力和现状结合，显得简单而纯粹，而且会让人有盼头，实现起来会更有动力。

如果还想再积极一点，为了克服通胀对我们生活水平的影响，"退休"后的被动收入每年还要有 3%左右的增长，以维持自己当前的生活水平。

可能马上会有人提出反对意见：你这个财务自由的标准是静态标准，过 10 年、20 年等你达到这个财务自由目标时，新的财务自由标准早就面目全非了。

别急，下面会提及这个问题。

1.4.2　财务自由的本质

到底活着是为了工作，还是工作就是为了活着？

社会分工在提高效率的同时也会让人日复一日地做着简单重复的工作，无休止的加班更增添了我们的疲惫感和挫败感，创业的艰辛又会让我们为了打单而不得不进行各种我们不喜欢的应酬。

而当我们有了一份能完全覆盖日常开支的被动收入，或者说这份被动收入已经超过我们工作带来的收入时，我们是不是就可以选择辞职或者歇业了呢？

对！努力实现财务自由就是为了遵从自己的内心，干自己喜欢、自己想干的事。

财务自由在某种程度上就是可以说"不"的自由，**本质上是精神和灵魂的自由。**

辞职，歇业。生活不止眼前的苟且，还有诗和远方。

但财务自由一定不是那种啥都不用干、坐吃等死、行尸走肉的状态。

其实从实现人生价值的角度来看，追求财务自由的过程就是实现一部分人生价值的过程。而我们即使真正实现财务自由了也闲不下来，还会用自己的兴趣继续创造财富，只是这种创富过程显得不是那么急功近利，更多的还是随遇而安。

但是，只要给社会创造了价值，回报一样会源源而来。

1.4.3　财务自由到底需要多少钱

华尔街有个财务自由"4%法则"，也称"25倍法则"：

$$财务自由本金=1 年支出/4\%$$

或者

$$财务自由本金=1 年支出 \times 25$$

或者

$$财务自由本金=每月支出 \times 300。$$

也就是说，如果1年的支出是12万元（每月支出1万元），则想要获得财务自由需要的本金是12万元/4%=300万元；如果1年的支出需要30万元（每月支出2.50万元），则实现财务自由需要的本金为30万元/4%=750万元，依此类推。

我认为这个"25倍法则"已经足够保守了。

（1）从这25份本金中先拿出10份来在10年的时间内使用。

第1年，2份放货币基金（年化收益率为2%~3%）供第1、2年开销，2份放纯债基金（组合，年化收益率为 3%～4%），6 份放积极债基（组合，年化收益率为 6%～8%）。

第 3 年将纯债基金中的钱全部转出至货币基金，供第 3、4 年花销用，同时从积极债基中转出 2 份本金到纯债基金，余下 4 份本金放在积极债基中。

第 5 年如法炮制，余下 2 份放积极债基。

第 7 年开始只余下 2 份放货币基金，2 份放纯债基金。

第 9 年余下 2 份放货币基金用到满 10 年。

纯债基金也会有波动，偶尔也会有负收益，所以我们给出 2 年才转出一次的方案，这样确定性就很高了。

（2）余下 15 份本金放入一个股债均配的主动混合型基金组合中一直不动，如果在 10 年中能够达到 7%左右的年化收益率，那么 15 份本金就翻了一倍；而如果目标只是恢复到 25 份本金的程度，就只需要达到 5.2%的年化收益率。从经验上看，要达到这样的年化收益率并不难。

（3）从第 11 年开始，将余下的本金重新分成 25 份，10 份用于近 10 年陆续日常开支，15 份继续投资于主动偏股型基金组合。

如此 10 年往复一次，本金大概率会越滚越多，根本花不完。

这才是财务自由该有的样子。

1.4.4　财务自由的门槛

每个人的财务状况是千差万别的，因此肯定不存在一个标准的、普遍适用的实现财务自由的方案。

我们每个人必须先努力让自己值钱，只有现阶段挣得够多，才具备实现财务自由的现实基础。

所谓巧妇难为无米之炊，挣得太少的人肯定没有本钱谈财务自由；而挣得多、花得更多的人，也永远在入不敷出的路上，同样没有谈财务自由的资格。

想要实现财务自由，必须适当约束自己当下的消费欲，延迟享受，同时做好财务规划。

为便于展开论述和计算，**我把实现财务自由的门槛定为能把自己当下收入的一半节余下来用于基金定投。**当然如果能把更大比例的当期收入用于投资，那么实现财务自由所花费的时间肯定会缩短，而用更低比例投资的人实现财务自由则需要更长的时间。

1.4.5 积累够财务自由的本金需要多少年

如果一直有能力做到将收入的一半按月投入主动偏股型基金里，要达到财务自由标准，也就是年收入的 25 倍、月收入的 300 倍，需要多长时间呢？

根据 1.2 节的定投计算表格，如果按月入 2 万元计算，每月投入一半就是 1 万元。要想达到 600 万元的财务自由本金，按优选宽基指数 10% 的年化收益率计算，需要 18 年；按主动偏股型基金 16% 的年化收益率（2020 年年底数据）计算，需要13~14 年。

需要特别注意的是：

（1）我们用同样的计算方法，对不同的人设定了不同的财务自由标准。

不同的人，能力和对未来的预期不同，对应着不同的财务自由门槛。年入 24 万元的人，只需要 600 万元本金就算达到财务自由了；而年入 100 万元的人，需要 2500万元本金才算财务自由。

（2）为了简化计算，我们假设了 10 年中每个月投入的金额都是一样的，而我们在前文中设定的财务自由的起点是能把每月收入的一半投入权益基金里。从 10 年以上的维度来看，我们的收入其实是不断增长的。由于薪金在近 10 年间远远不止翻了一倍，所以我们预期的投入也是不断增加的。

举例来说，现在月入 2 万元的投资者当前每月可以投资 1 万元，10 年后月薪可能是 5 万元，每月的投入就达到了 2.5 万元。这样算下来，到了 13.5 年或者 18 年后，这样的投资者积累的财务自由本金就不止 600 万元，也许可能是 900 万元或者 1200万元甚至更高，能够与当时的物价和消费水平相适应，还是能够满足那时的财务自由标准的。

1.4.6 投资年化收益率达到 10%~16% 有可能吗

1. 先看宽基指数

沪深 300 全收益指数以 2004 年 12 月 31 日的基点 1000 点起算，截至 2022 年 6月 17 日（相对熊市）收于 5749.65 点，17.46 年的累计收益率为 474.96%，年化收益率为 10.54%。

如果把 2021 年 2 月 10 日作为截止日（牛市、历史次高收盘点位），当日收盘点位是 7567.55 点，自 2004 年年底以来的累计收益率为 656.76%，16.11 年的年化收益率能达到 13.39%。

2012 年 6 月 18 日至 2022 年 6 月 17 日这 10 年间，沪深 300 全收益指数从 2773.48点涨到 5749.45 点，其间涨幅为 107.31%，年化收益率为 7.56%；2011 年 2 月 11 日

至 2021 年 2 月 10 日，沪深 300 全收益指数从 3281.47 点涨至 7567.55 点，其间涨幅为 130.61%，年化收益率为 8.71%。

创业板全收益指数以 2010 年 12 月 31 日的基点 1000 点起算，截至 2022 年 6 月 17 日（相对熊市）收于 2840.05 点，11.46 年的累计收益率为 184.01%，年化收益率为 9.54%。

如果把 2021 年 8 月 4 日作为截止日（牛市、历史次高收盘点位），当日收盘点位是 3795.02 点，自 2010 年年底以来的累计收益率为 279.50%，10.59 年的年化收益率能达到 13.42%。

2012 年 6 月 18 日至 2022 年 6 月 17 日这 10 年间，创业板全收益指数从 754.64 点涨到 2840.05 点，其间涨幅为 276.35%，年化收益率为 10.52%；2011 年 8 月 5 日至 2021 年 8 月 4 日，创业板全收益指数从 944.34 点涨至 3795.02 点，其间涨幅为 301.87%，年化收益率为 14.92%。

从过往历史中来看，宽基指数里的中证红利、深证红利是比沪深 300 指数收益还要高一点的；而创业板 50 指数和创业板成长指数的收益比创业板指数还要好一些。

所以优选宽基指数，比如沪深 300 指数和创业板指数均配，或者深证红利与创业板成长指数均配，是可以获得 10% 左右的年化收益率的。

2. 再看主动基金指数

在 1.1 节中我们引用了东方财富偏股混合型基金指数（809002），得出了主动偏股型基金截至 2020 年年底近 17 年来的年化收益率为 16.28% 的结论。

本节我们再看另一个机构编制的代表主动基金的偏股混合型基金指数——通达信宏观指标（990014）：2004 年 12 月 31 日基点 1000 点，2020 年 12 月 31 日收盘于 11182.24 点，16 年的累计收益率为 1018.22%，年化收益率为 16.29%；如果按 2021 年 2 月 10 日（牛市、历史收盘最高点）收盘点 12608.77 点计算，则 16.11 年的累计收益率为 1160.88%，年化收益率为 17.04%。

2012 年 6 月 18 日至 2022 年 6 月 17 日（相对熊市）的 10 年间，偏股混合型基金指数的累计收益率为 194.39%，年化收益率为 11.40%；而 2016 年 2 月 11 日至 2021 年 2 月 10 日这 5 年的累计收益率为 130.15%，年化收益率为 18.14%。

由此可见，不同机构编制的偏股混合型基金指数，其历史回报数据基本吻合；而当以牛市和熊市作为计算终点时，偏股混合型基金指数的年化收益率差别是比较大的。

我们通过优选主动基金构建投资组合，还有可能实现比偏股混合型基金指数更高一点的收益。

以熊市和牛市作为计算终点，主动基金的年化收益率介于 11%～18%，其实不一定非得达到 16%，达到 13%、14%，甚至 11%，也是很不错的回报了。

1.4.7　财务自由，离我们有多远

根据我们前面的测算，当年化收益率为 10% 时，积累财务自由本金需要的时间是 18 年；如果要达到理想的 16% 的年化收益率，这个时间能缩短到 13～14 年。

也就是说，以最保守的年化收益率和最理想的年化收益率为目标积累财务自由本金，各自所需的时间相差 4～5 年。

如果真有恒心和毅力，其实这点时间差距是无关紧要的。

那么，这样给每个人"量身定做"的财务自由目标，应该有很多人能够达成吧？

我的基本结论是否定的，如此"低标准"的财务自由也只有少数人能够最终达成。

原因也很简单：节余一半的收入和坚持 10 余年都是逆人性的。

大部分人都只把财务自由当作一个梦，或者连梦都不曾做过，当然也不会认真地付诸实践。

财务自由当然也只会眷顾既有梦想又脚踏实地、有行动力的少数人。

而无论如何，只要能节余一部分钱，并坚持长期投资，大部分投资者都可以做到财务独立、财务健康和财务安全，同样可以过得舒适自在。

1.5　权益投资

过去几十年，我们的历史使命是工业化和城镇化，资本的主要去向是房地产和基础设施建设，由此带来了世界上市值最大的银行群体和房地产群体，而房地产也成为过去 20 年间最为辉煌的大类投资品种，没有之一。相应的融资渠道主要是银行，也就是我们通常所指的间接融资，并且也获得了巨大的成功。

1.5.1　产业升级和科技创新需要强大而活跃的资本市场

经过 30 多年的高速发展，我国经济可持续发展问题日渐显现，产业升级和科技创新成为民族复兴和大国崛起的新的历史使命。

由于高端产业和科技创新的特殊性，要么极重资产，要么极轻资产，需要持续且巨量的研发投入，需要聚集和激励大量顶尖人才……而银行体系的间接融资是马

上需要现金流的，它只能锦上添花，而不会雪中送炭，这导致了银行这种传统融资体系已经远远不能满足产业升级和科技创新的融资需求，打造多层次、高质量、强大而活跃的资本市场就成为新的时代命题。

从西方成熟的资本市场来看，只有强大而活跃的资本市场，才能提供源源不断的融资，才能聚集全世界的顶尖人才，才能孕育出腾讯、阿里巴巴一类的科技巨头。

近几年来，科创板、北京证券交易所、全面推行注册制逐一有序推进，一个功能齐全的资本市场已经初见端倪。国内投资者不用借道 QDII 也有望在国内资本市场投资自己的科技创新企业，分享它们由名不见经传的小企业高速成长为科技巨头的红利，中国家庭财产中一房独大的扭曲局面也有望得到改变。

1.5.2　权益投资有望迎来大时代

根据央行发布的《2019 年中国城镇居民家庭资产负债情况调查》显示，我国居民户均资产超过 300 万元，在我国居民家庭的资产配置中住房占比近 7 成，金融资产占比仅为 20%，而 20%金融资产的 2/3 集中在银行存款及理财等低收益投资渠道，股票基金（权益资产）占比仅仅为 9.90%，也就是说权益占比仅 2%。

同年，美国居民配置权益类资产的比例为 34%，住房为 24%；欧元区为 8%、35%；日本 2018 年的数据为 9%、24%。

横向比较表明，我国居民配置住房的力度明显偏高，配置权益资产的力度很轻，还有非常大的拓展空间。

与此同时，我国城镇居民家庭的住房拥有率为 96%，有一套住房的家庭占比为 58.40%，有两套住房的占比为 31%，有三套及以上住房的占比为 10.50%，户均拥有住房 1.50 套。美国居民总体的住房拥有率为 63.70%，低于我国 32.30 个百分点。按家庭收入从低到高排序，美国收入最低家庭占比 20%，其住房拥有率仅为 32.90%，而我国收入最低家庭占比 20%，其住房拥有率也高达 89.10%。

显然，国家"房住不炒"的定位非常精准：这么高的住房拥有率，谁来当这个高房价的"接盘侠"？

而过去 20 年人们都有这么一个常识性的认知，什么时候买房都是对的，因为房价总在涨，所以大量的二套、三套房产都是投资用房。人们的投资自然也主要集中在房地产上面。

近几年对房地产业的调控初见成效，不少人已经意识到，投资房地产不再是稳赚不赔的生意。

房地产投资需求下降了，涌出的巨量的投资需求将投往什么方向呢？

在金融领域，国家最近几年还有一个重要举措：非标产品打破刚性兑付。P2P归零、非标保本理财产品、融资性信托都面临着转型。

原来躺在制度红利中靠刚兑无限续杯的高收益不复存在。

高净值客户只能寻找新的收益较高的投资渠道。

从我国公募基金结构来看，截至 2022 年一季度末，25 万亿元总资产中，货币基金近 10 万亿元，占比约 40%；债券基金、偏债型基金为主的其他类型基金约 10 万亿元，占比约 40%；而股票基金或偏股型基金仅 5 万亿元，占比约 20%。

而全球公募基金结构中，权益基金占比呈逐年上升态势，根据中金公司研究部的数据，2021 年年底权益基金占比为 47.26%，远高于我国目前约 20% 的比例。

随着我国大众投资意识的增强，权益投资未来的发展空间巨大，仅仅是达到全球公募权益基金的平均占比水平，我国公募权益基金都至少还有一倍以上的发展空间。

一方面是产业升级和科技创新有庞大的融资需求，另一方面是巨量的投资需求正在寻找出口。

而功能完备的资本市场正好为这种供需提供了契合点，权益投资已经处在一个大时代的初期。

作为普通人，我们所能做的就是拥抱这个大时代，用合理、理性的方式介入权益投资，分享国家发展和社会进步的红利。

过去 20 年，我们可能错过了房地产投资；未来 20 年，最好不要再错过权益投资。

第 2 章

投资是一个寻找确定性的过程

有众多投资者参与的投资本身也是一种博弈，我们都知道股市投资"一赚二平七亏"的铁律，而要想成为"一赚"的那部分，就得想办法寻找投资赚钱的确定性。

说起来也很简单，这一次赚钱了，下一次用同样的思路、同样的方法还能赚到钱，这就是投资赚钱的确定性。做起来却不容易。

用确定性更好的方式投资赚钱，比一上来就想赚大钱更靠谱，也更有意义。

2.1 认识投资中的非系统性风险和系统性风险

投资要从认识风险开始。投资中的风险分为非系统性风险和系统性风险，接下来详细介绍。

2.1.1 非系统性风险

非系统性风险又称特有风险、非市场风险或可分散风险，它是由个别公司特有事件引起的风险，比如企业经营管理环节出现问题、竞争落败等，会引起股价变化从而造成个股收益率的不确定性。

这种事件是随机的，只会影响个别或少数公司，但不会对整个市场产生太大影响。

这类风险可以通过多样化投资、构建投资组合来分散掉，即发生于个别或少数公司的不利事件，可以被其他公司的有利事件所抵消。

由于这类风险可以被分散掉，市场会倾向于认为承担这类风险没有任何价值，所以也没有任何风险补偿，换言之，承担额外的非系统性风险将不会给投资者带来收益。

如果投资人都是理性的，就不会承担这种风险，而是选择持有充分分散的投资组合。

但现实中的很多投资者并没有达到"理性"的程度。他们没有"分散"的理念，喜欢"单吊"一只股票，比如历史上投资茅台、招商银行、腾讯、阿里巴巴等单一股票而创造神话的大有人在；而投资乐视、蓝田，还有其他众多退市破产股票损失惨重的人也不在少数。

如果全仓投资单一股票形成一种习惯，就被称为"路径依赖"。那些创造神话的人，存在一招不慎、全盘皆输的可能：前面多年努力赚来的钱，也有可能因为一只股票而全部亏光。

所以，我们才会经常听到这样的说法："凭运气赚来的钱，总有一天会凭着实力再亏回去。"

说到底还是基础投资理念出了问题：承担非系统性风险，短期内也可能获得超额回报，但只要一直做下去，收益率大概率会归零。

因为，承担非系统性风险，没有资格获得风险补偿。

而基金投资因为采取组合投资的方式，规避了非系统性的、单个个股收益率不确定的风险。

2.1.2　系统性风险

系统性风险或称整体性风险、不可分散风险，是资本市场整体波动的风险，是由政治、经济、社会等宏观环境因素对证券价格所造成的影响。

系统性风险是由公司外部因素引起的，例如严重通胀、周期共振、能源危机、严重自然灾害、宏观政策失当、经济危机、战争、政权更替等。虽然不同的企业对系统性风险的敏感程度不一样，但系统性风险是所有企业都无法控制的。

国际证监会组织（International Organization of Securities Commissions）于 2011 年发表的题为《消除系统性风险：证券监管者的角色》的讨论稿中这样定义系统性风险："系统性风险是指单个或一系列的事件或行为对金融系统造成广泛的负面影响，进而影响经济的可能性""在资本市场中，系统性风险不仅限于突发性的灾难事件，还可能表现为市场信任的逐渐侵蚀"。

系统性风险造成的后果带有普遍性，其主要特征是几乎所有股票价格都会下跌，投资者不可能通过购买其他股票保值。

系统性风险对投资收益的影响是全局性的，对市场上所有参与者都有影响，无法通过分散投资来加以消除。

系统性风险可以通过健全和完善金融法律框架、加强监管和宏观调控来防范和化解，但不可能完全消除。

按照 CAPM（资本资产定价模型）理论，要想获得投资收益，就必须承担系统性风险；要想获得更高的投资收益，就必须承担更高的系统性风险。

从投资角度来看，系统性风险的实际体现就是资本市场的剧烈波动和大幅回撤。因此，承担系统性风险就意味着必须忍受资本市场的剧烈波动和大幅回撤。

系统性风险并不会摧毁金融体系和资本市场本身，严重系统性风险的发生更像是对长期累积风险的一种出清。

所以我们看到，在美国历史上，1929 年发生了股市大崩盘，1973—1974 年又出现了一次较大的崩盘， 1981—1982 年出现了一次较小的崩盘，1987 年出现过一次较大的崩盘，离我们最近的一次是 2008 年由次贷危机引起的股市剧烈震荡，但是股市在大崩盘后最终都会迎来反弹，并不断创出新高。

从积极的角度看，每次系统性风险发生导致的股市崩盘都是低价买进权益资产的绝好机会。

2.2　投资权益基金赚钱的本质：买生意、做股东

我们在 2.1 节中说过，基金通过投资组合、分散投资的方式消除了单一企业成长性不佳甚至消亡的风险，也就是所谓的非系统性风险、非市场风险。

我们投资的每一份基金份额后面都是一个微小的企业股份、权益份额。

从基础认知上来看，我们投资基金获取回报，是具有非常明确的确定性的：买基金是买权益资产，通俗来说就是买生意，投资优秀的企业群体，让它们帮我们源源不断地创造利润，帮我们赚钱。

我喜欢用"养只金基下金蛋"来比喻我们投资基金的行为，基金后面的企业源源不断创造的利润就是那一个个"金蛋"。

具体来说，基金通过构建投资组合来投资企业进而获得回报，主要有以下几种来源。

2.2.1　企业成长

上市公司群体中，有初创企业，它们的增长速度很快；有处于成长期的企业，它们的增长速度次之；也有成熟企业，它们的增长速度较低；也可能会有少数企业处于衰退期，它们的增长陷于停滞甚至出现负增长。

由于上市公司的退市机制，保证了整个上市公司群体总是处于成长周期内的，所以构成基金投资组合的上市企业总体会维持一定的增长速度。

例如，当一家企业的净利润从 1000 万元增加到 5000 万元时，如果估值不变，那么它的股价也将上涨为原来的 5 倍；现经历若干年，它的净利润可能增加到 1 亿元，它的股价也会增值到原来的 10 倍。

企业股价上涨会直接体现在基金净值的增长上。

从长期的角度来看，企业成长导致的股价上涨是基金获得回报的主要方式。

2.2.2 企业分红

企业分红也是基金获取回报的一种重要方式。

机灵的投资者可能会马上反驳：不对呀，上市公司分红时就会除息，是"左手倒右手"的行为，并不会给基金带来直接回报。

这只说对了一半。

上市公司分红的时候会除息不假，但根据大部分宽基指数的编制规则，成分股分红除息的时候，指数并不进行修正，而是任它自然回落，但跟踪指数的基金是实实在在地收到了分红款的，分红会实实在在地增厚基金收益。

另外，如果一家企业虽然增长停滞了，但它还是能够稳定地赚钱并实施分红，那么它的股价也会稳定上涨。

如果真有这样的企业，它就与一个利率债[1]大体相当了。看过债券指数没有？它就是一个波动很小、斜斜向上的曲线。

债券价格为什么能够长期上涨呢？因为利率是经济体的内生变量，放在长期维度中来看，经济体的总体增速趋于递减，利率水平也是趋于长期递减的。一个利率固定的债券在市场利率不断下降的过程中会获得升值，因为只有它的价格不断升高，购买它的投资者从中获得的收益率才能与不断下降的市场利率相匹配。

2.2.3 估值提升

市盈率 PE 是最为传统而经典的估值方法，基本公式是：

$$市盈率（PE）=市价（P）/净利润（E）$$

或者

$$市价（P）=净利润（E）\times 市盈率（PE）。$$

公司或行业的市盈率是不断变化的，它的变动与景气周期、市场流动性和市场情绪息息相关。

当公司或行业处于景气上升周期时，相应的市盈率一般趋于上升；相反，处于景气下降周期时，相应的市盈率就有下降的趋势。

当市场流动性宽松时，市盈率趋于上升；当市场流动性收紧时，市盈率趋于下降。

---

1 利率债就是每年按既定的利率兑付利息。如果一家企业能够稳定分红，但是赢利和分红不增长，这样的企业（股票）就相当于利率债。

当市场情绪高涨时，市盈率趋于上升；市场情绪清冷时，市盈率趋于下降。

当公司或行业处于景气上升周期时，如果同时叠加市场流动性宽松和市场情绪高涨，那么人们对估值（市盈率）的容忍度会非常高，此时业绩（净利润）和估值（市盈率）双双提升，股价就会出现业绩（净利润）和估值（市盈率）双双提升带来的乘数效应，也就是我们所熟知的"戴维斯双击"，对应着牛市。

相反，当公司或行业处于景气下行周期时，如果同时叠加市场流动性紧缩和市场情绪清冷，那么人们的悲观预期会导致其对估值（市盈率）的容忍度很低，此时会面临业绩（净利润）和估值（市盈率）的双双下降，股价就会出现业绩（净利润）和估值（市盈率）双双下降带来的乘数效应，这种情形被称为"戴维斯双杀"，对应着熊市。

"戴维斯双击"和"戴维斯双杀"是股市的两极，大部分时间内的市场都在这两极之间波动和震荡。

"戴维斯双击"出现时，持有相关股票的主动基金和被动基金（指数基金）都会获得可观的回报；而如果出现"戴维斯双杀"，那么主动基金和被动基金（指数基金）都可能遭遇损失。

通过上面的叙述我们知道，"戴维斯双杀"出现时，是很好的买入股票的时机；而"戴维斯双击"出现时，是很好的卖出股票的时机。主动基金除了优选股票，还可以在一定程度上进行择时，所以过往的业绩总体优于宽基指数。

但相较企业成长带来的收益，主动基金想要赚取估值变化的钱并不容易，确定性也是不够的。

2.3　投资者必须了解的基金投资获利公式

前面两节讲述了基金采取构建投资组合的方式规避了投资个股可能带来的非系统性风险，为我们选择基金进行投资带来了最大的确定性。权益基金就是一个几乎永续的好公司，大概率能够帮我们赚到钱。

2.3.1　基金收益 ≠ 基民收益

现实的情形却是，投资同一个权益基金，有的投资者赚了很多钱，有的投资者赚了一点点，而有的投资者却是巨亏的。

产生这一切差异的根源，是不同投资者的"行为差"。

我们来看一个通用的基金投资获利公式：

投资者收益=基金收益+投资者投资行为差。

再来看一份公募基金投资者调查报告。

2021 年 10 月 20 日，由景顺长城基金、富国基金、交银施罗德基金三家金牛基金管理公司携手中国证券报共同推出的《公募权益类基金投资者赢利洞察报告》显示，绝大部分的客户在投资基金时的行为并没有创造更好的收益，反而是拉低了最终的收益水平。过去 5 年，客户通过其投资行为，将最终的投资收益拉低了 11.62%，且在大部分的年份中都是负影响，相比基金经理过去 5 年为这些基金创造的平均年度净值增长率 19.57%，客户投资行为的损耗率接近−60%。

显而易见，我国的基金投资者还存在着巨大的投资负行为差。

2.3.2 投资者收益不确定性溯源

产生这样巨大的负行为差，有两方面的原因：一方面来自基金，另一方面来自投资者。

1. 基金方面：时盈时亏，收益呈现非线性特征

我们通常接触的大类基金主要有三种：股票基金、债券基金和货币基金。

一方面，货币基金每天都"下蛋"，只是下得少、收益偏低，因此我们才会有进一步的投资需求。

但另一方面，因为货币基金每天都有收益、几乎没有波动，所以每个人都拿得住，也能够获得货币基金的全部收益，基本上没听说过谁出现了投资负行为差的。

但股票基金和债券基金就不一样了：股票基金和债券基金的收益呈一定随机性和非线性的特征。

例如，如果在 2021 年春节前最后一个交易日 2 月 10 日买入沪深 300 指数，持有到 3 月 3 日，那么你将亏损 6.12%，因为不幸正赶上了大调整。如果在 2017 年 12 月 31 日买入沪深 300 指数，持有到 2018 年 12 月 31 日，就将会亏损 25.31%，因为这一年基本上是股票单边熊市。如果在 2020 年 4 月 30 日买入 10 年期国债 ETF（511260），持有到 2021 年 3 月 3 日，就将亏损 3.52%，因为这段时间也大体上是债券熊市。

可是再把时间拉长一点，如果在 2017 年 12 月 31 日买入沪深 300 指数，持有到 2021 年 3 月 3 日，那么年化收益率是 35.26%；若在 2017 年 12 月 31 日开始持有 10 年期国债 ETF（511260）到 2021 年 3 月 3 日，则年化收益率为 12.60%。

无论是股市还是债市，从 2017 年 12 月 31 日至 2021 年 3 月 3 日都经历了不同时长的涨跌，其间持有沪深 300 指数的年化收益率刚好为 10%，与我们印象中的宽

基指数长期年化收益率大体相当；同期持有 10 年期国债 ETF（511260）的年化收益率达到了 3.83%，远高于当时货币基金的年化收益率。

但是，我们事前是不知道这一段时间内股票基金和债券基金会有这样确定的年化收益率的，也正因为股票基金和债券基金这种时盈时亏、不断波动的特征造成了收益的随机性和不确定性，所以才给投资者增加了投资难度，从而间接造成了投资者投资回报的不确定性。

波动越大，投资难度越高，投资行为越容易出现负行为差。

根据晨星年度报告《注意投资者回报差》（Mind the Gap），截至 2019 年年底的过去 10 年中，波动较小的混合型基金在投资者回报上的表现最好，相较该类别基金的总回报有 0.40%的正行为差。但在行业基金、全球股票型基金、市政债和应税债两个固收基金类别，以及另类基金的投资上出现了较大的负行为差。其中，行业基金是美国七个基金大类中投资者回报和总回报差距最大的基金类型，而行业基金里自带的高波动性难辞其咎。

2. 投资者方面：缺乏经验，投资理念不成熟，投资行为非理性

与英美成熟资本市场 200 多年的历史相比，我国从成立至今才 30 余年的资本市场还相当年轻。国民从温饱到小康、再到相对富裕而产生理财需求也是渐进的，大部分人在成长过程中缺乏财商教育，更没有经过实操锻炼。

一句话，缺乏经验和历练是我们的硬伤。

正因为缺乏经验和历练，才导致我们大部分基金投资者投资理念不成熟，总想走捷径，路都还没有走稳就想跑，热衷于博取短差、追涨杀跌、片面追求高收益等非理性投资、乱投资行为。

我们来数一数这类非理性的乱投资行为：

（1）冒大险，赚大钱。"因为我投资的钱太少了，所以长期持有等待慢慢赚钱不适合我。""有没有来钱快的，天天涨的那种？"天天涨的当然有，但是事后才知道。

有没有趋势投资高手，哪个最强买哪个，能够长期赚钱的呢？反正我没亲眼见过。我听说过有人用这种方法在牛市胜率颇高，不过牛转熊后用不了一两个月又全赔进去的占绝大多数。

我们必须要有合理的投资回报期望，并用确定性更高的方法赚到它。

（2）追涨，倒金字塔加仓。在上涨途中买入，涨得越多，就给他越多的安全感，因而使他买入越多，等到顶了就全仓进入，然后迎接暴跌。

这是用趋势投资的方法做价值投资。价值投资总体上是逆向投资，越跌越买，直至买出微笑曲线，止盈出局。

（3）喜欢"一把梭"或者定投"抢跑"。这类投资者发现自己看好的股票或基金出现一定跌幅后，一冲动就一把买入，或者在股票或基金下跌定投的过程中"抢跑"。最后"子弹"打光了，股票或基金又出现大幅下跌，于是他们心态崩溃，底部割肉。

类似情况很常见。老资格的投资者有时也忍不住开"黑车"，也就是碰到大跌临时加仓。但这种开"黑车"是有克制的，只是临时多投出去一个定投周期的份额，实现心理上抄底的一个愿望，因为金额占比不大，所以实际对整个投资的影响很有限。

"一把梭"或"抢跑"则不同。本来应该10个月或者20个月投完的，结果碰到大跌后一冲动，一两次就买完了。一只股票或基金一旦下跌趋势形成，底在哪儿是不可预知的，所以万不可盲目猜底，只能用多次定投拉长时间，投出一个市场平均成本。

（4）这山望着那山高，频繁换股换基。由于风格不停转换，所以我们在投资中最大的感受应该就是"涨得好的总是别人的股票和基金"。加上价格信息极端透明，涨得最好的股票和基金的信息每天都会第一时间被推送给我们，所以我们每天都要忍受自己的股票和基金落后的"煎熬"，意志不坚定者会抵抗不住诱惑换到涨得好的标的里，可是才换过去不久肯定又会遭遇调整，自己的持仓于是又处于落后的尴尬境地。反复折腾几次之后造成亏损不说，更是严重打击了自己的投资信心。

解决的办法是努力提高自己的认知，远离这些排名信息。花无百日红，那么多股票和基金，"总有涨得更好的"，这本身就是常态，计较这些，就是自寻烦恼。

（5）盲目迷信权威或大V，把自己的投资希望完全寄托在他们身上。向权威或大V学习他们的投资思路和投资框架是值得鼓励的，但如果把投资希望完全寄托在他们身上，而自己完全放弃思考是非常危险的。

（6）把预判当成策略。一个积极进取的投资者肯定要对自己的投资进行深度的思考和预测，但不能把预判当成策略。因为预判只是一种大概率发生的可能性，如果把预判当策略，就相当于把自己的预判当成必然发生的确定性。而我们的投资策略要保证即使预判错误也能让自己全身而退，不会出现大的损失。

说到底，就是不能赌方向。比如我们预判低估的价值风格或超跌板块将会出现均值回归，但我们不能将所有的投资都转到单一方向上，只能用10%至多20%的资金配置在这一个方向，其他资金仍然均衡配置。这样一来，即使均值迟迟不回归，也不至于心态崩溃，割肉止损。

前述美国投资者在行业基金上出现负行为差的原因中，除行业基金波动占比最大外，投资者在买卖时点上的误判、明显的追逐热点和下跌恐慌导致的卖出行为也是共同原因。

2.3.3 减少投资负行为

减少或消除投资负行为差，让负行为差趋近于 0 是我们追求的目标。

也就是要在基金投资中采取懒人养基法，无为而治。

如果投资者的投资行为差趋近于 0，我们就能拿到与基金收益大体相当的投资回报。过往宽基指数的长期年化收益率为 10%左右，主动偏股型基金的长期年化收益率为 16%左右，这些已经非常令人兴奋了。

至于在拿到基金回报的基础上，是否能稍微主观能动一下，以获取一定的正行为差，从而拿到比基金收益略高的回报，这种投后管理是个锦上添花的事，也是更有难度的事，就要看个人的努力程度和天分了。

懒人养基，无为而治，最简单却也最为直观的理解无非就是买入后就趴下不动、不乱折腾。

2.4 摒弃短线思维，坚持长期主义

博短差本身是一种残酷的零和游戏，一个人赚钱就一定要以其他人亏钱作为代价。

而陪伴企业一起成长、与社会一起发展进步的长期投资，才是一种多赢局面。

2.4.1 短线博弈没有确定性

趋势投资、短线博弈通常是很多投资者开始投资时采取的一种方式，毕竟人性使然，每个人都抵抗不了赚快钱的诱惑。

但这种博短差的行为本质上是一种零和博弈，也就是说，如果我们想赚钱，就必须以其他人的亏损作为代价。

不可否认，这种短线博弈在牛市中能赚钱，有时还能赚不少钱，甚至每轮牛市都会产生不少"股神"。

但熊市或者震荡市一来，这些人往往在很短时间内不仅能把之前赚的全部亏完，最后还会连老本都搭上。

对于这一点，大家在投资过程中肯定都不同程度地经历过，我自己也不例外。

"一赚二平七亏"是股市的铁律，我们每个人都自认为能成为赚钱的那 10%，但实际上绝大部分人最后都成了亏损的那 70%中的一员。

想成为镰刀的，结果都成了可怜的韭菜。

这种短线博弈没有常胜将军，全世界都没有。

我们看过不少报道，甚至读过一些传奇故事，但没有一个人能长期这样干还活得好好的。

理由很简单：确定性不够。只要继续按这种方式投资下去，即使有一两次能赚更多的钱，但由于这个钱还在赌桌上，所以迟早有一天会被亏光。

我们还可以做一个假设，如果有一个人做短线有很高的胜率和赔率，那么只要他一直这么干下去，这个世界的钱迟早都会被他赚走。

有正常思维的人都知道，这样的人不存在。

才入市的时候我也不信这个邪，各种技术书籍看了不少，还花钱买过一些"功能强大"的交易分析软件。

在之前的投资过程中，我还曾断断续续地有过一些想法和思路，真金白银地实践过，并且在趋势交易、短线博弈方面我还发明并试图完善过一种方法，一种类似"右侧定投"的方法：把拟投入资金分成五份，在突破关键点位买入一份，之后价格每上涨 10%再加一份，投资全程中，在最后一次买入价下跌 10%时必须无条件止损（止盈）；如果追击顺利，五次买完全仓，则以最高点下跌 10%止盈。

这种方法靠关键点位突破的有效性和铁的纪律取胜。

在价格突破关键点位买入 20%，如果下跌 10%时无条件止损，则亏损 2%；上涨 10%时加仓一份 20%，如果强势不能维持，则在下跌 10%时无条件出局，那么第一笔不亏不赚，第二笔亏 20%×10%=2%，总亏损还是 2%；第三次加仓后如果强势不能维持，仍然是在下跌 10%时无条件出局，则此次总盈亏为 2%+0+(−2%)=0，不亏不赚；若第四次加仓后强势不能维持，仍然在下跌 10%时出局，则总盈亏为4%+2%+0+(−2%)=4%；若第五次加仓后强势不能维持，仍然在最后一次加仓点位下跌 10%时出局，则总盈亏为 6%+4%+2%+0+(−2%)=10%。

我最初对这种"右侧定投"的方法抱以厚望，因为这种方法理论上的最大亏损只有 2%！但如果追到的是一个超级大牛股（基），则我们只需以区区 2%的最大可能亏损赚到盆满钵满！相较于一笔买入追涨，这可以说是性价比非常高的一种定投式追涨策略。

这个方法看起来好像做错了才损失 2%，一旦对了却能赚很多钱，**但实际上这是一个低胜率、高赔率的游戏**，也就是说，如果你不是一个顶尖高手（事实证明根本不存在），没有自己的相对成熟的用于判断强势股或 ETF 的指标体系，追涨所依据的突破指标有效性不高，错一次亏 2%，再错一次再亏 2%，就有积小亏为大亏的可能，直到自己最后完全失去信心。

而且，**我们越来越需要面对机器量化交易逐渐普及的现实，机构不断升级和迭代的量化交易能捕捉毫秒级别、转瞬即逝的市场机会，我们普通投资者设想的赚大钱的交易策略可能永远也派不上用场。**

2.4.2　以持有基金的方式赚钱本质上是春种秋收的过程

股票基金持有的是股票，它的背后是国家优秀的上市公司群体，这些公司不停地营业，天天在赚钱，有源源不断的现金流进来。从理论上来讲，多持有一天，这些公司的权益就会增厚一点，持有时间越长，权益增厚越多。

债券基金持有的是债券，主要包括国债（利率债）和企业债（信用债）。债券一般按期兑付利息，到期归还本金。持有债券时间越长，获得的利息收入越多。

你看，"养只金基下金蛋"是不是自然而然的事？无论是股票基金，还是债券基金，持有时间越长，获得的收益就越高。

但因为资本市场提供了可以随时变现的可能，便捷的交易过程中融入了人的情绪，反映了大众不同的预期，引起了资产价格的起伏波动，从而造成这种收益并不是线性的结果。

投资基金（尤其是权益基金）赚钱更像是春种秋收的过程，但又不像春种秋收那样有规律，等待收获的周期更长，需要我们有更长期的视角。

因为只有长期维度中的股市和债市才是螺旋上升的。

但债券基金的波动远远小于偏股基金，我们重点来看一组偏股混合型基金指数日 K 线图，如图 2-1、图 2-2 和图 2-3 所示。

图 2-1、图 2-2 和图 2-3 分别取自 2008 年 5 月 5 日至 2012 年 9 月 17 日、2015 年 9 月 1 日至 2019 年 10 月 18 日和 2020 年 10 月 13 日至 2022 年 1 月 28 日，时间跨度分别是 4 年 4 个月、4 年 1 个月和 1 年 3 个月，三段加起来 9 年 8 个月还多，已经接近 10 年了。

将近 10 年的时间不可谓不长，但因为那是故意截取的片段，所以我们看到的都是不断的波动和震荡，根本看不清股市和基金运动的方向。

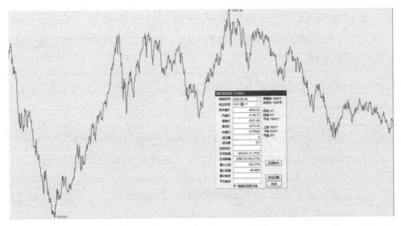

图 2-1　偏股混合型基金指数日 K 线图（2008-05-05—2012-09-17）

图 2-2　偏股混合型基金指数日 K 线图（2015-09-01—2019-10-18）

图 2-3　偏股混合型基金指数日 K 线图（2020-10-13—2022-01-28）

在这三个时间段里，上涨和下跌的交易日比例分别是：51.92%∶48.08%，51.69%∶48.31%，50.94%∶49.06%。也就是说，上涨和下跌的交易日比例大体相等，上涨的交易日占比稍高。

这也进一步说明，如果今天买、明天卖，那么在不计算交易手续费的情形下也没有什么胜率可言。

把完整的日 K 线呈现出来，如图 2-4 所示，股市和基金运动的方向就清晰了：每轮波动的高点和低点都是逐步抬高的，股市总体向右上方倾斜。

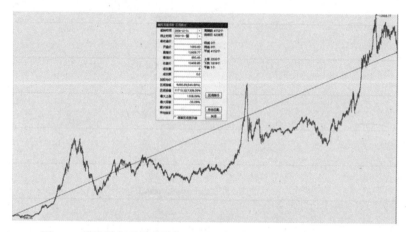

图 2-4　偏股混合型基金指数日 K 线图（2004-12-31—2022-01-28）

2004 年 12 月 31 日偏股混合型基金指数基点为 1000 点，截至 2022 年 10 月 28 日涨幅为 796.14%，17 年 10 个月中年化收益率为 13.09%。

区间最大涨幅为 1260.88%，发生于 2021 年 2 月 10 日，在那个时间点计算的年化收益率达到了 17.59%。

自 2014 年 12 月 31 日至 2022 年 10 月 28 日总共 4330 个交易日中，偏股混合型基金指数有 2317 个交易日上涨，占比 53.51%；有 2012 个交易日下跌，占比 46.47%；1 个交易日平盘，占比 0.02%。也是上涨交易日比例略微占优。

如果将日线换成季线，如图 2-5 所示，这个运动方向更简单明了。

偏股混合型基金指数基本上就依托着 15 季线不断上涨，很少跌破 15 季线，跌破 30 季线更是极少数的几次。

我们可以在行情 K 线中，尝试着将日线换成周线，再依次换成月线、季线和年线，考察周期越长，向上的方向越清晰，K 线就显得越平滑。

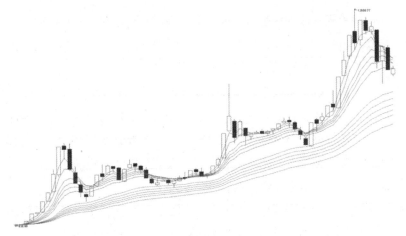

图 2-5　偏股混合型基金指数季 K 线图（2004—2022 年）

当然，在现实的投资中，经常有人会提出疑问，如果我们不幸买在 2007 年或者 2015 年的最高点，想要长期获利就很难，或者说，这个长期显得太长，就根本没有实操价值。

对这个问题我们有解决办法，后续章节会有详述。

我们没有能力买在最低点，甚至没有能力买在次低点，但一定可以避免买在市场最高点。

通过逢低分批布局的方法，我们可以买到一段时间的市场平均成本，买到相对低位，从而以相对较低的市场平均成本通过长期持有来获取丰厚的回报。

这样的投资认知，说小了是常识，说大了是格局。

我们在生活和工作中，都不会盯着脚尖走路，因为盯着脚尖走路肯定摔跤；只能看着更远的方向开车，因为盯着车头开车，多半车毁人亡。

看清方向，才能走远。这是我们多年形成的深入骨髓的东西，已经成为一种潜意识。

可放到投资上，我们却急于求成，太想获得正反馈，从而非常容易陷入短线交易而不能自拔，说到底还是认知不到位，还没有撞到"南墙"。

所以我主张投资要趁早，犯错要趁早；资金再少也要养成投资习惯，早点撞了"南墙"获得正确的投资认知，是比金钱更为重要的财富。

2.5　投资需要适度的"弱者思维"

相信大部分人无论在生活还是工作中都不喜欢身不由已的状态，但拼命追求上进的结果往往就是陷入这种状态：不进则退，甚至想要退却都没有可能。

而这种身不由己的状态在投资中是没有可持续性的，所以在我的观念里，"懒人养基"是一种不打满、不紧绷、进退自如的状态。

活下来，才能赚钱。所以我们在人生观和方法论上都需要适度的"弱者思维"。

投资最重要的品格是自信乐观，因为只有相信未来终将美好，投资者才看得到希望，投资才能进行下去。可另外，投资还需要"弱者思维"，承认自己能力有限，知道哪些可为、哪些不可为，才能使投资顺利进行并最终获利。

普通投资者如此，基金经理亦然。

2021年好多明星基金经理业绩落后，原因是没有追新能源、有色金属和顺周期板块。

我们普通投资者都知道的事，相信这些大咖肯定也看得出来。

可为什么不追呢？基金经理肯定有自己的考量：需要坚持自己的投资框架、固守自己的能力圈，最关键的是怕追进去成为那个"高位站岗人"。

说到底还是一种弱者思维，这个钱我赚不了，我就不强行去赚，不要想走捷径，我赚我看得懂的、属于我能力圈范围的钱就可以了。

在纷繁复杂和瞬息万变的市场面前，我们每个个体都是弱者。只有坚守自己的投资体系，不谋求打败市场，才能不给市场打败自己的机会，赚自己看得懂的那部分钱。

通俗地说，弱者思维就是，知道自己几斤几两，有多大本事就"吃几碗干饭"。

具体到基金投资上，弱者思维主要体现在以下几方面。

（1）承认自己没有禀赋异能，确定一个理性而中庸的收益目标。几乎年年都会有的动辄80%、100%的年化收益率看得到、摸不着，与我们无关。能有15%的长期年化收益率就不错了，努点力再加上运气能到20%就烧高香了。

（2）承认自己没有在市场上进行短期博弈的能力，就选择做那个笨笨的长期投资者，赚企业长期成长和赢利增加带来的那部分收益。

（3）承认自己心理承受能力有限，基金投资从来不加杠杆，不仅不加杠杆，还得留足日常所需和紧急需要的备用金，投资才能从容不迫。

（4）承认自己研究和预判行业的能力不够，不能在2016年买白酒、2018年买新能源，就老老实实买宽基指数基金或者均衡配置的主动基金，赚那个细水长流的钱。即使偶尔做一次行业基金投资，也只赚自己看得懂的那部分，除此之外再多的涨幅都与自己无关。

（5）承认自己没有准确抄底或逃顶的能力，就做股债配置构建基金组合，每一到两年进行一次股债动态再平衡，机械地做高抛低吸。即使知道这样做可能会丧失一些投资效率也在所不惜。

（6）知道自己研究基金经理的深度不够，找不到那个可以一劳永逸的、理想的基金经理，就用 5 ~ 10 个当下看起来一流的基金经理，用他们的平均水平来代替那个理想化的角色。价值、成长、GARP、中观、景气轮动、量化，入选的基金经理尽可能在投资风格上做分散。即使知道 5 ~ 10 个基金经理带来的平均收益不如那个最拔尖的基金经理也没办法，因为我确实不知道 5 年、10 年后谁最好。

（7）知道自己的认知和预判能力有限，所以不会将预判当作决策和策略。实际的策略和方案一定是留有余地的，即使出现最坏的情形也能从容应对。即使知道这样做在短期内可能会少赚钱也没关系，毕竟安全地赚钱更重要。

（8）知道自己情绪易受影响，所以不挑战人性，不赌方向，不重仓单一基金或行业主题，少看短期市值变动，少折腾，减少交易频率。即使这样做会使自己的投资生活平淡无奇也没关系，因为这种有赌性的偶尔的成功会使自己狂妄自大，误判自己的投资能力，从而改变自己的投资行为，导致灾难性后果。

总之，自信乐观和适度的弱者思维才是高智商的投资行为，在基金投资上也才能进退自如、行稳致远。

2.6　制订完整投资策略的重要性

感觉和冲动是思维的第一层次，靠感觉和冲动投资也是最不靠谱的投资行为。

2.6.1　摒弃靠感觉和冲动投资的行为

偏偏初入市的投资者往往是"初生牛犊不怕虎"，听别人一句话，看了一组 K 线图，读了一篇营销性质的短文，他们就敢投入大把的资金。

投入大把资金的动机当然也很简单：想赚大钱。

可买完以后一旦碰到下跌（至少50%的概率），甚至是连续阴跌或者大幅下跌，他们就傻眼了。

因为他们根本不知道自己当初买入的逻辑：是前景广阔可以长期持有，还是超跌之后介入博反弹？适合分批买入、越跌越买，还是可以"一把梭"？买入比例是5%、10%，还是可以全仓投资？

在与网友交流的过程中，我经常开玩笑说，在成长过程中我们都知道先学习再考试，可一进入股市就变傻了：不少人先考试，再学习。

等套牢了、巨亏了，才来问怎么办。

还有不少人上来就问，这位基金经理行不行，那只基金能不能买？

我通常的回复是如果自己还没有思路，就一定不要急于开始投资。

事实上，这样的回复根本阻止不了投资者的鲁莽投资行为，该买照样买。

谁说必须要有自己的思路、自己的主见才能投资的？我听 XXX 买了 XXX 不照样赚钱了吗？

是的。在股市上凭运气确实能赚到钱，但是用同样的方法凭运气还能亏回去。

我们只看到了一两次能够赚钱的成功案例，却没有重视这样的成功能不能复制、有没有可持续性。

随意而频繁地买卖，最后的结果当然也很"扎心"：一赚二平七亏。

2.6.2　不能直接将预判当策略

我该买什么、怎么买才能赚钱？

带着这样的问题，我们会到处查资料，用各种方式进行调研，反复思考再思考，从而形成自己的观点，形成自己的主见。

对具体的投资问题，不是人云亦云，而是有了自己的观点和主见，对下一步该如何投资有了自己的预判。

相较直觉和冲动，预判是思维的更高层次，因而也可能有了更高的胜率。

但是不能直接将预判当策略。

因为预判的实现只有一定的概率，即使是大概率也不等于 100%正确。

所以，直接将预判当策略基本等同于赌博。

举例说明。

2021 年，中概互联从最高点下跌超过 30%，有的投资者因为一直跟踪中概互联，觉得跌得差不多了，所以"一把梭"全仓买入。

这就是直接将预判当策略。

而且不少人就是这么干的。

后面的结果我们都知道了，中概互联最大跌幅超过了 70%（场外），也就是说，如果在下跌 30%的时候"一把梭"买入，之后还要承受超过 40%的跌幅（从 0.7 跌到 0.3 以下）。

绝大部分"一把梭"的投资者根本承受不了，只好在大幅亏损后忍痛割肉离场了。

而自下跌 30%开始以月定投的方式买入中概互联，买入周期为 12~24 个月，投资中概互联的钱占总投资比例的 10%～20%。

这是进可攻、退可守的投资策略。

首先，这是获取下跌过程中 1 年左右时间的平均成本，虽然不能买到最低价，但是能够买在一个相对较低的成本区间。

其次，将投资额控制在总投资额的 10%～20%，是因为下跌过程中会伴随着各种负面消息，这样的投资比例完全摒弃了"赌性"，能解决各种负面消息不断的情况下不敢继续投资的问题。

而且，如果新能源、人工智能、消费、医药等行业主题基金跌下来都会是不错的投资机会，没必要将所有投资都押在一个方向上。

投资策略要保证即使在预判不全对或者预判全错的情况下，都能够全身而退，不至于"伤筋动骨"。

当然，我们在这里讨论的是成功投资策略的可复制性和可持续性。

还有一种完全不同的观念很诱人：富贵险中求，王侯将相宁有种乎？

不成功便成仁也是一种活法。

都对，都有人践行，不能强求谁必须接受谁的观点。

可能还会有人说，我只赌一回，赚到第一桶金我再考虑成功投资可以复制和持续的问题。

我不相信赢了大钱的人会离开赌桌。

所以我曾经写过一篇文章，叫《投资中最危险的事，是用错误的方法赚到了钱》。

2.6.3 对最坏的情形做好准备

一个完整的投资策略，一定是在风险可控的前提下追求收益最大化，要么以较低的风险赚到中等收益，要么以中等风险赚到较高收益。

换言之，一个好的投资策略一定是获取理想的收益并聪明地承担风险。

现实的情形是，我们都想要收益最大化，却忽略了那个最重要的前提：风险可控。

放到基金投资上，最大的风险是净值回撤过大引发投资终止。

请注意，最大的风险不是净值回撤本身，而是净值回撤过大引发的投资终止（"我不玩了"）。

净值回撤达到 5%，我们大部分人也许还能谈笑风生；回撤达到 10%，就会感到肉疼；回撤达到20%，也许会恐慌；回撤超过30%，可能就会崩溃。

亏损30%甚至更多，这时候你受不了啦，一声叹息"这股市真不是人玩的"，然后割肉离场。

也有亏麻木了，被套踏实了、绝望了，装死硬扛的。然后消极等待一年半载或者三年五载，终于解套了，或者亏损不多了，赶紧卖出离场。

而不管发生上述哪种情况，结果一定都是投资失败。

为了避免投资失败，我们的投资策略必须要为最坏的情形做好准备：

（1）资产配置一定要同时匹配自己的收益目标和承受回撤的能力。

（2）一旦出现始料未及的回撤，有预案，不慌张。

（3）极端事件引起系统性风险时（尽管极少出现），有条件和能力撑过最困难时期。

应对极端事件引起的系统性风险，有时往往超出了投资策略本身。

比如，在基金投资之外，我还有一份职业（或经营企业），我还投资了房地产可以收取房租，我还有充足的应急现金储备。

系统性风险的出现，往往也意味着拐点即将来临。撑过最困难的时期对投资来说就是生死攸关的大事。

我们都知道，即便出现2008年美国那样的金融危机，持续时间也并不长，之后美国股市走出了超过10年的大牛市。

所以支撑完整投资策略的，实际上是一个人的人生规划。

当然我们不能走到另一个极端，那就是不愿承担风险。从投资角度看，规避风险也就意味着连同收益一起规避。而不愿承担任何风险就意味着什么事情都不能做，从而也将一事无成。

我们需要的是：聪明而正确地对待风险，投资成功才能长久持续。

2.7　小结：投资是一个寻找确定性的过程

从投资者行为倾向来讲，存在两个大方向：博彩式投资（短线交易）和理性投资（长期价值投资）。

为了讲清楚问题，需要先介绍两个来自博彩业的概念：胜率和赔率。

胜率很好理解，就是获胜的概率；而赔率就是庄家针对不同的选择给出的赔付标准，可能性越小，赔付金额越高，反之亦然。

2.7.1 博彩式投资确定性不够，但符合人性

彩票大多带有公益性质，是一种合法的博彩。每期彩票都会开出大奖，但很少有人会把买彩票作为一种常规致富手段，因为中大奖的概率实在太低、太低。

博彩业精确地计算好了胜率和赔率，不怕你赢钱，就怕你赢钱后不玩了。因为只要你一直玩下去，就一定会赔钱。

正常而理性的人不会以赌博为业，因为一直做下去是确定亏钱的。

可是一进入股市，好多人就凌乱了：多数人热衷于博短差，几乎成了一种群体共识。很正常，因为人性使然。

但我认为这是一种错误的群体共识。

我们来看几组数据。

（1）自然人投资者以 20% 左右的 A 股持仓占比，创造了 80% 以上的 A 股交易额，也就是说自然人投资者在 A 股的交易占比大约 4 倍于持仓占比。如表 2-1 所示。

表 2-1　上海证券交易所各类投资者持仓及交易占比

上海A股	自然人投资者		一般法人		专业机构(含基金)		专业机构(基金)		沪股通	
年度	持仓占比/%	交易占比/%	持仓占比/%	交易占比/%	持仓占比/%	交易占比/%	持仓占比/%	交易占比/%	持仓占比/%	交易占比/%
2007	48.30	86.00	18.00	3.60	33.70	10.40	25.70	8.30		
2008	42.20	83.20	31.60	4.00	26.20	12.80	18.90	9.90		
2009	26.50	85.40	56.50	3.80	17.00	10.80	11.10	8.00		
2010	23.10	84.60	61.00	2.40	15.90	13.00	7.20	7.70		
2011	20.50	83.50	64.30	2.10	15.20	14.40	6.00	7.10		
2012	19.70	80.80	63.40	2.10	16.90	17.10	5.90	8.00		
2013	21.80	82.20	63.60	2.50	14.60	15.30	4.50	6.20		
2014	23.50	85.20	61.40	3.00	14.70	11.60	3.80	4.00	0.40	0.20
2015	25.20	86.80	59.80	2.10	14.50	10.50	2.90	2.30	0.50	0.60
2016	23.70	85.60	60.00	1.40	15.60	12.20	3.00	3.50	0.70	0.80
2017	21.20	82.00	61.50	1.90	16.10	14.80	3.30	4.20	1.20	1.30
2018	19.60		64.60		13.90		3.50		1.90	
2019	20.59		60.88		15.74		4.10		2.79	
2020	22.93		55.96		17.77		6.10		3.34	
科创板 2019-07-22—08-21	自然人投资者交易占比				89.00		机构投资者交易占比			11.00

数据来源：《上海证券交易所统计年鉴》、上海证券交易所 2019 年 8 月 21 日《关于科创板开市首月情况答记者问》。

（2）根据上海证券交易所的统计数据，沪市 2020 年和 2021 年股票成交额分别是 83.99 万亿元和 114.00 万亿元人民币，相较 2020 年和 2021 年年底的总流通市值 38.00 万亿元和 45.53 万亿元人民币，全年换手率分别为 221.03% 和 250.38%。

也就是说，沪市近 2 年每年换手 2 次到 2.5 次。

深市的换手率更高。

据深圳证券交易所官网的数据显示，深市 2020 年和 2021 年股票成交额分别是 122.84 万亿元和 143.97 万亿元人民币，相较 2020 年和 2021 年年底的总流通市值 26.36 万亿元和 31.61 万亿元人民币，全年换手率分别为 466.01%和 455.46%。

深市在 2020 年和 2021 年每年换手都超过了 4.5 次。

全部 A 股 2020 年和 2021 年的换手率（按每年总成交额除以年末流通市值计算）约为 321.36%和 334.42%（很巧合，与全部偏股基金平均持仓股票换手率大体相当）。

（3）如果根据自然人投资者交易占比 4 倍于持仓占比简单推算自然人投资者换手率，那么，这一数据也大体 4 倍于市场平均换手率，即 2020 年和 2021 年自然人投资者换手率分别为 1285.44%和 1337.68%，每年换手超过 12 次，平均每月换手 1 次还多。

我们都知道的股市铁律"一赚二平七亏"，"七亏"的大部分人是短线交易者。我们在 2.4 节中说过，短线交易是一种零和博弈[1]，时间长了，注定是亏钱的。

短线投资者总体是追涨杀跌的，中长线投资者则是低买高卖。短线投资者制造的波动、亏出去的钱，就是中长线投资者尤其是专业机构超额收益的重要来源。

2.7.2 从群体错误共识者变身理性人

我们可以通过层层递进的方法寻找投资的确定性，从群体错误共识者变身理性投资人。

（1）寻找投资确定性的第一步是摒弃短线思维和博彩式投资，因为只有在较长时间维度中股市才是螺旋上升的，长期投资才是一种正和博弈，参与者都可以赚钱。

（2）长期投资单一个股，存在企业经营不善、退市和破产的非系统性风险，可以通过构建投资组合来规避。

（3）基金是组合投资、分散非系统性风险的一种实现形式。

（4）行业主题基金的不确定性可以通过多投资几个行业主题基金或者直接投资宽基指数基金解决。

1　零和博弈是指双方在博弈时，一方获得利益的同时必然意味着另一方遭受损失，双方受益加和为 0，做短线、短差就是典型的零和博弈行为；负和博弈是指双方在博弈中由于不可调节的冲突和矛盾，有损双方的利益，导致两败俱伤的场面；正和博弈是指博弈双方的利益都有所增加，实现双赢局面。

（5）鉴于主动基金还有不菲的超额收益，可以通过主要投资主动权益基金获得更高收益，也有更高赔率。

（6）单一主动基金可能存在的收益率不稳定、基金经理离职等不确定性因素，可以通过多投资几只主动基金获取它们的平均收益的方式来规避。

（7）可以用不同投资风格的基金构建组合，达到平滑波动的目的；还可以将债券基金、商品基金、REITS 等加入组合，进一步平滑波动。

（8）还可以通过构建跨市场（国别）基金组合，进一步分散风险，平滑波动。

（9）对不同风险承受能力的投资者，可以适配不同的基金投资组合。

- 5~10 只纯债基金构建纯债基金组合，适合低风险投资者；
- 5~10 只偏债型基金和可转债基金构建积极债基组合，适合中等风险偏好投资者；
- 5~10 只偏股基金构建偏股基金组合，适合较高风险偏好投资者；
- 以偏股基金组合、积极债基组合和纯债基金组合作为子组合，并加入商品基金和 REITS，用不同的比例进行配置，可以构建适合其他所有风险偏好投资者的若干投资组合。

长期投资用科学方法构建的基金组合，是一种高胜率、中高赔率的投资行为，是我们进行权益投资的理性选择。

第 3 章

主动基金与指数基金（一）

主动基金目前还有不菲的超额收益。

从成熟资本市场的经验来看，随着市场越来越有效，主动基金的超额收益会逐渐消失。

理性投资者当然应该抓住超额收益消失前的机会,享受主动基金带给我们的"红利"。

但不懂不投，在投资主动基金前，我们需要把它看明白，搞清楚。

看懂各类主动基金，了解它们各自的收益回报特征到底是什么样的，相信这是广大投资者最为关心的问题。

3.1 选主动基金还是指数基金

要回答这个问题似乎并不难，哪一类的收益高就买哪一类。

成熟市场指数基金的业绩更好，巴菲特的 10 年赌约几乎世人皆知。

而在 A 股市场，主动基金总体的收益率更高，这也是不争的事实。

3.1.1 主动基金的收益率和幸存率更高

我们来看中证主动式股票型基金指数与中证被动式股票型基金指数截至 2022 年 11 月 22 日近 5 年的走势对比图，如图 3-1 所示。

图 3-1 中证主动式股票型基金指数与中证被动式股票型基金指数走势对比

（2017-11-23—2022-11-22）

根据中证指数官网数据，2017 年 11 月 23 日至 2022 年 11 月 22 日这 5 年间，中证主动式股票型基金指数和中证被动式股票型基金指数的累计收益率分别为 53.66%和 11.41%；以 2022 年 11 月 22 日作为统计日，中证主动式股票型基金指数近 1 年、近 3 年和近 5 年的年化收益率分别是 –24.86%、12.69%和 7.17%，而中证被动式股票型基金指数相应的数据分别是 –20.22%、4.01%和 2.18%。中证主动式股票型基金指数近 1 年的年化收益率稍不如中证被动式股票型基金指数，但近 3 年和近 5 年的年化收益率分别是中证被动式股票型基金指数的 3.16 倍和 3.29 倍。

而如果把时间往前推至 2021 年年末，2016 年 12 月 29 日至 2021 年 12 月 28 日这 5 年间，中证主动式股票型基金指数和中证被动式股票型基金指数的累计收益率分别为 109.77%和 61.49%；以 2021 年 12 月 28 日作为统计日，中证主动式股票型基金指数近 1 年、近 3 年和近 5 年的年化收益率分别是 9.52%、36.87%和 15.68%，而中证被动式股票型基金指数相应的数据分别是 6.82%、21.73%和 9.82%。中证主动式股票型基金指数近 1 年、近 3 年和近 5 年的年化收益率分别是中证被动式股票型基金指数的 1.40 倍、1.70 倍和 1.60 倍。

再看一组《晨星中国基金主动/被动晴雨表》历次统计数据，如表 3-1 所示。

表 3-1　中国公募主动基金战胜指数基金比例/%

统计日期	2018-06-30	2018-12-31	2019-06-30	2019-12-31	2020-06-30	2020-12-31
过去 1 年	69.10	59.80	40.80	75.00	89.80	86.70
过去 3 年	63.20	45.90	45.50	68.40	85.80	89.70
过去 5 年	54.40	53.10	48.10	76.80	82.20	80.80
过去 10 年	70.70	54.50	70.80	78.20	80.10	75.60

数据来源：Morningstar Direct。

截至 2020 年 12 月 31 日，过去 1 年、过去 3 年、过去 5 年和过去 10 年主动基金对指数基金的战胜率分别是 86.70%、89.70%、80.80%和 75.60%，也就是几乎 8 成以上的主动基金战胜了相应的指数基金。

根据晨星中国的研究结果，主动基金，无论资产加权收益率还是平均收益率，都显著高于指数基金，而且主动基金相对指数基金拥有更高的幸存率，如表 3-2 所示。

表 3-2　中国偏股基金过去 1 至 10 年累计收益率及幸存率统计（2020 年 12 月）

	幸存率/%		资产加权收益率/%		平均收益率/%		战胜率/%
	主动基金	指数基金	主动基金	指数基金	主动基金	指数基金	主动基金
过去 1 年	98.90	93.10	56.10	30.10	58.60	32.80	86.70
过去 3 年	97.40	77.80	19.40	9.80	20.90	9.20	89.70
过去 5 年	97.10	73.80	10.40	6.40	11.90	5.50	80.80
过去 10 年	97.90	89.60	9.60	6.30	10.70	6.90	75.60

统计截止日为 2020 年 12 月 31 日；数据来源：Morningstar Direct。

根据表 3-2 数据，截至 2020 年年底，中国公募主动基金过去 1 年、过去 3 年、过去 5 年和过去 10 年的资产加权收益率是指数基金的 1.86 倍、1.98 倍、1.62 倍和 1.52 倍，平均收益率这一数据分别是 1.79 倍、2.27 倍、2.16 倍和 1.55 倍。而且，主动基金统计期间幸存率为 97.10%～98.90%，明显高于指数基金的 73.80%～93.10%。

1. 2021 年的前 5 年消费行业被动基金收益率更高

当然也有例外，在消费行业基金中，主动基金的基金经理则难以战胜相应的指数基金。根据晨星中国的跟踪研究，截至 2020 年年底，消费行业仅有半数主动基金在最近 3 年的业绩超越了相应的指数基金，1 年期和 5 年期的战胜率则更是分别只有 35.10% 和 18.20%。

而在医药行业和科技、传媒及通信行业的基金中，主动基金的资产加权收益率均优于同类指数基金对比组，并且主动基金的平均收益率也优于同类指数基金。

2. 未来若干年主动基金仍然会有不菲的超额收益

指数基金选择了头部上市公司作为其规则和策略（市值加权），而主动基金可以在此基础上优选更好、更精的企业群体，从而在理论上提供了主动基金战胜指数基金的可能。根据《上海证券交易所统计年鉴》多年来提供的数据，A 股庞大的散户群体以 20% 左右的资金量创造了超过 80% 的交易量，大量短线的情绪化交易加剧了市场的波动性和无效性，为机构获取超额收益提供了肥沃的"土壤"和现实的基础。（详细数据请参阅本书 2.7 节。）

主动基金超额收益的消失可能要以广大散户退出直接的股票交易为前提，也就是个人投资者选择基金作为主要的投资方式，从而推进 A 股进入机构化投资时代；而机构的博弈和机器程序化交易的普及，将随时捕捉瞬息即逝的机会，从而促进市场的有效性。但这个过程不会一蹴而就，可能需要数十年的时间。

这就意味着主动基金相对于指数基金不菲的超额收益应该还能维持很长时间，至少还能让我们再跨越一轮牛熊周期。

3.1.2 投资哪类基金，除了收益率还要看投资难度

如此看来，现在投资主动基金应该是明确无误的不二选择。

但是，上面列示的一系列收益只是看得到的收益。对于这种收益，我们普通投资者能不能"拿到"还要打个问号。也就是说，除了看得到的收益，选择哪一类基金进行投资还要考虑投资难度。

其实这也是广大投资者长期争论不休的重要原因。

指数基金规则透明，持仓透明，何时进行调仓有理有据；缺点当然也很明显，

就是全天候满仓操作，波动更大，投资者的持有体验不那么友好。

主动基金虽然可以通过季报看到前十大持仓，通过基金经理在定期报告中的陈述和访谈对基金经理进行深度了解，通过持仓行业、市值、估值、换手率等指标分析基金经理大致的投资风格，对基金进行行业绩归因等分析，但主动基金的投资策略是不公开、不透明的，而且可能要面临着基金经理投资风格漂移和基金经理更换的双重不确定性。

说到底，指数基金有既定的规则和策略，主动基金则靠基金经理的主观能动性。

如果不太计较与主动基金的收益差，那么从买的角度看，选择宽基指数长期持有是较为简单的。但难就难在持有环节，即如何面对指数基金更大的波动性。

如果想对指数基金进行择时，那么所依据的估值或市场情绪都是一种艺术，普通投资者难以掌握，搞不好我们的择时大概率会带来负收益。

如果想对指数基金做一些优化，比如将长期收益更好的消费、科技、医药行业主题指数基金按一定的比例构建投资组合，同时每 1 年到 2 年对这种组合做一次动态再平衡，通过定期机械地恢复消费、科技、医药行业指数基金的原始占比实现高卖低买，做一定的行业轮动，那么其收益说不定比主观轮动更好。

主动基金的分析判断其实也并不太难，从看评级、评奖，到看定期报告，通过前文所述的一些指标分析基金经理的投资风格并进行行业绩归因是办得到的，前提是自己想搞明白，并且下决心付诸实践。

至于单只主动基金的一些不确定性，诸如业绩不够稳定、基金经理可能跳槽等，可以多选几只自己认为优秀的主动基金构建组合，通过分散配置的方式来消除。

如果不想自己费力气挑选基金和构建组合，就可以直接购买投资主动基金的 FOF（基金中的基金）或者基金投顾产品。专业的事交给专业的机构去做，一些头部基金公司的 FOF 或投顾产品长期战胜宽基指数是没有问题的。

3.1.3　以主动基金为主、指数基金为辅

总之，买主动基金还是指数基金，并不是非此即彼的选择，我们每个人要根据自己对它们的认知程度，选择适合自己的投资标的，毕竟唯有对自己了解和信任的投资标的才能放心买入并持有，也才能达到投资赚钱的目的。

但是从"懒人养基"、力争实现"躺赢"的角度，我认为在主动基金超额收益消失之前的若干年，主动基金应该成为我们的投资首选。

我自己总体上就是以投资主动基金为主、指数基金为辅，而投资主动基金是以利用基金经理不同投资风格构建投资组合的方式长期持有，投资指数基金是在跌出机会时设定定投周期逆向布局，买完后耐心持有达到一定的收益目标后止盈。

3.2 看懂一只主动基金：概念和分类

我经常爱做一个并不是那么恰当的比喻：投资主动基金像开自动挡或智能化程度较高的汽车，很多细节上的东西我们可以放心交给基金经理，因此我们可以更"懒"一些；而投资指数基金更像开手动挡或智能化程度较低的汽车，我们要操更多的心，但也可能会有更多的乐趣。这样的比喻和表述太过"模糊"了些。

所以从本节开始，我们就抽丝剥茧，一起来认识主动基金的方方面面。

3.2.1 主动基金与被动基金的概念

主动基金与被动基金的区分主要是从投资策略的角度来说的。

被动基金通常又称为指数基金，它是被动跟踪和复制一个指数、并被动执行一个既定的策略。这个策略通常是市值加权策略，还有聪明的 β 策略——红利、价值、质量、低波动等因子暴露。这个策略是既定的，基金只要被动跟踪和执行，实现较小的跟踪误差就可以了。

我们熟知的跟踪沪深 300 指数、中证 500 指数、创业板指数、中证红利等指数的基金就是指数基金。

主动基金是一种充分发挥基金管理团队主观能动性的投资形式，不同的投研团队有不同的能力圈，因而也可能有不同的投资策略，在基金管理过程中投资策略还可以不断地进化和迭代。这种主动管理锚定一定的目标指数或业绩基准，以实现超额收益为最终目的。

由此可见，管理主动基金更具有挑战性。我们通常较为熟知的明星基金经理通常也是主动基金的基金经理。

3.2.2 主动基金的类型

按主动基金投资标的，主动基金主要可以分为股票型基金、偏股（积极配置）混合型基金、平衡（标准）混合型基金、偏债（保守）混合型基金、债券型基金、量化对冲基金和货币基金等几大类。

由于货币基金按摊余法计算净值，净值波动很小，走势平稳，所以我们把它放在第 6 章介绍。本章则主要讨论采用市值法计算净值的其他类型主动基金，分析它们各自不同的风险收益特征。

1. 股票型基金

一般来说，股票型基金是指只投资股票、不投资债券的基金。

根据中国证监会发布的修订版《公募证券投资基金运作管理办法》(自 2015 年 8 月 8 日起实施)，股票型基金持有股票仓位下限调整为 80%，之前的标准是股票仓位不低于 60%。

除了留下少量现金应对日常赎回，股票型基金理论上可以无限接近满仓，但股票仓位下限是 80%。正因为股票型基金仓位最高，所以同等条件下长期收益最高，波动和回撤也是最大的。

截至 2022 年一季度末，公募股票型基金(含指数基金)约 1800 只，资产净值约 2 万亿元，约占全部公募基金总规模 25 万亿元的 8%。

2. 偏股混合型基金

偏股混合型基金又称为积极配置混合型基金，投资股票的仓位为 60%~95%，债券仓位大体为 5%~40%。每只偏股混合型基金具体是多大比例的股票仓位，取决于基金经理是偏激进还是偏稳健的投资风格，比如朱少醒的富国天惠就是一只偏股混合型基金，但他基本上长期维持 90% 以上的高股票仓位，债券仓位很低；而有的基金经理可能相对稳健和保守，股票仓位就会低一些。很多灵活配置混合型基金实际上也是偏股混合型基金。

由于配置了部分债券仓位，所以偏股混合型基金的长期总体收益要比股票型基金低一些，波动和回撤也要小一点。

市场上还有一类灵活配置型基金，理论上的股票仓位可以在 0~95% "灵活" 波动，但从实际运作中看，这里面大部分是偏股混合型基金，也有少量定位于做绝对收益的偏债混合型基金。

截至 2022 年一季度末，共有公募偏股混合型基金及灵活混合型基金约 3300 只，资产净值约 4.5 万亿元，约占全部公募基金总规模 25 万亿元的 18%。

3. 平衡混合型基金

也称标准混合型基金，是一种股债均配的混合型基金，股票和债券各一半的仓位。但实际运作过程中，股票仓位可能会位于 40%~60%。

这类基金目前数量很少。它的收益低于偏股混合型基金，回撤也低于偏股混合型基金，理论上它的回撤差不多只是股票型基金的一半。

"平衡" 的另一层含义实际上是稳健，更适合追求稳健风格的投资者。

截至 2022 年一季度末，公募平衡混合型基金仅 33 只，资产净值约 600 亿元，约占全部公募基金总规模 25 万亿元的 0.24%。

4. 偏债混合型基金

偏债混合型基金又称保守混合型基金。

通常股票仓位低于 40%、高于 20% 的基金称为偏债混合型基金。

配置 10%～20% 的股票仓位，在 80% 左右仓位中同时配置纯债和部分可转债，实际上也是一类偏债混合型基金。

还有一类主要投资对象是可转债的基金，又称为可转债基金。持有可转债的投资人可以在转换期内将债券转换为股票，或者直接在市场上出售可转债变现，也可以选择持有债券到期，收取本金和利息。可转债基金通常也会在二级市场配置部分股票仓位，所以实际上也是一类偏债混合型基金。

配足 80% 仓位纯债，同时在二级市场配置 10%～20% 股票仓位的基金通常称为二级债券型基金。二级债券型基金又可细分为积极风格二级债券型基金和保守风格二级债券型基金，而积极风格二级债券型基金的收益波动特征更像偏债混合型基金，所以在我的投资体系中，我更愿意把积极风格二级债券型基金甚至全部二级债券型基金归入偏债混合型基金一类。

截至 2022 年一季度末，公募偏债混合型基金约 700 只，资产净值约 8200 亿元，约占全部公募基金总规模 25 万亿元的 3.28%。

5. 债券型基金

债券型基金是指以国债、金融债、企业债等固定收益类金融工具为主要投资对象的基金，因为其投资的产品收益比较稳定，所以又被称为"固定收益类基金"。

债券型基金又分为纯债型基金和普通债券（混合债券）型基金中的一级债券型基金。

纯债型基金的投资范围为国债、央行票据、金融债、地方政府债、企业债、公司债、中期票据、短期融资券、超级短期融资券、资产支持证券、次级债券、可分离交易可转债的纯债部分、债券回购、银行存款（包括协议存款、定期存款及其他银行存款）、货币市场工具，可转债仅投资二级市场可分离交易可转债的纯债部分。

普通债券（混合债券）型基金在 80% 以上仓位投资纯债券以外，还可以少量投资可转债。最早的一级债券型基金是可以投资一级股票市场，也就是参与打新股的。然而随着基金行业产品结构的不断完善，2012 年 7 月，中国证券业协会发布了《关于首次公开发行股票询价对象及配售对象备案工作有关事项的通知》，停止受理一级债券型证券投资基金和集合信托计划成为新股配售对象的备案申请，停止已完成备案的一级债券型证券投资基金和集合信托计划的新股配售对象资格。现在的一级债券型基金实际上是指在 80% 以上的纯债仓位之外可以投资少量可转债的基金。

可转债既有债性，同时也有一定的股性，而且因为可转债可以转换成公司股票在二级市场流通，所以普通债券型基金中的一级债券型基金的波动稍大，收益也可能更高一些。

截至 2022 年一季度末，公募债券型基金（含指数基金）约 2800 只，资产净值约 7.3 万亿元，约占全部公募基金总规模 25 万亿元的 29%。

6. 量化对冲基金

我们都知道投资股市有两种主要的策略：一种是单向做多，绝大多数的权益类基金就是这种策略类型；另一种是单向做空，主要方式是融券卖空或者做空股指期货。

理论上讲，做多股市是一种风险有限、收益无限的策略，而做空股市则是风险无限、收益有限的策略，因为长期来看股市会一直涨。

显而易见，无论是做多还是做空，波动都是无法避免的。

于是，同时做多和做空的中性策略出现了。

量化对冲基金就是一种中性策略基金，它通过建立一个主观多头，或者一个指数增强组合，同时做空相应的股指期货，把股市的波动对冲掉，来获取稳定的绝对收益。

有一个比喻对中性对冲策略形容得比较贴切：

我们都喜欢美食，但在享受美味的同时，要承担长胖的风险。如果我们在享受美味的同时适当运动，就可以起到减肥效果，从而避免长胖。

最终结果就是，我们踏踏实实地享受了美味，而且并没有长胖。

"美味+长胖的风险"相当于主观多头或者现货指数增强组合，而运动减肥就是那个可以做空的股指期货。

这种策略的有效性主要取决于主观多头或现货指数增强组合的有效性，必须确保能够跑赢相对应的股票指数，即牛市时比股票指数涨得多，熊市时比股票指数跌得少，才能保证无论什么市况都能获取正收益。

此外，这种绝对收益[1]要超过无风险收益率，也就是 10 年期国债收益率，否则这样的策略就没有多少意义。

1　绝对收益：不管市场怎么波动，都以获取正收益为目的，没有参考基准或对比标的。获取相对收益则以跑赢业绩比较基准为目标。

从世界范围来看，日本和欧洲已经出现了零利率甚至负利率，如果这一策略能够实现稳定的正收益，那么从长远来看是非常值得关注的。

截至 2022 年一季度末，公募量化对冲基金仅 25 只，资产净值约 270 亿元，约占全部公募基金总规模 25 万亿元的 0.11%。

3.3　各类主动基金及部分指数基金的过往收益回撤特征

投资基金不仅要考虑绝对收益，还要考虑相对收益，也就是投资不同类型基金的性价比。

有的基金的收益率很高，但波动很大，就像一匹我们无法驯服的"烈马"，我们无法安心长期持有，也就赚不到这份高收益；有的基金收益率适中，波动也处于中等水平，投资者的持有体验可能也会好一些；而还有的基金收益率偏低，同样波动也偏小，容易长期持有，但对我们大部分投资者来说，又不甘心于这样偏低的收益率。

所以分析不同类型基金的过往收益回撤特征十分重要，我们可以根据自己的风险偏好水平来选择不同类型的基金进行投资，从而达到事半功倍的效果。

考查基金投资收益回撤特征的一个重要指标是卡玛比率。

卡玛比率（Calmar Ratio），即收益回撤比，描述的是收益和最大回撤之间的关系。计算方式为年化收益率与历史最大回撤之间的比率。

收益越高且回撤越小，则卡玛比率数值越大，基金的业绩表现越好，反之则基金表现越差。

虽然卡玛比率在比较同类型基金有意义，但用不同类型基金指数的卡玛比率的比较也有一定的参考价值。

最大回撤是指在选定周期内任一历史时点往后推，产品净值走到最低点时的收益率回撤幅度的最大值。

最大回撤用来描述买入产品后可能出现的最大浮亏。对一直持有该证券的人来说，则意味着当净值涨到一个相对高点刚要让他们沾沾自喜时，可能紧接着来一个持续下跌，这个下跌可能不仅抹掉全部利润，还要带来幅度不小的亏损……犹如坐了一趟惊险的"过山车"！

对所有的投资者来说，由于根本无法预判何时上涨迎来主升浪、何时回撤迎来深度回调，所以上涨和回撤就像一个硬币的两面，如果想规避掉回撤，也就意味着错失上涨带来的财富增值的机会。

所以权益投资的基本功之一，就是学会坦然面对波动和回撤。

当市场一路上涨，或者小幅波动的时候，我们中的很多人觉得回撤根本不是回事儿，想当然地觉得"我回撤 20%、30%根本没事"；而当那个回撤真正来临的时候，我们才能切身体会到原来真实的回撤是非常折磨人的。回撤达到 5%时，有一部分人就不淡定了；回撤达到 10%的时候，不少人就会感觉"肉疼"了。

而更折磨人的是，不知道还会再回撤多少，以及在"**割肉**"和"**躺平**"之间犹豫不决的那种患得患失的感觉。

尤其是当我们的仓位够重（投资也才有意义）时，这种感觉尤为强烈。

那么，不同类型的基金，每一年的收益和最大回撤是什么样的水平？你到底能不能扛住呢？

我整理了 2015 年以来各类型基金指数（基金指数均为通达信宏观指标）的最大回撤和收益率数据，详见表 3-3 和表 3-4。

表 3-3 2015 年以来各类型基金指数的年度最大回撤和收益率表

指数名称	年份	2015	2016	2017	2018	2019	2020	2021	2022
主动股票型基金指数 990011	最大回撤/%	−49.98	−23.24	−7.50	−29.67	−11.86	−16.74	−18.49	−15.98
	当年涨幅/%	36.94	−16.63	11.77	−26.75	48.14	61.70	7.79	−15.41
偏股混合基金指数 990014	最大回撤/%	−37.83	−14.73	−4.97	−22.95	−10.86	−14.66	−17.52	−14.71
	当年涨幅/%	45.83%	−10.38	11.59	−20.06	40.80	52.07	4.13	−14.30
平衡混合型基金指数 990013	最大回撤/%	−29.14	−13.94	−2.84	−16.11	−7.73	−9.89	−12.25	−9.29
	当年涨幅/%	33.49%	−9.46	9.73	−12.82	31.25	40.91	3.70	−8.90
偏债混合型基金指数 990015	最大回撤/%	−18.05	−3.64	−2.05	−7.74	−3.79	−4.44	−4.47	−4.29
	当年涨幅/%	30.86	0.31	5.63	−4.10	16.08	18.31	6.11	−4.04
债券型基金指数 990003	最大回撤/%	−6.14	−3.06	−0.79	−0.37	−0.36	−1.50	−0.29	−0.97
	当年涨幅/%	11.95	0.77	2.34	5.71	5.23	4.63	6.02	−0.58
货币型基金指数 990005	最大回撤/%	0	0	0	0	0	0	0	0
	当年涨幅/%	2.36	1.76	2.52	2.43	1.73	1.40	1.51	0.25
被动股票型基金指数 990012	最大回撤/%	−48.85	−23.33	−7.79	−29.55	−12.33	−15.81	−17.86	−15.64
	当年涨幅/%	18.84	−16.35	9.07	−26.31	44.56	54.33	7.77	−15.02
中证新能源指数	最大回撤/%	−53.15	−36.39	−16.75	−43.38	−20.93	−25.86	−28.30	−20.62
	当年涨幅/%	50.44	−19.72	8.15	−34.46	24.32	105.29	49.35	−12.76
中证白酒指数	最大回撤/%	−37.77	−21.81	−14.27	−45.34	−14.79	−26.88	−34.88	−20.24
	当年涨幅/%	—	14.02	77.29	−26.94	91.99	119.76	−3.40	−13.63
创业板指数	最大回撤/%	−55.94	−32.07	−17.67	−38.23	−21.29	−20.75	−25.09	−26.49
	当年涨幅/%	84.41	−27.71	−10.67	−28.65	43.79	64.96	12.02	−19.78
沪深 300 指数	最大回撤/%	−45.13	−24.29	−7.16	−32.67	−13.81	−17.06	−21.36	−18.00
	当年涨幅/%	5.58	−11.28	21.78	−25.31	36.07	27.21	−5.20	−12.83

数据截至 2022 年 3 月 10 日，数据来源：通达信金融终端。

表 3-4 2015—2022 年 7 年里各类型基金指数的最大回撤和累计收益率数据

指数名称	7 年最大回撤/%	年度平均最大回撤/%	年度最大回撤中位数/%	7 年累计涨幅/%	7 年年化收益率/%
主动股票型基金指数 990011	−53.95	−22.49	−18.49	141.36	13.41
偏股混合基金指数 990014	−40.28	−17.65	−14.66	159.96	14.62
平衡混合基金指数 990013	−32.38	−13.12	−12.25	121.76	12.05
偏债混合型基金指数 990015	−18.05	−6.31	−4.44	93.76	9.91
债券型基金指数 990003	−7.20	−1.79	−0.79	42.49	5.19
货币型基金指数 990005	0	0	0	14.52	1.96
被动股票型基金指数 990012	−54.08	−22.22	−17.86	92.10	9.78
中证新能源指数	−65.68	−32.11	−28.30	335.74	23.40
中证白酒指数	−45.34	−27.96	−26.88	401.21	25.89
创业板指数	−70.66	−30.15	−25.09	125.76	12.34
沪深 300 指数	−47.57	−23.07	−21.36	39.81	4.90

数据截至 2022 年 3 月 10 日，数据来源：通达信金融终端。

第一类是**主动股票型基金指数**，该指数 2015—2021 年的年化收益率最大值为 61.70%，最小值为−26.75%，首尾差达 88.45%；2015—2021 年的年化收益率为 13.41%。

该指数 2015—2021 年的年度最大回撤最大值为−49.98%，最小值为−7.50%，首尾差为 42.48%。除了极个别年份，主动股票型基金指数的年度最大回撤都大于 10%，平均最大回撤和最大回撤中位数较为接近，表明几乎每个年度我们都可能要面临 18.49% 到 22.49% 的最大回撤。

主动股票型基金指数年化收益率明显低于年度最大回撤中位数和最大回撤平均值。2015—2021 年主动股票型基金指数的卡玛比率为 0.25。

第二类是**偏股混合型基金指数**。该指数 2015—2021 年的年化收益率最大值为 52.07%，最小值为−20.06%，首尾差达 72.13%；2015—2021 年的年化收益率为 14.62%。

该指数 2015—2021 年的年度最大回撤的最大值为−37.83%，最小值为−4.97%，首尾差为 32.86%；除了极个别年份，偏股混合型基金指数的年度最大回撤都大于 10%，平均最大回撤和最大回撤中位数较为接近，表明几乎每个年度我们都可能要面临 14.66% 到 17.65% 的最大回撤。

该指数年化收益率与年度最大回撤中位数在数值上大体相当；2015—2021 年偏股混合型基金指数的卡玛比率为 0.36。

第三类是大体上股债均配的**平衡混合型基金指数**。该指数 2015—2021 年的年化收益率最大值为 40.91%，最小值为−12.82%，首尾差达 53.73%；2015—2021 年的年化收益率为 12.05%。

该指数 2015—2021 年这 7 年来的年度最大回撤最大值为−29.14%，最小值为−2.84%，首尾差达 26.30%；平均最大回撤和最大回撤中位数较为接近，表明几乎每个年度我们都可能要面临 12.25%到 13.12%的最大回撤。

平衡混合型基金指数的年化收益率与年度最大回撤中位数在数值上也大体相当；2015—2021 年平衡混合型基金指数的卡玛比率为 0.37。

第四类是**偏债混合型基金指数**。该指数 2015—2021 年的年化收益率最大值为 30.86%，最小值为–4.10%，首尾差达 34.96%；2015—2021 年的年化收益率为 9.91%。7 年间除 2018 年外，其他年度均为正收益。

该指数 2015—2021 年年度最大回撤最大值为–18.05%，最小值为–2.05%，首尾差达 16%；7 年的年度最大回撤平均值与中位数相差不大，表明几乎每个年度我们都可能要面临 4.44%到 6.31%的最大回撤。

从年化收益率与年度最大回撤比来看，该指数的年化收益率分别是年度最大回撤平均值的约 1.6 倍，是年度最大回撤中位数的 2.2 倍；2015—2021 年偏债混合型基金指数的卡玛比率为 0.55。

从收益回撤比来看，其性价比优于前三类。

第五类是**债券型基金指数**，该指数 2015—2021 年的年化收益率最大值为 11.95%，最小值为 0.77%，首尾差达 11.18%；2015—2021 年的年化收益率为 5.19%。7 年间的全部年度都是正收益。

该指数 2015—2021 年年度最大回撤最大值为–6.14%，最小值为–0.29%，首尾差达 5.85%；年度最大回撤平均值和最大回撤中位数相差不大，表明几乎每个年度我们都可能要面临 0.79%到 1.79%的最大回撤。

该指数在 2015—2021 年这 7 年间的年化收益率是 5.19%，卡玛比率为 0.72。相比前面几个指数，债券型基金指数投资收益的性价比也很高。

第六类是**货币型基金指数**，该指数 2015—2021 年年度最大回撤都是 0。

该指数 2015—2021 年这 7 年间的年化收益率是 1.96%。

第七类是**被动股票型基金指数**，该指数 2015—2021 年的年化收益率最大值为 54.33%，最小值为–26.31%，首尾差达 80.64%；2015—2021 年的年化收益率为 9.78%，与偏债混合型基金指数的 9.91%基本相当。

该指数 2015—2021 年年度最大回撤最大值为–48.85%，最小值为–7.79%，首尾差 41.06%；从年度最大回撤平均值与年度最大回撤中位数来看，几乎每个年度我们都可能要面临 17.86%到 22.22%的最大回撤，比偏债混合型基金指数大得多。

该指数 2015—2021 年这 7 年间的年化收益率明显低于年度最大回撤平均值和中位数，卡玛比率为 0.18，投资收益的性价比低于主动股票型基金指数。

第八类是这几年最火的两大**行业指数**，中证新能源指数和中证白酒指数。

中证新能源指数 2015—2021 年的年化收益率最大值为 105.29%，最小值为–34.46%，首尾差达 139.75%。

该指数 2015—2021 年年度最大回撤最大值为–53.15%，最小值为–16.75%，首尾差达 36.40%。

中证新能源指数 7 年间年度最大回撤平均值和中位数相差不大，分别是–32.11% 和–28.30%；该指数年化收益率为 23.40%，7 年间的卡玛比率为 0.36。

中证白酒指数 2016—2021 年的年化收益率最大值为 119.76%，最小值为–26.94%，首尾差达 146.70%，大于中证新能源指数。

该指数 2015—2021 年年度最大回撤最大值为–45.34%，最小值为–14.27%，首尾差达 31.07%。

中证白酒指数 7 年间最大回撤平均值和最大回撤中位数较为接近，分别为–27.96%和–26.88%，年化收益率为 25.89%，7 年间的卡玛比率为 0.57。

中证新能源指数与中证白酒指数的年化收益率比主动偏股型基金指数的年化收益率高 10%左右，但与此同时，要想获得比主动偏股型基金高 10%左右的年化收益率，就得承受高 10%左右的年度最大回撤。

第九类是**宽基指数**，有代表性的是创业板指数和沪深 300 指数。

创业板指数 2015—2021 年的年化收益率最大值为 84.41%，最小值为–28.65%，首尾差达 113.06%；2015—2021 年的年化收益率为 12.34%。

创业板指数 2015—2021 年年度最大回撤最大值为–55.94%，最小值为–17.67%，首尾差达 38.27%。

沪深 300 指数 2015—2021 年的年化收益率最大值为 36.07%，最小值为–25.31%，首尾差达 61.38%；2015—2021 年的年化收益率为 4.90%。

沪深 300 指数 2015—2021 年年度最大回撤最大值为–45.13%，最小值为–7.16%，首尾差达 37.97%。

创业板指数 7 年间年度最大回撤平均值和最大回撤中位数分别为–30.15%和–25.09%，对应的年化收益率为 12.34%，卡玛比率为 0.17。

沪深 300 指数 7 年间最大回撤平均值和最大回撤中位数分别是–23.07%和–21.36%，对应着还稍微不如债券型基金指数的年化收益率 4.90%。沪深 300 指数这 7 年的卡玛比率为 0.10。

需要特别注意的是，单独的主动股票型基金、偏股混合型基金、平衡混合型基金、偏债混合型基金和债券型基金，其收益率和波动水平都可能高于相应的指数，尤其是带有行业主题色彩的偏股混合型基金，其波动可能堪比行业指数。

所以在基金投资中，根据自己设定的投资目标收益率，多选几只不同投资风格的基金构建合理的投资组合，对降低波动就显得至关重要了。

3.4 主动权益基金近5~10年收益率分布特征

主动权益基金近 5~10 年的收益情况到底如何？与我们想象的收益率是否一样？本节我们就来看一看。

3.4.1 用偏股混合型基金指数计算年化收益率

公募主动权益基金总体收益情况从偏股混合型基金指数基本就可以窥见全貌。

我经常用的这个偏股混合型基金指数是由通达信编制的宏观指标，以 2004 年 12 月 31 日为基期，以 1000 点为基点，基金成立 3 个月后纳入成分基金，以基金资产规模计算权重，也就是说规模越大的基金，在指数里的权重越大，反之亦然。

截至 2020 年 12 月 31 日和 2021 年 12 月 31 日，该基金指数点位分别是 11182.24 点和 11644.19 点，年化收益率分别是 16.29% 和 15.53%。

近 16 年、17 年主动偏股混合型基金的总体收益是很不错的。

应该注意的是，根据上述指数计算的基金收益率不是简单的平均收益率，而是资产加权收益率，而资产加权收益率更能真实反映基金的总体收益水平。

如果站在指数相对低位的时点，从 2022 年 2 月 18 日（我写作本节的时间）往前推，近 5 年和 10 年的收益率又如何呢？

我还是用偏股混合型基金指数（通达信宏观指标）来做测算。

2012 年 2 月 19 日、2017 年 2 月 19 日和 2022 年 2 月 18 日该指数的点位分别是 3282.22 点、5870.01 点和 10527.67 点，近 10 年和近 5 年的累计涨幅分别是 220.75% 和 79.35%，年化收益率分别达到 12.37% 和 12.39%。

可见不同的时间段计算出来的年化收益率相差是比较大的。

近 5 年中有 2019 年、2020 年这 2 年的牛市，也有 2018 年、2022 年（1~2 月）这 2 年的熊市，还有 2021 年的震荡市；近 10 年有 2014—2015 年的大牛市和 2019—2020 年的牛市，也有 2013 年熊市、2016—2017 年震荡市、2018 年和 2022 年（1~2 月）两个熊市、2021 年震荡市，所以比 2020 年年底和 2021 年年底计算指数成立以来的年化收益率都要低。

那么在这么一个相对较低的年化收益率时间段内，公募主动权益基金收益率的分布情况是什么样的呢？

3.4.2 公募主动权益基金年化收益率分布情况

我按公募主动权益基金成立时间超过 5 年、超过 10 年这两个维度，将主动股票型基金、偏股混合型基金及灵活配置型基金的年化收益率分布情况做了个统计。

所有类型基金中不包含只供香港市场销售的 H 份额，剔除规模太小及因大比例赎回导致收益率异常的基金。

统计结果详见表 3-5。

表 3-5　公募主动权益基金年化收益率分布一览

	年化收益率/%	≥20		15~20		10~15		5~10		0~5		<0	
主动股票型基金5年188只10年12只		数量	占比/%	数量	占比/%	数量	占比/%	数量	占比/%	数量	占比/%	数量	占比/%
	5年	51	27.12	50	26.60	50	26.60	27	14.36	9	4.79	1	0.53
	10年	0	0	6	50	5	41.67	1	8.33	0	0	0	0
	年化收益率/%	≥20		≥15		≥10		≥5		正收益		负收益	
		数量	占比/%	数量	占比/%	数量	占比/%	数量	占比/%	数量	占比/%	数量	占比/%
	5年	51	27.12	101	53.72	151	80.32	178	94.68	187	99.47	1	0.53
	10年	0	0	6	50.00	11	91.67	12	100	12	100	0	0
偏股混合型基金5年414只10年288只	年化收益率/%	≥20		15~20		10~15		5~10		0~5		<0	
		数量	占比/%	数量	占比/%	数量	占比/%	数量	占比/%	数量	占比/%	数量	占比/%
	5年	92	22.22	115	27.78	105	25.36	72	17.39	22	5.31	8	1.94
	10年	14	4.86	89	30.90	121	42.01	51	17.71	13	4.52	0	0
	年化收益率/%	≥20		≥15		≥10		≥5		正收益		负收益	
		数量	占比/%	数量	占比/%	数量	占比/%	数量	占比/%	数量	占比/%	数量	占比/%
	5年	92	22.22	207	50.00	312	75.36	384	92.75	406	98.06	8	1.94
	10年	14	4.86	103	35.76	224	77.78	275	95.49	288	100	0	0
灵活配置型基金5年1038只10年154只	年化收益率/%	≥20		15~20		10~15		5~10		0~5		<0	
		数量	占比/%	数量	占比/%	数量	占比/%	数量	占比/%	数量	占比/%	数量	占比/%
	5年	135	13	200	19.27	249	23.99	358	34.49	84	8.09	12	1.16
	10年	6	3.90	28	18.18	75	48.70	39	25.32	6	3.90	0	0
	年化收益率/%	≥20		≥15		≥10		≥5		正收益		负收益	
		数量	占比/%	数量	占比/%	数量	占比/%	数量	占比/%	数量	占比/%	数量	占比/%
	5年	135	13.00	335	32.27	584	56.26	942	90.75	1026	98.84	12	1.16
	10年	6	3.90	34	22.08	109	70.78	148	96.10	154	100	0	0

统计时间：5 年（2017-03-11—2022-03-10）和 10 年（2012-03-11—2022-03-10）。数据来源：东方财富 Choice 数据。

（1）主动股票型基金中成立 5 年以上的有 188 只，其中年化收益率超过 20% 的 51 只，占比 27.17%；年化收益率 15%～20% 的 50 只，占比 26.60%；年化收益率 10%～15% 的 50 只，占比 26.60%；年化收益率 5%～10% 的 27 只，占比 14.36%；年化收益率 0～5% 的 9 只，占比 4.79%；年化收益率为负的 1 只，占比 0.53%。

也就是说，成立时间超过 5 年的主动股票型基金中，年化收益率 15% 以上的超过 50%，年化收益率 10% 以上的占比超过 80%。

主动股票型基金中成立 10 年以上的有 12 只,没有年化收益率超过 20%的基金;年化收益率 15%~20%的 6 只,占比 50%;年化收益率 10%~15%的 5 只,占比 41.68%,年化收益率 5%~10%的 1 只,占比 8.33%;没有年化收益率小于 5%的基金。

成立超过 10 年的主动股票型基金中,年化收益率超过 15%的占比也是 50%,年化收益率 10%以上的占比超过 90%。

(2)偏股混合型基金中成立 5 年以上的有 414 只,其中年化收益率超过 20%的 92 只,占比 22.22%;年化收益率 15%~20%的 115 只,占比 27.78%;年化收益率 10%~15%的 105 只,占比 25.36%;年化收益率 5%~10%的 72 只,占比 17.39%;年化收益率 0~5%的 22 只,占比 5.31%;年化收益率为负的 8 只,占比 1.94%。

也就是说,成立时间超过 5 年的偏股混合型基金中,年化收益率超过 15%的刚好占比 50%,年化收益率 10%以上的占比超过 75%。

偏股混合型基金中成立 10 年以上的有 288 只,其中年化收益率超过 20%的 14 只,占比 4.86%;年化收益率 15%~20%的 89 只,占比 30.90%;年化收益率 10%~15%的 121 只,占比 42.01%;年化收益率 5%~10%的 51 只,占比 17.71%;年化收益率 0~5%的 13 只,占比 4.52%;没有年化收益率为负的基金。

成立超过 10 年的偏股混合型基金中,年化收益率 15%以上的占比超过 35%,年化收益率 10%以上的占比超过 77%。

(3)灵活配置型基金中成立 5 年以上的有 1038 只,其中年化收益率超过 20%的 135 只,占比 13%;年化收益率 15%~20%的 200 只,占比 19.27%;年化收益率 10%~15%的 249 只,占比 23.99%;年化收益率 5%~10%的 358 只,占比 34.49%;年化收益率 0~5%的 84 只,占比 8.09%;年化收益率为负的基金有 12 只,占比 1.16%。

成立超过 5 年的灵活配置型基金中,年化收益率 15%以上的占比为 32%,年化收益率 10%以上的占比超过 56%。

灵活配置型基金中成立 10 年以上的有 154 只,其中年化收益率超过 20%的 6 只,占比 3.90%;年化收益率 15%~20%的 28 只,占比 18.18%;年化收益率 10%~15%的 75 只,占比 48.70%;年化收益率 5%~10%的 39 只,占比 25.32%;年化收益率 0~5%的 6 只,占比 3.90%;没有年化收益率为负的基金。

成立时间超过 10 年的灵活配置型基金中,年化收益率 15%以上的占比为 22%,年化收益率 10%以上的占比超过 70%。

灵活配置型基金中有一部分是做绝对收益的,大部分时候的股票持仓低于 30%,所以灵活配置型基金中年化收益率低于 10%的占比要高一些。

（4）如果此前 5 年，或者此前 10 年，随机选择主动股票型基金进行投资，持有到 2022 年 2 月 18 日，则年化收益率达到 15% 的概率达到 50%，年化收益率达到 10% 的概率则能达到 80% ~ 90%。

如果在此前 5 年，或者此前 10 年，随机选择偏股混合型基金进行投资，持有到 2022 年 2 月 18 日，则年化收益率达到 15% 的概率达到 35% ~ 50%，年化收益率达到 10% 的概率则能达到 75% ~ 77%。

如果在此前 5 年，或者此前 10 年，随机选择灵活配置型基金进行投资，持有到 2022 年 2 月 18 日，则年化收益率达到 15% 的概率达到 22% ~ 32%，年化收益率达到 10% 的概率则能达到 56% ~ 70%；而如果在灵活配置型基金中选择偏股混合型基金，相应的收益比率还能高不少。

从总的收益率来看，主动股票型基金优于偏股混合型基金，偏股混合型基金又优于灵活配置型基金，也就是说，公募主动权益基金中，股票仓位越高，总体收益越好。

（5）可能会有读者朋友质疑在此期间大量业绩不好的基金清盘了，上述统计会不会失真很多，只是一种幸存者偏差呢？

那么，公募主动权益基金的清盘比例到底有多高呢？

我虽然没有这 5 至 10 年中公募主动权益基金精确的清盘数据，但 3.1 节的一组数据完全可以作为一个重要参考，也就是来自《晨星中国基金主动/被动晴雨表》的数据（表 3-2）。

从表 3-2 中可见，2020 年年底之前 1 年、3 年、5 年和 10 年的主动基金幸存率高达 97.10% 至 98.90%，也就意味着相应的清盘比率仅为 1.10% ~ 2.90%。

取上述清盘比率中的最大值 2.90%，也是一个非常小的比例，对上述基金收益率分布数据的影响微乎其微。

成立超过 5 年和 10 年的各类主动权益基金近 5 年和近 10 年的年化收益率前 20 名分别如表 3-6 和表 3-7 所示。

表 3-6　各类公募主动权益基金近 5 年年化收益率前 20 名

主动股票型基金	收益率/%	偏股混合型基金	收益率/%	灵活配置型基金	收益率/%
信达澳银新能源	36.03	交银趋势混合	31.66	农银工业 4.0	33.74
工银战略转型股票	31.92	中欧明睿新常态	30.32	汇安丰泽混合	31.54
汇丰晋信智造先锋	30.13	华安安信消费混合	30.07	农银新能源主题	31.35
泰达转型机遇股票	29.18	华夏行业景气混合	29.95	广发多因子混合	31.20
工银新金融股票	27.35	大成新锐产业混合	29.84	华商新趋势优选	31.08
工银物流产业股票	26.88	景顺长城鼎益混合	27.97	宝盈优势产业混合	30.61
鹏华环保产业股票	26.75	景顺长城新兴成长	27.86	易方达瑞程灵活配置	29.16

主动股票型基金	收益率/%	偏股混合型基金	收益率/%	灵活配置型基金	收益率/%
工银文体产业股票	26.45	富国价值优势混合	27.76	华安沪港深外延增长	28.67
建信改革红利股票	26.01	信诚中小盘混合	27.06	宝盈先进制造	28.42
工银前沿医疗股票	25.96	华宝创新优选混合	26.75	大成睿景灵活配置	28.34
嘉实智能汽车股票	25.68	国富深化价值混合	26.63	华安动态灵活配置	28.27
景顺长城环保优势	24.93	信诚周期轮动混合	26.47	平安策略先锋混合	28.23
国泰大健康股票	24.78	上投摩根新兴动力	26.41	招商安润混合	28.16
大成高新技术产业	24.72	长城优化升级混合	26.07	宝盈互联网沪港深	27.97
嘉实环保低碳股票	24.51	汇添富消费行业混合	25.90	富国新动力灵活配置	27.82
工银美丽城镇股票	24.22	交银先进制造混合	25.57	华安国企改革主题	27.69
景顺长城成长之星	23.72	中欧医疗健康混合	25.14	工银新趋势灵活配置	27.67
富国文体健康股票	23.52	金鹰行业优势混合	25.05	金鹰民族新兴混合	27.39
交银消费新驱动股票	23.44	银河创新成长混合	24.72	新华鑫益灵活配置	27.29
易方达消费行业股票	23.40	富国低碳新经济混合	24.64	鹏华品牌传承混合	27.29

统计时间：近 5 年（2017-02-19—2022-02-18）；数据来源：东方财富 Choice 数据。

表 3-7　各类公募主动权益基金近 10 年年化收益率前 20 名

主动股票型基金	收益率/%	偏股混合型基金	收益率/%	灵活配置型基金	收益率/%
国富中小盘股票	18.62	交银先进制造混合	25.93	华安动态灵活配置	23.82
易方达消费行业股票	17.91	交银趋势混合	23.90	新华泛资源优势混合	22.15
汇丰晋信大盘股票	17.65	兴全合润混合	23.51	汇丰晋信动态策略混合	21.28
汇丰晋信低碳先锋	17.37	银河创新成长混合	23.10	华富价值增长混合	21.15
申成菱信量化小盘	16.70	上投摩根新兴动力	22.60	交银优势行业混合	20.95
泰达宏利首选企业	15.20	信诚中小盘混合	21.63	财通价值动量混合	20.08
上投摩根大盘蓝筹	14.96	易方达科翔混合	21.49	中银优选灵活配置	19.58
汇丰晋信科技先锋	12.99	中欧新动力混合	21.41	国投瑞银新兴产业混合	19.02
兴全全球视野股票	12.96	汇添富民营活力混合	20.84	宝盈核心优势混合	18.72
汇丰晋信中小盘股票	10.50	广发制造业精选混合	20.73	兴全有机增长混合	18.58
汇丰晋信消费红利	10.25	景顺长城优选混合	20.68	宝盈鸿利收益灵活配置	18.58
光大量化股票	8.16	景顺鼎益混合	20.51	中银收益混合	18.29
		国泰事件驱动微策略	20.30	交银主题优选混合	18.12
		富国天合稳健优选	20.27	万家和谐增长混合	17.92
		华安科技动力混合	19.89	南方优选成长混合	17.53
		华泰柏瑞价值增长	19.86	中欧新蓝筹混合	17.37
		银河蓝筹混合	19.82	富国天瑞强势混合	17.16
		新华行业周期轮换	19.30	汇添富蓝筹稳健混合	16.85
		中海消费混合	19.27	信达澳银精华配置混合	16.80
		长信内需成长混合	19.23	国泰价值经典混合	16.44

统计时间：近 10 年（2012-02-19—2022-02-18）。数据来源：东方财富 Choice 数据。

3.5 偏债混合型基金与二级债券型基金近5~10年收益率分布特征

与偏股混合型基金相比，偏债类基金也是不容忽视的投资品种。

此类基金的收益比偏股类基金低一些，但波动也要好得多。

二级债券型基金由于股票仓位比标准偏债混合型基金低10~20个百分点，所以其在收益更低的同时，波动也更小。

如果能将这三类基金按一定的比例做好搭配，构建投资组合，应该可以做到兼顾收益和波动的双重效果。

图3-2是偏债混合型基金指数（990015）与偏股混合型基金指数（990014）近10年来的走势对比图。

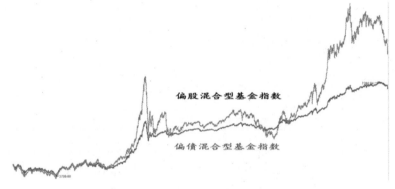

图3-2 偏债混合型基金指数与偏股混合型基金指数近10年走势对比

近5年（2017-03-11—2022-03-10）偏股混合型基金和偏债混合型基金的累计收益率分别是67.37%和40.61%，年化收益率分别是10.85%和7.05%，最大回撤分别为24.09%和7.74%。

近10年（2012-03-11—2022-03-10）偏股混合型基金和偏债混合型基金的累计收益率分别是189.42%和124.43%，年化收益率分别是11.21%和8.42%，最大回撤分别为40.28%和18.50%。

上一节我们统计偏股混合型基金指数收益率的截止时间是2022年2月18日，与此次统计时间仅相隔不到一个月，由于2月下旬以来市场发生了较大幅度的下跌，所以偏股混合型基金指数的年化收益率就减少了1个多百分点；而偏债混合型基金指数在两个时间段内的年化收益率也有0.50个百分点的差距，如表3-8所示。

表 3-8　不同统计时段偏股与偏债混合型基金指数收益率比较

统计时间		偏股混合型基金指数 990014			偏债混合型基金指数 990015		
		累计收益率/%	年化收益率/%	最大回撤/%	累计收益率/%	年化收益率/%	最大回撤/%
近 5 年	2017-02-19—2022-02-18	79.35	12.39	24.09	44.16	7.59	7.74
	2017-03-11—2022-03-10	67.37	10.85	24.09	40.61	7.05	7.74
近 10 年	2012-02-19—2022-02-18	220.75	12.37	40.28	136.94	9.01	18.50
	2012-03-11—2022-03-10	189.42	11.21	40.28	124.43	8.42	18.50

数据来源：通达信金融终端。

由于没有专门的指数，所以对于上述时间段内的二级债券型基金的总体年化收益率及最大回撤，我没有去做准确的计算，但从下面的收益率分布与偏债型基金的对比，大体可以推测出二级债券型基金总体的年化收益率应该比标准偏债混合型基金低 1~2 个百分点。

以 2022 年 3 月 10 日作为截止日，近 5 年和近 10 年偏债混合型基金和二级债券型基金的年化收益率分布情况如表 3-9 所示。统计结果不包含只供香港市场销售的H 份额，并剔除了过往规模太小及因大比例赎回导致收益率异常的基金。

表 3-9　偏债混合型基金及二级债券型基金年化收益率分布一览

	年化收益率/%	≥10		7~10		5~7		3~5		<3	
		数量	占比/%	数量	占比/%	数量	占比/%	数量	占比/%	数量	占比/%
偏债混合型基金 5 年 76 只 10 年 5 只	5 年	4	5.26	29	38.16	25	32.89	10	13.16	8	10.53
	10 年	2	40	1	20	1	20	1	20	0	0
	年化收益率/%	≥10%		≥7%		≥5%		≥3%		<3%	
		数量	占比/%	数量	占比/%	数量	占比/%	数量	占比/%	数量	占比/%
	5 年	4	4.53	33	43.42	58	76.32	68	89.47	8	10.53
	10 年	2	40	3	60	4	80	5	100	0	0
二级债券型基金 5 年 187 只 10 年 60 只	年化收益率/%	≥10		7~10		5~7		3~5		<3	
		数量	占比/%	数量	占比/%	数量	占比/%	数量	占比/%	数量	占比/%
	5 年	6	3.21	20	10.70	67	35.82	69	36.90	25	13.37
	10 年	3	5	16	26.67	29	48.33	11	18.33	1	1.67
	年化收益率/%	≥10		≥7		≥5		≥3		<3	
		数量	占比/%	数量	占比/%	数量	占比/%	数量	占比/%	数量	占比/%
	5 年	6	3.21	26	13.90	93	49.73	162	86.63	25	13.37
	10 年	3	5	19	31.67	48	80	59	98.33	1	1.67

统计时间：5 年（2017-02-19—2022-02-18）和 10 年（2012-02-19—2022-02-18）。数据来源：东方财富 Choice 数据。

（1）偏债混合型基金中，成立 5 年以上的 76 只，其中年化收益率超过 10% 的 4

只，占比 5.26%；年化收益率 7%～10% 的 29 只，占比 38.16%；年化收益率 5%～7% 的 25 只，占比 32.89%；年化收益率 3%～5% 的 10 只，占比 13.16%；年化收益率低于 3% 的 8 只，占比 10.53%。

也就是说，**成立时间超过 5 年的偏债混合型基金中，年化收益率 7% 以上的占比超过 43%，年化收益率 5% 以上的占比超过 76%。**

偏债混合型基金中，成立 10 年以上的 5 只，其中年化收益率超过 10% 的 2 只，占比 40%；年化收益率 7%～10% 的 1 只，占比 20%；年化收益率 5%～7% 的 1 只，占比 20%；年化收益率 3%～5% 的 1 只，占比 20%；年化收益率低于 3% 的没有。

也就是说，**成立时间超过 10 年的偏债混合型基金中，年化收益率 7% 以上的占比超过 60%，年化收益率 5% 以上的占比超过 80%。**

（2）二级债券型基金中，成立 5 年以上的 187 只，其中年化收益率超过 10% 的 6 只，占比 3.21%；年化收益率 7%～10% 的 20 只，占比 10.70%；年化收益率 5%～7% 的 67 只，占比 35.82%；年化收益率 3%～5% 的 69 只，占比 36.90% 年化收益率低于 3% 的 25 只，占比 13.37%。

也就是说，**成立时间超过 5 年的二级债券型基金中，年化收益率 5% 以上的占比超过 49%，年化收益率 3% 以上的占比超过 86%。**

二级债券型基金中，成立 10 年以上的 60 只，其中年化收益率超过 10% 的 3 只，占比 5%；年化收益率 7%～10% 的 16 只，占比 26.67%；年化收益率 5%～7% 的 29 只，占比 48.33%；年化收益率 3%～5% 的 11 只，占比 36.90%；年化收益率低于 3% 的 1 只，占比 1.67%。

也就是说，**成立时间超过 10 年的二级债券型基金中，年化收益率 5% 以上的占比超过 49%，年化收益率 3% 以上的占比超过 86%。**

（3）偏债混合型基金中有 7% 以上的年化收益率较高的，二级债券型基金中有 5% 以上的年化收益率较高的，它们 10 年期的占比都要明显高于 5 年期；偏债混合型基金指数，近 10 年的年化收益率也要明显高于近 5 年的年化收益率，而偏股混合型基金指数近 10 年与近 5 年的年化收益率差别并不明显。

这一收益率差异，有可能是债券收益率前高后低造成的。毕竟利率是经济的内生变量，与我国的经济增长率同步，近 10 年我国的 GDP 增速从两位数逐年递减到 2022 年的 5.5%，债券利率从大趋势上也应该是逐年降低的。

（4）如果此前 5 年，或者此前 10 年，随机选择偏债混合型基金进行投资，持有到 2022 年 3 月 10 日，**年化收益率达到 7% 的概率达到 43%～60%，年化收益率达到 5% 的概率则能达到 76%～80%。**

而此前 5 年，或者此前 10 年，随机选择二级债券型基金进行投资，持有到 2022

年 3 月 10 日，年化收益率达到 5% 的概率达到 49% ~ 80%，年化收益率达到 3% 的概率则能达到 86% ~ 98%。

3.6　债券型基金近 5~10 年收益率分布特征

作为固收类产品，债券型基金是除货币基金之外最为稳健的投资品种。

本节所指的债券型基金包括纯债基金和普通债券（混合债券）型基金中的一级债券型基金。

纯债基金和一级债券型基金收益率低于二级债券型基金和偏债混合型基金，波动也小于二级债券型基金和偏债混合型基金。

在我们构建投资组合的时候，如果配置一部分纯债基金和一级债券型基金，就相当于在平滑波动的同时保有了一种类现金期权，当权益市场出现大跌时可以用它们去抄底。

我们就来看看债券型基金具备什么样的收益特征。

图 3-3 是债券型基金指数（990003）与偏债混合型基金指数（990015）自成立以来的月线对比图。

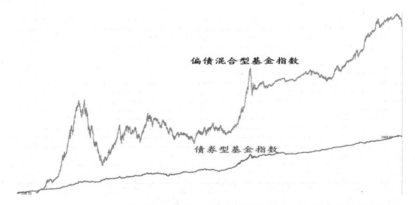

图 3-3　债券型基金指数与偏债混合型基金指数自成立以来的月线对比图

从月线图中可以看出，债券型基金指数基本上就是沿着月线短期均线组斜向右上方的走势，很少跌破短期均线组，比偏债混合型基金指数平滑得多。

我们再看 2012 年以来债券型基金指数的年度涨幅和最大回撤数据，如表 3-10 所示。

表 3-10　债券型基金指数年度涨幅和最大回撤

年份/年	2012	2013	2014	2015	2016	2017	2018	2019	2020	2021
涨幅/%	6.70	0.78	18.88	11.95	0.77	2.34	5.71	5.23	4.63	6.02
最大回撤/%	−1.75	−4.11	−2.25	−6.14	−3.06	−0.79	−0.37	−0.36	−1.50	−0.29

数据来源：通达信金融终端。

尽管债券型基金指数的月线图较为平滑，但从年度看，债券型基金指数的收益率变化是比较大的，自 2012 年以来收益率最大的年度是 2014 年，收益率为 18.88%，是最小收益率（2017 年）0.77%的 24.52 倍。

近 10 年来，债券型基金指数均获得了正收益。该指数 2004 年 12 月 31 日的基数为 1000，2021 年 12 月 31 日收于 2957.36 点，17 年间的年化收益率为 6.59%。

该指数自 2004 年 12 月 31 日成立以来仅 2011 年一个年度出现过负收益，收益率为−2.50%。

在 2022 年股市大幅波动的一季度，我们随机选取 2 月 18 日和 3 月 10 日两个相隔不到 1 个月的时间节点，看看此前 5 年和 10 年的收益率又会呈现什么样的特点，如表 3-11 所示。

表 3-11　不同统计时段债券型基金指数收益率比较

统计		债券型基金指数 990003		
	时间	累计收益率/%	年化收益率/%	最大回撤/%
近 5 年	2017-02-19—2022-02-18	26.33	4.78	−7.20
	2017-03-11—2022-03-10	25.42	4.64	−7.20
近 10 年	2012-02-19—2022-02-18	80.58	6.09	−7.20
	2012-03-11—2022-03-10	77.64	5.91	−7.20
前 5 年	2012-02-19—2017-02-18	42.94	7.41	−6.14
	2012-03-11—2017-03-10	41.63	7.21	−6.14

数据来源：通达信金融终端。

与权益类基金不同的是，两个不同时间节点统计的近 5 年、近 10 年的收益率相差不大。

2022 年 2 月 18 日统计的近 5 年年化收益率为 4.78%，2022 年 3 月 10 日统计的近 5 年年化收益率为 4.64%，最大回撤都是 7.20%。

而 2022 年 2 月 18 日统计的近 10 年年化收益率为 6.09%，2022 年 3 月 10 日统计的近 5 年年化收益率为 5.91%，最大回撤都是 7.20%。

可以看出，两个时间节点统计的近 10 年年化收益率都要显著高于近 5 年年化收益率，说明近 10 年的前 5 年收益率要高不少。

于是我又做了前 5 年的收益率统计，发现前 5 年的年化收益率分别是 7.41%和 7.21%，远高于近 5 年的 4.78%和 4.64%。

前文我们得出，自 2004 年 12 月 31 日至 2021 年年底的 17 年间年化收益率为 6.59%，高于近 10 年的 6.09% 和 5.91%，更高于近 5 年的 4.78% 和 4.64%。说明债券型基金的长期收益率是趋于下降的，这与 10 年期国债收益率的走势一致。

需要特别说明的是，债券型基金的长期收益率与 10 年期国债收益率的长期趋势是一致的，因为从长期来看，债券型基金获取收益的基础逻辑还是债券的票息。

但从短期来看，债券价格的波动与利率呈现反向波动的趋势，利率上行，债券价格下跌；利率下行，债券价格上涨，如图 3-4 所示。

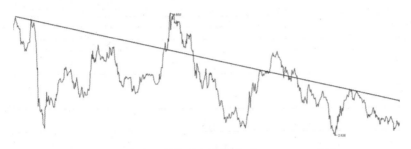

图 3-4　10 年期国债收益率周线图 （2007—2022 年）

虽然利率波动是经济的常态，但利率是经济体的内生变量，也就是说，利率水平与经济增长率相适应，经济增长率高，则利率水平较高；经济增长率低，则利率水平较低。主要发达经济体，以及我国的经济增长率从长期来看是趋于下降的（因为经济体量越大，经济增长越不容易），因此利率水平从长期来看也必然趋于下降，长期持有债券型基金不用担心净值不涨，因为债券价格长期是趋于上涨的。

债券价格长期上涨与债券型基金长期收益率趋于下降并不矛盾，因为债券型基金持有的债券长期上涨幅度趋缓，以及新买入的债券票息趋降。

如果我们未来也出现与日本和欧洲一样的 0 利率甚至负利率，那么债券型基金的收益率会不会趋近于 0 呢？到那时债券型基金还有没有投资价值呢？如果负利率之后还有更低的负利率，那么债券价格还会涨，债券型基金可能仍然具有配置价值。

现在还没办法给出明确结论。但应该可以用中性对冲策略基金作为对债券型基金的一种补充或替代，下节专门讲这个问题。

下面我们来看，近 5 年和近 10 年纯债型基金和一级债券型基金的年化收益率具体分布情形。不包含只供香港市场销售的 H 份额，并剔除了过往规模太小及因大比例赎回导致收益率异常的基金。

以 2022 年 3 月 10 日作为截止日，近 5 年和近 10 年纯债型基金和一级债券型基金的年化收益率分布情况如表 3-12 所示。

表 3-12　纯债型基金及一级债券型基金近 5 年和近 10 年年化收益率分布一览

	年化收益率/%	≥7%		5%~7%		4%~5%		3%~4%		2%~3%		<2%	
		数量	占比/%	数量	占比/%	数量	占比/%	数量	占比/%	数量	占比/%	数量	占比/%
5年 569只	5 年	10	1.76	79	13.88	224	39.37	202	35.50	39	6.85	15	2.64
	10 年	10	16.13	34	54.84	13	20.97	4	6.45	1	1.61	0	0
10年 62只	年化收益率/%	≥7%		≥5%		≥4%		≥3%		≥2%		<2%	
		数量	占比/%	数量	占比/%	数量	占比/%	数量	占比/%	数量	占比/%	数量	占比/%
	5 年	10	1.76	89	15.64	313	55.01	515	90.51	260	98.11	5	1.89
	10 年	10	16.13	44	70.97	57	91.93	61	98.39	62	100	0	0

统计时间：5 年（2017-03-11—2022-03-10）和 10 年（2012-03-11—2022-03-10）。数据来源：东方财富 Choice 数据。

由表 3-12 中可以看出：

（1）纯债型基金和一级债券型基金中，成立 5 年以上的 569 只，其中年化收益率超过 7% 的 10 只，占比 1.76%；年化收益率 5%～7% 的 79 只，占比 13.88%；年化收益率 4%～5% 的 224 只，占比 39.37%；年化收益率 3%～4% 的 202 只，占比 35.50%；年化收益率 2%～3% 的 39 只，占比 6.85%；年化收益率小于 2% 的 15 只，占比 2.64%。

也就是说，成立时间超过 5 年的纯债型基金和一级债券型基金中，年化收益率位于 3%～5% 区间的占大头，占比接近 75%；年化收益率 4% 以上的占比超过 55%；年化收益率 3% 以上的占比超过 98%；年化收益率超过 7% 或者低于 2% 的只是极少数，占比 4.40%。

（2）纯债型基金和一级债券型基金中，成立 10 年以上的 62 只，其中年化收益率超过 7% 的 10 只，占比 16.13%；年化收益率 5%～7% 的 34 只，占比 54.84%；年化收益率 4%～5% 的 13 只，占比 20.97%；年化收益率 3%～4% 的 4 只，占比 6.45%；年化收益率 2%～3% 的 1 只，占比 1.61%%；年化收益率小于 2% 的此类基金数量为 0。

也就是说，成立时间超过 10 年的纯债型基金和一级债券型基金中，年化收益率位于 5%～7% 的较多，占比达到了 54.84%；年化收益率 5% 以上的占比超过 70%；年化收益率 4% 以上的占比超过 91%；年化收益率低于 3% 的只是极少数，占比仅 1.61%。

（3）如果此前 5 年，或者此前 10 年，随机选择纯债型基金和一级债券型基金进行投资，持有到 2022 年 3 月 10 日，年化收益率达到 4% 的概率达到 55%～91%，年化收益率达到 3% 的概率则能达到 90%～98%。

3.7 公募量化对冲基金近几年收益表现情况分析

我们在 3.2 节说过，如果我国未来也出现与日本和欧洲一样的零利率甚至负利率，那么，只要中性量化对冲策略能够稳定实现正收益，这一策略就一定有它存在的巨大价值。

因为如果出现像欧洲和日本一样的零利率甚至负利率，未来通过债券投资实现"固收"的基础可能会面临崩塌。

这时，量化对冲、CTA 等不依赖于债券资产的绝对收益策略可能就是当前债券基金的最好替代。

理想化的量化对冲策略具有以下风险收益特征：

（1）与股票市场的涨跌零相关。股市涨的时候它可能实现正收益，有时候也可能出现负收益；股市跌的时候也是如此。

（2）与利率变化同样零相关。利率升降不会对产品净值造成影响。

量化对冲是一个市场中性策略，虽然没有投资大量固定收益证券，但它的表现却很符合"固定收益+"的风险收益特征，不受股债波动方向的直接影响，呈现出更强的全天候效果。

也就是说，量化对冲基金的设计初衷是不靠天吃饭，可以在任何市场环境下给客户创造绝对收益。而投资偏债混合类固收及产品还存在着需要在股市低迷时选择权益投资、债券低迷时选择债券投资这样的双重择时难题，从这个角度看，量化对冲基金更适合普通投资者。

我们就来看一看，过去几年公募中性量化对冲基金的收益表现到底如何呢？

我统计了截至 2022 年 3 月 21 日成立超过 3 年的全部公募中性量化对冲基金，一共 15 只，它们基本上都以 1 年期定期存款基准利率（税后）作为业绩比较基准。

这 15 只基金自 2015 年以来的收益表现以及与同期货币基金指数和债券型基金指数的对比详见表 3-13 和表 3-14。

表 3-13　成立 3 年以上量化对冲（绝对收益）基金年化收益率和回撤表

基金名称	年份/年	2015	2016	2017	2018	2019	2020	2021	2022 年截至 3 月 21 日
华宝量化对冲混合 A	当年涨幅/%	11.89	3.57	3.76	1.03	6.65	8.58	-0.54	-0.35
	最大回撤/%	-4.32	-0.15	-0.78	-1.75	-2.56	-0.85	-2.88	-1.43
工银绝对收益混合发起 A	当年涨幅/%	11.29	-3.83	3.05	-4.58	9.41	15.31	3.88	-1.44
	最大回撤/%	-1.33	-3.49	-1.86	-7.43	-1.39	-1.69	-3.11	-2.23
海富通阿尔法对冲混合 A	当年涨幅/%	17.16	2.51	9.14	6.32	8.20	4.05	2.10	-1.35
	最大回撤/%	-6.67	-0.63	-3.25	-4.11	-2.31	-3.32	-6.04	-2.48

基金名称	年份/年	2015	2016	2017	2018	2019	2020	2021	2022 年截至 3 月 21 日
嘉实绝对收益策略定期混合	当年涨幅/%	17.48	0.78	2.66	-2.17	4.70	9.88	6.09	-0.42
	最大回撤/%	-2.31	-0.43	-1.24	-4.29	-1.79	-2.00	-2.41	-1.68
南方绝对收益	当年涨幅/%	13.49	0.89	7.21	0.33	10.24	11.94	0.15	0.17
	最大回撤/%	-1.19	-1.50	-2.29	-6.92	-1.58	-2.22	-5.62	-0.86
嘉实对冲套利定期混合 A	当年涨幅/%	9.92	1.61	1.68	-2.02	6.66	10.03	6.31	-0.98
	最大回撤/%	-1.29	-0.38	-1.68	-4.26	-3.00	-1.43	-2.94	-2.03
华泰柏瑞量化绝对收益混合	当年涨幅/%		2.73	2.95	2.39	5.67	4.31	2.45	1.93
	最大回撤/%		-0.49	-4.51	-2.55	-2.01	-4.57	-4.62	-1.18
富国绝对收益多策略混合 A	当年涨幅/%		1.20	2.95	3.35	8.79	13.95	-1.27	-2.95
	最大回撤/%		-1.68	-1.14	-2.38	-4.24	-3.21	-5.63	-3.34
广发对冲套利定期开放混合	当年涨幅/%		1.50	-1.48	0.35	15.38	6.63	-3.58	-1.59
	最大回撤/%		-0.36	-3.21	-3.10	-1.34	-2.36	-7.12	-1.77
中金绝对收益	当年涨幅/%		-2.11	-0.98	0.40	2.95	6.60	0.83	-0.48
	最大回撤/%		-3.41	-4.92	-3.07	-1.67	-3.25	-3.42	-1.51
大成绝对收益策略混合 A	当年涨幅/%		-2.38	-3.66	-3.16	6.21	-2.87	-9.08	-1.51
	最大回撤/%		-2.78	-4.96	-5.97	-2.42	-7.25	-13.82	-3.12
中邮绝对收益策略定开混合	当年涨幅/%		-8.50	-5.03	-2.88	8.06	15.57	1.99	-0.09
	最大回撤/%		-8.96	-5.03	-4.53	-0.55	-1.89	-2.84	-1.12
华泰柏瑞量化对冲	当年涨幅/%			2.46	2.50	7.17	5.69	1.39	2.55
	最大回撤/%			-4.06	-2.56	-1.93	-4.16	-5.58	1.32
汇添富绝对收益定开混合 A	当年涨幅/%	2017-03-15 成立			3.59	14.22	8.72	0.36	-2
	最大回撤/%	年化收益是大约数			-5.85	-1.00	-2.57	-4.69	-2.10
安信稳健阿尔法定开混合 A	当年涨幅/%	2017-12-08 成立			-1.41	4.79	15.40	2.10	-1.34
	最大回撤/%	年化收益是大约数			-2.67	-0.70	-0.89	-2.33	-1.62
货币型基金指数 990005	当年涨幅/%	2.36	1.76	2.52	2.43	1.73	1.40	1.51	0.25
	最大回撤/%	0	0	0	0	0	0	0	0
债券型基金指数 990003	当年涨幅/%	11.95	0.77	2.34	5.71	5.23	4.63	6.02	-0.58
	最大回撤/%	-6.14	-3.06	-0.79	-0.37	-0.3	-1.50	-0.29	-0.97

数据截至 2022 年 3 月 21 日，数据来源：东方财富 Choice 数据。

表 3-14　2015—2021 年 7 年里各量化对冲（绝对收益）基金最大回撤和累计收益率数据

基金名称	区间最大回撤/%	年度平均最大回撤/%	年度最大回撤中位数/%	区间累计涨幅/%	年化收益率/%
华宝量化对冲混合 A	-2.88	-1.76	-1.75	21.85	4.03
工银绝对收益混合发起 A	-7.43	-3.10	-1.86	28.86	5.20
海富通阿尔法对冲混合 A	-6.04	-3.81	-3.32	33.38	5.93
嘉实绝对收益策略定期混合	-5.20	-2.35	-2	22.58	4.16
南方绝对收益	-7	-3.73	-2.29	32.95	5.86
嘉实对冲套利定期混合 A	-6.08	-2.66	-2.94	24.30	4.45

基金名称	区间最大回撤/%	年度平均最大回撤/%	年度最大回撤中位数/%	区间累计涨幅/%	年化收益率/%
华泰柏瑞量化绝对收益混合	−5.79	−3.65	−4.51	19.02	3.57
富国绝对收益多策略混合 A	−5.63	−3.32	−3.21	30.22	5.42
广发对冲套利定期开放混合	−7.12	−3.43	−3.10	17.57	3.28
中金绝对收益	−4.92	−3.27	−3.25	10.00	1.93
大成绝对收益策略混合 A	−16.94	−6.88	−5.97	−12.50	−2.39
中邮绝对收益策略定开混合	−7.77	−2.97	−2.84	17.49	3.27
华泰柏瑞量化对冲	−5.58	−3.66	−4.06	20.61	3.82
汇添富绝对收益定开混合 A	−5.85	−3.53	−3.63	29.10	6.59
安信稳健阿尔法定开混合 A	−2.69	−1.65	−1.61	21.90	5
货币型基金指数 990005	0	0	0	9.95	1.92
债券型基金指数 990003	−7.20	−0.66	−0.37	26.31	4.82

1 日，数据来源：东方财富 Choice 数据。

超过 7 年的有 6 只，成立 6~7 年（不含 7 年）的也是 6 只，
）的 3 只。

情况

只基金中，自 2015 年以来全部年度（不含 2022 年头 3 个月，
的基金为 2 只，7 个年度中有 6 年为正收益的 3 只，仅 1 只
负收益。

7 年）的 6 只基金中，全部 6 个年度都是正收益的仅 1 只，5
，4 个年度获正收益的 2 只，一半年度（3 年）为负收益的 1
年度中有 5 年为负收益，仅 1 年实现正收益。

含 6 年）的 3 只基金中，自成立以来全部年度实现正收益的
有 3 年实现正收益。

年后全部年度实现正收益的比例为 33.33%，而债券型基金指
部年度实现正收益。

性量化对冲基金中实现全部年度正收益的比例仅为三分之一，
基金的平均水平相距甚远。

况

化对冲基金在可比年度（2017—2021）4 年的年化收益率分布

（1）年化收益率超过 4.82%（债券型基金指数同期年化收益率）的基金 6 只，占比 40%。

（2）年化收益率在 4%~4.82% 的基金 3 只，占比 20%。

（3）年化收益率在 3%~4% 的基金 4 只，占比 26.67%。

（4）年化收益率在 0~2% 的基金 1 只，占比 6.67%。

（5）年化收益率小于 0 的基金 1 只，占比 6.67%。

也就是说，近段时间随机选择 1 只基金投资，获得超过债券型基金指数年化收益率 4.82% 的概率为 40%；获得 4% 以上年化收益率的概率为 60%；获得超过货币基金年化收益率 1.92% 的概率为 93.33%；获得负收益的概率为 6.67%。

3. 年化收益率与最大回撤均值及中位数

2017—2021 年 15 只基金的年化收益率平均值为 4.16%，中位数也是 4.16%。

15 只基金年度平均最大回撤为 3.32%，年度平均最大回撤中位数为 3.09%。

而 4 年间 15 只基金的平均最大回撤为 6.46%。

依此计算 15 只基金的平均卡玛比率为 4.16/6.46=0.64。

同期债券型基金指数的年化收益率为 4.82%，年度平均最大回撤为 0.66%，年度平均最大回撤中位数为 0.37%，4 年间最大回撤为 7.20%，卡玛比率为 4.82/7.20=0.67。

从年度最大回撤来看，债券型基金指数远小于 15 只中性量化对冲基金均值和中位数；而从年化收益率来看，债券型基金指数又高于 15 只中性量化对冲基金均值和中位数。

所以中性量化对冲基金总的持有体验目前是不如债券型基金的，这也是公募债券型基金数量和规模远远大于中性量化对冲基金的根本原因。

4. 机构投资占比情况

截至 2021 年 6 月 30 日，15 只中性量化对冲基金中，有 11 只的基金机构投资占比均超过 80%，只有 4 只的基金机构投资占比低于 80%，分别是：安信稳健阿尔法定开混合，机构占比 48%；规模最大（226 亿元）的汇添富绝对收益定开混合，机构占比仅 50%；成立多年来收益为负的大成绝对收益策略混合，机构占比 69%；南方绝对收益，机构占比 78%。

可以看出，机构投资占比最低的 1 只基金，比例也达到了 48%，也就是说机构持仓占了几乎一半的水平，其实也不算低。

这种机构占比与债券型基金是类似的，机构投资这种固收类产品更多是一种配置需要，平滑波动，为大跌的时候提供类现金抄底期权；而我们普通的个人投资者往往看不上这种收益水平，或者还缺乏配置的意识，这也是一碰到大跌普通投资者因只持有单只权益基金而更容易崩溃的重要原因。

上述是我们通过统计全部成立时间超过 3 年的量化对冲基金得出的一般结论。

现在，我们再以 1 只过往业绩较好的量化对冲基金看看此类基金的收益波动特征。

（基金举例是为了说明问题，不构成投资推荐。）

海富通阿尔法对冲混合算是公募量化对冲基金中的佼佼者，自成立以来每年都取得了正收益，2015—2021 年 7 年间的年化收益率为 6.96%，2017—2021 年 5 年间的年化收益率为 5.93%，而 2015—2021 年的最大回撤为 6.02%，具备较高性价比。

该基金也于 2019 年和 2020 年连续获得金牛奖。

海富通阿尔法对冲混合基金经理杜晓海，新加坡国立大学硕士，历任 Man-Drapeau Research 金融工程师，American Bourses Corporation 中国区总经理，现任海富通基金公司量化投资部总监，2021 年年底管理基金规模为 99 亿元。

杜晓海的理想，是做"量化版的价值投资"，不追求超额收益的陡峭，而是追求超额收益的稳定，力争让客户获得长期风险调整后的最好的收益。

他给此类固收特征的基金设定的波动率目标为 4%～5%，对应 6%～10%的年化收益率。

具体到海富通阿尔法对冲混合的投资策略，主要是构建一个沪深 300 指数增强多头组合，然后再用沪深 300 指数股指期货空头对冲。

具体来看有以下特征：

（1）从过往定期报告看，通过对比股票持仓市值与股指期货名义持仓市值，基金基本上保持完全对冲，股票市场风险敞口一般保持在 10%左右。

2021 年基金年报显示，2021 年年末的股票市场风险敞口为 12.71%。

（2）基金持仓股指期货以沪深 300 指数为主，但有时也会同时持有中证 500 指数和上证 50 指数期货合约；从期限来看以近月合约和季月合约为主，在负基差较大时段会加大远月合约持仓，体现了较强的主动管理能力。

2021 年年末的期指持仓全部为季月合约。

（3）在多头组合构建方面，相对沪深 300 指数超配成长或成长价值，低配银行和非银金融，这与杜晓海团队"成长因子靠前、价值因子靠后"的理念是一脉相承的。

基金 2021 年年报显示，基金股票持仓依然保持超配成长、低配银行和非银金融的特点。

（4）所选股票多头组合以沪深 300 指数成分股为主，流动性充裕，策略容量空间较大。

回看基金年度收益，2021 年该基金虽然也获得了正收益，但是跑输了业绩基准 0.65 个百分点。年报中管理人报告的解释是，"报告期内股票市场波动较大，导致基金跑输基准"。

进入 2022 年，随着股市的剧烈波动，海富通阿尔法对冲混合不仅持续跑输业绩基准，还创下了基金成立以来的历史最大回撤 7.72%。截至 2022 年 4 月 15 日，2022 年以来的基金收益为 -3.89%，显示基金策略短期失效。

其实如果分析基金管理人的投资理念和基金的多头持仓特点，就会发现杜晓海的投资风格是偏成长的，而自 2022 年以来是价值风格明显占优、成长风格大幅跑输，所以自 2022 年以来基金的超额收益为负也就顺理成章了。

如此说来，基金经理在投资风格上都是有偏好的，而如果投资风格不发生漂移，在市场风格总是会发生切换的情况下，中性策略想带来稳定的超额是颇具难度的，因为这个超额会随着市场风格的变化而波动。

所以在成长风格占优的 2019—2020 年，基金的超额收益比较明显，基金规模也水涨船高，2020 年 9 月 30 日该基金规模达到了惊人的 145 亿元，而到了 2021 年年末，基金规模已经大幅缩水至 47 亿元了。

相对而言，在目前这种债券型基金的收益水平之下，哪怕是与中性策略中的佼佼者海富通阿尔法对冲混合相比较，债券型基金的性价比还是更好的。中性策略的量化对冲基金目前就显得比较鸡肋了。

所以目前公募债券型基金有近 2900 只，而公募量化对冲基金只有区区 25 只！这也显示了目前公募量化对冲基金的尴尬处境。

图 3-5 和图 3-6 分别是海富通阿尔法对冲混合与广发中债 7~10 年国开债指数近 3 年和近 5 年的收益对比图。

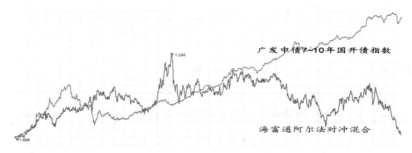

图 3-5　近 3 年（2019-11—2022-11）海富通对冲混合与广发中债 7~10 年国开债指数收益对比图

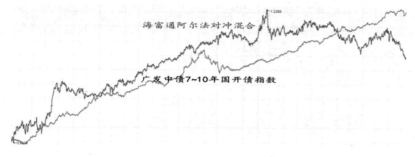

图3-6 近5年（2017-11—2022-11）海富通对冲混合与广发中债7~10年国开债指数收益对比图

但无论如何，利率是经济体的内生变量，随着我国经济体量越来越大，未来增速变慢是大概率事件，利率越来越低也是大势所趋。

而如果出现0利率甚至负利率，债券型基金可能就不会那么"香"了。

在利率不断降低这一过程中，量化对冲这一"备胎"就有逐渐"转正"的可能，迎来它的高光时刻。

所以对量化对冲基金尤其是其中的佼佼者保持密切关注，还是很有意义的事，因为说不定哪一天它就可能派上用场，成为我们投资中的"香饽饽"。

第 4 章

主动基金与指数基金（二）

上一章讨论了各类主动基金的业绩收益特征，本章我们继续探讨这些业绩是怎么来的、在多大程度上是靠运气或基金经理能力的，以及主动基金业绩的可持续性问题。

4.1 主动基金分析框架

不熟不做，不懂不投。"看懂"一只主动基金是投资它的前提。"看懂"主动基金和基金经理的过程，既是筛选主动基金进行投资的过程，也是对主动基金和基金经理建立信任的过程。

一只主动基金摆在那儿，就像一头大象之于盲人，我们要尽可能从多个角度去触摸它、了解它，尽可能多地还原它的全貌。

4.1.1 看懂基金经理

主动基金的灵魂是管理该基金的基金经理，是我们需要了解的重中之重。如果一只主动基金换基金经理了，那么基本上可以把它视为另外一个产品了。所以选主动基金其实是在选基金经理，本节后面的收益率、定期报告、基金评级与评奖等，实际上都是基金经理投资综合素质所外化、表现出来的结果。

从基金公司网站、基金销售平台可以了解到下列内容。

1. 基金经理的学历、从业（投研）经历

许多基金经理都是从研究员、交易员、策略分析师、专户管理、保险公司资产负债匹配专员等"进化"而来的。他们在做研究员时有的专门研究大消费，有的研究 TMT，而有的则专门研究光伏新能源；而现在在公司成长组、价值组，它们有的担任投研总监，有的是公司副总经理……

基金经理的学历和从业（投研）经历，可以为你提供不同的基金经理各自擅长什么、选股会有什么倾向、大概会是什么投资风格等线索。

业绩骄人的明星基金经理，像张坤、刘彦春、朱绍醒、谢治宇、张清华等都是所在基金公司的副总经理或总经理助理。

除了要有一定的天分，基金经理还要靠不断经历牛市和熊市来磨炼自己。这个

行业的人才就像陈年的酒，历久弥香，无论短期业绩多辉煌，从业经历短、担任基金经理少于3年的都建议对其慎重考虑。

2. 基金经理背后的投研团队

虽然说基金经理是灵魂人物，但他身后的投研团队也非常重要。这就要求我们选择有实力的基金公司，具体来说就是权益投资规模排名靠前的基金公司，它们有非常强大的投研团队，可以给基金经理源源不断地输出内容和资源，协助基金经理进行决策，如易方达基金、兴证全球基金、交银施罗德基金、富国基金、工银瑞信基金、华安基金、中欧基金、景顺长城基金、国海富兰克林等基金公司。

优秀的基金公司除了有强大的投研团队，还有良好的公司氛围，能不断培养出一代代优秀的基金经理，就不至于出现人才断层。

经常有公募基金的明星基金经理跳槽到私募基金后，业绩就变得平庸的情况发生，这跟离开强大投研团队的支持有一定关系。

3. 基金经理管理该基金前后的业绩表现

虽然自基金创立以来一直管理的现任基金经理不在少数，但朱绍醒16年管理富国天惠的"从一而终"依然被奉为传奇。有的基金经理因为跳槽，管理过不同基金公司的产品，比如曾管理过新华优选分红混合和中欧价值发现的曹名长，管理过兴全社会责任和睿远成长价值的傅鹏博；而有的是中途接任某一基金的基金经理职位，比如2013年10月28日开始管理兴全趋势的董承非，2015年6月18日接手华安逆向的崔莹……

以曹名长为例，成名于新华基金时代，当时他管理的新华优选分红混合几乎拿遍了所有基金奖项。到了中欧基金后，其代表作中欧价值发现在2016—2018年成绩不错，2019—2020年业绩落后，2022年春节后又迎来了它的高光时刻。

再看崔莹，从2016年3月9日开始管理华安沪港深外延增长灵活配置混合，截至2021年3月9日刚好5周年，根据Wind数据投资类型二级分类灵活配置型基金排名第一（1/787），凭借业绩长期波动上行，获得了银河证券3年期五星评级。至2021年4月2日，崔莹在该基金任职总收益率为315.12%，年化收益率达到32.46%。他管理的华安逆向多次斩获金牛奖，2021年获得晨星积极配置型基金奖提名。

而谢治宇于2013年2月7日开始管理兴全合润，至2021年4月2日管理8年又68天，在该基金任职期间总收益率达到719.23%，年化收益率达到29.30%。兴全合润多年来都是4~5星评级。2021年该基金获得晨星积极配置型基金奖，加上之前的，谢治宇管理的基金已经累计获得8次金牛奖、8次明星基金奖、3次金基金奖。至此，谢治宇也成为行业内为数不多的奖项大满贯基金经理。

4. 理解基金经理的投资风格和投资体系

中欧基金曹名长总结自己的投资风格是"15%的费雪尔+85%的格雷厄姆",强调低估值和性价比,而且长期坚持不动摇。2019年、2020年中欧价值发现的换手率分别为93.65%和77.09%,超低换手率表明他完全不跟随趋势,投资策略非常稳定、不漂移。

华安基金崔莹,整体投资风格均衡偏成长,主张"应对比预测重要、任何市场都有机会", 基本面结合景气度选股,偏重右侧交易,通过行业分散来降低波动率。崔莹管理的基金换手率都比较高:华安逆向2019年、2020年换手率分别为487.37%和390.91%;华安沪港深外延增长灵活配置混合2019年、2020年换手率分别是578.09%和282.81%。较高换手率表明崔莹的投资策略比较灵活,重趋势判断或风格轮动。

兴全基金谢治宇,整体投资风格均衡偏成长,进攻性足够强却不极端,长期表现优异但回撤控制一般,所以他在2016年、2018年这种大势不好的年份表现一般。他管理的兴全合润2019年、2020年的换手率分别为105.10%和125.70%,远低于崔莹。较低换手率表明谢治宇更重视选股,投资策略比较稳定。谢治宇选股强调"努力平衡好公司的长期发展空间与短期估值""寻找具有良好投资性价比的优秀公司"。这位"从未享受过股市泡沫"的老将,尽管在大势不好的年份业绩也会"跌跌撞撞",但却能够长期把业绩做到顶尖水平。

4.1.2 看懂收益率

基金收益率既要看不同期限的绝对收益率,也要看相对于同期业绩基准、主流指数及同类基金平均水平的收益率,还要看风险调整后的收益率。

1. 绝对收益率

相较短跑冠军,投资更需要长跑健将。所以我们既要关注短期收益率,也要关注中长期收益率。

(1)短期收益率。

天天基金、蛋卷基金、好买基金等基金平台都给出了每天、1周、1个月、3个月、6个月、1年的基金净值涨幅,并且都有各基金当天实时的净值估值数据,方便我们投资时参考。

(2)中长期收益率。

中长期收益率指3年、5年乃至自基金成立以来的收益率。中长期收益率的参考价值更高。比如,兴全合润从2010年4月22日成立以来到2022年11月23日一共12.59年的累计收益率为488.14%,折算年化收益率为15.11%;如果在2021年2

月 10 日上一轮的牛市高点计算，则自成立以来的累计收益率为 764.31%，年化收益率达 21.13%，比 2022 年 11 月相对熊市的年化收益率整整高了 6 个百分点。

天天基金 App 有长期的季度、年度涨幅，便于查阅，如图 4-1 所示。

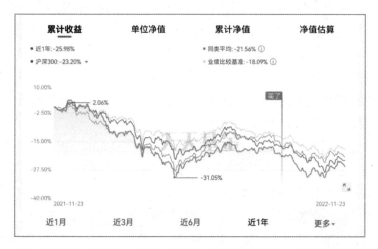

○ 阶段涨幅明细										来源：基金定期报告
	今年来	近1周	近1月	近3月	近6月	近1年	近2年	近3年	近5年	成立来
涨幅	-27.17%	-2.42%	2.99%	-9.94%	-5.40%	-25.98%	-18.88%	43.15%	68.07%	488.14%
同类平均	-20.14%	-1.97%	-0.54%	-10.57%	-1.61%	-21.56%	-8.19%	42.14%	52.49%	----
沪深300	-23.62%	-1.59%	0.82%	-9.31%	-6.92%	-23.20%	-24.61%	-1.99%	-8.02%	
同类排名	2124|2614	2175|3287	449|3296	1436|3225	2036|3015	1613|2449	953|1393	394|829	181|490	
排名变动	78↓	942↓	100↓	22↑	184↓	48↓	24↓	12↓	3↓	
四分位排名	不佳	一般	优秀	良好	一般	一般	一般	良好	良好	----
数据截止至：2022-11-23						风险提示：收益率数据仅供参考，过往业绩不预示未来表现！				

图 4-1　基金不同时段的业绩及四分位相对排名表现

2．相对收益率

（1）相对于沪深 300 指数、同期业绩基准和同类基金平均涨幅。

天天基金 App 有各大基金 1 个月、3 个月、6 个月、1 年的累计收益走势图，以及自成立以来的累计收益相对于沪深 300 指数、同期业绩基准和同类基金平均涨幅的比较。从图 4-2 上可以看出在不同时段，该基金累计收益是否超过沪深 300 指数，是否超过同期业绩基准，是否超过同类基金平均涨幅，以及各超过了多少。

图 4-2　基金累计收益与沪深 300 指数、同期业绩基准和同类基金平均涨幅的相对走势图

超过同期业绩基准，方为及格；超过沪深 300 指数，意味着战胜市场；与同类基金平均涨幅比较，则可以看出该基金在同类基金中处于什么水平。

补充说明一下，基金只有跟同类基金比较才有意义。各平台的分类标准略有不同，一般分为股票型基金、偏股混合型基金、标准混合型基金、偏债型基金、纯债型基金几大类。而晨星将基金大类分为积极配置型基金、混合型基金、积极债券型基金、普通债券型基金、纯债型基金。

（2）同类排名。

图 4-1 显示的基金排名在各大基金平台都有，可以很方便地进行查阅，基金在同类中处于什么水平一目了然。

同类基金排名一般采用**四分位法则**，也就是按照基金涨幅的大小顺序排列，然后四等分，排在前 25%的为优秀，排在 25%~50%的为良好，排在 50%~75%的为一般，排在 75%~100%的为不佳。

基金排名一定要长期、短期结合起来看，一般来讲，越是短期的排名参考价值越小。但如果一位长期业绩优秀的基金经理管理的基金在短期内，比如 3~6 个月内排名严重下滑，那么这时候的排名反倒可以作为抄底或临时加仓指标来使用。

3. 风险调整后收益率

我们选择主动基金一定是冲着它相对于指数的超额收益来的。然而凡事皆有两面性，超额收益的背后，是额外承担的主动管理的风险。所以风险调整后的收益指标也有重要的参考价值。

（1）年化收益率与年度平均最大回撤做比较，可以得出投资该基金的性价比。

这个指标比较直观，比如，一只基金 25%的年化收益率相对 25%的平均年度最大回撤，与另一只基金 25%的年化收益率相对 20%的平均年度最大回撤相比，投资者持有体验要好得多。

券商的行情软件一般都可以显示场外基金每日净值曲线，再利用统计功能就可以得到任一时段（自然也包括了每一年度）的最大回撤。

图 4-3 是利用某券商行情软件"区间统计"功能得出的年度最大回撤数据查询页面。

部分收费平台还可以查询卡玛比率，就是基金某一阶段年化收益率与区间最大回撤的比率，这一数据也可以作为基金业绩性价比的一个重要参考。

（2）夏普比率：基金承担每一单位风险（包括系统风险和主动管理风险）所获得的收益。

图 4-3　某券商行情软件主动基金年度最大回撤数据查询页面

从天天基金网"基金概况-特色数据"一栏可以查到近 1 年、2 年、3 年的夏普比率。比如，2022 年 4 月 1 日兴全合润近 1 年、2 年和 3 年的夏普比率分别为–1.21、0.96 和 0.92，而同一时期华安逆向相应的夏普比率分别为 0.43、1.40 和 1.36，工银文体产业股票相应的夏普比率分别为–0.51、1.06 和 1。

需要特别指出的是，不同时段统计的夏普比率数据差距是比较大的，同类基金的夏普比率只能放在同一时间进行比较。

（3）信息比率：基金承担每一单位主动管理风险所获得的风险补偿。

目前还没有提供信息比率数据的免费开放平台。

4.1.3　看懂定期报告（季报、半年报和年报）

公募基金会在每季度结束后的 15 个工作日内公布季度报告，在上半年结束后的 60 个工作日内公布半年报，在每年度结束后的 90 个工作日内公布年度报告。这些报告在基金公司网站、各大基金销售平台、雪球都可以查看。

1. 看基金经理怎么做，做的效果如何

（1）从定期报告第 3 部分"主要会计数据和财务指标"看基金规模。

"期末基金资产净值"就是基金最新披露规模。

基金规模虽然在相当程度上要归功于营销，但同时也是基金长期业绩的体现。因为一只业绩平庸的基金，再怎么营销也不太会受到投资者的追捧。

但基金规模也天然是基金业绩的"敌人"。因为很多投资策略是有规模容量限制的，比如对于某些量化策略、某些投资中小盘股为主的基金、某些行业主题基金、某些靠交易创造主要超额收益的基金，在基金规模大到一定程度时，这些策略可能就会失效，从而也就无法继续获得超额收益，基金业绩就会变得平庸。

从这个角度来看，"人多的地方不去"还是有道理的。

同等条件下，规模太大（譬如动辄几百亿）的主动基金最好不选。

但如果自己就是对某位基金经理特别喜爱，而且是长期投资，那么规模大一点应该问题也不大。因为如果规模大到足以影响基金业绩继续优秀的程度，投资者一般会选择赎回基金，从而导致基金规模缩小；规模变小后，基金经理原来的投资策略可能重新有效，业绩也可能重新"出彩"。

（2）在定期报告第 5 部分"投资组合报告"中重点关注以下内容。

- **股票、债券、现金占比**。把这一比例与往季数据进行对比。与往季相比，如果股票比例明显上升，则表明基金经理相对看好后续行情，选择加仓；反之，则表明基金经理相对看淡后市，选择减仓；比例变化不大，则表明基金经理对后市持中性立场。
- **十大重仓股变化情况及占净值比重**。同样需要与往季进行对比。十大重仓股占净值比是重要的持股集中度指标，集中度明显上升表明基金经理对所选的股票较有信心；反之，信心不足，需要更多的持仓来分散风险。如果十大重仓股变化较大，个股更换较多，那么说明基金经理在本季度调仓幅度较大，换手率较高。

（3）从定期报告第 3 部分"主要财务指标和基金净值表现"可以看出基金在过去 3 个月（本季度）、过去 6 个月、过去 1 年、过去 3 年和过去 5 年的投资收益，以及这些收益与基准业绩的比较。公募基金追求相对业绩，最低要求是战胜同期业绩基准，更高的要求则是争取靠前的同类排名。

（4）而定期报告第 6 部分"开放式基金份额变动"主要披露基金本季申购、赎回份额，据此可以算出净申购数据。

在通常情况下，基金在本季的业绩与净申购数据呈正相关：基金业绩出彩，则净申购数据一般为正；基金显著负收益，则净申购数据也通常为负值。这说明基民经常追涨杀跌，这也是基金赚钱而基民不赚钱的重要原因。

（5）年度财务报表其他部分略过，重点看"利润表"。

利润表中重点看"股票投资收益"和"公允价值变动收益"。如果是 QDII 基金，还要重点看"汇兑收益"这一项。

股票投资收益=买卖股票的价差收入（即卖出股票成交总额）–卖出股票的成本总额，是已经实现或者落袋为安的那一部分收入。

公允价值变动收益=持仓股票的价差收入（即持仓股票或其他证券的期末市值）–持仓股票（或其他证券）的成本总额。

①股票投资收益如果为正值，而且正值在整个收入中占比越高，说明基金在该

年度的交易效率越高；反之，交易效率越低。

在通常情况下，指数基金只是按规则被动调仓，调仓比例一般也比较低，所以指数基金的"股票投资收益"部分占比会比较低，"公允价值变动收益"部分占比会比较高；而主动基金正好相反。

②公允价值变动收益如果是正值，而且正值在整个收入中占比越高，说明基金持仓与当年市场风格契合度越高。它同时释放一个信号：该基金的持有人要警惕了，可能需要适当止盈。

而如果公允价值变动收益是负值，则负值占基金资产的比例越高，说明基金持仓与当年市场风格越不契合。按照均值回归定律，这也许是比较好的抄底加仓机会。

③汇兑损益通常是 QDII 基金常规的投资损益，也是投资 QDII 基金需要考虑的重要因素。如果人民币总体是升值趋势，则汇兑损益通常会"吃"掉一部分可观的收益；当然，如果人民币贬值，持有 QDII 基金又是有利的，就能带来可观的汇兑收益。

2. 看基金经理是怎么说的

在定期报告第 4 部分"管理人报告"中，"报告期基金的投资策略和运作分析"和"管理人对宏观经济、证券市场及行业走势的展望"这两节值得反复研读。

在这一部分中，管理人通常会阐述对报告期宏观、中观（行业）和微观（个股）态势的分析判断，从选股和择时方面阐述自己的应对策略，同时对近远期宏观经济和股市行情进行展望。

愿意坦诚交流的基金经理会较为详细地介绍自己的投资理念和投资框架，并且通常会聚焦于对影响深远的重磅政策和经济周期的分析，重点关注行业前景和流动性的变化，并阐述自己的应对策略。对影响深远的重磅政策的分析着眼于中长期展望和布局，而伴随经济周期中流动性变化的分析则直接影响中短期行情走势和基金经理的应对。说实话，认真反复研读这样的"管理人报告"并结合基金经理的操作是一种绝好的学习方式，我认为胜过其他大多数学习方式。

大部分基金经理会比较"适度"地阐述自己的投资策略，譬如，"自下而上选股""成长与估值的匹配""适当提高对估值的容忍度""重视市场反馈甚于选股"……

也有惜字如金的基金经理，这时只能看他怎么做和做的效果了。对于这类基金经理，我虽然还不至于持负面评价，但我更推崇坦诚沟通的基金经理。我认为坦诚沟通是一个加分项，更容易增加投资者的黏性，更利于长期持有。

3. 看基金经理的投资风格是否稳定，以及基金经理说的和做的是否逻辑自洽

（1）观察基金换手率有没有突然发生大的变化。本来持仓一直比较稳定、换手

率偏低的基金经理，如果前十大持仓突然基本都换了，就要考虑其本来的选股长持风格会不会变化成交易风格。

（2）看持仓行业构成有没有发生大的变化。比如一位擅长大消费行业的基金经理突然换了好多科技类持仓，一位均衡风格的基金经理突然将十大持仓集中到一两个行业上了，等等。如果基金经理的投资风格突然发生变化，就需要密切关注其后续表现。

（3）如果一位价值风格的基金经理持仓换了不少成长风格的个股，或者一位成长风格的基金经理持仓换了不少价值风格的个股，也需要引起我们的重视，毕竟基金经理的能力圈也不是随意就能扩展的。

（4）前面说了，我们需要向基金经理学习投资智慧，但另一方面也要"审视"基金经理，因为也曾有基金经理出现"言不由衷"、言行不一致的情况。比较集中的问题是，因为价值投资更符合主流意愿，也更能吸引投资者，所以交易风格明显的基金经理，不太愿意大方承认自己是交易风格，不太愿意承认自己做了择时。其实择时能力和交易能力都应该被肯定，只要合法合规就应该坦诚。但无论如何，这种不坦诚都是不利于与投资者进行有效沟通的。

4. 看基金经理的投资风格和行事风格是否对自己的"胃口"

看基金经理怎么说和怎么做，并相互印证，从而加深对基金经理的熟悉和了解。

"看懂"了前面三个问题，判断基金经理的投资风格和行事风格是否对自己的"胃口"就水到渠成了。

自己能看懂的、契合自己需要的、自己信任的基金经理才应该成为自己的投资选择。

了解基金经理的投资思路和大体的投资框架，有利于我们理解各种市况下基金净值出现的涨跌，便于我们对照思考，增强我们长期持有基金的信心。

5. 看基金持有人结构

在基金定期报告第 9 部分可以查看基金持有人结构。

（1）看机构和个人持仓占比。虽说机构持仓占比高的基金不一定就很好，但可作为参考，帮助我们学习借鉴机构的投资思维。比如，2020 年年底，工银文体产业股票 A 机构持仓占比 40.97%，就是比较高的机构持仓占比。

（2）看基金公司和基金经理有无持仓。基金经理是否持有自家基金产品及其持有比例，表明了他们对该基金的信心，同样可以作为分析参考指标。比如，工银文体产业股票 2020 年年报显示，该基金经理自持超过 100 万份。

4.1.4 看懂主动基金的进攻与防守属性

我们在构建自己的投资组合时，要分辨主动基金中哪些具有进攻属性，适合作为前锋；哪些能攻善守，适合中场；哪些又是防守型选手，适合做后卫。

本节就完整介绍一下从哪些指标来看主动基金的进攻与防守的属性。

第一个指标是股票仓位占基金投资组合（净值）的比例，股票仓位占比越高，进攻属性就越强。

这个指标与基金分类有一定关系。股票型基金股票仓位占比最高，偏股混合型基金次之，标准混合型基金再次，偏债混合型基金股票仓位更低，纯债基金就没有股票仓位。

如图 4-4 所示为 2022 年 11 月 24 日天天基金网各大主动基金资产配置（股、债及现金配置）示例图。

资产	163406 🗵 兴全合润混合	001714 🗵 工银文体产业	040035 🗵 华安逆向策略	163402 🗵 兴全趋势投资	090018 🗵 大成新锐产业	110009 🗵 易方达价值精	450009 🗵 国富中小盘股	270028 🗵 广发制造业精	519195 🗵 万家品质生活	161005 🗵 富国天惠成长
份额规模（亿份）	169.47	29.09	8.68	317.06	17.06	34.71	14.56	6.01	10.99	112.42
股票占净比	92.30%	87.70%	81.70%	88.51%	83.49%	80.75%	85.39%	80.43%	69.02%	93.84%
债券占净比	5.95%	--	0.04%	4.82%	0.06%	--	6.95%	0.17%	--	1.91%
现金占净比	2.04%	12.50%	18.02%	6.77%	9.48%	19.50%	8.06%	19.63%	31.07%	4.56%
前10持股集中度	39.43%	40.20%	45.50%	48.69%	54.02%	36.43%	39.63%	40.70%	51.76%	37.83%

图 4-4　主动基金资产配置（股、债及现金配置）示例图

股票仓位应该多看几个季度的，通过分析可以看出基金经理的操作思路。

比如朱少醒的富国天惠虽然是混合基金，但是它的股票仓位不管牛熊都基本长期维持在 90% 以上的高仓位，长期看甚至比股票型基金工银文体产业股票仓位都高，它的进攻属性由此可见一斑。

而董承非管理期间的兴全趋势股票长期维持在 80%~90% 的高仓位，但 2021 年一季度则大幅调降到 60% 以下，其短期防守属性一下子就显现出来了。如果他看准时机，可以随时把股票仓位加上去；如果市场风格契合，反弹起来也会很快。所以有时候以退为进也可以被理解为是一种进攻。

第二个指标是持仓个股的行业集中度。Choice 金融终端在基金"深度资料"里有详细的行业分布统计数据。天天基金网虽然有基金行业配置统计，但过于粗糙，好多细分行业"眉毛胡子一把抓"，全部被放在"制造业"了，参考价值有限。

从细分行业看，单个细分行业占比越高的基金进攻性越强，反之，行业分布越分散均衡的基金则进攻属性越弱。

如图 4-5 所示，为某公募基金 2021 年年底的持仓行业分布图。

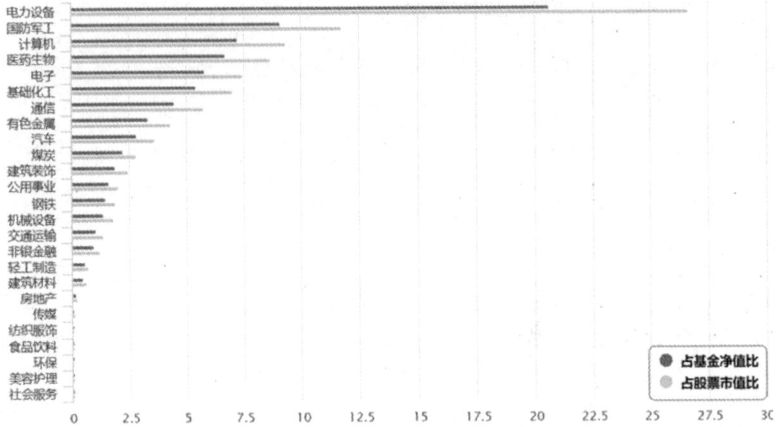

图 4-5　某公募基金 2021 年年报持仓行业分布

蔡嵩松的诺安成长混合 2021 年二季度几乎是清一色的芯片半导体，进攻属性最强，但涨时齐涨，跌时共跌，波动过大，所以才会有“涨时蔡经理、跌时经理‘菜’”的笑谈。

再比如，我们都熟知的张坤的易方达优质精选混合和刘彦春的景顺长城新兴成长混合集中重仓白酒消费，赵蓓的工银前沿医疗和葛兰的中欧健康医疗混合集中重仓医药，这些都是很著名的进攻属性很强的例子。

第三个指标是前十大重仓股的集中度和个股集中度。有的主动基金前十大重仓股就占到基金净值的 70%~80%，有的只有 30%~40%；有的基金个股都顶格配置到 10%，有的基金则再看好的个股也只配置 5%~6%。

前十大重仓股集中度越高，个股集中度越高，基金的进攻属性就越强；反之基金的进攻属性越弱。如图 4-6 所示为 2022 年 11 月 23 日天天基金网前十大基金持仓个股及净值占比示例图。

前10大持仓	兴全合润混合	工银文体产业	华安逆向策略	兴全趋势投资	大成新锐产业	易方达价值精	国富中小盘股	广发制造业精	万家品质生活	富国天惠成长
1	海尔智家 7.57%	保利发展 6.28%	晶科能源 6.59%	保利发展 9.97%	赤峰黄金 9.48%	贵州茅台 7.13%	百润股份 5.62%	菲利华 7.30%	保利发展 5.89%	贵州茅台 8.56%
2	韵达股份 3.97%	安琪酵母 5.30%	东方电缆 5.88%	北方华创 8.13%	赛轮轮胎 8.12%	五粮液 4.60%	金地集团 5.19%	银漫科技 5.84%	航发控制 5.78%	宁德时代 4.42%
3	三安光电 3.89%	青岛啤酒 4.85%	晶澳科技 5.08%	招商蛇口 4.96%	象华科技 7.72%	泸州老窖 4.47%	宁波银行 4.54%	欣旺达 5.00%	中航光电 5.67%	五粮液 4.37%
4	立讯精密 3.83%	泸州老窖 4.27%	派能科技 4.64%	万科A 4.84%	远兴能源 6.05%	中国国航 3.29%	招商银行 3.72%	鹏辉能源 4.03%	万科A 5.49%	宁波银行 3.78%
5	梅花生物 3.56%	中航光电 4.15%	隆基绿能 4.60%	紫光国微 4.16%	明泰铝业 5.78%	山西汾酒 3.28%	南京银行 3.71%	高测股份 3.79%	登海种业 5.24%	伊利股份 3.17%
6	芒果超媒 3.49%	伊利股份 3.52%	德业股份 4.39%	鹏络电子 3.75%	保利发展 4.20%	锦江酒店 3.24%	潍柴动力 3.62%	东山精密 3.49%	招商蛇口 5.24%	迈瑞医疗 3.02%
7	鹏鼎控股 3.36%	宁德时代 3.37%	贵州茅台 3.61%	金地集团 3.64%	金地集团 3.94%	海尔智家 2.76%	安琪酵母 3.43%	立讯精密 3.45%	金地集团 5.12%	郑煤机 2.78%
8	深信服 3.35%	药明康德 3.03%	中国国航 3.61%	中航沈飞 3.41%	鲁阳节能 3.51%	古井贡酒 2.68%	兴业银行 3.35%	金博股份 2.92%	大北农 5.06%	立讯精密 2.78%
9	健友股份 3.23%	海康威视 2.75%	导能科技 3.59%	联创电子 3.09%	银泰黄金 2.69%	伊利股份 2.63%	乐鑫科技 3.24%	文灿股份 2.89%	中航机电 4.19%	药明康德 2.62%
10	万华化学 3.18%	锐科激光 2.68%	禾迈股份 3.51%	恒生电子 2.74%	驰宏锌锗 2.53%	欧派家居 2.35%	成都银行 3.21%	广汽集团 1.99%	隆平高科 4.08%	雅克科技 2.33%

图 4-6　天天基金网前十大基金持仓个股及净值占比示例图

第四个指标是主动基金持仓股票换手率。2019 年和 2020 年全部偏股主动基金的平均换手率都是 310%左右。

换手率越高，说明基金经理交易越频繁，想通过交易创造超额收益的意图越明显，因而基金的进攻属性越强；换手率越低，表明基金的超额收益越是来自基金经理的选股能力，而通过择时和交易创造超额收益的意愿越弱，因而进攻属性越弱。如表 3-1 所示，为部分公募基金换手率示例。

表 4-1　部分公募基金换手率示例

各基金换手率/%　　时间	工银文体产业	兴全合润	华安逆向策略	兴全趋势	交银优势行业	广发稳健增长	大成新锐产业	中泰开阳价值	国富中小盘股票	信诚周期轮动
2022-6-30	98.76	71.63	218.26	132.66	201.8	30.71	192.96	82.36	99.72	783.22
2021-12-31	208.70	122.58	369.26	80.85	237.69	44.56	305.47	266.98	123.95	908.05
2021-6-30	184.36	122.49	320.46	53.06	188.83	41.55	329.08	207.02	131.61	672.84
2020-12-31	240.29	125.70	390.91	42.95	189.21	36.53	538.54	167.10	90.52	396
2020-6-30	308.82	129.89	453.75	51.51	212.14	37.47	857.44	196.41	87.21	465.81

2020 年积极配置型和主动股票型基金股票换手率分别为 318%和 317%，与 2019 年基本持平。

数据来源：东方财富 Choice 数据。

从换手率的角度看，信诚周期轮动、华安逆向策略和大成新锐产业的进攻属性明显强于工银文体产业、交银优势行业、中泰开阳价值、兴全合润和国富中小盘股票；而兴全趋势和广发稳健增长的进攻属性最弱。

第五个指标是长期业绩。同类型主动基金，业绩越好，进攻属性越强；反之，进攻属性越弱。构建投资组合的时候还可以简单粗暴地做以下考虑：偏股型基金，5 年以上长期年化收益率达到 20%或者以上的，进攻属性强，可以充当前锋；标准混合型基金，年化收益率最高达到 15%的，能攻善守，适合中场；二级债基，年化收益率为 8%左右的，适合防守，作后卫。

第五个指标反过来说就不一定成立：进攻属性越强，并不意味着业绩越好；防守属性越强，也并不意味着业绩会越差。

进攻或者防守属性只是投资风格的一个方面。所谓盈亏同源，通常进攻属性越强，业绩波动会越大；而防守属性越强显得越稳健，业绩波动可能越小。

当然，有不同风险偏好的投资者，对进攻与防守属性的理解是不同的。所谓千人千面，适合自己风险偏好和投资风格的理解才是最正确的。

4.1.5　看懂基金评级和基金评奖

1. 基金评级

中国证券投资基金业协会官方认证的基金评级机构包括七家：上海证券、海通证券、银河证券、招商证券、晨星资讯、济安金信、天相投顾。

评级主要参考依据是收益和风险两大指标，再结合基金经理管理能力进行综合考察。各家评级机构的评级结果会在中国证券投资基金业协会官方网站每季度定期更新。虽然各家评级机构的评级标准不尽相同，对同一只基金的评级也会有差异，但是可以相互印证。

在蛋卷基金、支付宝上，打开基金页面都只显示晨星评级；天天基金 App 上的"基金评级"项下，打开就能看到上海证券、招商证券、济安金信三家评级机构的最近 2 年评级。如果要看更多、更长期的评级，可以到天天基金网的"评级"一项查看。

建议选择各家评级都在三星以上的主动基金作为投资标的。当然基金评级也意味着对现任基金经理的评级。成立未满 3 年的主动基金没有评级，能否选择它们作为投资标的，看基金经理就可以了。

2. 基金评奖

目前比较知名和权威的基金评奖主要有中国证券报的"中国基金业金牛奖"（以下简称金牛奖）、上海证券报的"金基金奖"、证券时报的"明星基金奖"，以及知名国际基金评级机构晨星资讯评出的"晨星年度基金奖"（以下简称晨星基金奖）。

我个人更关注晨星基金奖和金牛奖。对于晨星基金奖每年入围提名的基金，我都会关注。它的奖项分为积极型配置基金奖、混合型基金奖、积极债券型基金奖、普通债券型基金奖、纯债型基金奖。

当然每个基金奖项，从入围提名到最终获奖，都是优中选优的主动基金。对普通投资者来说，这些入围及获奖基金的数量已经不少了，完全可以把这些评奖作为一个现成的筛选工具，在入围和获奖基金中选择适合自己的主动基金，然后在市场调整或基金相对落后的时候择机介入。

4.1.6　学会使用一些基金分析工具

1. 基金业绩评价

基金业绩评价分选证能力、收益率、择时能力、稳定性、抗风险五项；对基金经理的评价则由经验值、收益率、择时能力、稳定性、抗风险等五项组成。这些都可以作为分析基金及基金经理的参考指标。

2. 定投回测（定投计算器）

定投回测或者定投计算器功能，在蛋卷基金、天天基金、好买基金等平台上都有，打开每一个基金页面就能看到，不过天天基金的更全面一些。有意思的是，主动基金近 1 到 5 年定投回测显示，普通的"傻傻"定投几乎超过其他各种智能定投、移动止盈定投等选项。其实很多方法都是越简单就越有效，基金定投也不例外。

3. 基金诊断

支付宝、天天基金都有基金诊断功能，各有特色。

在支付宝基金诊断功能中，应该重点关注的是基金近 1 年投资者赢利或亏损统计，并且给出亏损用户的不良行为特征——追涨杀跌、定投放弃、持仓时间短、频繁买卖等，以及这些不良投资行为用户占总亏损用户的比例。我试用过一下，收益越高、波动越大的基金，亏损用户比例越高；而投资标准混合型、偏债型等收益越低、波动越小的基金的用户赢利比例越高。这个结论和背后的逻辑，我之前就有提到，没想到能在基金销售平台用销售数据给了予验证。

天天基金的基金诊断功能也有特色，有持有 7 天到 1 年赢利概率、近 1 年最大回撤、基金热度（关注人数、买入人数、相关讨论）等指标可供参考。

4. 基金对比

天天基金网有"基金比较"这一功能，可以把心仪的几只基金放在一起对比，有一定参考价值，如图 4-7 所示。

阶段收益	163406 兴全合润混合	001714 工银文体产业	040035 华安逆向策略	163402 兴全趋势投资	090018 大成新锐产业	110009 易方达价值精	450009 国富中小盘股	270028 广发制造业精	519195 万家品质生活	161005 富国天惠成长
成立日期	2010-04-22	2015-12-30	2012-08-16	2005-11-03	2012-03-20	2006-06-13	2010-11-23	2011-09-20	2015-08-06	2005-11-16
今年来	-27.17%	-21.97%	-19.68%	-23.99%	-19.35%	-21.41%	-9.10%	-12.14%	-11.26%	-25.23%
近1周	-2.42%	-1.55%	-1.01%	-1.42%	-2.63%	-2.29%	-0.51%	-0.48%	-1.93%	-2.57%
近1月	2.99%	0.35%	-5.31%	1.09%	1.76%	-0.27%	7.44%	-2.34%	-2.34%	-0.23%
近3月	-9.94%	-8.80%	-16.89%	-8.34%	-13.81%	-9.47%	1.77%	-16.23%	-4.28%	-10.69%
近6月	-5.40%	0.04%	-4.52%	-1.98%	-6.69%	-3.92%	6.62%	13.77%	-0.06%	-5.25%
近1年	-25.98%	-22.22%	-21.85%	-20.93%	-15.59%	-20.91%	-7.37%	-12.65%	-7.21%	-25.14%
近2年	-18.88%	-8.16%	11.70%	-18.70%	56.47%	-0.08%	4.51%	25.99%	32.01%	-21.01%
近3年	43.15%	65.64%	97.32%	26.46%	201.15%	58.26%	58.97%	146.88%	140.45%	27.54%
近5年	68.07%	123.77%	132.28%	38.92%	227.04%	64.52%	86.91%	134.36%	136.33%	41.50%
成立来	488.14%	222.01%	786.70%	1923.77%	654.89%	630.77%	356.95%	541.90%	274.93%	1519.01%
基金评级(3年期)	兴全合润混合	工银文体产业	华安逆向策略	兴全趋势投资	大成新锐产业	易方达价值精	国富中小盘股	广发制造业精	万家品质生活	富国天惠成长
海通证券	★★★★★	暂无评级	暂无评级	★★★★★	★★★	★★	★★★★	★★★★	暂无评级	★★★★★
招商证券	★★★★★	★★★★	★★★★	★★★	★★★★★	★★★	★★★★	★★★★★	★★★★★	★★★★
上海证券	★★★★★	★★★★	★★★★★	★★	★★★★★	★★★	★★	★★★★	★★★★★	★★★
济安金信	★★★★	★★★★	★★★★★	★★★	★★★★★	★★★	★★★★★	★★★★★	★★★★★	★★

图 4-7　基金对比示例图

5. 基金筛选

晨星网、天天基金网、韭圈儿都有免费的基金筛选功能，可以使用该功能，通过设定一些条件，比如 5 年三星级以上评级、积极配置型、开放式基金，筛选出符合条件的全部基金。接下来，我们只需要在前面 20~50 只基金中进行手工再筛选就可以了，非常便捷省力。

Choice 金融终端的基金筛选功能更丰富，只是需要付费才能使用。

如果能认真做到以上五个部分，就算是给自己心仪的主动基金建了一个很完整的档案，且实质上是通过对基金进行"庖丁解牛"来读懂以下三个问题：

（1）基金的中长期业绩如何？

（2）这样的业绩从何而来？

（3）这样的业绩可持续性如何？

这三个问题解决了，那么"看懂"一只主动基金就是水到渠成的事了。

4.2　普通投资者如何对主动基金进行业绩归因分析

当我们对一只业绩很好的主动基金感兴趣的时候，肯定要问问为什么业绩会那么好，用专业的话来说就是要进行"业绩归因"分析。所谓业绩归因，就是将基金的业绩进行解析，解决"业绩从何而来"和"业绩的可持续性如何"的问题，为自己选择基金、进行投资决策提供依据。

专业投资者当然可以应用 Brinson 模型、Carhart 四因子模型，以及 Spearman 相关性检验等方法，从众多主动基金中进行比较筛选。普通投资者则可以采用并不那么"专业"的方法，对主动基金进行业绩归因分析，得出自己偏定性的结论，并且依然具有一定实操价值。

4.2.1　基金业绩主要来自哪些行业

普通投资者的分析不是写专业论文，不需要那么精准，可以以"模糊的正确"为目标，只需要分析每季度前十大重仓股就可以了，即使基金的持仓集中度没那么高也没关系。

将十大重仓股中同一行业的持仓占比加总，再除以前十大重仓股占净值比，就可以得出该行业在基金总持仓中的大约比例。为了分析不同季度持仓变化，我们还可以将每个季度行业持仓比重做成一张表格，并统计近 1 年、近 2 年甚至更多时间段的行业持仓占比简单算术平均值。

花精力做一遍这样的统计分析的意义是不言而喻的，它会给我们留下非常深刻的印象，"噢，原来我的基金持仓是这样的"，跟我们随便翻翻、看个大概的效果是完全不一样的。

基金前十大重仓股在各基金公司官方网站、雪球、好买基金、天天基金等平台都可以查看。天天基金 App 比较贴心，将基金前十大重仓股所属行业在股票名称下面标出来了，投资者使用起来更为方便快捷。

消费、医药、科技是公认的好行业、好赛道，可以长期持有；而能源、有色金属、化工等强周期行业则只适合周期来临时持有，周期到顶时退出。

消费行业又分主要消费和可选消费，主要消费较为稳定，可选消费弹性更大。

医药行业有两大板块：医和药。医代表的是医疗服务、医药商业、医疗器械，药代表的是原料药、化学制药、生物制药和中药。

科技行业的细分领域就更多，有的与消费和医药又有交叉，比如消费电子、创新药等。近几年热门的细分领域就有互联网、芯片（半导体）、新能源、人工智能等。

如果持仓股票主要来自消费、医药和科技行业，那么主动基金长期良好的业绩是可以期待的。

付费平台能够看到基金半年报和年报的详细行业构成和不同时间段的变化，可以据此进行进一步的分析评估。

表 4-2 是易方达高端制造混合 2020—2022 年持仓行业构成情况（基金只为举例之用，不构成投资建议）。

表 4-2　易方达高端制造混合 2020—2022 年持仓行业构成情况示例

行业名称	2021 年报占股票市值比/%	行业名称	2021 中报占股票市值比/%	行业名称	2020 年报占股票市值比/%	行业名称	2020 中报占股票市值比/%
电力设备及新能源	27.10	电力设备及新能源	31.06	电子	25.00	电子	31.51
钢铁	12.29	电子	13.61	电力设备及新能源	24.76	机械	12.76
国防军工	11.86	机械	11.41	机械	14.47	基础化工	11.48
有色金属	11.37	基础化工	10.62	国防军工	10.96	通信	10.33
电子	9.15	钢铁	6.67	基础化工	10.73	国防军工	6.85
建材	7.15	汽车	5.66	家电	6.32	家电	6.74
基础化工	6.94	通信	4.99	通信	3.99	其他	6.08
其他	5.12	有色金属	4.45	其他	2.57	电力设备及新能源	3.98
机械	4.81	家电	4.03	计算机	1.08	计算机	2.87
石油石化	3.38	国防军工	3.68	医药	0.07	汽车	2.67
通信	0.70	石油石化	2.08	农林牧渔	0.03	石油石化	2.47
电力及公用事业	0.12	其他	1.15	电力及公用事业	0.01	建材	2.26

行业名称	2021年报占股票市值比/%	行业名称	2021中报占股票市值比/%	行业名称	2020年报占股票市值比/%	行业名称	2020中报占股票市值比/%
医药	0.01	建材	0.38	纺织服装	0.00	医药	0.01
非银行金融	0.00	电力及公用事业	0.17	汽车	0.00	电力及公用事业	0.00
汽车	0.00	医药	0.02	食品饮料	0.00	纺织服装	0.00
建筑	0.00	食品饮料	0.00	有色金属	0.00	合计	100.00
轻工制造	0.00	计算机	0.00	轻工制造	0.00		
纺织服装	0.00	纺织服装	0.00	建筑	0.00		
传媒	0.00	银行	0.00	建材	0.00		
商贸零售	0.00	交通运输	0.00	交通运输	0.00		
消费者服务	0.00	轻工制造	0.00	石油石化	0.00		
合计	100.00	建筑	0.00	钢铁	0.00		
		商贸零售	0.00	房地产	0.00		
		农林牧渔	0.00	合计	100.00		
		合计	100.00				

数据来源：东方财富 Choice 数据。

由表 4-2 中可以看出，易方达高端制造混合的基金经理祁禾有一定的行业偏好，电力设备及新能源、电子、机械、国防军工和基础化工是其前五大权重行业的"常客"。

不配置消费和金融，主要配置成长和周期，也符合"制造"的定位。

祁禾的换手率虽然不高，但仍然看得出他应该有明显的周期轮动特征，也就是在周期和成长之中做风格轮动。

祁禾配置中典型的成长行业包括新能源、电子、国防军工。

祁禾配置中典型的周期行业包括钢铁、有色金属、建材、基础化工、石油石化。

祁禾配置中典型的偏周期行业是机械。

4.2.2 业绩来源中基金经理的能力和运气哪个成分更大

所有主动基金不同时间段的业绩，都离不开基金经理的能力，同时也少不了运气的加成。

前面对基金持仓行业的分析，在一定程度上可以为我们分析基金业绩到底来自基金经理的能力还是运气提供证据。

基金持仓短期过分集中于一个细分行业或主题，被我们称为风格暴露，也就是我们常说的："在风口上，猪都能飞起来。"有个别基金短期业绩爆炸就可能来自此。这种情形下，基金业绩主要来自运气，可持续性就比较差。

基金投资全攻略：养只金基下金蛋

注意一个细节：基金持仓短期过分集中于一个细分行业或主题。如果是长期持仓集中于一个细分行业或主题，那么要么该基金是主题基金，比如消费主题基金、芯片主题基金、新能源主题基金、人工智能主题基金，等等；要么其基金经理能力圈主要就在某一个细分领域，不是全市场选股的基金经理。

行业轮动长期能踩准节奏的基金经理基本没有；在均衡配置行业的同时在不同阶段适当超配个别行业的基金，这样操作的基金经理更多，其业绩持续性也更好。

但是，行业主题基金波动更大，更适合在大幅回调时买入；而能力圈集中于某一细分领域的基金经理因为有路径依赖，所以可能长期疏于扩展能力圈，如果发生风格转变，则其基金业绩能否持续还需要较长时间的观察。

4.2.3　基金业绩来源中，选股和择时哪个更优

基金持仓股票换手率，结合股票投资收益与公允价值变动收益的对比，可以考察基金的业绩，来自基金经理选股能力多一些，还是来自基金经理的择时能力多一些。

一般来说，基金持仓股票换手率越低，基金利润表中公允价值变动收益占比越高，则基金业绩来自基金经理选股能力的比例越高；反之，业绩来自基金经理择时能力的比例越高。

道理很简单，换手率越低，交易越少，基金赚的钱来自长期持股的比例就越高。最简单而且可以类比的就是指数基金的例子：指数基金成分股都是按一定规则选好的，每年调整成分股的比例也很低，所以指数基金赚的钱主要来自选好的成分股的长期业绩增长（选股）。主动基金的选股策略虽然可能千人千面，但是一旦选定就很少调整，它的收益来源就与指数基金类似。而频繁交易和大量换手的"主动"成分越占优，离指数基金的赚钱模式就越远。

2019 年和 2020 年偏股基金的平均换手率大约都是 310% 的水平。表 4-3 为我比较熟悉的几只主动基金的持仓股票换手率及股票投资收益与公允价值变动收益对比表（举例是为了说明问题，不构成投资推荐）。

表 4-3　基金持仓股票换手率、股票投资收益及公允价值变动收益对比表

基金名称	2019 年换手率/%	2020 年换手率/%	2019 年			2020 年		
			股票投资收益/亿元	公允价值变动收益/亿元	两者比值	股票投资收益/亿元	公允价值变动收益/亿元	两者比值
兴全趋势	75.99	42.95	18.71	39.67	1：2.12	20.08	47.70	1：2.38
广发稳健增长	27.88	36.53	14.54	14.51	1：1	14.53	31.25	1：2.15
嘉实价值精选	73.97	66.14	1.52	9.57	1：6.30	4.91	5.70	1：1.16
兴全合润	105.10	125.70	10.22	16.06	1：1.57	33.97	29.84	1：0.88
国富中小盘	129.57	90.52	5.07	5.79	1：1.12	8.78	4.51	1：0.51

基金名称	2019年换手率/%	2020年换手率/%	2019年			2020年		
			股票投资收益/亿元	公允价值变动收益/亿元	两者比值	股票投资收益/亿元	公允价值变动收益/亿元	两者比值
易方达蓝筹精选	105.72	77.92	2.66	11.40	1∶4.29	16.84	166.80	1∶10
交银优势行业	186.39	189.21	7.84	4.20	1∶0.54	12.76	4.12	1∶0.32
工银文体产业	310.57	240.29	3.77	2.94	1∶0.78	22.22	22.60	1∶1.01
华安逆向策略	487.37	390.91	5.31	1.41	1∶0.26	8.59	4.19	1∶0.49
大成新锐产业	951.93	538.54	0.07	0.15	—	−0.04	1.12	—

数据来源：东方财富 Choice 数据。

从表 4-3 中可以看出，换手率与公允价值变动收益占比大体呈反向关系：统计期间换手率越高，则同期已经实现的股票投资收益越高，在持股票公允价值变动收益占比越低；反之亦然。但大成新锐产业混合基金是个例外，业绩拔尖、换手率超高，但理论上应该占比很高的（已实现）股票投资收益却很低，2020 年甚至是负值；它的收益几乎全部来自在持股票公允价值变动收益。难道说该基金的超高换手率都用在频繁试错选股上了？

一方面，换手率越高，来自基金经理择时能力的收益占比越高；另一方面，换手率越高，基金经理的进攻能力越强，中短期业绩越有爆发力。

仅就我熟悉的为数不多的主动基金统计规律来看，越年轻的基金经理换手率越高，业绩弹性越大，中短期业绩爆发力越强；被市场"教育"或者"毒打"得越多的老将换手率越低，投资风格越稳健，业绩弹性越小。

选股能力和择时能力没有高下之分。选股能力更优，则业绩稳健，但进攻能力不足；择时能力更优，则中短期业绩爆发力强，但波动可能偏大。以高频交易为特征的择时策略，是有可能受制于基金规模的；而中短期业绩爆发力强的基金，往往伴随着基金规模的暴增，这种策略的有效性必须建立在用心观察的基础上。如果基金规模太大，则最应该做的是，加强选股能力，降低交易频次，与"老将"趋同。

短期内如果实在无法取舍，唯有兼收并蓄。

4.2.4 长期业绩必须依赖风险控制

回到长期价值投资维度，基金长期优秀业绩的取得，离不开良好的风险控制。做主动基金业绩归因分析还要兼顾夏普比率、信息比率、最大回撤等指标。大部分年度业绩排名中的前 50%（即"良好"）也是一个很好的参考指标。

总之，通过考察和分析各种因素对基金总收益的贡献，持仓优秀行业，杜绝赌性，基金经理选股或择时能力优秀，同时注意控制风险，这样的基金其优良业绩大概率可以持续，值得投资。

4.2.5 活学活用基金分析

在写第 3 章做主动权益基金近 5 年、近 10 年年化收益率分布统计时发现，10 年累计收益率为负的主动权益基金数量为 0，但 5 年累计收益率为负的主动权益基金中，主动股票基金有 1 只，偏股混合型基金有 8 只，灵活配置型基金有 12 只（统计数据详见第 3.4 节"主动权益基金近 5~10 年收益率分布特征"）。

当时统计截止日为 2022 年 2 月 18 日（周五）。

经过周一和周二（2022 年 2 月 21 日和 22 日）两天的下跌，尤其周二跌幅较大，我重新再统计的时候，发现截至 2022 年 2 月 22 日，5 年累计收益率为负的主动权益基金中，偏股混合型基金增加 1 只，灵活配置型基金增加 2 只。

2017 年 2 月 23 日到 2022 年 2 月 22 日这 5 年间的累计收益率为负的主动权益基金一共 24 只，详见表 4-4。

表 4-4　近 5 年（2017-2-23—2022-2-22）累计收益率为负的主动权益基金

基金名称	基金类型	区间收益率/%						
		2017-2-23—2022-2-23	2017 年	2018 年	2019 年	2020 年	2021 年	2022 年截至 2-22
金鹰先进制造	股票	-6.11	-17.62	-29.36	30.66	28.54	9.95	-11.93
长安宏观策略	偏股	-6.87	7.66	-28.47	11.94	26.76	-0.21	-14.20
民生加银精选	偏股	-14.69	14.54	-23.78	0.11	8.42	1.94	-13.14
华商未来主题	偏股	-17.84	-25.09	-37.36	40.35	22.15	15.99	-7.86
光大均衡精选	偏股	-12.97	1.87	-15.39	39.45	15.93	-23.29	-16.12
华商新动力混合	偏股	-21.30	-19.45	-33.83	30.31	31.47	-2.25	-14.15
方正富邦创新动力	偏股	-22.16	4.01	-22.91	40.53	17.54	-32.30	-14.45
华富量子生命力	偏股	-4.13	-5.88	-27.33	33.39	25.75	-1.08	-15.15
光大优势配置混合	偏股	-5.65	24.87	-29.62	19.74	15.92	-10.53	-13.82
平安消费精选混合	偏股	-3.61	-4.86	-29.56	26.18	50.27	-13.01	-10.23
国金鑫新灵活配置	灵活	-13.81	21.46	-22.93	7.15	-2.85	-8.79	-1.88
中信建投睿信灵活配置	灵活	-20.70	-9.57	-29.50	16.49	38.83	-11.56	-10.75
东吴国企改革主题	灵活	-17.17	-5.35	-16.36	4.47	25.82	-8.13	-10.44
诺安优势行业混合	灵活	-1.01	3.10	-6.91	8.23	10.73	-8.28	-6.09
诺安进取回报混合	灵活	-5.36	8.23	-19.27	21.97	8.37	-8.18	-9.69
东方多策略灵活配置	灵活	-4.91	2.56	2.92	2.44	1.89	3.72	-16.16
泰信智选成长混合	灵活	-2.89	-5.90	-35.60	18.37	37.96	17.50	-15.85
财通多策略福享混合	灵活	-1.93	-6.15	-25.15	32.44	28.99	-9.62	-9.75
先锋精一混合	灵活	-3.36	6.02	-27.86	11.80	22.16	-1.52	-5.65
九泰久稳灵活配置	灵活	-0.50	2.49	-5.64	3.60	9.34	3.00	-11.30
泰达宏利品质生活	灵活	-1.64	5.74	-29.19	20.13	29.26	-3.29	-11.06
华融新利灵活配置	灵活	-0.10	-1.26	-28.05	31.46	2.81	9.41	-6.11
华商领先企业混合	灵活	-7.09	-6.08	-27.24	31.10	16.62	6.01	-16.28
金鹰技术领先灵活配置	灵活	-28.28	-13.97	-26.50	5.25	7.87	8.03	-2.58

数据来源：东方财富 Choice 数据。

表 4-4 中可见，5 年累计收益率在 −0.10% 至 −28.28% 之间。这就意味着，如果不幸在 2017 年 2 月 23 日投资了这 24 只基金，那么 5 年过去了不仅没赚钱，还亏损了 0.10% 至 28.28%！

当然这 24 只基金在当时全部（1640 只）主动权益基金中占比仅为 1.46%，选到这些基金的概率是很低的。

我关心的是，这些过了 5 年还在亏损的主动权益基金都有什么特点？

于是，我又对这些基金 5 年来的一些数据做了完整统计，结果详见表 4-5。

表 4-5　近 5 年（2017-2-23—2022-2-22）累计收益率为负的主动权益基金部分指标

基金名称	基金类型	2021 年年末基金规模/亿元	股票仓位/%	持仓集中度/%	2021 年年末行业集中度	2017 年以来年度持仓换手率/%	基金经理变动次数/次
金鹰先进制造	股票	0.08	88.91~94.65	14.13~64.12	中等	589~1180	4
长安宏观策略	偏股	0.19	61.89~94.61	25.07~86.91	较高	270~845	4
民生加银精选	偏股	0.72	61.12~94.14	35.45~57.20	很高	436~2812	6
华商未来主题	偏股	5.11	74.36~94.86	33.78~71.26	中等	30~403	4
光大均衡精选	偏股	0.38	63.52~89.87	34.08~61.46	很高	350~559	1
华商新动力混合	偏股	0.50	76.39~93.08	39.83~62	较高	33~778	2
方正富邦创新动力	偏股	0.22	62.47~94.39	34.17~59.84	很高	608~1313	4
华富量子生命力	偏股	0.11	60.54~93.32	18.34~57.88	较高	255~585	3
光大优势配置混合	偏股	11.16	75.16~89.95	32.14~71.83	较高	289~645	4
平安消费精选混合	偏股	0.14	52.82~93.53	26.90~59.86	较高	364~2561	4
国金鑫新灵活配置	灵活	0.01	0~87.68	0~48.95	中等	60~144	1
中信建投睿信灵活	灵活	0.13	0~94.63	0~70.76	较高	97~622	3
东吴国企改革主题	灵活	0.21	0~93.26	0~79.91	很高	423~1359	2
诺安优势行业混合	灵活	0.35	11.68~94.43	4.86~66.07	较高	176~384	3
诺安进取回报混合	灵活	0.02	1.63~91.19	1.63~52.63	较高	348~1196	1
东方多策略灵活配置	灵活	0.04	0~94.35	0~35.10	中等	35~111	2
泰信智选成长混合	灵活	0.23	42.88~94.24	16.78~66.13	较高	80~1173	1
财通多策略福享混合	灵活	1.88	60.37~90.78	21.74~54.77	较高	33~370	2
先锋精一混合	灵活	0.07	0~92.89	0~69.46	——	83~810	4
九泰久稳灵活配置	灵活	0.06	0.80~94.80	0.37~42.81	较高	69~1862	4
泰达宏利品质生活	灵活	0.14	41.57~79.93	4.25~44.67	较高	146~350	4
华融新利灵活配置	灵活	0.02	14.84~76.43	11.70~36.60	中等	106~546	4
华商领先企业混合	灵活	11.72	67.71~91.67	36.30~63.39	中等	121~579	2
金鹰技术领先灵活配置	灵活	3.25	2.04~94.55	2.04~73.46	较低	21.01~1027	2

数据来源：东方财富 Choice 数据。

总体印象如下：

（1）亏损基金基本上都来自中小型基金公司，没有一只来自头部公募基金公司。

虽然不能马上跟基金公司的投研实力挂钩，但实力雄厚的基金公司，即便是其处于尾部的基金，通常也不会太差。

选主动基金的第一个要素应该是选基金公司，其次才是选择基金经理。

（2）在24只亏损基金中，仅有5只规模大于1亿元，其余19只都是迷你型基金，占比接近80%。更有6只百万元规模的基金，大概率难以继续维持下去了。

亏损基金规模太小，既是果也是因。

规模小于1亿元，投资者都担心其有清盘风险，一般都不会买，除非该类基金有逆风翻盘的实力，否则就可能长期处于清盘边缘。

而如果基金长期业绩不佳，投资者"用脚投票"，纷纷选择卖出，则会导致基金规模越来越小。比如表4-5中某偏股混合型基金发行成立时的规模超过13亿元，但近几年业绩都不理想，到现在只有几千万元的规模了。

（3）在24只基金中，除一只股票型基金持仓股票的仓位在5年中变化不大外，其余23只基金持仓股票最小仓位与最大仓位的差距都比较大，14只灵活配置型基金中更是有6只基金持仓股票的最小仓位为0、最大仓位接近或超过90%，余下8只基金持仓股票的最小仓位与最大仓位也是差别巨大。

这种巨大的股票仓位变化说明：这些亏损基金都很喜欢择时。看好行情的时候可以把仓位加满，对行情悲观的时候可以直接空仓。

这种大开大合的择时看起来特别过瘾，但往往胜率不够，应该是导致亏损的重要原因之一。

（4）由于股票仓位变化较大，各基金不同时间段的持仓集中度变化也很大。看好行情时，前十大持仓股票集中度普遍不低，24只基金中有19只超过50%。

基金的持仓股票集中度越高，进攻性就越强，但波动也会越大。如果方向做反，则亏损起来也毫不含糊。

（5）在24只基金中，有16只基金在2021年年末持仓股票的行业集中度都比较高，其中4只基金几乎是持仓单一行业，显示了极强的进攻意识。

基金的持仓股票行业集中度越高，弹性也就越大，涨起来可能很快，但跌起来也可能惊心动魄。

我个人更喜欢行业均衡配置的基金，攻防有道，才能行稳致远。

（6）在24只基金中，除了2只灵活配置型基金，其余22只基金换手率很高，18只基金年度最高换手率超过500%，9只超过1000%，2只超过2000%。

也就是说，超过90%的基金具有显著的高频交易特征。

高频交易是把双刃剑，做好了可以增厚收益，做不好就是一种损耗，成为亏损之源。

（7）在近 5 年中，有 11 只基金更换基金经理的次数超过 4 次，20 只基金更换基金经理超过 2 次，仅 4 只基金更换基金经理的次数为 1 次。

管理团队不稳定应该也是亏损的重要原因。

4.3 主动基金（经理）投资风格

投资风格是机构或个人在构建投资组合和选择股票的过程中所表现出的理念、操作、风险意识等外部表现的总称。

深入了解和判断主动基金（经理）的投资风格，即基金（经理）的风险收益特征，是我们进行主动基金投资、构建投资组合的基础。

主动基金的投资风格，说到底就是基金经理的投资风格，它是基金经理多年投资养成的较为稳定的投资习惯和偏好。按我的理解，它至少应该包括偏静态的持仓风格和偏动态的操作风格两方面。

在偏静态的持仓风格中，比较有影响力的有"晨星股票投资风格箱"（九宫格分析）和招商证券的 6 种投资风格判定。

偏动态的操作风格为我自己投资体系的一部分，算是我的原创吧。

4.3.1 晨星股票投资风格箱

大家看到这个风格箱（图 4-8）是不是会眼前一亮？ 2019—2020 年是大盘股明显占优，2021 年春节后是中小盘股占优，可见这个风格箱对我们挑选基金还是很有用的。

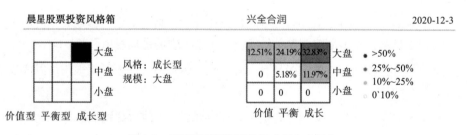

图 4-8 晨星股票投资风格箱（兴全合润）

根据晨星股票投资风格箱，基金的投资风格可以分为大盘成长、大盘平衡、大盘价值、中盘成长、中盘平衡、中盘价值、小盘成长、小盘平衡和小盘价值 9 种。而实际的投资风格远比这 9 种丰富，比如一个投资组合中中盘和小盘占比都比较高而且差别不太大，则实际的投资风格就应该是中小盘风格；而如果平衡和成长占比都比较高而且差别不太大，则实际的投资风格就应该是平衡偏成长或者成长略偏平衡风格；从盘子大小和价值成长两个维度又可以组合成若干种细分的投资风格。

登录晨星网输入基金名称或代码都能得出该基金持仓风格的判定。图 4-8 是兴全合润的股票投资风格箱，第一行显示 2020 年 12 月 31 日该基金大盘价值、大盘平衡、大盘成长分别占比 12.51%、24.19%、32.83%，大盘股总占比达 69.53%；中盘平衡、中盘成长的占比分别为 5.18%、11.97%，中盘股总占比达 17.15%；而在价值、平衡、成长分析中，成长占比最高为 44.8%，因此兴全合润被判定为大盘成长风格。

图 4-9 是韩创管理的大成新锐产业混合的股票投资风格箱，根据 2020 年 12 月 31 日的持仓，该基金被判定为中盘成长风格。

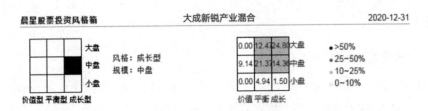

图 4-9　晨星股票投资风格箱（大成新锐产业混合）

而曹名长管理的中欧价值发现是中盘价值型风格。

晨星股票投资风格箱（图 4-10）是基金股票持仓的完全量化表达。但只看最终哪个风格占比最大，而不看其他风格与最大风格占比的差别，简单进行定性的风格结论有时是有失偏颇的。

图 4-10　晨星股票投资风格箱（中欧价值发现）

我们看兴全合润，中盘因子占比 17.15%，价值、平衡因子分别占比 12.51%、24.19%，但因为大盘因子占 69.53%、成长因子占了 44.8%，都是占绝对优势的最大因子，所以将其定性为大盘成长风格是有说服力的。

而大成新锐产业混合的中盘因子占比 44.89%，大盘因子占比 37.2%；成长因子占比 40.68%，平衡因子占比 38.78%。中盘因子相较大盘因子差别不大，成长因子与平衡因子只有一个多点的差距，也就是说，中盘因子相较大盘因子、成长因子相较平衡因子仅以非常微弱的优势取胜，但也将其定性为中盘成长风格就不太合理了，定性为中大盘平衡成长风格可能更为贴切。

所以对于晨星股票投资风格箱，我们不能只看定性结论，还要看各因子占比才能做到真正心中有数。

4.3.2 招商证券的6种投资风格判定

1. 价值风格

非常重视估值，理论基础源自本杰明·格雷厄姆，代表人物有中欧基金的曹名长、中庚基金的丘栋荣、安信基金的陈一峰、景顺长城基金的鲍无可、嘉实基金的谭丽等。

2. 价值成长风格

偏重于有一定成长性的白马蓝筹个股，有点类似于 GARP（Growth at a Reasonable Price）策略：合理价格成长，价值与成长并重。代表人物有大名鼎鼎的张坤、刘彦春、冯波，兴全基金的乔迁、季文华，以及嘉实基金的归凯，等等。

3. 成长风格

偏重高速成长的公司，对估值有较高容忍度，认为即便短期高估，高速增长也将使价格回归价值。代表人物有"交银三剑客"何帅、杨浩、王崇，华安基金的崔莹，景顺长城基金的杨锐文，中欧基金的周应波，信达澳银基金的冯明远，银华基金的李晓星，泓德基金的邬传雁、蔡丞丰，富国基金的杨栋，等等。

4. 均衡风格

选股时综合考虑价值、成长指标，或采用成长、价值、主题等多种策略构建投资组合。代表人物有兴全基金的董承非、谢治宇，中欧基金的周蔚文，广发基金的傅友兴，南方基金的骆帅，汇添富基金的劳杰男，国富基金的赵晓东，等等。

5. 中观配置风格

中观层面上先选行业或赛道，在这些行业或赛道中再选个股，或采用行业轮动的方式进行投资。代表人物有工银基金的袁芳，圆信永丰基金的范妍，等等。按照这个标准，大成基金的韩创也应该是这种风格。

6. 行业/主题风格

深耕行业，选股能力出色，管理的行业/主题基金相对被动行业指数、同类可比主动行业/主题基金能创造稳定超额收益。代表人物有汇添富基金的胡昕炜，工银瑞信基金的谭冬寒，等等。

4.3.3　偏动态的操作风格

构建投资组合就像组建一个球队，进攻型风格、能攻善守型风格和防守型风格都需要。

1.　进攻型风格

行业/主题风格，晨星股票投资风格箱里大盘成长、中盘成长、小盘成长单一因子占比达到极致的，属于最强的进攻风格。每年的"短跑冠军"大都出自于此。但这种风格的业绩可能不太具有可持续性，典型的如蔡嵩松的诺安成长。

成长风格、中观配置风格，部分均衡风格基金经理，晨星股票投资风格箱里偏成长风格的基金属于具备进攻属性的风格，也是具有可持续性的进攻风格，比如具有成长风格的崔莹、具有中观配置风格的袁芳、具有均衡风格的谢治宇。

2.　能攻善守型风格

均衡风格、价值成长风格、价值风格，部分成长风格的基金经理，晨星股票投资风格箱里各种偏成长的风格都具备能攻善守属性。配置均衡不极致，进攻虽然做不到雷厉风行，但理论上回撤表现也会中规中矩。比如具有均衡风格的董承非、具有价值成长风格的乔迁、具有成长风格（我认为是均衡风格）的何帅，都具备能攻善守属性。

3.　防守型风格

防守型风格要从管理偏债型基金（债9股1至债8股2）的基金经理中挑选优秀选手，比如易方达基金的张清华、王晓晨，广发基金的谭昌杰，博时基金的过均，工银瑞信基金的欧阳凯，南方基金的林乐峰，摩根士丹利华鑫基金的李轶，招商基金的马龙，等等。

4.3.4　其他投资风格分类

1.　基本面分析型（价值投资型）和技术分析型（趋势投资型）

这是从基金选股方式的角度来对基金投资风格进行划分的。

基本面分析型侧重对宏观经济环境、行业现状及前景，以及上市公司管理层、经营状况等的基本面分析，在这些基本面分析的基础上进行资产组合的构建。此类投资风格一般通过长期持有获利，因此这也是典型的价值投资型风格。

技术分析型则根据股票二级市场的走势，依靠技术分析来选择股票构建自己的资产组合。很多量化交易型基金就属于这类风格，通常是通过机器量化，捕捉市场中转瞬即逝的机会。这种投资风格通常具有较高换手率，是典型的趋势投资型风格。

现实中绝对的基本面分析型或者绝对的技术分析型都比较少，往往是这二者的结合，只是有的以基本面分析为主，有的以技术分析为主。

2. 自上而下型和自下而上型

这种分类方法也是从选股方式的角度来对基金投资风格进行划分的，实际上是对基本面分析型的再分类。

自上而下型基金在选择股票时先根据宏观经济运行的状况，选择有价值、有前景或景气度高的行业，然后再从这些行业中选择最具投资价值的股票。

自下而上型基金的选股步骤恰恰相反，先根据公司的基本面选择具有投资价值的公司，然后再考虑公司的行业因素及其他宏观环境。

4.4 选择好基金（经理）的基本原则和方法

4.4.1 选基金为什么不要唯业绩论

我们在挑选基金的时候，首先会看业绩排行，1年、2年、3年、5年、10年和基金成立以来的业绩排行，在"优秀""良好""一般"和"不佳"之中，肯定选择长期业绩优秀的基金，因为优秀的业绩是我们获取良好投资收益的基础。

但是，在选择权益基金的时候又不能唯业绩论，必须做业绩归因分析，看看基金的业绩是"撞大运"还是来自基金经理的能力，是否切实可靠、具有可持续性；还要看基金的风险收益特征是否契合自己的投资风格。

（1）不要被基金的短期业绩光环所诱惑。短期（3个月、6个月甚至1年）业绩特别亮眼的，大多没有可持续性；短期业绩特别拔尖的，往往基金布局非常集中于某一个行业或主题，短期业绩靠风格暴露获得。然而花无百日红，公募基金行业常年流传着"冠军魔咒"的说法，基金业绩出现一年极好、一年极差的概率并不低。

买这种短期业绩"爆炸"的基金实际上是一种典型的追高行为，也是造成短期业绩亏损的主要根源。可惜很多新基民就爱这么干。

（2）年化收益率也可以"骗人"。有朋友会说，短期业绩不可靠，那我就看3年、5年的年化收益率。但这个也要具体问题具体分析。比如，如果最近几年中有某一年的业绩突然"爆炸"，当年业绩净值增长率超过100%或者达到150%甚至更高，那么即使其他年份的业绩平庸，综合一算该基金的年化收益率也能达到20%以上。这种情况基本上可以判定那一年的业绩"爆炸"主要来自运气而非基金经理的能力，以后再想得到类似的业绩就没那么容易了。

（3）业绩"爆炸"可遇不可求。有的偏股基金集中布局白酒，有的集中布局新能源，有的集中布局互联网，有的集中布局银行保险，还有更细化的，有的专门布局煤炭，有的重点布局钢铁，有的又集中在化工或有色金属。比如，2021年业绩很好的广发价值领先，你能在2021年年初猜到它可以靠集中布局煤炭创造辉煌吗？这次"踩"中了煤炭，下次还能再精准布局什么主题大获全胜？肯定没那么容易。

同理，我们选择的基金如果在某个年度出现业绩"爆炸"，也是出于运气，而不是出于我们的选基能力。

（4）同一基金经理管理的同一类型主动基金，业绩相差过大的要警惕。注意是同类基金，不属于同一类的，比如张清华管理的灵活配置型基金和偏债型基金，业绩相差很大是正常的。而如果同一基金经理管理的同一类型基金（比如都是偏股型基金）业绩相差过大，则基金经理可能对不同基金采用了不同的策略，或者投资不同的方向，结果有的基金年化收益率为80%，有的基金年化收益率只有40%，这就会产生一系列问题：到底哪只基金能反映该基金经理真实的管理水平？我们该怎么选择这位基金经理的基金？选业绩好的，怕它回落；选业绩差的，怕它就一直"趴着不动"。

基金经理那么多，我们最好回避有这种情况的基金经理。负面例子就不列举了，在挑选基金的时候注意查看相关内容就可以了。

（5）对持仓股票换手率过高的主动基金也要保持一份警惕。公募偏股型基金近2年的持仓股票换手率平均为310%左右，如果我们选择的主动基金换手率达到500%~600%甚至更高，就需要保持一份警惕。不是说，换手率高就一定不好，也不排除有些基金经理就是交易型高手，或者风格、周期轮动高手，但这种靠交易得来的业绩稳定性不够，尤其是基金规模变大后，这种策略可能失效。精选个股长期持有的基金虽然短期业绩可能并不出彩，但我觉得更值得信赖。所以长期重仓基金最好选择换手率在平均水平之下的，对于同等业绩换手率为100%左右或者更低的可优先考虑。

（6）过去几年业绩特别优秀的个别行业主题基金有可能在一定程度上透支了未来，比如过去几年业绩"逆天"的白酒类基金。根据蛋卷基金指数估值数据，截至2021年6月18日，中证白酒指数市盈率翻了55.34倍，PE近5年历史百分位达到95.20%，估值已经挺高了；可据天天基金2021年6月19日数据，近1个月买入最多的3只基金分别是招商中证白酒指数（73万人），以及"含酒量"最高的2只主动基金——易方达蓝筹精选（101万人）、易方达消费行业（64万人）。将这3只基金的购买人数加起来，则近一个月买"酒"的基民高达 238 万人（次）。这也在一定程度上解释了白酒股跌不下去的原因：买方力量充沛！白酒的成长能支撑这么高的估值吗？还真不一定。再优秀的行业指数涨到一定的程度都得"歇歇脚"，未来一两年白酒还有超额收益的概率应该不大。

（7）有些单个年度业绩并不出彩甚至略微平庸的基金，长期来看业绩其实很好。我很认同"每个年度达到前 1/2，连续 5 年就可能是前 1/10"的看法，慢就是快。因为即使涨上去 100%，但只要回撤 50%，业绩就归零了，所以还不如每年稳定得到 10%~20% 来得实在。但我们往往会聚焦于个别年度上涨 100%、业绩波动很大的基金，而忽视"不承担过大风险、也不想赚大钱"的基金，长期来看，后者可能才是"闷声发财"的基金。

（8）业绩之外一定还要看风险收益比，也就是夏普比率。夏普比率越高，意味着基金每承担一单位风险获得的收益越高，性价比越好。

（9）选主动基金就是选基金经理，业绩之外一定还要看现任基金经理任职起始日期，分析他（她）任职以来的风险收益特征。严格来讲，前任创造的业绩与现任无关，完全可以不看。

（10）对于自己信赖的基金经理管理的主动基金，短期业绩持续不佳往往可能是介入或加仓良机。

（11）基金业绩攀比是万恶之源，这山望着那山高，频繁买卖申赎基金一定会左右不讨好，陷入亏损。

（12）在挑选基金时不要执着于单方面追逐收益率而忽视资金安全，否则赚再多的钱也拿不久，一次错误就可能让积累多年的收益化为乌有，成为可怜的财富搬运工。

总之，基金业绩固然重要，但基金业绩的出处、基金业绩的可持续性、对投资基金抱有理性的预期目标和投资基金的正确方法，一样值得我们重视。

4.4.2　尽量回避超大规模主动基金

都说规模是基金业绩天然的敌人，基金规模达到多大就会影响基金业绩呢？

本节我们就通过 Choice 金融终端理一理数据，看看 2019 年以来不同规模的偏股混合型基金在业绩表现上的差异，分别以统计表和折线图列示。

对于基金规模，我们设计了 5 亿元以下、5 亿~10 亿元、10 亿~50 亿元、50 亿~100 亿元和 100 亿元以上几个组别。

50 亿元以上本来还可以分出更细的组别，但由于前几年大规模的基金样本数量太少，分得太细可能导致统计数据失真、不具备代表性，于是只有作罢。

1. 2019—2022 年收益率表现

（1）2019 年。

如表 4-6 及图 4-11 所示，50 亿元以下各组别的算术平均收益率和中位数收益率差距很小，折线图基本呈一条直线，但加权平均收益率呈现出非常明显的规模越大、收益率越低的特点；50 亿~100 亿元组别的算术平均收益率和加权平均收益率变化不大，但中位数收益率有明显的降低；100 亿元以上组别的中位数、算术平均和加权平均收益率降幅显著。

表 4-6　不同规模偏股混合型基金 2019 年收益率详情

成立于 2019 年 1 月 1 日以前		2018 年 12 月基金规模/亿元	2019 年收益率/%
全部偏股混合型基金 636 只	加权平均		56.45
	中位数	2.97	44.03
	算术平均	8.66	45.70
5 亿元以下偏股混合基金 378 只	加权平均		59.91
	中位数	0.98	43.90
	算术平均	1.41	46.04
5 亿~10 亿元偏股混合基金 85 只	加权平均		58.72
	中位数	7.25	44.35
	算术平均	7.19	45.72
10 亿~50 亿元偏股混合基金 164 只	加权平均		54.37
	中位数	18.80	45.16
	算术平均	21.54	45.79
50 亿~100 亿元偏股混合基金 7 只	加权平均		54.06
	中位数	60.64	41.50
	算术平均	68.30	45.49
100 亿元以上偏股混合基金 2 只	加权平均		19.61
	中位数	175.36	17.67
	算术平均	175.36	17.67

数据来源：东方财富 Choice 数据。

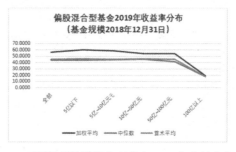

图 4-11　不同规模偏股混合型基金 2019 年收益率分布图

100 亿元以上组别的收益率大幅低于全部偏股混合型基金的收益率水平，这跟该组别只有 2 个样本（基金），可能导致统计失真有关，通常规模对收益率的影响不应该有本组数据显示的这么大。

（2）2020 年。

如表 4-7 及图 4-12 所示，5 亿~10 亿元组别的算术平均和中位数收益率最高，之后各组别呈现规模越大，算术平均和中位数收益率越低的特点；100 亿元以下各组别的收益率差距不是很明显，100 亿元以上组别收益率显著降低。

加权平均收益率也大体呈现规模越大、收益率越低的特点。其中 5 亿元以下组别的加权平均收益率显著高于算术平均和中位数收益率，表明该组别中越是接近 5 亿元的规模，收益率越高。

表 4-7　不同规模偏股混合型基金 2020 年收益率详情

成立于 2020 年 1 月 1 日以前		2019 年 12 月基金规模/亿元	2020 年收益率/%
全部偏股混合型基金 878 只	加权平均		70.57
	中位数	3.00	59.29
	算术平均	10.44	59.86
5 亿元以下偏股混合型基金 521 只	加权平均		79.45
	中位数	0.99	58.44
	算术平均	1.43	59.37
5 亿~10 亿元偏股混合型基金 114 只	加权平均		71.44
	中位数	7.31	65.56
	算术平均	7.38	65.87
10 亿~50 亿元偏股混合型基金 208 只	加权平均		67.42
	中位数	20.04	58.79
	算术平均	22.50	59.33
50 亿~100 亿元偏股混合型基金 28 只	加权平均		69.78
	中位数	63.93	56.99
	算术平均	66.53	55.54
100 亿元以上偏股混合型基金 7 只	加权平均		66.41
	中位数	121.61	47.57
	算术平均	146.32	48.42

数据来源：东方财富 Choice 数据。

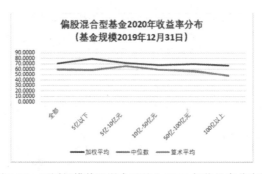

图 4-12　不同规模偏股混合型基金 2020 年收益率分布图

（3）2021 年。

如表 4-8 及图 4-13 所示，与 2020 年一样，5 亿~10 亿元组别的算术平均和中位数收益率最高；之后各组别随着规模增加，收益率明显降低，但 50 亿元以下组别的收益率差别不大。

加权平均收益率呈现规模越大，收益率越低的特点。其中 5 亿元以下和 5 亿~10 亿元组别的加权平均收益率显著高于算术平均和中位数收益率，表明这两个组别中越是接近上限 5 亿元和 10 亿元的规模，其收益率越高。

表 4-8　不同规模偏股混合型基金 2021 年收益率详情

成立于 2021 年 1 月 1 日以前		2020 年 12 月基金规模/亿元	2021 年收益率/%
全部偏股混合型基金 1518 只	加权平均		8.70
	中位数	5.23	5.28
	算术平均	17.52	8.06
5 亿元以下偏股混合型基金 744 只	加权平均		27.89
	中位数	1.10	7.85
	算术平均	1.57	9.86
5 亿~10 亿元偏股混合型基金 227 只	加权平均		25.53
	中位数	6.90	8.28
	算术平均	7.09	11.00
10 亿~50 亿元偏股混合型基金 409 只	加权平均		12.37
	中位数	19.56	4.03
	算术平均	22.50	6.15
50 亿~100 亿元偏股混合型基金 95 只	加权平均		3.23
	中位数	65.07	-2.97
	算术平均	68.48	0.49
100 亿元以上偏股混合型基金 43 只	加权平均		-2.20
	中位数	146.61	-3.98
	算术平均	180.24	-2.39

数据来源：东方财富 Choice 数据。

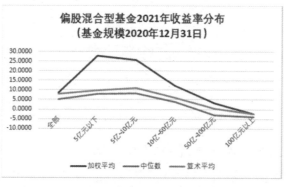

图 4-13　不同规模偏股混合型基金 2021 年收益率分布图

（4）2022 年 1~9 月。

如表 4-9 及图 4-14 所示，算术平均、中位数和加权平均收益率大体都呈现出规模越大，收益率越低的特点，但各组别的收益率差距不大，收益率最高与最低组别 9 个月中相差不到 5 个百分点。

表 4-9　不同规模偏股混合型基金 2022 年 1~9 月收益率详情

成立于 2022 年 1 月 1 日以前		2021 年 12 月基金规模/亿元	2022 年截至 9 月底收益率/%
全部偏股混合型基金 2645 只	加权平均		−22.96
	中位数	3.72	−24.74
	算术平均	13.18	−22.06
5 亿元以下偏股混合型基金 1496 只	加权平均		−19.19
	中位数	1.01	−20.54
	算术平均	1.53	−20.52
5 亿~10 亿元偏股混合型基金 363 只	加权平均		−20.66
	中位数	7.01	−21.60
	算术平均	7.24	−21.28
10 亿~50 亿元偏股混合型基金 630 只	加权平均		−20.23
	中位数	19.82	−21.07
	算术平均	22.29	−20.67
50 亿~100 亿元偏股混合型基金 114 只	加权平均		−21.50
	中位数	63.28	−22.89
	算术平均	67.91	−21.83
100 亿元以上偏股混合型基金 42 只	加权平均		−23.92
	中位数	137.23	−22.71
	算术平均	194.30	−23.54

数据来源：东方财富 Choice 数据。

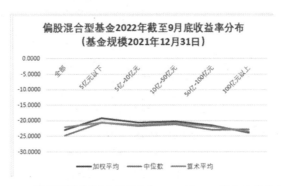

图 4-14　不同规模偏股混合型基金 2022 年 1~9 月收益率分布图

2. 2019 年 1 月至 2021 年 2 月牛市收益率表现

如表 4-10 及图 4-15 所示，5 亿~10 亿元组别的算术平均、中位数和加权平均收益率都是所有组别中最高的。

之后各组别随着规模增加，收益率渐次降低，但50亿元以下组别的收益率差别不大。

100亿元以上组别的收益率显著低于其他组别，同样跟样本数量太少（2只基金）有关，统计可能失真。

表4-10　不同规模偏股混合型基金2019年1月至2021年2月牛市收益率详情

成立于2019年1月1日以前		2018年12月基金规模/亿元	20190101—20210210区间收益率/%
全部偏股混合型基金 636只	加权平均		205.70
	中位数	2.97	163.49
	算术平均	8.66	162.72
5亿元以下偏股混合型基金 378只	加权平均		205.61
	中位数	0.98	166.43
	算术平均	1.41	163.11
5亿~10亿元偏股混合型基金 85只	加权平均		230.97
	中位数	7.25	170.59
	算术平均	7.19	170.38
10亿~50亿元偏股混合型基金 164只	加权平均		202.28
	中位数	18.80	157.35
	算术平均	21.54	162.16
50亿~100亿元偏股混合型基金 7只	加权平均		186.60
	中位数	60.64	138.51
	算术平均	68.30	145.09
100亿元以上偏股混合型基金 2只	加权平均		37.64
	中位数	175.36	34.43
	算术平均	175.36	34.43

数据来源：东方财富Choice数据。

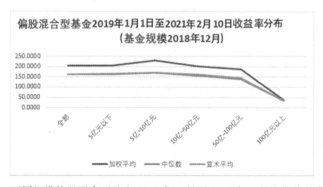

图4-15　不同规模偏股混合型基金2019年1月至2021年2月牛市收益率分布图

3. 2021年2月至2022年9月熊市收益率表现

如表4-11及图4-16所示，数据显示，在这一年半多的下跌市况里，规模越小的基金组别优势越明显，但50亿元以下组别的收益率差别不大。

其中 5 亿元以下和 5 亿~10 亿元组别的加权平均收益率显著高于算术平均和中位数收益率，表明这两个组别中规模越是接近上限 5 亿元和 10 亿元的，其收益率越高。

表 4-11 不同规模偏股混合型基金 2021 年 2 月至 2022 年 9 月熊市收益率详情

成立于 2021 年 2 月 10 日以前		2021 年 3 月基金规模/亿元	2021-02-10—2022-09-30 区间收益率/%
全部偏股混合型基金 1685 只	加权平均		−22.96
	中位数	5.55	−24.74
	算术平均	18.41	−22.06
5 亿元以下偏股混合型基金 849 只	加权平均		−4.02
	中位数	1.14	−22.85
	算术平均	1.58	−20.04
5 亿~10 亿元偏股混合型基金 242 只	加权平均		−14.72
	中位数	7.33	−26.33
	算术平均	7.36	−21.61
10 亿~50 亿元偏股混合型基金 438 只	加权平均		−17.53
	中位数	20.16	−26.12
	算术平均	22.40	−23.33
50 亿~100 亿元偏股混合型基金 109 只	加权平均		−27.27
	中位数	64.36	−31.85
	算术平均	66.98	−29.13
100 亿元以上偏股混合型基金 47 只	加权平均		−33.14
	中位数	142.86	−34.33
	算术平均	183.14	−32.61

数据来源：东方财富 Choice 数据。

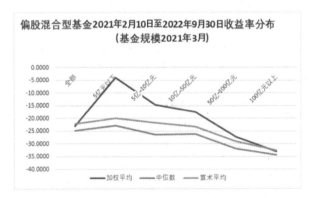

图 4-16 不同规模偏股混合型基金 2021 年 2 月至 2022 年 9 月熊市收益率分布图

4. 结论

6 组统计数据均显示，规模越大的组别，收益率越差，但 50 亿元以下各组别的收益率差距不大，100 亿元以上组别的收益率显著降低。

所以，在同等条件下：

（1）尽量选择 50 亿元以下规模的主动偏股混合型基金进行投资。

（2）尽量回避 100 亿元以上规模的主动偏股混合型基金。

4.4.3 选择主动基金的专业视角

晨星年度基金奖采用定量与定性相结合的方法评选。

1. 定量评价

定量评价采用如下的筛选规则：

（1）当期年度总收益率排名居于同类基金（指数基金除外）的前 1/4，不包括债券型基金。

（2）和同类基金相比较高的晨星风险调整后收益（Morningstar Risk-Adjusted Return，MRAR）。计算方法如表 4-12 所示。

表 4-12　晨星综合风险调整后收益计算方法

计算期间	加权比例
1 年	20%
2 年	30%
3 年	50%

（3）至当期年底，基金经理任期不少于 1 年，即该年度基金经理团队没有发生变动。

（4）指数化投资部分不高于 50%。晨星年度基金奖主要考察的是基金经理主动投资的能力。

（5）赋予波动幅度（标准差）和晨星风险系数（下行风险）一定的权重。

2. 定性分析

定性分析考察的是基金经理任职的时间、基金公司管理团队的稳定性、投资策略和流程是否与招募说明书中描述的一致、投资人服务，以及合规情况等。

这些评选标准"翻译"成大白话就是：

（1）业绩优秀。

（2）获取业绩的性价比要高。

（3）基金管理团队稳定。

（4）主要考察主动管理、获取超额收益的能力。

（5）良好的回撤控制意识，能给予投资者良好的持有体验。

（6）基金经理言行一致，投资逻辑自洽，口碑好，"作风正派"。

其实这与金牛奖的评奖规则大同小异。权益类基金金牛奖评价体系如表 4-13 所示。

表 4-13　权益类基金金牛奖评价体系

评价指标	权重	评价内容
风险调整后收益	80%	经风险调整后的收益水平，收益越高，得分越高
风格稳定性	20%	用选股能力持续性指标来计量风格稳定性
基金得分=风险调整后收益得分×80%+风格稳定性得分×20%		

第一，赚钱能力占比 8 成，相当于晨星"白话"版的第（1）（2）（4）（5）条相加；

第二，赚钱能力的可持续性占比 2 成，相当于晨星"白话"版第（3）条和第（6）条。

无论是晨星年度基金奖还是金牛奖，作为对基金运作的过往评价都颇具权威性，给普通投资者选择基金提供了专业视角，而提名和获奖基金又给我们提供了样板和范例。

所以，这样的评奖对启迪我们的投资思路还是很有意义的。

4.4.4　选择主动基金（经理）的基本原则和方法

1. 选择主动基金，要遵循首先基金公司、其次基金经理、最后基金产品的顺序

优秀的基金经理并不是一个人，而是一个团队在作战，他所在的基金公司的投研实力至关重要。所以，我们需要从投研实力雄厚的大中型基金公司中挑选基金经理，基金公司强大的专业团队是基金经理未来良好业绩的重要保障。

而且，即使出现基金经理离职的情况，实力雄厚的基金公司也不缺人才，安排接手的基金经理也不会差，不至于影响我们继续持有的信心。

2. 选择主动基金（经理）要求过往业绩好，注意分析业绩归因

上一节其实我们已经明确了基本要求：赚钱能力和赚钱能力的可持续性。

选择主动基金（经理），首先要看业绩。

（1）权益类基金 5 年以上长期年化收益率最好为 15%以上（意味着基金经理管理该基金 5 年以上）。

（2）长短期业绩相结合，业绩波动不要太大。尤其要注意剔除大部分年度非常平庸、个别年度业绩非常出彩，从而拉高年化收益率的基金。

基金 A 第 1 年年化收益率高达 80%，第 2 年却是–30%；基金 B 第 1 年年化收益率为 15%，第 2 年还是 15%。你觉得哪个的业绩更高？

基金 A：180%×70%=126%，2 年收益率 26%；基金 B：115%×115%=132.25%，2 年收益率 32.25%。

基金 B 优于基金 A。细水长流好过大起大落。

（3）业绩归因。

①看业绩是来自能力还是运气。

如果一位基金经理的业绩能够长期较为稳定地超越同期业绩基准和同类基金平均水平，则说明该基金经理的业绩大部分还是应该归功于能力；如果**相对业绩**大幅波动，就可能存在赌方向的行为，则运气的成分更多一些。

②看业绩更多地来自选股还是轮动和交易。

如果大部分持仓持有期长，换手率较低（公募偏股基金 2019—2020 年年平均换手率为 310%左右，1 年换三次多一点），持仓长期较为稳定，则业绩更多来自选股。

而如果持仓换手率较高，持仓较频繁更换，则业绩来自交易和轮动的成分就可能更多一些。

当然这一点还可以结合基金年报利润表得出结论：详细内容参见第 4.1.3 节"看懂定期报告（季报、半年报和年报）"相关部分。

③看业绩是否来自高频量化策略。

典型的量化策略有这样的特点：持仓极度分散（持仓股票好几百只）、换手率很高，而且持仓频繁更换。

这一策略类型基金可能有不同的量化模型，业绩主要来自机器量化交易。

但如果用的人多了，量化策略也可能面临失效。

3. 注意基金规模：规模适中，最好不要选择规模太大的基金

我们在第 4.4.2 节中通过数据分析得出结论，基金规模越大，未来收益率就可能越低。

因为在同等条件下，相对较小规模的基金管理难度更小，未来也更容易获取超额收益。

在关注所考察的基金规模本身的同时，更要关注现任基金经理管理基金的总规模。因为在通常情形下，同一基金经理管理的所有基金是一盘"大棋"，必须通盘考虑。

对于管理规模太小的"灰马"基金经理，其投资理念和框架未经验证，确定性

是不够的。

而且，在没有业绩验证的情况下，谁也没有能力去预先发现"黑马"基金经理。所以"黑马"是撞大运"撞"出来的，不是选出来的。

等大家都知道某位基金经理是"黑马"时，他管理的基金的规模大概率也已经不小了。

此外，也有规模很大的基金能够获得非常好的业绩的例子。比如，兴全合宜2018年年初成立时的初始规模就超过300亿元，2019—2020年业绩依然很棒。

所以选择基金也不能唯规模论，同等条件下尽可能选择规模小一点的基金，尽量回避超大规模的明星基金。

4. 选择全市场选股、行业配置相对均衡的基金经理

（1）全市场选股，不做单一行业风格暴露。过多单一行业风格暴露，有可能造成业绩大起大落，譬如，重仓白酒、芯片、新能源等单一行业。

（2）如果对单一行业特别看好，可以适当配置行业主题基金。

（3）全市场选股，均衡配置风格，在全市场获取超额收益，可以做到雨露均沾、细水长流。哪个主题涨，都能获取收益；哪个主题涨多了都可以适当减仓，做新的布局。

做单一行业风格暴露的有如前面列举的基金 A，而全市场均衡配置的有如基金 B。

5. 开放心态、兼收并蓄，不排斥任何投资风格

典型的价值投资者肯定希望主要靠选股并长期持有来获取超额收益，好像就觉得靠交易获取的超额收益有什么问题似的。其实大可不必。

能长期赚钱的基金经理都是好经理。

（1）主要靠选股并长期持有获取超额收益的基金经理，换手率低，长期业绩优秀。如谢治宇、董承非。

（2）有选股能力同时有能力做行业景气或风格轮动的基金经理，拥有较高换手率，进攻性更强，投资体系随着市场变化也会不断迭代和进化。如袁芳、崔莹、李晓星、韩创等。

（3）对于依靠高频量化策略获取超额收益的基金经理，需要观察他们的策略有效性能否持续。

（4）在这些核心资产和热门赛道之外，有自己独特的想法和能力圈的基金经理，一样可以创造佳绩。例如，赵晓东、徐荔荣、韩创、田瑀等。

6. 要有主动控制回撤的意识

复利的基础是正收益，大起大落的业绩表现肯定不利于复利积累。

7. 好基金还需要好价格

不追涨，在落后的时候买。

投资基金一定是高不买、低不卖，长期持有，唯有如此，才能保证赚到钱。

这一部分内容将在本书第 8.1 节"高不买、低不卖"中详述。

4.4.5 选"新锐"还是"老将"

新晋受关注的基金经理，其投资风格和持仓行业往往都是最契合当前市场风格的，也是最能"理解"当前风口的，不然他的业绩怎么能好呢？因此自然也是"与时俱进""新锐"的代表。而落后的往往是之前表现很好的，他们的投资风格才刚刚"高光"过，之前的"太好"也在一定程度上意味着他们的业绩被"透支"了。我们发出"廉颇老矣，尚能饭否"的质疑似乎也情有可原。

一边是花样年华的"新锐"，一边是年老色衰的"老将"，你到底选谁？

这个问题实际上可以拆分为三个小问题：

（1）基金经理这个职业到底是冲劲更重要，还是经验更重要？

（2）对于基金经理的业绩表现，多长时间的统计数据才有说服力？

（3）你相信好基金的业绩也会有周期吗？好基金应该追涨杀跌还是买跌不买涨？

华尔街有句名言："有老的基金经理，有激进的基金经理，但是没有又老又激进的基金经理。"事实确实如此。年轻基金经理的经典座右铭是："进攻是最好的防守。"而老将常挂在嘴边的却是："防守是最好的进攻。"

有进攻特质的基金经理，靠着高仓位、高换手率、重仓单一行业和个股等进行风格暴露，短期业绩具有爆发力，可是回撤起来也不含糊，毕竟盈亏同源。老将则先做好防守再考虑进攻，所以往往仓位和换手率适中、行业和个股均衡配置，涨起来不会太出众，可跌起来也波澜不惊。

第 4.4.4 节刚列举过基金 A 与 B 的例子，业绩看似平庸却较为稳定的基金 B 完胜业绩大起大落的基金 A。

你看，靠直觉选基金经理，就只看一个指标：有"冲劲"、进攻属性强、有爆发力。单个年度业绩平庸的基金经理，我们都看不上。而如果我们开启第二层思维，将视觉放长远些，攻守有道、看似平庸的基金经理实际上更值得信赖。

基金经理会越干越笨、越老越傻吗？我相信不会。只是越有经验、越老到的基金经理越懂得收敛锋芒，越懂得哪些可为哪些不可为。大部分年轻基金经理在经过多年摸爬滚打、反复折腾后都会殊途同归，成为那个攻守有道的"老人"。

"乱拳打死老师傅"这种事看看就好，根本不值得采信。

无论短期、中期还是长期，业绩都是比较出来的，因为只有通过比较才知道谁优谁劣。虽说在样本足够多的情形下（我们的公募基金经理超过 2000 人，公募股票和混合基金超过 5000 只），最终的优胜者都有一定的随机和幸运的成分，但谁也不可否认基金的业绩跟基金经理的能力呈正相关，统计时间越长，这个数据越有说服力。

在近几年的行情中，我们会观察到这种情况：短期业绩优秀的，似乎会一直优秀下去。2019—2020 年重仓白酒、医药的基金，净值新高之后还有新高；2021 年重仓新能源、有色金属的基金也是这样的，你越"恐高"它越涨给你看。股市行情就是这样，涨会涨到极致，跌也会跌到令人怀疑人生。

理性来看，我们之所以会有"一直会上涨""永远的神"的假象，还是观察时间不够长。君不见，"画线"基金经理层出不穷，可收益率又高、回撤又小的神话都是过眼云烟。白酒和医药"永远涨"的呐喊犹在耳畔，2021 年春节之后却迎来大幅调整。在此之前，甚至有基金经理表示均值回归不一定会发生。事实上，均值回归是一种长期统计规律，真可谓"不是不报，时候未到"。

所以拿新晋基金经理越战越勇的短期业绩来否定老将的暂时落后是站不住脚的。新晋基金经理的短期业绩爆发，虽然也有能力的成分，但运气和随机的成分更大些；老将的长期业绩更可靠。

我们看好的基金，一定要在它下跌的时候买入，而不是在其业绩爆发之后追涨。相信绝大多数投资者都会接受我这一观点。

可为什么白酒基金在涨了又涨之后规模大幅增加，而曹名长的中欧恒利三年定期开放在业绩不佳期间规模暴降 94% 呢？是我们判断基金好坏的标准发生了变化：上涨的时候我们才觉得它好，下跌的时候它就变成一只坏基金了。

而现在我们终于明白了，白酒基金规模暴增时点几乎对应着单位净值最高区域，中欧恒利三年定期开放被抛弃的时点也几乎对应着单位净值的最低区域。被追高"封神"的，后来被骂成了"神经病"；被低位抛弃的，后来又成了香饽饽。

好的基金、好的基金经理，其业绩一定存在周期性，因为股市有大小盘、价值与成长的轮动周期，再好的基金、再牛的基金经理都没有精准跟随风格轮动的能力。长期业绩优秀的基金经理并没有因为业绩暂时落后而"年老色衰"，只是有可能那段时间状态不好而已。

如果承认好的基金经理其业绩存在周期，那么就要相信业绩会有均值回归的一天。这时候，基金净值的下跌，正好给了我们不错的抄底机会。

　　有了这样的认知，你还会觉得暂时没跟上节奏的"老将"应该被换掉吗？

【结论】

　　（1）基金经理总体还是历久弥香的职业，"年老色衰"是妥妥的假象。

　　（2）朝气蓬勃、有闯劲的"新锐"基金经理当然值得我们跟踪观察，但仓位不宜过重。

　　（3）基金经理之间的差别没有规模和短期业绩体现出来的那么大，我们左挑右选的基金说不定只是与"猴子基金"大体相当的水平，所以基于投资风格地分散配置多只基金、构建基金组合，应该是不错的解决之道。

4.5　进一步认识主动基金和基金经理

　　经过我们千挑万选选出的主动基金或基金经理，未来就一定会业绩领先或优秀吗？

　　答案是未必。

　　如果时间足够长，基金经理的业绩一样可能存在均值回归，我们要对自认为优秀或者杰出的主动基金或基金经理变得平庸做好思想准备。

　　其实投资做到最后，能够拿到全部主动权益基金（经理）的平均阿尔法，我们就算成功了。

　　那么，挑选主动基金或基金经理这件事难道就没有意义了吗？

　　当然不是。

　　一方面，我们还是要力争通过自己的努力创造自己的阿尔法；而另一方面，也是更重要的方面，要通过精心挑选主动基金和基金经理的过程，了解和熟悉自己想投资的主动基金和基金经理。正是了解和熟悉了之后才能建立信任，也才能让我们放心长期持有，最终达成自己的投资目标。

4.5.1　"猴子基金"的启示

　　《漫步华尔街》的作者马尔基尔教授在 1973 年曾经做过一个看似荒诞的实验，给一只猴子蒙上眼睛后让它向报纸的金融版掷飞镖，并将其选中的股票组成投资组合，和那些专家精心挑选的投资组合相比，两者的赢利能力一样好。这个实验结果完全否认了基金经理能力因素，当然不能采信，可也在相当程度上证明了运气对基金业绩的重要性。

顺着"运气"和"随机"这一思路，我开始思考一个问题，如果只按基金年度业绩的"好"和"坏"来划分基金，排名前一半为"好"、排名后一半为"坏"，那么根据基金业绩评定基金好坏就与扔硬币看正反面完全是一个道理。

根据中国证券投资基金业协会官方网站 2021 年 8 月底的数据，公募股票基金数量为 1563 只，混合基金数量为 3577 只，两者合计 5140 只。如果按照"好"的标准单淘汰制选下去，第 1 年好基金是 2570 只，第 2 年是 1285 只，第 3 年是 642 只，第 4 年是 321 只，第 5 年是 160 只，第 6 年 80 只，第 7 年 40 只，第 8 年 20 只，第 9 年 10 只，第 10 年 5 只。

这个结论告诉我们什么呢？只要样本足够大，就一定有长期的"胜出者"，而这个"胜出"结果完全是随机的，跟具体的基金特征、基金经理的能力等因素并不挂钩。换言之，即使把这 5000 余只基金全部换成"猴子"来"管理"，以猴子独有的方式来"运作"，也并不影响上述统计结论的成立。

8 年维度胜出的 20 只基金、9 年维度胜出的 10 只基金，以及 10 年维度胜出的那 5 只基金，一定是最耀眼的明星基金，光芒四射的那种。

基金经理之所以成为明星，还是因为业绩，具体来说，是来自多年业绩的相对排名，其被"选出"的过程虽然相较前面所述方法更为复杂，但也大体相似。也就是说，当前的明星基金到底有多大程度上是一只"猴子基金"，明星基金经理有多大程度上是那个"幸运的傻瓜"，我们是无法准确量化的。

完全否定基金经理的能力是一种典型的"不可知论"，肯定是不可取的；而普遍存在的"幸存者偏差"现象却又时刻提醒我们对明星基金经理不可迷信和盲从。

概率论告诉我们，把时间跨度拉长，任何事物的表现都会趋于平均水平，也就是我们常说的"均值回归"。我们在做判断的时候要避免盯着一些小概率事件不放，比如明星基金经理某一两年业绩特别突出，有的投资人就因为这一两年的业绩而"美化"了其长期业绩年化收益率，但是这种超常的业绩大概率是不能复制的。我们在评价明星基金经理时，需要更多维的视角。

我自己根据多年的投资实践和思考，给明星基金的成功进行量化归因：60%归因于能力，40%归因于运气。也就是说，一定要肯定明星基金经理的能力，但运气因素也至关重要。

这也是我主张构建基金组合时要多选几位基金经理的原因。选择基金经理要基于投资风格和基金公司的分散，而且还要为当前优秀的基金经理后面可能平庸做好心理准备。根据概率论，多位优秀基金经理中也一定会有相对优胜者。

4.5.2 抗跌基金

我们在选择基金或基金组合的时候，总会考虑风险收益比，收益率要高、回撤要小，尤其在 2016 年、2018 年这种行情不好的年度表现优异的基金，总会得到我们的青睐。

在我自己的主动基金组合里，2018 年回撤很小的工银文体产业股票被我放在了前锋的第一位，同年取得逆天正收益的交银优势行业混合、以稳健著称的广发稳健增长混合都在我组合中获得了中场的一个席位。

在我的潜意识里，2018 年将回撤控制得很好的优秀选手，不仅涨的时候能征善战，下跌的时候肯定也该防守出色、不辱使命。

可是……在 2021 年春节后这波凌厉的下跌中，它们抗跌了吗？

袁芳的工银文体产业股票在 2021 年 2 月 10 日这波下跌中最大回撤为-17.95%，大于沪深 300 指数同期最大跌幅-15.17%；何帅的交银优势行业混合同期最大回撤达到-12.53%，以它不到 8 成的股票仓位计算，同样跑输了沪深 300 指数；被寄予厚望的广发稳健增长混合，以 5 成左右的股票仓位，"收获"了高达-11.09%的最大回撤，远远跑输沪深 300 指数。

在我的主动基金组合里，没有让我寄予"抗跌"厚望的其他选手在此波下跌中的最大回撤数据如下：前锋兴全合润混合回撤达到-12.51%，前锋华安逆向策略混合回撤为-16.18%，它们的回撤均小于工银文体产业股票；中场兴全趋势投资混合回撤为-10.19%，同样小于交银优势行业混合和广发稳健增长混合。

是不是很具有讽刺意味？2018 年回撤最小的三只"抗跌基金"，此次竟然没有一只表现出了"抗跌"特征。

在历史上不"抗跌"、管理者朱少醒博士坦诚从不主动控制回撤（因为不擅长）、被我在 2020 年年底换掉的富国天惠成长混合，此波最大回撤为-16.42%，幅度还略小于工银文体产业股票。

而在 2018 年同样抗跌、与何帅同为"交银三剑客"的王崇和杨浩管理的基金怎么样了呢？王崇管理的交银新成长混合此波最大回撤达到了惊人的-20.08%，杨浩管理的交银定期支付双息平衡混合以不到 7 成的股票仓位计算，最大回撤达到了-14.80%！

因为持仓的关系，我对工银文体产业股票此次的回撤是有思想准备的，因为节后下跌的第一周，就有基金经理访谈传出袁芳不准备控制回撤，会将年前减下去的仓位在下跌中逐步加回来。而何帅在 2020 年 7 月那波大涨后就开始防守，加了不少地产股票，错过了大半年的涨幅，何帅在交银优势行业混合 2020 年年报中也表示地产股拖累了 2020 年的业绩。于是！他应该在大跌前就把地产股票减仓了，所以我观察到在地产股票大涨的那几天，交银优势行业混合的净值竟然是下跌的。

你看，袁芳因为不主动控制回撤，所以工银文体产业股票大幅回撤了。何帅从去年下半年开始就想控制回撤，但是时机不对，此次仍然没有逃过超预期的回撤。想靠择时战胜市场，对明星基金经理来说，也是近乎天方夜谭。

所以，此次下跌也让我这个还算"资深"的基金投资者深受教育：权益类基金"抗跌"、回撤小有可能是偏随机的偶然事件。2018 年，袁芳可能恰好做对了，"交银三剑客"的主要持仓可能也正好赶上了 2018 年的风格，所以他们在 2018 年都"抗跌"。人还是那些人，投资理念也没有发生大的变化，换到 2021 年春季的大跌行情，持仓风格不对，所以就不"抗跌"了。

看起来，"抗跌"的战绩对所有主动基金的基金经理来说都很难复制，不能把偶然的成功当成基金经理的长期能力。

翻看谢治宇的"成绩单"，兴全合润在 2016 年和 2018 年因为回撤较大，两度跌落到同类基金下游的水平，但这没有阻止他成为创造长期任职年化收益率近 30% 的"大神"。还有我之前有点害怕的回撤过大的富国天惠成长混合，历史上曾有过 58% 的最大回撤，同样没有妨碍朱少醒创造长期佳绩……

我选择基金经理都要着眼于长期，这次不"抗跌"，丝毫影响不到我对他们的判断。

当然我也不主张抛开回撤控制选基金。适当均衡配置的风格对控制回撤的相对能力是可以预见的，我本节要表达的是控制回撤的绝对能力不存在、也不可信。

同样，对于在 2022 年的下跌中颇为"抗跌"或者逆势上涨的基金，我也不会另眼相看，仍然要观察它们多年的业绩，深入了解基金经理的投资理念和投资风格，才会确定要不要入手。

短期的大跌或者大涨，放在时间的长河中，就是一朵朵小小的浪花，会成为我们投资路上必不可少的一道风景。

主动基金与指数基金（三）

前两章介绍了"看懂"主动基金的不同视角及选择主动基金的基本方法，本章重点讨论指数基金。

虽然主动基金在总体收益上超过指数基金，但指数基金依然值得密切关注。

原因很简单，我国资本市场会越来越成熟，主动基金的超额收益在未来会趋于消失，到时候投资策略更透明、费率更低的指数基金将凸显其良好的投资价值。而且，无论是市值加权的宽基指数、策略加权指数，还是行业主题指数，都不乏能媲美主动基金的厉害"角色"。对此类指数基金，我们可以在其出现深幅调整后以"捡漏"的思维介入，将它们作为投资主动基金的一个重要补充。

而指数增强基金更像一种有一些硬约束的主动基金，它通常采用量化增强的方法，也能实现一定的超额收益。

5.1 看懂一只指数基金

不懂不投，投资一只指数基金，看懂它是一个基本前提。

5.1.1 概念和分类

指数基金（Index Fund）就是以一个指数的成分股作为投资对象，通过购买该指数的全部或部分成分证券构建投资组合，来跟踪该指数的收益表现的基金产品。

由于指数基金只是复制指数的投资策略，不主动寻求超越市场的收益表现，所以指数基金又被称为被动基金。

相较主动管理型基金，指数基金的规则和策略透明，更容易为初入市的投资者所掌握和接受。

1. 按跟踪指数的权益属性，可以分为权益类指数基金和债券型指数基金

（1）权益类指数即股票指数，包括所有的股票型宽基指数、行业主题指数和策略风格指数。

例如沪深 300 指数，中证白酒指数，中证红利指数，沪深 300 价值指数，等等。跟踪它们的基金就是权益指数基金。

（2）债券型指数是反映债券市场价格总体走势的指标体系，包括各类国债指数、金融债指数、企业债指数和综合债指数。

例如中债-新综合指数，中债 7—10 年期国开债指数，中债 1—3 年期国开债指数，等等。跟踪它们的基金就是债券型指数基金。

2. 按跟踪标的指数的行业分布特征，可以分为宽基指数基金和行业主题指数基金

（1）所谓宽基指数就是指成分股不受所属行业限制的指数，宽基指数的成分股一般来自多个行业。

跟踪我们所熟知的上证 50 指数、沪深 300 指数、创业板指数、中证 500 指数、中证 1000 指数、国证 2000 指数、MSCI 中国 A50 指数、恒生指数、标普 500 指数、纳斯达克指数等的基金就是宽基指数基金。

（2）行业主题指数则是指成分股完全来自某一个行业、领域或某一个主题的指数。

例如，中证主要消费指数、科技 50 指数、医药指数、半导体指数、新能源指数、海外中国互联网 50 指数、人工智能指数等，跟踪它们的基金就是行业主题指数基金。

3. 按跟踪指数成分股加权方式的不同，可以分为价格加权、市值加权和策略加权指数基金

（1）价格加权指数就是把指数中的每个股票的市场价格加起来，然后再除以指数中所有股票的数量，是一种股票价格平均指数。

道琼斯指数就是价格加权指数，也是世界上历史最悠久的股票指数。

日经 225 指数也是价格加权指数。国内有多只跟踪日经 225 指数的 ETF。

（2）市值加权指数是以每一只成分股的流通股乘以股价得出流通市值，并以此计算权重的股票指数。

市值加权也是国际上采用最普遍的一种股票指数加权方式。我们所熟知的上证 50 指数、沪深 300 指数、中证 500 指数、创业板指数、恒生指数、标普 500 指数等宽基指数以及各种行业主题指数大都是市值加权指数。市值越大的成分股，对指数的影响越大。

跟踪这类指数的基金数量和规模也是最大的。

（3）策略加权指数一般是在市值之外通过成分股基本面、风格和波动率计算权重因子的股票指数，主要有红利、价值、低波动、质量等方面的策略加权方式。相较传统的市值加权，策略加权被称为"聪明的 β"。此类策略的根本目标还是追寻超额收益，因此具备了一定的主动管理色彩。

对于红利、价值、成长、低波动及各种基本面指数，国内都有跟踪的基金。

4. 按复制方式的不同，可以分为完全复制型指数基金和增强型指数基金

（1）完全复制型指数基金力求按照所跟踪指数的成分股和权重进行配置，以最大限度地减小跟踪误差为目标。

目前大部分 ETF 和场外指数基金就是完全复制型指数基金。

（2）增强型指数基金则在将大部分资产按所跟踪指数的成分股和权重进行配置的基础上，利用一部分资产进行积极进取型配置，以获得一定的超额收益为目标。

此类基金通常在名称中都会有"增强"这样的字样加以区别。

截至 2022 年 3 月 31 日，全市场一共有 1353 只指数基金，其中被动型指数基金 1174 只，增强型指数基金 179 只。

5. 按交易机制的不同，可以分为开放式指数基金、封闭式指数基金、指数型 ETF 和指数型 LOF

（1）开放式指数基金又分完全开放式指数基金和定期开放式指数基金。

完全开放式指数基金只能向基金公司申购和赎回，不能在二级市场交易。

定期开放式指数基金在开放期间可以向基金公司申购和赎回，但在封闭期间只能在二级市场进行交易。

（2）封闭式指数基金只能在二级市场买卖，不能向基金公司申购和赎回。

（3）ETF 是 "Exchange Traded Fund" 的简称，意为"交易所交易基金"，又称交易型开放式指数基金，是一种在交易所（二级市场）上市交易的、基金份额可变的一种开放式基金。

可以在二级市场买卖，也可以申购和赎回，但申购和赎回必须采取组合证券的方式进行。

（4）LOF 是 "Listed Open-ended Fund" 的简称，指数型 LOF 即上市型开放式指数基金。同一基金的份额可以在场内和场外互相转换，场内份额可以在二级市场进行交易，场外份额可以在场外申购和赎回。

这类基金的名称后面通常都有 LOF 后缀。

5.1.2　了解指数基金的运作过程

1. 指数基金跟踪的通常是价格指数，而不是全收益指数

我们在行情软件里看到的指数通常是价格指数。价格指数是不考虑成分股的分红因素的，也就是说成分股分红时并不对价格指数除权，而是任其自由回落。

通俗地说，我们的价格指数是把成分股分红"丢弃"了的，但实际上只要我们投资指数，就能拿到成分股分红。

与价格指数相对应，全收益指数则充分考虑了成分股分红的因素，并且默认把成分股分红再用来投资成分股并计算复利。

当然全收益指数也是一种理想化的指数计算方法，因为分红会有扣税、分红到账有延时、再投资成分股也有费用，所以红利再投资是有摩擦成本的。实际上全收益指数计算的收益我们不可能全部拿到。

所以我们投资指数实际获得的收益介于价格指数和全收益指数之间。

一般的宽基指数尤其是成长风格的宽基指数成分股分红比例很低，所以价格指数与全收益指数之间的差距并不太大。

从规模指数来看，越小规模的指数，成分股分红能力越弱，因而分红对价格指数与全收益指数产生影响的差距越小。

但红利指数就不一样了。红利指数的成分股就是在全市场里选择出的有持续分红能力、股息率最高的几十只到一百只股票，成分股分红对价格指数和全收益指数的影响就显得特别大了。

所以，我们在后面介绍红利指数时，会专门谈到全收益指数。

有点遗憾的是，普通投资者的行情软件里一般没有全收益指数的行情，全收益指数的行情和过往回测数据通常需要到付费平台才能查询到，而且还不全。

根据我在2022年5月的测算，典型的红利指数（如中证红利指数和上证红利指数）近10年全收益指数的年化收益率比价格指数高4个百分点左右；银行指数也差不多高4个百分点；上证50指数、中证100指数和沪深300指数等大盘蓝筹指数高3~3.5个百分点；大盘价值风格能影响3个百分点左右；保险主题指数影响2个百分点左右；中证500指数只影响1个多百分点；创业板指数等成长风格的指数则基本可以忽略不计。

2. 构建投资组合

在确定了标的指数之后，就需要构建相应的投资组合来跟踪指数表现。

构建跟踪指数的投资组合，可以采取完全复制、分层抽样、行业配比等方法。

完全复制即完全按照构成指数的成分证券以及相应的比例来构建投资组合。

分层抽样和行业配比则是利用统计原理选择构成指数的成分股中最具代表性的一部分，而不是全部来构建基金的投资组合。

3. 调整投资组合中成分股权重

指数的成分股会按照编制规则进行定期或不定期的调整。新陈代谢和吐故纳新是股票指数最重要的特征，企业会破产和消亡，但指数可以永续和不死。

因此，指数基金也必须及时作出相应的调整，以保证基金投资组合与指数的一致性。

4. 跟踪误差监控及对组合进行微调

跟踪误差是指数基金的收益与所跟踪的标的指数收益之间的差异。

一方面，指数基金不可能像指数一样随时保持满仓，因为总需要保留一部分现金应付赎回需要；另一方面，由于交易成本和交易制度的限制，指数基金的收益几乎不可能与标的指数的收益保持完全一致。

基金管理人需要随时监控这一误差，将它控制在一定的范围之内。如果出现较大偏离，则需要管理团队及时作出归因分析，并对投资组合进行调整，以此来校正跟踪误差。

5.1.3 要重点关注的细节

外行看热闹，行家看门道。看懂一只指数基金，确定一只指数基金是否具有投资价值，除了了解具体分类和运作过程，还需重点关注以下细节。

1. 指数编制规则，看懂指数基金具体的投资策略

指数编制规则主要包括如何选股、选多少只样本股、如何确定个股权重、后续如何调仓等具体细则，实际上就是指数基金具体的投资策略，当然值得重点关注。

2. 市值规模，看懂指数基金的大中小盘特征

指数样本的平均总市值为规模，我们可以把它与上证 50 指数、沪深 300 指数、中证 500 指数、中证 1000 指数等比一比，确定指数是属于大盘、中盘还是小盘风格。

大盘股往往已经处于企业发展的成熟周期，在行业中处于龙头甚至垄断地位，业绩稳定，但成长性可能稍嫌不足；中小盘股则可能处于成长周期，具备成长属性，却也面临着充分竞争。

这一点可以作为判断指数成长属性的重要参考。

3. 指数（基金）过往收益回撤特征

我们买基金，说到底就是想获取收益，其过往收益回撤特征虽然不会在未来简单复制，但也是一个非常重要的参考。

过往收益大概是什么样的水平？最大回撤如何？

不同的宽基指数之间可以进行比较，行业指数之间、行业指数与宽基指数之间也可以进行比较。

横向和纵向的对比可以让我们对一个指数的收益水平和风险收益比有一个大致的了解，借以确定其是否符合自己的风险偏好、值不值得自己进行投资。

4. 指数的行业构成

宽基指数看一看一、二级行业构成，行业主题指数可以细致地分析一下包括哪些二、三级细分行业。

不同的行业，收益特征是千差万别的。

通常大消费风格中的主要消费和医药医疗行业需求较为稳定，长期收益较好。

成长风格的行业弹性大，不同的历史阶段会产生不同的重大创新行业，20多年前开始的互联网，现在的新能源，未来的万物互联、人工智能和元宇宙，都可能给我们带来丰厚的收益。

大金融行业中的银行、保险和房地产实际上是具有周期特征同时兼具消费特性的行业，长期收益也能达到市场平均水平。

处于上游的典型周期行业，比如原材料、有色金属、石油石化等；或者具备强周期特征的中下游行业，比如证券和畜牧养殖，它们的长期收益都不太理想，低于市场平均水平，不是理想的长期持有标的，更适合波段投资。

公用事业、基础设施等行业具有公用、公益的特征，商品和服务价格会受到监督和管控，长期收益也会弱于市场平均水平。

了解清楚指数的行业构成，有利于深入分析指数的投资价值。

5. 指数的估值水平

首先，同一时段各指数的不同估值水平可以揭示指数的价值成长特征。

估值最低的一档，通常是价值风格，同时具备一定的周期特征；估值居中的一档，通常是成长价值风格；而估值最高的一档，应该就是成长风格。

其次，了解不同风格指数的估值在历史上处于什么水平，有助于我们判断高估、合理还是低估，从而可以帮助我们进行买卖决策。

6. 跟踪误差

就是看跟踪基金收益与指数收益的差距。

一方面，指数基金跟踪指数的过程中，成分股的买卖有摩擦成本，指数基金还要产生管理费；而另一方面，指数基金跟踪的是"故意"放弃成分股分红的价格指数。

对具备大中盘特征或者红利策略等成分股分红对收益影响很大的指数，跟踪基金应该有一定的超额收益才算合格；对于具备小盘特征或者科技成长等成分股分红对收益影响不大的指数，跟踪基金相对指数略微有一定的负收益也是合理的。

如果一个增强指数连全收益指数都跑不过，那么它的高额管理费费率就不合理或不值得。

5.2 主要的市值加权型宽基指数及跟踪基金

5.2.1 上证 50 指数及跟踪基金

上证 50 指数（代码 000016）选取上海证券市场规模大、流动性好、最具代表性的 50 家上市公司为样本，反映上海证券交易所最具影响力的龙头企业的整体表现。它采用派氏加权法即成分股流通比例分级靠档的方法计算个股权重，总体上还是流通市值加权，流通市值越大的成分企业对指数的影响越大。

指数每年 6 月和 12 月会进行一次成分股调整，调出"落伍"的、调入新晋符合条件的，目的就是保证永远是上海证券市场"最好"的 50 家龙头企业，每次调样本股的数量不超过样本总数的 10%。

2022 年一季度末，指数成分股平均总市值为 3285 亿元。

从行业分布来看，2013 年 4 月 30 日上证 50 指数中银行业权重占比达 42.67%、非银金融占比达 19.01%，金融行业占比超过 60%；2022 年 4 月 30 日，银行业权重大幅下降到 17.16%、非银金融下降到 15.40%，食品饮料以 23.48% 的权重占比成为第一大权重行业，医药、新能源、电子、通信等行业权重不断提高，上证 50 指数的行业构成已较为分散均衡。

表 5-1 是截至 2022 年 4 月 30 日，上证 50 指数的行业构成情况。

表 5-1　上证 50 指数的行业构成情况（截至 2022 年 4 月 30 日）

行业代码	行业名称	成分股个数/个	总市值/亿元	自由流通市值/亿元	权重/%
CI005019.CI	食品饮料（中信）	4	32526.41	15914.47	23.48
CI005021.CI	银行（中信）	5	44427.52	11613.21	17.16
CI005022.CI	非银行金融（中信）	10	28366.37	10761.32	15.40
CI005018.CI	医药（中信）	4	7880.43	4879.03	7.11
CI005011.CI	电力设备及新能源（中信）	2	5528.78	4053.00	5.70
CI005004.CI	电力及公用事业（中信）	1	5166.95	2583.48	3.85

行业代码	行业名称	成分股个数/个	总市值/亿元	自由流通市值/亿元	权重/%
CI005003.CI	有色金属（中信）	2	3771.76	1942.03	2.78
CI005015.CI	消费者服务（中信）	1	3553.31	1776.66	2.61
CI005026.CI	通信（中信）	4	7361.41	1705.40	2.46
CI005025.CI	电子（中信）	2	2152.81	1450.96	2.05
CI005007.CI	建筑（中信）	1	2633.89	1317.17	1.91
CI005023.CI	房地产（中信）	1	2169.02	1301.39	1.88
CI005006.CI	基础化工（中信）	1	2444.29	1222.15	1.79
CI005001.CI	石油石化（中信）	2	15101.02	1103.29	1.59
CI005002.CI	煤炭（中信）	1	6115.53	1015.19	1.52
CI005013.CI	汽车（中信）	2	4155.80	1049.99	1.48
CI005008.CI	建材（中信）	1	2117.60	958.97	1.42
CI005010.CI	机械（中信）	1	1401.39	980.85	1.38
CI005016.CI	家电（中信）	1	2447.59	980.73	1.37
CI005024.CI	交通运输（中信）	1	2310.85	913.34	1.31
CI005027.CI	计算机（中信）	2	1213.99	774.14	1.04
CI005012.CI	国防军工（中信）	1	1007.06	503.53	0.69
合计			183853.78	68800.30	

数据来源：东方财富 Choice 数据。

2022 年 4 月 30 日，贵州茅台、招商银行、中国平安、兴业银行、隆基股份、长江电力、药明康德、伊利股份、中信证券、中国中免等我们耳熟能详的前十大成分企业在上证 50 指数中的权重占比达 54.58%，而贵州茅台占比高达 16.69%，说明上证 50 指数的个股和前十大成分股的集中度还是挺高的。

上证 50 指数发布于 2004 年 1 月 2 日，基准日期为 2003 年 12 月 31 日，基点为 1000 点。

上证 50 指数自发布以来，于 2005 年 6 月创出了 693.53 点的历史最低点，2007 年 10 月创出了历史最高点 4772.93 点。

10 多年过去了，2021 年 2 月创出次高点 4110.18 点，此后又一路下跌；截至 2022 年 4 月 29 日，上证 50 指数收于 2805.34 点，较 2021 年次高点下跌 31.75%，进入技术性熊市。

2022 年 4 月 29 日，上证 50 指数 PE（TTM 市盈率）为 9.94 倍，处于近 10 年的 25%~50%，如图 5-1 所示。

上证 50 指数自 2003 年 12 月 31 日至 2022 年 4 月 29 日（熊市）的累计收益率为 180.53%，年化收益率为 5.48%，最大回撤高达 73.14%。2012 年 4 月 30 日至 2022 年 4 月 29 日 10 年间的累计收益率为 53.92%，年化收益率 4.41%（相当于纯债基金），最大回撤 46.37%；同期全收益指数累计收益率 102.94%，年化收益率为 7.33%。

图 5-1　上证 50 指数历史走势图（2004—2022 年）

当然，如果把 2021 年 2 月 10 日（牛市）作为截止日计算，那么自 2003 年年底以来的累计收益率为 302.85%，年化收益率能达到 8.48%，最大回撤 73.14%。而 2021 年 2 月 10 日前 10 年的累计收益率为 103.88%，年化收益率能达到 7.38%，最大回撤 46.37%；同期全收益指数累计收益率 167.63%，年化收益率为 10.35%。

虽然从长期来看，上证 50 指数总体还是处于上涨趋势，但从上证 50 指数历史趋势也能看到 A 股暴涨暴跌的显著特征。投资指数的难度是比较大的。

2022 年 4 月 29 日，我们前面所说的上证 50 指数即价格指数收于 2805.34 点，而考虑分红因素的上证 50 全收益指数为 4172.74 点，全收益指数从成立以来的累计收益率比价格指数高 48.74%。

根据东方财富 Choice 数据，截至 2022 年一季度末，跟踪上证 50 指数的场内外基金一共 33 只（含 A、C 份额），总规模为 838.09 亿元，但仅华夏上证 50ETF（代码 510050，规模 513.32 亿元）和易方达上证 50 增强 A（代码 110003，规模 192.62 亿元）这 2 只基金规模就高达 705.94 亿元，占全部跟踪上证 50 指数基金规模的比例高达 84%。

其余基金的规模都不大，更有 13 只基金规模不足 1 亿元。

规模最大的华夏上证 50ETF 机构持有占比超过 72%，应该是机构借道 ETF 结合 ETF 期权做资产配置的需要。

但超额收益不菲、波动也比 ETF 产品小的易方达上证 50 增强基金机构持有占比仅 4.30%。可见，机构持有占比也只能作为散户选择指数基金投资标的的一个参考。

顺便提一句，有不少朋友在挑选指数基金的时候基本上都选费率最低的，这个习惯并不算好。费率只有在同等条件下比较才有意义，比如一些增强型指数基金，费率堪比主动基金，可是，我们也要看看它的过往收益表现，看看那么高的费率到底值不值。

部分跟踪上证 50 指数的基金（按规模排序前 1~20）明细详见表 5-2。

表 5-2　部分跟踪上证 50 指数的基金（按规模排序前 1~20）明细

基金代码	基金名称	成立日	基金规模/亿元	管理费费率/%	基金经理	基金公司	基金类型
510050.SH	华夏上证 50ETF	2004-12-30	513.32	0.50	张弘弢、徐猛	华夏基金	被动指数型
110003.OF	易方达上证 50 增强 A	2004-03-22	192.62	1.20	张胜记	易方达基金	增强指数型
004746.OF	易方达上证 50 增强 C	2017-06-06	29.06	1.20	张胜记	易方达基金	增强指数型
001051.OF	华夏上证 50ETF 联接 A	2015-03-17	17.65	0.50	徐猛	华夏基金	被动指数型
005733.OF	华夏上证 50ETF 联接 C	2018-03-08	16.33	0.50	徐猛	华夏基金	被动指数型
001549.OF	天弘上证 50 指数 C	2015-07-16	13.51	0.50	陈瑶	天弘基金	被动指数型
001548.OF	天弘上证 50 指数 A	2015-07-16	9.72	0.50	陈瑶	天弘基金	被动指数型
510100.SH	易方达上证 50ETF	2019-09-06	8.27	0.15	余海燕	易方达基金	被动指数型
510710.SH	博时上证 50ETF	2015-05-27	6.05	0.30	赵云阳	博时基金	被动指数型
510800.SH	建信上证 50ETF	2017-12-22	5.94	0.50	薛玲	建信基金	被动指数型
510850.SH	工银瑞信上证 50ETF	2018-12-07	3.23	0.50	赵栩	工银瑞信基金	被动指数型
007380.OF	易方达上证 50ETF 联接基金 C	2019-09-09	3.10	0.15	余海燕	易方达基金	被动指数型
399001.OF	中海上证 50 指数增强	2010-03-25	2.36	0.85	梅寓寒、章俊	中海基金	增强指数型
001237.OF	博时上证 50ETF 联接 A	2015-05-27	2.22	0.30	赵云阳	博时基金	被动指数型
502048.SH	易方达上证 50 指数（LOF）A	2015-04-15	2.10	1.00	林伟斌、宋钊贤	易方达基金	被动指数型
007379.OF	易方达上证 50ETF 联接基金 A	2019-09-09	2.10	0.15	余海燕	易方达基金	被动指数型
008056.OF	南方上证 50 增强 A	2020-04-23	1.75	1.00	钱厚翔	南方基金	增强指数型
005737.OF	博时上证 50ETF 联接 C	2018-03-21	1.66	0.30	赵云阳	博时基金	被动指数型
008057.OF	南方上证 50 增强 C	2020-04-23	1.22	1.00	钱厚翔	南方基金	增强指数型
008240.OF	东财上证 50A	2019-12-03	1.06	0.15	吴逸	东财基金	被动指数型

基金规模截至 2022 年一季度末，数据来源：东方财富 Choice 数据。

5.2.2　沪深 300 指数及跟踪基金

沪深 300 指数（代码 000300）选择沪深证券市场规模大、流动性好、最具代表性的 300 只股票作为样本，反映沪深证券市场上市公司股票的总体表现。指数每年 6 月和 12 月调整一次样本股，每次调样本股数量不超过样本总数的 10%。

沪深 300 指数采用派氏加权法即成分股流通比例分级靠档的方法计算个股权重，总体上还是流通市值加权，流通市值越大的成分企业对指数的影响越大。

注意表述，上证 50 指数反映的是"龙头企业"的整体表现，而沪深 300 指数则反映沪深证券市场"上市公司"的整体表现。

沪深 300 指数被认为是最能代表沪深股市的指数，也成为大多数基金投资业绩的评价标准。

2015 年 12 月 4 日，中国证监会发布指数熔断相关规定，标的指数就是沪深 300 指数。即沪深 300 指数当日下跌超过 5%，则触发熔断机制，沪深证券市场暂停交易

15 分钟；沪深 300 指数当日下跌超过 7%，则当日沪深股市停止交易，提前收市。

2022 年一季度末，指数成分股平均总市值为 1363 亿元。

从成分股的行业分布来看，沪深 300 指数从一开始就比上证 50 指数更为分散均衡一些。2013 年 4 月 30 日，金融行业在沪深 300 指数的权重占比为 34.72%（远小于上证 50 指数的 60% 多），到了 2022 年 4 月 30 日，这一比例又大幅下降为 23.17%，食品饮料上升为第一大权重行业，电力（新能源）、医药、电子、计算机等行业权重不断提高，沪深 300 指数的行业分布也更为均衡。

但是，因为互联网等新兴行业大多在海外上市，市值最大的几家互联网行业巨头自然没能成为沪深 300 指数的成分股，沪深 300 指数基本能反映沪深股市的总体表现，但还不能基本反映国民经济的总体表现，这不能不说是一个缺憾。

表 5-3 是沪深 300 指数截至 2022 年 4 月 30 日的行业构成情况。

表 5-3　沪深 300 指数截至 2022 年 4 月 30 日的行业构成情况

行业代码	行业名称	成分股个数/个	总市值/亿元	自由流通市值/亿元	权重/%
801120.SWI	食品饮料（申万）	16	49928.92	23682.97	13.42
801780.SWI	银行（申万）	22	96246.06	23409.83	13.29
801790.SWI	非银金融（申万）	31	44286.01	18127.30	9.88
801730.SWI	电力设备（申万）	17	29,41.64	17432.96	9.40
801150.SWI	医药生物（申万）	37	29573.89	15681.82	8.70
801080.SWI	电子（申万）	21	17344.47	10056.24	5.47
801050.SWI	有色金属（申万）	10	11428.98	6214.35	3.36
801110.SWI	家用电器（申万）	6	9955.82	5885.63	3.16
801750.SWI	计算机（申万）	13	10393.40	5719.01	3.05
801880.SWI	汽车（申万）	11	16838.48	5620.97	3.04
801160.SWI	公用事业（申万）	8	13117.09	5077.80	2.88
801170.SWI	交通运输（申万）	11	14636.15	5119.74	2.81
801180.SWI	房地产（申万）	8	8365.56	4243.99	2.34
801720.SWI	建筑装饰（申万）	7	10203.97	3964.93	2.22
801890.SWI	机械设备（申万）	8	6343.35	3783.03	2.07
801010.SWI	农林牧渔（申万）	6	8408.07	3332.50	1.95
801030.SWI	基础化工（申万）	9	6704.89	2999.58	1.66
Others	其他	12	10134.47	3091.44	1.65
801710.SWI	建筑材料（申万）	5	4630.18	2532.08	1.42
801960.SWI	石油石化（申万）	7	19568.72	2422.58	1.33
801740.SWI	国防军工（申万）	8	5722.93	2390.59	1.29
801200.SWI	商业贸易（申万）	4	4605.79	2197.62	1.22
801950.SWI	煤炭（申万）	3	9030.35	1854.65	1.06
801770.SWI	通信（申万）	4	6492.75	1882.72	1.05
801760.SWI	传媒（申万）	5	2688.59	1563.41	0.81
801040.SWI	钢铁（申万）	3	3206.04	1186.02	0.65

行业代码	行业名称	成分股个数/个	总市值/亿元	自由流通市值/亿元	权重/%
801210.SWI	社会服务（申万）	3	1121.46	537.00	0.29
801140.SWI	轻工制造（申万）	3	2014.98	502.31	0.28
801980.SWI	美容护理（申万）	2	1361.74	496.28	0.27
合计			453594.75	181009.35	100.00

数据来源：东方财富 Choice 数据。

截至 2022 年 4 月 30 日，沪深 300 指数前十大成分股依次是贵州茅台、宁德时代、中国平安、招商银行、五粮液、隆基股份、兴业银行、美的集团、长江电力、东方财富，其中沪市 6 家、深市 4 家，而沪市的那 6 家也属于上证 50 指数的前十大成分股。

不过沪深 300 指数的前十大成分股总权重仅 20%出头，远小于上证 50 指数的 54.58%。沪深 300 指数的个股集中度和前十大持仓集中度比上证 50 指数要低得多。

沪深 300 指数发布于 2005 年 4 月 8 日，以 2004 年 12 月 31 日为基准日期，基点为 1000 点。

沪深 300 指数自发布以来，于 2005 年 6 月 6 日创下历史最低点 807.78 点，并于 2007 年 10 月 17 日创出历史次高点 5891.22 点，这一次高点在将近 17 年后于 2021 年 2 月 18 日才被突破，当日创出历史新高 5930.91 点。

但若以收盘点位计，则 2007 年 10 月 17 日创出的历史最高收盘点位 5877.20 点迄今还未能被突破。

2021 年 2 月 18 日沪深 300 指数创出新高 5930.91 点后就陷入跌势，截至 2022 年 4 月 29 日收于 4016.24 点，自最高点已下跌 32.29%，进入典型的熊市。

2022 年 4 月 29 日，沪深 300 指数 PE（TTM 市盈率）为 11.86 倍，处于近 10 年的 25%以下，如图 5-2 所示。

图 5-2　沪深 300 指数历史走势图（2005—2022 年）

自 2004 年 12 月 31 日的基点起算,截至 2022 年 4 月 29 日(熊市),17 年多的累计收益率为 301.62%,年化收益率为 8.35%,最大回撤为 72.73%。2012 年 4 月 30 日至 2022 年 4 月 29 日这 10 年间的累计收益率为 52.93%(略低于上证 50 指数),年化收益率 4.34%(仅相当于纯债型基金),最大回撤 47.57%;同期全收益指数累计收益率为 89.47%,年化收益率为 6.60%。

当然,如果把 2021 年 2 月 10 日作为截止日(牛市、历史次高收盘点位),自 2004 年年底以来的累计收益率为 480.77%,年化收益率能达到 11.54%,最大回撤 72.73%。而 2021 年 2 月 10 日前 10 年的累计收益率为 87.09%,年化收益率为 6.46%(低于上证 50 指数),最大回撤 47.57%,同期全收益指数累计收益率为 130.61%,年化收益率为 8.72%。

说实话,无论是 47% 还是 72% 的最大回撤,如果是一直持有沪深 300 指数,那么都很少有人能硬扛过去。投资沪深 300 指数这样高波动的指数基金,除了跌得多了敢买,涨得多了敢卖,恐怕别无他法。

2022 年 4 月 29 日,沪深 300(价格)指数收于 4016.24 点,而考虑分红因素的沪深 300 全收益指数为 5330.21 点,全收益指数从成立以来的累计收益率比价格指数高 32.72%。

截至 2022 年一季度末,跟踪沪深 300 指数的场内外指数基金一共 164 只(含 A、C 份额),总规模达 2077 亿元,应该是跟踪基金数量和总规模最大的指数了。

可见"指数之王"并非浪得虚名,而是市场自然选择的结果。

按规模排序前 20 的沪深 300 指数基金详见表 5-4。

表 5-4　按规模排序前 20 的沪深 300 指数基金

基金代码	基金名称	成立日	基金规模/亿元	管理费费率/%	基金经理	基金公司	基金类型
510300.SH	华泰柏瑞沪深 300ETF	2012-05-04	447.38	0.50	柳军	华泰柏瑞基金	被动指数型
510330.SH	华夏沪深 300ETF	2012-12-25	227.83	0.50	张弘弢、赵宗庭	华夏基金	被动指数型
159919.SZ	嘉实沪深 300ETF	2012-05-07	176.13	0.50	何如、刘珈吟	嘉实基金	被动指数型
510310.SH	易方达沪深 300 发起式 ETF	2013-03-06	99.34	0.15	余海燕	易方达基金	被动指数型
160706.SZ	嘉实沪深 300ETF 联接(LOF)A	2005-08-29	99.24	0.50	何如、刘珈吟	嘉实基金	被动指数型
515330.SH	天弘沪深 300ETF	2019-12-05	61.48	0.50	陈瑶	天弘基金	被动指数型
100038.OF	富国沪深 300 指数增强 A	2009-12-16	58.08	1.00	李笑薇、方旻	富国基金	增强指数型
010854.OF	汇添富沪深 300 基本面增强指数 A	2021-01-20	53.71	1.50	顾耀强	汇添富基金	增强指数型
000311.OF	景顺长城沪深 300 指数增强 A	2013-10-29	46.85	1.00	黎海威	景顺长城基金	增强指数型
050002.OF	博时沪深 300 指数 A	2003-08-26	44.59	0.98	桂征辉、杨振建	博时基金	被动指数型
005918.OF	天弘沪深 300ETF 联接 C	2018-04-24	41.75	0.50	陈瑶	天弘基金	被动指数型

基金代码	基金名称	成立日	基金规模/亿元	管理费费率/%	基金经理	基金公司	基金类型
163407.SZ	兴全沪深 300 指数（LOF）A	2010-11-02	40.07	0.80	申庆	兴证全球基金	增强指数型
515380.SH	泰康沪深 300ETF	2019-12-27	39.76	0.40	魏军	泰康资产	被动指数型
510350.SH	工银瑞信沪深 300ETF	2019-05-20	31.94	0.45	刘伟琳	工银瑞信基金	被动指数型
000613.OF	国寿安保沪深 300ETF 联接	2014-06-05	25.40	0.50	李康	国寿安保基金	被动指数型
000176.OF	嘉实沪深 300 指数研究增强	2014-12-26	24.79	1.00	龙昌伦、刘斌	嘉实基金	增强指数型
510380.SH	国寿安保沪深 300ETF	2018-01-19	24.78	0.50	李康	国寿安保基金	被动指数型
000961.OF	天弘沪深 300ETF 联接 A	2015-01-20	24.61	0.50	陈瑶	天弘基金	被动指数型
006131.OF	华泰柏瑞沪深 300ETF 联接 C	2018-07-02	20.72	0.50	柳军	华泰柏瑞基金	被动指数型
159925.SZ	南方沪深 300ETF	2013-02-18	17.21	0.50	罗文杰	南方基金	被动指数型

基金规模截至 2022 年一季度末，数据来源：东方财富 Choice 数据。

从表 5-4 中可见，沪深 300 指数基金虽然数量众多，但前 10 只基金规模就达到了 1314 亿元，占全部沪深 300 指数基金总规模的 63%，如果再算上前 10 只基金的其他份额或场外联接基金，则头部基金（公司）的占比就更高了。

跟上证 50ETF 类似，规模最大的几个沪深 300ETF，机构持有占比都很高，华泰柏瑞沪深 300ETF 机构持有占比 73.42%，华夏沪深 300ETF 机构持有占比 58.90%，嘉实沪深 300ETF 机构持有占比 90.13%，应该都是机构借道 ETF 结合 ETF 期权进行长期资产配置的需要。

虽然我也很重视指数基金，未来总有一天市场更有效，到那时说不定我们的主要投资标的就得是指数基金；但在当前主动基金还存在明显超额收益的情况下，我当然更倾向于投资主动基金。

顺着这个思路，我更愿意关注增强指数基金，而有的增强效果确实还不错。

5.2.3 中证 500 指数及跟踪基金

中证 500 指数（代码 000905）全称其实是"中证小盘 500 指数"，它在样本空间中剔除了沪深 300 指数样本，同时剔除过去 1 年日均总市场排名前 300 的证券，然后在剩余样本中选择 500 只市值排名靠前、流通性好、最有代表性的沪深证券市场股票，以反映沪深证券市场中小市值股票的总体市场表现。指数每年 6 月和 12 月各调整样本股一次，每次调样本股数量不超过样本总数的 10%。

我们来看看"小盘 500 指数"是否名副其实。根据中证指数官网数据，截至 2022 年 3 月 31 日，上证 50 指数成分股平均总市值为 3285 亿元，沪深 300 指数成分股平均总市值为 1363 亿元，而中证 500 指数成分股平均总市值为 236 亿元，中证 1000 指数成分股平均总市值更小，仅为 114 亿元。所以中证 500 指数应该说是典型的中小盘指数。

中证 500 指数与上证 50 指数、沪深 300 指数一样，也是以调整股本为权重，采用派氏加权综合价格指数公式进行计算，是一种市值加权指数。

再来看看中证 500 指数的行业分布情况。

截至 2022 年 4 月 30 日，中证 500 指数的行业分布详见表 5-5。

表 5-5 中证 500 指数的行业分布

行业代码	行业名称	成分股个数/个	总市值/亿元	自由流通市值/亿元	权重/%
801150.SWI	医药生物（申万）	48	9711.51	5135.91	9.60
801080.SWI	电子（申万）	28	6055.99	3458.77	6.43
801730.SWI	电力设备（申万）	22	6050.78	3430.54	6.37
801740.SWI	国防军工（申万）	22	5569.47	3171.65	5.78
801790.SWI	非银金融（申万）	27	5746.12	2821.73	5.25
801050.SWI	有色金属（申万）	20	4551.34	2814.96	5.19
801030.SWI	基础化工（申万）	22	4521.37	2341.59	4.38
801750.SWI	计算机（申万）	25	3503.70	2386.37	4.37
801170.SWI	交通运输（申万）	27	7246.39	2309.18	4.35
801040.SWI	钢铁（申万）	23	4967.72	2267.82	4.22
801950.SWI	煤炭（申万）	10	4975.05	1992.10	3.81
801180.SWI	房地产（申万）	26	4307.27	1924.98	3.54
801760.SWI	传媒（申万）	19	2887.12	1663.50	3.03
801890.SWI	机械设备（申万）	17	3213.21	1578.30	2.94
801120.SWI	食品饮料（申万）	14	3363.61	1518.05	2.88
801160.SWI	公用事业（申万）	18	4632.85	1444.25	2.74
Others	其他	13	3037.61	1390.57	2.59
801880.SWI	汽车（申万）	15	2739.18	1374.11	2.54
801780.SWI	银行（申万）	13	2817.51	1328.40	2.54
801010.SWI	农林牧渔（申万）	12	2046.00	1271.57	2.39
801770.SWI	通信（申万）	8	1709.72	1120.75	2.08
801710.SWI	建筑材料（申万）	10	3415.93	1077.47	2.03
801720.SWI	建筑装饰（申万）	8	2105.00	927.54	1.75
801200.SWI	商业贸易（申万）	9	1682.09	848.82	1.52
801140.SWI	轻工制造（申万）	7	1288.96	754.61	1.41
801970.SWI	环保（申万）	9	1553.85	742.70	1.38
801960.SWI	石油石化（申万）	6	1645.11	722.99	1.36
801110.SWI	家用电器（申万）	9	1456.35	565.42	1.02
801210.SWI	社会服务（申万）	3	910.92	435.31	0.82
801130.SWI	纺织服饰（申万）	5	972.72	435.77	0.80
801980.SWI	美容护理（申万）	4	838.27	401.87	0.76
801230.SWI	综合（申万）	1	99.18	79.34	0.15
合计			109621.90	53736.94	100.00

数据来源：东方财富 Choice 数据。

可以看到，中证 500 指数的最大单一行业总权重占比不到 10%，前十大行业分别为医药生物、电子、电力设备、国防军工、非银金融、有色金属、基础化工、计算机、交通运输和钢铁，总权重为 55.94%，可见中证 500 指数的行业分布是非常分散均衡的。

不过在中证 500 指数的行业构成中，有色金属、钢铁、煤炭、石油石化、电力设备、建筑材料等强周期行业占比超过了 20%，高于沪深 300 指数和上证 50 指数，这又是引起波动的重要因素。所以这就是中证 500 指数虽然行业分布更为分散均衡，但波动率却并不比沪深 300 指数和上证 50 指数低的重要原因。

而截至 2022 年 4 月 30 日，中证 500 指数的前十大成分股为中天科技、广汇能源、振华科技、永泰能源、明阳智能、格林美、兖矿能源、山西焦煤、纳斯达和中国化学，个股最大权重仅 0.79%，前十大成分股集中度仅为 6.29%，远低于上证 50 指数和沪深 300 指数。

中证 500 指数发布于 2007 年 1 月 15 日，基准日期为 2004 年 12 月 31 日，基点为 1000 点。

自发布以来，中证 500 指数于 2008 年 11 月 4 日创出历史最低点 1488.65 点，并于 2015 年 6 月 12 日创出历史最高点 11616.38 点。可能因为 2015 年中小盘涨得太疯狂，此后近 7 年的时间里，中证 500 指数一直运行在 2015 年的高点之下；2022 年 9 月 14 日的次高点为 7688.60 点，如果想突破 2015 年的最高点，还得上涨 50% 以上，具体如图 5-3 所示。

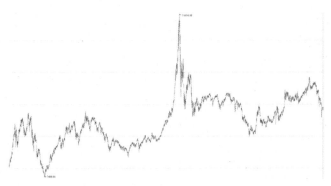

图 5-3　中证 500 指数历史走势（2005—2022 年）

2022 年 4 月 29 日，中证 500 指数收于 5627.90 点，相较 2015 年最高点下跌 51.55%，相较 2021 年次高点下跌 26.80%，也处于典型的熊市里。

2022 年 4 月 29 日，中证 500 指数 PE（TTM 市盈率）为 17.02 倍，接近近 10 年最低估值百分位。

以基准日期 2004 年 12 月 31 日为起点，2022 年 4 月 29 日（熊市）为终点，中证 500 指数这 17 年多的累计收益率为 462.79%，年化收益率为 10.48%，其间最大回撤为 72.91%；2022 年 4 月 29 日之前 10 年的累计收益率为 53.57%，年化收益率为 4.38%，仅相当于纯债型基金的收益率水平，但其间最大回撤为 66.01%。

但若在 2021 年 9 月 13 日的收盘高点 7648.75 点（小牛市）计算，则自 2004 年 12 月 31 日以来的累计收益率为 664.88%，年化收益率为 12.88%，最大回撤 72.91%；2021 年 9 月 13 日之前 10 年的累计收益率为 83.67%，年化收益率为 6.27%，最大回撤为 66.01%。

可见，无论在最近的相对牛市还是相对熊市计算，中证 500 指数近 10 年的年化收益率都远低于基准日期以来的年化收益率，应该说是在为 10 年以前涨得太多还债吧。

2022 年 4 月 29 日，中证 500（价格）指数收于 5627.90 点，而考虑分红因素的中证 500 全收益指数为 6513.93 点，全收益指数从成立以来的累计收益率比价格指数高 15.74%，差别不大。

截至 2022 年一季度末，跟踪中证 500 指数的场内外指数基金一共 159 只（含 A、C 份额），总规模 1252.61 亿元。

按规模排序前 20 的中证 500 指数基金详见表 5-6。

表 5-6　按规模排序前 20 的中证 500 指数基金

基金代码	基金名称	成立日	基金规模/亿元	管理费费率/%	基金经理	基金公司	基金类型
510500.SH	南方中证 500ETF	2013-02-06	402.81	0.50	罗文杰	南方基金	被动指数型
160119.SZ	南方中证 500ETF 联接（LOF）A	2009-09-25	79.82	0.50	罗文杰	南方基金	被动指数型
161017.SZ	富国中证 500 指数增强（LOF）A	2011-10-12	75.45	1.00	李笑薇、徐幼华、方旻	富国基金	增强指数型
000478.OF	建信中证 500 指数增强 A	2014-01-27	52.43	1.00	叶乐天	建信基金	增强指数型
512500.SH	华夏中证 500ETF	2015-05-05	40.79	0.50	荣膺	华夏基金	被动指数型
159922.SZ	嘉实中证 500ETF	2013-02-06	29.91	0.15	何如、李直	嘉实基金	被动指数型
510510.SH	广发中证 500ETF	2013-04-11	27.79	0.50	刘杰	广发基金	被动指数型
001556.OF	天弘中证 500 指数增强 A	2015-06-30	27.44	0.60	杨超	天弘基金	增强指数型
013233.OF	华夏中证 500 指数智选增强 A	2021-08-11	24.27	0.80	孙蒙	华夏基金	增强指数型
001052.OF	华夏中证 500ETF 联接 A	2015-05-05	22.95	0.50	荣膺	华夏基金	被动指数型
159820.SZ	天弘中证 500ETF	2020-08-07	22.34	0.50	陈瑶	天弘基金	被动指数型
007994.OF	华夏中证 500 指数增强 A	2020-03-25	21.48	0.80	张弘弢、孙蒙	华夏基金	增强指数型
006593.OF	博道中证 500 增强 A	2019-01-03	20.76	0.75	杨梦	博道基金	增强指数型
003986.OF	申万菱信中证 500 指数优选增强 A	2017-01-10	19.76	1.00	刘敦	申万菱信基金	增强指数型

基金代码	基金名称	成立日	基金规模/亿元	管理费费率/%	基金经理	基金公司	基金类型
502000.SH	西部利得中证 500 指数增强（LOF）A	2015-04-15	18.96	1.00	盛丰衍、陈元骅	西部利得基金	增强指数型
000008.OF	嘉实中证 500ETF 联接 A	2013-03-22	18.61	0.15	何如、李直	嘉实基金	被动指数型
510580.SH	易方达中证 500ETF	2015-08-27	16.77	0.15	余海燕	易方达基金	被动指数型
006682.OF	景顺长城中证 500 指数增强	2019-03-25	16.63	1.20	黎海威、徐喻军	景顺长城基金	增强指数型
000962.OF	天弘中证 500ETF 联接 A	2015-01-20	14.93	0.50	陈瑶	天弘基金	被动指数型
001557.OF	天弘中证 500 指数增强 C	2015-06-30	13.97	0.60	杨超	天弘基金	增强指数型

基金规模截至 2022 年一季度末，数据来源：东方财富 Choice 数据。

规模排在前 50 的基金总规模达到 1153.43 亿元，占到了全部 159 只基金总规模的 92.08%。而南方中证 500ETF 及其联接基金 A、C 份额就达到了 488.69 亿元，占到了全部 159 只基金总规模的 39.01%，而南方中证 500ETF 的机构持有占比达到了 67%。

2021 年，公募量化基金颇受追捧，其中就有一些是中证 500 指数的指数增强产品。

5.2.4 创业板指数及跟踪基金

创业板指数由创业板中市值排名靠前、流动性好、最有代表性的 100 只股票组成，反映创业板市场的总体表现，如表 5-7 所示。指数每年 6 月和 12 月各调整样本股一次，每次调样本股数量不超过样本总数的 10%。

表 5-7　创业板指数行业构成（2022-4-30）

行业代码	行业名称	成分股个数/个	总市值/亿元	自由流通市值/亿元	权重/%
801730.SWI	电力设备（申万）	16	16746.33	9945.39	35.35
801150.SWI	医药生物（申万）	26	13990.15	7330.56	23.62
801080.SWI	电子（申万）	14	4423.82	2661.51	9.14
801790.SWI	非银金融（申万）	2	3153.47	2479.79	7.27
801750.SWI	计算机（申万）	10	2154.51	1281.47	4.68
801010.SWI	农林牧渔（申万）	2	3787.62	1037.86	4.26
801890.SWI	机械设备（申万）	5	2129.37	1367.97	4.20
801760.SWI	传媒（申万）	4	1197.03	633.16	1.88
801980.SWI	美容护理（申万）	3	2195.81	613.05	1.83
801770.SWI	通信（申万）	3	1063.38	546.30	1.68
801210.SWI	社会服务（申万）	2	694.45	561.39	1.50
801740.SWI	国防军工（申万）	4	909.22	476.21	1.50
801030.SWI	基础化工（申万）	2	462.41	289.19	0.94
801050.SWI	有色金属（申万）	2	378.92	204.64	0.82
801120.SWI	食品饮料（申万）	3	550.34	233.35	0.78

行业代码	行业名称	成分股个数/个	总市值/亿元	自由流通市值/亿元	权重/%
801970.SWI	环保（申万）	1	169.98	102.27	0.37
801130.SWI	纺织服饰（申万）	1	801.96	56.14	0.20
合计			54808.77	29820.25	100.00

数据来源：东方财富 Choice 数据。

创业板指数也是以调整股本为权重，采用派氏加权综合价格指数公式进行计算，是一种市值加权指数。

2022 年一季度末，指数 100 只成分股平均总市值为 623 亿元，比中证 500 指数的 236 亿元高不少，属于中等市值指数。

从成分股的行业分布来看，与上证 50 指数和沪深 300 指数由行业集中到分散均衡相反，创业板指数前面多年的行业构成是较为分散的，而目前则较为集中。

2013 年 4 月 30 日，医药生物、传媒、机械设备、环保、计算机、电子、电力设备、国防军工、食品饮料和社会服务在创业板指数中的权重分别为 17.41%、12.50%、12.39%、11.51%、7.44%、7.20%、5.16%、2.61%、2.56% 和 2.53%。

2018 年 4 月 30 日，计算机、医药生物、电子、传媒、电力设备、环保、机械设备、农林牧渔、非银金融和建筑装饰在创业板指数中的权重分别为 16.06%、14.35%、11.65%、11.13%、8.90%、7.31%、6.91%、6.39%、4.14% 和 2.28%。

而到了 2022 年 4 月 30 日，仅电力设备和医药生物两个行业权重占比就分别达到 35.35% 和 23.62%，合计近 6 成。第三至第十大行业电子、非银金融、计算机、农林牧渔、机械设备、传媒、美容护理和通信在创业板指数中的权重占比分别为 9.14%、7.27%、4.68%、4.26%、4.20%、1.88%、1.83% 和 1.68%。

有人开玩笑说新能源和医药生物"绑架"了创业板，这一点也不夸张。

2022 年 4 月 30 日，创业板指数的前十大成分股分别是宁德时代、东方财富、迈瑞医疗、温氏股份、阳光电源、智飞生物、亿纬锂能、汇川技术、沃森生物和爱尔眼科，其中宁德时代的权重就达到了 18.87%。前十大成分股集中度为 51.26%。

创业板指数发布于 2010 年 6 月 1 日，基准日期为 2010 年 5 月 31 日，基点为 1000 点。

该指数于 2012 年 12 月 4 日相对基点几近腰斩，创出历史最低点位 585.44 点。之后连涨 3 年，展开一轮特大牛市，并于 2015 年 6 月 4 日创出历史最高点 4037.96 点，相较历史最低点涨幅近 600%。此后，又连跌 3 年，于 2018 年 10 月 19 日创出阶段低点 1184.91 点。在 2019—2021 年这轮牛市中，创业板指数又连涨 3 年，于 2021 年 7 月 22 日创出此轮牛市高点 3576.12 点，离历史高点还有近 13% 的距离。此后又连续下跌，于 2022 年 4 月 29 日收于 2319.14 点，相较 2012 年 7 月高点跌去 35.15%，

第 5 章　主动基金与指数基金（三）

进入典型熊市。

2022 年 4 月 29 日，创业板指数 PE（TTM 市盈率）为 45.89 倍，处于近 10 年 25% 以下的估值百分位区间。

与同一时期的上证 50 指数、沪深 300 指数和中证 500 指数相比，创业板指数 PE（TTM 市盈率）分别是它们的 4.62 倍、3.87 倍和 2.70 倍，是典型的成长风格指数，如图 5-4 所示。

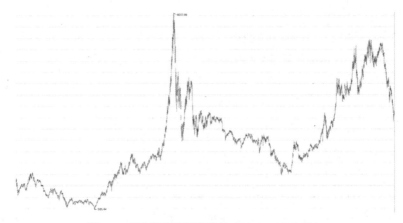

图 5-4　创业板指数历史走势（2010—2022 年）

以 2010 年 5 月 31 日为基点，2022 年 4 月 29 日（熊市）为终点，近 12 年创业板指数累计涨幅 131.91%，年化收益率为 7.26%，其间最大回撤为 70.66%；2012 年 4 月 30 日至 2022 年 4 月 29 日的 10 年间累计涨幅 238.50%，年化收益率为 12.97%，其间最大回撤为 70.66%。

若以 2019—2021 年创业板牛市高点——2021 年 8 月 4 日收盘点位 3563.13 点计算，创业板指数自发布以来的累计涨幅为 256.31%，年化收益率为 12.04%，其间最大回撤为 70.66%；2011 年 8 月 5 日至 2021 年 8 月 4 日这 10 年间的累计收益率为 280.08%，年化收益率为 14.28%，其间最大回撤为 70.66%。

2022 年 4 月 29 日，创业板（价格）指数收于 2319.14 点，而考虑分红因素的创业板全收益指数为 2472.56 点，全收益指数从成立以来的累计收益率比价格指数高 6.62%，几乎可以忽略不计。

对比了下上证 50 指数、沪深 300 指数、中证 500 指数和创业板指数近 10 年的年化收益率情况，在 2022 年 4 月 29 日这样的熊市里计算，收益率分别是 4.38%、4.34%、4.41% 和 12.97%，最大回撤分别是 46.37%、47.57%、66.01% 和 70.66%；在 2021 年牛市顶点计算，收益率分别为 6.27%、6.46%、7.38% 和 14.28%，最大回撤分别是 46.37%、47.57%、66.01% 和 70.66%。

无论是按 2021 年的牛市高点计算，还是按 2022 年的熊市计算，创业板指数近 10 年的年化收益率都比上证 50 指数、沪深 300 指数和中证 500 指数要高得多。是典型成长风格本来收益就要高得多，还是说像创业板这样的高成长风格可能在一定程度上透支了未来？这个还真说不好。我觉得唯一能做的还是均衡配置、不赌方向为好。

　　截至 2022 年一季度末，跟踪创业板指数的场内外基金一共 53 只（含 A、C 份额），总规模为 468.56 亿元。

　　创业板指数近 10 年年化收益率高得多，但跟踪它的基金规模，比起沪深 300 指数的 2077 亿元、中证 500 指数的 1252 亿元和上证 50 指数的 838 亿元，都要小得多。这可能跟创业板成立较晚、估值一直居高不下有一定关系。

　　跟踪创业板指数，按规模排序前 20 的基金明细详见表 5-8。

表 5-8　创业板指数按规模排序前 20 的基金

基金代码	基金名称	成立日	基金规模/亿元	管理费费率/%	基金经理	基金公司	基金类型
159915.SZ	易方达创业板 ETF	2011-09-20	170.74	0.50	成曦、刘树荣	易方达基金	被动指数型
159977.SZ	天弘创业板 ETF	2019-09-12	53.38	0.50	张子法、杨超	天弘基金	被动指数型
001593.OF	天弘创业板 ETF 联接基金 C	2015-07-08	46.53	0.50	张子法、杨超	天弘基金	被动指数型
110026.OF	易方达创业板 ETF 联接 A	2011-09-20	37.22	0.50	成曦、刘树荣	易方达基金	被动指数型
159948.SZ	南方创业板 ETF	2016-05-13	22.15	0.15	孙伟	南方基金	被动指数型
159952.SZ	广发创业板 ETF	2017-04-25	18.37	0.15	刘杰	广发基金	被动指数型
002656.OF	南方创业板 ETF 联接 A	2016-05-20	14.00	0.15	孙伟	南方基金	被动指数型
161022.SZ	富国创业板指数（LOF）A	2013-09-12	10.18	1.00	王保合	富国基金	被动指数型
004744.OF	易方达创业板 ETF 联接 C	2017-06-02	9.89	0.50	成曦、刘树荣	易方达基金	被动指数型
001592.OF	天弘创业板 ETF 联接基金 A	2015-07-08	8.45	0.50	张子法、杨超	天弘基金	被动指数型
004343.OF	南方创业板 ETF 联接 C	2017-02-23	7.80	0.15	孙伟	南方基金	被动指数型
003766.OF	广发创业板 ETF 联接 C	2017-05-25	7.30	0.15	刘杰	广发基金	被动指数型
159908.SZ	博时创业板 ETF	2011-06-10	6.69	0.50	尹浩	博时基金	被动指数型
006928.OF	长城创业板指数增强发起式 C	2019-01-29	6.48	1.00	雷俊、王卫林	长城基金	增强指数型
001879.OF	长城创业板指数增强发起式 A	2017-06-01	6.43	1.00	雷俊、王卫林	长城基金	增强指数型
003765.OF	广发创业板 ETF 联接 A	2017-05-25	4.67	0.15	刘杰	广发基金	被动指数型
161613.OF	融通创业板指数 A	2012-04-06	4.46	1.00	蔡志伟	融通基金	增强指数型
050021.OF	博时创业板 ETF 联接 A	2011-06-10	3.51	0.50	尹浩	博时基金	被动指数型
159957.SZ	华夏创业板 ETF	2017-12-08	3.36	0.50	严筱娴	华夏基金	被动指数型
006733.OF	博时创业板 ETF 联接 C	2018-12-10	3.14	0.50	尹浩	博时基金	被动指数型

　　基金规模截至 2022 年一季度末，数据来源：东方财富 Choice 数据。

5.2.5 中证科创创业 50 指数及跟踪基金

中证科创创业 50 指数（代码 931643）从科创板和创业板中选取市值较大、流通性好的 50 只新兴产业上市公司证券作为指数样本，反映上述市场中代表性新兴产业上市公司证券的整体表现。样本股票每个季度调整一次，每次调整数量比例原则上不超过 10%。

新兴产业包括了新一代信息技术产业、高端装备制造产业、新材料产业、生物产业、新能源汽车产业、新能源产业、节能环保产业、数字创意产业等众多行业或主题，所以中证科创创业 50 指数还是一个宽基指数。

中证科创创业 50 指数是一种市值加权指数，单个个股权重上限为 10%，单个行业或板块权重不超过 80%。

2022 年一季度末，中证科创创业 50 指数成分股平均总市值为 818 亿元，远高于创业板指数的 548 亿元和中证 500 指数的 236 亿元，小于沪深 300 指数的 1363 亿元，属于中大市值指数。

从行业分布来看，中证科创创业 50 指数的行业构成较为集中，2022 年 4 月 30 日，医药生物和电力设备的权重占比分别达到 29.26% 和 27.01%，两个行业合计占比接近 6 成，与创业板指数较为相似。跟创业板指数一样，与芯片半导体相关的电子是第三大行业，占比 9.27%。

如此看来，医药生物、新能源和芯片半导体基本上也"绑架"了中证科创创业 50 指数，如表 5-9 所示。

表 5-9　中证科创创业 50 指数行业构成（2022-4-30）

行业代码	行业名称	成分股个数/个	总市值/亿元	自由流通市值/亿元	权重/%
801150.SWI	医药生物（申万）	10	9203.28	4647.20	29.26
801730.SWI	电力设备（申万）	8	13676.59	8013.59	27.01
Others	其他	23	14717.51	3996.25	23.53
801080.SWI	电子（申万）	5	2588.87	1511.68	9.27
801890.SWI	机械设备（申万）	1	1471.31	1025.80	6.40
801750.SWI	计算机（申万）	2	775.61	510.13	2.85
801770.SWI	通信（申万）	1	669.33	267.73	1.68
			43102.50	19972.38	

数据来源：东方财富 Choice 数据。

中证科创创业 50 指数发布于 2021 年 6 月 1 日，基准日期为 2019 年 12 月 31 日，基点 1000 点。

科创板正式成立于 2019 年二季度末。彼时，一方面 A 股已经进入牛市，投资者做多的信心逐渐被激发出来；另一方面，在中美竞争中我国在高科技领域频频被"卡脖子"，科创板成立时就承载了孵化高科技企业追赶欧美的使命。所以科创板上市企业均被市场寄以厚望，发行和上市都被市场给予了极高的估值，创业板相关上市企业的估值自然也跟着水涨船高。

而中证科创创业 50 指数发布之时，差不多也到了指数冲顶的时段。2021 年 7 月 1 日，指数创出上市最高点 2285.03 点，横盘一个月后，进入了漫漫"熊途"。至 2022 年 4 月 27 日创下此轮低点 1177.58 点，距 2021 年 7 月 1 日高点已经跌去 48.47%，基本被腰斩。2022 年 4 月 29 日，中证科创创业 50 指数收于 1298.45 点，从 2021 年 7 月高点跌幅高达 43.26%，进入典型熊市。

2022 年 4 月 29 日，中证科创创业 50 指数 PE（TTM 市盈率）为 39.86 倍，接近上市以来估值百分位最低点。同期创业板 50 指数和科创 50 指数的 PE（TTM 市盈率）分别为 39.05 倍和 37.75 倍，估值水平与中证科创创业 50 指数大体相当。

中证科创创业 50 指数与创业板指数一样，是典型的成长风格指数，如图 5-5 所示。

图 5-5 中证科创创业 50 指数历史走势（2021 年 6 月—2022 年 4 月）

中证科创创业 50 指数自发布以来至 2022 年 4 月底几乎都处于下跌途中，因此期间收益基本都是负值。但若以 2019 年 12 月 31 日的基点 1000 点为起点，按 2021 年 7 月 1 日的最高收盘点位 2258.49 点计算，则一年半多一点的理论收益率为 125.85%；按 2022 年 4 月 29 日的收盘点位 1298.45 点计算，则两年零四个月的理论收益率为 29.85%。

站在长期价值投资角度，权益投资有两个铁律：（1）买得便宜是投资赚钱的基础。（2）过往收益率越高，预期收益率越低；过往收益率越低，预期收益率越高。中证科创创业 50 指数跌了那么多，买入成本肯定是低了不少的，如果能在低点持续买入，则应该能够为长期投资获得好的收益打下不错的基础。

2022 年 4 月 29 日，中证科创创业 50（价格）指数收于 1298.45 点，而考虑分红因素的科创创业 50 全收益指数为 1307.32 点，全收益指数从成立以来的累计收益率比价格指数高 0.68%，基本可以忽略不计。

截至 2022 年一季度末，跟踪中证科创创业 50 指数的场内外指数基金一共有 37 只（含 A、C 份额），总规模达 324.28 亿元。

中证科创创业 50 指数的部分指数基金（按规模排名前 20）明细详见表 5-10。

表 5-10　中证科创创业 50 指数的部分指数基金

基金代码	基金名称	成立日	基金规模/亿元	管理费费率/%	基金经理	基金公司	基金类型
159781.SZ	易方达中证科创创业 50ETF	2021-06-28	68.52	0.50	成曦、伍臣东	易方达基金	被动指数型
159783.SZ	华夏中证科创创业 50ETF	2021-06-24	50.17	0.50	徐猛	华夏基金	被动指数型
159780.SZ	南方中证科创创业 50ETF	2021-06-24	36.88	0.50	崔蕾	南方基金	被动指数型
588380.SH	富国中证科创创业 50ETF	2021-06-29	19.42	0.50	曹璐迪	富国基金	被动指数型
588400.SH	嘉实中证科创创业 50ETF	2021-06-25	19.26	0.50	田光远、李直	嘉实基金	被动指数型
012895.OF	天弘中证科创创业 50 指数 C	2021-07-16	18.32	0.50	林心龙、杨超	天弘基金	被动指数型
012907.OF	鹏扬中证科创创业 50 指数 A	2021-07-16	17.08	0.50	施红俊	鹏扬基金	被动指数型
588300.SH	招商中证科创创业 50ETF	2021-06-25	17.01	0.50	苏燕青	招商基金	被动指数型
013304.OF	易方达中证科创创业 50ETF 联接 A	2021-08-24	13.14	0.50	成曦、伍臣东	易方达基金	被动指数型
588330.SH	华宝双创龙头 ETF	2021-06-29	12.24	0.50	胡洁	华宝基金	被动指数型
159782.SZ	银华中证科创创业 50ETF	2021-06-29	9.75	0.50	王帅	银华基金	被动指数型
588360.SH	国泰中证科创创业 50ETF	2021-06-29	5.83	0.50	黄岳	国泰基金	被动指数型
013310.OF	华夏科创创业 50ETF 发起式联接 A	2021-08-24	4.59	0.50	徐猛	华夏基金	被动指数型
012894.OF	天弘中证科创创业 50 指数 A	2021-07-16	4.32	0.50	林心龙、杨超	天弘基金	被动指数型
588390.SH	博时中证科创创业 50ETF	2021-08-19	3.75	0.50	尹浩	博时基金	被动指数型
012908.OF	鹏扬中证科创创业 50 指数 C	2021-07-16	3.48	0.50	施红俊	鹏扬基金	被动指数型
012898.OF	兴银中证科创创业 50 指数 A	2021-07-14	3.31	0.50	刘帆	兴银基金	被动指数型
013313.OF	富国中证科创创业 50ETF联接 A	2021-08-24	3.29	0.50	曹璐迪	富国基金	被动指数型
013305.OF	易方达中证科创创业 50ETF 联接 C	2021-08-24	2.39	0.50	成曦、伍臣东	易方达基金	被动指数型
013298.OF	南方中证科创创业 50ETF联接 A	2021-08-19	2.05	0.50	崔蕾	南方基金	被动指数型

基金规模截至 2022 年一季度末，数据来源：东方财富 Choice 数据。

5.2.6　MSCI 中国 A50 指数及跟踪基金

MSCI（明晟）中国 A50 互联互通人民币指数（简称"MSCI 中国 A50 指数"）由摩根士丹利发布，它采用行业中性方法，从沪深港通可交易的大市值股票中选取 50 只样本股，以反映中国 A 股大型证券的表现。

通俗地说，该指数是以外资视角选取的优质中国 A 股大型证券组合。

样本股选取方式简述如下：

首先，从MSCI中国A股指数（"母指数"）大盘股的每个GICS（全球行业分类标准）行业板块中选出指数权重最大的2只证券。目前是从11个GICS行业中各选出2只，一共22只。

其次，按指数权重从母指数中选出其余证券（28只），直至证券总数达到50只。

最后，将所选证券的权重及行业板块权重调整到跟母指数一致，单一行业板块权重不超过20%。

MSCI中国A50指数通常在2月、5月、8月和11月的最后交易日进行再平衡（调整成分股），与母指数的季度指数审查一致（每个季度调整一次）。

MSCI官网公布的截至2021年8月31日的MSCI中国A50指数的50只成分股的平均总市值为1048亿元。

沪深300指数和上证50指数在2022年一季度末的这一数据为1363亿元和3285亿元，而2021年8月31日至2022年3月31日沪深300指数和上证50指数分别下跌12.27%和6.87%，显然2021年8月31日沪深300指数和上证50指数成分股的平均总市值肯定分别高于1363亿元和3285亿元。

仅以平均总市值为规模来讲，MSCI中国A50指数比沪深300指数还小，比上证50指数更是小得多。据此推测，"行业中性"在MSCI中国A50指数编制规则中的重要性远大于市值排名。

它的行业分布比上证50指数和沪深300指数更为均衡，MSCI官网公布的截至2021年8月31日的行业权重占比为：金融19.04%，工业16.93%，日常消费品15.30%，信息技术13.79%，医疗保健9.83%，原材料9.72%，非日常生活消费品8.34%，房地产2.10%，公用事业1.94%，能源1.90%，通信业务1.12%。

MSCI官网数据显示，MSCI中国A50指数于2022年3月1日定期调整生效后的前十大成分股为宁德时代、贵州茅台、隆基股份、招商银行、立讯精密、万华化学、比亚迪、中国中免、紫金矿业和恩捷股份，权重合计46.10%。

根据MSCI官网数据进行的测算，MSCI中国A50指数自2013年至2022年4月29日的累计收益率显著超越了沪深300指数和上证50指数。说明MSCI中国A50指数"行业中性"结合市值加权的编制规则可能是优于单纯的市值加权策略的。

2013年以来，MSCI中国A50指数及沪深300指数和上证50指数的年化收益率明细详见表5-11。

表5-11　MSCI中国A50指数、沪深300指数和上证50指数的年化收益率

年份/年	MSCI中国A50指数	沪深300指数	上证50指数
2022年（4月29日前）	−19.93%	−18.71%	−13.99%
2021	−0.76%	−5.20%	−10.06%
2020	38.43%	27.21%	18.85%

年份/年	MSCI 中国 A50 指数	沪深 300 指数	上证 50 指数
2019	35.10%	36.07%	33.58%
2018	−22.80%	−25.31%	−19.83%
2017	38.37%	21.78%	25.08%
2016	−3.88%	−11.28%	−5.53%
2015	−1.56%	5.58%	−6.23%
2014	48.59%	51.66%	63.93%
2013	−12.89%	−7.65%	−15.23%
回测累计收益率（%）	194.42%	159.18%	151.60%

根据 MSCI 官网及东方财富 Choice 数据整理。

截至 2022 年一季度，跟踪该指数的基金一共 14 只（含 A、C 份额），累计规模 356 亿元，详见表 5-12。

表 5-12　MSCI中国A50 指数的场内外指数基金

基金代码	基金名称	成立日	基金规模/亿元	管理费费率/%	基金经理	基金公司	基金类型
560050.SH	汇添富 MSCI 中国 A50 互联互通 ETF	2021-10-29	97.07	0.50	乐无穹、吴振翔	汇添富基金	被动指数型
563000.SH	易方达 MSCI 中国 A50 互联互通 ETF	2021-10-29	86.48	0.50	林伟斌、宋钊贤	易方达基金	被动指数型
159601.SZ	华夏 MSCI 中国 A50 互联互通 ETF	2021-11-01	69.11	0.50	荣膺	华夏基金	被动指数型
159602.SZ	南方 MSCI 中国 A50 互联互通 ETF	2021-10-29	32.92	0.50	李佳亮	南方基金	被动指数型
014532.OF	易方达 MSCI 中国 A50 互联互通 ETF 联接 A	2021-12-28	24.23	0.50	林伟斌、宋钊贤	易方达基金	被动指数型
014528.OF	汇添富 MSCI 中国 A50 互联互通 ETF 联接 A	2022-01-11	17.40	0.50	乐无穹、吴振翔	汇添富基金	被动指数型
014531.OF	华夏 MSCI 中国 A50 互联互通 ETF 发起式联接 C	2021-12-28	7.14	0.50	荣膺	华夏基金	被动指数型
014530.OF	华夏 MSCI 中国 A50 互联互通 ETF 发起式联接 A	2021-12-28	5.97	0.50	荣膺	华夏基金	被动指数型
014533.OF	易方达 MSCI 中国 A50 互联互通 ETF 联接 C	2021-12-28	5.54	0.50	林伟斌、宋钊贤	易方达基金	被动指数型
014534.OF	南方 MSCI 中国 A50 互联互通 ETF 联接 A	2022-01-10	4.14	0.50	李佳亮	南方基金	被动指数型
015038.OF	天弘 MSCI 中国 A50 互联互通指数 C	2022-02-22	2.34	0.50	杨超	天弘基金	被动指数型
014535.OF	南方 MSCI 中国 A50 互联互通 ETF 联接 C	2022-01-10	2.03	0.50	李佳亮	南方基金	被动指数型
014529.OF	汇添富 MSCI 中国 A50 互联互通 ETF 联接 C	2022-01-11	1.93	0.50	乐无穹、吴振翔	汇添富基金	被动指数型
015037.OF	天弘 MSCI 中国 A50 互联互通指数 A	2022-02-22	0.17	0.50	杨超	天弘基金	被动指数型

基金规模截至 2022 年一季度末，数据来源：东方财富 Choice 数据。

5.2.7 恒生指数及跟踪基金

恒生指数（代码 HSI）选取不超过 100 只中国香港市场上市的市值最大、成交最活跃的大中华企业作为样本股，以反映中国香港股市总体表现，由中国香港恒生银行全资附属的恒生指数服务有限公司编制。

该指数采取流通市值加权，适当考虑行业均衡，个股最大权重为 8%，每个季度对成分股进行一次检视和调整。

根据《恒生指数编算细则》，指数将保留 20~25 只被界定为中国香港公司的成分股，此数目会至少每 2 年检视和调整一次。

2022 年 4 月 30 日，恒生指数成分股数量为 66 只，其中中国香港本地企业 24 家，内地企业 42 家，平均总市值为 3260.58 亿港元，具有明显的大盘股指数特征。

恒生指数的行业构成较为集中，仅金融业和资讯科技业这两个行业占比就超过了 6 成。

2022 年 4 月 30 日，恒生指数成分股覆盖 11 个恒生分类行业，其中，金融业占比 36.56%，资讯科技业占比 26.65%，非必须性消费 8.84%，地产建筑业 8.22%，公用事业 3.79%，必须性消费 3.27%，能源业 3.21%，医疗保健业 3.07%，电讯业 2.96%，综合企业 1.78%，工业 1.66%。

在恒生指数权重占比超过四分之一的"资讯科技业"也就是互联网平台企业，为 A 股指数所欠缺，是投资中国经济的一个重要补充；此外，中国香港本地企业里诸如友邦保险、汇丰控股、港交所等是中国香港作为国际离岸金融中心重要的金融领军企业，具备良好的投资价值。

所以恒生指数中金融业和资讯科技业占比较高契合中国香港市场的实际，不影响恒生指数成为港股和大中华企业良好的投资标的，如表 5-13 所示。

表 5-13　恒生指数行业构成（2022-4-30）

行业	金融业	资讯科技业	非必须性消费	地产建筑业	公用事业	必须性消费	能源业	医疗保健业	电讯业	综合企业	工业	原材料业
权重占比（%）	36.56	26.65	8.84	8.22	3.79	3.27	3.21	3.07	2.96	1.78	1.66	0
样本股数量（只）	11	7	10	12	5	6	3	4	2	2	4	0
中国香港本地股 24 只，权重占比 36.17%；内地企业 42 只，权重占比 63.83%。												

数据来源：恒生指数官网。

2022 年 4 月 30 日，恒生指数前十大成分股依次为友邦保险、汇丰控股、阿里巴巴-SW、腾讯控股、美团-W、建设银行、香港交易所、工商银行、中国平安和中国移动，前十大成分股占恒生指数总权重的 54.56%，而前四大成分股友邦保险、汇丰控股、阿里巴巴-SW 和腾讯控股基本都达到了个股权重最大上限 8%。

恒生指数发布于 1969 年 11 月 24 日，基准日期为 1964 年 7 月 31 日，基点为 100 点。

截至 2022 年 4 月 29 日，恒生指数的最高点为 33484.08 点，发生于 2018 年 1 月 29 日。此后恒生指数进入长期弱势震荡，自 2021 年 2 月以后更是进入单边下跌，2022 年 3 月 15 日创出几乎近 10 年的低点 18235.48 点，相较 2018 年 1 月 29 日的历史最高点下跌 45.54%；2022 年 4 月 29 日，恒生指数收于 21089.39 点，较历史最高点跌幅达 37.02%，进入了典型的熊市。

2022 年 4 月 29 日，恒生指数 PE（TTM 市盈率）为 9.30 倍，处于近 10 年 10% 左右的估值百分位水平，如图 5-6 所示。

图 5-6　恒生指数历史走势（1994—2022 年）

自恒生指数基日 1964 年 7 月 31 日起计算，截至 2022 年 4 月 29 日（熊市），恒生指数累计涨幅 20989.39%，近 58 年的年化收益率约为 9.71%，最大回撤为 65.53%，发生于 2007—2008 年；2012 年 4 月 30 日至 2022 年 4 月 29 日这 10 年间的累计收益率为 1.68%，年化收益率为 0.17%，其间最大回撤为 45.54%。

若以近 2 年的相对高点日期 2021 年 2 月 17 日为截止日（小牛市或近期反弹高点），则自基日 1964 年 7 月 31 日以来恒生指数的累计收益率为 30984.94%，年化收益率约为 11.10%，最大回撤为 65.53%；2011 年 2 月 18 日至 2021 年 2 月 17 日这 10 年间恒生指数的累计收益率为 33.40%，年化收益率为 2.92%，其间最大回撤为 36.87%。

回看恒生指数近 10 年走势，其波动幅度似乎不比 A 股宽基指数小多少。根据均值回归定律，恒生指数近 10 年的低收益是在为将来攒一个更好的收益吗？让我们拭目以待。

2022 年 4 月 29 日，恒生（价格）指数收于 21089.39 点，而考虑分红因素的恒生指数股息累计指数（全收益指数）为 64940.51 点，全收益指数从成立以来的累计收益率比价格指数高 207.93%，这跟恒生指数是个高股息指数有很大关系，尤其是在中概互联网股票加入成分股之前。

截至 2022 年一季度末，跟踪恒生指数的场内外 QDII 指数基金共 14 只（含 A、C 份额），合计总规模为 333.62 亿元，详见表 5-14。

表 5-14 恒生指数跟踪基金明细表

基金代码	基金名称	成立日	基金规模/亿元	管理费费率/%	基金经理	基金公司	基金类型
159920.SZ	华夏恒生 ETF（QDII）	2012-08-09	151.31	0.60	徐猛	华夏基金	被动指数型
000075.OF	华夏恒生 ETF 联接现汇（QDII）	2012-08-21	43.84	0.60	徐猛	华夏基金	被动指数型
000076.OF	华夏恒生 ETF 联接现钞（QDII）	2012-08-21	43.84	0.60	徐猛	华夏基金	被动指数型
000071.OF	华夏恒生 ETF 联接（QDII）A	2012-08-21	43.84	0.60	徐猛	华夏基金	被动指数型
513660.SH	华夏沪港通恒生 ETF（QDII）	2014-12-23	19.61	0.50	李俊	华夏基金	被动指数型
000948.OF	华夏沪港通恒生 ETF 联接（QDII）A	2015-01-13	10.12	0.50	李俊	华夏基金	被动指数型
513600.SH	南方恒指 ETF	2014-12-23	5.89	0.50	罗文杰	南方基金	被动指数型
006381.OF	华夏恒生 ETF 联接（QDII）C	2018-09-19	5.41	0.60	徐猛	华夏基金	被动指数型
005734.OF	华夏沪港通恒生 ETF 联接（QDII）C	2018-03-08	4.04	0.50	李俊	华夏基金	被动指数型
164705.SZ	汇添富恒生指数（QDII-LOF）A	2014-03-06	2.59	0.80	赖中立	汇添富基金	被动指数型
501302.SH	南方恒指 ETF 联接（LOF）A	2017-07-21	1.39	0.50	罗文杰	南方基金	被动指数型
160924.SZ	大成恒生指数（QDII-LOF）	2017-08-10	0.89	1.00	冉凌浩	大成基金	被动指数型
005659.OF	南方恒指 ETF 联接（LOF）C	2018-03-09	0.48	0.50	罗文杰	南方基金	被动指数型
010789.OF	汇添富恒生指数（QDII-LOF）C	2020-12-01	0.37	0.80	赖中立	汇添富基金	被动指数型

基金规模截至 2022 年一季度末，数据来源：东方财富 Choice 数据。

需要注意的是，投资以人民币计价的 QDII 指数基金，其长期收益不仅取决于指数本身的涨跌，很大程度上还会受到汇率变化的影响。

投资期间如果人民币升值，则投资收益会减少；反之，投资收益会增加。

5.2.8 标普 500 指数及跟踪基金

标普 500 指数（SPX）是标准普尔公司编制发布的反映美国股市的指数，它由一个专门委员会选取 500 家总部设在美国的市值大、流通性好、能赢利的上市公司作为样本，覆盖美股总市值的 80%左右。

但标普 500 指数又没有设置样本股市值上的限制，入选样本股的重要原则是公司必须是一个行业重要的领跑者。所以标普 500 指数是一个附带主观判断的蓝筹股指数。

它采用市值加权方式，每季度调整一次样本股。

标普 500 指数的定位有点类似于中国的沪深 300 指数，是被广泛认可的衡量美国股市表现的专业标准，90%以上的基金管理人和养老金计划发起人以各种形式将其作为业绩基准。它还被列为政府的领先经济指标的组成部分，并作为代表消费者信心的早期指数被经济学家广泛引用。

2022 年 4 月 29 日，标普 500 指数成分股平均总市值为 729 亿美元，按当日 6.62 汇率计算约合人民币 4800 亿元，是上证 50 指数成分股平均总市值的大约 2 倍。

标普 500 指数成分股行业分布广泛，根据标普全球官网数据，2022 年 4 月 29 日，成分股各 GICS（全球行业分类标准）行业及权重分别是：信息技术 27.20%、医疗保健 14.20%、可选消费 11.50%、金融 11%、电信服务 8.60%、工业 8%、日常消费 6.80%、能源 4.20%、房地产 2.90%、材料 2.90% 和公用事业 2.80%。

由此可见，标普 500 指数虽然覆盖了 11 个行业，但第一大权重行业信息技术占比高达 27.20%，这也是美国在全世界最有竞争力的行业。

2022 年 4 月 29 日，标普 500 指数前十大成分股依次为苹果、微软、亚马逊、特斯拉、谷歌-A、谷歌-C、伯克希尔哈撒韦-B、联合健康、强生和英伟达，前十大成分股占标普 500 指数总权重的 27.70%，其中第一大成分股苹果权重占比约 7%。

标普 500 指数发布于 1957 年 3 月 4 日，指数历史起始日为 1928 年 1 月 3 日。

美股自 2009 年起开启了长达十几年的大牛市，2009—2021 年，标普 500 指数的年化收益率分别为 23.45%、12.78%、0%、13.41%、29.60%、11.39%、−0.73%、9.54%、19.42%、−6.24%、28.88%、16.26% 和 26.89%，13 个年度中仅 2 年为负收益，13 年累计收益率高达 427.67%，年化收益率达 11.83%。

进入 2022 年，标普 500 指数也开始了震荡回调，4 月 29 日收于 4131.93 点，自 1 月 4 日高点 4818.62 点下跌 14.25%。

看着标普 500 指数自 2009 年至 2022 年的日 K 线图（图 5-7），有点忍不住感叹像是"画"出来的。

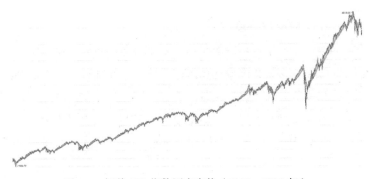

图 5-7　标普 500 指数历史走势（2009—2022 年）

1972 年 4 月 30 日至 2022 年 4 月 29 日的 50 年间，标普 500 指数的累计收益率为 3737.59%，年化收益率为 7.57%；1957 年 4 月 30 日至 2022 年 4 月 29 日的 65 年

间累计收益率为8933.52%，年化收益率为7.17%。

而2009—2021年这13年的年化收益率高达11.83%，如果标普500指数也逃不脱均值回归定律的制约，未来数年有没有多年不涨的可能呢？

2022年4月29日，标普500指数市盈率（TTM市盈率）为24.09倍，处于近10年25%~50%的估值百分位区间，近15年50%~75%的估值百分位区间，处于成立以来50%左右的估值百分位水平。

从估值来看，标普500指数似乎也没有太高估，不太支持标普500指数大幅回调。

美股和标普500指数未来将何去何从？

谁也不知道。

但如果将接近12%的年化收益率线性外推，肯定也不合乎投资常理。

2022年4月29日，标普500（价格）指数收于4131.93点，而考虑分红因素的标普500全收益指数为8696.65点，全收益指数从成立以来的累计收益率比价格指数高110.47%，比近10年年化收益率高大约2%。

标普全球官网在对标普500指数（美元）的简介中指出，截至2020年12月31日，跟踪标普500指数的资产价值超过13.50万亿美元，其中投资于该指数的资产约5.4万亿美元（人民币30万亿~40万亿元），这才是真正的世界"指数之王"。

截至2022年一季度，国内成立的跟踪标普500指数的场内外QDII指数基金共12只，总规模为162亿元。

需要特别指出的是，投资QDII指数基金，既要面对常规的跟踪误差，还有汇率变动造成的跟踪误差，如果汇率波动较大，那么跟踪误差的幅度也会不小，投资者一定要引起注意。

标普500指数跟踪基金明细详见表5-15。

表5-15　标普500指数跟踪基金明细表

基金代码	基金名称	成立日	基金规模/亿元	管理费费率/%	基金经理	基金公司	基金类型
513500.SH	博时标普500ETF（QDII）	2013-12-05	71.64	0.60	万琼	博时基金	被动指数型
006075.OF	博时标普500ETF联接（QDII）C	2018-06-07	18.36	0.60	万琼	博时基金	被动指数型
013499.OF	博时标普500ETF联接美元汇（QDII）C	2021-09-07	18.36	0.60	万琼	博时基金	被动指数型
050025.OF	博时标普500ETF联接（QDII）A	2012-06-14	16.95	0.60	万琼	博时基金	被动指数型
013425.OF	博时标普500ETF联接美元汇（QDII）A	2021-09-07	16.95	0.60	万琼	博时基金	被动指数型
003718.OF	易方达标普500指数美元汇（QDII-LOF）A	2016-12-02	5.16	0.80	FAN BING（范冰）	易方达基金	被动指数型

基金代码	基金名称	成立日	基金规模（亿元）	管理费费率(%)	基金经理	基金公司	基金类型
161125.SZ	易方达标普 500 指数人民币（QDII-LOF）A	2016-12-02	5.16	0.80	FAN BING（范冰）	易方达基金	被动指数型
013404.OF	大成标普 500 等权重指数（QDII）美元	2021-09-07	3.58	1.00	冉凌浩	大成基金	被动指数型
096001.OF	大成标普 500 等权重指数（QDII）人民币	2011-03-23	3.58	1.00	冉凌浩	大成基金	被动指数型
159612.SZ	国泰标普 500（QDII-ETF）	2022-05-09	2.48	0.60	徐成城	国泰基金	被动指数型
012860.OF	易方达标普 500 指数人民币（QDII-LOF）C	2021-07-19	0.06	0.80	FAN BING（范冰）	易方达基金	被动指数型
012861.OF	易方达标普 500 指数美元汇（QDII-LOF）C	2021-07-19	0.06	0.80	FAN BING（范冰）	易方达基金	被动指数型

截至 2022 年一季度末，数据来源：东方财富 Choice 数据。

5.2.9 纳斯达克 100 指数及跟踪基金

纳斯达克 100 指数旨在衡量在纳斯达克上市的 100 家最大的非金融上市公司的表现。

它与标普 500 指数不同，标普 500 指数的成分股必须是总部设在美国的公司，而纳斯达克 100 指数则包含了在纳斯达克上市的外国公司，比如我国的百度、网易、京东等就在纳斯达克 100 指数成分股之列（截至 2022 年 4 月）。

纳斯达克 100 指数还排除了金融类上市公司，聚焦高科技、高成长和创新类上市公司。如果说创业板对标纳斯达克，那么纳斯达克 100 指数大体上对标创业板 50 指数。

纳斯达克 100 指数采用市值加权的方式，每季度调整一次成分股。

综合东方财富 Choice 金融终端广发、国泰、华安、大成和易方达等跟踪纳斯达克 100 指数基金的行业构成数据，截至 2022 年一季度末，纳斯达克 100 指数行业权重大体上为：信息技术约 50%、非日常生活消费品约 17%、通信服务约 17%、医疗保健约 6%、日常消费品约 6%、工业约 3%、公用事业约 1%。也就是说，在纳斯达克 100 指数成分股中，信息技术这一个行业基本就占一半，其科技成长属性由此可见一斑。

2022 年一季度末，纳斯达克 100 指数前十大成分股依次为苹果、微软、亚马逊、特斯拉、英伟达、谷歌-A、谷歌-C、Meta Platform、博通和开市客，前十大成分股集中度约为 50%。

纳斯达克 100 指数成立于 1985 年 2 月 1 日，基准日为 1985 年 1 月 31 日，基点为 125 点。

在美股自 2009 年以来的长牛市中,纳斯达克 100 指数是表现最杰出的宽基指数。2009—2021 年这 13 年中,纳斯达克 100 指数涨幅高达 1276.71%,也就是 13 年间涨了 13 倍还多,年化收益率高达 22.35%,远高于标普 500 指数同期 11.83% 的年化收益率。

无独有偶,前文我们说到,具有科技创新属性的创业板指数在近 10 年的收益也远高于沪深 300 指数等其他宽基指数(尽管波动很大),而创业板 50 指数的收益比创业板指数还要略高一些。

纳斯达克 100 指数自 1985 年 2 月 1 日成立至 2022 年 4 月 29 日的累计涨幅为 10283.84%,年化收益率为 13.24%。

1992 年 4 月 30 日至 2022 年 4 月 29 日的 30 年间累计涨幅为 4142.86%,年化收益率为 13.22%。

而如果剔除掉 2009 年之后的 13 年长牛市,纳斯达克 100 指数自 1985 年 2 月 1 日成立以来至 2009 年 1 月 31 日的 24 年间累计涨幅为 944.20%,年化收益率为 9.81%。

也就是说,纳斯达克 100 指数在 2009 年以前 24 年的年化收益率不及 2009 年之后 13 年年化收益率的一半。

而 2000 年美股互联网泡沫破裂后,至 2009 年 3 月最低点,在近 9 年的时间里,纳斯达克 100 指数更是下跌超过了 70%。

也许,长达 9 年的下跌,正是为之后 13 年长牛积蓄动能,攒一个暴涨的巨大机会。

当然,2009 年后纳斯达克 100 指数的惊艳表现,既得益于美国科技这 10 多年的超常发展,也可能与美联储长期量化宽松有关。但如果归因于美联储的量化宽松,那么纳斯达克 100 指数的估值可能会很高了吧?

实际上,2022 年 4 月 29 日纳斯达克 100 指数的 PE(TTM 市盈率)不到 30 倍,而同日创业板指数这一估值数据为 45.89 倍,创业板 50 指数、科创 50 指数和科创创业 50 指数的 PE(TTM 市盈率)分别为 39.05 倍、37.75 倍和 39.86 倍(东方财富 Choice 数据)。

纳斯达克 100 指数能否持续辉煌?又或是一样逃不脱均值回归定律的制约?

没人知道。

截至 2022 年一季度末,国内跟踪纳斯达克 100 指数的场内外 QDII 指数基金一共 24 只(含 A、C 份额),累计基金规模为 328.39 亿元,详见表 5-16。

表 5-16　纳斯达克 100 指数跟踪基金明细表

基金代码	基金名称	成立日	基金规模/亿元	管理费费率/%	基金经理	基金公司
270042.OF	广发纳指 100ETF 联接人民币（QDII）A	2012-08-15	55.33	0.80	刘杰	广发基金
000055.OF	广发纳指 100ETF 联接美元（QDII）A	2015-01-16	55.33	0.80	刘杰	广发基金
513100.SH	国泰纳斯达克 100（QDII-ETF）	2013-04-25	41.86	0.60	徐成城	国泰基金
040048.OF	华安纳斯达克 100 指数现汇（QDII）	2013-08-02	22.70	0.80	倪斌	华安基金
040046.OF	华安纳斯达克 100 指数（QDII）A	2013-08-02	22.70	0.80	倪斌	华安基金
040047.OF	华安纳斯达克 100 指数现钞（QDII）	2013-08-02	22.70	0.80	倪斌	华安基金
006479.OF	广发纳指 100ETF 联接人民币（QDII）C	2018-10-25	20.03	0.80	刘杰	广发基金
006480.OF	广发纳指 100ETF 联接美元（QDII）C	2018-10-25	20.03	0.80	刘杰	广发基金
160213.OF	国泰纳斯达克 100 指数（QDII）	2010-04-29	15.88	0.80	朱丹	国泰基金
000834.OF	大成纳斯达克 100（QDII）	2014-11-13	14.15	0.80	冉凌浩	大成基金
159941.SZ	广发纳斯达克 100ETF（QDII）	2015-06-10	11.87	0.80	刘杰	广发基金
003722.OF	易方达纳斯达克 100 美元汇（QDII-LOF）A	2017-06-23	8.95	0.80	FAN BING（范冰）	易方达基金
161130.SZ	易方达纳斯达克 100 人民币（QDII-LOF）A	2017-06-23	8.95	0.80	FAN BING（范冰）	易方达基金
513300.SH	华夏纳斯达克 100ETF（QDII）	2020-10-22	6.66	0.60	赵宗庭	华夏基金
539001.OF	建信纳斯达克 100 指数（QDII）人民币 A	2010-09-14	0.30	0.80	李博涵、朱金钰	建信基金
012751.OF	建信纳斯达克 100 指数（QDII）美元现汇 A	2021-09-22	0.30	0.80	李博涵、朱金钰	建信基金
014978.OF	华安纳斯达克 100 指数（QDII）C	2022-02-22	0.15	0.80	倪斌	华安基金
012870.OF	易方达纳斯达克 100 人民币（QDII-LOF）C	2021-07-23	0.12	0.80	FAN BING（范冰）	易方达基金
012871.OF	易方达纳斯达克 100 美元汇（QDII-LOF）C	2021-07-23	0.12	0.80	FAN BING（范冰）	易方达基金
012752.OF	建信纳斯达克 100 指数（QDII）人民币 C	2021-09-22	0.04	0.80	李博涵、朱金钰	建信基金
012753.OF	建信纳斯达克 100 指数（QDII）美元现汇 C	2021-09-22	0.04	0.80	李博涵、朱金钰	建信基金

基金规模截至 2022 年一季度末，数据来源：东方财富 Choice 数据。

5.2.10　其他宽基指数及跟踪基金

1. 中证 100 指数及跟踪基金

中证 100 指数（代码 000903）从中证全指数样本股中挑选规模靠前、流动性好、具有行业代表性的 100 只股票组成样本股，综合反映沪深证券市场中核心龙头公司的整体表现。

指数规则新修订后的中证 100 指数是一个首选行业龙头、兼顾市值规模的宽基指数，未来收益率表现有可能强于单纯的市值规模指数。

与沪深 300 指数一样，中证 100 指数是一种市值加权指数，采用派氏加权法计算成分股权重，每半年调整一次样本股。

截至 2022 年 4 月 29 日，中证 100 指数成分股平均市值为 2726 亿元，略小于上证 50 指数，是沪深 300 指数成分股平均总市值的约 2 倍。

中证 100 指数发布于 2006 年 5 月 29 日，基准日期为 2005 年 12 月 30 日，基点为 1000 点。

2012 年 4 月 30 日至 2022 年 4 月 29 日（熊市）这 10 年间，中证 100 指数累计收益率为 58.32%，年化收益率为 4.70%，其间最大回撤为 44.76%；2011 年 2 月 11 日至 2021 年 2 月 10 日（阶段高点）这 10 年间，中证 100 指数收益率累计上涨 112.75%，年化收益率为 7.84%，最大回撤为 44.76%。

2022 年 4 月 29 日，中证 100 指数 PE（TTM 市盈率）为 10.69 倍，处于近 10 年 25%~50% 的估值百分位区间。

2022 年 4 月 29 日，中证 100（价格）指数收于 3995.52 点，而考虑分红因素的中证 100 全收益指数则为 5629.52 点，全收益指数从成立以来的累计收益率比价格指数高 40.90%。

2022 年 4 月 29 日，中证 100 指数的前五大权重行业分别是食品饮料 18.58%、银行 16.38%、非银金融 11.73%、电力设备 10.46% 和医药生物 7.09%。

2022 年 6 月，中证 100 指数调整规则后，行业构成变化较大。2022 年 6 月 29 日，中证 100 指数的前五大权重行业分别是电力设备 11.56%、食品饮料 9.29%、医药生物 6.42%、非银金融 5.92% 和银行 5.38%，行业分布更为均衡了。

跟踪中证 100 指数的场内外指数基金明细，详见表 5-17。

表 5-17　中证 100 指数部分跟踪基金明细表

基金代码	基金名称	成立日	基金规模/亿元	管理费费率/%	基金经理	基金公司	基金类型
240014.OF	华宝中证 100 指数 A	2009-09-29	6.54	0.50	陈建华	华宝基金	被动指数型
163808.OF	中银中证 100 指数增强	2009-09-04	5.62	1.00	赵建忠	中银基金	增强指数型
512910.SH	广发中证 100ETF	2019-05-27	3.41	0.50	罗国庆	广发基金	被动指数型
519100.OF	长盛中证 100 指数	2006-11-22	2.72	0.75	陈亘斯	长盛基金	被动指数型
320010.OF	诺安中证 100 指数 A	2009-10-27	2.19	0.75	梅律吾	诺安基金	被动指数型
213010.OF	宝盈中证 100 指数增强 A	2010-02-08	2.04	0.75	蔡丹	宝盈基金	增强指数型
202211.OF	南方中证 100 指数 A	2008-11-12	1.84	0.50	龚涛	南方基金	被动指数型
410008.OF	华富中证 100 指数	2009-12-30	1.73	0.50	邹哲、李孝华	华富基金	被动指数型
162509.SZ	国联安中证 100 指数（LOF）	2010-04-16	1.38	1.00	黄欣	国联安基金	被动指数型
515670.SH	中银中证 100ETF	2020-04-17	0.75	0.45	赵建忠	中银基金	被动指数型
007136.OF	广发中证 100ETF 联接 C	2019-05-27	0.72	0.50	罗国庆	广发基金	被动指数型
162307.SZ	海富通中证 100 指数（LOF）A	2009-10-30	0.71	0.70	江勇	海富通基金	被动指数型
007135.OF	广发中证 100ETF 联接 A	2019-05-27	0.51	0.50	罗国庆	广发基金	被动指数型
009480.OF	中银中证 100ETF 联接 C	2020-11-10	0.27	0.45	赵建忠	中银基金	被动指数型

基金代码	基金名称	成立日	基金规模/亿元	管理费费率/%	基金经理	基金公司	基金类型
164508.SZ	国富中证100指数增强（LOF）	2015-03-26	0.26	0.85	张志强	国海富兰克林基金	增强指数型
159923.SZ	大成中证100ETF	2013-02-07	0.21	0.50	苏秉毅、刘淼	大成基金	被动指数型
005691.OF	南方中证100指数C	2018-03-09	0.15	0.50	龚涛	南方基金	被动指数型
009479.OF	中银中证100ETF联接A	2020-11-10	0.14	0.45	赵建忠	中银基金	被动指数型
007405.OF	华宝中证100指数C	2019-05-10	0.12	0.50	陈建华	华宝基金	被动指数型
010351.OF	诺安中证100指数C	2020-10-28	0.09	0.75	梅律吾	诺安基金	被动指数型

基金规模截至2022年一季度末，数据来源：东方财富Choice数据。

2. 中证800指数及跟踪基金

中证800指数（代码000906）=沪深300指数+中证500指数，选取沪深300指数和中证500指数的全部样本股，采用派氏加权法计算成分股权重（每半年调整一次样本股），以反映沪深证券市场中市值规模排在前800名的上市证券的整体表现。

截至2022年3月31日，中证800指数成分股平均总市值为741亿元，低于沪深300指数，是沪深300指数成分股平均总市值约一半的水平。

中证800指数发布于2007年1月15日，基准日期为2004年12月31日，基点为1000点。

2012年4月30日至2022年4月29日（熊市）这10年间，中证800指数累计收益率为52.81%，年化收益率为4.33%，其间最大回撤为51.62%；2011年2月11日至2021年2月10日（阶段高点）这10年间，中证800指数收益率累计上涨73.95%，年化收益率为5.69%，最大回撤为51.62%。

2022年4月29日，中证800指数PE（TTM市盈率）为12.60倍，处于近10年间约25%的估值百分位水平。

2022年4月29日，中证800（价格）指数收于4280.28点，而考虑分红因素的中证800全收益指数则为5568.02点，全收益指数从成立以来的累计收益率比价格指数高30.09%。

2022年4月29日，中证800指数的前五大权重行业分别是食品饮料11.03%、银行10.85%、医药生物8.90%、非银金融8.83%和电力设备8.72%，行业分布相对较为均衡。

跟踪中证800指数的场内外指数基金明细，详见表5-18。

表 5-18　中证 800 指数跟踪基金明细表

基金代码	基金名称	成立日	基金规模/亿元	管理费费率/%	基金经理	基金公司	基金类型
515800.SH	添富中证 800ETF	2019-10-08	18.47	0.15	过蓓蓓、乐无穹	汇添富基金	被动指数型
010673.OF	兴全中证800六个月持有指数A	2021-02-09	13.52	1.10	申庆、张晓峰	兴证全球基金	增强指数型
515820.SH	富国中证 800ETF	2020-05-13	1.66	0.15	王乐乐	富国基金	被动指数型
010674.OF	兴全中证800六个月持有指数C	2021-02-09	1.49	1.10	申庆、张晓峰	兴证全球基金	增强指数型
160806.SZ	长盛同庆中证 800 指数（LOF）	2009-05-12	1.36	1.00	陈亘斯	长盛基金	被动指数型
515810.SH	易方达中证 800ETF	2019-10-08	0.86	0.15	林伟斌、刘树荣	易方达基金	被动指数型
515610.SH	中银中证 800ETF	2020-07-16	0.35	0.45	赵建忠	中银基金	被动指数型
007856.OF	易方达中证 800ETF 联接 A	2019-10-21	0.33	0.15	林伟斌、刘树荣	易方达基金	被动指数型
001589.OF	天弘中证 800 指数 C	2015-07-16	0.31	0.50	张子法	天弘基金	被动指数型
001588.OF	天弘中证 800 指数 A	2015-07-16	0.19	0.50	张子法	天弘基金	被动指数型
012596.OF	汇添富中证 800ETF 联接 A	2021-09-29	0.16	0.15	过蓓蓓、乐无穹	汇添富基金	被动指数型
013031.OF	民生加银中证 800 指数增强发起式 A	2021-09-28	0.16	1.00	何江	民生加银基金	增强指数型
007857.OF	易方达中证 800ETF 联接 C	2019-10-21	0.12	0.15	林伟斌、刘树荣	易方达基金	被动指数型
014226.OF	中银中证 800ETF 发起式联接 A	2021-12-07	0.09	0.45	赵建忠	中银基金	被动指数型
013032.OF	民生加银中证 800 指数增强发起式 C	2021-09-28	0.05	1.00	何江	民生加银基金	增强指数型
012597.OF	汇添富中证 800ETF 联接 C	2021-09-29	0.01	0.15	过蓓蓓、乐无穹	汇添富基金	被动指数型
014227.OF	中银中证 800ETF 发起式联接 C	2021-12-07	0.00	0.45	赵建忠	中银基金	被动指数型

基金规模截至 2022 年一季度末，数据来源：东方财富 Choice 数据。

3. 中证 1000 指数及跟踪基金

中证 1000 指数（代码 000852）选取中证 800 指数样本以外的规模偏小且流动性好的 1000 只证券作为指数样本，与沪深 300 指数和中证 500 指数等指数形成互补。该指数采用派氏加权法计算成分股权重，每半年调整一次样本股。

截至 2022 年 3 月 31 日，中证 1000 指数成分股的平均市值为 116 亿元，是典型的小盘股指数。

中证 1000 指数发布于 2014 年 10 月 17 日，基准日期为 2004 年 12 月 31 日，基点为 1000 点。

2012 年 4 月 30 日至 2022 年 4 月 29 日（熊市）这 10 年间，中证 1000 指数累计收益率为 49.42%，年化收益率为 4.10%，其间最大回撤为 73.50%；2012 年 1 月 1 日至 2021 年 12 月 31 日（阶段高点）这 10 年间，中证 1000 指数收益率累计上涨 131.76%，年化收益率为 8.76%，最大回撤为 73.50%。

2022 年 4 月 29 日，中证 1000 指数的 PE（TTM 市盈率）为 27.45 倍，处于近 10 年间约 25% 的估值百分位水平之下。

2022 年 4 月 29 日，中证 1000（价格）指数收于 5734.49 点，而考虑分红因素的中证 1000 全收益指数则为 6287.50 点，全收益指数从成立以来的累计收益率比价格指数高 9.64%，差别不大。

2022 年 4 月 29 日，中证 1000 指数的前五大权重行业分别是基础化工 9.20%、电子 8.93%、医药生物 8.57%、电力设备 8.48% 和有色金属 6.29%，行业分布较为均衡。

跟踪中证 1000 指数的场内外指数基金(按规模排序前 20 名)明细，详见表 5-19。

表 5-19　中证 1000 指数部分跟踪基金（按规模排序前 20 名）明细表

基金代码	基金名称	成立日	基金规模/亿元	管理费费率/%	基金经理	基金公司	基金类型
161039.SZ	富国中证 1000 指数增强（LOF）A	2018-05-31	22.24	1.00	方旻、徐幼华	富国基金	增强指数型
512100.SH	南方中证 1000ETF	2016-09-29	20.23	0.50	崔蕾	南方基金	被动指数型
014126.OF	华夏中证 1000 指数增强 C	2021-12-07	6.09	0.80	袁英杰	华夏基金	增强指数型
014201.OF	天弘中证 1000 指数增强 A	2022-01-04	5.70	0.60	杨超	天弘基金	增强指数型
005314.OF	万家中证 1000 指数增强 C	2018-01-30	4.95	1.00	乔亮	万家基金	增强指数型
013331.OF	富国中证 1000 指数增强（LOF）C	2021-08-19	4.33	1.00	方旻、徐幼华	富国基金	增强指数型
005313.OF	万家中证 1000 指数增强 A	2018-01-30	4.06	1.00	乔亮	万家基金	增强指数型
015495.OF	景顺长城中证 1000 指数增强 A	2022-04-27	3.17	1.00	黎海威、徐喻军	景顺长城基金	增强指数型
015496.OF	景顺长城中证 1000 指数增强 C	2022-04-27	2.65	1.00	黎海威、徐喻军	景顺长城基金	增强指数型
015466.OF	太平中证 1000 指数增强 A	2022-04-29	2.08	1.00	张子权	太平基金	增强指数型
006165.OF	建信中证 1000 指数增强 A	2018-11-22	2.08	1.00	叶乐天、赵云煜	建信基金	增强指数型
159845.SZ	华夏中证 1000ETF	2021-03-18	2.02	0.50	赵宗庭	华夏基金	被动指数型
014831.OF	兴银中证 1000 指数增强 A	2022-01-26	1.61	0.80	李哲通	兴银基金	增强指数型
004194.OF	招商中证 1000 指数 A	2017-03-03	1.08	1.20	王平、蔡振	招商基金	增强指数型
003647.OF	创金合信中证 1000 指数增强 C	2016-12-22	0.95	0.80	董梁、孙悦	创金合信基金	增强指数型
014125.OF	华夏中证 1000 指数增强 A	2021-12-07	0.94	0.80	袁英杰	华夏基金	增强指数型
014832.OF	兴银中证 1000 指数增强 C	2022-01-26	0.93	0.80	李哲通	兴银基金	增强指数型
006486.OF	广发中证 1000 指数 A	2018-11-02	0.81	0.50	陆志明	广发基金	被动指数型
014202.OF	天弘中证 1000 指数增强 C	2022-01-04	0.80	0.60	杨超	天弘基金	增强指数型
004195.OF	招商中证 1000 指数 C	2017-03-03	0.68	1.20	王平、蔡振	招商基金	增强指数型

基金规模截至 2022 年 4 月 29 日，数据来源：东方财富 Choice 数据。

4. 中证沪港深 500 指数及跟踪基金

中证沪港深 500 指数（代码 H30455）从沪港深市场中挑选市值规模靠前的 500 只股票组成样本股，综合反映沪港深三地证券市场的整体表现。

中证沪港深 500 指数为市值加权指数，采用派氏加权法计算成分股权重，每半年调整一次样本股。

截至 2022 年 3 月 31 日，中证沪港深 500 指数成分股平均市值为 1549 亿元，高于沪深 300 指数成分股平均总市值。

中证沪港深 500 指数发布于 2014 年 11 月 28 日，基准日期为 2004 年 12 月 31 日，基点为 1000 点。

自基准日算起，截至 2022 年 4 月 29 日（熊市）的 17.33 年间，中证沪港深 500 指数累计收益率为 114.72%，年化收益率为 4.51%；基准日至 2021 年 2 月 16 日（阶段高点）这 16.13 年间，中证沪港深 500 指数收益率累计上涨 215.36%，年化收益率为 7.38%。

2022 年 4 月 29 日，沪港深 500（价格）指数收于 2147.22 点，而考虑分红因素的沪港深 500 全收益指数则为 3322.78 点，全收益指数从成立以来的累计收益率比价格指数高 54.75%。

2022 年 4 月 29 日，中证沪港深 500 指数的前五大权重行业分别是其他 41.49%、食品饮料 8%、银行 7.60%、非银金融 5.96%、电力设备 5.81% 和医药生物 4.98%。

跟踪中证沪港深 500 指数的场内外指数基金明细，详见表 5-20。

表 5-20　中证沪港深 500 指数跟踪基金明细表

基金代码	基金名称	成立日	基金规模/亿元	管理费费率/%	基金经理	基金公司	基金类型
517000.SH	银华中证沪港深 500ETF	2021-02-04	6.14	0.50	李宜璇、王帅	银华基金	被动指数型
517080.SH	汇添富中证沪港深 500ETF	2021-02-01	5.68	0.15	董瑾	汇添富基金	被动指数型
517100.SH	富国中证沪港深 500ETF	2021-02-09	4.13	0.50	张圣贤	富国基金	被动指数型
012276.OF	富国中证沪港深 500ETF 联接 C	2021-07-14	0.51	0.50	张圣贤	富国基金	被动指数型
517010.SH	易方达中证沪港深 500ETF	2021-08-03	0.44	0.15	成曦	易方达基金	被动指数型
517170.SH	华夏中证沪港深 500ETF	2021-04-07	0.33	0.50	徐猛	华夏基金	被动指数型
012275.OF	富国中证沪港深 500ETF 联接 A	2021-07-14	0.28	0.50	张圣贤	富国基金	被动指数型
014018.OF	汇添富中证沪港深 500ETF联接 A	2022-01-26	0.03	0.15	董瑾	汇添富基金	被动指数型
014019.OF	汇添富中证沪港深 500ETF联接 C	2022-01-26	0.00	0.15	董瑾	汇添富基金	被动指数型

基金规模截至 2022 年一季度末，数据来源：东方财富 Choice 数据。

5. 创业板 50 指数及跟踪基金

创业板 50 指数（代码 399673）是结合行业覆盖情况，从创业板市场中日均成交额靠前的股票中选取 50 只组成样本股，反映了创业板市场内知名度高、市值规模大、流动性好的企业的整体表现。

创业板 50 指数剔除了不具备科技成长特性的部分个股，是一种市值加权指数，采用派氏加权法计算成分股权重，每半年调整一次样本股。

截至 2022 年 3 月 31 日，创业板 50 指数成分股平均总市值为 901 亿元，是创业板指数成分股平均总市值的 1.64 倍。

创业板 50 指数发布于 2014 年 6 月 18 日，基准日期为 2010 年 5 月 30 日，基点为 1000 点。

2012 年 4 月 30 日至 2022 年 4 月 29 日（熊市）这 10 年间，创业板 50 指数累计收益率为 251.36%，年化收益率为 13.39%，其间最大回撤为 75.58%；2011 年 7 月 22 日至 2021 年 7 月 21 日（阶段高点）这 10 年间，创业板 50 指数收益率累计上涨 300.71%，年化收益率为 14.89%，最大回撤为 75.58%。

无论是在熊市低点还是牛市相对高点计算，创业板 50 指数都是近 10 年来 A 股年化收益率最高的宽基指数。

2022 年 4 月 29 日，创业板 50（价格）指数收于 2309.12 点，而考虑分红因素的创业板 50 全收益指数则为 2437.08 点，全收益指数从成立以来的累计收益率比价格指数高 5.54%，差别很小。

2022 年 4 月 29 日，创业板 50 指数的前五大权重行业分别是电力设备 38.33%、医药生物 25.78%、非银金融 11.11%、电子 10.71% 和机械设备 5.01%。

2022 年 4 月 29 日，创业板 50 指数 PE（TTM 市盈率）分别为 39.05 倍，处于近 10 年以来 25% 的估值百分位水平之下。

跟踪创业板 50 指数的场内外指数基金明细，详见表 5-21。

表 5-21　创业板 50 指数的跟踪基金明细表

基金代码	基金名称	成立日	基金规模/亿元	管理费费率/%	基金经理	基金公司	基金类型
159949.SZ	华安创业板 50ETF	2016-06-30	119.88	0.50	许之彦	华安基金	被动指数型
007464.OF	交银创业板 50 指数 A	2019-11-20	11.30	0.50	邵文婷	交银施罗德基金	被动指数型
160420.OF	华安创业板 50 指数 A	2015-07-06	10.92	1.00	刘璇子	华安基金	被动指数型
007465.OF	交银创业板 50 指数 C	2019-11-20	9.78	0.50	邵文婷	交银施罗德基金	被动指数型
160424.OF	华安创业板 50ETF联接 C	2019-05-21	9.73	0.50	许之彦	华安基金	被动指数型
160422.OF	华安创业板 50ETF联接 A	2017-04-11	6.14	0.50	许之彦	华安基金	被动指数型
014985.OF	华安创业板 50 指数 C	2022-02-22	0.09	1.00	刘璇子	华安基金	被动指数型

基金规模截至 2022 年一季度末，数据来源：东方财富 Choice 数据。

5.3　主要的策略加权型宽基指数及跟踪基金

本节我们就来看看，不再单纯按照市值规模挑选成分股的"聪明策略"是否真的聪明。

红利、质量、价值、低波动、成长、动量……看看哪一个更值得投资。

5.3.1 红利类指数及跟踪基金

1. 中证红利指数

中证红利指数（代码000922）从沪深证券市场中选取现金股息率高、分红稳定、具有一定规模及流动性的100只上市公司证券作为指数样本。

中证红利指数每年调整一次样本股，指数采取股息率加权方式计算样本股权重因子，以使股息率越高的成分股权重越高。

中证红利指数成立于2008年5月26日，基准日期为2004年12月31日，基点为1000点。

2022年4月29日，中证红利指数100只成分股的平均总市值为900亿元，成分股行业（申万）分布如下：

房地产14.95%、煤炭14.88%、银行11.75%、交通运输8.86%、汽车6.12%、钢铁5.88%、纺织服饰4.71%、公用事业4.57%、建筑材料4.09%、基础化工4.04%、医药生物3.96%、食品饮料3.57%、机械设备2.66%、其他行业9.96%。

由此可见，中证红利指数成分股基本上都来自传统成熟行业。

同日，中证红利指数PE（TTM市盈率）为5.95倍，处于近10年来25%的估值百分位水平以下。

中证红利（价格）指数自2012年4月30日至2022年4月29日（相对低点）这10年间累计收益率为92.70%，年化收益率为6.78%，最大回撤为47.19%；2011年9月14日至2021年9月13日（阶段高点）这10年间累计收益率为114.46%，年化收益率为7.93%，最大回撤为47.19%。

但中证红利全收益指数的收益率比价格指数高得多，2012年4月30日至2022年4月29日（相对低点）这10年间的累计收益率为177.18%，年化收益率为10.73%；2011年9月14日至2021年9月13日（阶段高点）这10年间的累计收益率为207.87%，年化收益率为11.90%。

中证红利价格指数近10年的年化收益率略高于沪深300指数，但其全收益指数可就比沪深300指数高得多了，因为成分股分红对沪深300指数的影响没有对中证红利指数的那么大。

沪深300全收益指数在2012年4月30日至2022年4月29日（相对低点）这10年间的累计收益率为89.46%，年化收益率为6.60%；2011年9月14日至2021

年 9 月 13 日（阶段高点）这 10 年间的累计收益率为 127.11%，年化收益率为 8.55%。

富国中证红利增强基金自 2008 年 11 月 20 日成立至 2022 年 5 月 17 日的累计收益率为 286.51%，同期中证红利价格指数累计收益率为 168.84%，全收益指数累计收益率为 312.76%。

大成中证红利指数基金自 2010 年 2 月 2 日成立至 2022 年 5 月 17 日累计收益率为 129.77%，同期中证红利价格指数累计收益率为 55.47%，全收益指数累计收益率为 142.83%。

跟踪中证红利指数的场内外指数基金明细，详见表 5-22。

基金投资全攻略：养只金基下金蛋

表 5-22　中证红利指数的跟踪基金明细表

基金代码	基金名称	成立日	基金规模/亿元	管理费费率/%	基金经理	基金公司	基金类型
100032.OF	富国中证红利指数增强 A	2008-11-20	59.16	1.20	徐幼华、方旻	富国基金	增强指数型
090010.OF	大成中证红利指数 A	2010-02-02	30.64	0.75	夏高、刘淼	大成基金	被动指数型
515180.SH	易方达中证红利 ETF	2019-11-26	16.55	0.15	林伟斌、宋钊贤	易方达基金	被动指数型
515080.SH	招商中证红利 ETF	2019-11-28	9.06	0.20	刘重杰、王平	招商基金	被动指数型
008682.OF	富国中证红利指数增强 C	2020-03-10	4.85	1.20	徐幼华、方旻	富国基金	增强指数型
009051.OF	易方达中证红利 ETF 联接 A	2020-07-08	4.68	0.15	林伟斌、宋钊贤	易方达基金	被动指数型
007801.OF	大成中证红利指数 C	2019-08-02	3.87	0.75	夏高、刘淼	大成基金	被动指数型
515890.SH	博时红利 ETF	2020-03-20	2.59	0.15	万琼	博时基金	被动指数型
009052.OF	易方达中证红利 ETF 联接 C	2020-07-08	1.97	0.15	林伟斌、宋钊贤	易方达基金	被动指数型
161907.SZ	万家中证红利指数（LOF）A	2011-03-17	1.34	0.75	杨坤	万家基金	被动指数型
012644.OF	招商中证红利 ETF 联接 C	2022-02-23	1.26	0.20	刘重杰、王平	招商基金	被动指数型
012643.OF	招商中证红利 ETF 联接 A	2022-02-23	0.78	0.20	刘重杰、王平	招商基金	被动指数型

基金规模截至 2022 年一季度末，数据来源：东方财富 Choice 数据。

2. 上证红利指数

上证红利指数（代码 000015）选取在上海证券交易所上市的现金股息率高、分红比较稳定、具有一定规模及流动性的 50 只证券作为指数样本。

上证红利指数每年调整一次样本股，采用股息率加权方式计算样本权重。

指数成立于 2005 年 1 月 4 日，基准日期为 2004 年 12 月 31 日，基点为 1000 点。

2022 年 4 月 29 日，上证红利指数 50 只成分股的平均总市值为 1256 亿元，与沪深 300 指数大体相当。成分股行业（申万）分布如下：

煤炭 19.30%、银行 18.39%、交通运输 13.56%、房地产 11.11%、钢铁 9.12%、建筑材料 4.87%、食品饮料 4.68%、纺织服饰 3.24%、石油石化 2.45%、公用事业 2.41%、传媒 2.05%、其他行业 8.82%。

上证红利指数与中证红利指数相似，成分股基本上都来自传统成熟行业，行业结构分布差别也不太大。

同日，上证红利指数 PE（TTM 市盈率）为 5.43 倍，处于近 10 年间 25% 以下的估值百分位区间。

上证红利（价格）指数自 2012 年 4 月 30 日至 2022 年 4 月 29 日（相对低点）这 10 年间的累计收益率为 45.72%，年化收益率为 3.84%，最大回撤为 48.80%；2011年 9 月 14 日至 2021 年 9 月 13 日（阶段高点）这 10 年间的累计收益率为 69.49%，年化收益率为 5.41%，最大回撤为 48.80%。

但上证红利全收益指数的收益率比价格指数高得多，2012 年 4 月 30 日至 2022年 4 月 29 日（相对低点）这 10 年间的累计收益率为 120.11%，年化收益率为 8.21%；2011 年 9 月 14 日至 2021 年 9 月 13 日（阶段高点）这 10 年间的累计收益率为 155.55%，年化收益率为 9.84%。

上证红利价格指数近 10 年的年化收益率低于沪深 300 指数和中证红利指数，但其全收益指数高于沪深 300 指数。

华泰柏瑞上证红利 ETF 自 2006 年 11 月 17 日成立至 2022 年 5 月 17 日累计收益率为 182.38%，高于同期上证红利价格指数的累计收益率 105.83%，低于全收益指数的累计收益率 255.54%。

跟踪上证红利指数的场内外指数基金明细，详见表 5-23。

表 5-23 上证红利指数的跟踪基金明细表

基金代码	基金名称	成立日	基金规模/亿元	管理费费率/%	基金经理	基金公司	基金类型
510880.SH	华泰柏瑞上证红利 ETF	2006-11-17	181.00	0.50	柳军、李茜	华泰柏瑞基金	被动指数型
012762.OF	华泰柏瑞上证红利 ETF 联接 C	2021-11-15	1.75	0.50	李茜	华泰柏瑞基金	被动指数型
012761.OF	华泰柏瑞上证红利 ETF 联接 A	2021-11-15	0.54	0.50	李茜	华泰柏瑞基金	被动指数型

基金规模截至 2022 年一季度末，数据来源：东方财富 Choice 数据。

3. 深证红利指数

深证红利指数（代码 399324）与其他红利类指数大不同。首先，其他红利指数把现金分红和股息率作为硬性指标，而深证红利指数把送股也纳入"红利"范畴；其次，深证红利指数除了把分红作为初选指标，还把公司经营状况、现金流、公司治理结构、防止大股东恶意高送股变现等综合因素纳入权重因子，选出深市 40 只符合条件的成分股，并设定了单一成分股 15% 的权重上限。因此，深证红利指数更像是一种综合基本面加权策略指数。

它由深圳证券交易所发布于 2006 年 1 月 24 日，基准日期为 2002 年 12 月 30 日，基点为 1000 点，每年调整一次样本股。

2022 年 4 月 29 日，深证红利指数成分股的平均市值为 532 亿元，小于上证红利指数的 1256 亿元和中证红利指数的 900 亿元。深证红利指数的行业分布（申万一级）如下：

食品饮料 25.31%、家用电器 19.05%、银行 11.70%、房地产 9.96%、计算机 7.38%、农林牧渔 5.47%、非银金融 3.77%、医药生物 3.29%、汽车 3.07%、电子 2.38%、传媒等其他行业 8.62%。

与中证红利指数和上证红利指数中房地产、煤炭等行业占比靠前不同，深证红利指数的成分股中，消费行业占比较高，前者周期属性可能更强一些，而后者的非周期特征可能更明显。

同日，深证红利指数 PE（TTM 市盈率）为 14.65 倍，处于近 10 年间约 25% 的估值百分位水平。

深证红利（价格）指数自 2012 年 4 月 30 日至 2022 年 4 月 29 日（相对低点）这 10 年间的累计收益率为 117.84%，年化收益率为 8.10%，最大回撤为 44.57%；2011 年 2 月 11 日至 2021 年 2 月 10 日（阶段高点）这 10 年间的累计收益率为 186.58%，年化收益率为 11.10%，最大回撤为 44.57%。

深证红利全收益指数自 2014 年 1 月 1 日至 2021 年 12 月 31 日这 8 年间的累计收益率为 280.49%，年化收益率为 18.18%；同期深证红利价格指数的累计收益率为 208.48%，年化收益率为 15.12%。可见分红对深证红利价格指数与全收益指数的差距的影响还是不小的。

深证红利价格指数近 10 年的年化收益率高于沪深 300 指数和中证红利指数，全收益指数数据不全，应该也高于沪深 300 指数和中证红利指数。

工银深证红利 ETF 自 2010 年 11 月 5 日成立至 2022 年 5 月 17 日的累计收益率为 90.57%，高于同期深证红利价格指数 55.27% 的累计收益率。

跟踪深证红利指数的场内外指数基金明细详见表 5-24。

表 5-24　深证红利指数的跟踪基金明细表

基金代码	基金名称	成立日	基金规模/亿元	管理费费率/%	基金经理	基金公司	基金类型
159905.SZ	工银深证红利 ETF	2010-11-05	28.60	0.50	赵栩	工银瑞信基金	被动指数型
481012.OF	工银深证红利 ETF 联接 A	2010-11-09	14.34	0.50	赵栩	工银瑞信基金	被动指数型
159708.SZ	西部利得深证红利 ETF	2021-06-18	2.02	0.40	蔡路平	西部利得基金	被动指数型
006724.OF	工银深证红利 ETF 联接 C	2019-05-22	1.48	0.50	赵栩	工银瑞信基金	被动指数型

基金规模截至 2022 年一季度末，数据来源：东方财富 Choice 数据。

4. 中证红利低波动指数、中证红利质量指数和标普中国 A 股红利机会指数

中证红利低波动指数（代码 H30269.CSI）按红利指标先选出 75 只待选样本股，

再按波动率升序排名，选择波动率低的 50 只股票作为样本股，依然采取股息率加权。

该指数以 2005 年 12 月 30 日为基准日期，基点为 1000 点，每半年调整一次样本股。

2022 年 4 月 29 日，中证红利低波动指数成分股的平均总市值为 1399 亿元，与沪深 300 指数大体相当；中证红利低波动指数的成分股中，前五大行业及权重分别是银行 25.54%、房地产 18.71%、煤炭 9.95%、交通运输 8.34% 和建筑装饰 7.32%。

同日，该指数 PE（TTM 市盈率）为 5.47 倍，处于近 10 年间 25% 以下的估值百分位区间。

2022 年 4 月 29 日，中证红利低波动（价格）指数收于 9515.18 点，而考虑分红因素的中证红利低波动全收益指数则为 16180.37 点，全收益指数从成立以来的累计收益率比价格指数高出 70.05%。

中证红利质量指数（代码 931468）在用红利指标初选出的待选样本股中，用每股净利润、每股未分配利润、赢利质量、毛利率、ROE 均值-标准差和 ROE 同比变化六个财务指标简单加权，甄选出得分最高的 50 只股票作为样本股，个股权重上限为 10%。

该指数以 2004 年 12 月 31 日为基准日期，基点为 1000 点，每半年调整一次样本股。

2022 年 4 月 29 日，中证红利质量指数成分股的平均总市值为 743 亿元；中证红利质量指数成分股中，前五大行业及权重分别是医药生物 32.22%、食品饮料 19.11%、煤炭 10.83%、传媒 7.97% 和房地产 7.26%。

同时，该指数 PE（TTM 市盈率）为 18.35 倍，处于近 10 年间 25% 以下的估值百分位区间。

标普中国 A 股红利机会指数从沪深两市中选择 100 只股票作为样本股，是带有一定成长因子的股息率加权指数。该指数个股最大权重为 3%，单一行业权重上限为 33%。

截至 2021 年年底，标普中国 A 股红利机会指数成分股的前十大行业是房地产、银行、建材、电力及公用事业、交通运输、纺织服装、传媒、煤炭、电力设备及新能源和农林牧渔。行业结构与中证红利指数和上证红利指数相似，都是以传统行业为主，不过行业显得更为分散。

跟踪中证红利低波动指数、中证红利质量指数和标普中国 A 股红利机会指数的基金明细，详见表 5-25。

表 5-25　中证红利低波动指数、中证红利质量指数和标普中国A股红利机会指数的跟踪基金明细表

基金代码	基金名称	成立日	基金规模/亿元	管理费费率/%	基金经理	基金公司	基金类型
005562.OF	创金合信中证红利低波动指数 C	2018-04-26	1.85	0.50	孙悦、董梁	创金合信基金	被动指数型
512890.SH	华泰柏瑞中证低波动 ETF	2018-12-19	1.36	0.50	柳军	华泰柏瑞基金	被动指数型
005561.OF	创金合信中证红利低波动指数 A	2018-04-26	1.31	0.50	孙悦、董梁	创金合信基金	被动指数型
007466.OF	华泰柏瑞中证红利低波 ETF 联接 A	2019-07-25	0.34	0.50	柳军	华泰柏瑞基金	被动指数型
007467.OF	华泰柏瑞中证红利低波 ETF 联接 C	2019-07-15	0.17	0.50	柳军	华泰柏瑞基金	被动指数型
159758.SZ	华夏中证红利质量 ETF	2021-12-20	1.81	0.50	张弘弢	华夏基金	被动指数型
501029.OF	华宝标普中国A股红利机会指数 A	2017-01-18	9.70	0.75	胡洁、张奇	华宝基金	被动指数型
005125.OF	华宝标普中国A股红利机会指数 C	2017-08-28	3.49	0.75	胡洁、张奇	华宝基金	被动指数型

基金规模截至 2022 年一季度末，数据来源：东方财富 Choice 数据。

5. 小结

从过往 10 年的收益率数据中可以看出，中证红利指数好于上证红利指数，深证红利指数又好于中证红利指数，但深证红利指数更像是一种基本面加权指数。

2022 年 5 月 24 日中证官网数据显示，中证红利质量指数近 3 年和近 5 年的年化收益率分别是 12.02%和 12.72%，远好于中证红利指数的 4.58%和 3.07%。中证红利低波动指数与中证红利指数相比收益率差距不大。

但是中证红利质量指数可能是更好的选择吗？股息率叠加了赢利能力，按理说有这个可能。但毕竟中证红利质量指数的成立时间太短，近 3 年和近 5 年的数据也都只是回测数据，中证红利质量指数的选股有没有"后视镜"之嫌？还需要进一步观察。

5.3.2　其他策略加权指数及跟踪基金

红利指数算是一种"聪明"指数，此外还有一些其他的 Smart Beta 指数也很"聪明"，分述于下。

1. 沪深 300 价值指数、上证 180 价值指数及中证国信价值指数

沪深 300 价值指数（代码 000919）在沪深 300 指数的成分股中按股息收益率、每股净资产与价格比率、每股净现金流与价格比率和每股收益与价格比率四个价值指标选取价值评分最高的 100 只样本。

上证 180 价值指数（代码 000029）在上证 180 指数的成分股中按股息收益率、每股净资产与价格比率、每股净现金流与价格比率和每股收益与价格比率四个价值指标选取价值评分最高的 600 只样本。

中证国信价值指数（代码 931052）是从沪深证券市场具有长期价值增长潜力的

公司中，即持续稳定的净资产收益率大于资本机会成本的公司中，选取估值最低的100只上市公司证券作为指数样本。

沪深 300 价值指数和上证 180 价值指数都是每半年调整一次样本股，单个股最大权重不超过 10%，而中证国信价值指数则采取 100 只成分股权重相等的方式。

截至 2022 年 4 月 29 日，沪深 300 价值指数成分股的平均总市值为 1704 亿元，上证 180 价值指数成分股的平均总市值为 2260 亿元，中证国信价值指数成分股的平均总市值为 1010 亿元，除中证国信价值指数外都高于沪深 300 指数、低于上证 50 指数。

沪深 300 价值指数发布于 2008 年 1 月 21 日，基准日期为 2004 年 12 月 31 日，基点为 1000 点。

上证 180 价值指数发布于 2009 年 1 月 9 日，基准日期为 2002 年 6 月 28 日，基点为 1000 点。

中证国信价值指数发布于 2017 年 12 月 8 日，基准日期为 2007 年 6 月 29 日，基点为 1000 点。

2012 年 4 月 30 日至 2022 年 4 月 29 日（熊市）这 10 年间，沪深 300 价值指数的累计收益率为 70.69%，年化收益率为 5.49%；上证 180 价值指数的累计收益率为 57.32%，年化收益率为 4.64%。**都略好于同期沪深 300 指数 4.34% 的年化收益率。**

2011 年 2 月 26 日至 2021 年 2 月 25 日（阶段高点）这 10 年间，沪深 300 价值指数的累计收益率为 114.73%，年化收益率为 7.94%；上证 180 价值指数的累计收益率为 69.41%，年化收益率为 5.41%；**沪深 300 价值指数好于同期沪深 300 指数 6.46% 的年化收益率，上证 180 价值指数则要稍微差一些。**

2022 年 5 月 25 日中证官网数据显示，中证国信价值指数近 3 年和近 5 年的年化收益率分别为 8.73% 和 3.79%，显著好于沪深 300 价值指数的 -2.46% 和 0.50%，以及上证 180 价值指数的 -2.64% 和 -0.69%。

2022 年 4 月 29 日，沪深 300 价值（价格）指数收于 4312.98 点，基准日以来回测年化收益率为 8.80%；而考虑分红因素的沪深 300 价值全收益指数则为 7097.63 点，基准日以来回测年化收益率为 11.97%。

上证 180 价值（价格）指数收于 3691.53 点，基准日以来回测年化收益率为 7.83%；而考虑分红因素的上证 180 价值全收益指数则为 6263.64 点，基准日以来回测年化收益率为 11.17%。

中证国信价值（价格）指数收于 2721.59 点，基准日以来回测年化收益率为 6.98%；而考虑分红因素的国证价值 R（全收益指数）收于 7510.01 点，基准日以来回测年化收益率为 14.56%。

2022 年 4 月 29 日，沪深 300 价值指数的前五大权重行业分别是银行 33.57%、非银金融 18.88%、公用事业 7.02%、房地产 6.12% 和建筑装饰 5.49%。

上证 180 价值指数的前五大权重行业分别是银行 38.44%、非银金融 21.32%、公用事业 8.43%、建筑装饰 7.58% 和房地产 4.20%，与沪深 300 价值指数的行业构成相似，只是银行及非银金融的权重比沪深 300 价值指数更高一些。

中证国信价值指数的前十大权重行业分别是房地产 15.87%、银行 13.41%、煤炭 9.23%、建筑材料 7.95%、钢铁 7.05%、基础化工 6.91%、医药生物 6.64%、轻工制造 5.30%、建筑装饰 5.30% 和非银金融 3.57%，虽然主要也是传统成熟行业，但行业分布要分散和均衡得多，与沪深 300 价值指数和上证 180 价值指数仅金融行业占比就超过一半的情况相比还是有很大不同的。

同日，沪深 300 价值指数、上证 180 价值指数和中证国信价值指数 PE（TTM市盈率）分别为 7 倍、6.59 倍和 6.62 倍，都处于近 10 年或成立以来 25% 以下的估值百分位区间。

跟踪上述指数的场内外指数基金明细，详见表 5-26。

表 5-26　沪深 300 价值指数、上证 180 价值指数和中证国信价值指数跟踪基金明细表

基金代码	基金名称	成立日	基金规模/亿元	管理费费率/%	基金经理	基金公司	基金类型
519671.OF	银河沪深 300 价值指数 A	2009-12-28	31.42	0.50	罗博	银河基金	被动指数型
310398.OF	申万菱信沪深 300 价值指数 A	2010-02-11	12.55	0.65	赵兵	申万菱信基金	被动指数型
007800.OF	申万菱信沪深 300 价值指数 C	2019-08-08	1.88	0.65	赵兵	申万菱信基金	被动指数型
013074.OF	银河沪深 300 价值指数 C	2021-07-26	0.62	0.50	罗博	银河基金	被动指数型
510030.SH	华宝上证 180 价值 ETF	2010-04-23	1.30	0.50	丰晨成	华宝基金	被动指数型
240016.OF	华宝上证 180 价值 ETF 联接	2010-04-23	0.74	0.50	丰晨成	华宝基金	被动指数型
512040.SH	富国中证价值 ETF	2018-11-07	3.44	0.60	曹璐迪	富国基金	被动指数型
006748.OF	富国中证价值 ETF 联接 A	2018-12-25	1.04	0.60	曹璐迪	富国基金	被动指数型
007191.OF	富国中证价值 ETF 联接 C	2019-04-02	0.09	0.60	曹璐迪	富国基金	被动指数型

基金规模截至 2022 年一季度末，数据来源：东方财富 Choice 数据。

2. 中证 500 质量成长指数及中证 500 行业中性低波动指数

中证 500 质量成长指数（代码 930939）从中证 500 指数的样本中选取 100 只赢利能力较强、赢利可持续、现金流量较为充沛且具备成长性的上市公司证券作为指数样本。

中证 500 行业中性低波动指数（代码 930782）在中证 500 指数的二级行业内选取低波动特征的 150 只证券作为指数样本，在保持行业中性的同时，行业内证券采用波动率倒数加权。

两个指数都是每半年调整一次样本股，中证 500 质量成长指数单个个股最大权重不超过 10%，单一行业最大权重为 25%。

截至 2022 年 4 月 29 日，中证 500 质量成长指数成分股的平均总市值为 285 亿元，中证 500 行业中性低波动指数成分股的平均总市值为 190 亿元，同期中证 500 指数成分股的平均总市值为 236 亿元。

中证 500 质量成长指数发布于 2018 年 11 月 21 日，中证 500 行业中性低波动指数发布于 2016 年 2 月 4 日，两个指数的基准日期同为 2004 年 12 月 31 日，基点都是 1000 点。

自基准日 2004 年 12 月 31 日至 2022 年 4 月 29 日（熊市）这 17.33 年间，中证 500 质量成长指数的累计理论回测收益率为 1667.98%，年化理论回测收益率为 18.02%；中证 500 行业中性低波动指数的累计理论回测收益率为 1334.85%，年化理论回测收益率为 16.61%；同期中证 500 指数的累计收益率为 462.79%，年化收益率为 10.48%，**两个"聪明"指数完胜**。

自基准日 2004 年 12 月 31 日至 2021 年 9 月 10 日（阶段高点）这 16.78 年间，中证 500 质量成长指数的累计理论回测收益率为 2153.06%，年化理论回测收益率为 20.40%；中证 500 行业中性低波动指数的累计理论回测收益率为 1695.28%，年化理论回测收益率为 18.78%；同期中证 500 指数累计收益率为 660.77%，中证 500 指数的年化收益率为 12.85%，也是**两个"聪明"指数完胜**。

从理论回测收益率来讲，中证 500 质量成长指数和中证 500 行业中性低波动指数自基准日以来的收益率远好于中证 500 指数，而中证 500 质量成长指数又要明显好于中证 500 行业中性低波动指数。

2022 年 4 月 29 日，中证 500 质量成长（价格）指数收于 17679.83 点，自基准日以来的回测年化收益率为 18.07%；而考虑分红因素的中证 500 质量成长全收益指数则为 21928.41 点，自基准日以来的回测年化收益率为 19.50%。

2022 年 4 月 29 日，中证 500 行业中性低波动（价格）指数收于 14348.52 点，自基准日以来的回测年化收益率为 16.61%；而考虑分红因素的中证 500 行业中性低波动全收益指数则为 17452.74 点，自基准日以来的回测年化收益率为 17.94%。

2022 年 4 月 29 日，中证 500 质量成长指数的前六大权重行业（申万）分别是煤炭 12.68%、电子 9.45%、国防军工 8.41%、基础化工 8.35%、银行 8.33% 和医药生物 8.30%。

中证 500 行业中性低波动指数的前六大权重行业分别是医药生物 11.95%、电子 6.91%、电力设备 5.50%、有色金属 5.22%、非银金融 5.04% 和国防军工 5.02%。

同日，中证 500 质量成长指数 PE（TTM 市盈率）为 7 倍，中证 500 行业中性低波动指数 PE（TTM 市盈率）为 6.59 倍，都处于指数成立以来 25% 以下的估值百分位区间。

跟踪中证 500 质量成长指数和中证 500 行业中性低波动指数的场内外指数基金明细，详见表 5-27。

表 5-27　中证 500 质量成长指数和中证 500 行业中性低波动指数的跟踪基金明细表

基金代码	基金名称	成立日	基金规模/亿元	管理费费率/%	基金经理	基金公司	基金类型
159606.SZ	易方达中证 500 质量成长 ETF	2021-12-17	7.00	0.50	林伟斌 伍臣东	易方达基金	被动指数型
007593.OF	鹏扬中证 500 质量成长指数 A	2019-08-29	6.38	0.45	施红俊	鹏扬基金	被动指数型
007594.OF	鹏扬中证 500 质量成长指数 C	2019-08-29	4.34	0.45	施红俊	鹏扬基金	被动指数型
560500.SH	鹏扬中证 500 质量成长 ETF	2021-08-04	1.40	0.45	施红俊	鹏扬基金	被动指数型
003318.OF	景顺长城中证 500 行业中性低波动	2017-03-03	13.99	0.50	曾理	景顺长城基金	被动指数型
512260.SH	华安中证低波动 ETF	2018-11-30	1.17	0.50	苏卿云	华安基金	被动指数型
006130.OF	华安中证 500 低波 ETF 联接 C	2019-01-15	0.09	0.50	苏卿云	华安基金	被动指数型
006129.OF	华安中证 500 低波 ETF 联接 A	2019-01-15	0.06	0.50	苏卿云	华安基金	被动指数型

基金规模截至 2022 年一季度末，数据来源：东方财富 Choice 数据。

3. 中证锐联基本面 50 指数、深证基本面 60 指数和深证基本面 120 指数

中证锐联基本面 50 指数（代码 000925）从沪深证券市场中以营业收入、现金流、净资产和分红四个维度选取基本面价值最大的 50 只上市公司证券作为指数样本；深证基本面 60 指数（代码 399701）和深证基本面 120 指数（代码 399702）则以深市证券市场为样本空间，分别挑选基本面价值最大的 60 只和 120 只上市公司证券作为指数样本，采用基本面价值加权，在一定程度上打破了样本市值与其权重之间的关联，避免了传统市值指数中过多配置高估证券的现象。

三个基本面指数都是每年调整一次样本股。

截至 2022 年 4 月 29 日，中证锐联基本面 50 指数成分股的平均总市值为 3226 亿元，与上证 50 指数大体相当；深证基本面 60 指数成分股的平均总市值为 1358 亿元，与沪深 300 指数差不多；深证基本面 120 指数成分股的平均总市值为 853 亿元，也是大盘风格指数。

中证锐联基本面 50 指数发布于 2009 年 2 月 26 日，基准日期同为 2004 年 12 月 31 日，基点为 1000 点。

深证基本面 60 指数、120 指数均发布于 2010 年 5 月 10 日，两个指数的基准日期同为 2002 年 12 月 31 日，基点都是 1000 点。

2012 年 4 月 30 日至 2022 年 4 月 29 日（熊市）这 10 年间，中证锐联基本面 50 指数的累计收益率为 87.85%，年化收益率为 6.51%；深证基本面 60 指数的累计收

益率为 126.10%，年化收益率为 8.50%；深证基本面 120 指数的累计收益率为 103.09%，年化收益率为 7.35%；同期沪深 300 指数的累计收益率仅为 52.93%，年化收益率为 4.34%。**三个基本面指数完胜**。

2011 年 2 月 11 日至 2021 年 2 月 10 日（阶段高点）这 10 年间，中证锐联基本面 50 指数的累计收益率为 87.21%，年化收益率为 6.47%；深证基本面 60 指数的累计收益率为 165.02%，年化收益率为 10.24%；深证基本面 120 指数的累计收益率为 127.14%，年化收益率为 8.55%；同期沪深 300 指数的累计收益率为 87.09%，年化收益率为 6.46%，**中证锐联基本面 50 指数略好于沪深 300 指数，深证基本面 60 指数和 120 指数则完胜沪深 300 指数**。

2022 年 4 月 29 日，中证锐联基本面 50（价格）指数收于 3956.15 点，自基准日以来的回测年化收益率为 8.26%；而考虑分红因素的全收益指数则为 6541.87 点，自基准日以来的回测年化收益率为 11.45%。

2022 年 4 月 29 日，深证基本面 60（价格）指数收于 8116.33 点，自基准日以来的回测年化收益率为 11.44%；而考虑分红因素的全收益指数则为 11717.78 点，自基准日以来的回测年化收益率为 13.58%。

2022 年 4 月 29 日，深证基本面 120（价格）指数收于 7231.30 点，自基准日以来回测年化收益率为 10.78%；而考虑分红因素的全收益指数则为 10123.86 点，自基准日以来的回测年化收益率为 12.72%。

为什么用同样的指标体系选出的中证锐联基本面 50 指数与深证基本面 60 指数和 120 指数的收益率差别那么大呢？我们试着从指数的行业结构方面找找答案。

2022 年 4 月 29 日，中证锐联基本面 50 指数的前十大权重行业（申万）分别是银行 36.26%、建筑装饰 16.77%、非银金融 9.41%、房地产 7.78%、石油石化 4.24%、公用事业 3.96%、交通运输 3.59%、汽车 3.44%、家用电器 3.36% 和食品饮料 2.56%。

而深证基本面 60 指数的前十大权重行业分别是房地产 21.03%、家用电器 12.69%、农林牧渔 8.83%、钢铁 7.79%、银行 7.24%、食品饮料 6.42%、电子 6.37%、非银金融 5.65%、汽车 4.94% 和电力设备 2.70%；深证基本面 120 指数的前十大权重行业分别是房地产 17.37%、家用电器 10.17%、农林牧渔 8.35%、电子 6.89%、银行 6.85%、钢铁 6.25%、非银金融 6.14%、食品饮料 4.95%、汽车 4.60% 和计算机 3.64%。

同日，中证锐联基本面 50 指数 PE（TTM 市盈率）为 7.75 倍，处于近 10 年间 25% 以下的估值百分位区间；深证基本面 60 指数和 120 指数 PE（TTM 市盈率）分别为 19.11 倍和 19.41 倍，处于近 10 年间 25%~50% 的估值百分位区间。

结合行业结构和估值水平，中证锐联基本面 50 指数的成分股更多是来自银行、建筑、非银金融等成熟行业，呈现典型的价值风格；而深证基本面 60 指数和 120 指数的行业结构则更为分散，更像是成长价值风格。而近 10 年总体上是成长风格占优的，所以中证锐联基本面 50 指数的收益率不及深证基本面 60 指数和 120 指数也就不足为奇了。

跟踪中证锐联基本面 50 指数、深证基本面 60 指数和 120 指数的场内外指数基金明细，详见表 5-28。

表 5-28　中证锐联基本面 50 指数、深证基本面 60 指数和 120 指数的跟踪基金明细表

基金代码	基金名称	成立日	基金规模/亿元	管理费费率/%	基金经理	基金公司	基金类型
160716.SZ	嘉实基本面 50 指数（LOF）A	2009-12-30	9.82	1.00	李直	嘉实基金	被动指数型
512750.SH	嘉实中证锐联基本面 50ETF	2019-05-23	1.23	0.50	李直	嘉实基金	被动指数型
160725.OF	嘉实基本面 50 指数（LOF）C	2018-08-08	1.18	1.00	李直	嘉实基金	被动指数型
159916.SZ	深 F60ETF	2011-09-08	4.09	0.50	薛玲	建信基金	被动指数型
530015.OF	建信深证基本面 60ETF 联接 A	2011-09-08	4.02	0.50	薛玲	建信基金	被动指数型
006363.OF	建信深证基本面 60ETF 联接 C	2018-09-04	0.20	0.50	薛玲	建信基金	被动指数型
159910.SZ	嘉实深证基本面 120ETF	2011-08-01	4.06	0.50	刘珈吟、李直	嘉实基金	被动指数型
070023.OF	嘉实深证基本面 120ETF 联接 A	2011-08-01	3.44	0.50	刘珈吟、李直	嘉实基金	被动指数型
005998.OF	嘉实深证基本面 120ETF 联接 C	2018-06-15	0.59	0.50	刘珈吟、李直	嘉实基金	被动指数型

基金规模截至 2022 年一季度末，数据来源：东方财富 Choice 数据。

4. 创业板动量成长指数

创业板动量成长指数（代码 399296）由创业板市场中具有良好成长能力和动量效应的 50 只股票组成，反映创业板市场中成长能力良好、动量效应显著的上市公司整体运行情况。

动量效应的意思是，过去表现良好的股票在未来会继续表现良好，所以它是一个逢高买进、逢低卖出的"追涨杀跌"策略。

创业板动量成长指数正是结合了成长和动量两个选股因子挑选样本股的指数。它设定的个股权重上限是 15%，每个季度调整一次样本股。2022 年 4 月 29 日，该指数的样本股平均总市值为 597 亿元（3 月 31 日为 713 亿元），市值规模介于创业板指数和创业板 50 指数之间。

成立于 2019 年 1 月 23 日的创业板动量成长指数，从回测数据来看比创业板 50 指数还要好一些。但毕竟是回测数据，有没有选股策略上的"后视镜"嫌疑尚需观察。

2022 年 4 月 29 日，创业板动量成长指数的前五大权重行业（申万一级）分别是电力设备 42.46%、电子 17.70%、非银金融 17.34%、医药生物 6.17% 和国防军工 4.23%。而 2021 年 9 月 30 日，其前五大权重行业分别是电力设备 50.13%、非银金融 14.57%、电子 12.66%、医药生物 12.13% 和机械设备 4.24%。由此可见，创业板动量成长指数每个季度可能都会有行业上的调整，调高处于上涨趋势行业的权重、

调低处于下降趋势行业的权重。

2022 年 4 月 29 日，在创业板指数的行业构成中，电力设备占 35.35%、医药生物占 23.62%、非银金融占 7.27%；创业板 50 指数的行业构成中，电力设备占 38.33%、医药生物占 25.78%、非银金融占 11.11%。与创业板指数和创业板 50 指数相比，创业板动量成长指数这一时段超配了电力设备和非银金融，而减配医药生物的力度很大。

2022 年 4 月 29 日，创业板动量成长指数的行业（申万二级）构成明细如下：

电池 30.87%、证券 17.34%、半导体 10.81%、光伏设备 10.44%、生物制品 3.89%、其他电子 3.89%、自动化设备 3.08%、航空装备 3.05%、IT 服务 2.91%、医疗器械 1.89%、其他 1.67%、军工电子 1.18%、电子化学品 1.01%、光学光电子 0.93%、其他电源设备 0.91%、金属新材料 0.91%、塑料 0.71%、环境治理 0.64%、元件 0.62%、专业连锁 0.62%、通信设备 0.59%、化学制品 0.47%、消费电子 0.44%、化学制药 0.39%、风电设备 0.38%和农化制品 0.36%。

2022 年 4 月 29 日，创业板动量成长指数的 PE（TTM 市盈率）为 38.71 倍，处于自成立以来 25%以下的估值百分位区间。

跟踪创业板动量成长指数的指数基金明细，详见表 5-29。

表 5-29　创业板动量成长指数的跟踪基金明细表

基金代码	基金名称	成立日	基金规模/亿元	管理费费率/%	基金经理	基金公司	基金类型
159967.SZ	华夏创成长 ETF	2019-06-21	31.25	0.50	荣膺	华夏基金	被动指数型
007474.OF	华夏创成长 ETF 联接 A	2019-06-26	6.39	0.50	荣膺	华夏基金	被动指数型
007475.OF	华夏创成长 ETF 联接 C	2019-06-26	4.20	0.50	荣膺	华夏基金	被动指数型

基金规模截至 2022 年一季度末，数据来源：东方财富 Choice 数据。

5. 小结

无论是红利指数还是本节所述的其他 Smart Beta 指数，长期来看基本上都能战胜相应的市值规模型宽基指数。

"聪明"指数确实还是聪明的，值得关注。

5.4　主要的行业主题指数及跟踪基金

从经济结构上看，行业有上、中、下游之分。下游直接面对消费者，需求最为稳定。下游的需求向上传导，环节越多，需求越可能被扭曲；越往上游，产业的需求波动和周期性会越强。

我认为，结合上中下游产业的划分和中信的各个风格指数，即消费、成长、金融、周期和稳定风格指数来对行业进行分类，更有利于让投资者理解行业指数的投资价值和投资方法。

5.4.1 消费风格行业主题指数

消费风格大体上可以与下游产业画等号，包括食品饮料、医药生物、家用电器、畜牧养殖、传媒游戏、汽车等细分行业。

此类行业（主题）直接面对消费者，行业需求较为稳定，长期收益率较好。

1. 主要（必选）消费指数

中证主要消费指数（代码000932）从中证800指数的样本股中选取全部主要消费类上市公司证券作为成分股。

该指数每半年调整一次样本股，个股最大权重为10%，以2004年12月31日为基准日，基点为1000点。

2022年4月，中证主要消费指数的样本股为53只，个股平均总市值为1205亿元，略小于沪深300指数。

上证主要消费行业指数（代码000036）从上海证券市场中挑选市值靠前、流通性好的30只主要消费类上市公司证券作为成分股。

该指数每半年调整一次样本股，个股最大权重为15%，以2003年12月31日为基准日，基点为1000点。

2022年4月，上证主要消费行业指数样本股的平均总市值为1328亿元，与沪深300指数基本相当。

中证主要消费红利指数（代码H30094）从中证主要消费指数的样本股中选取股息率最高的30只主要消费类上市公司证券作为成分股。

该指数每半年调整一次样本股，个股最大权重为15%，以2005年12月30日为基准日，基点为1000点。

2022年4月，中证主要消费红利指数样本股的平均总市值为484亿元，平均市值规模与创业板50指数大体相当。

2022年4月29日，上述各消费指数的行业构成如下。

中证主要消费指数：白酒43.67%、养殖业15.70%、饮料乳品10.86%、调味发酵品8.88%、非白酒4.38%、饲料3.88%、食品加工3.64%、休闲食品2.12%、农产品加工1.91%、种植业1.78%、化妆品1.63%、动物保健0.80%、个护用品0.41%和化学制品0.31%。

上证主要消费行业指数：白酒43.54%、调味发酵品19.55%、饮料乳品18.06%、非白酒7.08%、化妆品3.67%、休闲食品2.87%、食品加工1.76%、种植业1.16%、动物保健1.04%、农产品加工0.87%和化学制品0.40%。

中证主要消费红利指数：养殖业17.17%、休闲食品14.16%、白酒13.04%、饮料乳品11.08%、调味发酵品10.76%、饲料9.01%、食品加工8.12%、化学制品6.28%、种植业6.19%、动物保健2.31%和非白酒1.89%。

中证主要消费红利指数的行业构成更为均衡分散，不像前两个指数高度依赖于白酒。

2012年4月30日至2022年4月29日（熊市）这10年间中证主要消费指数累计收益率为239.93%，年化收益率为13.01%；上证主要消费行业指数累计收益率为251.58%，年化收益率为13.40%；**远高于同期沪深300指数4.34%的年化收益率。**

2011年2月11日至2021年2月10日（阶段高点）这10年间，中证主要消费指数累计收益率为371.14%，年化收益率为16.77%；上证主要消费行业指数累计收益率为374.80%，年化收益率为16.86%。**远高于同期沪深300指数6.46%的年化收益率。**

2013年7月2日（中证主要消费红利指数成立日）至2022年4月29日（熊市）其间中证主要消费红利指数累计收益率为411.77%，年化收益率为22.64%；同期中证主要消费指数累计收益率为306.85%。

2013年7月2日至2022年1月4日（阶段高点）中证主要消费红利指数累计收益率为524.33%，年化收益率为25.73%；同期中证主要消费指数累计收益率为388.55%。

中证主要消费红利指数的收益率远高于中证主要消费指数。

2022年4月29日，中证主要消费（价格）指数收于21191.92点，而考虑分红因素的中证主要消费全收益指数则为26294.03点，全收益指数从成立以来的累计收益率比价格指数高出24.08%。

2022年4月29日，上证主要消费行业（价格）指数收于15068.47点，而考虑分红因素的上证主要消费行业全收益指数则为18478.48点，全收益指数从成立以来的累计收益率比价格指数高出22.63%。

2022年4月29日，中证主要消费红利（价格）指数收于42098.20点，而考虑分红因素的中证主要消费红利全收益指数则为56312.15点，全收益指数从成立以来的累计收益率比价格指数高出33.76%。

主要消费指数是过去10年中A股收益率最好的行业主题指数，也正因如此，主要消费估值高企。

2022 年 4 月 29 日，中证主要消费指数 PE（TTM 市盈率）为 47 倍，处于近 10 年来 50%~75% 的估值百分位区间；上证主要消费行业指数 PE（TTM 市盈率）为 39.13 倍，处于近 10 年来 25%~50% 的估值百分位区间；中证主要消费红利指数 PE（TTM 市盈率）为 52.84 倍，处于近 10 年来 50%~75% 的估值百分位区间。

主要消费虽然需求稳定，但同时也可能面临着均值回归，投资主要消费可能要降低收益率预期。

跟踪中证主要消费指数、上证主要消费行业指数和中证主要消费红利指数的场内外指数基金明细，详见表 5-30。

表 5-30　中证主要消费指数、上证主要消费行业指数和中证主要消费红利指数的跟踪基金明细表

基金代码	基金名称	成立日	基金规模/亿元	管理费费率/%	基金经理	基金公司	基金类型
159928.SZ	汇添富中证主要消费 ETF	2013-08-23	86.82	0.50	过蓓蓓	汇添富基金	被动指数型
000248.OF	汇添富中证主要消费 ETF 联接 A	2015-03-24	44.47	0.50	吴振翔、过蓓蓓	汇添富基金	被动指数型
512600.SH	嘉实中证主要消费 ETF	2014-06-13	5.43	0.50	刘珈吟、王紫菡	嘉实基金	被动指数型
009180.OF	嘉实中证主要消费 ETF 联接 C	2020-04-22	2.94	0.50	刘珈吟、王紫菡	嘉实基金	被动指数型
012857.OF	汇添富中证主要消费 ETF 联接 C	2021-07-09	1.48	0.50	吴振翔、过蓓蓓	汇添富基金	被动指数型
009179.OF	嘉实中证主要消费 ETF 联接 A	2020-04-22	1.11	0.50	刘珈吟、王紫菡	嘉实基金	被动指数型
510630.SH	华夏消费 ETF	2013-03-28	3.36	0.50	赵宗庭	华夏基金	被动指数型
008929.OF	泰达消费红利指数 C	2020-03-26	3.10	0.50	刘欣、刘洋	泰达宏利基金	被动指数型
008928.OF	泰达消费红利指数 A	2020-03-26	2.83	0.50	刘欣、刘洋	泰达宏利基金	被动指数型
501089.SH	方正富邦消费红利指数增强（LOF）	2019-11-29	0.16	1.20	吴昊	方正富邦基金	增强指数型

基金规模截至 2022 年一季度末，数据来源：东方财富 Choice 数据。

2. 综合消费指数（含可选消费）

中证消费龙头指数（代码 931068）从沪深证券市场的可选消费与主要消费等行业中选取规模靠前、经营质量较好的 50 只上市公司证券作为指数样本。

指数每半年调整一次样本股，个股权重上限 15%，前五大成分股权重上限 60%，2022 年 4 月成分股平均总市值为 1211 亿元。

2022 年 4 月，中证消费龙头指数成分股中，主要消费占比约 55%，可选消费占比约 45%。

中证消费 50 指数（代码 931139）从沪深证券市场的可选消费和与除乘用车及零部件行业外的主要消费行业中选取规模靠前、经营质量好的 50 只龙头上市公司证券作为指数样本。

该指数每半年调整一次样本股，个股权重上限为 15%，前五大成分股权重上限为 60%，2022 年 4 月成分股平均总市值为 1286 亿元。

2022 年 4 月，中证消费 50 指数的成分股中，主要消费占比约 63%，可选消费占比约 37%。

上证消费 80 指数（代码 000069）选取沪市中规模靠前、流动性较好的 80 只主要消费、可选消费和医药卫生行业上市公司证券作为指数样本。

该指数每半年调整一次样本股，个股权重上限为 10%，2022 年 4 月成分股平均总市值为 916 亿元。

2022 年 4 月，上证消费 80 指数的成分股中，主要消费占比约 40%，可选消费占比约 28%，医药卫生占比约 32%。

中证沪港深消费龙头指数（代码 931663）从沪港深三地市场上市证券中选取 50 只市值较大、市占率较高、经营状况良好的消费领域龙头公司证券作为指数样本。

该指数每半年调整一次样本股，个股权重上限为 10%，2022 年 4 月成分股平均总市值 1754 亿元。

2022 年 4 月，中证沪港深消费龙头指数的成分股中，主要消费占比约 51%，可选消费占比约 42%，信息技术占比约 7%。

中证港股通消费主题指数（代码 931454）从港股通证券范围内选取流动性较好、市值较大的 50 只消费主题相关证券作为指数样本。

该指数每半年调整一次样本股，个股权重上限为 15%，成分股平均总市值 1716 亿元。

2012 年 4 月 30 日至 2022 年 4 月 29 日（熊市）这 10 年间，上证消费 80 指数的累计收益率为 140.35%，年化收益率为 9.18%，**远高于同期沪深 300 指数 4.34% 的年化收益率，但远低于同期中证主要消费指数的 13.01%**；2011 年 2 月 11 日至 2021 年 2 月 10 日（阶段高点）这 10 年间，上证消费 80 指数的累计收益率为 210.60%，年化收益率为 12%，**远高于同期沪深 300 指数 6.46% 的年化收益率，远低于中证主要消费指数的 16.77%。**

可见，过去 10 年可选消费的收益率是远低于主要消费的。

其余几个综合消费指数成立时间不够长，没有近 10 年的翔实数据，不过可以肯定的是，综合消费指数的过往收益率没有主要消费高。

排除估值因素的影响，可选消费由于受经济周期影响较大，经济景气周期可选消费需求旺盛，经济萧条时则可选消费需求低迷，可选消费行业的长期收益率不如主要消费是可以被理解的。

2022年4月29日，各指数的行业（前十大二级行业）构成如下所示。

中证消费龙头指数：白酒 30.85%、白色家电 11.29%、其他 9.66%、饮料乳品 9.32%、养殖业 6.75%、汽车零部件 6.34%、调味发酵品 5.44%、广告营销 2.56%、酒店餐饮 1.78% 和家居用品 1.53%。

中证消费 50 指数：白酒 36.08%、白色家电 20.30%、饮料乳品 8.18%、其他 7.95%、调味发酵品 5.98%、养殖业 5.83%、食品加工 3.10%、家居用品 2.18%、饲料 2.09% 和服装家纺 1.60%。

上证消费 80 指数：白酒 20.59%、医疗服务 11.27%、其他 10%、化学制药 8.79%、饮料乳品 8.31%、调味发酵品 6.01%、汽车零部件 5.92%、中药 5.14%、乘用车 4.73% 和白色家电 3.49%。

中证沪港深消费龙头指数：其他 43.99%、白酒 24.78%、白色家电 9.60%、饮料乳品 5.22%、养殖业 4.03%、调味发酵品 3.56%、饲料 2.15%、食品加工 1.82%、消费电子 1.25% 和家居用品 0.83%。

中证港股通消费主题指数（恒生二级）：软件服务 35%、食物饮品 16%、纺织及服饰 11%、家用电器及用品 11%、汽车 9% 和其他 18%。

我们来看看这些综合消费指数的估值数据。

2022 年 4 月 22 日，中证消费龙头指数 PE（TTM 市盈率）为 27.58 倍，处于近 10 年间大约 50% 的估值百分位水平；中证消费 50 指数 PE（TTM 市盈率）为 26.73 倍，处于近 10 年间 25%~50% 的估值百分位区间；上证消费 80 指数 PE（TTM 市盈率）为 31.87 倍，处于近 10 年间 25%~50% 的估值百分位区间。

毕竟有相当大的主要消费占比，这些综合消费指数的估值水平还是不低的。

跟踪这些综合消费指数的基金明细，详见表 5-31。

表 5-31　中证消费龙头指数、中证消费 50 指数、上证消费 80 指数、
中证港股通消费主题指数、中证沪港深消费龙头指数的跟踪基金明细表

基金代码	基金名称	成立日	基金规模/亿元	管理费费率/%	基金经理	基金公司	基金类型
011854.OF	招商中证消费龙头指数增强 C	2021-05-25	18.36	1.00	侯昊	招商基金	增强指数型
011853.OF	招商中证消费龙头指数增强 A	2021-05-25	4.75	1.00	侯昊	招商基金	增强指数型
501090.SH	华宝中证消费龙头指数（LOF）A	2019-12-19	4.25	0.75	胡洁	华宝基金	被动指数型
009329.OF	华宝中证消费龙头指数（LOF）C	2020-04-17	1.94	0.75	胡洁	华宝基金	被动指数型
516130.SH	华宝中证消费龙头 ETF	2021-09-28	0.95	0.50	胡洁	华宝基金	被动指数型
515650.SH	富国中证消费 50ETF	2019-10-14	12.78	0.50	王乐乐	富国基金	被动指数型
159798.SZ	易方达中证消费 50ETF	2022-04-28	3.27	0.50	成曦	易方达基金	被动指数型
008975.OF	富国中证消费 50ETF 联接 A	2020-03-18	2.52	0.50	王乐乐	富国基金	被动指数型

基金代码	基金名称	成立日	基金规模/亿元	管理费费率/%	基金经理	基金公司	基金类型
008976.OF	富国中证消费 50ETF 联接 C	2020-03-18	1.94	0.50	王乐乐	富国基金	被动指数型
009116.OF	东兴中证消费 50A	2020-04-22	0.60	0.70	李兵伟	东兴基金管理	被动指数型
009117.OF	东兴中证消费 50C	2020-04-22	0.28	0.70	李兵伟	东兴基金管理	被动指数型
510150.SH	招商上证消费 80ETF	2010-12-08	7.14	0.50	许荣漫	招商基金	被动指数型
217017.OF	招商上证消费 80ETF 联接 A	2010-12-08	2.18	0.50	许荣漫	招商基金	被动指数型
004407.OF	招商上证消费 80ETF 联接 C	2017-03-01	0.24	0.50	许荣漫	招商基金	被动指数型
513070.SH	易方达中证港股通消费主题 ETF	2022-03-14	2.01	0.15	范冰	易方达基金	被动指数型
159735.SZ	银华中证港股通消费主题 ETF	2021-05-25	0.72	0.50	李宜璇	银华基金	被动指数型
513230.SH	华夏中证港股通消费主题 ETF	2022-01-12	0.60	0.50	严筱娴	华夏基金	被动指数型
513590.SH	鹏华中证港股通消费主题 ETF	2021-08-03	0.37	0.50	张羽翔	鹏华基金	被动指数型
517760.SH	浦银安盛中证沪港深消费龙头 ETF	2022-04-01	2.51	0.50	高钢杰	浦银安盛基金	被动指数型
517550.SH	招商中证沪港深消费龙头 ETF	2022-01-20	0.34	0.50	许荣漫	招商基金	被动指数型
013129.OF	汇添富中证沪港深消费龙头指数发起 A	2021-10-26	0.10	0.50	赖中立	汇添富基金	被动指数型
013130.OF	汇添富中证沪港深消费龙头指数发起 C	2021-10-26	0.02	0.50	赖中立	汇添富基金	被动指数型

基金规模截至 2022 年一季度末，新成立基金规模截至成立日，数据来源：东方财富 Choice 数据。

3. 细分消费行业主题指数

（1）食品饮料指数。

中证食品饮料指数（代码 930653）选取市值靠前、流动性好的酒、饮料、食品行业的 100 只上市公司证券作为样本。

该指数每半年调整一次样本股，个股权重上限为 10%。2022 年 4 月，成分股平均总市值为 612 亿元。

中证细分食品饮料产业主题指数（代码 000815）选取市值靠前、流动性佳的细分食品饮料行业的 50 只上市公司证券作为样本。

该指数每半年调整一次样本股，个股权重上限为 15%，2022 年 4 月，成分股平均总市值为 1088 亿元。

2012 年 4 月 30 日至 2022 年 4 月 29 日（熊市）这 10 年间，中证细分食品饮料产业主题指数累计收益率为 255.21%，年化收益率为 13.52%，略高于中证主要消费指数的 13.01%。

中证食品饮料指数由于成立时间不够长，所以没有近 10 年的完整数据，但从成分企业推测，应该与中证细分食品饮料产业主题指数和中证主要消费指数的收益率水平大体相当。

我们来看看截至 2022 年 4 月 29 日这两个指数的行业（前十大二级行业）构成。

中证食品饮料指数：白酒 54.08%、饮料乳品 13.42%、调味发酵品 11.37%、食品加工 7.28%、非白酒 6.04%、休闲食品 4.08%、农产品加工 2.30%、化学制品 1.17%、化学制药 0.12% 和其他 0.09%。

中证细分食品饮料产业主题指数：白酒 63.77%、饮料乳品 14.20%、调味发酵品 12.10%、非白酒 5.53%、食品加工 1.98%、休闲食品 1.23%、化学制品 0.87% 和农产品加工 0.32%。

2022 年 4 月 29 日，中证食品饮料指数 PE（TTM 市盈率）为 36.19 倍，中证细分食品饮料产业主题指数 PE（TTM 市盈率）为 35.26 倍，都处于近 10 年间 25%~50% 的估值百分位区间。

跟踪食品饮料类指数的场内外指数基金明细，详见表 5-32。

表 5-32　食品饮料类指数的跟踪基金明细表

基金代码	基金名称	成立日	基金规模/亿元	管理费费率/%	基金经理	基金公司	基金类型
159736.SZ	天弘中证食品饮料 ETF	2021-09-09	69.41	0.50	沙川	天弘基金	被动指数型
001632.OF	天弘中证食品饮料 ETF 联接 C	2015-07-29	60.37	0.50	沙川	天弘基金	被动指数型
001631.OF	天弘中证食品饮料 ETF 联接 A	2015-07-29	15.55	0.50	沙川	天弘基金	被动指数型
012341.OF	东财中证食品饮料指数增强发起式 C	2021-11-02	0.36	1.20	杨路炜	东财基金	增强指数型
012340.OF	东财中证食品饮料指数增强发起式 A	2021-11-02	0.28	1.20	杨路炜	东财基金	增强指数型
515170.SH	华夏中证细分食品饮料产业主题 ETF	2020-12-30	28.95	0.50	徐猛	华夏基金	被动指数型
515710.SH	华宝中证细分食品饮料产业主题 ETF	2020-12-24	10.18	0.50	蒋俊阳	华宝基金	被动指数型
159862.SZ	银华中证细分食品饮料产业主题 ETF	2021-10-26	0.55	0.50	李宜璇、王帅	银华基金	被动指数型
012548.OF	华宝中证细分食品饮料产业主题 ETF 联接 A	2021-07-12	0.32	0.50	蒋俊阳	华宝基金	被动指数型
013125.OF	华夏中证细分食品饮料产业主题 ETF 发起式联接 A	2021-10-26	0.27	0.50	徐猛	华夏基金	被动指数型
012549.OF	华宝中证细分食品饮料产业主题 ETF 联接 C	2021-07-12	0.16	0.50	蒋俊阳	华宝基金	被动指数型
012763.OF	华泰紫金中证细分食品饮料主题指数发起 A	2021-07-28	0.15	0.30	毛甜	华泰证券（上海）资产管理	被动指数型
013126.OF	华夏中证细分食品饮料产业主题 ETF 发起式联接 C	2021-10-26	0.09	0.50	徐猛	华夏基金	被动指数型
012764.OF	华泰紫金中证细分食品饮料主题指数发起 C	2021-07-28	0.08	0.30	毛甜	华泰证券（上海）资产管理	被动指数型

基金规模截至 2022 年一季度末，数据来源：东方财富 Choice 数据。

（2）酒类指数。

中证白酒指数（代码 399997）从沪深证券市场中选取市值靠前、流动性好、白酒业务相关的最多 50 只上市公司证券作为指数样本。

2022 年 4 月该指数的成分股数量为 17 只，平均总市值 2464 亿元。

中证白酒指数个股权重上限为 15%，每半年调整一次样本股。

中证酒指数（代码 399987）从沪深证券市场内市值靠前、流动性好的白酒、啤酒、葡萄酒酿造等业务的上市公司中选取最多 50 只证券作为指数样本。

2022 年 4 月该指数的成分股数量为 31 只，平均总市值 1428 亿元。

中证酒指数个股权重上限为 15%，前五大成分股权重上限为 60%，每半年调整一次样本股。

2012 年 4 月 30 日至 2022 年 4 月 29 日（熊市）这 10 年间，中证白酒指数累计收益率为 294.45%，年化收益率为 14.71%，高于中证主要消费指数的 13.01%；2011年 2 月 11 日至 2021 年 2 月 10 日（阶段高点）这 10 年间，中证白酒指数累计收益率为 613.85%，年化收益率为 21.72%，显著高于中证主要消费指数的 16.77%。

2013 年 7 月 2 日（中证白酒指数成立日）至 2022 年 4 月 29 日（熊市）期间中证白酒指数累计收益率为 584.68%，远高于中证主要消费红利指数同期累计收益率411.77%；2013 年 7 月 2 日至 2022 年 1 月 4 日（阶段高点）中证白酒指数累计收益率为 630.68%，也远高于中证主要消费红利指数同期累计收益率 524.33%。

中证酒指数由于成立时间不够长，所以没有最近 10 年的完整数据，但白酒之外的其他酒类的过往整体收益率肯定是不如白酒的，因此中证酒指数的收益率也应该是稍逊于中证白酒指数的。

中证酒指数的行业构成：白酒 86.29%、非白酒 13.18% 和专业连锁 0.54%。

2022 年 4 月 29 日，中证白酒指数 PE（TTM 市盈率）为 36.34 倍，处于近 10年间 25%~50% 的估值百分位区间；中证酒指数 PE（TTM 市盈率）为 36.53 倍，处于指数成立以来近 8 年间 25%~50% 的估值百分位区间。

中证白酒指数在牛市顶点表现出来的超高收益率吸引了众多投资者奋不顾身地冲进去接盘，使得招商中证白酒指数（LOF）A、C 份额最高时出现接近 1000 亿元的创纪录规模。该基金 2021 年年报显示，截至 2021 年年底，其基金持有人达到了1032 万户，白酒基金因此被戏称为"国民基金"。

跟踪中证白酒指数及中证酒指数的场内外指数基金明细，详见表 5-33。

表 5-33 中证白酒指数、中证酒指数的跟踪基金明细表

基金代码	基金名称	成立日	基金规模/亿元	管理费费率/%	基金经理	基金公司	基金类型
161725.SZ	招商中证白酒指数（LOF）A	2015-05-27	605.83	1.00	侯昊	招商基金	被动指数型
012414.OF	招商中证白酒指数（LOF）C	2021-05-18	83.02	1.00	侯昊	招商基金	被动指数型
512690.SH	鹏华中证酒 ETF	2019-04-04	59.49	0.50	张羽翔	鹏华基金	被动指数型
160632.SZ	鹏华中证酒指数（LOF）A	2015-04-29	34.56	1.00	闫冬、张羽翔	鹏华基金	被动指数型
012043.OF	鹏华中证酒指数（LOF）C	2021-04-14	15.26	1.00	闫冬、张羽翔	鹏华基金	被动指数型

基金规模截至 2022 年一季度末，数据来源：东方财富 Choice 数据。

（3）家用电器指数。

中证全指家用电器指数（代码 930697）是从中证家用电器三级行业中挑选 50 只市值大、流动性好的样本股。

2022 年 4 月，该指数成分股的平均总市值为 265 亿元，个股最大权重为 15%，每半年调整一次样本股。

中证全指家电指数发布于 2015 年 7 月 7 日，基准日期为 2004 年 12 月 31 日，基点为 1000 点。

自基准日 2004 年 12 月 31 日至 2022 年 4 月 29 日（典型熊市）这 17.33 年中，该指数的累计收益率为 791.68%，年化收益率为 13.74%。

该指数自 2015 年 7 月 7 日成立至 2022 年 4 月 29 日（熊市）的累计收益率为 25.58%，年化收益率为 3.87%；至 2021 年 2 月 10 日（阶段高点）的累计收益率为 91.86%，年化收益率为 13.92%。

2022 年 4 月 29 日，中证全指家用电器指数的行业(前十)构成:白色家电 50.10%、家电零部件 12%、小家电 11.49%、黑色家电 6.22%、厨卫电器 6.12%、其他 4.50%、照明设备 2.49%、家居用品 2.39%、其他电源设备 1.41%和电池 1.14%。

同日，中证全指家用电器指数 PE（TTM 市盈率）为 16.33 倍，处于成立以来（近 7 年）25%以下的估值百分位区间。

跟踪中证全指家用电器指数的场内外指数基金明细，详见表 5-34。

表 5-34 中证全指家用电器指数的跟踪基金明细表

基金代码	基金名称	成立日	基金规模/亿元	管理费费率/%	基金经理	基金公司	基金类型
159996.SZ	国泰中证全指家电 ETF	2020-02-27	17.91	0.50	徐成城	国泰基金	被动指数型
560880.SH	广发中证全指家用电器 ETF	2022-03-30	6.83	0.50	陆志明	广发基金	被动指数型
005064.OF	广发中证全指家用电器 ETF 联接 C	2017-09-13	5.40	0.50	陆志明	广发基金	被动指数型
005063.OF	广发中证全指家用电器 ETF 联接 A	2017-09-13	4.51	0.50	陆志明	广发基金	被动指数型
008714.OF	国泰中证全指家用电器 ETF 联接 C	2020-04-03	1.12	0.50	谢东旭	国泰基金	被动指数型
008713.OF	国泰中证全指家用电器 ETF 联接 A	2020-04-03	1.11	0.50	谢东旭	国泰基金	被动指数型

基金代码	基金名称	成立日	基金规模/亿元	管理费费率/%	基金经理	基金公司	基金类型
561120.SH	富国中证全指家用电器 ETF	2022-01-25	1.04	0.50	牛志冬	富国基金	被动指数型

基金规模截至 2022 年一季度末，数据来源：东方财富 Choice 数据。

（4）畜牧养殖指数。

中证畜牧养殖指数（代码 930707）从沪深证券市场中选取最多 50 只市值靠前、流动性好的畜禽饲料、畜禽药物及畜禽养殖类上市公司证券作为样本。

2022 年 4 月该指数成分股数量为 35 只，平均总市值 244 亿元。

中证畜牧养殖指数个股权重上限为 10%，每半年调整一次样本股。

中证畜牧养殖指数发布于 2015 年 7 月 13 日，基准日期为 2011 年 12 月 31 日，基点为 1000 点。

至 2022 年 4 月 29 日（典型熊市中），该指数按基准日和基点回测的累计收益率为 169.83%，回测年化收益率为 10.43%，看起来好像还不错。

但我国的畜牧养殖业中，生猪养殖占到了将近一半的权重，所以指数虽然会跟随大市涨跌，但更重要的是还会受到猪肉价格周期的影响，波动会很大。

所以该指数虽然被归入主要消费大类里，但实际上具有独特的周期属性。投资中证畜牧养殖指数一般不适用估值分析，而是需要准确把握猪肉价格周期，普通投资者想要投资获利并不容易。

而另外，这种大起大落的周期属性反而也使该指数受到冒险者的追捧。

2022 年 4 月 29 日，中证畜牧养殖指数的行业构成是这样的：养殖业 58.65%、饲料 27.83%、动物保健 10.18%、农化制品 1.28%、化学制品 1.20% 和其他 0.86%。

跟踪中证畜牧养殖指数的场内外指数基金明细，详见表 5-35。

表 5-35　中证畜牧养殖指数的跟踪基金明细表

基金代码	基金名称	成立日	基金规模/亿元	管理费费率/%	基金经理	基金公司	基金类型
159865.SZ	国泰中证畜牧养殖 ETF	2021-03-01	24.32	0.50	梁杏	国泰基金	被动指数型
159867.SZ	鹏华中证畜牧养殖 ETF	2021-02-25	5.61	0.50	陈龙	鹏华基金	被动指数型
012725.OF	国泰中证畜牧养殖 ETF 联接 C	2021-07-02	4.28	0.50	梁杏	国泰基金	被动指数型
014414.OF	招商中证畜牧养殖 ETF 联接 A	2022-04-19	1.95	0.50	刘重杰	招商基金	被动指数型
012724.OF	国泰中证畜牧养殖 ETF 联接 A	2021-07-02	1.94	0.50	梁杏	国泰基金	被动指数型
516760.SH	平安中证畜牧养殖 ETF	2021-03-04	1.45	0.50	刘洁倩	平安基金	被动指数型
516670.SH	招商中证畜牧养殖 ETF	2021-03-18	1.06	0.20	刘重杰	招商基金	被动指数型
014415.OF	招商中证畜牧养殖 ETF 联接 C	2022-04-19	0.23	0.50	刘重杰	招商基金	被动指数型

基金规模截至 2022 年一季度末，新成立基金规模截至成立日，数据来源：东方财富 Choice 数据。

（5）传媒动漫指数。

中证传媒指数（代码 399971）从营销与广告、文化娱乐、数字媒体等行业中，选取市值靠前的 50 只上市公司证券作为指数样本，且单个样本权重不超过 10%，前五大样本权重合计不超过 40%。2022 年 4 月，样本股平均总市值为 152 亿元。

中证动漫游戏指数（代码 930901）选取动画、漫画、游戏等相关细分娱乐产业的上市公司证券作为指数样本，单个样本股权重上限为 15%。2022 年 4 月，样本股数量 30 只，平均总市值规模 99 亿元，与中证 1000 指数的平均总市值规模 97 亿元大体相当，具有典型的小盘股特征。

截至 2022 年 5 月 27 日（典型熊市），中证传媒指数和中证动漫游戏指数近 3 年的年化收益率分别为-8.79%和-10.86%，近 5 年的年化收益率分别为-12.53%和-18.06%，差不多算是近 3 至 5 年中最"熊"的细分行业主题指数了。

截至 2022 年 4 月 29 日，两个指数的行业（申万二级）构成如下。

中证传媒指数：游戏 37.59%、广告营销 21.43%、影视院线 12.17%、数字媒体11.01%、电视广播 10.89%、出版 6.26%和互联网电商 0.66%。

中证动漫游戏指数：游戏 90.03%、影视院线 4.54%、软件开发 2.77%、专用设备 1.89%和个护用品 0.77%。

同日，中证传媒指数和中证动漫游戏指数的 PE（TTM 市盈率）分别为 21.74倍和 30.78 倍，都处于自上市以来（5~8 年）25%以下的估值百分位区间。

跟踪它们的指数基金明细，详见表 5-36。

表 5-36 中证传媒指数、中证动漫游戏指数的跟踪基金明细表

基金代码	基金名称	成立日	基金规模/亿元	管理费费率/%	基金经理	基金公司	基金类型
512980.SH	广发中证传媒 ETF	2017-12-27	44.11	0.50	罗国庆	广发基金	被动指数型
004752.OF	广发中证传媒 ETF 联接 A	2018-01-02	15.89	0.50	罗国庆	广发基金	被动指数型
004753.OF	广发中证传媒 ETF 联接 C	2018-01-02	10.07	0.50	罗国庆	广发基金	被动指数型
160629.SZ	鹏华中证传媒指数（LOF）A	2014-12-11	7.63	1.00	张羽翔	鹏华基金	被动指数型
164818.SZ	工银中证传媒指数（LOF）A	2015-05-21	1.74	0.50	刘伟琳	工银瑞信基金	被动指数型
159805.SZ	鹏华中证传媒 ETF	2020-03-06	1.73	0.50	张羽翔	鹏华基金	被动指数型
010677.OF	工银中证传媒指数（LOF）C	2020-11-26	0.25	0.50	刘伟琳	工银瑞信基金	被动指数型
015675.OF	鹏华中证传媒指数（LOF）C	2022-05-10		1.00	张羽翔	鹏华基金	被动指数型
159869.SZ	华夏中证动漫游戏 ETF	2021-02-25	6.20	0.50	徐猛	华夏基金	被动指数型
516010.SH	国泰中证动漫游戏 ETF	2021-02-25	4.95	0.50	徐成城	国泰基金	被动指数型
012769.OF	华夏中证动漫游戏 ETF 联接 C	2021-08-31	2.02	0.50	徐猛	华夏基金	被动指数型
012729.OF	国泰中证动漫游戏 ETF 联接 C	2021-06-24	1.68	0.50	徐成城	国泰基金	被动指数型
012768.OF	华夏中证动漫游戏 ETF 联接 A	2021-08-31	1.36	0.50	徐猛	华夏基金	被动指数型
516770.SH	华泰柏瑞中证动漫游戏 ETF	2021-02-25	1.11	0.50	李茜、李沐阳	华泰柏瑞基金	被动指数型

基金代码	基金名称	成立日	基金规模/亿元	管理费费率/%	基金经理	基金公司	基金类型
012728.OF	国泰中证动漫游戏 ETF 联接 A	2021-06-24	0.51	0.50	徐成城	国泰基金	被动指数型

基金规模截至 2022 年一季度末，新成立基金规模截至成立日，数据来源：东方财富 Choice 数据。

（6）汽车类指数。

中证全指汽车指数（代码 931008）从中证全指指数中选取与汽车主题相对应的行业内上市公司证券作为指数样本，并使单个样本权重不超过 15%。2022 年 4 月，样本股数量为 27 个，平均总市值 436 亿元。

中证 800 汽车与零部件指数（代码 H30015）从中证 800 指数中选取与汽车及其零部件主题相对应行业的上市公司证券作为指数样本，并使单个样本权重不超过 15%。2022 年 4 月，样本股数量为 27 个，平均总市值 544 亿元。

截至 2022 年 5 月 27 日（典型熊市），中证全指汽车指数和中证 800 汽车与零部件指数近 3 年年化收益率分别为 22.08% 和 21.78%，中证 800 汽车与零部件指数近 5 年年化收益率为 6.16%。

截至 2022 年 4 月 29 日，两个指数的行业（申万二级）构成如下。

中证全指汽车指数：乘用车 76.78%、汽车服务 11%、摩托车及其他 8.66%、电机 1.76%、综合 0.70%、铁路公路 0.57% 和医用商业 0.54%。

中证 800 汽车与零部件指数：乘用车 53.46%、汽车零部件 33.32%、商用车 8.50%、专用设备 1.84%、汽车服务 1.63% 和其他 1.25%。

同日，中证全指汽车指数和中证 800 汽车与零部件指数的 PE（TTM 市盈率）分别为 31.76 倍和 28.37 倍，都处于自上市以来（8~9 年）50%~75% 的估值百分位区间。

跟踪它们的指数基金明细，详见表 5-37。

表 5-37　中证全指汽车指数和中证 800 汽车与零部件指数的跟踪基金明细表

基金代码	基金名称	成立日	基金规模/亿元	管理费费率/%	基金经理	基金公司	基金类型
004854.OF	广发中证全指汽车指数 A	2017-07-31	15.90	0.50	陆志明	广发基金	被动指数型
004855.OF	广发中证全指汽车指数 C	2017-07-31	6.11	0.50	陆志明	广发基金	被动指数型
516110.SH	国泰中证 800 汽车与零部件 ETF	2021-04-07	1.74	0.50	徐成城	国泰基金	被动指数型
012973.OF	国泰中证 800 汽车与零部件 ETF 发起联接 A	2021-08-03	0.12	0.50	徐成城	国泰基金	被动指数型
012974.OF	国泰中证 800 汽车与零部件 ETF 发起联接 C	2021-08-03	0.11	0.50	徐成城	国泰基金	被动指数型

基金规模截至 2022 年一季度末，数据来源：东方财富 Choice 数据。

4. 医药医疗类指数

（1）医药宽基类。

①中大市值（平均）类。

沪深 300 医药卫生指数（代码 000913）从沪深 300 指数样本股中选择所有医药卫生类上市公司，2022 年 4 月样本股 38 只，平均总市值 773 亿元。

中证沪港深 500 医药卫生指数（代码 H30463）将中证沪港深 500 指数、中证沪港深互联互通中小综合，以及中证沪港深互联互通综合指数样本中全部医药卫生证券作为样本编制指数。2022 年 4 月样本数量 58 只，样本股平均总市值 731 亿元。

中证细分医药产业主题指数（代码 000814）从沪深证券市场全部医药产业股票中选择 50 只市值靠前、流动性好的样本股。2022 年 4 月样本股平均总市值 540 亿元。

中证医药 50 指数（代码 931140）从沪深证券市场的医药卫生行业中选取规模靠前、经营质量好的 50 只龙头上市公司证券作为指数样本，2022 年 4 月平均总市值 530 亿元。

中证医药卫生指数（代码 000933）从中证 800 指数的样本股中选择所有医药卫生类上市公司，2022 年 4 月样本股数量为 87 只，平均总市值 454 亿元。

中证医药 100 指数（代码 000978）从沪深证券市场全部医药产业股票中选择 100 只市值靠前、流动性好的样本股。2022 年 4 月样本股平均总市值 421 亿元。

上证医药卫生行业指数（代码 000037）从上海证券市场全部医药产业股票中选择最多 50 只市值靠前、流动性好的样本股。2022 年 4 月样本股 46 只，平均总市值 413 亿元。

2012 年 4 月 30 日至 2022 年 4 月 29 日（熊市）这 10 年间，平均总市值最大的沪深 300 医药卫生指数累计收益率为 158.08%，年化收益率为 9.95%，显著低于中证主要消费指数的 13.01%；2011 年 2 月 11 日至 2021 年 2 月 10 日（阶段高点）这 10 年间，沪深 300 医药卫生指数累计收益率为 236.19%，年化收益率为 12.89%，显著低于于中证主要消费指数的 16.77%。

2012 年 4 月 30 日至 2022 年 4 月 29 日（熊市）这 10 年间，平均总市值较小的中证医药卫生指数累计收益率为 120.09%，年化收益率为 8.21%，明显低于大市值的沪深 300 医药卫生指数的 9.95%；2011 年 2 月 11 日至 2021 年 2 月 10 日（阶段高点）这 10 年间，中证医药卫生指数累计收益率为 174.81%，年化收益率为 10.64%，也明显低于沪深 300 医药卫生指数的 12.89%。

而沪深 300 医药卫生指数和中证沪港深 500 医药卫生指数近 3 年的年化收益率分别是 1.07% 和 -3.46%，近 5 年年化收益率分别是 3.68% 和 1.75%。沪深 300 医药卫生指数的收益率好于中证沪港深 500 医药卫生指数。

这些医药卫生指数的行业构成如下所示。

沪深 300 医药卫生指数：医疗服务 30.54%、生物制品 17.94%、医疗器械 17.58%、化学制药 17.05%、中药 10.95%、其他 3.51%和医药商业 2.44%。

中证沪港深 500 医药卫生指数：其他 28.95%、医疗服务 22.15%、化学制药 13.84%、医疗器械 13.44%、生物制品 13.02%、中药 6.83%和医药商业 1.77%。

中证细分医药产业主题指数：医疗服务 27.39%、化学制药 24.31%、生物制品 20.40%、中药 15.04%、医疗器械 4.87%、医药商业 4.19%和其他 3.80%。

中证医药 50 指数：化学制药 24.92%、医疗器械 20.65%、生物制品 18.97%、中药 17.53%、医疗服务 14.14%、其他 2.23%和医药商业 1.56%。

中证医药卫生指数：医疗服务 26.93%、化学制药 19.81%、医疗器械 17.01%、生物制品 15.86%、中药 13.01%、医药商业 3.97%和其他 3.42%。

中证医药 100 指数：化学制药 21.12%、医疗器械 17.68%、其他 16.66%、中药 13.14%、医疗服务 12.52%、生物制品 11.73%和医药商业 7.15%。

上证医药卫生行业指数：医疗服务 25.29%、化学制药 23.38%、中药 18.44%、其他 16.16%、医药商业 7.51%、医疗器械 5.43%和生物制品 3.79%。

2022 年 4 月 29 日，沪深 300 医药卫生指数、中证细分医药产业主题指数、中证医药 50 指数、中证医药卫生指数、中证医药 100 指数和上证医药卫生行业指数的 PE（TTM 市盈率）分别为 32.70 倍、29.57 倍、26.48 倍、28.37 倍、29.48 倍和 30.50 倍，基本上都处于近 10 年间 25%以下的估值百分位区间。

跟踪上述中大市值（平均）类医药宽基指数的场内外指数基金明细，详见表 5-38。

表 5-38　中大市值（平均）类医药宽基指数的跟踪基金明细表

基金代码	基金名称	成立日	基金规模/亿元	管理费费率/%	基金经理	基金公司	基金类型
512010.SH	易方达沪深 300 医药 ETF	2013-09-23	76.59	0.50	余海燕	易方达基金	被动指数型
001344.OF	易方达沪深300医药卫生 ETF联接 A	2017-11-22	2.79	0.50	余海燕	易方达基金	被动指数型
007883.OF	易方达沪深300医药卫生 ETF联接 C	2019-08-20	2.59	0.50	余海燕	易方达基金	被动指数型
517990.SH	招商中证沪港深 500 医药卫生 ETF	2022-05-09	2.27	0.50	许荣漫	招商基金	被动指数型
512120.SH	华安中证细分医药 ETF	2013-12-04	2.27	0.50	苏卿云	华安基金	被动指数型
000376.OF	华安中证细分医药 ETF 联接 C	2014-11-28	0.67	0.50	苏卿云	华安基金	被动指数型
000373.OF	华安中证细分医药 ETF 联接 A	2014-11-28	0.42	0.50	苏卿云	华安基金	被动指数型
515950.SH	富国中证医药 50ETF	2020-03-16	4.03	0.50	王乐乐	富国基金	被动指数型
159838.SZ	博时医药 50ETF	2021-07-22	1.26	0.50	赵云阳	博时基金	被动指数型
012801.OF	富国中证医药 50ETF 联接 A	2021-12-24	0.69	0.50	牛志冬	富国基金	被动指数型
012802.OF	富国中证医药 50ETF 联接 C	2021-12-24	0.36	0.50	牛志冬	富国基金	被动指数型

基金代码	基金名称	成立日	基金规模/亿元	管理费费率/%	基金经理	基金公司	基金类型
015497.OF	华泰紫金中证医药 50 指数发起 A	2022-04-29	0.15	0.30	毛甜	华泰证券（上海）资产管理	被动指数型
015498.OF	华泰紫金中证医药 50 指数发起 C	2022-04-29	0.01	0.30	毛甜	华泰证券（上海）资产管理	被动指数型
159929.SZ	汇添富中证医药卫生 ETF	2013-08-23	8.85	0.50	过蓓蓓	汇添富基金	被动指数型
160635.SZ	鹏华中证医药卫生（LOF）A	2015-08-17	1.06	0.75	张羽翔	鹏华基金	被动指数型
007077.OF	汇添富中证医药 ETF 联接 C	2019-03-26	0.77	0.50	过蓓蓓	汇添富基金	被动指数型
008551.OF	东财医药 A	2020-04-10	0.67	0.50	吴逸	东财基金	被动指数型
007076.OF	汇添富中证医药 ETF 联接 A	2019-03-26	0.62	0.50	过蓓蓓	汇添富基金	被动指数型
008552.OF	东财医药 C	2020-04-10	0.60	0.50	吴逸	东财基金	被动指数型
010366.OF	鹏华中证医药卫生（LOF）C	2020-10-27	0.27	0.75	张羽翔	鹏华基金	被动指数型
512610.SH	嘉实中证医药卫生 ETF	2014-06-13	0.14	0.50	王紫菡	嘉实基金	被动指数型
001551.OF	天弘中证医药 100C	2015-06-30	8.25	0.50	贺雨轩	天弘基金	被动指数型
001550.OF	天弘中证医药 100A	2015-06-30	4.85	0.50	贺雨轩	天弘基金	被动指数型
000059.OF	国联安中证医药 100A	2013-08-21	1.86	0.80	黄欣	国联安基金	被动指数型
006569.OF	国联安中证医药 100C	2018-10-26	0.34	0.80	黄欣	国联安基金	被动指数型
510660.SH	华夏医药 ETF	2013-03-28	1.04	0.50	李俊	华夏基金	被动指数型

基金规模截至 2022 年一季度末，新成立基金规模截至成立日，数据来源：东方财富 Choice 数据。

②中小市值（平均）类。

中证医药主题指数（代码 930791）从沪深证券市场所有医药卫生与药品零售类上市公司中选择不超过 200 家上市企业作为样本股，2022 年 4 月样本股 199 只，平均总市值 254 亿元。

中证全指医药卫生指数（代码 000991）从沪深证券市场中选择所有医药卫生类上市公司作为样本股，2022 年 4 月样本股 269 只，平均总市值 202 亿元。

2012 年 4 月 30 日至 2022 年 4 月 29 日（熊市）这 10 年间，平均总市值为最小的中证全指医药卫生指数累计收益率为 135.21%，年化收益率为 8.93%，明显低于大市值的沪深 300 医药卫生指数的 9.95%；2011 年 8 月 2 日至 2021 年 2 月 10 日（阶段高点）这近 9.5 年间，中证全指医药卫生指数累计收益率为 182.15%，也明显低于于同期沪深 300 医药卫生指数的 263.75%。

2022 年 4 月 29 日，两个指数的行业构成如下。

中证医药主题指数：医疗服务 22.18%、化学制药 20.85%、医疗器械 17.17%、生物制品 13.74%、中药 13.74%、其他 8.17% 和医药商业 4.16%。

中证全指医药卫生指数：化学制药 21.93%、医疗服务 20.63%、医疗器械 17.70%、中药 14.50%、生物制品 13.18%、其他 7.89%、医药商业 4.05% 和一般零售 0.02%。

同日，中证医药主题指数和中证全指医药卫生指数的 PE（TTM 市盈率）分别为 28.92 倍和 29.81 倍，基本上都处于近 10 年或自成立以来 25% 以下的估值百分位区间。

跟踪中证医药主题指数和中证全指医药卫生指数的基金明细，详见表 5-39。

表 5-39　中证医药主题指数和中证全指医药卫生指数的跟踪基金明细表

基金代码	基金名称	成立日	基金规模/亿元	管理费费率/%	基金经理	基金公司	基金类型
159938.SZ	广发中证全指医药卫生 ETF	2014-12-01	23.46	0.50	霍华明	广发基金	被动指数型
001180.OF	广发医药卫生联接 A	2015-05-06	11.18	0.50	霍华明	广发基金	被动指数型
002978.OF	广发医药卫生联接 C	2016-07-06	1.73	0.50	霍华明	广发基金	被动指数型
005112.OF	银华中证全指医药卫生指数增强发起式	2017-09-28	1.42	1.00	秦锋	银华基金	增强指数型
161035.SZ	富国中证医药主题指数增强型（LOF）A	2016-11-11	5.10	1.20	牛志冬、蔡卡尔	富国基金	增强指数型
012402.OF	天弘中证医药指数增强 C	2021-08-31	0.52	0.60	刘笑明、杨超	天弘基金	增强指数型
005626.OF	富国中证医药主题指数增强型（LOF）C	2021-08-17	0.48	1.20	牛志冬、蔡卡尔	富国基金	增强指数型
012401.OF	天弘中证医药指数增强 A	2021-08-31	0.43	0.60	刘笑明、杨超	天弘基金	增强指数型

基金规模截至 2022 年一季度末，数据来源：东方财富 Choice 数据。

（2）细分医药医疗。

①中证创新药产业指数（代码 931152）从沪深证券市场内主营业务涉及创新药研发的上市公司证券中，选取不超过 50 只最具代表性的上市公司证券作为指数样本。2022 年 4 月样本平均总市值 239 亿元。

中证沪港深创新药产业指数（代码 931409）从沪深证券市场及港股市场内符合港股通条件、主营业务涉及创新药研发的上市公司证券中，选取不超过 50 只最具代表性的上市公司证券作为指数样本。2022 年 4 月样本平均总市值 324 亿元。

中证医药及医疗器械创新指数（代码 931484）从沪深证券市场医药卫生行业的上市公司中，选取 30 只赢利能力较好且具备一定成长性和研发创新能力的上市公司证券作为指数样本。2022 年 4 月样本平均总市值 329 亿元。

创新类医药指数发布时间较短，缺少翔实的过往收益率数据。

不过，我们从中证指数官网上可以获知近 5 年创新类医药指数与沪深 300 医药指数和中证医药 100 指数的对比数据。

截至 2022 年 5 月 23 日（较典型熊市中），中证创新药产业指数近 3 年和近 5 年的年化收益率分别为 8.91% 和 8.15%，中证沪港深创新药产业指数近 3 年和近 5 年年化收益率分别为 6.57% 和 7.07%，显著好于沪深 300 医药卫生指数（5.23% 和 3.16%）

和中证医药 100 指数（4.76%和 0.71%）。

2022 年 4 月 29 日，三个细分指数的行业（申万三级）构成如下。

中证创新药产业指数：医疗研发外包 29.80%、化学制剂 25.90%、疫苗 17.94%、其他生物制品 9.26%、其他 7.29%、化学原料药 3.35%、中药 2.83%、医药流通 1.91% 和血液制品 1.71%。

中证沪港深创新药产业指数：其他 34.51%、医疗研发外包 23.72%、化学制剂 19.65%、疫苗 12.21%、其他生物制品 5.83%、中药 1.31%、医药流通 1.30%、血液制品 1.16%和化学原料药 0.29%。

中证医药及医疗器械创新指数：疫苗 17.71%、医院 14.41%、医疗设备 12.71%、其他 12%、化学制剂 9.68%、医疗研发外包 9.49%、体外诊断 8.51%、医疗耗材 7.59%、其他生物制品 5.77%和中药 2.45%。

同日，中证创新药产业指数与中证医药和医疗器械创新指数 PE（TTM 市盈率）分别为 32.70 倍和 28.78 倍，都处于上市以来 25%以下的估值百分位区间。

跟踪以上三个创新类医药指数的场内外指数基金明细，详见表 5-40。

表 5-40　中证创新药产业指数、中证沪港深创新药产业指数、
中证医药及医疗器械创新指数的跟踪基金明细表

基金代码	基金名称	成立日	基金规模/亿元	管理费费率/%	基金经理	基金公司	基金类型
159992.SZ	银华中证创新药产业 ETF	2020-03-20	38.59	0.50	王帅、马君	银华基金	被动指数型
515120.SH	广发中证创新药产业 ETF	2020-12-03	14.29	0.50	罗国庆	广发基金	被动指数型
516080.SH	易方达中证创新药产业 ETF	2021-02-03	2.78	0.15	成曦	易方达基金	被动指数型
560900.SH	上投摩根中证创新药产业 ETF	2022-05-19	2.09	0.30	胡迪	上投摩根基金	被动指数型
012738.OF	广发中证创新药产业 ETF 联接 C	2021-07-07	2.04	0.50	罗国庆	广发基金	被动指数型
516060.SH	工银瑞信中证创新药产业 ETF	2021-02-09	1.00	0.45	邓皓友、史宝珑	工银瑞信基金	被动指数型
159858.SZ	南方中证创新药产业 ETF	2021-03-12	0.88	0.15	罗文杰、朱恒红	南方基金	被动指数型
012737.OF	广发中证创新药产业 ETF 联接 A	2021-07-07	0.82	0.50	罗国庆	广发基金	被动指数型
159835.SZ	建信中证创新药产业 ETF	2021-03-11	0.64	0.50	龚佳佳	建信基金	被动指数型
013011.OF	工银中证创新药产业 ETF 发起式联接 A	2021-12-29	0.11	0.45	邓皓友	工银瑞信基金	被动指数型
012781.OF	银华中证创新药产业 ETF 发起式联接 A	2021-12-30	0.10	0.50	王帅	银华基金	被动指数型
012782.OF	银华中证创新药产业 ETF 发起式联接 C	2021-12-30	0.04	0.50	王帅	银华基金	被动指数型
013012.OF	工银中证创新药产业 ETF 发起式联接 C	2021-12-29	0.01	0.45	邓皓友	工银瑞信基金	被动指数型

基金代码	基金名称	成立日	基金规模/亿元	管理费费率/%	基金经理	基金公司	基金类型
517120.SH	华泰柏瑞中证沪港深创新药产业ETF	2021-07-08	3.52	0.50	柳军	华泰柏瑞基金	被动指数型
159748.SZ	富国中证沪港深创新药产业ETF	2021-11-24	1.94	0.50	蔡卡尔（休产假）、牛志冬（代）	富国基金	被动指数型
517110.SH	国泰中证沪港深创新药产业ETF	2021-09-08	1.66	0.50	梁杏	国泰基金	被动指数型
014129.OF	东财中证沪港深创新药指数发起式C	2021-11-18	0.37	0.50	吴逸、姚楠燕	东财基金	被动指数型
014128.OF	东财中证沪港深创新药指数发起式A	2021-11-18	0.33	0.50	吴逸、姚楠燕	东财基金	被动指数型
014117.OF	国泰中证沪港深创新药产业ETF发起联接A	2021-11-22	0.10	0.50	梁杏	国泰基金	被动指数型
014118.OF	国泰中证沪港深创新药产业ETF发起联接C	2021-11-22	0.10	0.50	梁杏	国泰基金	被动指数型
516820.SH	平安中证医药及医疗器械创新ETF	2021-06-09	8.32	0.50	钱晶	平安基金	被动指数型
560600.SH	方正富邦中证医药及医疗器械创新ETF	2022-03-03	2.33	0.50	徐维君、于润泽	方正富邦基金	被动指数型
013873.OF	平安中证医药及医疗器械创新指数发起式A	2022-03-11	0.12	1.00	钱晶	平安基金	被动指数型
013874.OF	平安中证医药及医疗器械创新指数发起式C	2022-03-11	0.04	1.00	钱晶	平安基金	被动指数型

基金规模截至 2022 年一季度末，新成立基金规模截至成立日，数据来源：东方财富 Choice 数据。

②**中证生物医药指数**（代码 930726）从沪深证券市场中选取提供细胞医疗、基因测序、血液制品、生物技术药物、疫苗、体外诊断等产品和服务的 30 只上市公司证券作为指数样本。2022 年 4 月，样本股平均总市值为 633 亿元。

根据中证指数官网 2022 年 5 月 23 日（较典型熊市中）数据，中证生物医药指数近 3 年和近 5 年的年化收益率分别为 6.53% 和 4.49%，稍好于沪深 300 医药卫生指数的 5.23% 和 3.16%，逊于中证创新药产业指数的 8.91% 和 8.15%。

2022 年 4 月 29 日，该指数行业构成如下所示。疫苗 18.97%、医疗研发外包 16.17%、医疗设备 16.12%、化学制剂 13.70%、体外诊断 9.97%、其他生物制品 8.59%、其他 8.36%、血液制品 5.92% 和中药 2.20%。

同日，中证生物医药指数 PE（TTM 市盈率）为 32.23 倍，处于上市以来（近 7 年）25% 以下的估值百分位区间。

跟踪中证生物医药指数的基金明细，详见表 5-41。

表 5-41 中证生物医药指数的跟踪基金明细表

基金代码	基金名称	成立日	基金规模/亿元	管理费费率/%	基金经理	基金公司	基金类型
512290.SH	国泰中证生物医药 ETF	2019-04-18	34.44	0.50	梁杏、黄岳	国泰基金	被动指数型
006757.OF	国泰中证生物医药 ETF 联接 C	2019-04-16	5.65	0.50	梁杏、黄岳	国泰基金	被动指数型
006756.OF	国泰中证生物医药 ETF 联接 A	2019-04-16	2.49	0.50	梁杏、黄岳	国泰基金	被动指数型

基金规模截至 2022 年一季度末，数据来源：东方财富 Choice 数据。

③中证医疗指数（代码 399989）从沪深证券市场内业务涉及医疗器械、医疗服务、医疗信息化等医疗主题的医药卫生行业上市公司中选取不超过 50 只证券作为指数样本。2022 年 4 月样本股数量为 49 只，平均总市值为 443 亿元。

中证全指医疗保健设备与服务指数（代码 H30178）从中证全指指数中选取不低于 50 只与医疗保健主题相对应的行业内上市公司证券作为指数样本。2022 年 4 月该指数的样本股数量为 70 只，平均总市值 245 亿元。

根据中证指数官网 2022 年 5 月 23 日（较典型熊市）数据，中证医疗指数近 3 年和近 5 年的年化收益率分别是 13.15% 和 9.19%，中证全指医疗保健设备与服务指数近 3 年和近 5 年的年化收益率分别为 13.15% 和 11.58%，都显著好于中证创新药产业指数的 8.91% 和 8.15%，更好于沪深 300 医药卫生指数的 5.23% 和 3.16%。

2022 年 4 月 29 日，上述两个指数的行业构成如下所示。

中证医疗指数：医疗研发外包 29.07%、其他 18.29%、医疗设备 14.77%、医院 14.60%、疫苗 18.97%、体外诊断 11.66%、医疗耗材 9.61% 和垂直应用软件 2.01%。

中证全指医疗保健设备与服务指数：其他 25.13%、体外诊断 20.76%、医疗设备 18.49%、医疗耗材 18.02% 和医院 17.59%。

同日，中证医疗指数 PE（TTM 市盈率）为 34.46 倍，处于上市以来（近 8 年）25% 以下的估值百分位区间；中证全指医疗保健设备与服务指数的 PE（TTM 市盈率）为 28.02 倍，处于上市以来（近 9 年）25% 以下的估值百分位区间。

跟踪中证医疗指数和中证全指医疗保健设备与服务指数的场内外基金明细见表 5-42。

表 5-42 中证医疗指数、中证全指医疗保健设备与服务指数的跟踪基金明细表

基金代码	基金名称	成立日	基金规模/亿元	管理费费率/%	基金经理	基金公司	基金类型
512170.SH	华宝中证医疗 ETF	2019-05-20	130.22	0.50	胡洁	华宝基金	被动指数型
162412.SZ	华宝医疗 ETF 联接 A	2015-05-21	40.85	0.50	胡洁	华宝基金	被动指数型
159828.SZ	国泰中证医疗 ETF	2020-12-24	13.16	0.50	梁杏、黄岳	国泰基金	被动指数型
502056.SH	广发中证医疗指数（LOF）A	2015-07-23	9.58	0.50	罗国庆	广发基金	被动指数型
009881.OF	广发中证医疗指数（LOF）C	2020-08-26	7.80	0.50	罗国庆	广发基金	被动指数型

基金代码	基金名称	成立日	基金规模/亿元	管理费费率/%	基金经理	基金公司	基金类型
012323.OF	华宝医疗 ETF 联接 C	2021-05-13	5.58	0.50	胡洁	华宝基金	被动指数型
159847.SZ	易方达中证医疗 ETF	2021-07-08	2.80	0.15	张湛	易方达基金	被动指数型
012635.OF	国泰中证医疗 ETF 联接 C	2021-06-23	0.34	0.50	梁杏	国泰基金	被动指数型
012634.OF	国泰中证医疗 ETF 联接 A	2021-06-23	0.24	0.50	梁杏	国泰基金	被动指数型
014603.OF	嘉实中证医疗指数发起式 C	2022-01-20	0.21	0.50	李直、王紫菡	嘉实基金	被动指数型
014602.OF	嘉实中证医疗指数发起式 A	2022-01-20	0.13	0.50	李直、王紫菡	嘉实基金	被动指数型
516790.SH	华泰柏瑞中证医疗保健 ETF	2021-08-12	1.60	0.50	柳军	华泰柏瑞基金	被动指数型
159873.SZ	天弘中证全指医疗保健设备与服务 ETF	2021-03-16	1.43	0.50	沙川、贺雨轩	天弘基金	被动指数型
159891.SZ	建信中证全指医疗保健设备与服务 ETF	2021-05-27	1.40	0.50	龚佳佳	建信基金	被动指数型
159877.SZ	南方中证全指医疗保健设备与服务 ETF	2021-10-22	1.14	0.50	罗文杰、朱恒红	南方基金	被动指数型
516610.SH	大成中证全指医疗保健设备与服务 ETF	2021-04-29	0.69	0.50	夏高、刘森	大成基金	被动指数型
012327.OF	天弘中证全指医疗保健设备与服务 ETF 发起式联接 C	2021-06-29	0.50	0.50	沙川、贺雨轩	天弘基金	被动指数型
012326.OF	天弘中证全指医疗保健设备与服务 ETF 发起式联接 A	2021-06-29	0.17	0.50	沙川、贺雨轩	天弘基金	被动指数型

基金规模截至 2022 年一季度末，数据来源：东方财富 Choice 数据。

④**中证全指数医疗器械指数**（代码 H30217）从中证全指数的样本中选择不低于 50 只三级中证行业医疗器械的上市公司证券作为样本股。2022 年 4 月该指数的样本股数量为 66 只，平均总市值为 221 亿元。

根据中证指数官网 2022 年 5 月 23 日（较典型熊市）数据，中证全指医疗器械指数近 3 年和近 5 年的年化收益率分别为 11.05% 和 5.42%，逊于中证医疗指数的 13.15% 和 9.19%。

2022 年 4 月 29 日，该指数的行业构成：其他 29.42%、医疗设备 25.06%、体外诊断 24.31% 和医疗耗材 21.21%。

同日，中证全指医疗器械指数的 PE（TTM 市盈率）为 24.93 倍，处于上市以来（近 9 年）25% 以下的估值百分位区间。

跟踪中证全指医疗器械指数的基金明细，详见表 5-43。

表 5-43　中证全指医疗器械指数的跟踪基金明细表

基金代码	基金名称	成立日	基金规模/亿元	管理费费率/%	基金经理	基金公司	基金类型
159883.SZ	永赢中证全指医疗 ETF	2021-04-22	9.17	0.50	万纯	永赢基金	被动指数型
159797.SZ	汇添富中证全指医疗器械 ETF	2022-04-28	2.85	0.15	董瑾	汇添富基金	被动指数型
159898.SZ	招商中证全指医疗器械 ETF	2021-05-27	1.61	0.50	苏燕青、许荣漫	招商基金	被动指数型
013416.OF	永赢中证全指医疗器械 ETF 发起联接 C	2021-11-22	0.81	0.50	万纯	永赢基金	被动指数型
013415.OF	永赢中证全指医疗器械 ETF 发起联接 A	2021-11-22	0.40	0.50	万纯	永赢基金	被动指数型

基金规模截至 2022 年一季度末，数据来源：东方财富 Choice 数据。

⑤中证医药健康策略 100 指数（代码 931166）从沪深证券市场医药健康相关产业中选取高 ROE、高增速且兼具低估值水平的 100 只上市公司证券作为指数样本。

根据中证指数官网 2022 年 5 月 23 日（较典型熊市）数据，中证医药健康策略 100 指数近 3 年和后 5 年的年化收益率分别为 7.81% 和 5.40%，逊于中证医疗指数的 13.15% 和 9.19%。

2022 年 4 月 29 日，该指数行业构成：化学制剂 21.14%、中药 14.04%、医疗设备 11.07%、体外诊断 8.98%、其他 8.04%、疫苗 7.58%、其他生物制品 7.55%、医疗研发外包 6.84%、医疗耗材 5.28%、化学原料药 4.49%、血液制品 2.30%、医院 1.92%、线下药店 0.40% 和医药流通 0.37%。

同日，中证医药健康策略 100 指数 PE（TTM 市盈率）为 22.86 倍，处于上市以来（近 3 年）25% 以下的估值百分位区间。

跟踪中证医药健康策略 100 指数的基金明细，详见表 5-44。

表 5-44　中证医药健康策略 100 指数的跟踪基金明细表

基金代码	基金名称	成立日	基金规模/亿元	管理费费率/%	基金经理	基金公司	基金类型
515960.SH	嘉实医药健康 100ETF	2020-04-24	3.20	0.50	王紫菡	嘉实基金	被动指数型
008155.OF	嘉实医药健康 100ETF 联接 C	2021-04-06	2.03	0.50	王紫菡	嘉实基金	被动指数型
008154.OF	嘉实医药健康 100ETF 联接 A	2021-04-06	0.27	0.50	王紫菡	嘉实基金	被动指数型

基金规模截至 2022 年一季度末，数据来源：东方财富 Choice 数据。

⑥中证中药指数（代码 930641）选取沪港证券市场中最多 50 只涉及中药生产与销售等业务的上市公司证券作为样本。2022 年 4 月样本股数量为 49 只，平均总市值为 168 亿元。

根据中证指数官网 2022 年 5 月 23 日（较典型熊市）数据，中证中药指数近 3 年和近 5 年的年化收益率分别为 6.45% 和 –1.88%，逊于沪深 300 医药指数的 5.23% 和 3.16%。

2022 年 4 月 29 日，中证中药指数的行业构成是中药 96.36% 和化学制剂 3.64%。

同日，中证中药指数 PE（TTM 市盈率）分别为 27.64 倍，处于上市以来（近 9 年）25%~50% 的估值百分位区间。

跟踪中证中药指数的基金明细，详见表 5-45。

表 5-45　中证中药指数的跟踪基金明细表

基金代码	基金名称	成立日	基金规模/亿元	管理费费率/%	基金经理	基金公司	基金类型
501011.SH	汇添富中证中药指数（LOF）A	2016-12-29	15.23	0.75	过蓓蓓	汇添富基金	被动指数型
501012.SH	汇添富中证中药指数（LOF）C	2016-12-29	8.91	0.75	过蓓蓓	汇添富基金	被动指数型

基金规模截至 2022 年一季度末，数据来源：东方财富 Choice 数据。

⑦**中证医药研发服务主题指数**（代码 931750）在沪深证券市场中选取不超过 50 只为制药企业提供药物研究、开发和生产等服务的上市公司证券作为样本。

中证沪港深医药研发服务主题指数（代码 931751）在沪港深证券市场中选取不超过 50 只为制药企业提供药物研究、开发和生产等服务的上市公司证券作为样本。

根据中证指数官网 2022 年 5 月 23 日数据，中证医药研发服务主题指数近 3 年的年化收益率为 31.97%，中证沪港深医药研发服务主题指数近 3 年的年化收益率为 29.20%。

这两个医药研发服务（CXO）主题指数近 3 年的收益率是所有医药医疗指数中最好的。

但因为发布时间太短（2021 年 9 月 27 日发布），所以目前还没有跟踪基金。

5. 小结

（1）过往 10 年间中证白酒指数收益率最高，白酒权重最大的食品饮料指数其次，包括畜牧养殖的主要消费比食品饮料又要低一些，包括可选消费的综合类消费指数更低。

（2）中证主要消费红利指数从 2013 年 7 月 2 日成立以来的收益率仅次于中证白酒指数，远高于中证主要消费指数。而中证主要消费红利指数的白酒权重仅为 13.04%，远低于中证消费指数的 43.67%。因此，中证主要消费红利指数的红利策略过往有效性非常高，是一个值得重点关注的消费指数。

（3）在细分消费里，中证传媒指数和中证动漫游戏指数是近 3 至 5 年最"熊"的消费指数，未来能否迎来均值回归，让我们拭目以待。

（4）医药类宽基指数中，成分股平均总市值最大的沪深 300 医药卫生指数过往收益率最好，符合行业向龙头集中的事实。

（5）创新类医药指数过往 3 年至 5 年的收益率好于沪深 300 医药卫生指数。

医疗类指数的收益率又好于创新类医药指数。

在所有医药医疗行业主题指数中，医药研发服务主题指数过往 3 年的收益率最好，但此类指数成立时间太短，暂时还没有跟踪基金。

5.4.2　成长风格行业主题指数

成长通常意味着企业的营收和净利润能够维持较高增长，或者具有较高的增长潜力。

新能源、电子、信息技术、互联网等泛科技行业或新兴产业大都属于成长风格。

1. 泛科技指数

中证科技 50 指数（代码 931380）从沪深证券市场科技相关行业中选取 50 只市值靠前、流动性好的上市公司证券作为指数样本，成分个股权重上限为 10%。2022 年 4 月，样本股平均总市值 1033 亿元。

中证科技龙头指数（代码 931087）从沪深证券市场的电子、计算机、通信、生物科技等科技领域中选取规模靠前、市占率高、成长能力强、研发投入高的 50 只上市公司证券作为指数样本，成分个股权重上限为 10%。2022 年 4 月，样本股平均总市值 646 亿元。

中证科技 100 指数（代码 931187）从沪深证券市场的科技主题样本空间中选取 100 只研发强度较高、赢利能力较强且兼具成长特征的科技龙头上市公司证券作为指数样本，成分个股权重上限为 5%。2022 年 4 月，样本股平均总市值 393 亿元。

中证沪港深科技龙头指数（代码 931524）从沪港深三地市场选取 50 只市值较大、市占率较高、研发投入较多的科技领域龙头上市公司证券作为指数样本，成分个股权重上限为 10%，前五大成分股权重上限为 40%。2022 年 4 月，样本股平均总市值 1776 亿元。

中证港股通科技主题指数（代码 931573）从港股通范围内选取 50 只市值靠前、研发投入较高且营收增速较好的科技龙头上市公司证券作为指数样本。2022 年 4 月，样本股平均总市值 1421 亿元。

恒生科技指数（代码 HSTECH）从中国香港证券市场中选取最大的 30 只科技企业证券作为样本，个股最大权重为 8%。2022 年 4 月，样本股平均总市值 3140 亿元。

上述泛科技指数成立时间都不长，没有近 10 年的翔实数据，只能从中证指数官网获取近 3 年和近 5 年的模拟回测收益。

2022 年 5 月 24 日（典型熊市中），中证科技 50 指数、中证科技龙头指数、中证科技 100 指数、中证沪港深科技龙头指数和中证港股通科技主题指数近 3 年的年化收益率分别为 13.89%、9.18%、14.25%、7.24%和14.24%，近 5 年的年化收益率分别是 10.58%、4.10%、10.03%、4.36%和9.06%。

恒生科技指数因受中概股大幅下跌的影响，近 5 年的累计收益率则为–8.64%。

分析各指数的行业构成发现，中证科技 50 指数和中证科技 100 指数的行业（申万）结构非常相似，中证科技 50 指数的前四大权重行业分别是医药生物 23.79%、电子 23.62%、计算机 19.73%和电力设备及新能源 14.67%，中证科技 100 指数的前四大权重行业及排序与其完全一样，只是占比略有不同，分别是 26.53%、26.01%、18.70%和16.84%。所以虽然成分股数量相差一倍，平均总市值为规模相差一倍还不止，但这两个指数近 3 年和近 5 年的收益率非常接近。

中证科技龙头指数的行业结构与中证科技 50 指数和中证科技 100 指数相差就很大，前四大权重行业分别是电子 38.56%、计算机 28.43%、医药生物 17.42%和通信 7.85%，所以近 3 年与近 5 年的收益就与中证科技 50 指数和中证科技 100 指数相差一大截。

中证沪港深科技龙头指数的前四大权重行业分别是其他 38.93%、医药生物 21.62%、电子 17.22%和计算机 12.91%；中证港股通科技主题指数前四大权重行业分别是医药生物 27%、电子 20.99%、传媒 18.05%和汽车 13.79%。

而恒生科技指数的行业构成更特别，资讯科技这一个行业的占比就达到了 77.49%，与恒生互联网科技业指数的行业结构差不多。

是不是过去 3 至 5 年收益率好的科技指数就一定会继续好下去呢？这个还真不一定。

因为过去 3 至 5 年，医药生物、半导体和新能源的收益率已经够好了，会不会透支未来几年的行情呢？中概互联网个股在 2021—2022 年下跌太多，比它们占比更高的恒生科技指数说不定更值得期待。

2022 年 4 月 29 日，中证科技 50 指数、中证科技 100 指数和中证科技龙头指数的 PE（TTM 市盈率）分别是 30.92 倍、20.75 倍和24.64 倍，都是处于自成立以来（不到 3 年）25%以下的估值百分位区间。

跟踪以上中证系列科技指数的场内外指数基金明细，详见表 5-46。

表 5-46　中证系列科技指数的场内外指数基金明细

基金代码	基金名称	成立日	基金规模/亿元	管理费费率/%	基金经理	基金公司	基金类型
159807.SZ	易方达中证科技 50ETF	2020-03-16	5.89	0.15	张湛	易方达基金	被动指数型
012718.OF	易方达中证科技 50ETF 联接 C	2022-02-14	2.83	0.15	张湛	易方达基金	被动指数型

基金代码	基金名称	成立日	基金规模/亿元	管理费费率/%	基金经理	基金公司	基金类型
012717.OF	易方达中证科技 50ETF 联接 A	2022-02-14	0.13	0.15	张湛	易方达基金	被动指数型
515580.SH	华泰柏瑞中证科技 100ETF	2019-09-27	4.33	0.50	谭弘翔	华泰柏瑞基金	被动指数型
008399.OF	华泰柏瑞中证科技 ETF 联接 A	2020-02-26	2.22	0.50	谭弘翔	华泰柏瑞基金	被动指数型
010203.OF	天弘中证科技 100 指数增强 C	2020-10-28	2.17	0.60	杨超、刘笑明	天弘基金	增强指数型
010202.OF	天弘中证科技 100 指数增强 A	2020-10-28	0.70	0.60	杨超、刘笑明	天弘基金	增强指数型
008400.OF	华泰柏瑞中证科技 ETF 联接 C	2020-02-26	0.35	0.50	谭弘翔	华泰柏瑞基金	被动指数型
159853.SZ	南方中证科技 100ETF	2021-09-29	0.29	0.15	龚涛	南方基金	被动指数型
515000.SH	华宝中证科技龙头 ETF	2019-07-22	37.65	0.50	胡洁	华宝基金	被动指数型
007874.OF	华宝科技 ETF 联接 C	2019-08-30	7.06	0.50	胡洁	华宝基金	被动指数型
516050.SH	工银中证科技龙头 ETF	2021-01-21	5.90	0.45	刘伟琳	工银瑞信基金	被动指数型
007873.OF	华宝科技 ETF 联接 A	2019-08-30	4.62	0.50	胡洁	华宝基金	被动指数型
012882.OF	工银科技龙头 ETF 发起式联接 A	2021-07-22	0.16	0.45	刘伟琳	工银瑞信基金	被动指数型
012883.OF	工银科技龙头 ETF 发起式联接 C	2021-07-22	0.04	0.45	刘伟琳	工银瑞信基金	被动指数型
517350.SH	广发中证沪港深科技龙头 ETF	2021-05-20	1.29	0.50	罗国庆	广发基金	被动指数型
159723.SZ	汇添富中证沪港深科技龙头 ETF	2021-09-27	0.52	0.15	乐无穹	汇添富基金	被动指数型
517270.SH	浦银安盛中证沪港深科技龙头 ETF	2021-12-30	0.36	0.50	高钢杰	浦银安盛基金	被动指数型
012809.OF	鹏华中证沪港深科技龙头指数（LOF）C	2021-12-07	0.24	0.60	闫冬	鹏华基金	被动指数型
513980.SH	景顺长城中证港股通科技 ETF	2021-06-21	5.03	0.50	崔俊杰、张晓南	景顺长城基金	被动指数型
513020.SH	国泰中证港股通科技 ETF	2022-01-19	0.76	0.50	梁杏、吴向军	国泰基金	被动指数型
513860.SH	海富通中证港股通科技 ETF	2021-06-17	3.87	0.50	江勇、陶意非	海富通基金	被动指数型
159751.SZ	鹏华中证港股通科技 ETF	2021-12-10	0.90	0.60	张羽翔	鹏华基金	被动指数型
513150.SH	华泰柏瑞中证港股通科技 ETF	2022-01-25	0.67	0.50	何琦、谭弘翔	华泰柏瑞基金	被动指数型

基金规模截至 2022 年一季度末，数据来源：东方财富 Choice 数据。

而跟踪恒生科技指数的 QDII 基金明细，见表 5-47。

表 5-47　恒生科技指数的QDII基金明细

基金代码	基金名称	成立日	基金规模/亿元	管理费费率/%	基金经理	基金公司	基金类型
513180.SH	华夏恒生科技 ETF（QDII）	2021-05-18	89.43	0.50	徐猛	华夏基金	被动指数型
513130.SH	华泰柏瑞南方东英恒生科技（QDII-ETF）	2021-05-24	48.46	0.20	何琦、柳军	华泰柏瑞基金	被动指数型
513010.SH	易方达恒生科技（QDII-ETF）	2021-05-18	26.24	0.20	成曦、范冰	易方达基金	被动指数型

基金代码	基金名称	成立日	基金规模/亿元	管理费费率/%	基金经理	基金公司	基金类型
012348.OF	天弘恒生科技指数（QDII）A	2021-07-06	23.33	0.60	胡超、LIU DONG（刘冬）	天弘基金	增强指数型
012349.OF	天弘恒生科技指数（QDII）C	2021-07-06	14.77	0.60	胡超、LIU DONG（刘冬）	天弘基金	增强指数型
159740.SZ	大成恒生科技ETF（QDII）	2021-05-18	7.06	0.50	冉凌浩	大成基金	被动指数型
513580.SH	华安恒生科技（QDII-ETF）	2021-05-20	4.91	0.50	倪斌、苏卿云	华安基金	被动指数型
012805.OF	广发恒生科技指数（QDII）C	2021-08-11	4.57	0.50	刘杰、霍华明	广发基金	被动指数型
159742.SZ	博时恒生科技ETF（QDII）	2021-05-17	3.73	0.50	万琼	博时基金	被动指数型
159741.SZ	嘉实恒生科技ETF（QDII）	2021-05-26	3.29	0.60	李直、王紫菡	嘉实基金	被动指数型
013309.OF	易方达恒生科技 ETF 联接（QDII）C	2022-04-29	3.03	0.20	成曦	易方达基金	被动指数型
013402.OF	华夏恒生科技 ETF 发起式联接（QDII）A	2021-09-28	2.27	0.50	徐猛	华夏基金	被动指数型
013403.OF	华夏恒生科技 ETF 发起式联接（QDII）C	2021-09-28	2.25	0.50	徐猛	华夏基金	被动指数型
513380.SH	广发恒生科技（QDII-ETF）	2022-04-27	2.17	0.50	刘杰	广发基金	被动指数型
012804.OF	广发恒生科技指数（QDII）A	2021-08-11	2.16	0.50	刘杰、霍华明	广发基金	被动指数型
513890.SH	上投摩根恒生科技 ETF（QDII）	2021-12-17	2.10	0.50	张军、何智豪、胡迪	上投摩根基金	被动指数型

基金规模截至 2022 年一季度末，数据来源：东方财富 Choice 数据。

2. 新能源指数

新能源是近些年除白酒外又一个具备高收益率特征的板块。而这种高收益率源自行业持续的高景气度，且这种高景气度在未来数年大概率将继续维持。

新能源未来数年长期维持高景气度的确定性来自"双碳目标"：2030 年碳达峰和 2060 年碳中和。要想实现双碳目标，就必须依靠碳排放少或者没有碳排放的新的获取能源或应用能源的方式。

从我们的能源消费结构来看，2020 年，煤炭消费量占能源消费总量的 56.80%，石油消费量占能源消费总量的 18.90%，光伏、风电、天然气、水电、核电等清洁能源消费量占能源消费总量的 24.30%。也就是说碳排放量大的煤炭和石油消费量仍然占到 75.70%。

所以发展新能源，从能源的生产到应用（消费）实现低碳目标任重道远。

换一个角度看，新能源行业的前景无比广阔，未来多年的高景气是可以期待的。

我们现在就来盘点一下新能源系列指数。

（1）新能源行业指数。

中证内地新能源主题指数（代码000941）从沪深证券市场中涉及新能源生产、新能源存储，以及新能源汽车等业务的上市公司证券中选取新能源业务规模较大、赢利较好的50只样本作为指数样本，成分个股最大权重为15%，前五大成分股权重上限为60%。2022年4月，成分股平均总市值为832亿元。

中证新能源指数（399808）选取沪深证券市场中不超过80只涉及可再生能源生产、新能源应用、新能源存储，以及新能源交互设备等业务的上市公司证券作为指数样本，成分个股权重上限为10%。2022年4月，成分股平均总市值为617亿元。

2012年4月30日至2022年4月29日（熊市）这10年间，中证内地新能源主题指数累计收益率为138.52%，年化收益率为9.08%；2011年10月30日至2021年10月29日（阶段高点）这10年间，中证内地新能源主题指数累计收益率为205.59%，年化收益率为11.82%。

中证新能源指数成立于2015年，没有近10年的过往数据，不过可以在中证指数官网查到近3年和近5年的收益率数据并与中证内地新能源主题指数进行比较。

2022年5月25日（典型熊市中），中证新能源指数近3年和近5年年化收益率分别为38.53%和17.67%，与中证内地新能源主题指数的38.48%和18.70%基本相当。

这两个指数的行业结构也大体相似，2022年4月29日，中证内地新能源主题指数前四大权重行业分别是电力设备77.47%、有色金属9.91%、公用事业7.69%和其他4.01%，中证新能源指数前四大权重行业分别是电力设备71.05%、有色金属13.47%、公用事业9.62%和其他5.33%。

2022年4月29日，中证内地新能源主题指数和中证新能源指数的PE（TTM市盈率）分别为32.04倍和29.40倍，大体上都处于近10年或成立以来25%左右的估值百分位区间。

从市值规模、行业结构、估值水平、过往收益率这几项指标来看，从这两个指数中选择哪个进行投资实际上差别不大。

跟踪这两个指数的场内外指数基金明细，详见表5-48。

表5-48　中证新能源指数及中证内地新能源主题指数跟踪基金明细表

基金代码	基金名称	成立日	基金规模/亿元	管理费费率/%	基金经理	基金公司	基金类型
516160.SH	南方中证新能源ETF	2021-01-22	25.17	0.15	龚涛	南方基金	被动指数型
159875.SZ	嘉实中证新能源ETF	2021-08-09	4.86	0.50	田光远	嘉实基金	被动指数型
516090.SH	易方达中证新能源ETF	2021-03-11	3.63	0.15	张湛	易方达基金	被动指数型
014238.OF	东财中证新能源指数增强C	2021-12-07	2.28	1.20	杨路炜、姚楠燕	东财基金	增强指数型

基金代码	基金名称	成立日	基金规模/亿元	管理费费率/%	基金经理	基金公司	基金类型
012832.OF	南方中证新能源 ETF 联接 C	2021-08-24	1.50	0.15	龚涛	南方基金	被动指数型
014237.OF	东财中证新能源指数增强 A	2021-12-07	1.43	1.20	杨路炜、姚楠燕	东财基金	增强指数型
516580.SH	博时中证新能源 ETF	2021-07-15	1.36	0.50	尹浩	博时基金	被动指数型
012831.OF	南方中证新能源 ETF 联接 A	2021-08-24	1.14	0.15	龚涛	南方基金	被动指数型
516850.SH	华夏中证新能源 ETF	2021-03-09	0.79	0.50	赵宗庭	华夏基金	被动指数型
159752.SZ	申万菱信中证内地新能源主题 ETF	2021-07-20	2.05	0.50	王赟杰	申万菱信基金	被动指数型
516270.SH	华安中证内地新能源主题 ETF	2021-07-09	1.61	0.50	刘璇子	华安基金	被动指数型
014303.OF	华安中证内地新能源主题 ETF 发起式联接 A	2021-12-28	0.10	0.50	刘璇子	华安基金	被动指数型
014304.OF	华安中证内地新能源主题 ETF 发起式联接 C	2021-12-28	0.07	0.50	刘璇子	华安基金	被动指数型

基金规模截至 2022 年一季度末，数据来源：东方财富 Choice 数据。

（2）新能源细分行业指数。

①**中证新能源汽车指数**（代码 399976）从沪深证券市场中选取 50 只涉及锂电池、充电桩、新能源整车等业务的上市公司证券作为指数样本，个股权重上限为 10%，2022 年 4 月样本股平均总市值为 664 亿元。

中证新能源汽车产业指数（代码 930997）从沪深证券市场中选取业务涉及新能源汽车产业的上市公司证券作为指数样本，个股权重上限为 10%，2022 年 4 月样本股数量为 59 只，平均总市值 573 亿元。

两个指数成立时间都不足 10 年，我们来看看中证官网近 3 年和近 5 年的收益率数据。

2022 年 5 月 25 日（较典型熊市中），中证新能源汽车指数近 3 年和近 5 年的年化收益率分别是 48.53%和 17.98%，而中证新能源汽车产业指数分别是 43.51%和 15.52%，前者要明显高一些。

不过近 1 年、近 3 个月、近 1 个月以来，这两个指数的走势非常接近，几乎一模一样。

从行业构成来看，这两个指数的行业构成非常接近，中证新能源汽车指数前四大权重行业（申万二级）分别是电池 46.18%、能源金属 18.92%、乘用车 13.20%和自动化设备 6.73%，而中证新能源汽车产业指数则分别是电池 45.60%、能源金属 18.39%、乘用车 13.22%和自动化设备 6.63%。

这两个指数的前十大成分股完全重合。

2022 年 4 月 29 日，中证新能源汽车指数和中证新能源汽车产业指数的 PE（TTM

市盈率）分别是 52.52 倍和 51.93 倍，相差不大，都处于成立以来（4~7 年）大约 25% 的估值百分位水平。

从当前市值规模、成分股重合度、行业构成、估值水平来看，这两个指数几乎是趋同的，而近 1 年的走势也基本一致。而这两个指数近 3 年和近 5 年的年化收益率相差较大，可能是前几年二者的成分股结构存在较大差异所致。只是近 1 年以来，经过调整，成分股结构才趋于一致了。

由此推断，在当前时点选择哪一个指数进行投资差别都不大。

跟踪这两个指数的场内外指数基金明细，详见表 5-49。

表 5-49　中证新能源汽车指数和中证新能源汽车产业指数跟踪基金明细表

基金代码	基金名称	成立日	基金规模/亿元	管理费费率/%	基金经理	基金公司	基金类型
515030.SH	华夏中证新能源汽车 ETF	2020-02-20	95.21	0.50	李俊	华夏基金	被动指数型
161028.SZ	富国中证新能源汽车指数（LOF）A	2015-03-30	95.05	1.00	牛志冬、张圣贤	富国基金	被动指数型
159806.SZ	国泰中证新能源汽车 ETF	2020-03-10	16.23	0.50	徐成城	国泰基金	被动指数型
011513.OF	天弘中证新能源车 C	2021-04-09	9.11	0.50	林心龙	天弘基金	被动指数型
516660.SH	华安中证新能源汽车 ETF	2021-02-03	5.26	0.50	倪斌	华安基金	被动指数型
009068.OF	国泰中证新能源汽车 ETF 联接 C	2020-04-03	5.21	0.50	谢东旭	国泰基金	被动指数型
010805.OF	东财新能源车 A	2020-12-16	4.76	0.50	吴逸、姚楠燕	东财基金	被动指数型
013048.OF	富国中证新能源汽车指数（LOF）C	2021-07-19	4.56	1.00	牛志冬、张圣贤	富国基金	被动指数型
010806.OF	东财新能源车 C	2020-12-16	4.12	0.50	吴逸、姚楠燕	东财基金	被动指数型
009067.OF	国泰中证新能源汽车 ETF 联接 A	2020-04-03	3.60	0.50	谢东旭	国泰基金	被动指数型
159824.SZ	博时新能源汽车 ETF	2020-12-10	2.91	0.50	尹浩	博时基金	被动指数型
013196.OF	招商中证新能源汽车指数 C	2021-08-27	2.73	1.00	侯昊、刘重杰	招商基金	被动指数型
012544.OF	嘉实中证新能源汽车指数 C	2021-08-18	1.97	0.50	李直	嘉实基金	被动指数型
013195.OF	招商中证新能源汽车指数 A	2021-08-27	1.36	0.50	侯昊、刘重杰	招商基金	被动指数型
011512.OF	天弘中证新能源车 A	2021-04-09	1.35	0.50	林心龙	天弘基金	被动指数型
013013.OF	华夏中证新能源汽车 ETF 发起式联接 A	2021-09-09	1.11	0.50	李俊	华夏基金	被动指数型
013320.OF	华安中证新能源汽车 ETF 发起式联接 C	2021-10-19	1.07	0.50	倪斌	华安基金	被动指数型
013319.OF	华安中证新能源汽车 ETF 发起式联接 A	2021-10-19	0.60	0.50	倪斌	华安基金	被动指数型
013014.OF	华夏中证新能源汽车 ETF 发起式联接 C	2021-09-09	0.50	0.50	李俊	华夏基金	被动指数型
012543.OF	嘉实中证新能源汽车指数 A	2021-08-18	0.39	0.50	李直	嘉实基金	被动指数型
501057.SH	汇添富中证新能源汽车产业指数（LOF）A	2018-05-23	87.61	1.00	过蓓蓓	汇添富基金	被动指数型
501058.SH	汇添富中证新能源汽车产业指数（LOF）C	2018-05-23	61.82	1.00	过蓓蓓	汇添富基金	被动指数型
515700.SH	平安中证新能源汽车产业 ETF	2019-12-31	59.33	0.15	钱晶	平安基金	被动指数型

基金代码	基金名称	成立日	基金规模/亿元	管理费费率/%	基金经理	基金公司	基金类型
516390.SH	汇添富中证新能源汽车产业 ETF	2021-06-03	2.97	0.15	过蓓蓓	汇添富基金	被动指数型
012699.OF	平安中证新能源汽车 ETF 发起联接 C	2021-06-29	2.33	0.15	钱晶、成钧	平安基金	被动指数型
012698.OF	平安中证新能源汽车 ETF 发起联接 A	2021-06-29	0.62	0.15	钱晶、成钧	平安基金	被动指数型

基金规模截至 2022 年一季度末，数据来源：东方财富 Choice 数据。

②**中证光伏产业指数**（代码 931151）从沪深证券市场主营业务涉及光伏产业链上、中、下游各环节的上市公司证券中，选取不超过 50 只最具代表性的上市公司证券作为指数样本，样本股个股权重上限为 10%，2022 年 4 月平均总市值为 412 亿元。

中证官网数据显示，2022 年 5 月 25 日（较典型熊市中），中证光伏产业指数近 3 年和近 5 年的年化收益率分别为 37.31% 和 19.79%，近 3 年的年化收益率弱于中证新能源指数和中证新能源汽车指数的 38.53% 和 48.53%，但近 5 年的年化收益率强于这两者的 17.67% 和 17.98%；近 1 年、近 3 个月和近 1 个月的收益率表现也强于前两个指数。

从行业构成来看，该指数前五大权重行业（申万二级）分别是光伏设备 65.94%、电网设备 10.38%、其他 7.22%、电力 6.27% 和电池 4.59%。

2022 年 4 月 29 日，中证光伏产业指数的 PE（TTM 市盈率）为 32.41 倍，处于自成立以来（3 年多）大约 25% 的估值百分位水平。

跟踪中证光伏产业指数的场内外指数基金（按规模排序前 20 名）明细，详见表 5-50。

第 5 章 主动基金与指数基金（三）

表 5-50 中证光伏产业指数部分跟踪基金明细表

基金代码	基金名称	成立日	基金规模/亿元	管理费费率/%	基金经理	基金公司	基金类型
515790.SH	华泰柏瑞中证光伏产业 ETF	2020-12-07	149.71	0.50	李茜、李沐阳	华泰柏瑞基金	被动指数型
011103.OF	天弘中证光伏产业指数 C	2021-01-28	90.21	0.50	刘笑明	天弘基金	被动指数型
011102.OF	天弘中证光伏产业指数 A	2021-01-28	36.76	0.50	刘笑明	天弘基金	被动指数型
159857.SZ	天弘中证光伏产业 ETF	2021-02-04	13.10	0.50	刘笑明	天弘基金	被动指数型
516880.SH	银华中证光伏产业 ETF	2021-01-05	10.11	0.50	李宜璇、王帅	银华基金	被动指数型
012364.OF	广发中证光伏产业指数 A	2021-07-06	7.69	0.50	夏浩洋	广发基金	被动指数型
012365.OF	广发中证光伏产业指数 C	2021-07-06	7.27	0.50	夏浩洋	广发基金	被动指数型
159864.SZ	国泰中证光伏产业 ETF	2021-07-28	6.65	0.50	徐成城	国泰基金	被动指数型
012680.OF	华泰柏瑞光伏 ETF 联接 C	2021-08-17	6.42	0.50	李沐阳	华泰柏瑞基金	被动指数型
012679.OF	华泰柏瑞光伏 ETF 联接 A	2021-08-17	4.97	0.50	李沐阳	华泰柏瑞基金	被动指数型
011967.OF	招商中证光伏产业指数 C	2021-06-18	4.09	1.00	王平、许荣漫	招商基金	被动指数型
159618.SZ	华安中证光伏产业 ETF	2022-04-08	3.99	0.50	刘璇子	华安基金	被动指数型

基金代码	基金名称	成立日	基金规模/亿元	管理费费率/%	基金经理	基金公司	基金类型
012723.OF	平安中证光伏产业指数C	2021-07-14	3.57	0.50	刘洁倩、成钧	平安基金	被动指数型
516290.SH	汇添富中证光伏产业ETF	2021-08-09	3.09	0.15	董瑾	汇添富基金	被动指数型
011966.OF	招商中证光伏产业指数A	2021-06-18	2.96	1.00	王平、许荣漫	招商基金	被动指数型
159863.SZ	鹏华中证光伏产业ETF	2021-02-22	2.75	0.50	闫冬	鹏华基金	被动指数型
013816.OF	汇添富中证光伏产业指数增强发起式A	2021-10-26	2.10	1.20	赖中立	汇添富基金	增强指数型
012885.OF	华夏中证光伏产业指数发起式A	2021-08-17	1.95	0.50	李俊	华夏基金	被动指数型
012886.OF	华夏中证光伏产业指数发起式C	2021-08-17	1.36	0.50	李俊	华夏基金	被动指数型
516180.SH	平安中证光伏产业ETF	2021-02-09	1.35	0.50	刘洁倩	平安基金	被动指数型

基金规模截至 2022 年一季度，新成立基金规模截至成立日，数据来源：东方财富 Choice 数据。

③**国证新能源车电池指数**（代码 980032）从沪深证券市场中选取市值靠前、流通性好的 30 只新能源汽车电池相关上市公司证券作为样本，单个样本权重上限为 15%，2022 年 4 月平均总市值为 1028 亿元。

中证电池主题指数（代码 931719）从沪深证券市场中选取不超过 50 只业务涉及动力电池、储能电池、消费电子电池以及相关产业链上下游的上市公司证券作为指数样本，单个样本权重上限为 10%，2022 年 4 月平均总市值为 419 亿元。

中证指数官网数据显示，2022 年 5 月 25 日（较典型熊市），国证新能源车电池指数近 3 年和近 5 年的年化收益率分别为 46.43% 和 21.20%，中证电池主题指数近 3 年和近 5 年的年化收益率分别为 48.26% 和 21.35%，总体都强于前文所有新能源系列指数；但近 1 年、近 3 个月和近 1 个月的收益率表现均显著弱于前述所有新能源系列指数。

从行业构成来看：

国证新能源车电池指数前五大权重行业（申万二级）分别是电池 58.43%、乘用车 17.77%、能源金属 14.08%、家电零部件 2.23% 和化学制品 1.61%。

中证电池主题指数前五大权重行业（申万二级）分别是电池 68.89%、光伏设备 8.55%、其他 6.84%、家电零部件 2.48% 和化学制品 1.96%。

2022 年 4 月 29 日，国证新能源车电池指数和中证电池主题指数的 PE（TTM 市盈率）分别为 44.89 倍和 44.84 倍，处于成立以来（7~9 年）25%~50% 的估值百分位区间，估值正常偏低。

跟踪这两个电池主题指数的场内外指数基金明细，详见表 5-51。

表 5-51　国证新能源车电池指数及中证电池主题指数跟踪基金明细表

基金代码	基金名称	成立日	基金规模/亿元	管理费费率/%	基金经理	基金公司	基金类型
159755.SZ	广发国证新能源车电池 ETF	2021-06-15	19.32	0.50	罗国庆	广发基金	被动指数型
159840.SZ	工银瑞信国证新能源车电池 ETF	2021-08-05	5.96	0.45	刘伟琳	工银瑞信基金	被动指数型
159757.SZ	景顺长城国证新能源车电池 ETF	2021-07-21	5.45	0.50	张晓南、汪洋	景顺长城基金	被动指数型
013180.OF	广发国证新能源车电池 ETF 发起联接 C	2021-08-16	3.25	0.50	罗国庆	广发基金	被动指数型
159767.SZ	兴银国证新能源车电池 ETF	2021-08-06	1.59	0.50	林学晨、刘帆	兴银基金	被动指数型
013179.OF	广发国证新能源车电池 ETF 发起联接 A	2021-08-16	1.07	0.50	罗国庆	广发基金	被动指数型
159775.SZ	建信国证新能源车电池 ETF	2022-01-07	0.75	0.50	龚佳佳	建信基金	被动指数型
012863.OF	汇添富中证电池主题 ETF 发起式联接 C	2021-08-11	4.65	0.15	董瑾	汇添富基金	被动指数型
159796.SZ	汇添富中证电池主题 ETF	2022-03-03	3.75	0.15	董瑾	汇添富基金	被动指数型
012862.OF	汇添富中证电池主题 ETF 发起式联接 A	2021-08-11	2.57	0.15	董瑾	汇添富基金	被动指数型
562880.SH	嘉实中证电池主题 ETF	2021-07-13	2.12	0.50	田光远	嘉实基金	被动指数型
561910.SH	招商中证电池主题 ETF	2021-08-04	1.92	0.50	许荣漫	招商基金	被动指数型

基金规模截至 2022 年一季度末，数据来源：东方财富 Choice 数据。

④中证内地低碳经济主题指数（代码 000977）选择 50 只市值靠前、流通性好的清洁能源发电、能源转换及存储、清洁生产及消费与废物处理等公司证券组成样本，样本股的个股权重上限为 15%，2022 年 4 月平均总市值为 959 亿元。

2012 年 4 月 30 日至 2022 年 4 月 29 日（熊市）这 10 年间，中证内地低碳经济主题指数累计收益率为 176.03%，年化收益率为 10.69%；2011 年 10 月 30 日至 2021 年 10 月 29 日（阶段高点）这 10 年间，中证内地低碳经济主题指数累计收益率为 250.26%，年化收益率为 13.35%。

中证内地低碳经济主题指数行业（申万二级）构成：光伏设备 35.27%、电池 32.76%、电力 23.02%、其他 4.48%、风电设备 3.19% 和环境治理 1.29%。

2022 年 4 月 29 日，中证内地低碳经济主题指数的 PE（TTM 市盈率）为 29.49 倍，处于成立以来（11 年多）25%~50% 的估值百分位区间，估值正常偏低。

跟踪中证内地低碳经济主题指数的场内外指数基金明细，详见表 5-52。

表 5-52　中证内地低碳经济主题指数的跟踪基金明细表

基金代码	基金名称	成立日	基金规模/亿元	管理费费率/%	基金经理	基金公司	基金类型
159790.SZ	华夏中证内地低碳经济主题 ETF	2021-07-30	40.93	0.50	严筱娴	华夏基金	被动指数型
159885.SZ	鹏华中证内地低碳经济主题 ETF	2021-04-06	7.10	0.50	闫冬	鹏华基金	被动指数型

基金代码	基金名称	成立日	基金规模/亿元	管理费费率/%	基金经理	基金公司	基金类型
516070.SH	易方达中证内地低碳经济主题ETF	2021-04-15	5.22	0.15	张湛	易方达基金	被动指数型
012755.OF	鹏华内地低碳联接C	2021-07-13	2.87	0.50	闫冬	鹏华基金	被动指数型
562300.SH	银华中证内地低碳经济主题ETF	2021-12-20	2.80	0.50	张凯	银华基金	被动指数型
013503.OF	易方达中证内地低碳经济主题ETF联接C	2022-04-07	2.63	0.15	张湛	易方达基金	被动指数型
560560.SH	泰康中证内地低碳经济ETF	2021-08-27	1.91	0.50	魏军	泰康资产	被动指数型
012754.OF	鹏华内地低碳联接A	2021-07-13	1.50	0.50	闫冬	鹏华基金	被动指数型
013605.OF	华夏中证内地低碳经济主题ETF发起式联接A	2021-10-15	0.74	0.50	严筱娴	华夏基金	被动指数型
013606.OF	华夏中证内地低碳经济主题ETF发起式联接C	2021-10-15	0.42	0.50	严筱娴	华夏基金	被动指数型
013502.OF	易方达中证内地低碳经济主题ETF联接A	2022-04-07	0.29	0.15	张湛	易方达基金	被动指数型

基金规模截至 2022 年一季度末，新成立基金规模截至成立日，数据来源：东方财富 Choice 数据。

（3）小结。

新能源产业的各个环节，其景气周期都是有所不同的，过往 3 至 5 年间表现最强的电池和新能源汽车在最近 1 年里收益率相对最弱，近 3 年里收益率相对较弱的光伏指数，在近 1 年间反而相对最强。

想要避开不同环节景气周期不同的问题，可以选择新能源行业指数进行投资，获得各环节相对平均的收益，如表 5-53 所示。

新能源不同环节细分行业指数过往收益率的对比，详见表 5-53。

表 5-53　新能源不同环节细分行业指数过往收益率对比

指数名称	阶段收益率/%			年化收益率/%		
	近1月	近3月	2022年截至5月25日	近1年	近3年	近5年
中证电池主题指数	21.03	−22.86	−29.81	1.99	48.26	21.35
中证新能源汽车产业指数	23.11	−16.60	−22.13	6.89	43.51	15.52
中证光伏产业指数	28.34	−10.52	−19.58	21.92	37.31	19.79
中证新能源指数	23.65	−15.40	−22.47	11.49	38.53	17.67

统计日期 2022 年 5 月 25 日，数据来源：中证指数官网。

3. 电子指数

（1）电子行业指数。

中证电子指数（代码 930652）选取不超过 100 家涉及半导体、电脑与外围设备生产、电子设备和消费电子生产等业务的上市公司证券作为样本，样本个股最大权重 10%，2022 年 4 月平均总市值为 430 亿元。

中证电子 50 指数（代码 931461）从沪深证券市场中选取电子和半导体等行业中市值最大的 50 只上市公司证券作为指数样本，样本个股最大权重为 10%，2022 年 4 月平均总市值为 485 亿元。

2012 年 4 月 30 日至 2022 年 4 月 29 日（熊市）这 10 年间，中证电子 50 指数累计收益率为 103.69%，年化收益率为 7.35%；2011 年 1 月 19 日至 2021 年 1 月 18 日（阶段高点）这 10 年间，中证电子 50 指数累计收益率为 160.10%，年化收益率为 10.03%。

中证电子指数成立于 2015 年，没有近 10 年的过往数据。2022 年 5 月 25 日（典型熊市），中证电子指数近 3 年和近 5 年的年化收益率分别为 10.41% 和 1.47%；中证电子指数近 1 年、近 3 个月和近 1 个月的收益率为 –25.60%、–24.25% 和 8.45%，与中证电子 50 指数的 –27.32%、–24.19% 和 6.99% 相差不大。

从行业构成来看，两个指数的行业构成高度相似，中证电子指数前八大权重行业（申万二级）分别是半导体 28.60%、消费电子 16.93%、计算机设备 13.62%、光学光电子 12.54%、其他 11.19%、元件 8.35%、军工电子 3.07% 和软件开发 1.33%，中证电子 50 指数前八大权重行业（申万二级）分别是半导体 29.95%、消费电子 19.47%、计算机设备 15.80%、其他 13.14%、光学光电子 12.51%、元件 5.86%、军工电子 1.90% 和教育 1.36%。

这两个指数的前十大成分股完全重合，只是中证电子 50 指数的前十大成分股集中度更高，达到约 50%，而中证电子指数前十大成分股的集中度只有不到 40%。

2022 年 4 月 29 日，中证电子指数和中证电子 50 指数的 PE（TTM 市盈率）分别为 24.64 倍和 22.92 倍，都处于成立以来（6~12 年）25% 以下的估值百分位区间。

跟踪这两个指数的场内外指数基金明细，详见表 5-54。

表 5-54　中证电子指数及中证电子 50 指数跟踪基金明细表

基金代码	基金名称	成立日	基金规模/亿元	管理费费率/%	基金经理	基金公司	基金类型
159997.SZ	天弘中证电子 ETF	2020-02-27	11.54	0.50	林心龙	天弘基金	被动指数型
001618.OF	天弘中证电子 ETF 联接 C	2015-07-29	6.97	0.50	林心龙	天弘基金	被动指数型
001617.OF	天弘中证电子 ETF 联接 A	2015-07-29	2.58	0.50	林心龙	天弘基金	被动指数型
515260.SH	华宝中证电子 50ETF	2020-07-17	4.60	0.50	蒋俊阳	华宝基金	被动指数型
515320.SH	华安中证电子 50ETF	2020-11-25	1.88	0.50	许之彦	华安基金	被动指数型
012550.OF	华宝中证电子 50ETF 联接 A	2021-07-19	0.26	0.50	蒋俊阳	华宝基金	被动指数型
012551.OF	华宝中证电子 50ETF 联接 C	2021-07-19	0.03	0.50	蒋俊阳	华宝基金	被动指数型

基金规模截至 2022 年一季度末，数据来源：东方财富 Choice 数据。

（2）电子细分行业指数。

①中证芯片产业指数（代码 H30007）从沪深证券市场中选取 50 只业务涉及芯片设计、制造、封装与测试等领域，以及为芯片提供半导体材料、晶圆生产设备、封装测试设备等物料或设备的上市公司证券作为样本，芯片相关业务占比较低的单个样本权重不超过 5%，其他单个样本权重不超过 10%。2022 年 4 月，样本股平均总市值为 391 亿元。

中华交易服务半导体芯片行业指数（代码 990001）由中华证券交易服务有限公司委托中证指数有限公司编制，从沪深证券市场中选取 50 只半导体芯片材料、设备、设计、制造、封装和测试方面的上市企业作为样本，样本个股权重上限为 10%。2022年 4 月，样本股平均总市值为 385 亿元。

中证全指半导体产品与设备指数（代码 H30184）从全指样本空间中，选取 50只左右的中证二级行业半导体产品与设备相关上市公司证券作为样本，样本个股权重上限为 15%。2022 年 4 月，样本股数量为 54 只，平均总市值 323 亿元。

截至 2022 年 5 月 25 日（较典型熊市中），中证芯片产业指数近 3 年和近 5 年年化收益率（回测）分别为 35% 和 22.29%，中证全指半导体产品与设备指数分别为21.46% 和 16.66%。

而据中证指数官网数据，2022 年 5 月 25 日，中证芯片产业指数、中华交易服务半导体芯片行业指数和中证全指半导体产品与设备指数近 1 年、近 3 个月和近 1个月的累计收益率分别为 -8.01%、-21.57% 和 13%，-10.68%、-21.88% 和 12.98%，-8.90%、-20.47% 和 12.75%。

行业结构方面，就如指数名称表明的那样，中证全指半导体产品与设备指数侧重于半导体，其他两个指数则更综合一些，覆盖整个芯片产业。

中证全指半导体产品与设备指数的行业构成：半导体 70.53%、其他 26.54%、电子化学品 1.70% 和军工电子 1.22%。

中证芯片产业指数各行业（申万二级）及权重依次是半导体 56.03%、其他21.95%、光伏设备 10.35%、消费电子 5%、光学光电子 4.23%、电子化学品 1.37%和军工电子 1.07%。

中华交易服务半导体芯片行业指数的行业构成：半导体 62.75%、其他 23.17%、光学光电子 4.51%、消费电子 4.42%、光伏设备 2.95%、军工电子 1.73% 和电子化学品 0.47%。

这三个指数的前十大成分股中，有七个是重合的。

2022 年 4 月 29 日，中证芯片产业指数、中证全指半导体产品与设备指数和中华交易服务半导体芯片行业指数的 PE（TTM 市盈率）分别为 38.13 倍、40.39 倍和

40.40 倍，都处于成立以来（3~9 年）25%以下的估值百分位区间。

跟踪这三个指数的场内外指数基金明细，详见表 5-55。

表 5-55　中证芯片产业指数、中证全指半导体产品与设备指数和
中华交易服务半导体芯片行业指数跟踪基金明细表

基金代码	基金名称	成立日	基金规模/亿元	管理费费率/%	基金经理	基金公司	基金类型
512760.SH	国泰 CES 芯片 ETF	2019-05-16	115.23	0.50	艾小军	国泰基金	被动指数型
008282.OF	国泰 CES 半导体芯片行业 ETF 联接 C	2019-11-22	35.22	0.50	梁杏	国泰基金	被动指数型
008281.OF	国泰 CES 半导体芯片行业 ETF 联接 A	2019-11-22	18.67	0.50	梁杏	国泰基金	被动指数型
014418.OF	西部利得 CES 芯片指数增强 A	2021-12-23	3.37	1.20	陈蒙、盛丰衍	西部利得基金	增强指数型
014419.OF	西部利得 CES 芯片指数增强 C	2021-12-23	2.57	1.20	陈蒙、盛丰衍	西部利得基金	增强指数型
012838.OF	华安 CES 半导体芯片行业指数发起 C	2021-08-03	0.85	0.50	刘璇子	华安基金	被动指数型
012837.OF	华安 CES 半导体芯片行业指数发起 A	2021-08-03	0.30	0.50	刘璇子	华安基金	被动指数型
512480.SH	国联安中证半导体 ETF	2019-05-08	100.86	0.50	黄欣、章椹元	国联安基金	被动指数型
007301.OF	国联安中证全指半导体产品与设备 ETF 联接 C	2019-06-26	23.01	0.50	黄欣、章椹元	国联安基金	被动指数型
007300.OF	国联安中证全指半导体产品与设备 ETF 联接 A	2019-06-26	9.21	0.50	黄欣、章椹元	国联安基金	被动指数型
516640.SH	富国中证芯片产业 ETF	2021-08-19	5.35	0.50	张圣贤	富国基金	被动指数型
516920.SH	汇添富中证芯片产业 ETF	2021-07-27	3.87	0.15	乐无穹	汇添富基金	被动指数型
012553.OF	天弘中证芯片产业指数 C	2021-07-21	2.03	0.50	林心龙	天弘基金	被动指数型
013446.OF	东财中证芯片指数发起式 C	2021-09-16	1.42	0.50	杨路炜、姚楠燕	东财基金	被动指数型
516350.SH	易方达中证芯片产业 ETF	2021-12-15	1.39	0.15	张湛	易方达基金	被动指数型
013445.OF	东财中证芯片指数发起式 A	2021-09-16	1.20	0.50	杨路炜、姚楠燕	东财基金	被动指数型
014193.OF	汇添富中证芯片产业指数增强发起 A	2021-12-02	0.78	1.20	许一尊	汇添富基金	增强指数型
012552.OF	天弘中证芯片产业指数 A	2021-07-21	0.38	0.50	林心龙	天弘基金	被动指数型
014194.OF	汇添富中证芯片产业指数增强发起 C	2021-12-02	0.29	1.20	许一尊	汇添富基金	增强指数型
015337.OF	嘉实中证芯片产业指数发起 C	2022-03-23	0.14	0.50	田光远	嘉实基金	被动指数型
014776.OF	富国中证芯片产业 ETF 发起式联接 A	2022-01-18	0.12	0.50	张圣贤	富国基金	被动指数型
015336.OF	嘉实中证芯片产业指数发起式 A	2022-03-23	0.11	0.50	田光远	嘉实基金	被动指数型
014777.OF	富国中证芯片产业 ETF 发起式联接 C	2022-01-18	0.07	0.50	张圣贤	富国基金	被动指数型

基金规模截至 2022 年一季度末，数据来源：东方财富 Choice 数据。

②中证消费电子主题指数（代码 931494）从沪深证券市场中选取 50 只业务涉

及元器件生产、整机品牌设计及生产等消费电子相关的上市公司证券作为指数样本，单个样本权重不超过 10%，前五大样本权重合计不超过 40%。2022 年 4 月，成分股平均总市值为 558 亿元。

根据中证指数官网数据，截至 2022 年 5 月 25 日（较典型熊市），中证消费电子主题指数近 3 年和近 5 年的年化收益率分别是 16.41% 和 4.44%。

2022 年 4 月 29 日，中证消费电子主题指数的行业（申万二级）构成依次是半导体 31.33%、消费电子 27.20%、其他 10.74%、光学光电子 10.31%、电池 9.51%、元件 8.50%、自动化设备 1.57% 和金属新材料 0.84%。

同日，中证消费电子主题指数 PE（TTM 市盈率）为 22.59 倍，处于成立以来（近 2 年）25% 以下的估值百分位区间。

跟踪中证消费电子主题指数的场内外指数基金明细，详见表 5-56。

表 5-56　中证消费电子主题指数跟踪基金明细表

基金代码	基金名称	成立日	基金规模/亿元	管理费费率/%	基金经理	基金公司	基金类型
159769.SZ	银华中证消费电子主题 ETF	2022-02-18	2.75	0.50	王帅、周大鹏	银华基金	被动指数型
561100.SH	富国中证消费电子主题 ETF	2022-01-20	1.77	0.50	张圣贤	富国基金	被动指数型
561310.SH	国泰中证消费电子主题 ETF	2021-11-10	0.94	0.50	黄岳	国泰基金	被动指数型
562950.SH	易方达中证消费电子主题 ETF	2022-01-12	0.93	0.15	成曦	易方达基金	被动指数型
159779.SZ	招商中证消费电子主题 ETF	2021-11-18	0.75	0.50	苏燕青	招商基金	被动指数型
159733.SZ	景顺中证消费电子 ETF	2021-09-15	0.36	0.50	张晓南	景顺长城基金	被动指数型
561600.SH	平安中证消费电子主题 ETF	2021-08-30	0.23	0.50	钱晶	平安基金	被动指数型
014906.OF	国泰中证消费电子主题 ETF 发起联接 A	2022-02-16	0.10	0.50	黄岳	国泰基金	被动指数型
014907.OF	国泰中证消费电子主题 ETF 发起联接 C	2022-02-16	0.00	0.50	黄岳	国泰基金	被动指数型

基金规模截至 2022 年一季度末，数据来源：东方财富 Choice 数据。

③中证计算机主题指数（代码 930651）选取 50 只涉及信息技术服务、应用软件、系统软件、电脑硬件等业务的上市公司证券作为指数样本，单个样本权重不超过 15%，前五大样本权重合计不超过 60%。2022 年 4 月，样本股平均总市值为 350 亿元。

根据中证指数官网数据，截至 2022 年 5 月 25 日（典型熊市），中证计算机主题指数近 3 年和近 5 年年化收益率分别是 -2.48% 和 -4.10%。

2022 年 4 月 29 日，中证计算机主题指数的行业（申万二级）构成如下所示。计算机设备 34.27%、软件开发 33.14%、IT 服务 18.63%、其他 5.77%、半导体 3.02%、互联网电商 2.28%、消费电子 2.16% 和多元金融 0.74%。

同日，中证计算机主题指数的 PE（TTM 市盈率）为 38.10 倍，处于成立以来（近 7 年）25% 以下的估值百分位区间。

跟踪中证计算机主题指数的场内外指数基金明细，详见表 5-57。

表 5-57　中证计算机主题指数跟踪基金明细表

基金代码	基金名称	成立日	基金规模/亿元	管理费费率/%	基金经理	基金公司	基金类型
159998.SZ	天弘中证计算机 ETF	2020-03-20	18.78	0.50	张子法、林心龙	天弘基金	被动指数型
001630.OF	天弘中证计算机主题 ETF 联接 C	2015-07-29	14.06	0.50	张子法、林心龙	天弘基金	被动指数型
512720.SH	国泰中证计算机 ETF	2019-07-11	8.13	0.50	艾小军	国泰基金	被动指数型
001629.OF	天弘中证计算机主题 ETF 联接 A	2015-07-29	4.36	0.50	张子法、林心龙	天弘基金	被动指数型
160224.OF	国泰中证计算机主题 ETF 联接 A	2015-03-26	1.72	0.50	艾小军	国泰基金	被动指数型
010210.OF	国泰中证计算机主题 ETF 联接 C	2020-12-03	0.04	0.50	艾小军	国泰基金	被动指数型

基金规模截至 2022 年一季度末，数据来源：东方财富 Choice 数据。

④**中证全指软件指数**（代码 H30202）从中证全指指数中选取业务涉及软件开发领域的上市公司证券作为指数样本，样本个股最大权重为 10%。2022 年 4 月，样本数量为 68 只，平均总市值为 139 亿元。

中证软件服务指数（代码 930601）选取 30 只业务涉及软件开发、软件服务等领域的上市公司证券作为指数样本，单个样本权重不超过 15%，前五大样本权重合计不超过 60%。2022 年 4 月，样本股平均总市值为 313 亿元。

根据中证指数官网数据，截至 2022 年 5 月 25 日（较典型熊市），中证全指软件指数近 3 年和近 5 年年化收益率分别是 3.63% 和 0.01%，中证软件服务指数则分别为 –6.79% 和 –7.45%，全指软件指数显著好于软件服务指数。

2022 年 4 月 29 日，中证全指软件指数的行业（申万二级）构成：软件开发 62.53%、IT 服务 23.68%、其他 10.95% 和计算机设备 2.84%。

而中证软件服务指数的行业构成：软件开发 58.65%、IT 服务 21.98%、其他 10.52%、互联网电商 4.15%、计算机设备 3.36% 和多元金融 1.35%。

同日，中证全指软件指数和中证软件服务指数的 PE（TTM 市盈率）分别为 60.46 倍和 59.71 倍，处于成立以来（近 7~9 年）25% 以下的估值百分位区间。

跟踪这两个软件指数的场内外指数基金明细，详见表 5-58。

表 5-58　中证全指软件指数及中证软件服务指数跟踪基金明细表

基金代码	基金名称	成立日	基金规模/亿元	管理费费率/%	基金经理	基金公司	基金类型
515230.SH	国泰中证全指软件 ETF	2021-02-03	2.53	0.50	苗梦羽	国泰基金	被动指数型
159899.SZ	招商中证全指软件 ETF	2021-06-18	1.26	0.50	苏燕青	招商基金	被动指数型

基金代码	基金名称	成立日	基金规模/亿元	管理费费率/%	基金经理	基金公司	基金类型
012637.OF	国泰中证全指软件ETF联接C	2021-06-24	0.36	0.50	梁杏、苗梦羽	国泰基金	被动指数型
012636.OF	国泰中证全指软件ETF联接A	2021-06-24	0.23	0.50	梁杏、苗梦羽	国泰基金	被动指数型
159852.SZ	嘉实中证软件服务ETF	2021-01-29	2.78	0.50	田光远	嘉实基金	被动指数型
012620.OF	嘉实中证软件服务ETF联接C	2021-10-21	1.13	0.50	田光远	嘉实基金	被动指数型
012619.OF	嘉实中证软件服务ETF联接A	2021-10-21	0.06	0.50	田光远	嘉实基金	被动指数型

基金规模截至2022年一季度末，数据来源：东方财富Choice数据。

4. 互联网指数

（1）中概互联网。

中证海外中国互联网50指数（代码H30533）挑选海外上市的市值靠前、流动性好的50家中国互联网企业作为样本，样本个股最大权重为30%。2022年4月，平均总市值1812亿元。

中证海外中国互联网30指数（代码930604）挑选海外上市的市值靠前、流动性好的30家中国互联网企业作为样本，样本个股最大权重为15%，前五大成分股权重合计上限为60%。2022年4月，平均总市值2928亿元。

中证海外中国互联网指数（代码H11136）挑选海外上市的市值靠前、流动性好的中国互联网企业作为样本；若同一家公司的国外市场证券和香港市场证券同时入选，则优先纳入香港市场证券。样本个股最大权重为10%，前五大成分股权重合计上限为40%。2022年4月，样本股数量为49只，平均总市值1547亿元。

恒生互联网科技业指数（代码HSIII）纳入按恒生行业分类系统归类为信息科技业的恒生综合指数成分股，成分股数量为30只，样本个股权重上限为12%。

这四个互联网指数都涵盖了在海外上市的主要中国互联网企业，主要差别在个股权重上限及前十大成分股的集中度上。

2022年5月25日，中证海外中国互联网50指数的前十大成分股占比达90%，中证海外中国互联网30指数的前十大成分股占比超过85%，中证海外中国互联网指数只有不到65%的前十大成分股占比。而恒生互联网科技业指数在2022年4月29日的前十大成分股集中度达到了87%。

根据中证指数官网2022年5月26日数据（此时大部分中国互联网头部企业从高点下跌超过了50%），在近3年和近5年年化收益率指标中，个股和前十大成分股集中度居第二的中证海外中国互联网30指数以-2.09%和-3.38%居首位；个股和前十大成分股集中度居第一的中证海外中国互联网50指数以-5.12%和-5.20%排第二；个股和前十大成分股集中度最低的中证海外中国互联网指数以-11.73%和-9.62%

垫底。

从中美 10 多年的发展历史来看，市场份额有向龙头企业集中的趋势，所以前十大成分股集中度越高的互联网指数，其长期收益率就可能会越高。但这也只是一种可能，在一定的时间段，这个趋势也有可能会被打破。

跟踪上述中概互联网指数的基金，明细见表 5-59。

表 5-59   几个中概互联网指数跟踪 QDII 基金明细表

基金代码	基金名称	成立日	基金规模/亿元	管理费费率/%	基金经理	基金公司	基金类型
513050.SH	易方达中证海外中国互联网 50（QDII-ETF）	2017-01-04	350.10	0.60	余海燕、FAN BING（范冰）	易方达基金	被动指数型
006329.OF	易方达中证海外中国互联网 50 联接（QDII-ETF）美元 A	2019-01-18	69.95	0.60	FAN BING（范冰）、余海燕	易方达基金	被动指数型
006327.OF	易方达中证海外中国互联网 50 联接（QDII-ETF）人民币 A	2019-01-18	69.95	0.60	FAN BING（范冰）、余海燕	易方达基金	被动指数型
006330.OF	易方达中证海外中国互联网 50 联接（QDII-ETF）美元 C	2019-01-18	15.67	0.60	FAN BING（范冰）、余海燕	易方达基金	被动指数型
006328.OF	易方达中证海外中国互联网 50 联接（QDII-ETF）人民币 C	2019-01-18	15.67	0.60	FAN BING（范冰）、余海燕	易方达基金	被动指数型
159605.SZ	广发中证海外中国互联网 30（QDII-ETF）	2021-11-24	29.04	0.50	夏浩洋	广发基金	被动指数型
159607.SZ	嘉实中证海外中国互联网 30ETF（QDII）	2021-11-24	5.79	0.50	刘珈吟、田光远	嘉实基金	被动指数型
164906.SZ	交银中证海外中国互联网指数（QDII-LOF）	2015-05-27	110.11	1.20	邵文婷	交银施罗德基金	被动指数型
513330.SH	华夏恒生互联网科技业 ETF（QDII）	2021-01-26	233.65	0.50	徐猛	华夏基金	被动指数型
013172.OF	华夏恒生互联网科技业 ETF 发起式联接（QDII）C	2021-09-14	3.26	0.50	徐猛	华夏基金	被动指数型
013171.OF	华夏恒生互联网科技业 ETF 发起式联接（QDII）A	2021-09-14	3.22	0.50	徐猛	华夏基金	被动指数型

基金规模截至 2022 年一季度末，数据来源：东方财富 Choice 数据。

（2）**中证中美互联网指数**（代码 930794）一键"打包"中美互联网巨头，从海外金融市场选取前十大中国互联网企业和前十大美国互联网企业组成样本，并使中国互联网企业与美国互联网企业总权重各占一半，单个样本企业权重上限为 10%。2022 年 4 月，样本股平均总市值为 15507 亿元。

截至 2022 年 5 月 26 日（较典型熊市），中证中美互联网指数近 3 年和近 5 年年化收益率分别为 4.56% 和 4.50%。此时大部分中国互联网头部企业从高点下跌超过50%，大部分美国互联网头部企业从高点下跌也超过了 30%。

中证中美互联网指数的行业构成：可选消费 47.20%、信息技术 25%、通信服务21.20%、其他 5.80% 和房地产 0.90%。

跟踪中证中美互联网指数的场内外指数基金明细，详见表 5-60。

表 5-60　中证中美互联网指数的跟踪基金明细表

基金代码	基金名称	成立日	基金规模/亿元	管理费费率/%	基金经理	基金公司	基金类型
009225.OF	天弘中证中美互联网（QDII）A	2020-05-27	1.25	0.60	胡超	天弘基金	被动指数型
009226.OF	天弘中证中美互联网（QDII）C	2020-05-27	0.59	0.60	胡超	天弘基金	被动指数型

基金规模截至 2022 年一季度末，数据来源：东方财富 Choice 数据

（3）其他类型互联网指数。

中证移动互联网指数（代码 399970）从沪深证券市场选取不超过 100 只移动互联网相关上市公司证券作为指数样本，样本个股最大权重为 3%。2022 年 4 月，样本股平均总市值为 461 亿元。

中证沪港深互联网指数（代码 930625）从沪港深三地的证券市场中选取 50 只互联网类上市公司证券作为指数样本，单个样本权重不超过 10%，前五大样本权重合计不超过 40%。2022 年 4 月，样本股平均总市值为 1257 亿元。

中证港股通互联网指数（代码 931637）从港股通范围内选取 30 只互联网相关上市公司证券作为指数样本，单个样本权重不超过 15%，且前五大样本权重合计不超过 60%。2022 年 4 月，样本股平均总市值为 2031 亿元。

2022 年 5 月 26 日（较典型熊市），中证移动互联网指数近 3 年和近 5 年年化收益率分别为 9.97% 和 3.20%，中证沪港深互联网指数分别为 -0.97% 和 -3.06%，中证港股通互联网指数分别为 -3.13% 和 -6.46%。

2022 年 4 月 29 日，中证移动互联网指数的行业（申万一级）构成：信息技术 71%、通信服务 21.50%、金融 4.20%、可选消费 2.10% 和工业 1.10%。

中证沪港深互联网指数各行业构成及权重分布：信息技术 40.70%、通信服务 30.20%、可选消费 12.70%、金融 10.70% 和医药卫生 5.80%。

中证港股通互联网指数的行业构成：通信服务 39.40%、信息技术 26.70%、可选消费 19.20%、医药卫生 11.80% 和金融 2.90%。

同日，中证移动互联网指数 PE（TTM 市盈率）为 22.68 倍。

跟踪这三个互联网指数的基金，明细见表 5-61。

表 5-61　几个其他类型互联网指数跟踪基金明细表

基金代码	基金名称	成立日	基金规模/亿元	管理费费率/%	基金经理	基金公司	基金类型
161025.SZ	富国中证移动互联网指数（LOF）A	2014-09-02	3.85	1.00	王保合、牛志冬	富国基金	被动指数型

基金代码	基金名称	成立日	基金规模/亿元	管理费费率/%	基金经理	基金公司	基金类型
160636.SZ	鹏华中证移动互联网指数（LOF）A	2015-06-16	0.44	1.00	罗英宇	鹏华基金	被动指数型
517050.SH	华泰柏瑞中证沪港深互联网ETF	2021-01-25	6.18	0.50	何琦、李茜、李沐阳	华泰柏瑞基金	被动指数型
159856.SZ	工银瑞信中证沪港深互联网ETF	2021-01-22	4.44	0.45	刘伟琳	工银瑞信基金	被动指数型
517200.SH	嘉实中证沪港深互联网ETF	2021-01-25	1.71	0.50	田光远	嘉实基金	被动指数型
159729.SZ	汇添富中证沪港深互联网ETF	2021-07-08	1.38	0.15	乐无穹	汇添富基金	被动指数型
012371.OF	东财沪港深互联网指数A	2021-06-01	0.60	1.00	吴逸、姚楠燕	东财基金	被动指数型
012372.OF	东财沪港深互联网指数C	2021-06-01	0.51	1.00	吴逸、姚楠燕	东财基金	被动指数型
012759.OF	工银沪港深互联网ETF发起式联接A	2021-11-26	0.39	0.45	刘伟琳	工银瑞信基金	被动指数型
012760.OF	工银沪港深互联网ETF发起式联接C	2021-11-26	0.02	0.45	刘伟琳	工银瑞信基金	被动指数型
513770.SH	华宝中证港股通互联网ETF	2022-02-09	6.07	0.50	丰晨成、周晶	华宝基金	被动指数型
159792.SZ	富国中证港股通互联网ETF	2021-09-15	2.76	0.50	蔡卡尔（休产假）、牛志冬（代）	富国基金	被动指数型
014673.OF	富国中证港股通互联网ETF发起式联接A	2022-01-11	0.32	0.50	蔡卡尔（休产假）、牛志冬（代）	富国基金	被动指数型
014674.OF	富国中证港股通互联网ETF发起式联接C	2022-01-11	0.27	0.50	蔡卡尔（休产假）、牛志冬（代）	富国基金	被动指数型

基金规模截至2022年一季度末，数据来源：东方财富Choice数据。

5. 人工智能、物联网及VR指数

中证人工智能主题指数（代码930713）从沪深证券市场选取50只人工智能相关的上市企业证券作为样本，单个样本权重上限为10%。2022年4月，样本股平均总市值为346亿元。

中证人工智能产业指数（代码931071）根据人工智能业务占比、成长水平和市值规模构建指标体系，从沪深证券市场选取50只人工智能相关的上市企业股票作为样本，单个样本权重不超过10%，过去2年平均营业收入增速为负且小于行业平均水平的单个样本权重不超过5%。2022年4月，样本股平均总市值为415亿元。

中证沪深人工智能50指数（代码931487）从沪港深证券市场中选取50只市值较高、成长能力较好的人工智能相关上市公司证券作为指数样本，且单个样本权重不超过10%，前五大样本权重合计不超过40%。2022年4月，样本股平均总市值为1128亿元。

中证物联网主题指数（代码930712）从沪深证券市场中选取50只市值靠前、

流通性好的业务涉及物联网信息的采集、传输且提供基础资源与技术支持，以及应用物联网的上市公司证券作为指数样本，且单个样本权重不超过 10%，应用领域的单个样本权重不超过 5%，前五大样本权重合计不超过 40%。2022 年 4 月，样本股平均总市值为 554 亿元。

中证虚拟现实主题（VR）指数（代码 930821）从沪深证券市场中选取 50 只服务虚拟现实的硬件提供商、软件及系统提供商、内容制作和提供商、渠道、应用和分发平台等领域的上市公司证券作为指数样本，且单个样本股权重不超过 10%。2022 年 4 月，样本股平均总市值为 333 亿元。

截至 2022 年 5 月 26 日（较典型熊市），中证人工智能主题指数、中证人工智能产业指数、中证沪港深人工智能 50 指数、中证物联网主题指数及中证 VR 指数近 3 年的年化收益率分别是 −0.50%、−6.60%、−0.50%、6.47% 和 6.12%，近 5 年年化收益率分别是 −0.58%、−4.56%、−1.13%、1.07% 和 −5.86%。

截至 2022 年 4 月 29 日，上述各指数的行业构成如下所示。

中证人工智能主题指数：软件开发 24.64%、计算机设备 23.36%、IT 服务 16.44%、半导体 12.80%、其他 12.19%、小家电 2.84%、军工电子 2.57%、消费电子 2.27%、汽车零部件 1.19%、自动化设备 1.08% 和其他电源设备 0.61%。

中证人工智能产业指数：软件开发 26.79%、计算机设备 19.32%、IT 服务 15.13%、其他 13.66%、半导体 12.27%、消费电子 4.79%、小家电 3.16%、军工电子 2.41%、汽车零部件 1.32% 和通信设备 1.14%。

中证沪港深人工智能 50 指数：其他 43.39%、软件开发 21.63%、计算机设备 13.11%、半导体 9.47%、消费电子 5.46%、IT 服务 4.92% 和军工电子 2.01%。

中证物联网主题指数：半导体 21.17%、消费电子 19.40%、白色家电 11.78%、通信设备 9.63%、自动化设备 8.85%、软件开发 6.82%、计算机设备 6.80%、IT 服务 5.03%、其他 3.96%、光学光电子 2.08%、军工电子 1.92%、电池 1.88% 和电网设备 0.67%。

中证 VR 指数：光学光电子 29.72%、消费电子 27.83%、半导体 11.08%、游戏 8.22%、IT 服务 4.22%、元件 4.09%、数字媒体 3.16%、电池 3.03%、军工电子 2.89%、影视院线 1.69%、电视广播 1.42%、其他 0.75%、黑色家电 0.62%、互联网电商 0.57%、出版 0.56% 和电机 0.16%。

中证人工智能主题指数与中证人工智能产业指数从行业构成来看是很相近的，按道理来说，它们的长期收益特征应该差别不大；而中证沪港深人工智能 50 指数增加了腾讯、美团等中概互联网个股，而且权重占比较大，其未来收益特征与前两个指数相比，可能会有较大的差异。

2022 年 4 月 29 日，中证人工智能主题指数、中证人工智能产业指数、中证物联网主题指数和中证 VR 指数 PE（TTM 市盈率）分别为 37.45 倍、36.09 倍、25.51 倍和 22.39 倍，都处于自成立以来（近 3~7 年）25% 以下的估值百分位区间，估值较低。

跟踪这几个指数的场内外指数基金明细，详见表 5-62。

表 5-62　几个人工智能、物联网和 VR 指数跟踪基金明细表

基金代码	基金名称	成立日	基金规模 /亿元	管理费费率 /%	基金经理	基金公司	基金类型
159819.SZ	易方达中证人工智能主题 ETF	2020-07-27	14.51	0.15	张湛	易方达基金	被动指数型
515070.SH	华夏中证人工智能主题 ETF	2019-12-09	7.39	0.50	李俊	华夏基金	被动指数型
161631.SZ	融通人工智能指数（LOF）A	2017-04-10	5.15	0.80	何天翔	融通基金	被动指数型
008585.OF	华夏中证人工智能主题 ETF 联接 A	2020-06-16	3.36	0.50	李俊	华夏基金	被动指数型
512930.SH	平安人工智能 ETF	2019-07-12	2.31	0.15	钱晶	平安基金	被动指数型
012734.OF	易方达中证人工智能主题 ETF 联接 C	2022-03-01	2.01	0.15	张湛	易方达基金	被动指数型
014630.OF	汇添富中证人工智能主题 ETF 联接 A	2022-03-29	1.90	0.15	乐无穹	汇添富基金	被动指数型
008586.OF	华夏中证人工智能主题 ETF 联接 C	2020-06-16	1.27	0.50	李俊	华夏基金	被动指数型
011832.OF	西部利得中证人工智能主题指数增强 A	2021-06-08	1.09	1.20	盛丰衍、陈蒙	西部利得基金	增强指数型
011833.OF	西部利得中证人工智能主题指数增强 C	2021-06-08	0.92	1.20	盛丰衍、陈蒙	西部利得基金	增强指数型
011840.OF	天弘中证人工智能 C	2021-08-17	0.58	0.50	沙川、林心龙	天弘基金	被动指数型
009239.OF	融通人工智能指数（LOF）C	2020-04-01	0.51	0.80	何天翔	融通基金	被动指数型
014631.OF	汇添富中证人工智能主题 ETF 联接 C	2022-03-29	0.37	0.15	乐无穹	汇添富基金	被动指数型
012733.OF	易方达中证人工智能主题 ETF 联接 A	2022-03-01	0.28	0.15	张湛	易方达基金	被动指数型
011839.OF	天弘中证人工智能 A	2021-08-17	0.14	0.50	沙川、林心龙	天弘基金	被动指数型
159702.SZ	汇添富中证人工智能主题 ETF	2021-04-29	0.11	0.15	乐无穹	汇添富基金	被动指数型
515980.SH	华富中证人工智能产业 ETF	2019-12-24	2.93	0.50	张娅、郜哲	华富基金	被动指数型
008020.OF	华富中证人工智能产业 ETF 联接 A	2020-04-23	0.33	0.50	张娅、郜哲	华富基金	被动指数型
008021.OF	华富中证人工智能产业 ETF 联接 C	2020-04-23	0.13	0.50	张娅、郜哲	华富基金	被动指数型
517800.SH	方正富邦中证沪港深人工智能 50ETF	2021-08-04	0.44	0.50	吴昊、徐维君	方正富邦基金	被动指数型
516260.SH	华夏中证物联网主题 ETF	2021-07-22	1.21	0.50	李俊	华夏基金	被动指数型
159896.SZ	南方中证物联网主题 ETF	2021-11-15	0.96	0.50	龚涛	南方基金	被动指数型
516330.SH	华泰柏瑞中证物联网主题 ETF	2021-03-31	0.58	0.50	李茜	华泰柏瑞基金	被动指数型

基金代码	基金名称	成立日	基金规模/亿元	管理费费率/%	基金经理	基金公司	基金类型
159701.SZ	招商中证物联网主题ETF	2021-12-15	0.53	0.50	侯昊、刘重杰	招商基金	被动指数型
159895.SZ	易方达中证物联网主题ETF	2021-10-13	0.35	0.15	张湛	易方达基金	被动指数型
159786.SZ	银华中证虚拟现实主题ETF	2021-07-29	1.91	0.50	张凯	银华基金	被动指数型

基金规模截至2022年一季度末，数据来源：东方财富Choice数据。

6. 国防军工指数

中证军工指数（代码399967）从十大军工集团控股的军工上市企业和其他主营业务为军工行业的代表性上市企业证券中选取不超过80只作为样本股，单个样本股权重上限为10%。2022年4月样本股数量为64只，平均总市值为246亿元。

中证军工龙头指数（代码931066）从军工相关业务上市企业证券中选取30只作为样本股，且军工部分和军转民部分的样本权重合计分别为85%和15%，单个样本权重不超过15%。2022年4月样本股平均总市值为443亿元。

中证国防指数（代码399973）从十大军工集团控股的军工上市企业和其他为国家武装力量提供武器装备的代表性上市企业证券中选取不超过50只作为样本股，单个样本股权重上限为10%。2022年4月样本股平均总市值为315亿元。

中证空天一体军工指数（代码930875）选取不超过40只主营业务与空天一体战略高度相关的上市公司证券作为样本，单个样本权重不超过15%。2022年4月样本股平均总市值为318亿元。

军工类指数成立时间不够长，还没有10年以上的收益率数据，但近3年到5年的收益率是不错的。

2022年5月26日（较典型熊市），中证军工指数、中证军工龙头指数、中证国防指数和中证空天一体军工指数近3年的年化收益率分别是12.13%、16.20%、17.65%和18.35%，近5年的年化收益率分别是3.87%、9.07%、6.88%和8.35%。

截至2022年4月29日，各指数行业（申万二级）构成如下。

中证军工指数：航空装备39.38%、军工电子25.92%、半导体9.42%、航海装备8.46%、地面兵装4.32%、其他3.85%、航天装备3.78%、计算机设备2.18%、小金属1.59%、通信服务0.89%和通信设备0.21%。

中证军工龙头指数：航空装备33.67%、军工电子26.81%、计算机设备17.41%、半导体11.81%、其他3.17%、小金属1.88%、航天装备1.80%、元件1.41%、地面兵装1.04%、光学电子0.51%和自动化设备0.49%。

中证国防指数：航空装备56.59%、军工电子30.66%、其他5.97%、特钢3.51%、小金属 2.47% 和金属新材料 0.80%。

中证空天一体军工指数：航空装备 60.79%、军工电子 25.67%、其他 4.45%、特钢 3.76%、小金属 2.64%、其他电源设备 1.83% 和金属新材料 0.86%。

可见，中证军工指数与中证军工龙头指数的行业结构相似，而中证国防指数与中证空天一体军工指数的行业构成更为接近。

2022 年 4 月 29 日，中证军工指数、中证军工龙头指数、中证国防指数和中证空天一体军工指数的 PE（TTM 市盈率）分别是 49.38 倍、33.47 倍、42.90 倍和 43.53 倍，都处于指数成立以来（4~8 年）25% 以下的估值百分位区间。

跟踪这四个国防军工指数的场内外指数基金明细，详见表 5-63。

表 5-63　四个国防军工指数跟踪基金明细表

基金代码	基金名称	成立日	基金规模/亿元	管理费费率/%	基金经理	基金公司	基金类型
512660.SH	国泰中证军工 ETF	2016-07-26	110.85	0.50	艾小军	国泰基金	被动指数型
161024.SZ	富国中证军工指数（LOF）A	2014-04-04	52.70	1.00	王保合、张圣贤	富国基金	被动指数型
512680.SH	广发中证军工 ETF	2016-08-30	30.92	0.50	霍华明	广发基金	被动指数型
005693.OF	广发中证军工 ETF 联接 C	2018-02-13	23.67	0.50	霍华明	广发基金	被动指数型
163115.SZ	申万菱信中证军工指数（LOF）	2014-07-24	10.83	1.00	赵兵	申万菱信基金	被动指数型
000596.OF	前海开源中证军工指数 A	2014-05-27	9.03	1.00	黄玥	前海开源基金	被动指数型
502003.SH	易方达中证军工（LOF）A	2015-07-08	6.51	1.00	张湛	易方达基金	被动指数型
003017.OF	广发中证军工 ETF 联接 A	2016-09-26	6.01	0.50	霍华明	广发基金	被动指数型
512560.SH	易方达中证军工 ETF	2017-07-14	5.81	0.50	张湛	易方达基金	被动指数型
002199.OF	前海开源中证军工指数 C	2015-11-30	5.45	1.00	黄玥	前海开源基金	被动指数型
512810.SH	华宝中证军工 ETF	2016-08-05	3.99	0.50	胡洁	华宝基金	被动指数型
013035.OF	富国中证军工指数（LOF）C	2021-07-19	1.71	1.00	王保合、张圣贤	富国基金	被动指数型
012842.OF	易方达中证军工（LOF）C	2021-07-19	0.57	1.00	张湛	易方达基金	被动指数型
512710.SH	富国中证军工龙头 ETF	2019-07-23	42.62	0.50	牛志冬、王乐乐	富国基金	被动指数型
160630.SZ	鹏华中证国防指数（LOF）A	2014-11-13	42.01	1.00	陈龙	鹏华基金	被动指数型
512670.SH	鹏华中证国防 ETF	2019-07-05	18.63	0.30	张羽翔	鹏华基金	被动指数型
012041.OF	鹏华中证国防指数（LOF）C	2021-04-14	2.73	1.00	陈龙	鹏华基金	被动指数型
010364.OF	鹏华空天军工指数（LOF）C	2020-10-27	15.33	1.00	陈龙	鹏华基金	被动指数型
160643.SZ	鹏华空天军工指数（LOF）A	2017-06-13	9.45	1.00	陈龙	鹏华基金	被动指数型

基金规模截至 2022 年一季度末，数据来源：东方财富 Choice 数据。

7. 高端装备制造指数

中证高端装备制造指数（代码 930599）选取 200 只通信设备、电力设备、机械制造、航空航天与国防、电子、半导体、乘用车及零部件等行业中具有代表性的上市公司证券作为样本，单个样本股权重上限为 10%，2020 年 4 月平均总市值为 577 亿元。

中证高端制造主题指数（代码 930820）选取 500 只航天航空与国防、通信设备、半导体产品、生物科技、西药、电子设备与仪器、汽车、电脑与外围设备等领域内的上市公司证券作为样本，单个样本股权重上限为 10%，2020 年 4 月平均总市值为 346 亿元。

中证先进制造 100 策略指数（代码 931167）从沪深证券市场的先进制造相关产业中选取高赢利能力、高成长且兼具低估值水平的上市公司证券作为指数样本，采用基本面加权。单个样本股权重上限为 8%，2020 年 4 月平均总市值为 245 亿元。

截至 2022 年 5 月 26 日（典型熊市），中证高端装备制造指数、中证高端制造主题指数和中证先进制造 100 策略指数近 3 年的年化收益率分别为 16.28%、12.52% 和 9.90%，近 5 年的年化收益率分别是 5.66%、4.08% 和 4.77%。

截至 2022 年 4 月 29 日，各指数前十大行业（申万一级）构成如下。

中证高端装备制造指数：电力设备 34.72%、电子 22.99%、汽车 10.23%、国防军工 8.70%、机械设备 8.45%、其他 5.92%、计算机 5.11%、通信 3.29%、社会服务 0.41% 和公用事业 0.12%。

中证高端制造主题指数：电力设备 27.01%、电子 19.01%、医药生物 16.09%、汽车 8.27%、机械设备 7.27%、国防军工 6.94%、其他 6.68%、计算机 3.82%、通信 2.77%、环保 0.84%。

中证先进制造 100 策略指数：机械设备 23.12%、家用电器 22.71%、电子 20.22%、汽车 11.55%、电力设备 10.43%、其他 5.02%、医药生物 3.07%、计算机 1.03%、环保 0.81% 和公用事业 0.78%。

中证高端装备制造指数与中证高端制造主题指数的行业构成较为接近，只是高达 200~500 只的样本数量太多了，给人一种完全没有已经"优选"过的感觉，而 200 只的中证高端装备制造指数近 3~5 年的收益率确实也要好一些。

2020 年 12 月，中证指数推出了中证高端制造 100 指数（代码 931584），将样本数量精简为 100 只，平均总市值超过 900 亿元。

2021 年 8 月，中证指数又推出了中证高端制造质量成长 50 指数（代码 931718），从沪深证券市场中选取 50 只成长性较高、赢利能力较强、现金流状况较好的高端制造领域上市公司证券作为指数样本，平均总市值 1554 亿元。

这两个指数的回测收益率比前面几个要好一些，但目前还没有跟踪它们的基金。

2022 年 6 月 29 日，中证高端装备制造指数、中证高端制造主题指数、中证先进制造 100 策略指数、中证高端制造 100 指数和中证高端制造质量成长 50 指数的

PE（TTM 市盈率）分别是 34.29 倍、34.54 倍、13.71 倍、33.51 倍和 37.81 倍，都处于指数成立以来（1~7 年）25%~50%的估值百分位区间，估值正常偏低。

跟踪这几个高端制造指数的场内外指数基金明细，详见表 5-64。

表 5-64　几个高端制造指数的跟踪基金明细表

基金代码	基金名称	成立日	基金规模/亿元	管理费费率/%	基金经理	基金公司	基金类型
011667.OF	东财高端制造增强 A	2021-04-08	0.83	1.20	杨路炜、姚楠燕	东财基金	增强指数型
012213.OF	天弘中证高端装备制造增强 C	2021-12-28	0.83	0.60	刘笑明、杨超	天弘基金	增强指数型
012212.OF	天弘中证高端装备制造增强 A	2021-12-28	0.75	0.60	刘笑明、杨超	天弘基金	增强指数型
011668.OF	东财高端制造增强 C	2021-04-08	0.48	1.20	杨路炜、姚楠燕	东财基金	增强指数型
161037.SZ	富国中证高端制造指数增强型（LOF）A	2017-04-27	1.20	1.20	蔡卡尔、牛志冬	富国基金	增强指数型
005627.OF	富国中证高端制造指数增强型（LOF）C	2022-01-25	0.00	1.20	蔡卡尔、牛志冬	富国基金	增强指数型
515870.SH	嘉实先进制造 100ETF	2019-12-05	0.42	0.50	王紫菡	嘉实基金	被动指数型

基金规模截至 2022 年一季度末，数据来源：东方财富 Choice 数据。

8. 其他科技主题指数

中证金融科技主题指数（代码 930986）选取不超过 100 只产品与服务涉及金融科技相关领域的上市公司证券作为指数样本，且单个样本股权重上限为 10%。2022年 4 月，样本股数量为 45 只，平均总市值规模为 154 亿元，小于中证 500 指数的平均总市值规模 236 亿元。

中证生物科技主题指数（代码 930743）选取不超过 50 只涉及基因诊断、生物制药、血液制品及其他人体生物科技的上市公司证券作为指数样本，且单个样本股权重上限为 10%。2022 年 4 月，样本股数量为 45 只，平均总市值规模为 479 亿元，与创业板 50 指数的平均总市值规模大体相当。

截至 2022 年 5 月 27 日（较典型熊市），中证金融科技主题指数和中证生物科技主题指数近 3 年的年化收益率分别为−4.04%和 12.29%，近 5 年的年化收益率分别为−0.77%和 8.51%，一个"海水"，一个"火焰"，差别很大。

2022 年 4 月 29 日，这两个指数的行业（申万二级）构成如下。

中证金融科技主题指数：软件开发 40.77%、IT 服务 19.90%、计算机设备 13.30%、证券 11%、通信设备 3.52%、半导体 3.47%、多元金融 2.91%、汽车零部件 2.11%、广告营销 1.57%和其他 1.44%。

中证生物科技主题指数：生物制品 29.66%、医疗器械 27.10%、医疗服务 22.78%、化学制药 13.54%和其他 6.93%。

同日，中证金融科技主题指数和中证生物科技主题指数的 PE（TTM 市盈率）

分别为 35.46 倍和 29.52 倍，都处于上市以来（5~7 年）25% 以下的估值百分位区间。

跟踪这两个科技主题指数的场内外指数基金明细，详见表 5-65。

表 5-65　中证金融科技主题指数和中证生物科技主题指数的跟踪基金明细表

基金代码	基金名称	成立日	基金规模/亿元	管理费费率/%	基金经理	基金公司	基金类型
159851.SZ	华宝中证金融科技主题 ETF	2021-03-04	3.16	0.50	陈建华	华宝基金	被动指数型
013478.OF	华宝中证金融科技主题 ETF 发起式联接 C	2021-11-25	1.22	0.50	陈建华	华宝基金	被动指数型
516100.SH	华夏中证金融科技主题 ETF	2021-07-13	0.68	0.50	徐猛	华夏基金	被动指数型
516860.SH	博时金融科技 ETF	2021-09-24	0.44	0.50	尹浩	博时基金	被动指数型
013477.OF	华宝中证金融科技主题 ETF 发起式联接 A	2021-11-25	0.40	0.50	陈建华	华宝基金	被动指数型
501009.SH	汇添富中证生物科技指数（LOF）A	2016-12-22	20.36	0.75	过蓓蓓	汇添富基金	被动指数型
159837.SZ	易方达中证生物科技主题 ETF	2021-01-14	16.78	0.15	张湛	易方达基金	被动指数型
501010.SH	汇添富中证生物科技指数（LOF）C	2016-12-22	14.22	0.75	过蓓蓓	汇添富基金	被动指数型
159849.SZ	招商中证生物科技主题 ETF	2021-02-08	1.21	0.50	许荣漫	招商基金	被动指数型
516500.SH	华夏中证生物科技主题 ETF	2021-03-04	0.94	0.50	李俊	华夏基金	被动指数型
516930.SH	民生加银中证生物科技主题 ETF	2021-08-05	0.87	0.50	何江	民生加银基金	被动指数型

基金规模截至 2022 年一季度末，数据来源：东方财富 Choice 数据。

9. 小结

不同成长风格的行业，总体来讲都是具有科技创新属性的行业。

计算机、互联网、新能源、人工智能等，都是曾经、正在或将要改变世界的行业或力量，因此曾经、正在或将要具备非常好的投资价值。

科技创新也有周期，有高潮也会有低潮，因此相关指数的弹性和波动也会很大，对持有人来说可能会是一个考验。

5.4.3　金融风格行业主题指数

金融风格主要包括银行、证券、保险和信托行业，以及与金融业高度关联的房地产行业。

1. 金融行业指数

中证全指金融地产指数（代码 000992）选取中证全指指数样本中属于金融和房地产两个中证一级行业的上市公司证券作为指数样本，且单个样本股权重上限为 10%。2022 年 4 月，样本股数量为 163 只，平均总市值规模为 776 亿元，介于中证 800 指数的平均市值规模 624 亿元与沪深 300 指数的平均市值规模 1363 亿元之间，其实基本上都是"大家伙"。

沪深 300 非银行金融指数（代码 H30035）从沪深 300 指数的样本中选择保险、证券、信托等非银行金融行业的上市公司证券作为指数样本。2022 年 4 月，样本股数量为 31 只，平均总市值规模为 1113 亿元，稍微低于沪深 300 指数的平均市值水平。

中证证券保险指数（代码 H30588）选取 50 只归属于保险、证券行业的上市公司证券作为指数样本，且单个样本权重上限为 15%。2022 年 4 月，样本数量为 50 只，平均总市值规模为 776 亿元。

中证全指金融地产指数成立于 2011 年 8 月 2 日，2012 年 4 月 30 日至 2022 年 4 月 29 日（熊市）这 10 年间的累计收益率为 42.83%，年化收益率为 3.56%；同期全收益指数累计收益率为 88.95%，年化收益率为 6.57%。这 10 年中，中证全指金融地产指数的年化收益率低于沪深 300 指数的 4.34%，但全收益指数的年化收益率水平与沪深 300 指数的 6.60%基本相当。

2011 年 8 月 2 日至 2021 年 1 月 19 日（阶段高点）这 9.46 年的累计收益率为 89.76%，年化收益率为 6.62%；同期全收益指数累计收益率为 141.52%，年化收益率为 9.23%，高于同期沪深 300 指数 8.32%的水平。

沪深 300 非银行金融指数自成立日 2012 年 12 月 21 日至 2022 年 4 月 29 日（熊市）这 9.36 年的累计收益率为 38.60%，年化收益率为 3.55%；同期全收益指数累计收益率为 90.68%，年化收益率为 7.14%。

2012 年 12 月 21 日至 2021 年 1 月 12 日（阶段高点）这 9.06 年的累计收益率为 124.05%，年化收益率为 9.31%；同期全收益指数累计收益率为 160.02%，年化收益率为 11.12%。

2022 年 5 月 27 日，中证证券保险指数近 3 年和近 5 年的年化收益率分别是 -5.60%和-3.06%。也就是说，近 3 年到 5 年，证券和保险总体还是下跌的，跌幅还不小。

2022 年 4 月 29 日，中证全指金融地产指数的行业（申万二级）分布是这样的：证券 25.83%、股份制银行 23.36%、房地产开发 12.17%、保险 11.96%、国有大型银行 11.15%、城商行 10.88%、多元金融 1.92%、农商行 1.80%、综合 0.36%、房地产服务 0.31%、燃气 0.11%、其他 0.08%和电力 0.06%。

沪深 300 非银行金融指数的行业（申万二级）分布是这样的：证券 63.56%、保险 35.55%和多元金融 0.89%。

中证证券保险指数的行业（申万二级）分布是这样的：证券 73.49%、保险 25.65%和多元金融 0.87%。

沪深 300 非银行金融指数和中证证券保险指数的行业结构较为相似，只是中证证券保险指数的成分股更多一些，证券占比也要更高一些。

同日，中证全指数金融地产指数、沪深 300 非银行金融指数和中证证券保险指数的 PE（TTM 市盈率）分别是 6.73、11.91 和 12.49，PB（MRQ）分别为 0.67、1.18 和 1.18，都处于成立以来（9~10 年）25% 以下的估值百分位区间。

跟踪这三个指数的基金明细，详见表 5-66。

表 5-66　中证全指数金融地产指数、沪深 300 非银行金融指数和中证证券保险指数跟踪基金明细表

基金代码	基金名称	成立日	基金规模/亿元	管理费费率/%	基金经理	基金公司	基金类型
159940.SZ	广发中证全指金融地产 ETF	2015-03-23	20.47	0.50	夏浩洋	广发基金	被动指数型
001469.OF	广发中证全指金融地产 ETF 联接 A	2015-07-09	10.34	0.50	夏浩洋	广发基金	被动指数型
002979.OF	广发中证全指金融地产 ETF 联接 C	2016-07-06	9.80	0.50	夏浩洋	广发基金	被动指数型
512070.SH	易方达沪深 300 非银行金融 ETF	2014-06-26	37.20	0.50	余海燕	易方达基金	被动指数型
000950.OF	易方达沪深 300 非银行金融 ETF 联接 A	2015-01-22	10.44	0.50	余海燕	易方达基金	被动指数型
007882.OF	易方达沪深 300 非银行金融 ETF 联接 C	2019-08-20	6.73	0.50	余海燕	易方达基金	被动指数型
001553.OF	天弘中证证券保险 C	2015-06-30	18.31	0.50	陈瑶	天弘基金	被动指数型
001552.OF	天弘中证证券保险 A	2015-06-30	11.62	0.50	陈瑶	天弘基金	被动指数型

基金规模截至 2022 年一季度末，数据来源：东方财富 Choice 数据。

2. 金融细分行业指数

（1）**中证银行指数**（代码 399986）从中证全指数样本中选择全部中证二级行业银行的全部证券作为样本，且单个样本股最大权重为 15%。2022 年 4 月，样本股数量为 40 只，样本股平均总市值 1768 亿元，高于沪深 300 指数的平均市值水平。

中证香港银行投资指数（代码 930792）从港股通证券范围内选取银行行业上市公司证券作为指数样本，且单个样本股最大权重为 15%。2022 年 4 月，样本股数量为 14 只，样本股平均总市值 3115 亿港元，高于沪深 300 指数的平均市值水平。

中证银行指数发布于 2013 年 7 月 15 日，至 2022 年 4 月 29 日（熊市）的 8.79 年间累计收益率为 66.09%，年化收益率为 5.94%；至 2021 年 2 月 18 日（阶段高点）这 7.59 年间累计收益率为 98.64%，年化收益率为 9.46%。

中证香港银行投资指数发布于 2016 年 4 月 22 日，截至 2022 年 5 月 27 日，最近 3 年和 5 年的年化收益率分别为 –2.66% 和 –1.71%。

因为没有找到中证银行指数全收益指数的完整数据，所以我们用中证内地银行主题指数来看看价格指数与全收益指数的差距有多大。

中证内地银行主题指数（样本股 35 只，平均总市值 2004 亿元）自 2013 年 7 月

15 日至 2022 年 4 月 29 日（熊市）的 8.79 年间累计收益率为 64.89%，年化收益率为 5.85%（与中证银行指数的 5.94%基本相当），低于同期沪深 300 指数的 6.68%；同期中证内地银行主题全收益指数累计收益率为 128.87%，年化收益率为 9.88%，高于同期沪深 300 指数的 8.82%。

中证内地银行主题指数自 2013 年 7 月 15 日至 2021 年 2 月 18 日（阶段高点）这 7.59 年的累计收益率为 95.14%，年化收益率为 9.21%（与中证银行指数的 9.46%基本相当），低于同期沪深 300 指数的 13.04%；中证内地银行主题全收益指数这 7.59 年的累计收益率为 163.28%，年化收益率为 13.60%，也低于沪深 300 指数同期 15.39%的水平。

银行被称为"百业之母"，其长期收益还是不错的。

中证银行指数的行业（申万二级）构成是这样的：股份制银行 45.39%、国有大型银行 25.55%、城商行 24.94%和农商行 4.12%。

2022 年 4 月 29 日，中证银行指数的 PE（TTM 市盈率）为 5.18，PB（MRQ）为 0.53，都处于成立以来 25%以下的估值百分位区间。

跟踪这两个银行指数、规模不小于 1 亿元的场内外指数基金明细，详见表 5-67。

表 5-67　中证银行指数及中证香港银行投资指数部分跟踪基金明细表

基金代码	基金名称	成立日	基金规模/亿元	管理费费率/%	基金经理	基金公司	基金类型
512800.SH	华宝中证银行 ETF	2017-07-18	101.81	0.50	胡洁	华宝基金	被动指数型
515290.SH	天弘中证银行 ETF	2020-12-11	71.92	0.50	陈瑶	天弘基金	被动指数型
001595.OF	天弘中证银行 ETF 联接 C	2015-07-08	51.46	0.50	陈瑶	天弘基金	被动指数型
512700.SH	南方中证银行 ETF	2017-06-28	23.28	0.50	孙伟	南方基金	被动指数型
001594.OF	天弘中证银行 ETF 联接 A	2015-07-08	21.82	0.50	陈瑶	天弘基金	被动指数型
161029.SZ	富国中证银行指数（LOF）A	2015-04-30	16.02	1.00	王保合	富国基金	被动指数型
161723.OF	招商中证银行指数 A	2015-05-20	15.29	1.00	侯昊	招商基金	被动指数型
161121.SZ	易方达中证银行指数（LOF）A	2015-06-03	14.42	0.50	刘树荣	易方达基金	被动指数型
160631.SZ	鹏华中证银行指数（LOF）A	2015-04-17	10.25	1.00	张羽翔	鹏华基金	被动指数型
160517.SZ	博时中证银行指数（LOF）	2015-06-09	8.90	0.50	赵云阳	博时基金	被动指数型
004598.OF	南方银行 ETF 联接 C	2017-06-29	7.21	0.50	孙伟	南方基金	被动指数型
004597.OF	南方银行 ETF 联接 A	2017-06-29	7.14	0.50	孙伟	南方基金	被动指数型
512820.SH	汇添富中证银行 ETF	2018-10-23	6.97	0.50	过蓓蓓	汇添富基金	被动指数型
515020.SH	华夏中证银行 ETF	2019-10-24	6.63	0.50	李俊	华夏基金	被动指数型
009860.OF	易方达中证银行指数（LOF）C	2020-08-07	4.69	0.50	刘树荣	易方达基金	被动指数型
006697.OF	华宝中证银行 ETF 联接 C	2018-11-27	4.40	0.50	胡洁	华宝基金	被动指数型
008299.OF	华夏中证银行 ETF 联接 C	2019-12-06	3.27	0.50	李俊	华夏基金	被动指数型
007154.OF	汇添富中证银行 ETF 联接 C	2019-04-15	3.22	0.50	过蓓蓓、乐无穹	汇添富基金	被动指数型
240019.OF	华宝中证银行 ETF 联接 A	2011-08-09	2.97	0.50	胡洁	华宝基金	被动指数型

基金代码	基金名称	成立日	基金规模/亿元	管理费费率/%	基金经理	基金公司	基金类型
160418.OF	华安中证银行指数 A	2015-06-09	2.59	1.00	苏卿云	华安基金	被动指数型
012042.OF	鹏华中证银行指数（LOF）C	2021-04-14	2.55	1.00	张羽翔	鹏华基金	被动指数型
008298.OF	华夏中证银行 ETF 联接 A	2019-12-06	2.07	0.50	李俊	华夏基金	被动指数型
512730.SH	鹏华中证银行 ETF	2019-12-19	1.99	0.30	张羽翔	鹏华基金	被动指数型
516310.SH	易方达中证银行 ETF	2021-05-20	1.82	0.15	刘树荣	易方达基金	被动指数型
007153.OF	汇添富中证银行 ETF 联接 A	2019-04-15	1.55	0.50	过蓓蓓、乐无穹	汇添富基金	被动指数型
010365.OF	鹏华香港银行指数（LOF）C	2020-10-27	6.07	0.75	聂毅翔、张羽翔	鹏华基金	被动指数型
501025.SH	鹏华香港银行指数（LOF）A	2016-11-10	3.74	0.75	聂毅翔、张羽翔	鹏华基金	被动指数型
006809.OF	泰康香港银行指数 A	2019-04-16	1.10	0.50	刘伟	泰康资产	被动指数型

基金规模截至 2022 年一季度末，数据来源：东方财富 Choice 数据。

（2）中证全指证券公司指数（代码 399975）从中证全指数样本中选择全部中证四级行业证券公司的全部证券作为样本，且单个样本股最大权重为 15%。2022 年 4 月，样本股数量为 49 只，样本股平均总市值 521 亿元，略高于创业板 50 指数的平均市值水平。

中证香港证券投资主题指数（代码 930709）从港股通证券范围中选取证券投资主题类上市公司证券作为指数样本，单个样本权重不超过 15%，且资产管理行业总权重不超过 5%。2022 年 4 月，样本股数量为 21 只，样本股平均总市值 325 亿元。

2022 年 5 月 27 日，中证全指证券公司指数和中证香港证券投资主题指数近 3 年的年化收益率分别是-2.43%和-2.68%，近 5 年的年化收益率则分别是-3.65%和-6.87%。

中证全指证券公司指数自基准日 2007 年 6 月 29 日（基点为 1000 点）至 2022 年 4 月 29 日，价格指数收盘于 655.11 点，而全收益指数收于 766.02 点，总计 14.75 年的价格指数累计收益率为-34.49%，全收益指数累计收益率为-23.40%。

证券股具有反身性，被称为"周期之王"，股市走牛时券商的经纪业务、承销保荐和自营业务都很好，券商赚得盆满钵满，股价也会涨得很高；而在股市低迷时，这些业务都比较惨淡，股价也可以跌到很低。所以券商指数并不适合长期持有。

2022 年 4 月 29 日，中证全指证券公司指数 PE（TTM 市盈率）和 PB（MRQ）分别是 14.66 和 1.25，都处于成立以来（近 9 年）25%以下的估值百分位区间。

跟踪这两个证券指数的场内外指数基金（按规模排序第 1~20 名）明细，详见表 5-68。

表 5-68　中证全指证券公司指数和中证香港证券投资主题指数跟踪基金明细表

基金代码	基金名称	成立日	基金规模/亿元	管理费费率/%	基金经理	基金公司	基金类型
512880.SH	国泰中证全指证券公司 ETF	2016-07-26	322.34	0.50	艾小军	国泰基金	被动指数型
512000.SH	华宝中证全指证券公司 ETF	2016-08-30	230.47	0.50	丰晨成、胡洁	华宝基金	被动指数型
512900.SH	南方中证全指证券公司 ETF	2017-03-10	78.29	0.50	孙伟	南方基金	被动指数型
004070.OF	南方中证全指证券 ETF 联接 C	2017-03-08	61.94	0.50	孙伟	南方基金	被动指数型
007531.OF	华宝券商 ETF 联接 C	2019-06-13	45.70	0.50	丰晨成、胡洁	华宝基金	被动指数型
159841.SZ	天弘中证全指证券公司 ETF	2021-01-28	40.10	0.50	沙川、陈瑶	天弘基金	被动指数型
161720.SZ	招商中证全指证券公司指数（LOF）A	2014-11-13	24.84	1.00	王岩	招商基金	被动指数型
008591.OF	天弘中证全指证券公司 ETF 发起式联接 C	2019-12-20	23.23	0.50	沙川	天弘基金	被动指数型
161027.SZ	富国中证全指证券公司指数（LOF）A	2015-03-27	14.57	1.00	王保合	富国基金	被动指数型
004069.OF	南方中证全指证券 ETF 联接 A	2017-03-08	14.12	0.50	孙伟	南方基金	被动指数型
160633.SZ	鹏华中证全指证券公司指数（LOF）A	2015-05-06	13.02	1.00	陈龙	鹏华基金	被动指数型
502010.SH	易方达中证全指证券公司指数（LOF）A	2015-07-08	12.86	1.00	张湛	易方达基金	被动指数型
006098.OF	华宝券商 ETF 联接 A	2018-06-27	10.91	0.50	丰晨成、胡洁	华宝基金	被动指数型
501048.SH	汇添富中证全指证券公司指数（LOF）C	2017-12-04	10.39	0.50	董瑾	汇添富基金	被动指数型
515010.SH	华夏中证全指证券公司 ETF	2019-09-17	9.34	0.50	司帆	华夏基金	被动指数型
501047.SH	汇添富中证全指证券公司指数（LOF）A	2017-12-04	8.22	0.50	董瑾	汇添富基金	被动指数型
008590.OF	天弘中证全指证券公司 ETF 发起式联接 A	2019-12-20	7.84	0.50	沙川	天弘基金	被动指数型
160516.SZ	博时中证全指证券公司指数（LOF）	2015-05-19	7.15	0.50	赵云阳	博时基金	被动指数型
159842.SZ	银华中证全指证券公司 ETF	2021-03-03	4.73	0.50	王帅、马君	银华基金	被动指数型
513090.SH	易方达中证香港证券投资主题 ETF	2020-03-13	11.07	0.15	FAN BING（范冰）、宋钊贤	易方达基金	被动指数型

基金规模截至 2022 年一季度末，数据来源：东方财富 Choice 数据。

（3）中证方正富邦保险主题指数（代码 399809）从沪深证券市场中选取 20 只保险行业与参股保险类上市公司证券作为指数样本，保险行业权重为 75%，参股保险类权重为 25%，并且单个样本权重不超过 30%。保险行业权重设置将随保险行业样本数量变化而变化，保险行业样本数量每增加 1 只，保险行业权重增加 1.56%，参股保险类权重进行相应减少。

2015 年至 2021 年，我国保险行业原保费增速分别为 20%、27.50%、18.16%、3.92%、12.20%、6.12% 和 4.05%，近几年行业发展减速清晰可见。

保险行业发展失速固然受到代理人大幅减少、线上渠道不够成熟等因素的影响，但根本原因还是前些年发展过快，与部分保险产品良莠不齐、口碑下滑直接相关。

而 2017 年之后的行业发展失速在某种程度上是纠偏，在为之前粗放甚至野蛮的发展方式"还债"。

实际上这几年来各保险企业也在不断改革，由单纯追求规模到规模与质量并重，已经积累了一些经验和成果，保险行业的健康发展仍然可以期待。

2022年5月27日，中证方正富邦保险主题指数近3年和近5年的年化收益率分别是−12.21%和−4.30%。

该指数自基准日2011年12月31日（基点为1000点）至2022年4月29日，价格指数收盘于1518.98点，全收益指数收盘于1923.98点，全收益指数比价格指数高出26.66%。总计10.33年来，价格指数累计收益率为51.90%，年化收益率为4.13%；全收益指数累计收益率为92.40%，年化收益率为6.54%。

2022年4月29日，中证方正富邦保险主题指数前三大行业（申万二级）及权重依次是保险80.50%、股价制银行8.34%和电池7.74%。

同日，中证方正富邦保险主题指数的PE（TTM市盈率）和PB（MRQ）分别是10.58和1.03，都处于成立以来（近7年）25%以下的估值百分位区间。（也可参照主要保险公司的PEV进行估值，但这一数值一般1年只在年报中公布一次，时效性不够强。）

截至2022年4月29日，跟踪中证方正富邦保险主题指数的基金只有1只，即方正富邦保险主题指数（LOF）（代码167301），基金经理为吴昊，规模为54.05亿元，管理费费率为1%。

（4）中证全指房地产指数（代码931775）从中证全指数样本中选择全部中证一级行业房地产内的全部证券作为样本，且单个样本股最大权重为10%。2022年4月，样本股数量为95只，样本股平均总市值175亿元，总体为中小盘股的平均市值水平。

沪深300地产等权重指数（代码399983）选取沪深300指数样本中归属于房地产行业的全部证券作为指数样本，所有样本等权重配置。2022年4月，样本股数量为8只，平均总市值997亿元。

中证800地产指数（代码399965）从中证800指数样本中选择全部中证一级行业房地产中的全部证券作为样本，且单个样本股最大权重为15%。2022年4月，样本股数量为31只，样本股平均总市值377亿元。

2022年5月27日，中证全指房地产指数、沪深300地产等权重指数和中证800地产指数近3年的年化收益率分别为−8.89%、−11.23%和−10.65%，近5年的年化收益率分别为−7.32%、−7.15%和−6.85%。

中证全指房地产指数自发布日2013年7月15日至2022年4月29日这9.79年来，价格指数累计收益率为27.51%，年化收益率为2.51%；全收益指数累计收益率为54.12%，年化收益率为4.52%。

由此可见，房地产行业虽然经历了前面多年的高速发展，房价涨了很多倍，但房地产行业指数近10年的收益却是相当有限的。

2022年4月29日，中证全指房地产指数、沪深300地产等权重指数和中证800地产指数的PE（TTM市盈率）分别为13.64倍、9倍和9.69倍，处于上市以来（8~10年）25%以下的估值百分位区间。

跟踪这三个房地产指数的场内外指数基金明细，详见表5-69。

表5-69　中证全指房地产指数、沪深300地产等权重指数和中证800地产指数的跟踪基金明细表

基金代码	基金名称	成立日	基金规模/亿元	管理费费率/%	基金经理	基金公司	基金类型
512200.SH	南方中证房地产ETF	2017-08-25	28.63	0.50	罗文杰	南方基金	被动指数型
004643.OF	南方房地产ETF联接C	2017-08-24	3.46	0.50	罗文杰	南方基金	被动指数型
004642.OF	南方房地产ETF联接A	2017-08-24	2.99	0.50	罗文杰	南方基金	被动指数型
515060.SH	华夏中证全指房地产ETF	2019-11-28	2.37	0.50	李俊	华夏基金	被动指数型
008088.OF	华夏中证全指房地产ETF联接A	2019-11-28	0.80	0.50	李俊	华夏基金	被动指数型
008089.OF	华夏中证全指房地产ETF联接C	2019-11-28	0.78	0.50	李俊	华夏基金	被动指数型
010989.OF	南方房地产ETF联接E	2020-12-18	0.27	0.50	罗文杰	南方基金	被动指数型
013273.OF	招商沪深300地产等权重指数C	2021-08-12	5.01	1.00	王岩	招商基金	被动指数型
161721.OF	招商沪深300地产等权重指数A	2014-11-27	4.96	1.00	王岩	招商基金	被动指数型
160628.SZ	鹏华中证800地产指数（LOF）A	2014-09-12	3.38	1.00	闫冬	鹏华基金	被动指数型
159707.SZ	华宝中证800地产ETF	2021-11-04	0.82	0.50	蒋俊阳	华宝基金	被动指数型

基金规模截至2022年一季度末，数据来源：东方财富Choice数据。

3. 小结

（1）金融风格的银行、保险和地产，估值一直都很低，虽然看起来很有投资价值，但实际在2019年以来的这轮牛市中鲜有表现，因此被戏称为"三傻"。

"三傻"是典型的价值风格，在2022年前5个月的大跌中算是非常抗跌的了。无论什么行业，只要不是可能会被抛弃的夕阳行业，一般都会有均值回归的机会。

（2）证券被称为"周期之王"，是一个具有反身性的特殊行业。

中证全指证券指数自基准日以来过去了17年，无论是价格指数还是全收益指数都依旧是负收益。

过往历史表明，证券指数是不适合长期持有的。

5.4.4　周期风格行业主题指数

周期性行业是指行业景气度与外部宏观经济环境高度正相关，并呈现周期性循环的行业，它最重要的特征是产品需求和价格呈现周期性波动。

此类行业的缺点是显而易见的，产品需求和价格的周期性波动容易造成景气低谷时产能大量闲置，而在景气高峰时产能又严重不足，因而长期来看很难获得高于市场平均水平的利润，而波段性的投资机会又很难把握，因而市场倾向于给予它们较低的估值。

周期性行业又分为消费类周期性行业和工业类周期性行业。

消费类周期性行业包括房地产、银行、证券、保险、汽车、航空等，消费类周期性行业兼具了周期性行业和消费行业的特性，因此对于这一类的周期性行业，我们把金融地产归入了金融风格，把汽车归入了消费风格。

本节所指的周期风格行业主要是工业类周期性行业，包括基础化工、有色金属、机械设备、建筑材料、石油石化和钢铁等子行业。

1. 中证细分化工产业主题指数（代码000813）

中证细分化工产业主题指数（代码000813）从沪深证券市场细分化工产业中选取规模靠前、流动性较好的上市公司证券作为指数样本，并使单个样本个股最大权重不超过15%。2022年4月，样本股数量为50只，平均总市值427亿元。

2012年4月30日至2022年4月29日（熊市）这10年间，中证细分化工产业主题指数累计收益率为45.69%，年化收益率为3.83%，低于同期沪深300指数的4.34%；自指数成立日2012年4月11日至2021年9月15日（阶段高点）这9.43年间，中证细分化工产业主题指数累计收益率为136.27%，年化收益率为9.55%，高于同期沪深300指数的7.23%。

这一收益水平其实已经包含一部分周期性并不是那么强的非基础化工细分行业。

2022年4月29日，中证细分化工产业主题指数的行业构成是这样的：化学制品27.32%、电池19.21%、化学原料19.15%、炼化及贸易14.88%、农化制品9.36%、化学纤维2.54%、航空装备2.50%、塑料2.22%、其他1.04%、装修建材1.01%、橡胶0.40%和光伏设备0.35%。

同日，中证细分化工产业主题指数的PE（TTM市盈率）为12.30倍，处于成立以来（近10年）25%以下的估值百分位区间。PE估值供参考，周期性行业在景气高峰有可能PE最低，反而是需要退出的时候。

跟踪该指数的场内外指数基金明细，详见表5-70。

表 5-70　中证细分化工产业主题指数跟踪基金明细表

基金代码	基金名称	成立日	基金规模/亿元	管理费费率/%	基金经理	基金公司	基金类型
159870.SZ	鹏华中证细分化工产业 ETF	2021-02-23	8.45	0.50	闫冬	鹏华基金	被动指数型
516020.SH	华宝化工 ETF	2021-02-26	3.81	0.50	陈建华	华宝基金	被动指数型
014943.OF	鹏华中证细分化工产业主题ETF联接 C	2022-03-08	2.52	0.50	闫冬	鹏华基金	被动指数型
516120.SH	富国中证细分化工产业主题 ETF	2021-03-01	2.32	0.50	曹璐迪	富国基金	被动指数型
012538.OF	华宝中证细分化工产业主题ETF联接 C	2021-06-24	1.88	0.50	陈建华	华宝基金	被动指数型
014942.OF	鹏华中证细分化工产业主题ETF联接 A	2022-03-08	1.33	0.50	闫冬	鹏华基金	被动指数型
516690.SH	银华中证细分化工产业主题 ETF	2021-12-07	0.85	0.50	王帅	银华基金	被动指数型
012537.OF	华宝中证细分化工产业主题ETF联接 A	2021-06-24	0.27	0.50	陈建华	华宝基金	被动指数型
012731.OF	国泰中证细分化工产业主题ETF联接 C	2021-06-24	0.26	0.50	王玉	国泰基金	被动指数型
012730.OF	国泰中证细分化工产业主题ETF联接 A	2021-06-24	0.19	0.50	王玉	国泰基金	被动指数型
015328.OF	华泰紫金中证细分化工产业主题指数发起 A	2022-04-14	0.15	0.30	毛甜	华泰证券（上海）资产管理	被动指数型
015329.OF	华泰紫金中证细分化工产业主题指数发起 C	2022-04-14	0.00	0.30	毛甜	华泰证券（上海）资产管理	被动指数型

基金规模截至 2022 年一季度末，新成立基金规模截至成立日，数据来源：东方财富 Choice 数据。

2. 有色金属指数

中证申万有色金属指数（代码 00819）从沪深证券市场申万有色金属及非金属材料行业中选取 50 只上市公司证券作为指数样本，并使单个样本权重不超过 10%。2022 年 4 月，样本股平均总市值为 416 亿元。

中证 800 有色金属指数（代码 H30031）从中证 800 指数的样本中选择中证二级行业有色金属中的全部证券作为样本，并使单个样本权重上限为 15%。2022 年 4 月，样本股数量为 32 只，平均总市值为 459 亿元。

中证有色金属指数（代码 930708）选取 60 只涉及有色金属采选、有色金属冶炼与加工业务的上市公司证券作为样本，并使单个样本权重上限为 10%。2022 年 4 月，平均总市值为 323 亿元。

国证有色金属行业指数（代码 399395）选取沪深证券市场有色金属行业中规模和流动性突出的 50 只证券作为样本，并使单个样本权重上限为 15%。2022 年 4 月，平均总市值为 381 亿元。

截至 2022 年 6 月 1 日（各有色金属指数从景气高点也下跌了 30%左右），中证申万有色金属指数、中证 800 有色金属指数、中证有色金属指数和国证有色金属行业指数近 3 年的年化收益率分别为 18.46%、19.75%、20.86%和 19.11%，近 5 年的年化收益率分别为 8.21%、10.05%、9.13%和 7.15%。

2022 年 4 月 29 日，上述四个指数的细分行业（申万二级）构成如下。

中证申万有色金属指数：工业金属 39.15%、能源金属 27.03%、小金属 19.80%、贵金属 9.30%、金属新材料 1.90%、非金属材料 1.87%和其他 0.95%。

中证 800 有色金属指数：工业金属 38.26%、能源金属 27.66%、小金属 18.14%、贵金属 10.92%、金属新材料 2.52%、冶钢原料 1.47%和化学制药 1.03%。

中证有色金属指数：工业金属 39.95%、能源金属 26.18%、小金属 19.58%、贵金属 9.42%、其他 1.82%、冶钢原料 1.12%、金属新材料 0.71%、半导体 0.67%和航空装备 0.56%。

国证有色金属行业指数：工业金属 40.50%、小金属 22.02%、能源金属 18.53%、贵金属 10.09%、电池 3.08%、金属新材料 2.10%、冶钢原料 1.78%、化学制药 0.99%和半导体 0.95%。

从细分行业结构来看，以上四个有色金属指数是非常接近或相似的，市值规模差别也不算大，按理说选择哪个指数进行投资的结果差别也不会大。

有色金属是国民经济发展的基础材料，也是世界上重要的战略物资。由于它主要处于上游行业，投资周期长而产量增长缓慢，所以具有强周期特征。

投资强周期行业只能用经济周期分析的方法，一般都适合在景气低点布局，在景气顶点退出；景气低点的有色金属商品往往价格最低、利润最薄、行业 PE 估值最高，而景气顶点又是有色金属价格最好、赢利最高、行业 PE 估值最低的时点。

2022 年 4 月 29 日，中证申万有色金属指数、中证 800 有色金属指数、中证有色金属指数和国证有色金属行业指数的 PE（TTM 市盈率）分别是 17.56 倍、18.10 倍、18.47 倍和 16.47 倍，都处于近 5 年来 25%以下的估值百分位区间。但 PE 估值仅供参考，周期性行业在景气高峰有可能 PE 估值最低，反而是需要退出的时候。

跟踪这些有色金属指数的场内外指数基金明细，详见表 5-71。

表 5-71　几个有色金属指数的跟踪基金明细表

基金代码	基金名称	成立日	基金规模/亿元	管理费费率/%	基金经理	基金公司	基金类型
512400.SH	南方中证申万有色金属 ETF	2017-08-03	36.45	0.50	崔蕾	南方基金	被动指数型
004433.OF	南方有色金属 ETF 联接 C	2017-09-08	9.80	0.50	崔蕾	南方基金	被动指数型
004432.OF	南方有色金属 ETF 联接 A	2017-09-08	6.56	0.50	崔蕾	南方基金	被动指数型
010990.OF	南方有色金属 ETF 联接 E	2020-12-18	1.21	0.50	崔蕾	南方基金	被动指数型

基金代码	基金名称	成立日	基金规模/亿元	管理费费率/%	基金经理	基金公司	基金类型
165520.SZ	中信保诚中证 800 有色（LOF）	2013-08-30	19.65	1.00	黄稚	中信保诚基金	被动指数型
011631.OF	东财有色增强 C	2021-03-16	2.18	1.20	杨路炜、姚楠燕	东财基金	增强指数型
011630.OF	东财有色增强 A	2021-03-16	1.69	1.20	杨路炜、姚楠燕	东财基金	增强指数型
159881.SZ	国泰中证有色金属 ETF	2021-06-17	1.29	0.50	徐成城	国泰基金	被动指数型
159876.SZ	华宝有色金属 ETF	2021-03-12	0.45	0.50	陈建华	华宝基金	被动指数型
159871.SZ	银华中证有色金属 ETF	2021-03-10	0.43	0.50	李宜璇、王帅	银华基金	被动指数型
013219.OF	国泰中证有色金属 ETF 发起联接 C	2021-08-13	0.37	0.50	徐成城	国泰基金	被动指数型
013218.OF	国泰中证有色金属 ETF 发起联接 A	2021-08-13	0.20	0.50	徐成城	国泰基金	被动指数型
013437.OF	财通资管中证有色金属指数发起式 A	2021-09-01	0.11	0.20	辛晨晨	财通资管	被动指数型
013438.OF	财通资管中证有色金属指数发起式 C	2021-09-01	0.10	0.20	辛晨晨	财通资管	被动指数型
160221.SZ	国泰国证有色金属行业指数（LOF）A	2015-03-30	21.37	1.00	谢东旭	国泰基金	被动指数型
159880.SZ	鹏华国证有色金属行业 ETF	2021-03-08	0.33	0.50	闫冬	鹏华基金	被动指数型

基金规模截至 2022 年一季度末，数据来源：东方财富 Choice 数据。

3. 其他工业周期细分行业指数

中证细分机械设备产业主题指数（代码 000812）从沪深证券市场细分机械设备产业中选取规模靠前、流动性较好的上市公司证券作为指数样本，并使单个样本个股最大权重不超过 15%。2022 年 4 月，样本股数量为 50 只，平均总市值 924 亿元。

中证全指建筑材料指数（代码 931009）从中证全指数样本中选取 50 只左右业务涉及建筑材料领域的上市公司证券作为指数样本，并使单个样本个股最大权重不超过 15%。2022 年 4 月，样本股数量为 42 只，平均总市值 178 亿元。

中证石化产业指数（代码 H11057）从中证 800 指数样本中选取石化产业的全部上市公司证券作为指数样本，并使单个样本个股最大权重不超过 15%。2022 年 4 月，样本股数量为 34 只，平均总市值 908 亿元。

中证钢铁指数（代码 930606）选取归属于钢铁行业的相关上市公司证券作为样本，并使单个样本个股最大权重不超过 10%。2022 年 4 月，样本股数量为 48 只，平均总市值 198 亿元。

中证煤炭指数（代码 399998）选取 50 只左右涉及煤炭开采、煤炭加工等业务的上市公司证券作为指数样本，并使单个样本个股最大权重不超过 10%。2022 年 4 月，样本股数量为 33 只，平均总市值 491 亿元。

2022 年 6 月 1 日，中证细分机械设备产业主题指数、中证全指建筑材料指数、中证石化产业指数、中证钢铁指数和中证煤炭指数近 3 年的年化收益率分别是 30.68%、10.66%、10.78%、3.48% 和 22.60%，中证细分机械设备产业主题指数、中证石化产业指数、中证钢铁指数和中证煤炭指数近 5 年的年化收益率分别是 16.14%、4.24%、−2.40% 和 11.31%。

2022 年 4 月 29 日，上述各行业指数的细分行业（申万二级）构成如下。

中证细分机械设备产业主题指数：光伏设备 31.57%、电池 30.34%、电网设备 9.25%、工程机械 7.87%、自动化设备 5.42%、航海设备 3.49%、其他 3.19%、风电设备 2.61%、轨交设备 2.55%、汽车零部件 2.18%、其他电源设备 0.81%、通胀设备 0.42% 和商用车 0.30%。

中证全指建筑材料指数：水泥 51.67%、装修建材 31.70%、玻璃玻纤 11.74%、综合 4.04%、炼化及贸易 0.45% 和家居用品 0.40%。

中证石化产业指数：炼化及贸易 28.76%、化学制品 22.82%、电池 19.52%、化学原料 12.57%、农化制品 7.41%、化学纤维 2.24%、航空装备 1.77%、塑料 1.72%、其他 1.31%、化学制药 0.92%、橡胶 0.51% 和光伏设备 0.44%。

中证钢铁指数：普钢 60.26%、特钢 30.06%、冶钢原料 5.94%、通用设备 2.66%、其他 0.56%、纺织制造 0.35% 和金属新材料 0.17%。

中证煤炭指数：煤炭开采 87.61% 和焦炭 12.39%。

从细分行业构成看，机械设备指数大部分细分行业正处于比较长的景气周期中，因此近 3 至 5 年的收益相对更好。

同日，中证细分机械设备产业主题指数、中证全指建筑材料指数、中证石化产业指数、中证钢铁指数和中证煤炭指数的 PE（TTM 市盈率）分别是 31.12 倍、10.52 倍、10.61 倍、8.55 倍和 9.01 倍，基本都处于上市以来（5~12 年）25% 上下的估值百分位区间。按周期行业的投资方法来看，可能都不是很好的介入时机。

跟踪上述各指数的场内外指数基金明细，详见表 5-72。

表 5-72　几个细分周期行业主题指数跟踪基金明细表

基金代码	基金名称	成立日	基金规模/亿元	管理费费率/%	基金经理	基金公司	基金类型
516960.SH	国泰中证细分机械设备产业主题 ETF	2021-04-07	0.83	0.50	徐成城	国泰基金	被动指数型
159886.SZ	富国中证细分机械设备产业主题 ETF	2021-04-15	0.49	0.50	蔡卡尔（休产假）、牛志冬（代）	富国基金	被动指数型
012516.OF	国泰中证细分机械设备产业主题 ETF 联接 A	2021-06-08	0.17	0.50	徐成城	国泰基金	被动指数型

基金代码	基金名称	成立日	基金规模/亿元	管理费/%	基金经理	基金公司	基金类型
012517.OF	国泰中证细分机械设备产业主题 ETF 联接 C	2021-06-08	0.10	0.50	徐成城	国泰基金	被动指数型
004856.OF	广发中证全指建筑材料指数 A	2017-08-02	7.67	0.50	陆志明	广发基金	被动指数型
004857.OF	广发中证全指建筑材料指数 C	2017-08-02	6.05	0.50	陆志明	广发基金	被动指数型
159745.SZ	国泰中证全指建筑材料 ETF	2021-06-09	3.76	0.50	黄岳	国泰基金	被动指数型
159787.SZ	易方达中证全指建筑材料 ETF	2022-03-04	2.41	0.15	宋钊贤	易方达基金	被动指数型
516750.SH	富国中证全指建筑材料 ETF	2021-10-28	0.47	0.50	牛志冬	富国基金	被动指数型
013019.OF	国泰中证全指建筑材料 ETF 发起联接 A	2021-08-03	0.36	0.50	黄岳	国泰基金	被动指数型
013020.OF	国泰中证全指建筑材料 ETF 发起联接 C	2021-08-03	0.17	0.50	黄岳	国泰基金	被动指数型
516570.SH	易方达中证石化产业 ETF	2021-06-09	0.36	0.15	宋钊贤	易方达基金	被动指数型
159731.SZ	华夏中证石化产业 ETF	2021-12-02	0.16	0.50	赵宗庭	华夏基金	被动指数型
515210.SH	国泰中证钢铁 ETF	2020-01-22	16.24	0.50	徐成城	国泰基金	被动指数型
008190.OF	国泰中证钢铁 ETF 联接 C	2020-01-20	5.36	0.50	谢东旭	国泰基金	被动指数型
008189.OF	国泰中证钢铁 ETF 联接 A	2020-01-20	1.92	0.50	谢东旭	国泰基金	被动指数型
013802.OF	财通资管中证钢铁指数发起式 A	2021-10-13	0.09	0.20	辛晨晨	财通资管	被动指数型
013803.OF	财通资管中证钢铁指数发起式 C	2021-10-13	0.02	0.20	辛晨晨	财通资管	被动指数型
515220.SH	国泰中证煤炭 ETF	2020-01-20	32.88	0.50	徐成城	国泰基金	被动指数型
161032.SZ	富国中证煤炭指数（LOF）A	2015-06-19	18.15	1.00	张圣贤	富国基金	被动指数型
008280.OF	国泰中证煤炭 ETF 联接 C	2020-01-16	9.51	0.50	谢东旭	国泰基金	被动指数型
168204.SZ	中融中证煤炭指数（LOF）	2015-06-25	8.68	1.00	赵菲	中融基金	被动指数型
008279.OF	国泰中证煤炭 ETF 联接 A	2020-01-16	4.96	0.50	谢东旭	国泰基金	被动指数型
013275.OF	富国中证煤炭指数（LOF）C	2021-08-19	3.49	1.00	张圣贤	富国基金	被动指数型

基金规模截至 2022 年一季度末，数据来源：东方财富 Choice 数据。

5.4.5　稳定风格行业主题指数

　　稳定风格行业主要包括一般公用事业、基础建设、交通运输和通信等，总体来说都具备公用事业的特征，服务于城乡生产、流通和居民生活，因此主要以国家投资为主，有关部门还会对它们的服务价格进行一定的管制或监督，大都具有非营利性的特征。

　　国家对公用事业的投资可以拉动经济增长、促进就业，所以往往在经济衰退或下行周期被当作逆周期调节的重要手段。

　　目前有基金跟踪的稳定风格行业主题指数主要是基础设施建设指数。

　　中证基建工程指数（代码 399995）从沪深证券市场中选取 50 只建筑与工程、

建筑装修行业的上市公司证券作为指数样本，并使单个样本个股最大权重不超过10%。2022年4月，样本股平均总市值为283亿元。

中证基建指数（代码930608）选取不超过100只归属于基础建设、专业工程、工程机械以及运输设备行业的上市公司证券作为样本，并使单个样本个股最大权重不超过10%。2022年4月，样本股数量为80只，平均总市值为197亿元。

2012年4月30日至2022年4月29日（熊市）这10年间，中证基建工程指数累计收益率为26.61%，年化收益率为2.39%，低于同期沪深300指数的4.34%；2011年9月10日至2021年9月9日（阶段高点）这10年间，中证基建工程指数累计收益率为25.38%，年化收益率为2.29%，低于同期沪深300指数的6.60%。

以2022年6月1日计算，中证基建工程指数和中证基建指数近3年的年化收益率分别为1.40%和3.80%，近5年的年化收益率分别为−6.89%和−3.03%。而中证基建工程全收益指数和中证基建全收益指数近3年的年化收益率分别是3.75%和5.78%，近5年的年化收益率分别为−5.10%和−1.24%。说明近3到5年全收益指数的年化收益率比价格指数要高出2个百分点左右。

2022年4月29日，这两个基建指数的行业构成如下。

中证基建工程指数：基础建设49.92%、专业工程21.01%、房屋建设17.85%、装修装饰2.07%、工程咨询服务2.06%、半导体1.64%、多元金融1.58%、房地产开发1.38%、玻璃纤维1.23%、航海装备0.78%和数字媒体0.47%。

中证基建指数：基础建设41.75%、工程机械20.33%、专业工程14.52%、轨交设备12.64%、专用设备2.67%、其他2.16%、半导体1.32%、房屋建设1.32%、房地产开发1.10%、航海装备0.63%、通用设备0.42%、电网设备0.39%、软件开发0.31%、装修装饰0.28%和IT服务0.17%。

这两个基建指数的行业构成还是有很大不同的，中证基建指数中工程机械和轨交设备占到3成左右，这是中证基建工程指数中没有的细分行业；而中证基建工程指数中房屋建设比中证基建指数占比多出16%。

同日，中证基建工程指数和中证基建指数的PE（TTM市盈率）分别为8.30倍和10.95倍，都处于成立以来25%以下的估值百分位区间。

跟踪这两个指数的场内外指数基金明细，详见表5-73。

表5-73　中证基建工程指数和中证基建指数跟踪基金明细表

基金代码	基金名称	成立日	基金规模/亿元	管理费费率/%	基金经理	基金公司	基金类型
516970.SH	广发中证基建工程ETF	2021-06-23	90.33	0.50	霍华明	广发基金	被动指数型
005224.OF	广发中证基建工程ETF联接C	2018-02-01	34.95	0.50	霍华明	广发基金	被动指数型

基金代码	基金名称	成立日	基金规模/亿元	管理费/%	基金经理	基金公司	基金类型
005223.OF	广发中证基建工程ETF联接A	2018-02-01	30.37	0.50	霍华明	广发基金	被动指数型
165525.SZ	信诚中证基建工程指数型（LOF）A	2015-08-06	12.86	1.00	黄稚	中信保诚基金	被动指数型
013082.OF	信诚中证基建工程指数型（LOF）C	2021-08-26	4.19	1.00	黄稚	中信保诚基金	被动指数型
516950.SH	银华中证基建ETF	2021-04-29	10.41	0.50	王帅	银华基金	被动指数型
159619.SZ	国泰中证基建ETF	2022-02-09	3.59	0.50	苗梦羽	国泰基金	被动指数型

基金规模截至2022年一季度末，数据来源：东方财富Choice数据。

5.5 债券型指数及跟踪基金

债券型指数主要分为全债指数、利率债指数和信用债指数。其中，利率债指数又可以细分为国债指数、地方政府债指数和政策性金融债指数，信用债指数则可细分为金融债指数和企业债指数。

目前有基金跟踪的指数主要集中在利率债指数上，也就是各种久期的国债指数、国开债指数，以及政策性金融债指数。跟踪全债指数、地方债指数和企业债指数的基金很少。

在介绍不同种类债券型指数之前，先介绍一下**债券的久期和凸性**。

债券的久期（Duration）是债券在未来产生现金流的时间的加权平均，其权重是各期现值在债券价格中所占的比重。在息票率不变的条件下，到期时间越长，久期一般也越长；只有贴现债券的麦考利久期等于它们的到期时间。

如果不想那么深入细致地了解债券久期的概念，我们也可以简单地把它理解为与债券到期时间正相关的一个时间长度。

债券价格与收益率呈反向波动。市场利率（与国债收益率正相关）上升，则债券价格下降；市场利率下降，则债券价格上升。所以通常情况下，在市场利率下降周期中，债券呈现出牛市特征，反之则呈现熊市特征。

久期越长的债券，债券价格与收益率之间呈现出的反向波动越大。所以在市场利率（与国债收益率正相关）的下行周期，我们倾向于购买久期长的债券（基金），以获取更好的收益；而在市场利率的上行周期，则应该调降久期，购买短债或超短债基金，以最大限度地减少债券价格下降的幅度。

可见，久期是债券（基金）对利率敏感性的一个测度，久期相等的债券对于利率波动的敏感性大体上是一致的。

但是，收益率（利率）变化本身又会引起久期的变化。凸性（Convexity）就是收益率变化 1% 所引起的久期变化，用来衡量债券价格收益率曲线的曲度。

通常情况下，利率（收益率）上升会导致债券（基金）久期延长，反之亦然。

当两个债券的久期相同时，它们的风险不一定相同，因为它们的凸性可能不同。

在收益率增加相同单位时，凸性大的债券价格减少幅度较小；在收益率减少相同单位时，凸性大的债券价格增加幅度较大。因此，**在久期相同的情况下，凸性大的债券其风险收益比更高。**

凸性是对债券久期对利率敏感性的一个测量。债券价格与收益率的反向波动实际上呈非线性关系，因而由久期推导的预测将有所偏离，而凸性就是对这个偏离的修正。

5.5.1　全债指数

中债-新综合债券财富指数（代码 CBA00101）是由中央国债登记结算有限公司编制并发布的全债指数，该指数成分券包含除资产支持证券、美元债券、可转债外剩余的所有公开发行的可流通债券，主要包括国债、政策性银行债券、商业银行债券、中期票据、短期融资券、企业债、公司债等，是一个反映境内人民币债券市场价格走势情况的宽基指数，是中债指数中应用最广泛的指数之一。

中债-新综合债券财富指数的成分券包括剩余期限一天以上的所有信用等级债券，采取市值加权方式计算样本股权重。

利息及再投资处理方式：投资者将收到的利息和本金偿还款在收款当日即投入到指数组合当中。

该指数的基准日为 2001 年 12 月 31 日，基点为 100 点，2021 年 12 月 31 日收于 212.41 点，这 20 年的累计收益率为 112.41%，年化收益率为 3.84%。

2012 年 4 月 30 日至 2022 年 4 月 29 日这 10 年间，中债-新综合债券财富指数由 139.23 点上涨至 215.05 点，累计收益率为 54.46%，年化收益率为 4.44%；2017 年 4 月 30 日至 2022 年 4 月 29 日这 5 年中的累计收益率为 25.28%，年化收益率为 4.63%。

中证全债指数（代码 H11001）是综合反映银行间债券市场和沪深证券交易所债券市场的跨市场债券指数，也是中证指数公司编制并发布的首只债券类指数。

2022 年 5 月 31 日，该指数的样本数量为 18315 只，采取市值加权法计算样本权重。

根据中证官网数据，该指数 2022 年 5 月 31 日总市值 79.49 万亿元，剩余期限 7.50 年，票息 3.56%，到期收益率 3.03%，修正久期为 5.67 年，凸性 35.95。

该指数基准日期为 2002 年 12 月 31 日，基点也是 100 点。2021 年 12 月 31 日收于 217.65 点，这 19 年的累计收益率为 117.65%，年化收益率为 4.18%。

跟踪全债指数的场内外指数基金明细，详见表 5-74。

表 5-74　全债指数的跟踪基金明细表

基金代码	基金名称	成立日	基金规模/亿元	管理费费率/%	基金经理	基金公司	基金类型
161119.OF	易方达中债新综指（LOF）A	2012-11-08	16.34	0.30	杨真	易方达基金	被动指数型
161120.OF	易方达中债新综指（LOF）C	2012-11-08	7.87	0.30	杨真	易方达基金	被动指数型
510080.OF	长盛全债指数增强债券	2003-10-25	8.16	0.75	杨哲、王贵金	长盛基金	增强指数型

基金规模截至 2022 年一季度末，数据来源：东方财富 Choice 数据。

5.5.2　国债指数

中债 3-5 年期国债指数（代码 CBA04601）由中央国债登记结算有限公司编制并发布，该指数成分券由待偿期限 3 年至 5 年的记账式国债构成，采用市值权重加权方式进行计算。利息再投，指数计算复利。

中证金边中期国债指数（代码 H11017）是国内首只成分类国债指数，该指数挑选剩余期限 4~7 年且在证券交易所和银行间市场同时上市交易的国债组成样本，采用市值加权方式计算样本权重。2022 年 5 月 31 日，样本数量为 26 只，总市值 4.31 万亿元，剩余期限 5.38 年，票息 3.10%，到期收益率 2.59%，修正久期为 4.85 年，凸性 14.68。

上证 5 年期国债指数是以上海证券交易所上市的剩余期限为 5 年的所有固定利率国债为样本，按照国债发行量加权而成。

上证 10 年期国债指数是以上海证券交易所上市的剩余期限为 10 年的所有固定利率国债为样本，按照国债发行量加权而成。

中证 5-10 年期国债活跃指数（代码 931018）以发行期限为 5 年、剩余期限 4 年以上，发行期限为 7 年、剩余期限 5.5 年以上和发行期限为 10 年、剩余期限 8 年以上的所有余额不低于 100 亿元的记账式附息国债作为样本，采用市场规模因子、上市时间衰减因子和剩余期限稳定因子综合计算样本权重。2022 年 5 月 31 日，样本数量为 12 只，总市值 5548 亿元，剩余期限 6.75 年，票息 2.72%，到期收益率 2.70%，修正久期为 6.02 年，凸性 22.82。

中证 10 年期国债指数（代码 930916）以剩余期限为 8.5~10 年的上市国债为样本，采用不同上市期限给予不同权重因子计算样本权重。2022 年 5 月 31 日，样本数量为 5 只，总市值 100 亿元，剩余期限 9.57 年，票息 2.85%，到期收益率 2.78%，修正久期为 8.30 年，凸性 39.55。

中债 3-5 年期国债指数 2012 年 4 月 30 日至 2022 年 4 月 29 日这 10 年间累计收益率为 42.68%，年化收益率为 3.62%。

截至 2022 年 6 月 2 日，中债 3-5 年期国债指数近 3 年和近 5 年的年化收益率分别为 3.74% 和 4.14%。

上证 5 年期国债指数、中证金边中期国债指数、中证 5-10 年期国债活跃指数和上证 10 年期国债指数近 3 年的年化收益率分别是 4.18%、4.20%、4.09% 和 4.14%，近 5 年的年化收益率分别是 4.02%、4.44%、4.35% 和 4.24%。

上述指数因为对应着不同的凸性，所以不同久期国债指数近 3 至 5 年的收益率差异似乎并不明显。

跟踪上述国债指数的场内外指数基金明细，详见表 5-75。

表 5-75　几个国债指数的跟踪基金明细表

基金代码	基金名称	成立日	基金规模/亿元	管理费费率/%	基金经理	基金公司	基金类型
001512.OF	易方达中债 3-5 年期国债指数	2015-07-08	0.75	0.30	杨真	易方达基金	被动指数型
159926.SZ	嘉实中证中期国债 ETF	2013-05-10	0.10	0.30	崔思维	嘉实基金	被动指数型
000087.OF	嘉实中证中期国债 ETF 联接 A	2013-05-10	0.03	0.30	崔思维	嘉实基金	被动指数型
511010.SH	国泰上证 5 年期国债 ETF	2013-03-0	7.42	0.30	王玉	国泰基金	被动指数型
511260.SH	国泰上证 10 年期国债 ETF	2017-08-04	7.58	0.30	王玉	国泰基金	被动指数型
511020.SH	平安中证 5—10 年国债活跃券 ETF	2018-12-21	11.78	0.25	成钧	平安基金	被动指数型
511310.SH	富国中证 10 年期国债 ETF	2018-03-19	0.27	0.25	朱征星	富国基金	被动指数型

基金规模截至 2022 年一季度末，数据来源：东方财富 Choice 数据。

5.5.3　地方债指数

中证 0-4 年期地方政府债指数（代码 931161）由在沪深证券交易所或银行间市场上市、剩余期限为 4 年及以下的非定向地方政府债组成样本。采用市值加权计算样本权重。2022 年 5 月 31 日，样本数量为 2335 只，总市值 10.80 万亿元，剩余期限 1.80 年，票息 3.49%，到期收益率 2.19%，修正久期为 1.68 年，凸性 2.76。

中证 5 年期地方政府债指数（代码 930865）由剩余期限为 4 年到 5.25 年的非定向发行的地方政府债券组成样本，采用市值加权确定样本权重。2022 年 5 月 31 日，样本数量为 757 只，总市值 2.82 万亿元，剩余期限 4.34 年，票息 3.14%，到期收益率 2.66%，修正久期为 3.96 年，凸性 9.86。

还有分区域的各省级地方债指数。

截至 2022 年 6 月 2 日，中证 0-4 年期地方政府债指数和中证 5 年期地方政府债指数近 3 年的年化收益率分别为 3.52% 和 4.43%，近 5 年的年化收益率分别为 4.11%

和 5.03%。

看起来，同久期地方债的收益率比国债可能要略高一些。

跟踪以上地方债指数的部分场内外指数基金明细，详见表 5-76。

表 5-76　几个地方债的跟踪基金明细表

基金代码	基金名称	成立日	基金规模/亿元	管理费费率/%	基金经理	基金公司	基金类型
159816.SZ	鹏华中证 0-4 年地方政府债 ETF	2020-07-30	17.10	0.15	叶朝明	鹏华基金	被动指数型
159972.SZ	鹏华中证 5 年期地方政府债 ETF	2019-08-23	39.03	0.15	叶朝明	鹏华基金	被动指数型
159988.SZ	平安中债 0-5 年广东地方债	2020-04-29	1.16	0.15	成钧	平安基金	被动指数型
009528.OF	建信湖北地方债指数	2020-06-15	13.41	0.15	闫晗	建信基金	被动指数型

基金规模截至 2022 年一季度末，数据来源：东方财富 Choice 数据。

5.5.4　政策性金融债指数

中债 1-3 年国开行债券指数（代码 CBA07701）成分券包括国家开发银行在境内公开发行且上市流通的待偿期 0.5 年至 3 年的政策性银行债，采用市值加权法计算样本权重。

中债 7-10 年国开行债券指数（代码 CBA05201）成分券包括国家开发银行在境内公开发行且上市流通的待偿期 6.5 年至 10 年的政策性银行债，采用市值加权法计算样本权重。

中债 1-3 年政策性金融债指数（代码 CBA07401）成分券包括国家开发银行、中国进出口银行、中国农业发展银行在境内公开发行且上市流通的待偿期 0.5 年至 3 年的政策性银行债，采用市值加权法计算样本权重。

中债 1-5 年政策性金融债指数（代码 CBA10301）成分券包括国家开发银行、中国进出口银行、中国农业发展银行在境内公开发行且上市流通的待偿期 0.5 年至 5 年的政策性银行债，采用市值加权法计算样本权重。

中债 3-5 年政策性金融债指数（代码 CBA09301）是成分券包括国家开发银行、中国进出口银行、中国农业发展银行在境内公开发行且上市流通的待偿期 2.5 年至 5 年的政策性银行债，采用市值加权法计算样本权重。

中证 5 年恒定久期国开债指数（代码 930954）成分券由在银行间市场上市的剩余期限位于 1 年到 10 年之间的国开债组成，通过权重优化将指数久期稳定在 5 年左右。2022 年 5 月 31 日，样本数量为 36 只，总市值 8699 亿元，剩余期限 5.64 年，票息 3.33%，到期收益率 2.81%，修正久期为 4.93 年，凸性 17.97。

2002 年 6 月 2 日，中债 1-3 年国开行债券指数、中债 1-3 年政策性金融债指数、中债 1-5 年政策性金融债指数、中债 3-5 年政策性金融债指数、中证 5 年恒定久期国开债指数和中债7-10年国开行债券指数近3年的年化收益率分别是3.47%、3.42%、3.83%、4.32%、4.70%和5.09%，近5年的年化收益率分别是4.08%、4.03%、4.41%、4.89%、5.18%和5.51%。

近3年到5年政策性金融债指数遵循这么一个简单规律：久期越长的指数收益越高。

跟踪上述政策性金融债指数的部分场内外指数基金明细，详见表5-77。

表5-77 政策性金融债指数的跟踪表基金明细

基金代码	基金名称	成立日	基金规模/亿元	管理费费率/%	基金经理	基金公司	基金类型
006451.OF	华富中证5年恒定久期国开债指数A	2019-01-28	14.61	0.25	张娅、郜哲、尤之奇	华富基金	被动指数型
006452.OF	华富中证5年恒定久期国开债指数C	2019-01-28	0.31	0.25	张娅、郜哲、尤之奇	华富基金	被动指数型
006491.OF	南方中债1-3年国开债A	2018-11-08	125.73	0.15	夏晨曦、董浩、朱佳	南方基金	被动指数型
006484.OF	广发中债1-3年国开债A	2018-11-14	19.99	0.15	李伟	广发基金	被动指数型
002059.OF	兴业中债1-3年政金债A	2016-06-30	35.84	0.15	唐丁祥	兴业基金	被动指数型
006633.OF	博时中债1-3年政金债A	2018-12-10	4.52	0.15	万志文	博时基金	被动指数型
012403.OF	东方中债1-5年国开债A	2021-08-13	12.59	0.15	刘长俊、吴萍萍	东方基金	被动指数型
012404.OF	东方中债1-5年国开债C	2021-08-13	24.58	0.15	刘长俊、吴萍萍	东方基金	被动指数型
009581.OF	国寿中债3-5年政金债A	2020-11-21	61.45	0.15	黄力、卢珊	国寿安保基金	被动指数型
007186.OF	华夏中债3-5年政金债指数A	2019-07-12	48.26	0.15	万志文	博时基金	被动指数型
009625.OF	天弘中债3-5年政金债A	2020-06-03	4.31	0.15	刘洋	天弘基金	被动指数型
003376.OF	广发中债7-10年国开债指数A	2016-09-26	41.09	0.15	王予柯、吴迪	广发基金	被动指数型
003377.OF	广发中债7-10年国开债指数C	2016-09-26	12.45	0.15	王予柯、吴迪	广发基金	被动指数型
011062.OF	广发中债7-10年国开债指数E	2021-01-06	6.83	0.15	王予柯、吴迪	广发基金	被动指数型
003358.OF	易方达中债7-10年国开债指数A	2016-09-27	30.80	0.15	胡剑、杨真	易方达基金	被动指数型
009803.OF	易方达中债7-10年国开债指数C	2020-07-07	29.93	0.15	胡剑、杨真	易方达基金	被动指数型
007228.OF	华安中债7-10年国开债指数A	2019-11-13	6.45	0.15	马晓璐、周舒展	华安基金	被动指数型

基金规模截至2022年一季度末，数据来源：东方财富Choice数据。

5.5.5　金融债指数、城投债指数和企业债指数

中证银行 50 金融债指数（代码 931175）由金融债中存续规模较大、主体评级AA+及以上的 50 家银行公开发行的金融债构成样本，不包括次级债及私募品种。采用市值加权计算样本权重，单个样本权重上限为 10%。

中债-中高等级公司债利差因子指数（代码 CBC00701）以主体和债项评级 AAA的上海证券交易所公司债为基础，按照中债市场隐含评级分为三组，并以利差因子进行细分，可作为投资中高等级公司债的业绩比较基准和投资标的。

上证城投债指数（代码 H11098）由上海证券交易所中剩余期限 1 年以上、债项评级为投资级以上的城投类债券组成样本。2022 年 5 月 31 日，样本数量为 2183 只，总市值 1.81 万亿元，剩余期限 4.41 年，票息 5.02%，到期收益率 4.54%，修正久期为 3.10 年，凸性 8.85。

2022 年 6 月 2 日，中证银行 50 金融债指数、中债-中高等级公司债利差因子指数和上证城投债指数近 3 年的年化收益率分别为 3.87%、3.95% 和 5.85%，近 5 年的年化收益率分别为 4.47%、4.66% 和 6.02%。

从近 3 年至 5 年的年化收益率来看，城投债的信用等级可能比中高等级公司债还要低一些。

跟踪上述指数的部分场内外指数基金明细，详见表 5-78。

表 5-78　金融债指数、城投债指数和企业债指数跟踪基金明细表

基金代码	基金名称	成立日	基金规模/亿元	管理费费率/%	基金经理	基金公司	基金类型
008042.OF	兴业中证银行 50 金融债指数 A	2019-11-19	11.97	0.30	雷志强	兴业基金	被动指数型
511030.SH	平安中债中高等级公司债利差因子 ETF	2018-12-27	52.63	0.25	成钧	平安基金	被动指数型
511220.SH	海富通上证城投债 ETF	2014-11-13	12.46	0.30	陈轶平、陆丛凡	海富通基金	被动指数型

基金规模截至 2022 年一季度末，数据来源：东方财富 Choice 数据。

5.5.6　同业存单指数

中证同业存单 AAA 指数（代码 931059）选取银行间市场上市的主体评级为AAA、发行期限 1 年及以下的同业存单作为指数样本，单一发行人权重不超过 8%。2022 年 5 月 31 日，样本数量为 1.0001 万只，总市值 13.05 万亿元，剩余期限 0.45年，票息 0，到期收益率 1.99%，修正久期为 0.44 年，凸性 0.36。

2022 年 6 月 2 日，该指数近 3 年和近 5 年的年化收益率分别为 2.96% 和 3.48%。

跟踪中证同业存单 AAA 指数的部分场内外指数基金明细，详见表 5-79。

表 5-79　中证同业存单AAA指数的跟踪基金明细表

基金代码	基金名称	成立日	基金规模/亿元	管理费费率/%	基金经理	基金公司	基金类型
015826.OF	广发中证同业存单 AAA 指数 7 天持有期	2022-06-02	100.02	0.20	温秀娟	广发基金	被动指数型
015645.OF	平安中证同业存单 AAA 指数 7 天持有期	2022-05-18	100.02	0.20	段玮婧	平安基金	被动指数型
015825.OF	国泰中证同业存单 AAA 指数 7 天持有期	2022-05-30	100.02	0.20	陶然	国泰基金	被动指数型
015643.OF	招商中证同业存单 AAA 指数 7 天持有期	2022-04-28	100.00	0.20	曹晋文	招商基金	被动指数型
015644.OF	华夏中证同业存单 AAA 指数 7 天持有期	2022-05-10	99.82	0.20	邓子威	华夏基金	被动指数型
014437.OF	鹏华中证同业存单 AAA 指数 7 天持有期	2021-12-13	87.14	0.20	胡哲妮、叶朝明	鹏华基金	被动指数型
014427.OF	富国中证同业存单 AAA 指数 7 天持有期	2021-12-15	81.10	0.20	张波	富国基金	被动指数型
014430.OF	南方中证同业存单 AAA 指数 7 天持有	2021-12-20	63.20	0.20	夏晨曦、朱佳	南方基金	被动指数型
015827.OF	中欧中证同业存单 AAA 指数 7 天持有期	2022-05-30	57.65	0.20	王慧杰	中欧基金	被动指数型
015647.OF	淳厚中证同业存单 AAA 指数 7 天持有期	2022-05-20	44.07	0.20	江文军、祁洁萍	淳厚基金	被动指数型
015822.OF	易方达中证同业存单 AAA 指数 7 天持有	2022-06-02	39.49	0.20	刘朝阳	易方达基金	被动指数型
015646.OF	中金中证同业存单 AAA 指数 7 天持有发起	2022-05-11	36.57	0.20	石玉	中金基金	被动指数型
015648.OF	兴银中证同业存单 AAA 指数 7 天持有期	2022-05-11	33.25	0.20	李文程、王深	兴银基金	被动指数型
014426.OF	惠升中证同业存单 AAA 指数 7 天持有期	2021-12-16	29.47	0.20	卓勇	惠升基金	被动指数型
014429.OF	华富中证同业存单 AAA 指数 7 天持有期	2021-12-20	21.74	0.20	尤之奇、倪莉莎	华富基金	被动指数型
014428.OF	中航中证同业存单 AAA 指数 7 天持有	2021-12-13	16.30	0.20	茅勇峰、李祥源	中航基金	被动指数型

基金规模截至 2022 年一季度末，新成立基金规模截至成立日，数据来源：东方财富 Choice 数据。

5.5.7　可转债及可交换债券指数

可转换债券（可转债）是可按照发行时约定的价格被转换成公司普通股票的债券。如果债券持有人不想转换，也可以继续持有债券，直到偿还期满时收取本金和利息，或者在二级市场卖出变现。

可交换债券是指上市公司股份的持有者通过抵押其持有的股票给托管机构进而发行的公司债券。该债券的持有人在将来的某个时期内，能按照债券发行时约定的条件用持有的债券换取发债人抵押的上市公司股权。可交换债券是一种内嵌期权的金融衍生品，也可以说，是可转换债券的一种。

中证可转债及可交换债券指数（代码 931078）由沪深证券交易所上市的可转换债券和可交换债券组成样本。采用市值加权计算样本权重。2022 年 5 月 31 日，样本数量为 408 只，总市值 9280 亿元，剩余期限 3.95 年，票息 0.82%。

上证投资级可转债及可交换债券指数（代码 950041）由上海证券交易所上市、主体评级 AA 及以上的可转换债券和可交换债券组成样本。采用市值加权计算样本权重。

2022 年 6 月 2 日，中证可转债及可交换债券指数和上证投资级可转债及可交换债券指数近 3 年的年化收益率分别为 8.43% 和 5.72%，近 5 年的年化收益率分别为 7.50% 和 5.43%。

由于可转换债券和可交换债券同时具备债性和股性，所以它们的收益率比普通债券要好一些，但波动也比普通债券高不少。

跟踪它们的场内外指数基金明细，详见表 5-80。

表 5-80　中证可转债及可交换债券指数和上证投资级可转债及可交换债券指数跟踪基金明细表

基金代码	基金名称	成立日	基金规模/亿元	管理费费率/%	基金经理	基金公司	基金类型
511380.SH	博时可转债 ETF	2020-03-06	8.21	0.15	邓欣雨	博时基金	被动指数型
511180.SH	海富通上证投资级可转债 ETF	2020-07-13	2.17	0.25	陈轶平、陆丛凡	海富通基金	被动指数型

基金规模截至 2022 年一季度末，数据来源：东方财富 Choice 数据。

5.6　指数增强型基金

5.6.1　增强？也可能减弱

指数增强型基金是介于被动指数型基金与主动基金之间的一种基金类型。它用大部分仓位跟踪标的指数，用少量仓位做主动管理，也就是以跟踪指数为主、主动管理为辅，因而它的收益也就可以分解为两部分：跟踪指数获得的贝塔收益，以及主动管理获得的阿尔法收益。

可以用机场或商场自动扶梯形象地解释指数增强基金。

自动扶梯相当于指数的贝塔，管你有没有人、人多人少，它总是按部就班、有条不紊地运行着。急着赶路的时候我们也会在扶梯上步行甚至小跑，这时候我们的速度就是扶梯速度加上我们步行或小跑的速度；我们带着的小朋友有时候会在扶梯上来回折返甚至逆行，这时候小朋友的速度就是扶梯速度（来回折返相当于做无用功），或者扶梯速度减去他逆行时的步行速度。

所以指数增强型基金的增强收益取决于基金经理的"步行"速度和"步行"方向，"步行"速度有时快、有时慢，偶尔还会走曲线，甚至会出现在"扶梯"上来回折返的情形，也不能排除与"扶梯"运行方向相反而造成负收益的情形。

5.6.2 指数基金常见增强策略

翻看指数增强型基金的招募说明书,会发现其对增强策略的表述是大同小异的。

1. 偏定性的基于股票基本面的增强策略

基于指数编制本身的局限性,比较成分股或成分股外备选股:(1)所处行业市场前景是否广阔;(2)在行业中是否具备明显的竞争优势;(3)商业模式是否良好,赢利能力有无可持续性;(4)公司是否具有良好的治理结构;(5)估值水平是低估、合理还是高估;(6)其他基本面差异。

通过比较成分股和备选股的相对价值,超配相对价值更高个股,减配相对价值较低个股,从而实现组合优化,实现增强收益的目标。

2. 基于股票基本面的量化增强策略

基于企业 ROE、经营毛利率、营收增长率、净利润增长率、现金流量比率、估值指标等基本面构建的量化模型对投资组合进行优化,从而实现增强目标。

3. 基于股票市场特征的量化增强策略

市场特征因子主要包括股票价格的动量/反转趋势、股票的规模因子及其他风格因子。通过量化模型对这些市场特征因子有效性进行分析,通过中高频交易抓住无所不在而又转瞬即逝的市场机会。

4. 基于多因子阿尔法模型的量化增强策略

这种量化增强是结合了股票基本面和市场特征的综合策略,也是运用最多的指数增强策略。

模型的因子可归为如下几类:价值(Value)、动量(Momentum)、成长(Growth)、技术(Technical)、情绪(Sentiment)、质量(Quality)等。多因子量化模型利用基金经理内部及外部数据库,综合分析来自市场投资者、公司财报、证券分析师、政经政策等各方面的大量信息。

基金经理及其团队可以对因子权重等模型的细节进行实时干预,也可以完全放任机器按既定模型运行和自主决策,所以这种策略又分主观决策和机器量化。其实完全的主观决策和完全的机器量化都不存在,只是主观决策或机器决策的程度不同而已。

5.6.3 选择指数增强型基金的基本标准

选择指数增强型基金的基本标准与主动基金是差不多的,但也有不同的地方。

第一,增强标的指数应该具有良好的长期投资价值。这是贝塔收益的保证,也是指数增强的基础。

第二，**管理团队要稳定**。换一个团队来管理，差不多就是换了一个全新的指数增强型基金。

第三，**增强收益要长期稳定，在此基础上增强收益越高越好**。以年度为计量单位，大部分年度应该跑赢指数、跑赢相应的被动指数基金。

第四，**基金规模适中，最好在 50 亿元以内**。因为基金规模太大会影响增强策略的有效性。

第五，**红利、价值、大盘类指数增强型基金应该力争跑赢全收益指数**，否则就是行"被动"之实，躺着赚增强的管理费，就很不应该了。

5.6.4　主要的指数增强型基金

截至 2022 年 3 月 31 日，全市场一共有指数增强型基金 179 只。其中数量最多的是沪深 300 指数和中证 500 指数，其次是中证 1000 指数、上证 50 指数和创业板指数，策略指数和行业主题也有增强基金，但数量都不多。

挑选指数增强型基金其实也有个很简单的方法，即可以初选出成立时间更久、规模更靠前的基金，然后再从初选出来的基金中仔细分析各自现任基金经理管理时间的长短（否决短于 3 年的）、各年度超额收益是否稳定，从而进一步选出心仪的基金。

1. 沪深 300 指数增强基金

截至 2022 年 5 月 31 日，已经成立的沪深 300 指数增强基金一共 90 只（含 A、C 份额），将按规模排序的前 20 只基金再按成立时间从早到晚排序，详见表 5-81。

表 5-81　部分沪深 300 指数增强基金明细表

基金代码	基金名称	成立日	基金规模/亿元	管理费费率/%	基金经理	基金公司	基金类型
200002.OF	长城久泰沪深 300 指数 A	2004-05-21	6.01	0.98	杨建华、雷俊	长城基金	增强指数型
310318.OF	申万菱信沪深 300 指数增强 A	2004-11-29	6.73	1.00	刘敦	申万菱信基金	增强指数型
100038.OF	富国沪深 300 指数增强 A	2009-12-16	58.08	1.00	李笑薇、方旻	富国基金	增强指数型
163407.SZ	兴全沪深 300 指数（LOF）A	2010-11-02	40.07	0.80	申庆	兴证全球基金	增强指数型
519116.OF	浦银安盛沪深 300 指数增强	2010-12-10	8.00	1.00	陈士俊	浦银安盛基金	增强指数型
110030.OF	易方达沪深 300 量化增强	2012-07-05	11.11	0.80	杜才鸣、王建军	易方达基金	增强指数型
000312.OF	华安沪深 300 增强 A	2013-09-27	7.92	1.00	许之彦、张序	华安基金	增强指数型
000313.OF	华安沪深 300 增强 C	2013-09-27	6.26	1.00	许之彦、张序	华安基金	增强指数型
000311.OF	景顺长城沪深 300 指数增强 A	2013-10-29	46.85	1.00	黎海威	景顺长城基金	增强指数型
000176.OF	嘉实沪深 300 指数研究增强	2014-12-26	24.79	1.00	龙昌伦、刘斌	嘉实基金	增强指数型

基金代码	基金名称	成立日	基金规模/亿元	管理费费率/%	基金经理	基金公司	基金类型
001015.OF	华夏沪深 300 指数增强 A	2015-02-10	14.26	1.00	宋洋、袁英杰	华夏基金	增强指数型
002670.OF	万家沪深 300 指数增强 A	2016-09-26	7.66	1.00	乔亮	万家基金	增强指数型
004788.OF	富荣沪深 300 指数增强 A	2018-02-11	9.39	0.60	邓宇翔、郎骋成	富荣基金	增强指数型
004789.OF	富荣沪深 300 指数增强 C	2018-02-11	9.37	0.60	邓宇翔、郎骋成	富荣基金	增强指数型
006020.OF	广发沪深 300 指数增强 A	2018-06-29	9.57	1.00	赵杰	广发基金	增强指数型
008592.OF	天弘沪深 300 指数增强 A	2019-12-27	12.32	0.60	杨超	天弘基金	增强指数型
008593.OF	天弘沪深 300 指数增强 C	2019-12-27	6.62	0.60	杨超	天弘基金	增强指数型
010736.OF	易方达沪深 300 指数增强 A	2020-12-30	15.83	1.20	张胜记	易方达基金	增强指数型
010854.OF	汇添富沪深 300 基本面增强指数 A	2021-01-20	53.71	1.50	顾耀强	汇添富基金	增强指数型
561300.SH	国泰沪深 300 增强策略 ETF	2021-12-01	15.78	1.00	梁杏、谢东旭	国泰基金	增强指数型

基金规模截至 2022 年一季度末，数据来源：东方财富 Choice 数据。

2. 中证 500 指数增强基金

截至 2022 年 5 月 31 日，已经成立的中证 500 指数增强基金一共 104 只（含 A、C 份额），将按规模排序的前 20 只基金再按成立时间从早到晚排序，详见表 5-82。

表 5-82　部分中证 500 指数增强基金明细表

基金代码	基金名称	成立日	基金规模/亿元	管理费费率/%	基金经理	基金公司	基金类型
161017.SZ	富国中证 500 指数增强（LOF）A	2011-10-12	75.45	1.00	李笑薇、徐幼华、方旻	富国基金	增强指数型
000478.OF	建信中证 500 指数增强 A	2014-01-27	52.43	1.00	叶乐天	建信基金	增强指数型
502000.SH	西部利得中证 500 指数增强（LOF）A	2015-04-15	18.96	1.00	盛丰衍、陈元骅	西部利得基金	增强指数型
001556.OF	天弘中证 500 指数增强 A	2015-06-30	27.44	0.60	杨超	天弘基金	增强指数型
001557.OF	天弘中证 500 指数增强 C	2015-06-30	13.97	0.60	杨超	天弘基金	增强指数型
002076.OF	浙商中证 500 指数增强 A	2016-05-11	11.15	0.50	向伟、胡羿	浙商基金	增强指数型
002906.OF	南方中证 500 增强 A	2016-11-23	5.28	1.00	崔蕾、冯雨生	南方基金	增强指数型
003986.OF	申万菱信中证 500 指数优选增强 A	2017-01-10	19.76	1.00	刘敦	申万菱信基金	增强指数型
005994.OF	国投中证 500 指数量化增强 A	2018-08-01	11.73	1.00	殷瑞飞	国投瑞银基金	增强指数型
006593.OF	博道中证 500 增强 A	2019-01-03	20.76	0.75	杨梦	博道基金	增强指数型
006594.OF	博道中证 500 增强 C	2019-01-03	10.41	0.75	杨梦	博道基金	增强指数型
006682.OF	景顺长城中证 500 指数增强	2019-03-25	16.63	1.20	黎海威、徐喻军	景顺长城基金	增强指数型
007994.OF	华夏中证 500 指数增强 A	2020-03-25	21.48	0.80	张弘弢、孙蒙	华夏基金	增强指数型
007995.OF	华夏中证 500 指数增强 C	2020-03-25	5.45	0.80	张弘弢、孙蒙	华夏基金	增强指数型
009300.OF	西部利得中证 500 指数增强（LOF）C	2020-04-13	6.33	1.00	盛丰衍、陈元骅	西部利得基金	增强指数型

基金代码	基金名称	成立日	基金规模/亿元	管理费费率/%	基金经理	基金公司	基金类型
012080.OF	易方达中证 500 指数量化增强 A	2021-06-15	4.56	0.80	官泽帆、黄健生	易方达基金	增强指数型
013233.OF	华夏中证500指数智选增强 A	2021-08-11	24.27	0.80	孙蒙	华夏基金	增强指数型
561550.SH	华泰柏瑞中证 500 增强策略 ETF	2021-12-02	9.68	0.70	柳军、田汉卿	华泰柏瑞基金	增强指数型
159610.SZ	景顺中证 500 增强策略 ETF	2021-12-13	8.45	0.50	徐喻军、张晓南、汪洋	景顺长城基金	增强指数型
014155.OF	国泰君安中证500指数增强 A	2021-12-15	6.52	1.00	胡崇海	上海国泰君安资管	增强指数型

基金规模截至 2022 年一季度末，数据来源：东方财富 Choice 数据。

3. 中证 1000 指数增强基金

截至 2022 年 5 月 31 日，已经成立的中证 1000 指数增强基金一共 21 只（含 A、C 份额），将规模超过 1 亿元的 12 只基金按成立时间从早到晚排序，详见表 5-83。

表 5-83　部分中证 1000 指数增强基金明细表

基金代码	基金名称	成立日	基金规模/亿元	管理费费率/%	基金经理	基金公司	基金类型
004194.OF	招商中证 1000 指数 A	2017-03-03	1.08	1.20	王平、蔡振	招商基金	增强指数型
005314.OF	万家中证 1000 指数增强 C	2018-01-30	4.95	1.00	乔亮	万家基金	增强指数型
005313.OF	万家中证 1000 指数增强 A	2018-01-30	4.06	1.00	乔亮	万家基金	增强指数型
161039.SZ	富国中证 1000 指数增强（LOF）A	2018-05-31	22.24	1.00	方旻、徐幼华	富国基金	增强指数型
006165.OF	建信中证 1000 指数增强 A	2018-11-22	2.08	1.00	叶乐天、赵云煜	建信基金	增强指数型
013331.OF	富国中证 1000 指数增强（LOF）C	2021-08-19	4.33	1.00	方旻、徐幼华	富国基金	增强指数型
014126.OF	华夏中证 1000 指数增强 C	2021-12-07	6.09	0.80	袁英杰	华夏基金	增强指数型
014201.OF	天弘中证 1000 指数增强 A	2022-01-04	5.70	0.60	杨超	天弘基金	增强指数型
014831.OF	兴银中证 1000 指数增强 A	2022-01-26	1.61	0.80	李哲通	兴银基金	增强指数型
015495.OF	景顺长城中证1000指数增强 A	2022-04-27	3.17	1.00	黎海威、徐喻军	景顺长城基金	增强指数型
015496.OF	景顺长城中证1000指数增强 C	2022-04-27	2.65	1.00	黎海威、徐喻军	景顺长城基金	增强指数型
015466.OF	太平中证 1000 指数增强 A	2022-04-29	2.08	1.00	张子权	太平基金	增强指数型

基金规模截至 2022 年一季度末，新成立基金规模截至成立日，数据来源：东方财富 Choice 数据。

4. 上证 50 指数增强基金

截至 2022 年 5 月 31 日，已经成立的上证 50 指数增强基金一共 8 只（含 A、C

份额),将规模超过 1 亿元的 5 只基金按成立时间从早到晚排序,其明细详见表 5-84。

表 5-84　部分上证 50 指数增强基金明细表

基金代码	基金名称	成立日	基金规模/亿元	管理费费率/%	基金经理	基金公司	基金类型
110003.OF	易方达上证 50 增强 A	2004-03-22	192.62	1.20	张胜记	易方达基金	增强指数型
004746.OF	易方达上证 50 增强 C	2017-06-06	29.06	1.20	张胜记	易方达基金	增强指数型
399001.OF	中海上证 50 指数增强	2010-03-25	2.36	0.85	梅寓寒、章俊	中海基金	增强指数型
008056.OF	南方上证 50 增强 A	2020-04-23	1.75	1.00	钱厚翔	南方基金	增强指数型
008057.OF	南方上证 50 增强 C	2020-04-23	1.22	1.00	钱厚翔	南方基金	增强指数型

基金规模截至 2022 年一季度末,数据来源:东方财富 Choice 数据。

5. 创业板指数增强基金

截至 2022 年 5 月 31 日,已经成立的创业板指数增强基金一共 12 只(含 A、C 份额),将规模超过 1 亿元的 6 只基金按成立时间从早到晚排序,其明细详见表 5-85。

表 5-85　部分创业板指数增强基金明细表

基金代码	基金名称	成立日	基金规模/亿元	管理费费率/%	基金经理	基金公司	基金类型
163209.SZ	诺安创业板指数增强(LOF)A	2012-03-29	1.25	1.00	梅律吾	诺安基金	增强指数型
161613.OF	融通创业板指数 A	2012-04-06	4.46	1.00	蔡志伟	融通基金	增强指数型
001879.OF	长城创业板指数增强发起式 A	2017-06-01	6.43	1.00	雷俊、王卫林	长城基金	增强指数型
006928.OF	长城创业板指数增强发起式 C	2019-01-29	6.48	1.00	雷俊、王卫林	长城基金	增强指数型
010356.OF	诺安创业板指数增强(LOF)C	2020-10-28	1.15	1.00	梅律吾	诺安基金	增强指数型
009981.OF	万家创业板指数增强 A	2021-01-26	1.09	1.20	乔亮	万家基金	增强指数型

基金规模截至 2022 年一季度末,数据来源:东方财富 Choice 数据。

6. 其他指数增强基金

截至 2022 年 5 月 31 日,已经成立的跟踪其他指数的增强型基金中规模超过 1 亿元的一共 33 只(含 A、C 份额),把它们按成立时间从早到晚排序,其明细详见表 5-86。

表 5-86　规模超过 1 亿元的其他指数增强基金明细表

代码	基金名称	成立日期	基金规模/亿元	管理费费率/%	基金经理	基金公司	跟踪指数
012321.OF	东财云计算指数增强 A	2021-08-11	1.6334	1.20	杨路炜	东财基金	中证云计算与大数据主题指数
011631.OF	东财有色增强 C	2021-03-16	2.1799	1.20	杨路炜、姚楠燕	东财基金	中证有色金属指数
011630.OF	东财有色增强 A	2021-03-16	1.6919	1.20	杨路炜、姚楠燕	东财基金	中证有色金属指数

代码	基金名称	成立日期	基金规模/亿元	管理费费率/%	基金经理	基金公司	跟踪指数
161035.OF	富国中证医药主题指数增强型（LOF）A	2016-11-11	5.1037	1.20	牛志冬、蔡卡尔	富国基金	中证医药主题指数
014206.OF	长城中证医药卫生指数增强 C	2022-06-01	2.5389	1.00	雷俊	长城基金	中证医药卫生指数
014238.OF	东财中证新能源指数增强 C	2021-12-07	2.2846	1.20	杨路炜、姚楠燕	东财基金	中证新能源指数
014237.OF	东财中证新能源指数增强 A	2021-12-07	1.4336	1.20	杨路炜、姚楠燕	东财基金	中证新能源指数
011854.OF	招商中证消费龙头指数增强 C	2021-05-25	18.3573	1.00	侯昊	招商基金	中证消费龙头指数
011853.OF	招商中证消费龙头指数增强 A	2021-05-25	4.7541	1.00	侯昊	招商基金	中证消费龙头指数
011832.OF	西部利得中证人工智能主题指数增强 A	2021-06-08	1.0946	1.20	盛丰衍、陈蒙	西部利得基金	中证人工智能主题指数
005112.OF	银华中证全指医药卫生指数增强发起式	2017-09-28	1.4162	1.00	秦锋	银华基金	中证全指医药卫生指数
010203.OF	天弘中证科技 100 指数增强 C	2020-10-28	2.1686	0.60	杨超、刘笑明	天弘基金	中证科技 100 指数
501059.OF	西部利得国企红利（LOF）A	2018-07-11	1.2385	1.00	盛丰衍、陈元骅	西部利得基金	中证国有企业红利指数
013816.OF	汇添富中证光伏产业指数增强发起式 A	2021-10-26	2.0960	1.20	赖中立	汇添富基金	中证光伏产业指数
013817.OF	汇添富中证光伏产业指数增强发起式 C	2021-10-26	1.1550	1.20	赖中立	汇添富基金	中证光伏产业指数
161037.OF	富国中证高端制造指数增强型（LOF）A	2017-04-27	1.2019	1.20	蔡卡尔、牛志冬	富国基金	中证高端制造主题指数
001027.OF	前海开源中证大农业指数增强 A	2015-02-13	6.6289	1.20	黄玥	前海开源基金	中证大农业指数
010673.OF	兴全中证 800 六个月持有指数 A	2021-02-09	13.5227	1.10	申庆、张晓峰	兴证全球基金	中证 800 指数
010674.OF	兴全中证 800 六个月持有指数 C	2021-02-09	1.4903	1.10	申庆、张晓峰	兴证全球基金	中证 800 指数
007216.OF	浙商中华预期高股息 C	2019-10-30	4.6036	1.00	贾腾	浙商基金	中华交易服务预期高股息指数
007178.OF	浙商中华预期高股息 A	2019-10-30	3.3266	1.00	贾腾	浙商基金	中华交易服务预期高股息指数
014418.OF	西部利得 CES 芯片指数增强 A	2021-12-23	3.3720	1.20	陈蒙、盛丰衍	西部利得基金	中华交易服务半导体芯片行业指数
014419.OF	西部利得 CES 芯片指数增强 C	2021-12-23	2.5687	1.20	陈蒙、盛丰衍	西部利得基金	中华交易服务半导体芯片行业指数
161607.OF	融通巨潮 100 指数 A（LOF）	2005-05-12	5.6855	1.30	蔡志伟	融通基金	巨潮 100 指数
010772.OF	天弘国证消费 100 指数增强 C	2020-12-30	1.0576	0.60	杨超、刘笑明	天弘基金	国证消费 100 指数
180003.OF	银华-道琼斯 88 指数	2004-08-11	14.8389	1.20	周晶	银华基金	道琼斯中国 88 指数
040002.OF	华安中国 A 股增强指数	2002-11-08	12.3680	1.00	许之彦、马韬	华安基金	MSCI 中国 A 股指数

第 5 章　主动基金与指数基金（三）

代码	基金名称	成立日期	基金规模/亿元	管理费率/%	基金经理	基金公司	跟踪指数
007807.OF	建信 MSCI 中国 A 股指数增强 C	2019-11-13	1.6583	1.00	叶乐天、赵云煜	建信基金	MSCI 中国 A 股指数（人民币）
006063.OF	景顺长城 MSCI 中国 A 股国际通	2018-07-10	1.6114	1.20	徐喻军	景顺长城基金	MSCI 中国 A 股国际通指数
006034.OF	富国 MSCI 中国 A 股国际通指数增强	2018-12-25	1.6749	1.00	徐幼华、方旻	富国基金	MSCI 中国 A 股国际通指数
100032.OF	富国中证红利指数增强 A	2008-11-20	59.1585	1.20	徐幼华、方旻	富国基金	中证红利指数
008682.OF	富国中证红利指数增强 C	2020-03-10	4.8540	1.20	徐幼华、方旻	富国基金	中证红利指数
000042.OF	财通中证 ESG100 指数增强 A	2013-03-22	1.8211	1.00	朱海东、陈曦	财通基金	中证财通中国可持续发展 100（ECPI ESG）指数

基金规模截至 2022 年一季度末，新成立基金规模截至成立日，数据来源：东方财富 Choice 数据。

资产配置常用的其他基金类型

前面 3 章分别对主动基金和指数基金的主要类型进行了介绍和分析,在实际的投资实践中还有一些细分的其他基金类型也很重要,主要包括以权益基金指数为基础做增强策略的主动量化基金、QDII 基金、货币基金、商品基金、黄金和白银基金,以及公募 REITS。

其中,主动量化基金和 QDII 基金与前面 3 章介绍的基金类型还存在一定的交叉和重叠,但它们依然独具特点,需要独立出来加以介绍和分析。

虽然很多人对货币基金接触得比较多,但真正了解货币基金的朋友其实少之又少。众多看似同质化的货币基金,其收益率为什么会相差那么大? 相信读者朋友们很关心这一问题的答案。

商品基金、黄金和白银基金,以及公募 REITS 的风险收益特征与我们前面介绍到的股债类基金又有很大的不同,需要我们一一去了解、熟悉它们,才能为我们进行大类资产配置打好基础。

6.1 以主动权益基金指数为基础做增强策略的主动量化基金

本节所述基金一方面可以归类于偏股混合型基金或主动股票型基金,另一方面它又属于偏股混合型基金指数的增强基金,是较为特殊的一个基金类型,所以放在本章专门讨论。

6.1.1 一直想找的那一类权益基金

1. 发端

2021 年 4 月,基于对主动偏股型基金获取超额收益深层原因的分析和思考,我在基金专栏文章《买指数基金还是主动基金? 真金白银投资多年后之深切感悟》中写道:"如果将主动偏股型基金持股前 50 只股票编制成一个指数,称为'懒人养基主动 50 指数',且每个季度调整一次成分股,并有基金跟踪它,我相信它的收益不会差。"

这样的指数大致跟上甚至超越主动偏股型基金平均水平的可能性很大。跟踪它的基金通过股票组合而不是基金组合来投资,还可以省掉 FOF 重复收取的基金管理费。

2022 年 4 月，我在《给自己的基金投资设定一个业绩基准》一文中，给自己的基金投资设定的业绩比较基准是表征主动偏股型基金平均水平的偏股混合型基金指数，长期年化收益率为 15%左右。

偏股混合型基金指数（代码 809002）自 2003 年 12 月 31 日成立以来，如果在 2020 年 12 月 31 日的相对牛市里计算，指数自成立以来的年化收益率为 16.28%；在 2022 年 6 月 30 日的相对熊市中计算，指数自成立以来的年化收益率为 15.58%，同日计算近 10 年的年化收益率为 13.19%。

这个收益率水平其实不低了。如果能达到 15%的年化收益率，那么根据"72 法则"，大约不到 5 年投资资产就可以翻番，10 年左右可以达到 4 倍，15 年左右达到 8 倍，20 年 16 倍……

2. 找寻之路

我采取了自己优选主动基金构建基金组合进行投资的方式，争取战胜偏股混合型基金指数。

与此同时，我在密切关注大体能复制偏股混合型基金指数的 FOF 的过程中发现，成分券只有 24 只基金的中证工银财富股票混合基金指数（工银股混合 930994）与成分券近 2000 只基金的偏股混合型基金指数自 2017 年以来走势基本重合，各年化收益率水平相差无几，如图 6-1 所示。

图 6-1　中证工银财富股票混合基金指数与偏股混合型基金指数走势对比图（2017—2022 年）

"工银股混合"指数有跟踪的 FOF，就是富国智诚精选混合（FOF）。

但是富国智诚精选混合的申购有点不方便，除在工商银行 App 外，其他渠道都买不到，甚至连在富国基金自家的网站都没法买到。

我的基金购买平台已经很分散了，所以就一直没有申购，暂时放在基金池中观察。

3. "偶遇"

在关注其他 FOF 或量化策略、看看有没有替代或者更优选择的同时，我一直在想：类似"懒人养基主动50指数"这样的投资策略，难道就没有机构去发掘吗？

没想到的是，这样心心念念的基金指数投资策略，竟然被我在不经意间"碰上"了。

2022年8月19日，我有幸参加了一次基金投资策略内享会，基金经理乔亮介绍了"优秀权益基金持仓指数再增强"策略。

而"优秀权益基金持仓指数再增强"正好就是我一直在寻找的、优化版的"懒人养基主动50指数"投资策略！

4. 策略产生过程

我们先来看看"优秀权益基金持仓指数再增强"策略产生的过程。

（1）表征主动权益基金表现的偏股混合型基金指数，能长期战胜沪深300指数和中证500指数等主要的宽基指数。

研究表明，长期来看，公募权益基金有较强的选择行业（赛道）和风格的能力（Beta择时）。

（2）若使用公募权益重仓股50组合（持仓占比最高的50只股票）来表征公募权益基金的Beta，则公募主动权益基金相对宽基指数的超额收益，跟其Beta高度相关。

（3）过去十几年，A股量化指数增强的策略表现告诉我们，量化策略能够在既定的Beta（指数）上做出稳定的超额收益，但是本身不善于做Beta择时。

而利用公募主动权益基金的Beta正好可以弥补这个不足。

（4）一个近乎"完美"的投资思路出现了，如图6-2所示。

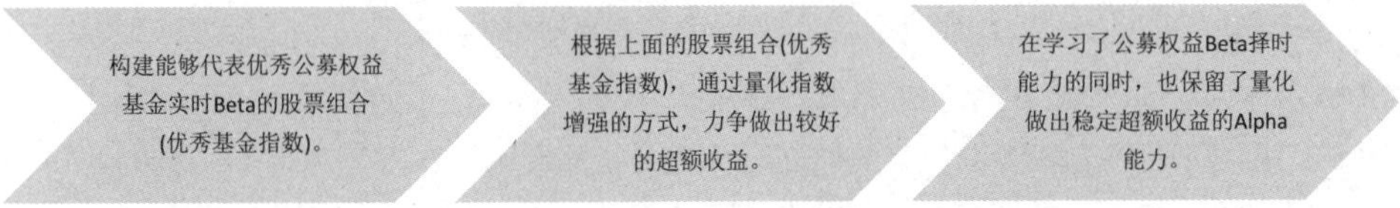

| 构建能够代表优秀公募权益基金实时Beta的股票组合（优秀基金指数）。 | 根据上面的股票组合(优秀基金指数)，通过量化指数增强的方式，力争做出较好的超额收益。 | 在学习了公募权益Beta择时能力的同时，也保留了量化做出稳定超额收益的Alpha能力。 |

图6-2　"优秀权益基金持仓指数再增强"策略

这是一个用股票组合投资对偏股混合型基金指数实现超额收益的策略。

5. 策略的关键和难点

这一策略的关键和难点在于：

（1）需要选出真正长期优秀的公募权益基金来构建指数底仓。

（2）需要更加实时、更加准确的公募权益基金持仓估计（算法的有效性）。

而无论如何，乔亮及其量化团队利用其量化选股策略体系构建了完整的投资策略，并于 2021 年 8 月 1 日起正式把该策略应用于万家量化睿选混合。

6. 策略回测

根据万家基金一份非公开的主动量化策略介绍，该策略自 2017 年以来相对偏股混合型基金指数竟然有 21% 的超额年化收益率!

当然这种基于翔实历史数据的组合（指数）构建策略不排除有过度拟合的成分。

在实际的策略实施过程中，优秀基金的筛选替换、优秀权益基金持仓的实时和准确估计（算法）仍然是个挑战。

根据东方财富 Choice 数据，应用该策略仅 4 个月（8~12 月），万家量化睿选混合 2021 年年底的换手率就由年中的 182.26% 大幅提高到 619.21%，应该说，实时和准确估计并跟踪优秀主动权益基金持仓，可能也是一个不断试错的过程。

7. 策略实盘表现

再来看看该策略的实盘表现，如图 6-3 所示。

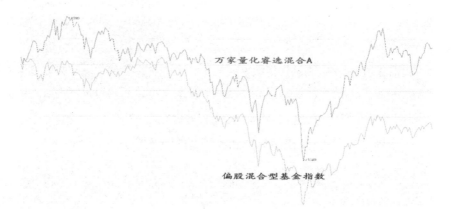

图 6-3　万家量化睿选混合 A 净值与偏股混合型基金指数走势对比（2021-08-01—2022-08-19）

2021 年 8 月至 12 月万家量化睿选混合 A 相对偏股混合型基金指数（代码 809002）有 2.46% 的超额收益，2022 年 1 月至 7 月有 11.27% 的超额收益，策略实施一周年相对偏股混合型基金指数有 13.76% 的超额收益。

2022 年 8 月 1 日至 19 日，万家量化睿选混合收益率为 1.49%，也超过了偏股混合型基金指数 0.66% 的同期收益率。

与此同时，2021 年 8 月 1 日至 2022 年 8 月 19 日，万家量化睿选混合的最大回撤为 26.03%，好于偏股混合型基金指数的 28.66%，表明策略带来超额收益的同时波动并没有加大。

应该说，这个实盘成绩是很不错的，但最大的不足是策略升级的时间太短，有效性尚需进一步观察。

看了下万家量化睿选混合的基金规模，2022 年 6 月 30 日仅 0.80 亿元，如同大自然中"灰尘"一般的存在，完全没有引起投资者关注。

6.1.2 只买 1 只基金的新选择

首先要说明的是，只买任何 1 只基金的确定性都是不够的，毕竟任何一种策略都会有失效的时候，用的人多了，有效的策略还可能会变得无效。

我之前的结论是，如果只买 1 只基金，FOF 会是比较好的选择，尤其是跟踪基金指数的 FOF，因其策略稳定、透明而应该成为首选。

6.1.1 节说到，一个偶然的机会，我了解到有对标偏股混合型基金指数，通过拟合指数实时持仓效果，并在此基础上进行策略优化的量化策略，通俗地说，就是以偏股混合型基金指数作为增强标的的主动量化基金。

后来我通过认真的检索和筛选发现，这样的主动量化基金还不止乔亮管理的万家量化睿选混合这 1 只，杨梦管理的博道远航混合和曲径管理的中欧量化驱动混合也是运用相似的主动量化增强策略。

对每 1 只基金采用的策略细节，我们不得而知，但策略的主要方法应该是相似的。

万家量化睿选混合和博道远航混合的策略思路非常相近，前者是在偏股混合型基金指数基础上优选基金构建"优秀主动权益基金指数"，再通过对该指数实时、准确的持仓估计进行策略增强；后者是定期从普通股票型和偏股混合型基金里优选部分头部基金经理，根据优选基金经理所管理基金的定期报告中最新公布的重仓持股，经优化后形成优选基金重仓指数，在此基础上，嫁接博道多因子模型做增强选股，目标是战胜优选基金重仓指数

此类策略的关键是对指数实时、准确的持仓"估计"，它是策略增强的基础。

主动权益型基金 1 年有两个准确全持仓：一个来自半年报，一个来自年报。另外就是每个季报之后十五个交易日公告的前十大持仓。不过这些持仓数据都是滞后的，不能直接拿来作为持仓依据。

基金（指数）每天净值的涨跌幅，主要受配置的主要行业影响，比如说半导体大涨，它配置的半导体高，涨幅就会更高一点；半导体大跌，它的跌幅也会比较大，这是很直观和容易理解的。

通过分析基金（指数）连续净值涨跌与行业的涨跌幅的相关关系，可以大概率估计出来主要配置在哪些行业上，也就是说基金（指数）的行业分布有了一个估计

数。这个估计数可以用前述的两个准确全持仓和四个前十持仓去校准。1 年当中有六个校准点，然后实时用净值回归的结果，就可以估计基金（指数）全持仓的持股行业配置。

对偏股混合型基金指数或优秀主动权益基金指数进行准确的行业拆分后，再用行业内个股进行实时效果拟合相对就容易多了。

而不同基金公司、不同的量化团队，其策略模型在细节上肯定会有较大差异，策略最终的效果也会有不同，短期内的差别甚至会比较大。

我们来看看 2021 年 8 月 1 日万家量化睿选混合采用优秀权益基金指数增强策略之后 3 只基金的收益率表现，如图 6-4 所示。（博道远航混合于 2021 年 6 月 1 日开始采用类似策略，中欧量化驱动于 2021 年 1 月 1 日起开始采用偏股混合型基金指数增强策略。）

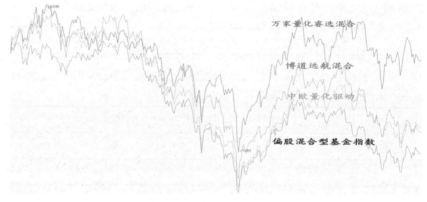

图 6-4　3 只相关策略主动量化基金净值与偏股混合型基金指数走势对比（2021-08-01—2022-08-19）

2021 年 8 月 1 日至 2022 年 8 月 26 日，偏股混合型基金指数（代码 809002）涨幅为–12.98%，最大回撤为 28.66%。

同期万家量化睿选混合收益率为 5.95%，相对偏股混合型基金指数的超额收益为 18.93%；最大回撤为 26.03%，略低于偏股混合型基金指数。

博道远航混合收益率为–5.80%，相对偏股混合型基金指数的超额收益为 7.18%；最大回撤为 29.49%，略高于偏股混合型基金指数。

中欧量化驱动收益率为–8.23%，相对偏股混合型基金指数的超额收益为 4.75%；最大回撤为 32.24%，比偏股混合型基金指数的最大回撤高出 3% 左右。

也就是说，全部 3 只主动权益基金指数增强基金在 1 年多的时间里都实现了对偏股混合型基金指数的超越，而最大回撤并没有显著放大，增强效果还不错，其中万家量化睿选混合这个时间段的收益率表现是最好的。

6.1.3 策略未来的持续有效性会如何

当然，以 1 年多的时间来考察 3 只基金的策略表现是远远不够的，3 只基金各自的量化增强策略后续是否继续有效尚待跟踪观察。

将来也可能还会有更多用优秀权益基金持仓指数做再增强策略的主动量化基金出现。

近几年 A 股市场基本上都是结构性行情，行业及风格极致分化，选对行业和风格是牛市，选错行业和风格就是熊市。在风格多变的市场中很难把握每个阶段的行业风格和收益，因此通过量化手段被动跟踪优秀基金指数持仓行业和个股，并在此基础上做策略增强，力争实现对指数超越的方式进行投资，也许是一个更好的选择。

6.2 QDII 基金

QDII 是 Qualified Domestic Institutional Investors（合格境内机构投资者）的缩写，QDII 基金是指在国内设立，经国家有关部门批准，从事境外证券市场的股票、债券等有价证券业务的证券投资基金。

和 QFII（Qualified Foreign Institutional Investors，合格境外机构投资者）一样，QDII 是在货币没有实现完全可自由兑换、资本项目尚未开放的情况下，有限度地允许境内投资者投资境外证券市场的一项过渡性的制度安排：个人投资者不能直接投资海外证券市场，但通过借道机构发行的 QDII 基金可以实现这一目的。

从投资标的来看，QDII 基金分可分为权益（股票）基金、债券基金和商品基金；从投资理念和策略来看，QDII 基金也有主动基金和指数基金之分。

截至 2022 年 5 月 31 日，国内公募基金共有 QDII 股票型基金 107 只（同一基金不同份额合并计算，下同），QDII 混合型基金 42 只，QDII 债型基金 26 只，QDII-FOF 10 只，QDII-另类投资基金（主要是商品基金）17 只，资产规模约 2500 亿元，约占全部公募基金存量规模的 1%。

截至 2022 年 5 月 31 日，运作 QDII 基金的公募基金公司共 35 家。

以管理规模排序，前五大管理者分别是易方达基金、华夏基金、广发基金、博时基金和富国基金，管理规模分别是 998.82 亿元、727 亿元、362.73 亿元、234.32 亿元和 133.32 亿元。

而从 QDII 基金的产品数量来看，前五大管理者分别是易方达基金、华夏基金、广发基金、嘉实基金和华安基金，旗下的 QDII 基金分别有 20 只、19 只、13 只、12 只和 11 只。

从投资方向来看，绝大部分 QDII 基金主要投资港股和美股，投资其他国家和地区的 QDII 基金很少。

而在所有 QDII 基金中，又以投资中国在海外上市的核心资产中概互联网类基金最受投资者青睐。

我们在第 5 章分述恒生指数、恒生科技指数、恒生互联网科技业指数、标普 500 指数，以及纳斯达克 100 指数时就讲到，过去 10 年间港股基本没怎么涨，而美股则走出了一轮慢牛市和长牛市，所以两个不同的市场，收益率特征当然也不同。

而不同的市场并没有齐涨共跌的特征，也为我们利用 QDII 基金通过跨市场进行资产配置、平滑波动提供了可能。

我们在前面章节里讲述的主动基金和被动（指数）基金的特点和分类，主动基金和被动基金的分析方法和框架，都适用于 QDII 基金。

6.2.1 QDII 基金的主要类型

1. 投资港股和美股的宽基指数基金

跟踪恒生指数、标普 500 指数、纳斯达克 100 指数等宽基指数的基金已在 5.2 节中有详述，这里不赘述。

表 6-1 是跟踪恒生中国企业指数、恒生中小型股指数、标普 100 等权指数等宽基指数的基金明细表。

表 6-1　恒生中国企业指数、恒生中小型股指数、标普 100 等权指数等宽基指数的跟踪基金明细表

基金代码	基金名称	截止日期	资产净值/亿元	现任基金经理	管理公司	投资区域	成立日期
510900.OF	易方达恒生国企 ETF（QDII）	2022-03-31	101.39	余海燕，成曦	易方达基金	中国香港	2012-08-09
110031.OF	易方达恒生中国企业 ETF 联接（QDII）A	2022-03-31	11.30	成曦，余海燕	易方达基金	中国香港	2012-08-21
005675.OF	易方达恒生中国企业 ETF 联接（QDII）C	2022-03-31	4.18	成曦，余海燕	易方达基金	中国香港	2018-02-09
160717.OF	嘉实恒生中国企业（QDII-LOF）	2022-03-31	2.57	刘珈吟，张钟玉	嘉实基金	中国香港	2010-09-30
159823.OF	嘉实恒生中国企业 ETF（QDII）	2022-03-31	0.53	田光远，刘珈吟	嘉实基金	中国香港	2020-09-24
501021.OF	华宝香港中小（QDII-LOF）A	2022-03-31	4.72	周晶，杨洋	华宝基金	中国香港	2016-06-24
006127.OF	华宝香港中小（QDII-LOF）C	2022-03-31	0.23	周晶，杨洋	华宝基金	中国香港	2018-07-30
160922.OF	大成恒生综合中小型指数（QDII-LOF）A	2022-03-31	0.09	冉凌浩	大成基金	中国香港	2016-12-02
008972.OF	大成恒生综合中小型指数（QDII-LOF）C	2022-03-31	0.01	冉凌浩	大成基金	中国香港	2020-03-03
161124.OF	易方达香港恒生综合小型股指数（QDII-LOF）A	2022-03-31	0.23	刘树荣	易方达基金	中国香港	2016-11-02
006263.OF	易方达香港恒生综合小型股指数（QDII-LOF）C	2022-03-31	0.06	刘树荣	易方达基金	中国香港	2018-08-13

基金代码	基金名称	截止日期	资产净值/亿元	现任基金经理	管理公司	投资区域	成立日期
519981.OF	长信标普100等权重指数（QDII）人民币	2022-03-31	0.47	傅瑶纯	长信基金	美国	2011-03-30

数据来源：东方财富 Choice 数据。

2. 投资港股和美股的科技、互联网指数或主题基金

跟踪中证海外中国互联网指数、中证海外中国互联网50指数、中证海外中国互联网30指数、恒生科技指数、恒生互联网科技业指数、中证中美互联网指数等的基金，已在第5章里有详述，这里不再赘述。

表6-2是跟踪其他科技互联网指数的基金和部分投资科技互联网行业的主动基金明细。

表 6-2 跟踪其他科技互联网指数的基金和部分投资科技互联网行业的主动基金明细表

基金代码	基金名称	截止日期	资产净值/亿元	现任基金经理	管理公司	投资区域	成立日期
161128.OF	易方达标普信息科技人民币（QDII-LOF）A	2022-03-31	6.1643	FAN BING（范冰）	易方达基金	美国	2016-12-13
012868.OF	易方达标普信息科技人民币（QDII-LOF）C	2022-03-31	0.1490	FAN BING（范冰）	易方达基金	美国	2021-07-21
011420.OF	广发全球科技三个月定开混合（QDII）人民币 A	2022-03-31	27.6265	李耀柱	广发基金	全球	2021-03-03
011422.OF	广发全球科技三个月定开混合（QDII）人民币 C	2022-03-31	6.5323	李耀柱	广发基金	全球	2021-03-03
006373.OF	国富全球科技互联混合（QDII）人民币	2022-03-31	0.6764	徐成，狄星华	国海富兰克林基金	全球	2018-11-20
002891.OF	华夏移动互联混合（QDII）人民币	2022-03-31	8.1915	刘平	华夏基金	全球	2016-12-14
005698.OF	华夏全球科技先锋混合（QDII）	2022-03-31	0.6959	李湘杰	华夏基金	全球	2018-04-17
001668.OF	汇添富全球互联混合（QDII）人民币 A	2022-03-31	14.9323	杨瑨	汇添富基金	全球	2017-01-25
015203.OF	汇添富全球互联混合（QDII）人民币 D	2022-03-31	0.0032	杨瑨	汇添富基金	全球	2022-03-07
015202.OF	汇添富全球互联混合（QDII）人民币 C	2022-03-31	0.0003	杨瑨	汇添富基金	全球	2022-03-07
000988.OF	嘉实全球互联网股票（QDII）人民币	2022-03-31	8.0541	张丹华，王鑫晨	嘉实基金	全球	2015-04-15

数据来源：东方财富 Choice 数据。

3. 投资以港股、美股为主的其他行业主题基金

主要是投资医药生物和消费主题的行业指数或主动基金，还有新能源、红利和教育主题基金，详见表6-3。

表 6-3　投资医药生物、消费主题的行业指数或主动基金及新能源、红利和教育主题基金明细表

基金代码	基金名称	截止日期	资产净值/亿元	现任基金经理	管理公司	投资区域	成立日期
004877.OF	汇添富全球医疗混合（QDII）人民币	2022-03-31	6.66	刘江	汇添富基金	全球	2017-08-16
513060.OF	博时恒生医疗保健（QDII-ETF）	2022-03-31	23.35	万琼	博时基金	全球	2021-03-18
014424.OF	博时恒生医疗保健ETF发起式联接（QDII）A	2022-03-31	0.60	万琼	博时基金	全球	2021-12-28
014425.OF	博时恒生医疗保健ETF发起式联接（QDII）C	2022-03-31	0.19	万琼	博时基金	全球	2021-12-28
001092.OF	广发生物科技指数（QDII）	2022-03-31	1.34	叶帅	广发基金	美国	2015-03-30
159892.OF	华夏恒生香港上市生物科技ETF（QDII）	2022-03-31	1.51	赵宗庭	华夏基金	中国香港	2021-09-29
001984.OF	上投摩根中国生物医药混合（QDII）	2022-03-31	9.56	方钰涵	上投摩根基金	全球	2016-04-28
012866.OF	易方达标普生物科技人民币（QDII-LOF）C	2022-03-31	0.14	宋钊贤	易方达基金	美国	2021-07-23
161126.OF	易方达标普医疗保健人民币（QDII-LOF）A	2022-03-31	0.50	宋钊贤	易方达基金	美国	2016-11-28
008284.OF	易方达全球医药行业（QDII）人民币	2022-03-31	8.79	杨桢霄	易方达基金	全球	2020-01-20
010644.OF	富国全球健康生活主题混合（QDII）人民币	2022-03-31	2.26	宁君，彭陈晨，张慕禹	富国基金	全球	2020-12-24
118002.OF	易方达标普消费品指数增强（QDII）A	2022-03-31	1.50	王元春	易方达基金	全球	2012-06-04
005676.OF	易方达标普消费品指数增强（QDII）C	2022-03-31	0.43	王元春	易方达基金	全球	2018-02-09
012062.OF	富国全球消费精选混合（QDII）人民币C	2022-03-31	0.17	张峰，彭陈晨	富国基金	全球	2021-07-30
012060.OF	富国全球消费精选混合（QDII）人民币A	2022-03-31	2.80	张峰，彭陈晨	富国基金	全球	2021-07-30
006308.OF	添富全球消费混合（QDII）人民币A	2022-03-31	4.89	郑慧莲	汇添富基金	全球	2018-09-21
006309.OF	添富全球消费混合（QDII）人民币C	2022-03-31	1.71	郑慧莲	汇添富基金	全球	2018-09-21
015205.OF	银华全球新能源车量化优选股票发起式（QDII）C	2022-04-07	0.23	李宜璇	银华基金	全球	2022-04-07
015204.OF	银华全球新能源车量化优选股票发起式（QDII）A	2022-04-07	0.21	李宜璇	银华基金	全球	2022-04-07
009108.OF	富国红利精选混合（QDII）人民币	2022-03-31	5.73	汪孟海，王莞宜	富国基金	全球	2020-04-23
513360.OF	博时全球中国教育（QDII-ETF）	2022-03-31	6.05	万琼	博时基金	全球	2021-06-08

数据来源：东方财富 Choice 数据。

4. 投资其他国家和地区的宽基指数基金或主题基金

目前主要有跟踪日经 225 指数、德国 DAX 指数、法国 CAC40 指数、英国富时 100 指数的基金，以及投资越南和印度的主题基金，详见表 6-4。

表 6-4　跟踪日经 225 指数、德国 DAX 指数、法国 CAC40 指数、英国富时 100 指数的
基金及投资越南和印度的主题基金明细表

基金代码	基金名称	截止日期	资产净值/亿元	现任基金经理	管理公司	投资区域	成立日期
513880.OF	华安日经 225ETF（QDII）	2022-03-31	0.50	倪斌	华安基金	日本	2019-06-12
513000.OF	易方达日经 225ETF（QDII）	2022-03-31	0.61	余海燕，FAN BING（范冰）	易方达基金	日本	2019-06-12
159866.OF	工银瑞信大和日经 225ETF（QDII）	2022-03-31	0.73	邓皓友	工银瑞信基金	日本	2021-03-24
513520.OF	华夏野村日经 225ETF（QDII）	2022-03-31	0.59	赵宗庭	华夏基金	日本	2019-06-12
007280.OF	上投摩根日本精选股票（QDII）	2022-03-31	1.35	张军	上投摩根基金	日本	2019-07-31
000614.OF	华安德国（DAX）ETF 联接（QDII）A	2022-03-31	4.13	倪斌	华安基金	德国	2014-08-12
513030.OF	华安德国（DAX）ETF（QDII）	2022-03-31	6.49	倪斌	华安基金	德国	2014-08-08
015016.OF	华安德国（DAX）ETF 联接（QDII）C	2022-03-31	0.07	倪斌	华安基金	德国	2022-02-22
513080.OF	华安法国 CAC40ETF（QDII）	2022-03-31	0.60	倪斌	华安基金	法国	2020-05-29
539003.OF	建信富时 100 指数（QDII）人民币 A	2022-03-31	0.52	李博涵，朱金钰	建信基金	英国	2012-06-26
008708.OF	建信富时 100 指数（QDII）美元现汇 C	2022-03-31	0.20	李博涵，朱金钰	建信基金	英国	2020-01-10
008706.OF	建信富时 100 指数（QDII）人民币 C	2022-03-31	0.20	李博涵，朱金钰	建信基金	英国	2020-01-10
008707.OF	建信富时 100 指数（QDII）美元现汇 A	2022-03-31	0.52	李博涵，朱金钰	建信基金	英国	2020-01-10
010343.OF	华宝富时 100（QDII）A	2022-03-31	0.15	周晶，杨洋	华宝基金	英国	2020-11-10
010344.OF	华宝富时 100（QDII）C	2022-03-31	0.06	周晶，杨洋	华宝基金	英国	2020-11-10
006282.OF	上投欧洲动力策略股票（QDII）	2022-03-31	0.48	张军	上投摩根基金	欧洲	2018-10-31
165510.OF	信诚四国配置（QDII-FOF-LOF）	2022-03-31	0.12	顾凡丁	中信保诚基金	金砖四国	2010-12-17
006105.OF	泰达宏利印度股票（QDII）	2022-03-31	0.60	师婧	泰达宏利基金	印度	2019-01-30
164824.OF	工银印度基金人民币（QDII-LOF-FOF）	2022-03-31	2.67	刘伟琳	工银瑞信基金	印度	2018-06-15
005801.OF	工银印度基金美元（QDII-LOF-FOF）	2022-03-31	2.67	刘伟琳	工银瑞信基金	印度	2018-06-15
008764.OF	天弘越南市场（QDII）C	2022-03-31	14.26	胡超	天弘基金	越南	2020-01-20
008763.OF	天弘越南市场（QDII）A	2022-03-31	23.26	胡超	天弘基金	越南	2020-01-20

数据来源：东方财富 Choice 数据。

　　从表 6-4 中可见，除投资越南股市的基金规模超过 10 亿元，投资德国、印度和日本股市的基金超过 1 亿元外，投资其他国家和地区的基金规模都不大。

5. 投资以港股和美股为主的宽基权益类主动基金

截至 2022 年 5 月 31 日，投资海外的权益类主动基金近 100 只（含 A、C 份额及外币计价份额），如表 6-5 所示，为规模在 1 亿元以上的部分宽基权益类 QDII 主动基金明细。

表 6-5　规模在 1 亿元以上的部分宽基权益类QDII主动基金明细表

基金代码	基金名称	截止日期	资产净值/亿元	现任基金经理	管理公司	投资区域	成立日期
262001.OF	景顺长城大中华混合（QDII）人民币	2022-03-31	10.35	周寒颖	景顺长城基金	大中华地区	2011-09-22
012920.OF	易方达全球成长精选混合（QDII）人民币 A	2022-03-31	3.78	郑希	易方达基金	全球	2022-01-11
000043.OF	嘉实美国成长股票（QDII）人民币	2022-03-31	13.74	张自力	嘉实基金	美国	2013-06-14
013328.OF	嘉实全球价值股票（QDII）人民币	2022-03-31	2.00	张自力	嘉实基金	全球	2021-11-23
470888.OF	汇添富香港优势精选混合（QDII）	2022-03-31	1.38	张韡，陈健玮	汇添富基金	中国香港	2010-06-25
110011.OF	易方达优质精选混合（QDII）	2022-03-31	168.67	张坤	易方达基金	中国香港	2008-06-19
118001.OF	易方达亚洲精选股票（QDII）	2022-03-31	46.85	张坤	易方达基金	亚洲	2010-01-21
377016.OF	上投摩根亚太优势混合（QDII）	2022-03-31	27.15	张军	上投摩根基金	亚太	2007-10-22
003629.OF	上投摩根全球多元配置（QDII-FOF）人民币	2022-03-31	6.27	张军	上投摩根基金	全球	2016-12-19
378546.OF	上投摩根全球天然资源混合（QDII）	2022-03-31	1.13	张军	上投摩根基金	全球	2012-03-26
007455.OF	富国蓝筹精选股票（QDII）人民币	2022-03-31	14.71	张峰，宁君	富国基金	全球	2019-08-02
100061.OF	富国中国中小盘混合（QDII）人民币	2022-03-31	35.75	张峰	富国基金	中国香港	2012-09-04
000934.OF	国富大中华精选混合（QDII）人民币	2022-03-31	25.71	徐成	国海富兰克林基金	大中华地区	2015-02-03
457001.OF	国富亚洲机会股票（QDII）	2022-03-31	5.93	徐成	国海富兰克林基金	亚洲	2012-02-22
160125.OF	南方香港优选股票（QDII-LOF）	2022-03-31	2.46	熊潇雅	南方基金	中国香港	2011-09-26
001691.OF	南方香港成长（QDII）	2022-03-31	14.53	王士聪，熊潇雅	南方基金	中国香港	2015-09-30
012584.OF	南方中国新兴经济 9 个月持有期混合（QDII）A	2022-03-31	3.03	王士聪，黄亮	南方基金	中国香港	2021-08-10
003243.OF	上投摩根中国世纪（QDII）人民币	2022-03-31	1.36	王丽军	上投摩根基金	全球	2016-11-11
862001.OF	光大阳光香港精选混合（QDII）人民币 A	2022-03-31	2.41	王海涛	上海光大证券资产管理	中国香港和美国	2021-01-04
161229.OF	国投瑞银中国价值发现股票（QDII-LOF）	2022-03-31	1.47	汤海波	国投瑞银基金	全球	2015-12-21

基金代码	基金名称	截止日期	资产净值/亿元	现任基金经理	管理公司	投资区域	成立日期
040018.OF	华安香港精选股票（QDII）	2022-03-31	5.47	苏圻涵,翁启森	华安基金	中国香港	2010-09-19
012208.OF	华夏港股前沿经济混合（QDII）A	2022-03-31	12.06	刘平	华夏基金	中国香港	2021-06-18
486002.OF	工银全球精选股票（QDII）	2022-03-31	4.23	林念	工银瑞信基金	全球	2010-05-25
270023.OF	广发全球精选股票（QDII）	2022-03-31	25.53	李耀柱	广发基金	全球	2010-08-18
000041.OF	华夏全球股票（QDII）	2022-03-31	22.71	李湘杰	华夏基金	全球	2007-10-09
486001.OF	工银全球股票（QDII）人民币	2022-03-31	6.65	孔令兵	工银瑞信基金	全球	2008-02-14
012535.OF	万家全球成长一年持有期混合（QDII）A	2022-03-31	12.70	黄兴亮	万家基金	全球	2021-09-22
202801.OF	南方全球精选配置（QDII-FOF）	2022-03-31	18.00	黄亮	南方基金	全球	2007-09-19
070012.OF	嘉实海外中国股票混合（QDII）	2022-03-31	18.97	胡宇飞	嘉实基金	中国香港、新加坡、美国	2007-10-12
002379.OF	工银香港中小盘（QDII）人民币	2022-03-31	1.84	单文	工银瑞信基金	中国香港	2016-03-09
005534.OF	华夏新时代混合人民币（QDII）	2022-03-31	2.56	常亚桥	华夏基金	全球	2018-05-30
011583.OF	大成港股精选混合（QDII）A	2022-03-31	2.71	柏杨	大成基金	中国香港	2021-05-06

数据来源：东方财富 Choice 数据。

管理 QDII 基金规模靠前的基金经理分别是易方达基金张坤，富国基金张峰、宁君，广发基金李耀柱，国富基金徐成，华夏基金李湘杰、刘平，嘉实基金胡宇飞、张自力，南方基金黄亮、王士聪、熊潇雅，万家基金黄兴亮，景顺长城基金周寒颖，等等。

6. 投资外币债券的基金

投资 QDII 债基的难度要比投资国内债基大得多。

大部分外币（主要是美元）债券的收益率本身就很有限，如果投资 QDII 债基人民币份额，汇率变化的影响是非常大的。有时候汇率的波动远大于外币市场利率的波动，尤其当人民币处于升值周期时，外币债券的收益有可能还不够抵消人民币升值造成的耗损。

当然人民币汇率是双向波动的，在人民币贬值周期，持有 QDII 债基人民币份额又是有利的。

总体来说 QDII 债基人民币份额会因为汇率变化而放大净值的波动幅度，持有体验是不太好的。

如果有长期持有外币的需要，那么可以考虑投资 QDII 基金外币份额，它的净值不受人民币汇率变化影响，持有体验会更好一些。

第 6 章　资产配置常用的其他基金类型

单纯出于人民币保值或大类资产配置的需要，国内的债基应该是更好的选择。

如表 6-6 所示，为资产规模大于 1 亿元的部分 QDII 债基明细。

表 6-6　资产规模大于 1 亿元的部分QDII债基明细表

基金代码	基金名称	截止日期	资产净值/亿元	现任基金经理	管理公司	投资区域	成立日期
050030.OF	博时亚洲票息收益债券（QDII）	2022-03-31	18.89	何凯	博时基金	亚洲	2013-02-01
001061.OF	华夏收益债券（QDII）A	2022-03-31	5.16	邓思聪	华夏基金	全球	2012-12-07
000290.OF	鹏华全球高收益债（QDII）	2022-03-31	4.22	尤柏年	鹏华基金	全球	2013-10-22
001876.OF	鹏华全球高收益债（QDII）美元现汇	2022-03-31	4.22	尤柏年	鹏华基金	全球	2015-09-18
002400.OF	南方亚洲美元债（QDII）人民币 A	2022-03-31	3.64	苏炫纲	南方基金	亚洲	2016-03-03
002402.OF	南方亚洲美元债（QDII）美元现汇 A	2022-03-31	3.64	苏炫纲	南方基金	亚洲	2016-03-03
007362.OF	易方达中短期美元债（QDII）A 美元现汇	2022-03-31	3.49	祁广东	易方达基金	全球	2019-06-05
007360.OF	易方达中短期美元债（QDII）A 人民币	2022-03-31	3.49	祁广东	易方达基金	全球	2019-06-05
012924.OF	华夏新时代混合美元现汇（QDII）	2022-03-31	2.56	常亚桥	华夏基金	全球	2021-11-09
012925.OF	华夏新时代混合美元现钞（QDII）	2022-03-31	2.56	常亚桥	华夏基金	全球	2021-11-09
002286.OF	中银美元债债券（QDII）人民币	2022-03-31	2.44	郑涛	中银基金	美国	2015-12-30
002287.OF	中银美元债债券（QDII）美元	2022-03-31	2.44	郑涛	中银基金	美国	2015-12-30
100050.OF	富国全球债券（QDII）人民币	2022-03-31	2.18	沈博文	富国基金	全球	2010-10-20
007204.OF	银华美元债精选债券（QDII）A	2022-03-31	2.11	吴双	银华基金	境内、境外市场	2019-05-27
003972.OF	国富美元债定期债券（QDII）人民币	2022-03-31	1.97	徐成，马秋思	国海富兰克林基金	全球	2017-01-25
008367.OF	富国亚洲收益债券（QDII）人民币	2022-03-31	1.52	沈博文	富国基金	亚洲	2020-04-07
001063.OF	华夏收益债券（QDII）C	2022-03-31	1.25	邓思聪	华夏基金	全球	2012-12-07
002401.OF	南方亚洲美元债（QDII）人民币 C	2022-03-31	1.21	苏炫纲	南方基金	亚洲	2016-03-03
002403.OF	南方亚洲美元债（QDII）美元现汇 C	2022-03-31	1.21	苏炫纲	南方基金	亚洲	2016-03-03
000342.OF	嘉实新兴市场 A1（QDII）	2022-03-31	1.20	关子宏	嘉实基金	新兴市场国家或地区	2013-11-26
007363.OF	易方达中短期美元债（QDII）C 美元现汇	2022-03-31	1.15	祁广东	易方达基金	全球	2019-06-05
007361.OF	易方达中短期美元债（QDII）C 人民币	2022-03-31	1.15	祁广东	易方达基金	全球	2019-06-05

数据来源：东方财富 Choice 数据。

7. 投资海外商品资源类基金

主要是投资原油的 QDII 基金，这部分内容将在 6.4 节里详述。

8. 投资海外黄金及贵金属的基金

这部分内容将在 6.5 节里详述。

9. 以美国市场为主的海外 REITS

这部分内容将在 6.6 节里详述。

6.2.2 汇率变动对投资 QDII 基金的影响

与投资 **A 股基金**不同的是，投资 **QDII 基金**需要考虑汇率变动的影响，尤其是**人民币升值的影响**。

QDII 基金少数以美元等外币计价，但绝大部分是以人民币计价募集的。而投资人民币计价募集的 QDII 基金就必须考虑汇率变动风险。（除非特别说明，下文所说QDII 基金指的都是人民币计价募集的 QDII 基金。）

当我们用人民币申购 **QDII 基金**后，基金经理要将收到的申购款兑换成外币并购入海外证券，每天结算净值时又要将外币资产按当日汇率再折算成人民币。这样，**我们的 QDII 基金就要面对证券市场和外汇市场的双重波动**。

仅从汇率的角度考虑，理想的情形应该是在人民币升值到顶点的时候申购 QDII基金，因为这时候同样的钱可以申购到最多的外币资产份额；而在人民币贬值到最低点的时候选择赎回，因为这时候折算的人民币金额最多。

2020 年 5 月至 2022 年 2 月，人民币基本上是单边升值；2017 年 1 月至 2018 年4 月也基本上是单边升值，对 QDII 基金投资的影响是负面的；而从近几年人民币走势来看，2016 年 4 月至 12 月，2018 年 4 月至 2020 年 5 月，2022 年 3 月至 5 月，这三个时间段里人民币总体上处于贬值通道，对投资 QDII 基金反而有利。

按这一思路，我以"后视镜"角度在近几年人民币汇率周 K 线走势图（如图 6-5所示）上标出了申购和赎回 QDII 基金的最佳时点。当然这是只考虑汇率变动因素，并未将更重要的股票（证券）走势考虑在内。

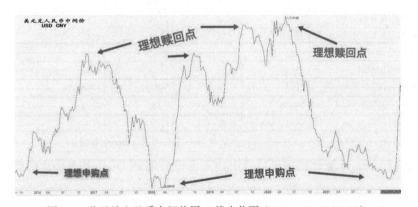

图 6-5 美元兑人民币中间价周 K 线走势图（2015-10—2022-05）

如果证券市场和外汇市场同向波动，就会产生共振，加大波动幅度。比如，股票上涨同时外币升值（人民币贬值），我们持有的 **QDII 基金**净值涨幅就会大于股票涨幅；而股票下跌同时外币贬值（人民币升值），**QDII 基金**净值跌幅就会大于股票跌幅。

而如果证券市场和外汇市场反向波动，就会减弱 **QDII** 基金净值波动幅度。比如，股票上涨的同时外币贬值（人民币升值），**QDII** 基金净值涨幅就会小于股票上涨幅度；而股票下跌的同时外币升值（人民币贬值），**QDII** 基金净值跌幅同样会小于股票跌幅。

2020 年 5 月至 2021 年 5 月，人民币基本上是单边升值，从 2020 年 5 月 28 日 1 美元兑 7.1277 元人民币升值到 2021 年 5 月 28 日的 1 美元兑 6.3858 元人民币，升值幅度达到 11.62%。我们以此时间段来观察人民币升值对 QDII 基金净值的影响。

我选取了跟踪标普 500 指数的 4 只指数基金、跟踪纳斯达克 100 指数的 5 只指数基金和跟踪恒生指数的 2 只指数基金，其中有 3 只美元现汇计价的 QDII 基金。需要说明的是，易方达标普 500 人民币和易方达标普 500 美元现汇，易方达纳斯达克 100 人民币和易方达纳斯达克 100 美元现汇，这 4 只基金为同一基金经理范冰管理；广发纳斯达克 100 人民币和易方达纳斯达克 100 美元现汇这 2 只基金也是由同一基金经理刘杰管理的。

结果见表 6-7。

表 6-7　人民币升值对 QDII 基金净值的影响

QDII 名称	期间净值涨幅/%	期间指数涨幅/%	净值涨幅与指数涨幅差值/%	期间人民币升值幅度/%	跟踪指数名称
易方达标普 500 人民币	22.99	38.76	15.77	11.62	标普 500 指数
易方达标普 500 美元现汇	37.28	38.76	1.48	11.62	
博时标普 500ETF 联接	23.32	38.76	15.44	11.62	
天弘标普 500（QDII-FOF）A	22.09	38.76	16.98	11.62	
易方达纳斯达克 100 人民币	28.28	45.34	17.06	11.62	纳斯达克 100 指数
易方达纳斯达克 100 美元现汇	43.16	45.34	2.18	11.62	
广发纳斯达克 100 指数 A	29.83	45.34	15.51	11.62	
国泰纳斯达克 100 指数	30.08	45.34	15.26	11.62	
广发纳斯达克 100 美元现汇	44.93	45.34	0.41	11.62	
南方恒指数 ETF 联接（LOF）A	16.56	25.90	9.34	11.62	恒生指数
华夏恒生 ETF 联接 A	14.35	25.90	11.55	11.62	

统计时间：2020-05-28—2021-05-28；数据来源：东方财富 Choice 数据。

通过简单的计算和比较可以看出，人民币升值对 QDII 基金净值的影响是巨大的。

（1）人民币计价的所有 QDII 基金，在统计期间净值涨幅都严重落后于指数涨幅，基本上只有指数涨幅的 60% 左右。

（2）跟踪标普 500 指数和纳斯达克 100 指数的 6 只以人民币计价的 QDII 基金，其净值落后幅度都大于同期人民币升值幅度，接近人民币升值幅度的 1.5 倍。

（3）投资标的主要是人民币资产的 2 只恒生指数基金，净值落后幅度与人民币升值幅度大体相当。

（4）由同一基金经理管理的 QDII 基金，以美元计价的份额（表格中标为灰色的部分）不受汇率变动影响，净值涨幅与指数涨幅基本相当。

对于投资标的主要是人民币资产的 QDII 基金，例如恒生指数基金、恒生国企指数基金、恒生科技指数基金、恒生互联网科技业基金和中概互联网基金，汇率变动还会引起一个新的变动维度，就是人民币资产折算成外币资产会随着汇率变动，所以就显得更为复杂。

如果人民币升值，那么主营业务主要在内地的中概互联网公司，比如腾讯，它的营收、净利润等指标换算成美元或港币就会提高；而如果人民币贬值，相应的营收和净利润等指标就会下降。这种变化也会在一定程度上影响证券交易价格。当然，理性投资者更多还是会关注这些公司各种人民币指标的同比变化，所以这种影响相对是比较小的。

可能细心的投资者会注意到，易方达中概互联 50ETF 和交银中证海外中国互联网指数基金，在 2020 年 5 月至 2021 年 5 月期间并没有出现因为人民币大幅升值而造成净值涨幅大幅落后于指数的情况，这是因为这两个指数都是中证指数有限公司编制的，每天在给指数计价的时候都是把外币折算成人民币后计算的，也就是说指数已经反映了人民币汇率变动，它的计价方式与跟踪它们的指数基金的计价方式完全一样，当然就不会出现净值涨幅与指数大幅偏离的情况了。

从短期来看，汇率波动和股票（证券）的变动方向是无法预知的，跟任何权益基金的投资一样，短期投资没有确定性。**我们需要考虑的是长期趋势。**

从长期来看，指数型权益资产在波动中螺旋式上升是毫无疑问的。我们主要考虑，人民币会不会大幅升值，从而"吃掉"QDII 基金的权益涨幅。

从曾经的 GDP 排名"世界老二"的历史看，日元兑美元从 1 美元兑 360 多日元，升值到兑 260 多日元；"广场协议"后一步跳升到兑 120 多日元，前些年曾经升值到 1 美元兑 70 多日元。

人民币这些年其实是大体盯住美元，1 美元兑人民币在 6~8 元波动，近几年总的趋势是升值，但 2022 年 3 月之后又进入了贬值周期。

人民币汇率未来仍然会波动，升升贬贬，在波动中升值，但升值到什么地步，恐怕谁也说不准。

一方面，QDII 基金是跨市场投资的好工具；另一方面，人民币升值对 QDII 基金的影响存在不确定性。我对 QDII 基金是这样考虑的：

（1）再看好，也不要"All in"，以配置的思路持有，以 15%~20%的仓位为宜。

（2）有长期外币需求（以后不需要换回人民币）且当下又持有外币的可以选择

外币计价 QDII 基金。

（3）小心驶得万年船，分散和资产配置是长期投资的必选项。

（4）汇率波动对 QDII 债券型基金影响更大，除非以持有外币（美元）为长期需要，可以投资 QDII 债基外币计价份额，而投资人民币计价的 QDII 债券型基金其实是没有多少意义的。

6.3 货币基金

货币基金也是由基金经理运作、基金托管人保管的一种开放式基金，它主要投资低风险的短期货币市场工具（一般期限在 1 年以内，平均期限 120 天），主要包括：中央政府发行的短期国库券和其他短期债券；地方政府发行的短期债券；银行承兑汇票，包括由商业承兑汇票转化而来的和根据信用证而产生的两种承兑汇票；银行发行的可转让定期存单；商业本票，包括基于合法交易行为所产生的交易性本票和经金融机构保证的融资性本票；商业承兑汇票，等等。

6.3.1 货币基金的概念

与其他类型的开放式基金相比，货币基金具有安全性高、流动性好、收益稳定的特征，具有"准储蓄"的特征。

截至 2022 年一季度末，公募货币基金数量共 344 只（同一货币基金的 A、B、C 份额分开来算，则一共有 709 只），总规模约 10 万亿元，占公募基金总规模 25 万亿元的约 40%。

其中，规模超过 1000 亿元的基金一共 27 只，合计规模 4.54 万亿元；规模超过 500 亿元的基金一共 61 只，合计规模 6.85 万亿元。

此外，规模介于 100 亿~500 亿元的货币基金有 103 只，而规模低于 1 亿元的竟然有 186 只之多。

有意思的是，规模排在前 20% 的 142 只货币基金合计规模高达 8.94 万亿元，占全部货币基金规模的 89.40%，"二八定律"真是无处不在。

规模超过 1000 亿元的货币基金明细，详见表 6-8。

表 6-8 规模超过 1000 亿元的货币基金明细表

基金代码	基金名称	截止日期	资产净值/亿元	现任基金经理	管理公司	成立日期	投资类型
000198.OF	天弘余额宝货币	2022-03-31	7766.72	王登峰、刘莹、王昌俊	天弘基金	2013-05-29	货币市场基金

基金代码	基金名称	截止日期	资产净值/亿元	现任基金经理	管理公司	成立日期	投资类型
000621.OF	易方达现金增利货币 B	2022-03-31	1966.73	石大怿、梁莹	易方达基金	2015-02-05	货币市场基金
004137.OF	博时合惠货币 B	2022-03-31	1830.15	魏桢	博时基金	2017-01-13	货币市场基金
000379.OF	平安日增利货币 A	2022-03-31	1828.01	田元强	平安基金	2013-12-03	货币市场基金
000359.OF	易方达易理财货币 A	2022-03-31	1794.48	石大怿、刘朝阳(休产假)	易方达基金	2013-10-24	货币市场基金
000575.OF	兴全添利宝货币	2022-03-31	1710.90	翟秀华、邓娟	兴证全球基金	2014-02-27	货币市场基金
003281.OF	广发活期宝货币 B	2022-03-31	1618.35	温秀娟(休产假)、任爽	广发基金	2016-09-02	货币市场基金
040038.OF	华安日日鑫货币 A	2022-03-31	1615.71	李邦长、孙丽娜	华安基金	2012-11-26	货币市场基金
000569.OF	鹏华增值宝货币	2022-03-31	1608.98	叶朝明、方莉、张佳蕾	鹏华基金	2014-02-26	货币市场基金
000686.OF	建信嘉薪宝货币 A	2022-03-31	1599.44	于倩倩、陈建良、先轲宇	建信基金	2014-06-17	货币市场基金
050003.OF	博时现金收益货币 A	2022-03-31	1595.66	魏桢	博时基金	2004-01-16	货币市场基金
003474.OF	南方天天利货币 B	2022-03-31	1588.01	夏晨曦、蔡奕奕	南方基金	2016-10-20	货币市场基金
000638.OF	富国钱包货币 A	2022-03-31	1546.69	张波、吴旅忠	富国基金	2014-05-07	货币市场基金
000719.OF	南方现金通 E	2022-03-31	1532.36	夏晨曦、董浩	南方基金	2014-07-02	货币市场基金
511990.OF	华宝现金添益 A	2022-03-31	1518.00	陈昕、高文庆	华宝基金	2012-12-27	货币市场基金
000397.OF	汇添富全额宝货币	2022-03-31	1465.11	徐寅喆	汇添富基金	2013-12-13	货币市场基金
003515.OF	国泰利是宝货币	2022-03-31	1314.86	陶然、丁士恒	国泰基金	2016-12-22	货币市场基金
000343.OF	华夏财富宝货币 A	2022-03-31	1271.53	曲波	华夏基金	2013-10-25	货币市场基金
511880.OF	银华日利 A	2022-03-31	1244.01	王树丽	银华基金	2013-04-01	货币市场基金
000380.OF	景顺长城景益货币 A	2022-03-31	1189.40	陈威霖、米良	景顺长城基金	2013-11-26	货币市场基金
004501.OF	嘉实现金添利货币 A	2022-03-31	1178.50	李曈	嘉实基金	2017-03-29	货币市场基金
010727.OF	建信现金增利货币 B	2022-03-31	1167.44	陈建良、先轲宇、李星佑	建信基金	2020-11-17	货币市场基金
001134.OF	广发天天利货币 E	2022-03-31	1111.12	任爽、周卓熙、曾雪兰(休产假)	广发基金	2015-03-23	货币市场基金
009824.OF	鹏华添利宝货币 B	2022-03-31	1096.63	叶朝明、胡哲妮	鹏华基金	2020-08-14	货币市场基金
003753.OF	工银如意货币 B	2022-03-31	1094.97	王朔	工银瑞信基金	2016-12-23	货币市场基金
001211.OF	中欧滚钱宝货币 A	2022-03-31	1075.22	王慧杰	中欧基金	2015-06-12	货币市场基金
000848.OF	工银添益快线货币	2022-03-31	1062.74	王朔、姚璐伟	工银瑞信基金	2014-10-22	货币市场基金

数据来源：东方财富 Choice 数据。

6.3.2 货币基金 A、B 份额的区别

货币基金 A 份额和 B 份额的区别如下所述。

（1）针对的客户群体不同。A 份额通常针对广大的小额投资者，而 B 份额通常针对大额投资者。

（2）起购门槛不同。A 份额的起购份额通常是 1000 元，也有 100 元甚至 10 元；

B 份额的起购份额通常是 100 万元，也有 30 万元，甚至 10 万元、5 万元。

（3）销售服务费费率不一样。A 份额的销售服务费费率通常是 0.25%，而 B 份额的销售服务费费率可以低至 0.01%。

（4）收益率不同。由于销售服务费费率不同，所以 B 份额的收益率一般都要高一些。

（5）货币基金有时还会推出 C 份额，由于货币基金申购和赎回都免收费用，都在持有期间收取销售服务费，因此与其他开放式基金 C 份额主要用于短期交易的含义是不同的。通常情况下，C 份额应该是与 A、B 份额相比，销售服务费费率结构不同、用于特定目的的产品，其销售服务费费率介于 A 份额和 B 份额之间。

6.3.3 货币基金的规模、收益与风险特征

货币基金的规模通常与基金收益及其稳定性正相关。同等条件下，收益率越高、收益越稳定的基金，越容易获得投资者青睐，规模也会越大。

货币基金的销售渠道和使用场景对货币基金的规模影响巨大。例如，与余额宝和零钱通里挂钩的货币基金在正常享受货币基金较高收益的同时，在一定的限额内可以随时转出使用，作为它们的候选基金规模就容易做得比较大。

货币基金的收益率高于活期存款利率，大部分货币基金的年化收益率甚至略高于五大行的 1 年期定期存款利率，略低于同业存款指数基金收益率和短债基金收益率。

货币基金由于采用"摊余成本法"而不是市值法计算收益，所以货币基金几乎每天都是正收益，持有体验很好。

货币基金合同是这样解释摊余成本法的："计价对象以买入成本列示，按票面利率或协议利率并考虑其买入时的溢价与折价，在剩余存续期内按实际利率法摊销，每日计提损益。"

其他开放式基金是份额固定不变、单位净值累加的，投资者只能依靠基金每年的分红来实现收益。而货币基金只有一种分红方式——红利转投资，货币市场基金每份单位净值始终保持在 1 元，超过 1 元后的收益会按时自动转化为基金份额，拥有多少基金份额即拥有多少资产。

不同货币基金收益率的差别，虽然与不同基金经理的管理能力相关联，但主要取决于管理费费率和销售服务费费率，尤其是销售服务费费率的差别。

货币基金的管理费费率通常是 0.15%，但也有 0.20%以上甚至高达 0.30%的。

销售服务费费率最高的是 0.25%（A 类），最低的是 0.01%（B 类）。

这两项费用相加，最大差距为(0.30–0.15)+(0.25–0.01)=0.39 个百分点。

2022 年 6 月，货币基金收益率已经进入"1"时代，也就是说，货币基金的年化收益率低于 2%了，0.39 个百分点在年化收益率中占比约 20%，意味着费率最高的货币基金收益率相当于打了 8 折。

货币基金投资的货币市场工具，本质上还是期限很短的各种负债，不能说完全没有风险，基金合同通常这样描述它的风险特征："是证券投资基金中的低风险品种，其预期风险和预期收益率低于股票型基金、混合型基金和债券型基金。"

大致上可以这样理解货币基金的风险水平：与银行存款相似，略高于银行存款。

6.3.4 货币基金的选择

基于我们对货币基金规模、收益与风险特征的详尽了解，选择货币基金的方法也很简单。

（1）过往收益率及 7 日预期年化收益率越高越好，剔除起购门槛超过自己投资金额的品种。

（2）过往较高的收益率应该有至少 2~3 年的验证，其间收益率较为稳定，基金经理没有发生变更。

（3）基金规模大一点没关系，不选规模太小，尤其是规模低于 1 亿元的基金。

（4）如果投资金额较大，可以选择 2~3 只符合条件的货币基金买入持有。

6.4 商品基金

作为一种独特的资产类别，大宗商品与股票、债券等资产相关性较弱，通过与股票、债券等大类资产一起构建资产组合，可以在一定程度上平滑波动，从而起到优化资产组合的作用。

与股票、债券等生息资产不同，商品是非生息资产，它最大的作用是在发生严重通货膨胀时对抗通胀。

6.4.1 商品基金的概念

2022 年，欧美等发达国家发生了较为严重的通货膨胀，同年 5 月，美国 CPI（消费者物价指数）同比达 8.50%，为 40 年来的最高点。

所谓"通胀无牛市"，2022 年上半年，全球资本市场一片风声鹤唳，美股和 A 股主流指数跌幅一度超过 30%，商品基金却一枝独秀。2022 年 6 月末，在中国全部公募基金中，近 1 年收益率排在前列的几乎都是以原油为主的商品基金，年化收益率高达 60%左右。

当然，在绝大部分政局稳定、市场机制完善的国家，物价通常都较为稳定，严重通胀通常是几十年一遇的事。由于货币超发等原因，从长期来看，大宗商品的价格总体是趋于上涨的，但也有多年不涨甚至下跌的情形。因此，商品基金虽然具有配置价值，但长期配置比例通常也不能太高，否则会严重拖累整个资产组合的配置效率。

而大宗商品价格通常呈现周期波动的特征，这就使得我们有可能根据对经济周期的分析，在经济过热期和滞胀期适当超配商品，在经济衰退和经济复苏阶段减配商品，实现一定的超额收益。

商品基金一般跟踪各大证券交易所商品指数或商品价格，其底层投资资产通常为期货品种。一般情况下，商品基金在投资比例上都遵从市值匹配的规则，即持有的期货合约市值不超过基金资产净值，通过仓位控制的方式使期货投资无杠杆化。

同时，由于期货合约采用保证金的方式，除应对市场波动的基础保证金外，剩余部分资产还可以投资于包括债券、货币等固定收益领域，以形成一定的额外收益，充当"安全垫"的作用。

6.4.2 主要的商品基金品种

不同的大宗商品，价格波动周期和波动幅度也是大不相同的，这就决定了不同的商品基金，其风险收益率特征也各不相同。

从投资标的所属区域来看，商品基金分为投资国内商品的商品基金和投资海外商品的 QDII 商品基金。

从具体的投资标的来看，商品基金又分为投资单一大宗商品的黄金基金、白银基金、有色金属基金、原油基金、农产品基金、化工产品基金等，以及投资多种商品的综合商品基金。

总体来看，商品基金在我国还属于小众基金产品，除黄金和原油基金外，其他商品基金目前仅有饲料豆粕、有色金属和能源化工三大品类。

1. 黄金基金和白银基金

作为一种国际储备和结算货币，同时作为一种特殊商品，黄金具有重要的避险和保值功能。在所有商品型基金中，黄金是公众知晓度是最高的，跟踪的基金数量和规模也最大。

我们通常都爱说"真金白银"，从公众知晓度来看，白银是仅次于黄金的贵金属，也是被公认的具有保值功能的一个投资品种。

关于黄金基金和白银基金，将在 6.5 节详述。

2. 有色金属基金

有色金属商品基金跟踪有色金属价格指数，还有一类跟踪有色金属行业股票指数的主题基金虽然不属于商品基金，但与商品基金相关性较高，也在本节一起讨论。

3. 原油基金

目前已有的原油基金跟踪国际原油商品价格指数或国际原油价格收益率，因此都属于 QDII 基金中的另类投资基金（商品基金）。

4. 农产品基金和化工产品基金

农产品基金目前仅有华夏基金于 2009 年 9 月 24 日设立的饲料豆粕期货 ETF 及其联接基金，以大连商品交易所豆粕期货价格指数收益率为比较基准。该 ETF 自成立以来，2020 年、2021 年分别实现 26.77%、–2.22% 的年化收益率，截至 2022 年 6 月 29 日，收益率为 25.43%。

而化工产品基金则是建信基金于 2019 年 12 月 23 日设立的建信易盛郑商所能源化工期货 ETF 及其联接基金，以易盛郑商所能源化工指数 A 收益率为业绩比较基准。该 ETF 自成立以来，2020 年、2021 年分别实现–0.84%、44.35% 的年化收益率，截至 2022 年 6 月 29 日，收益率为 14.97%。

应该说赶上了大的商品上涨周期，两个商品基金自成立以来的收益还是不错的。

表 6-9 为现有农产品基金和化工产品基金明细表。

表 6-9　现有农产品基金和化工产品基金明细表

基金代码	基金名称	截止日期	资产净值/亿元	现任基金经理	管理公司	成立日期	比较基准	基金类型
008828.OF	建信易盛郑商所能源化工期货 ETF 联接 C	2022-03-31	5.06	朱金钰	建信基金	2020-10-16	易盛郑商所能源化工指数 A 收益率×95%+银行活期存款税后收益率×5%	商品型基金
008827.OF	建信易盛郑商所能源化工期货 ETF 联接 A	2022-03-31	5.06	朱金钰	建信基金	2020-10-16	易盛郑商所能源化工指数 A 收益率×95%+银行活期存款税后收益率×5%	商品型基金
159981.OF	建信易盛郑商所能源化工期货 ETF	2022-03-31	5.47	朱金钰	建信基金	2019-12-13	易盛郑商所能源化工指数 A 收益率	商品型基金
007938.OF	华夏饲料豆粕期货 ETF 联接 C	2022-03-31	2.01	荣膺	华夏基金	2020-01-13	大连商品交易所豆粕期货价格指数收益率×95%+人民币活期存款税后利率×5%	商品型基金
007937.OF	华夏饲料豆粕期货 ETF 联接 A	2022-03-31	2.01	荣膺	华夏基金	2020-01-13	大连商品交易所豆粕期货价格指数收益率×95%+人民币活期存款税后利率×5%	商品型基金

基金代码	基金名称	截止日期	资产净值/亿元	现任基金经理	管理公司	成立日期	比较基准	基金类型
159985.OF	华夏饲料豆粕期货ETF	2022-03-31	3.70	荣膺	华夏基金	2019-09-24	大连商品交易所豆粕期货价格指数收益率	商品型基金

数据来源：东方财富 Choice 数据。

5. 综合商品基金

目前仅有的 4 只综合商品基金银华抗通胀主题、信诚全球商品主题、国泰大宗商品和博时抗通胀增强回报都是 QDII 基金，而且是投资海外多只、多类型商品基金的 FOF，详见表 6-10。

表 6-10　目前仅有的 4 只综合商品基金明细表

基金代码	基金名称	截止日期	资产净值/亿元	现任基金经理	管理公司	成立日期	比较基准	基金类型
160216.OF	国泰大宗商品（QDII-LOF）	2022-03-31	8.27	朱丹	国泰基金	2012-05-03	国泰大宗商品配置指数（全收益指数）	QDII-另类投资基金
160723.OF	嘉实原油（QDII-LOF）	2022-03-31	2.15	蒋一茜	嘉实基金	2017-04-20	100%WTI 原油价格收益率	QDII-另类投资基金
161815.OF	银华抗通胀主题（QDII-FOF-LOF）	2022-03-31	2.11	李宜璇、陈悦	银华基金	2010-12-06	标普高盛商品总指数收益率	QDII-另类投资基金
165513.OF	信诚全球商品主题（QDII-FOF-LOF）	2022-03-31	2.12	顾凡丁	中信保诚基金	2011-12-20	标普高盛商品总收益指数	QDII-另类投资基金
050020.OF	博时抗通胀增强回报（QDII-FOF）	2022-03-31	0.49	杨涛	博时基金	2011-04-25	标普高盛贵金属类总收益指数×20%+标普高盛农产品总收益指数×30%+标普高盛能源类总收益指数×20%+巴克莱美国通胀保护债券指数×30%	QDII-另类投资基金

数据来源：东方财富 Choice 数据。

它们按一定的比例投资原油基金、黄金基金、农产品基金、金属基金等子基金，来获取超越比较基准的年化收益率。

其中银华抗通胀主题和信诚全球商品主题的业绩比较基准是高盛商品指数（GSCI），该指数包括 24 种商品：6 种能源产品、5 种工业金属、8 种农产品、3 种畜牧产品和 2 种贵金属。每种商品的权重每年调整一次。它最显著的特点是其对能源价格赋予很高的权重，能源行业占了该指数 75% 的权重。所以银华抗通胀主题和信诚全球商品主题虽然也是综合类商品基金，但也大体等同于原油基金了。

这 4 只基金都成立于 2010—2011 年，至今都超过了 10 年。4 只基金的初始单位净值都为 1 元，10 多年过去了，截至 2022 年 6 月 29 日，银华抗通胀主题、信诚全球商品主题、国泰大宗商品和博时抗通胀增强回报的单位累计净值分别是 0.7830

基金投资全攻略：养只金基下金蛋

元、0.6340 元、0.5040 元和 0.4170 元。

这还是在刚刚经历了一轮商品大牛市的情况下的累计收益，如果从一开始就持有它们，最好的 1 只累计亏损 21.70%，最差的 1 只直接"膝盖斩"。可见，仅从 2010 年以来的 10 多年来看，此类商品基金是起不到抗通胀和保值作用的。投资此类商品基金有难度，至少不适合傻傻持有。

6.4.3　有色金属基金

有色金属又称非铁金属，是除铁、锰、铬外所有金属的统称。它又可细分为贵金属（如金、银、铂等）、基础金属（如铜、铝、铅、锌、锡、镁等）和稀有金属（小金属，如钨、钼、锂、钴、铀、稀土等）。

有色金属是国民经济发展的基础材料，也是世界上重要的战略物资。由于它主要处于上游行业，投资周期长而产量增长缓慢，因而具有强周期特征。（经济周期是如何产生的，可以参看本书附录 B "美林时钟、经济周期与基金投资"。）

有色金属基金有两类：一类是有色金属商品基金，另一类是有色金属行业股票主题指数基金。

1. 投资有色金属商品基金或主题基金的一般方法

投资强周期行业只能用经济周期分析的方法，一般都适合在景气低点布局，在景气顶点退出。强周期行业不适用 PE 估值，景气低点往往有色金属商品价格最低、利润最薄、行业 PE 最高，而景气顶点又是有色金属价格最好、赢利最高、行业 PE 最低的时点。

可以类比且便于我们理解有色金属投资逻辑的，应该就是我们最熟悉、与我们日常生活关系最密切的养猪这个细分行业了：很多不明就里的投资者在猪价最高、养猪企业赢利最好的时点投资养猪企业，结果当然是"站在山顶上，吃了个大瘪"。

2. 根据经济周期投资有色金属基金的具体要点

（1）用传统美林时钟周期分析法：衰退、复苏、过热、滞胀四周期中，在经济衰退转经济复苏时布局，在经济过热转滞胀时退出。

判断四阶段的指标如下。

衰退：GDP 下行+CPI 下行。

复苏：GDP 上行+CPI 下行。

过热：GDP 上行+CPI 上行。

滞胀：GDP 下行+CPI 上行。

GDP 统计公布较为滞后，我国 CPI 中猪肉权重过高，有点失真。可以考虑用先行指标 PMI（采购经理人指数）代替 GDP 指标，经济下行中 PMI 出现明显上行拐点则可大体判断衰退转复苏，经济过热时 PMI 出现明显下行拐点则可大体判断过热转滞胀。

（2）铜价和 PPI 双指标判断。

铜是基础金属中的基础金属，被称为"有经济学博士学位的金属"，铜价是经济周期中最可靠的先行指标。

经济下行时，铜价（伦铜和上海证券交易所主力铜）开始拐头向上，此时可以开始密切观察，并尝试建立极小观察仓位。如果 PPI 开始拐头向上，就逐步加重仓位。

经济过热时，铜价开始拐头向下（比如 2021 年 5 月），进入密切观察；如果 PPI 开始拐头向下（2021 年 6 月），就逐步退出。

我自己更习惯于用第二个方法，利用铜价和 PPI 指标确定进退。这样做是在不确定的投资中尽量寻找确定性，能"抓到"一段不错的利润，同时避免高位"站岗吃瘪"。

这一方法的缺点是有色金属商品价格到顶之后，行业股票指数行情往往还会再持续一段时间（历史经验），如果投资行业股票指数这样做，就可能退出过早，从而错失最后一段丰厚的利润。趋势投资者可以不马上退出，而是启动止盈保护，最高点下杀 5%~10% 止盈（下杀多少不重要，重要的是遵循一种纪律）。

我的基本观点是安全地赚到钱，而不是赚到所有的钱。

3. 碳中和与新能源汽车的巨大发展有可能改变有色金属的强周期属性吗

（1）锂、钴等小金属。

受益于新能源汽车行业未来数年的高景气度，锂、钴等新能源汽车电池上游的小金属（稀有金属）有可能在未来数年中不再具有强周期特征，而会持续处于景气之中。

（2）铜等基础金属。

目前有一种观点认为，碳中和对铜的需求变化非常大，风电会带来大量的铜需求，太阳能电站也会带来大量铜线的需求，一辆电动汽车的用铜量是传统汽车用铜量的近 10 倍，而电动汽车的出现会导致充电桩数量的提升，这也将带来铜需求的增长。

这会不会打破基础金属铜的强周期属性从而出现持续景气呢？没有详细的供求数据做支撑，我不能断然否定，但也不能完全肯定。

（3）稀有小金属由于储量和产能有限，新能源汽车电池新增持续而巨大的需求是有可能打破原来的强周期特征，进入持续景气的。

如果稀有小金属持续景气，会对有色金属主题基金产生多大影响呢？为此，我对国证有色金属指数（代码399395）截至2021年6月30日的成分股里小金属的总权重做了一个统计分析，详见表6-11。

表6-11　国证有色金属指数成分股及权重分布

紫金矿业 14.40%	江西铜业 2.20%	云南铜业 1.38%	有研新材 0.86%	白银有色 0.58%
赣锋锂业 9.92%	中金黄金 2.19%	驰宏锌锗 1.30%	海亮股份 0.86%	金钼股份 0.56%
华友钴业 9.59%	云铝股份 2.17%	五矿稀土 1.21%	中科三环 0.84%	广晟有色 0.55%
北方稀土 4.42%	西部矿业 2.13%	中金岭南 1.13%	西藏珠峰 0.70%	金田铜业 0.53%
格林美 4.25%	铜陵有色 1.94%	神火股份 1.11%	兴业矿业 0.68%	焦作万方 0.49%
洛阳钼业 3.86%	赤峰黄金 1.84%	明泰铝业 1.09%	楚江新材 0.67%	正海磁材 0.47%
中国铝业 3.55	寒锐钴业 1.73%	宝钛股份 0.93%	东阳光 0.67%	盛达资源 0.47%
山东黄金 3.29%	厦门钨业 1.65%	金力永磁 0.93%	中色股份 0.66%	鄂尔多斯 0.44%
南山铝业 2.70%	银泰黄金 1.58%	贵研铂业 0.90%	恒邦股份 0.66%	安宁股份 0.39%
盛和资源 2.21%	锡业股份 1.57%	攀钢钒钛 0.87%	湖南黄金 0.60%	国城矿业 0.38%
贵金属+基础金属权重 55.15%；小金属 44.85%				

统计日期：2022年6月30日。数据来源：东方财富Choice数据。

需要说明的是，我只是把50只成分股中属于贵金属和基础金属的37家公司用不同颜色的背景标示出来，剩下17只成分股就默认为稀有小金属，这样粗略统计下来，稀有小金属在国证有色金属指数中权重为44.85%，接近一半。

此外，好多有色金属矿属于复合矿，有的基础金属矿里同样含有小金属，所以灰底的基础金属公司中，还有一些在"核心题材"一项中依然有"小金属""稀有金属""特斯拉"等概念的成分股。如果将这些都计算进去，那么"稀有小金属"在国证有色金属指数的权重就更大了。

除了国证有色金属指数，还有中证系列的几个有色金属指数，其成分股都大同小异。所以国证有色金属指数的小金属权重基本上是可以代表所有有色金属行业股票指数的。

（4）在有色金属指数中几乎具有一半权重的稀有小金属，再加上具有"小金属概念"的基础金属，有色金属指数在很大程度上就与新能源电池主题拟合了。这也解释了有色金属主题基金会跟随新能源汽车主题涨跌的原因。

（5）不管小金属和基础金属能不能改变强周期属性进入持续景气，如果股价已经充分或过度反映了预期，那么有色金属主题基金的行情，在大幅上涨后都可能出现震荡下跌，甚至大幅下跌，然后再继续盘升的特征。投资中的中短期风险值得认真考虑。

4. 有色金属商品指数与股票主题指数的对比

我们再来看看中证有色金属期货成分指数（有色 CFI）与中证有色金属（股票）指数近 5 年的对比图（如图 6-6 所示）。

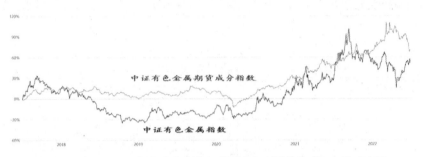

图 6-6 中证有色金属期货成分指数与中证有色金属指数近 5 年的对比图

（1）中证有色金属（股票）指数与中证有色金属期货成分指数的风险收益特征差别较大。

前者是行业股票指数，后者是商品指数。

前者容纳了贵金属、基础金属和小金属细分行业股票；后者成分构成则是上海期货交易所上市的主要的基础有色金属产品期货，目前就 6 种：铜、铝、镍、铅、锌和锡。

从中证指数官网 2022 年 6 月 30 日统计的近 1 个月、近 3 个月的收益率和近 1 年、近 3 年的年化收益率来看，有色金属行业股票指数要高不少。但是放到 5 年的维度中，商品指数的年化收益率更高，达到 11.39%，而行业股票指数近 5 年的年化收益率只有 9.22%，商品指数比行业股票指数的年化收益率高至少 2% 以上。

（2）如图 6-6 所示，虽然行业股票指数近 5 年的年化收益率低于商品指数，但波动幅度却远大于商品指数。

行业股票指数近 5 年的最大回撤超过 50%，而商品指数的最大回撤约 24%，不到行业股票指数最大回撤的一半。

仅从近 5 年的数据看，商品指数的投资价值应该是高于行业股票指数的。但因为行业股票指数近期涨幅要大得多，所以行业股票指数基金更受追捧，而商品指数基金备受冷落。

大成有色金属期货 ETF（联接）是目前唯一的有色金属商品基金。它跟踪的是基础金属，没有小金属，跟新能源电池基本不沾边，这就可能导致后期业绩平庸。从指数前 5 年的表现看业绩还不错，此外它最大的好处是波动远小于行业股票指数，进行大类资产配置的投资者出于稳健的需要可以把它纳入考虑范围。

由于新能源汽车对有色金属产生了新的需求，所以有人认为，有色金属可能会有一个长达 10 年的景气周期，但未来到底如何，目前尚无法准确预判。

6.4.4 原油基金

目前的原油基金全部是投资海外原油子基金的 FOF 型基金。除了易方达原油、南方原油、嘉实原油，国泰大宗商品、银华抗通胀主题和信诚全球商品主题这 3 只综合商品基金因为原油子基金持仓超过 75%，我也把它们同时列在原油基金里了。

相关基金明细详见表 6-12。

表 6-12　部分原油基金明细表

基金代码	基金名称	截止日期	资产净值/亿元	现任基金经理	管理公司	成立日期	比较基准	基金类型
003321.OF	易方达原油 C 类人民币（QDII-LOF-FOF）	2022-03-31	0.63	FAN BING（范冰）、周宇	易方达基金	2016-12-19	标普高盛原油商品指数（S&P GSCI Crude Oil Index ER）收益率	QDII-另类投资基金
161129.OF	易方达原油 A 类人民币（QDII-LOF-FOF）	2022-03-31	1.27	FAN BING（范冰）、周宇	易方达基金	2016-12-19	标普高盛原油商品指数（S&P GSCI Crude Oil Index ER）收益率	QDII-另类投资基金
003323.OF	易方达原油 C 类美元汇（QDII-LOF-FOF）	2022-03-31	0.63	FAN BING（范冰）、周宇	易方达基金	2016-12-19	标普高盛原油商品指数（S&P GSCI Crude Oil Index ER）收益率	QDII-另类投资基金
003322.OF	易方达原油 A 类美元汇（QDII-LOF-FOF）	2022-03-31	1.27	FAN BING（范冰）、周宇	易方达基金	2016-12-19	标普高盛原油商品指数（S&P GSCI Crude Oil Index ER）收益率	QDII-另类投资基金
006476.OF	南方原油（QDII-FOF-LOF）C	2022-03-31	0.64	张其思	南方基金	2018-10-08	60%WTI 原油价格收益率 + 40%BRENT 原油价格收益率	QDII-另类投资基金
501018.OF	南方原油（QDII-FOF-LOF）A	2022-03-31	3.76	张其思	南方基金	2016-06-15	60%WTI 原油价格收益率 + 40%BRENT 原油价格收益率	QDII-另类投资基金
160723.OF	嘉实原油（QDII-LOF）	2022-03-31	2.15	蒋一茜	嘉实基金	2017-04-20	100%WTI 原油价格收益率	QDII-另类投资基金
160216.OF	国泰大宗商品（QDII-LOF）	2022-03-31	8.27	朱丹	国泰基金	2012-05-03	国泰大宗商品配置指数（全收益指数）	QDII-另类投资基金
161815.OF	银华抗通胀主题（QDII-FOF-LOF）	2022-03-31	2.11	李宜璇、陈悦	银华基金	2010-12-06	标普高盛商品总指数收益率	QDII-另类投资基金
165513.OF	信诚全球商品主题（QDII-FOF-LOF）	2022-03-31	2.12	顾凡丁	中信保诚基金	2011-12-20	标准普尔高盛商品总收益指数	QDII-另类投资基金

数据来源：东方财富 Choice 数据。

此类原油基金有几个特点。

（1）母基金和子基金管理费双重收取，长期损耗不容忽视。

（2）QDII 基金净值还会受到汇率波动的影响，人民币若升值，则此类原油基金人民币份额的收益会缩水。

（3）原油 QDII 基金有一个损耗也不小，那就是子基金原油期货多头持仓的移仓，也就是多头持仓到期之前要换仓到新的合约上去，而商品期货天然升水（期限更远的合约更贵）。商品期货升水的道理很简单，因为商品有仓储成本，如果你要在未来通过期货获得实物，那么就省去了仓储成本和提前购买实物资金占用的成本。

所以每移仓一次就有一次损耗。我们看到原油价格涨起来了，但原油基金的涨幅落后不少。也就是说，对于在40美元左右买的原油 QDII 基金，等原油重新涨回到40美元的时候，你会发现它可能还远远没有回本，需要等到原油达到50美元甚至更高才能实现盈亏平衡。

1. 原油价格大幅波动是常态

原油是与我们生产生活最息息相关的大宗商品之一，却也是价格波动最大的大宗商品。

2020年4月原油负值交割的"奇迹"令人记忆犹新，此后一路上涨：2020年年底布伦特原油价格突破50美元；2021年继续高歌猛进，10月突破80美元之后略有调整；进入2022年后继续强势上行，2月突破了90美元大关。

2022年2月23日突发的俄乌冲突给不断上涨的原油加了一把火，布伦特原油价格短短几天连续冲破100美元和110美元大关。

情绪真是一个莫名其妙的东西，原油负值交割时，人们悲观到极点；而原油的不断大涨却让人情绪亢奋、蜂拥而上。

2022年3月2日，嘉实原油（QDII-LOF）和易方达原油（QDII-LOF）收盘价相较上日净值分别溢价10.63%和9.42%。

原油基金交易再次出现亢奋。通常原油的这种大涨会有一段趋势性行情，但从过往历史来看原油很难长期维持高位。

2. 从原油供需基本面看原油价格走势

我们来看全球石油储量及供求基本面。

（1）根据 BP 公司发布的《BP 世界能源统计年鉴 2021》数据，2012—2020 年，全球石油探明储量整体呈上升趋势，但整体储量变化并不明显。

2020年，全球石油探明储量为 1.7324 万亿桶，与 2012 年相比上升了 2.81%。

2020年，全球静态储产比为 53.70，相当于如果没有新的探明储量还可以开采53.70年。

作为不可再生资源，一边开采、一边勘探，这么多年来并没出现探明储量下降整体储量反而微升的局面，总体来说储量较为充足。

（2）2020年全球石油产量 8839.10 万桶/天，全年产量大约 322.62 亿桶，近 10

年石油产量年均增幅为 0.61%。

2020 年全球石油消费为 8847.70 万桶/天，全年消费 322.94 亿桶，近 10 年年均增长 0.20%。

从供需情况来看，全球生产增速高于消费增速，总体能够实现供需平衡。

（3）据 EIA（美国能源信息署）原油供需数据，2021 年全球原油市场总供给 9559 万桶/天，总需求为 9690 万桶/天，供需缺口达到 131 万桶/天。

这是 2021 年以来油价持续上涨的主因，同时也是 2020 年油价持续下降后各产油国达成限产协议主动减产的结果。

（4）2022 年，随着 OPEC（石油输出国组织）增产和美国产量逐渐恢复，以及需求增速减缓，全球原油供需缺口将会收窄并转向宽松。

根据 EIA 对全球原油供需的预测，2022 年原油产量预计增至 1.0093 亿桶/天，原油需求预计增至 1.0046 亿桶/天，2022 年全球原油供给过剩约达 470 万桶/天。

在通胀压力不断增加的情况下，美联储缩表和加息动作将使流动性持续收紧，原油金融溢价将有所回落。

叠加原油基本面边际转弱预期，2022 年油价运行中枢存在下行预期。

2022 年突发的俄乌战争等地缘政治变化短期改变了原油供给格局，EIA 提出的 2022 年"油价中枢存在下行预期"的预测并没有成为现实。

但原油的长期供需格局应该不会因为偶发事件而改变。

（5）中长期视角，在碳中和背景下，化石能源需求将不断降低，新能源、清洁能源替代是大趋势，因而原油供需基本面转弱，油价下行可能是大趋势。

但需求替代仍需要相当长一段时间来兑现，如果供给端减量过快，短期也可能出现阶段性供需失衡的局面，从而推升油价。

所以，原油价格仍然存在大起大落的、无规律的周期循环。

（6）突发的地缘冲突可能会加剧供需失衡局面，对油价造成短期扰动，但并不会从根本上改变全球原油供需基本面。

综上所述，原油供需基本面不支持原油价格长期走强，也不支持原油价格长期维持在高位运行。

我们来看看 2013—2022 年的布伦特原油价格走势图，如图 6-7 所示。

如前所述，虽然油价中短期走势与全球美元流动性高度相关，存在金融折溢价问题，但油价的长期走势受控于供需基本面：近 10 年的产量平均增速为 0.61%，大于消费平均增速 0.20%。

所以，从 2013 年以来，一直到 2020 年 4 月，油价实际上是处于长期下降通道里的。

图 6-7　2013—2022 年布伦特原油价格走势图

3. 从原油基金过往收益率表现看原油基金如何投资

以 2022 年 6 月 29 日作为统计终点，2011 年成立的银华抗通胀主题和信诚全球商品主题（业绩比较基准标普商品指数原油占比 75%），2012 年成立的国泰大宗商品（业绩比较基准国泰大宗商品配置指数未查到原油占比，但基金在 2022 年一季报披露的子基金中原油基金占比超过 90%），超过 10 年了仍然亏损严重，2020 年 4 月的时候更是亏损超过 50%。（本节原油基金相关数据全部来源于东方财富 Choice 数据。）

2016 年成立的原油基金易方达原油和南方原油赢利超过了 30%，但在 2021 年年底仍然还是亏损的。

而 2017 年成立的嘉实原油稍好一些，成立以来的赢利达到了 63.21%，如果扣除 2022 年以来的涨幅 58.35%（截至 6 月 29 日），截至 2021 年年底的赢利也就所剩无几了。

无论是投资于 2011 年和 2012 年，还是投资于 2016 年和 2017 年，想要实现赢利都没那么容易。

以主要投资原油子基金的国泰大宗商品为例，2012 年 5 月 3 日成立时，布伦特原油价格为 116.08 美元，基金成立时净值为 1 元；到了 2022 年 3 月 4 日，布伦特原油价格为 118.05 美元，为初始成立时的 101.70%，但国泰大宗商品 2022 年 3 月 4 日的累计单位净值为 0.4480，仅为初始净值的 44.80%。

简单比较就知道，国泰大宗商品的损耗超过了净值的一半多，合约移仓和基金管理费的长期损耗及人民币长期升值带来的负面影响，由此可见一斑。

过去有一种观点认为，北美页岩油的开采成本大约为 50 美元，这也是业界公认的油价盈亏线，所以油价不太可能长期停留在 50 美元以下。

换言之，油价低于 50 美元就可以抄底。

但现在看来，如果用我们现有的 QDII 基金产品抄底，这个确定性是不够的。

一方面，有移仓损耗；另一方面，有外汇额度不够导致限购甚至停止申购，因此低位买不够仓位的问题。

这样看来比较安全的"抄底"原油的时机应该在 40 美元以下，而且一定以半年左右的定投周期来给这种"抄底"上个保险。

但是，如果考虑国家乃至全世界的双碳目标对未来原油需求的影响，那么前面的抄底逻辑可能也要与时俱进，等油价真到了 40 美元时，可能还得斟酌斟酌。

6.4.5 大宗商品股票指数基金

中证大宗商品股票指数（代码 000979）从中证 800 指数的样本中选取总市值最大的 100 只大宗商品类上市公司证券作为指数样本，所有样本等权重，2022 年 5 月成分股平均总市值为 678 亿元。

上证大宗商品股票指数（代码 000066）选取上海证券交易所中规模大、流动性好的大宗商品生产类公司证券作为指数样本，单个样本权重上限为 5%，2022 年 5 月成分股平均总市值 935 亿元。

2022 年 6 月 30 日，这两个大宗商品股票指数的行业构成如下。

中证大宗商品股票指数（申万一级）： 有色金属 30.64%、基础化工 17.93%、钢铁 17.58%、煤炭 10.69%、农林牧渔 10.16%、石油石化 5.92%、医药生物 2.12%、轻工制造 1.97%、其他 1.96% 和建筑材料 1.02%。

上证大宗商品股票指数（申万一级）： 有色金属 34.17%、煤炭 24.06%、基础化工 16.60%、钢铁 13.61%、石油石化 5.79%、建筑材料 2.04%、其他 1.92% 和农林牧渔 1.81%。

中证大宗商品股票指数（申万二级）： 工业金属 11.40%、煤炭开采 10.69%、普钢 9.65%、化学原料 8.98%、小金属 8.41%、农化制品 7.07%、炼化及贸易 5.92%、能源金属 5.55%、贵金属 5.29%、养殖业 4.49%、特钢 4.09%、冶钢原料 3.85%、化学制药 2.12%、饮料 2%、造纸 1.97%、其他 1.96%、化学制品 1.88%、种植业 1.84%、农产品加工 1.83% 和玻璃玻纤 1.02%。

上证大宗商品股票指数（申万二级）： 煤炭开采 22.08%、工业金属 13.64%、化学原料 10.45%、小金属 10.24%、农化制品 6.15%、贵金属 6.06%、普钢 5.88%、炼化及贸易 5.79%、冶钢原料 5.63%、能源金属 4.22%、特钢 2.10%、玻璃玻纤 2.04%、焦炭 1.98% 和种植业 1.81%。

2022 年 6 月 30 日，中证大宗商品股票指数和上证大宗商品股票指数近 3 年的年化收益率分别为 15.13% 和 21.74%，近 5 年的年化收益率分别为 6.81% 和 11.23%。

上证明显好于中证，主要原因是上证大宗商品股票指数中煤炭占比更高，而煤炭近1年表现非常强势。

从10年维度看两个大宗商品股票全收益指数的收益率，具体情况如下。

2012年7月1日至2022年6月30日，中证大宗商品股票全收益指数和上证大宗商品股票全收益指数的累计收益率分别是75.17%和61.16%，年化收益率分别是5.77%和4.89%。

这两个商品股票全收益指数的累计收益率远低于同期沪深300全收益指数的124.96%，这还只是在近2年商品指数牛市、沪深300指数相对熊市的情况下的收益对比。

我们来看看中证大宗商品股票指数与沪深300指数的走势对比图，如图6-8所示。

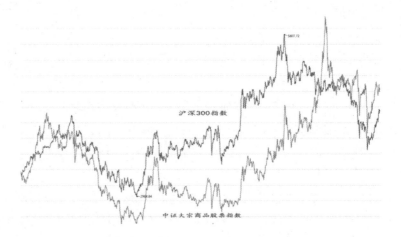

图6-8　中证大宗商品股票指数与沪深300指数走势对比（2017—2022年）

图6-8中可见，商品股票指数与大盘大部分时间齐涨共跌，但涨跌周期也是有所不同的。这也为商品股票指数与大盘指数轮动和动态配置提供了可能。

跟踪以上两个大宗商品股票指数的基金明细，详见表6-13。

表6-13　中证大宗商品股票指数和上证大宗商品股票指数跟踪基金明细表

基金代码	基金名称	成立日	基金规模/亿元	管理费费率/%	基金经理	基金公司	基金类型
161715.SZ	招商中证大宗商品股票指数（LOF）	2012-06-28	2.25	1.00	侯昊、邓童	招商基金	被动指数型
510170.SH	国联安上证商品ETF	2010-11-26	2.22	0.60	黄欣	国联安基金	被动指数型
257060.OF	国联安上证商品ETF联接A	2010-12-01	1.45	0.60	黄欣	国联安基金	被动指数型
015577.OF	国联安上证商品ETF联接C	2022-05-13	—	0.60	黄欣	国联安基金	被动指数型

基金规模数据截至2022年一季度末，数据来源：东方财富Choice数据。

6.5 黄金基金和白银基金

6.5.1 黄金基金和白银基金的种类和特点

黄金和白银都是既有金融属性又有工业属性的贵金属，而主要因为金融属性广受投资者关注。当然投资者对白银的关注度比对黄金的要低得多的，截至 2022 年 6 月末，市场上仅有 1 只以上海期货交易所白银期货主力合约收益率为业绩比较基准的主动管理型商品基金，而黄金基金则多达 49 只（含 A、C 份额）。

目前的黄金基金有三大类：第一类是跟踪国内黄金价格的黄金 ETF；第二类是投资海外黄金 ETF 的 FOF 基金，以伦敦金经汇率调整后的价格收益率为比较基准；第三类是 50%资产投资海外黄金 ETF、50%资产投资海外黄金矿业股票指数基金的准商品型 FOF 基金。后两类同时还属于 QDII 基金。

规模大于 1 亿元的各类黄金基金及白银基金明细，详见表 6-14。

表 6-14　规模大于 1 亿元的各类黄金基金及白银基金明细表

基金代码	基金名称	截止日期	资产净值/亿元	是否合并数据	现任基金经理	管理公司	成立日期	投资类型
159937.OF	博时黄金 ETF	2022-03-31	64.8076	否	赵云阳、王祥	博时基金	2014-08-13	商品型基金
002610.OF	博时黄金 ETF 联接 A	2022-03-31	62.8594	是	赵云阳、王祥	博时基金	2016-05-27	商品型基金
002611.OF	博时黄金 ETF 联接 C	2022-03-31	62.8594	是	赵云阳、王祥	博时基金	2016-05-27	商品型基金
000930.OF	博时黄金 I	2022-03-31	3.9413	否	赵云阳、王祥	博时基金	2014-12-18	商品型基金
159833.OF	大成上海金 ETF	2022-03-22	2.1244	否	李绍	大成基金	2022-03-18	商品型基金
518680.OF	富国上海金 ETF	2022-03-31	1.4854	否	王乐乐	富国基金	2020-07-06	商品型基金
518660.OF	工银瑞信黄金 ETF	2022-03-31	1.0291	否	赵栩	工银瑞信基金	2020-04-24	商品型基金
518600.OF	广发上海金 ETF	2022-03-31	1.4459	否	霍华明	广发基金	2020-07-08	商品型基金
518800.OF	国泰黄金 ETF	2022-03-31	6.2554	否	艾小军	国泰基金	2013-07-18	商品型基金
000218.OF	国泰黄金 ETF 联接 A	2022-03-31	2.9055	是	艾小军	国泰基金	2016-04-13	商品型基金
004253.OF	国泰黄金 ETF 联接 C	2022-03-31	2.9055	是	艾小军	国泰基金	2017-05-02	商品型基金
518880.OF	华安黄金易 ETF	2022-03-31	116.7613	否	许之彦	华安基金	2013-07-18	商品型基金
000216.OF	华安黄金易 ETF 联接 A	2022-03-31	59.7866	是	许之彦	华安基金	2013-08-22	商品型基金
000217.OF	华安黄金易 ETF 联接 C	2022-03-31	59.7866	是	许之彦	华安基金	2013-08-22	商品型基金
518850.OF	华夏黄金 ETF	2022-03-31	1.6461	否	荣膺	华夏基金	2020-04-13	商品型基金
008701.OF	华夏黄金 ETF 联接 A	2022-03-31	1.3426	是	荣膺	华夏基金	2020-07-16	商品型基金
008702.OF	华夏黄金 ETF 联接 C	2022-03-31	1.3426	是	荣膺	华夏基金	2020-07-16	商品型基金
159831.OF	嘉实上海金 ETF	2022-03-29	3.6977	否	李直、张钟玉	嘉实基金	2022-03-23	商品型基金
159834.OF	南方上海金 ETF	2022-03-09	4.6507	否	龚涛、孙伟	南方基金	2022-03-03	商品型基金
159832.OF	平安上海金 ETF	2022-03-11	2.3666	否	成钧、钱晶	平安基金	2022-03-02	商品型基金
159934.OF	易方达黄金 ETF	2022-03-31	40.4092	否	FAN BING（范冰）	易方达基金	2013-11-29	商品型基金
000307.OF	易方达黄金 ETF 联接 A	2022-03-31	35.6120	是	FAN BING（范冰）	易方达基金	2016-05-26	商品型基金

基金代码	基金名称	截止日期	资产净值/亿元	是否合并数据	现任基金经理	管理公司	成立日期	投资类型
002963.OF	易方达黄金 ETF 联接 C	2022-03-31	35.6120	是	FAN BING（范冰）	易方达基金	2016-07-01	商品型基金
161116.OF	易方达黄金主题（QDII-LOF-FOF）人民币 A	2022-03-31	1.6207	是	周宇	易方达基金	2011-05-06	QDII-另类投资基金
007977.OF	易方达黄金主题（QDII-LOF-FOF）美元现汇 A	2022-03-31	1.6207	是	周宇	易方达基金	2019-10-11	QDII-另类投资基金
320013.OF	诺安全球黄金（QDII-FOF）	2022-03-31	2.8027	否	宋青	诺安基金	2011-01-13	QDII-另类投资基金
160719.OF	嘉实黄金（QDII-FOF-LOF）	2022-03-31	1.2563	否	李直	嘉实基金	2011-08-04	QDII-另类投资基金
164701.OF	汇添富黄金及贵金属（QDII-LOF-FOF）	2022-03-31	1.2619	否	赖中立	汇添富基金	2011-08-31	QDII-另类投资基金
161226.OF	国投瑞银白银期货（LOF）	2022-03-31	13.1649	否	赵建	国投瑞银基金	2015-08-06	商品型基金

数据来源：东方财富 Choice 数据。

虽然国内金价与国际金价大体上是同步的，但 FOF 基金一方面是主动管理型基金，另一方面管理费是双重收取的，再加上 QDII 基金净值受汇率波动的影响，所以不同的黄金基金收益率会有一些差别。

我们来看看成立时间较长的几只不同类型的黄金基金的收益率情况，详见表6-15。

表 6-15　不同类型黄金基金收益率对比

基金名称	2022年上半年	2021 年	2020 年	2019 年	2018 年	2017 年	近 3 年	近 5 年
华安黄金易 ETF	4.49%	−4.71%	13.81%	19.15%	3.64%	3.31%	22.52%	39.71%
国泰黄金 ETF	4.46%	−4.74%	13.65%	19.01%	3.59%	3.26%	22.18%	39.05%
诺安全球黄金（LOF）	4.40%	−7.40%	17.72%	13.79%	1.77%	3.39%	18.62%	31.12%
嘉实黄金（LOF）	3.89%	−7.60%	13.14%	17.06%	1.42%	3.83%	16.69%	28.39%
汇添富黄金及贵金属（LOF）	3.46%	−8.18%	14.55%	16.83%	0.82%	4.12%	16.82%	26.92%
易方达黄金主题人民币 A	−4.17%	−11.02%	0.82%	20.08%	−0.42%	2.44%	−3.29%	1.80%

统计日期：2022 年 6 月 30 日；数据来源：东方财富 Choice 数据。

很明显，黄金 ETF 近 3 年和近 5 年的收益率好于 QDII 型黄金 FOF。分年度看，自 2017 年以来，仅 2017 年和 2020 年 QDII 型黄金 FOF 的收益率略好于黄金 ETF。从近 3 年和近 5 年的累计收益率来看，它们的收益率差大体上就相当于管理费的差别：国内黄金 ETF 的管理费费率一般为 0.50%，黄金 FOF 的管理费费率为 1%，再加上子基金海外黄金 ETF 的管理费费率 0.40%~0.50%，每年黄金 FOF 的管理费费率要高出 1% 左右。

而同时投资海外黄金 ETF 和黄金矿业股票指数的黄金主题基金，其波动率更大，收益率反而不如单纯的黄金商品基金稳定。

因此，国内黄金 ETF 应该是更好的商品黄金投资品种。

将同一时间（2022 年 6 月 30 日）作为统计终点，国内唯一一只白银基金——国投瑞银白银期货（LOF）近 3 年和近 5 年的累计收益率分别为 –16.28% 和 –29.57%，与黄金基金的收益率相距甚远。而且自 2017 年以来，国投瑞银白银期货（LOF）仅 2019 年和 2020 年实现正的年化收益率，其他年度都是负的年化收益率。这也说明黄金与白银的价格周期并不同步，"白银是黄金的影子"这种说法并不符合事实。

6.5.2 如何投资黄金基金

西方的经典投资著作一般主张以配置的形式将黄金作为一种重要的大类资产长期持有，利用黄金与股票、债券等其他大类资产低相关性的特征，在其他资产表现不佳时起对冲作用。

比较有代表性的是哈利·布朗的永久投资组合，该组合中黄金配置比例为 25%。组合细节来自克雷格·罗兰所著的《哈利·布朗的永久投资组合：无惧市场波动的不败投资法》一书。这个永久投资组合的具体配置比例是：**25% 的权益（股票）资产+25% 的长债+25% 的黄金+25% 的现金、超短债**。投资方法是长期持有，偏离过大以后做一次动态再平衡。

另一个知名度更高的是瑞·达利欧的全天候组合，该组合中黄金占比 7.50%。托尼·罗宾斯在他所著的《钱，7 步创造终身收入》中给出全天候组合的具体配置比例是：**长期国债 40%+中期国债 15%+股票 30%+7.50% 的大宗商品+7.50% 的黄金**。投资方法是长期持有，每 1 到 2 年做一次动态再平衡。

说实话，刚看完这些著作的时候，我深深地被"永久"和"全天候"这样非常"懒"的理念所打动，对各种大类资产做了较为深入的了解，并做了一些回测。我的结论是，除非买入成本很低，否则黄金和商品可能并不太适合长期持有不动。

换言之，黄金并不具备长期配置价值，更不适合买入后傻傻持有，逢低买入之后需要适时止盈。

首先，在我的观念中，黄金与其他大宗商品一样并不是生息资产，因此只有交易价值。

而最重要的是，我分析了黄金过去几十年的价格走势，黄金价格涨起来会很"疯"，但与此同时，黄金价格几年、甚至十几二十年不涨也是可能的事。

自 1971—1973 年布雷顿森林体系解体以来，黄金从"官价"一盎司 35 美元到 2021 年 12 月 31 日的 1828.60 美元，50 年间涨了 52 倍，年化收益率高达 8.23%，但如果将其解为五个 10 年，年化收益率分布是这样的：

1971—1980 年，自 35 美元涨到 591.30 美元，年化收益率高达 32.67%。当然这一阶段非常特殊，经历了布雷顿森林体系解体和第二次石油危机，是黄金价格涨幅最大的 10 年。

1981—1990 年，自 591.30 美元下跌至 394.20 美元，10 年间跌幅高达 33.33%。

1991—2000 年，自 394.20 美元下跌至 272 美元，10 年间下跌 31%。在 1981—2000 年这 20 年间，黄金价格不仅没有上涨，还下跌了 54%。

2001—2010 年，自 272 美元上涨至 1421.10 美元，10 年间涨幅 422.46%，年化收益率高达 17.98%。

2011—2020 年，自 1421.10 美元上涨至 1895.10 美元，10 年间涨幅 33.35%，年化收益率仅 2.92%。

（以上数据整理自英为财情纽约黄金差价合约行情历史数据。）

以国内成立最早，同时也是目前规模最大的黄金 ETF——华安黄金 ETF（代码 518880）为例，自 2013 年 7 月 18 日成立至 2022 年 6 月 30 日，累计收益率为 44.03%，年化收益率为 4.16%，大体相当于纯债基金的水准，但成立以来的最大回撤为 23.83%，远高于同期纯债基金指数的最大回撤 3.30%。

而此基金成立于 2013 年 7 月 18 日，算是赶上了一个相对低点，因此成立以来的业绩还比较好看。2014—2021 年的 8 年中有 6 年实现正收益，只有 2 年为负收益。2022 年以来截至 5 月 13 日，涨幅 6.50%，在 2022 年以来股票大跌的环境中表现亮眼。

如图 6-9 所示，为 1989—2022 年纽约黄金 CFD 的历史行情。

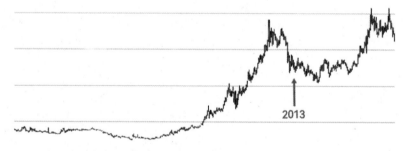

图 6-9　纽约黄金 CFD 历史行情（1989—2022 年）

所以黄金 ETF 长期持有的效率可能并不高，它应该更适合逢低定投买入，达到一定目标收益率后止盈。

我自己的做法是在月 K 线跌入顾比均线长期均线组时分批小仓位（总投资 5% 以内）买入，持有达到一定绝对收益目标时清仓止盈。

当然，黄金价格受重大地缘事件驱动，也可能出现短期涨幅很大的情形。

当前，世界处于"百年未有之大变局"中，国外高通胀预期、逆全球化、地缘政治持续紧张，更有激进的论调认为全球货币体系有可能重构，未来数年黄金和商品仍然是非常好的投资选择。

如果自己经常为国际事件刺激而惊惶不安，那么逢低小仓位布局一部分黄金并长期持有，说不定也是不错的选择。

万一黄金价格在未来几年间还能给人带来惊喜呢？谁也说不准。

6.6 公募 REITS

REITS（Real Estate Investment Trusts）不动产信托基金，1960 年发源于美国，迄今已有 60 余年的历史。

REITS 被定义为"另类投资基金"，在货币、债券、商品、股票基金外，可作为第五大类资产具有良好的配置价值。它有如下特点：

（1）长期收益率不错。美国 REITS 自诞生以来，经过半个多世纪的发展，成为美国资本市场和不动产投资领域中的明星。"90%的百万富翁，是通过持有不动产成就的"，这话多少可能有点夸张，但也大体符合事实——洛克菲勒家族就是持有不动产长盛不衰的代表。10 年、20 年前如果在我国买了房子，那么财产增值效果也是一样的。

根据全美 REITS 协会（NAREIT）公布的第三方独立机构市场数据，截至 2021 年 3 月 31 日，富时全美 REITS 指数近 10 年、近 20 年、近 30 年和近 40 年的年化收益率分别为 9.27%、10.10%、10.26%和 9.85%，同期标普 500 指数的年化收益率分别为 13.91%、8.47%、10.42%和 11.63%，也就是说，**全美 REITS 的长期收益率大体相当或略低于标普 500 指数，收益率是非常不错的**。

（2）不动产信托基金与其他种类基金尤其是股票基金相关性不高，REITS 的加入有利于平抑组合的波动。2008 年金融危机中，美国大部分 REITS 产品仍然保持正收益，而公寓 REITS 的收益超过 40%，让《福布斯》惊叹"REITS 绕过了金融危机"。

主流的 REITS 是指拥有不动产的所有权、使用权的权益型 REITS。还有一种抵押型 REITS，通过发行或收购抵押贷款、抵押贷款资产证券（MBS），为不动产业主提供资金，类似银行的角色。而权益型 REITS 具有不动产行业属性，而抵押型 REITS 更具有金融行业属性；抵押型 REITS 体量较小，在美国占比约 4%。

美国 REITS 的收益来源于股利收益与资本利得，前者主要是持有物业的租金收入，后者则来源于资产升值。根据美国康奈尔大学地产金融教授刘鹏 2019 年 7 月 12 日在上海高级金融学院的分享，长期来看，股利收益约占总收益的三分之二，而资本利得收益（升值）的波动性较大，长期来看年化收益仍为正，约占总收益的三分之一。

美国 REITS 的发展史是美国房地产金融化的历史，2000 年前主要投资标的是房地产，2000 年后把投资标的扩大到了公路铁路、输变电系统等基础设施领域。

根据 EPRA（欧洲公共不动产协会）的数据，截至 2022 年一季度末，全球 REITS 的市场总市值达 2.38 万亿美元。其中，美国 REITS 的市场规模近 1.60 万亿美元，为全球最大，约占全球 REITS 市场的 68%。日本、澳大利亚、英国和新加坡 REITS 的市场规模紧随其后，但占比均不到 10%。

我国的公募 REITS 刚起步，参照成熟市场的 REITS 规模，应该具有巨大而广阔的发展空间。

我国公募 REITS 在基金招募说明书中对 REITS 的定位一般是"预期收益及预期风险水平高于债券型基金和货币型基金、低于股票型基金"，是**中等收益、中等风险的金融工具。**

有一些介绍 REITS 的文章把稳健、低波动作为 REITS 的一个重要优点，似乎就是买了一套房子吃租金的感觉。我从金融常识上来分析这一观点是持怀疑态度的，因为它的年化收益率与标普 500 指数大体相当，不符合高收益、高波动的特征。

根据天天基金 2022 年 6 月 30 日数据，跟踪 MSCI 美国 REITS 指数的广发美国房地产指数基金（代码000179），近 1 年和近 3 年的最大回撤分别为 18.87% 和 41.37%，近 3 年的最大回撤高于纳斯达克综合指数的 34.83%，也高于沪深 300 指数的 36.65%。

另据 Meb Faber 所著《全球资产配置》一书记载，从 1973 年至 2013 年的 40 年中，美国 REITS 的实际最大回撤（名义回撤剔除通胀因素）高于股票和期货，达到惊人的 69.26%。当然，不动产的短期波动是有可能小于股票的，中长期极端最大波动就不一定了。

摩根士丹利 REITS 研究部门的负责人 Greg Whyte 曾说过："**REITS 闻起来像房地产，看起来像债券，动起来像股票。**"我认为这是比较契合实际的。

我国于 2015 年 6 月 26 日发行了第 1 只公募 REITS——鹏华前海万科 REITS（代码 184801），是一只抵押型或债权型 REITS，算是第一次试水公募 REITS，关注度并不高。

直到 2021 年 6 月 7 日才批量发行了 9 只公募 REITS，进入 2022 年又有一批公募 REITS 获批发行或等待发行。

不过从已发行的公募 REITS 来看，截至 2022 年 6 月 30 日，全部项目都是基础设施，包括高速公路、产业园区等，还没有房地产项目。而美国 REITS 资产中房地产占比较高，2000 年前房地产更是美国 REITS 收益的主要来源。而我国最近几年推出的 REITS 项目是不太可能有房地产项目的，主因当然是当前国策"房住不炒"，暂时不能将房地产作为投资品。

6.6.1 公募 REITS 产品的主要类型

目前的公募 REITS 产品主要有两类。

1. 国内发行的公募 REITS

第一类是国内发行的以投资基础设施项目为主的公募 REITS，这类公募 REITS 属于契约型封闭式基金，除了发行时可以认购，其他时间只能在二级市场进行交易。

截至 2022 年 6 月 30 日，国内发行的公募 REITS 明细详见表 6-16。

表 6-16　国内发行的公募REITS明细表（截至 2022 年 6 月 30 日）

REITS 代码	REITS 名称	成立日期	规模/亿元	基金经理	基金管理人	基金类型
508018.SH	华夏中国交建 REIT	2022-04-13	94.15	莫一帆、王越、于春超	华夏基金管理有限公司	基础设施证券投资基金
508099.SH	建信中关村 REIT	2021-12-03	28.83	李元利、史宏艳、张湜	建信基金管理有限责任公司	基础设施证券投资基金
180202.SZ	华夏越秀高速 REIT	2021-12-03	21.32	林伟鑫、马兆良、孙少鹏	华夏基金管理有限公司	基础设施证券投资基金
508056.SH	中金普洛斯 REIT	2021-06-07	58.37	陈茸茸、郭瑜、刘立宇	中金基金管理有限公司	基础设施证券投资基金
508027.SH	东吴苏园产业 REIT	2021-06-07	34.93	孙野、谢理斌、徐昊	东吴基金管理有限公司	基础设施证券投资基金
508006.SH	富国首创水务 REIT	2021-06-07	18.51	李盛、王刚、张元	富国基金管理有限公司	基础设施证券投资基金
508001.SH	浙商沪杭甬 REIT	2021-06-07	43.60	侯温夫、王侃、周建鉴	浙江浙商证券资产管理有限公司	基础设施证券投资基金
508000.SH	华安张江光大 REIT	2021-06-07	14.95	叶璟、郑韬、朱蓓	华安基金管理有限公司	基础设施证券投资基金
180801.SZ	中航首钢绿能 REIT	2021-06-07	13.39	宋鑫、汪应伟、张为、朱小东	中航基金管理有限公司	基础设施证券投资基金
180301.SZ	红土创新盐港 REIT	2021-06-07	18.41	陈锦达、付瑜瑾、梁策	红土创新基金管理有限公司	基础设施证券投资基金
180201.SZ	平安广州广河 REIT	2021-06-07	91.14	韩飞、马赛、孙磊	平安基金管理有限公司	基础设施证券投资基金
180101.SZ	博时蛇口产园 REIT	2021-06-07	20.81	胡海滨、刘玄、王翘楚	博时基金管理有限公司	基础设施证券投资基金
R21018.SH	中金厦门安居保障 REIT	—	—	陈涛、李耀光、吕静杰	中金基金管理有限公司	基础设施证券投资基金
R21017.SZ	红土创新深圳人才安居保障 REIT	—	—	裴颖、皮姗姗、任宁钦	深创投红土资产管理（深圳）有限公司	基础设施证券投资基金
R21016.SH	华泰紫金江苏高速 REIT	—	—	陈宇峰、王轶、张亮	华泰证券（上海）资产管理有限公司	基础设施证券投资基金

REITS 代码	REITS 名称	成立日期	规模 /亿元	基金经理	基金管理人	基金类型
R21012.SH	国泰君安临港产园 REIT	—	—	胡家伟、苏瑞、 王瀚霆	上海国泰君安证券资产 管理有限公司	基础设施证券投 资基金
508008.SH	国金中国铁建 REIT	—	—	梁贤超、唐耀祥、 朱霞	国金基金管理有限公司	基础设施证券投 资基金
180401.SZ	鹏华深圳能源 REIT	—	—	刘一璠、臧钶、 周宁	鹏华基金管理有限公司	基础设施证券投 资基金

基金规模均为成立时规模，数据来源：东方财富 Choice 数据。

从 2021 年第一批公布的招募说明书也可以看出，9 个 REITS 项目的预计现金分配率在 4%~12%，但若综合考虑股息收益和增值收益，产权类和经营权类产品全周期投资的 IRR（内部收益率）可达 6%~7%（据中金公司研究部资料），跟美国 REITS 10%左右的年化收益率还是有差距的。

截至 2022 年 6 月 30 日，2021 年 6 月 21 日上市的 9 只公募 REITS 中，8 只收涨，涨幅为 12.75%~35.59%；1 只收跌，跌幅为 5.66%；9 只公募 REITS 在二级市场的最大回撤为 16.12%~35.30%。9 只公募 REITS 的简单算术平均涨幅为 22.71%，平均最大回撤为 23.96%。

2. 投资海外 REITS 的公募 REITS

第二类是跟踪海外（以美国为主）REITS 指数的 QDII 型 REITS，类似 FOF，是投资海外 REITS 的 REITS。有跟踪海外 REITS 指数的指数型 REITS，也有主动管理型 REITS。此类 REITS 属于契约开放式基金，可以在场外申购和赎回。

截至 2022 年 6 月 30 日，QDII 型 REITS 明细详见表 6-17。

表 6-17 QDII型REITS明细表（截至 2022 年 6 月 30 日）

代码	名称	截止日期	资产净值/ 亿元	基金 经理	管理公司	成立日期	比较基准	投资类型
000179.OF	广发美国房地产 指数（QDII）	2022-03-31	2.3721	叶帅	广发基金	2013-08-09	人民币计价的 MSCI 美国 REIT 净总收益指数(MSCI US REIT Net Daily Total Return Index)	QDII-另类 投资基金
000180.OF	广发美国房地产 指数现汇 （QDII）	2022-03-31	2.3721	叶帅	广发基金	2013-08-09	人民币计价的 MSCI 美国 REIT 净总收益指数(MSCI US REIT Net Daily Total Return Index)	QDII-另类 投资基金
070031.OF	嘉实全球房地产 （QDII）	2022-03-31	0.5193	冯正彦	嘉实基金	2012-07-24	FTSE EPRA/NAREIT Developed REITS Total Return Index（经汇率调整 后的）	QDII-另类 投资基金
160140.OF	南方道琼斯美国 精选 REIT 指数 （QDII-LOF）A	2022-03-31	0.9133	张其思	南方基金	2017-10-26	标的指数收益率×95%+ 银行人民币活期存款利率 （税后）×5%	QDII-另类 投资基金

基金投资全攻略：养只金基下金蛋

代码	名称	截止日期	资产净值/亿元	基金经理	管理公司	成立日期	比较基准	投资类型
160141.OF	南方道琼斯美国精选 REIT 指数（QDII-LOF）C	2022-03-31	0.4374	张其思	南方基金	2017-10-26	标的指数收益率×95%+银行人民币活期存款利率（税后）×5%	QDII-另类投资基金
320017.OF	诺安全球收益不动产（QDII）	2022-03-31	0.2872	宋青	诺安基金	2011-09-23	FTSE EPRA/NAREIT Developed REITS Total Return Index	QDII-另类投资基金
206011.OF	鹏华美国房地产（QDII）	2022-03-31	0.9199	朱庆恒	鹏华基金	2011-11-25	人民币计价的 MSCI 美国 REIT 净总收益指数（MSCI US REIT Net Daily Total Return Index）	QDII-另类投资基金
006283.OF	鹏华美国房地产（QDII）美元现汇	2022-03-31	0.9199	朱庆恒	鹏华基金	2018-12-04	人民币计价的 MSCI 美国 REIT 净总收益指数（MSCI US REIT Net Daily Total Return Index）	QDII-另类投资基金
005613.OF	上投富时发达市场 REITS（QDII）	2022-03-31	4.4946	张军、胡迪	上投摩根基金	2018-04-26	富时发达市场 REITS 指数收益率×95%+ 税后银行活期存款收益率×5%	QDII-另类投资基金
005614.OF	上投富时发达市场 REITS（QDII）美钞	2022-03-31	4.4946	张军、胡迪	上投摩根基金	2018-04-26	富时发达市场 REITS 指数收益率×95%+ 税后银行活期存款收益率×5%	QDII-另类投资基金
005615.OF	上投富时发达市场 REITS（QDII）美汇	2022-03-31	4.4946	张军、胡迪	上投摩根基金	2018-04-26	富时发达市场 REITS 指数收益率×95%+ 税后银行活期存款收益率×5%	QDII-另类投资基金

数据来源：东方财富 Choice 数据。

6 只 QDII 型 REITS 自成立至 2022 年 6 月 30 日的年化收益率为 2.32%~6.27%，时间跨度为 4~11 年。巧合的是，2 只主动管理型 REITS——鹏华美国房地产、诺安全球房地产的年化收益率是垫底的。

当然，这一收益率数据是在 2022 年上半年出现 15%~21%跌幅的情况下计算的（鹏华美国房地产仅跌 7.98%除外），如果是在 2021 年年底计算，年化收益率还能增加 1 个多百分点，这样指数型 REITS 的年化收益率能到 6%~7%，比纯债基金稍强，但回撤就比纯债基金大太多了。目前来看此类 REITS 的性价比是不太好的。

6.6.2 投资国内公募 REITS 需要关注的指标

由于国内发行的公募 REITS 目前都是契约型封闭式基金，除了发行时认购，我们只能通过在二级市场买卖来进行投资，本节对在二级市场投资公募 REITS 需要关注哪些指标再做一个补充。

1．净值和溢价率

净值是公募 REITS 交易的"锚"，是一个重要的参照。

公募 REITS 一般每半年公布一次净值，而不同种类 REITS 的净值有着不同的特点。

2021 年发行上市的 9 只国内公募 REITS 主要是两类：一类是产权 REITS，另一类是特许经营权 REITS。前者包括 4 个产业园、2 个仓储物流园和 1 个生态环保项目，后者则包括 4 个高速公路收费权和 1 个生态环保项目。

产权 REITS 除拥有经营权和收费权外，还拥有基础设施项目的所有权，甚至还包括基础设施项目所处位置的土地使用权；而特许经营权 REITS 只有经营权和收费权，不拥有特许经营权对应的固定资产的所有权，也不拥有资产所处位置的土地使用权。

产权 REITS 的收益来自物业的租金收入和物业升值两方面；而特许经营权 REITS 的收益则主要来自经营收入，高速公路收费期限届满后一般都要将高速公路资产（包括土地及相关建筑物）无偿移交给政府部门。

特许经营权 REITS 随着收益的不断分配,基金份额净值随着时间推移是递减的，最后一次收益分配完毕，理论上基金份额净值会趋近于 0；而产权 REITS 的基金份额净值随着收益的不断分配，总体也是趋于下降的，但如果报告期基础设施项目评估价值升值幅度超过收益分配部分，则基金份额公允价值参考净值在这一时段就可能上涨。

所以投资特许经营权 REITS 需要关注基金份额净值，而投资产权 REITS 除了基金份额净值，还应该关注基金份额公允价值参考净值。

比如根据 2021 年年报，中航首钢绿能 REIT 的期末份额净值为 11.9403，而基金份额公允价值参考净值为 12.9029。

由于公募 REITS 并不是每天公布净值，所谓的"溢价率"是用现在的交易价格和几个月前的净值相比较得出，所以也是很粗略的。

如果每天或每周公布净值，按照契约式封闭型基金的过往交易表现，通常是应该处于折价状态，而不是溢价。道理也很简单，开放式基金可以随时按净值赎回，而封闭式基金不能按净值赎回，要用钱的投资者只能选择在二级市场出售变现，当然应该有适当的折让，这才符合市场的常态。

但公募 REITS 确实有其特殊性，首先是每年、每半年或每季度才公布一次参考净值，净值的参考价值有限；其次，对于产权 REITS 来说，如果其底层不动产处于升值周期，那么相对几个月前的净值有所溢价就是合理的。

至于多高的溢价率算合理，也没有一定之规，因为我国公募 REITS 成立时间太短，缺乏过往的历史参照。

有一种相对估值法，P/FFO，即用市价除以经营产生的现金流（Funds from

Operations），这一比值越低越好。但这一方法也只适用于特许经营权 REITS，因为产权 REITS 更多还受到物业估值变动的影响。

总体来看，同类 REITS 中，越优质的项目溢价率越高。而产权 REITS 会有比较高的溢价率，特许经营权 REITS 溢价率相对较低。

目前这种较高的溢价率跟 REITS 产品的稀缺性有一定关系。一方面，截至目前发行的 REITS 产品数量太少；另一方面，有较高溢价率的 REITS，其战略配售部分还有 1~5 年的限售期。

对于想要长期配置的投资者，建议等大部分限售的份额解禁流通后再考虑择机介入。

2. 现金分配率

我们投资 REITS 的年化收益率=价格涨幅+分红收益率。

假设某公募 REITS 年度价格涨幅为 6%，分红收益率为 4%，我们投资它的年化收益率就是 10% 了。

而各家公募 REITS 在招募说明书中统一用"现金分配率"来代替分红率或我们熟知的派息率，这与分红率或派息率有什么不同呢？

举个例子你就知道了。

中航首钢绿能 REIT 2021 年年报显示净利润为-2192 万元。

净利润为负，也就是说亏损了，是不是就没有收益可供分配了呢？

当然不是！中航首钢绿能 REIT 本期可供分配金额为 1.73 亿元。

我们可以通过分析中航首钢绿能 REIT 2021 年年报"本期可供分配金额"的计算过程，看看"本期可供分配金额"都包括些什么。

年报 3.3.2.1 中"本期可供分配金额"的计算过程如下。

用"本期息税及折旧摊销前净利润"加上"调增项"，再减去"调减项"，就得到了"本期可供分配金额"。

而"调增项"包括"基金发行份额募集的资金"等项，"调减项"包括"收购基础设施项目支付的现金净额""预留下一季度运营费用""预留不可预见费用""期末负债余额"等项。

从计算过程来看，折旧和摊销可以拿来分配，发行募集资金在各种开支后的节余也可以拿来分配。

中航首钢绿能 REIT 是产权 REITS，那么特许经营权 REITS 又怎样呢？

我仔细看了下平安广州广河 REIT 的 2021 年年报，报告期净利润为 1.30 亿元，本期可供分配金额为 5.41 亿元。

计算方法是一样的，折旧、摊销和发行募集资金节余都被算在里面了。

我查阅了目前已经公布年报的公募 REITS 相关部分，所有公募 REITS 的计算方法一致。

不过对于这种"分配"方法，我在《企业会计准则》等相关会计处理规定中没找到依据，但其合理性似乎也不容置疑，因为未来的资本性支出、期末负债等都被预留扣除了，这种分配不至于影响到项目经营的可持续性。

我估计应该是公募 REITS 产品的设计初衷里就有类似"债"的成分——年度分配的时候把"本金"也还回去一部分。

毋庸置疑，同等条件下，现金分红率越高的项目越值得投资。

3. 成立以来涨幅与最大回撤

几乎所有公募 REITS 都这样定义其风险收益特征："本基金预期风险和收益高于债券型基金和货币型基金，低于股票型基金。"

如果是在场外认购后一直持有拿分红，那么这种表述是恰如其分的，因为一般情况下，REITS 净值的波动也不会太大。

但由于是在二级市场交易，叠加了所有市场参与者的情绪，所以公募 REITS 二级市场交易价格具备了高波动的特征。

同等条件下，最大回撤越小的公募 REITS 越值得重点关注。

2021 年 6 月 21 上市的 9 只公募 REITS 截至 2022 年 6 月 30 日的涨幅和最大回撤分别如下：

富国首创水务 REIT，32.79%，−35.30%；

红土盐田港 REIT，35.58%，−33.15%；

华安张江光大 REIT，23.16%，−25.32%；

博时蛇口产园 REIT，25.32%，−25.17%；

中航首钢绿能 REIT，19.76%，−23.37%；

东吴苏园产业 REIT，25.34%，−21.56%；

中金普洛斯 REIT，35.38%，−19.39%；

浙商沪杭甬 REIT，12.75%，−16.23%；

平安广州广河 REIT，−5.66%，−16.12%。

这 9 只公募 REITS 的简单算术平均涨幅为 22.71%，平均最大回撤为 23.96%；

同期股票基金指数跌幅为 7.76%，最大回撤为 31.34%；而同期债券型基金指数涨幅为 5.23%，最大回撤仅 1.21%。（以上数据均来自东方财富 Choice 金融终端。）

从 2021 年 6 月 21 日以来，公募 REITS 与股票基金指数大体呈负相关特征。

随着限售流通份额的解禁以及更多公募 REITS 的发行上市，公募 REITS 在二级市场的溢价率可能会降低，交易价格可能也将更为理性。

到时候，与股票和债券低相关的公募 REITS 可能会成为资产配置的重要补充。

第7章
用基金构建自己的投资组合

所谓"知己知彼，百战不殆"，想用基金构建自己的投资组合，就得对各类型基金进行详尽而深入的了解。

前面几章就是为读者朋友了解各类基金而设的，有了这些基础，本章就可以讨论如何用基金构建自己的投资组合了。

虽然本章用了最大的篇幅来讨论用基金构建投资组合的基本方法，并提供了详尽的示例，但完整的投资规划更重要，它是构建投资组合的基础，也是未来投资能够执行并坚持下去直至投资成功的基础。

急功近利的投资者可能会跳过投资规划环节，甚至不想学习构建投资组合的方法，只想要最后的几个具体的组合和代码，可以说这是"抓芝麻、丢西瓜"、本末倒置的思维，如果您有机会读到本章，我劝您一定、一定要把投资规划作为重点内容来阅读。

不少投资者在股市大跌中无所适从甚至惊慌失措，主要原因是其投资目标和投资方法超过了自己的风险承受能力，说到底还是缺乏事前完整的投资规划。

需要特别说明的是，本章所有的方法和示例都只是提供一种实操思路，不构成投资建议，更不能直接作为读者朋友投资决策的依据。

7.1 投资规划与资产配置

我们的投资一般分为规划、实施和优化管理三个阶段。

所谓投资规划，首先是根据自身综合条件和风险承受能力，确定契合自己的投资目标，然后制定合理的资产配置方案，构建可行的投资组合来实现投资目标的过程。它是投资决策中最重要的环节。

投资规划的主要工作就是进行资产配置，也可以说，就是一种更为宽泛的、广义的资产配置。

7.1.1 资产配置的要义

1. 广义的资产配置

广义的资产配置与每个人的人生规划息息相关。

年轻的时候，自己的人力是最重要、最值钱的资产，我们需要求学、培训，在工作中不断提升自己，让自己越来越值钱。

在成长过程中，我们结婚生子，成家立业。随着年龄和阅历的增长，我们慢慢积累了殷实的财富，同时我们的生活、工作、娱乐及未来的养老等面临着不同的资金需求，我们就需要做好规划。

在这方面，众所周知的"标准普尔家庭资产象限图"很有代表性，对启发我们做投资规划很有帮助，如图7-1所示。

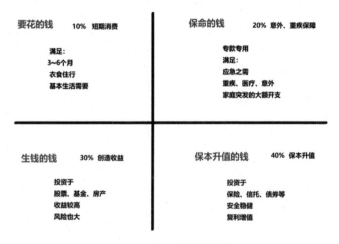

图 7-1　标准普尔家庭资产象限图

10%的家庭资产放入"要花的钱"——现金账户，通常可以存入活期存款、余额宝、零钱通等，以便随时支取，用于衣食住行等日常生活开支。额度大约等于3~6个月的生活费，同时有防范失业、突发疫情等未知变故之功。

20%的家庭资产用作"保命的钱"，算是个风险管理账户，主要是配置医疗险、重疾险、寿险、意外险等，防止重大疾病等意外导致的一夜返贫。

30%的家庭资产用作"生钱的钱"，也就是投资账户，也就是我们本章想要重点讨论的主题。"生钱的钱"投资于股票、权益基金、房产等高收益、高风险账户。投资账户的钱在短期内可能赚钱，也可能亏钱。我们主张"闲钱"才能用来投资。

40%的家庭资产用作"保本升值的钱"，属于未来几年可能会用到的钱，相当于较为稳健的理财账户，通常投资于保险、信托和债券等低风险资产。

上述配置比例是标准普尔调研了全球 10 万个家庭，分析了这些家庭的理财方式，得出来的被认为最合理、稳健的家庭资产配置方式。

当然每一个家庭的情况是不同的，各项资产配置的比例也不可能千篇一律。但标准普尔家庭资产象限图传递的理念还是很有借鉴和指导意义的，我们必须要把日常备用金、应急的钱留足，把最近几年要用的钱放入稳健的理财账户，余下的"闲钱"才能用来投资。

2. 狭义的资产配置：构建自己的投资组合

狭义的资产配置主要针对标准普尔家庭资产象限图中的"生钱的钱"和"保本升值的钱"，是根据投资需求在不同类型的资产中进行分配，通常是将资产在低风险、低收益证券与高风险、高收益证券之间进行分配，构建适合自己的投资组合。

构建投资组合的过程本质上是在收益和风险中进行平衡的过程。

通常，行权期限相同或者相近的国债的到期收益率被称为无风险收益率。

无风险收益率在投资业绩评价中被作为非常重要的评价指标。

如果我们投资国债，就能获得无风险收益。

如果投资各种信用债，就要承担无法归还的风险，与此同时应该获得承担更高风险的风险补偿。

如果投资权益类资产，就可能要面对资产价格大幅波动甚至企业破产的额外风险，因此就应该获得更高的风险补偿。

依此类推，我们在本书前几章介绍到的各种基金类型，它们有着不同的风险收益率特征，我们在做资产规划、构建自己的投资组合时就应该充分考虑它们不同的风险收益特征，从而确定投资哪些基金、每种基金是多大的比例，以适应自己的投资需要，达到自己的投资目的。

7.1.2 开始自己的投资规划

凡事预则立，不预则废。

但我们大部分人的投资是非常随性和随意的，缺乏事前规划基本是常态。经常是亏钱了、被套了才发现投资其实并不是一件简单的事。

不管你是有意识还是无意识，规划、执行和优化管理是投资必然要经历的三个阶段，而规划是开始投资的第一步，也是决定投资成败的最重要的一步。

1. 弄清楚有多少钱可以用于投资

厘清自己（家庭）的资产负债及收入支出状况，根据收入预期情况留足 6~12 个月的生活费用和应急所需的款项后，看看自己可供投资的资产有多少。

投资一定要用"闲钱"，就是最近几年都用不上的钱。对于标准普尔家庭资产象限图中建议留出 3~6 个月的生活费用，我觉得还是太少了。一旦碰上失业或疫情等收入可能中断的情形，3~6 个月的生活费备用金一定是让人不踏实的，容易影响我们的投资心态。

2. 直面自己的风险偏好程度，明确自己的投资期限和投资目标

（1）直面自己的风险偏好时，有一个非常重要的原则需要明确。

投资只能"守富"，也就是保值和一定程度上实现财富增值。

不能将投资当成创富的手段，短期内靠投资把自己的财富翻十倍、百倍的想法是非常危险的"韭菜思维"，因为高杠杆和高频交易对绝大多数普通投资者来说基本上就是一条不归路。

而自己到底有多大的风险承受能力，跟自己的财务状况、投资认知和性格有很大的关系。

挣钱比较多、现金流充沛，承受风险的能力肯定就要强一些。我认为这个因素比性格更为重要，毕竟承受风险也是要有实力和资本的。

完全没有现金流入时，才考验一个人的投资认知和性格。

投资认知决定了我们的投资信心，不断提高投资认知是进行投资心理建设必不可少的环节。

而坚毅的性格是"扛住"波动尤其是大幅度下跌所不可或缺的。

根据自己的风险偏好程度，确定自己到底是一名低风险、中低风险还是中高风险投资者。

当然，一个人的风险偏好程度并不是一成不变的，随着投资经验的不断丰富，风险偏好水平才会逐渐定型。

（2）投资期限有短、中、长期之分，不同的投资期限对应着不同的投资目标。

当前的货币基金以摊余成本法估值，基本上不会出现负收益，我们把它视同现金产品，因此以买入纯债基金作为投资起点。

基于当前纯债基金的风险收益特征，任何时点入市，想要不亏钱，都需要持有一年半左右，因此最短的投资时间应该是一年半到两年。

如表 7-1 所示，为中长期纯债型基金指数（代码 809007）历次阶段高点后再创新高的时间。

表 7-1 中长期纯债型基金指数（代码 809007）历次高点再创新高时长

起止时间		起止点位		再创新高时长		时长排序
高点日	再创新高日	高点点位	新高点点位	交易日	自然日	
2004-04-09	2005-08-05	1062.15	1065.15	323	484（1.33 年）	1
2010-10-19	2011-12-30	1584.67	1585.66	298	438（1.20 年）	2
2013-05-31	2014-05-09	1739.75	1741.96	227	344（0.94 年）	4
2016-10-25	2018-01-03	2155.97	2156.05	295	436（1.19 年）	3
2020-05-06	2021-03-03	2464.27	2464.56	202	302（0.83 年）	5

数据来源：东方财富 Choice 数据。

而如果加入了权益资产的投资，且恰好买在阶段高点，那么收益回正的时间就更长了。

我们先来看偏债混合型基金指数（代码809004，东财基金指数）历次阶段高点后再创新高的时间，详见表7-2。

表7-2　偏债混合型基金指数（代码809004）历次高点再创新高时长

起止时间		起止点位		再创新高时长		时长排序
高点日	再创新高日	高点点位	新高点点位	交易日	自然日	
2004-04-07	2006-02-28	1102.69	1103.88	458	693（1.90年）	2
2008-01-14	2009-07-14	2893.91	2894.79	366	548（1.50年）	3
2009-08-04	2010-11-05	3082.73	3090.87	304	459（1.26年）	4
2010-11-10	2014-09-03	3114.82	3121.25	929	1394（3.82年）	1
2015-06-15	2016-08-02	4034.32	4036.65	279	415（1.14年）	5

数据来源：东方财富 Choice 数据。

对偏债混合型基金（平均水平）而言，如果一不小心买在当时最高点，那么历史上再次创新高的时长是 3.82 年。也就是说，在任何时点买入偏债混合型基金，要想获得正收益，需要持有的时长都是 4 年左右。

再看偏股混合型基金指数。如果买在了 2007 年的最高点，则需要 7.5 年才能获得正收益；而如果买在 2015 年的最高点，则需要 5 年才能解套，详见表7-3。

表7-3　偏股混合型基金指数（代码809002）历次高点再创新高时长

起止时间		起止点位		再创新高时长		时长排序
高点日	再创新高日	高点点位	新高点总位	交易日	自然日	
2004-04-08	2006-03-21	1164	1166.29	472	713（1.95年）	3
2007-10-16	2015-02-16	5685.68	5762.63	1787	2681（7.35年）	1
2015-06-12	2020-06-30	10106.13	10162.59	1229	1846（5.06年）	2
2021-02-10	？	14605.83	？	—	—	—

数据来源：东方财富 Choice 数据。

而如果任意时点买入的是被动股票型基金，那么想要确保获得正收益，需要的时间还要更长一些，详见表7-4。

表7-4　被动股票型基金指数（代码930891）历次高点再创新高时长

起止时间		起止点位		再创新高时长		时长排序
高点日	再创新高日	高点点位	新高点点位	交易日	自然日	
2007-12-31	2015-05-22	1000	1001.94	1795	2700（7.40年）	1
2015-06-12	2021-02-10	1073.58	1088.27	1383	2071（5.67年）	2

该指数基准日为 2007 年 12 月 31 日，但各股票指数高点实际上是 2007 年 10 月 16 日（对应上证指数6124点），而2007年 12 月 31 日各指数点位低于 10 月 16 日，所以第一次实际的创新高时长更长。

数据来源：东方财富 Choice 数据。

当然，我们前面所列的是历史上的极端情形。

事实上我们的投资完全可以避免买在最高点，而且可以通过一定的方法（第 8 章有详述）买在相对低点，这就可以使我们的投资获得正收益的时间大大缩短。

而更重要的是，我们投资并不是为了获取正收益，而是在承担一定风险的前提下获得尽可能高一些的收益。

所以，我们做投资规划时，应该给自己定一个尽可能长的投资期限。

持有纯债基金的低风险投资，应该不低于 2 年。

持有偏债混合型基金为主的中低风险投资，应该不低于 3 年。

持有偏股混合型基金为主的中高风险投资，应该是 5 年以上。

或者反过来说，我们需要根据自己余钱的闲置时长，以及自己的风险偏好来确定投资什么样的资产（基金）类别，然后再确定自己的投资目标。

低风险投资，收益目标可以锚定中长债基金指数；中低风险投资，收益目标可以锚定偏债混合型基金指数；中高风险投资，可以将（主动）偏股混合型基金指数作为自己的业绩比较基准。

3. 制定具体的投资计划

（1）构建投资组合。

根据自己的风险偏好程度以及不同的市场状况构建相适应的投资组合。

（2）如何实施。

买入、持有和止盈的具体方法和方案（详见第 8 章）。

（3）后续优化和管理。

投资组合在实际执行中可以根据当时的具体情况进行微调（详见第 8 章）。

7.1.3 用基金构建投资组合

1. 用基金构建投资组合的基本原则

（1）投资组合一定要与自己的风险承受能力（风险偏好）相适应。

（2）组合基金的投资风格尽量多样化，大中小盘风格、价值与成长风格最好能做到均衡配置，以便能适应不同的市场环境，有利于平滑波动，提高投资舒适度。

（3）构建投资组合不仅需要投资风格上的适当分散，还需要基金经理（人）方面的适当分散，甚至需要基金公司方面的分散。

风格分散的目的是降低波动、行稳致远，这一点大部分投资者都能够理解。

我自己还倾向于基金经理上也适当分散，目的也是降低波动，因为再牛的基金经理也是普通人，也会有失手或者风格不对、暂时"凌乱"的情形；基金经理的适当分散可以避免个别基金经理失手时对我们整个投资造成过大影响，有利于我们"舒适"地度过"困难期"，最终达到成功投资的目的。

每一个基金公司都有着不同的公司文化，有的非常进取，有的偏稳健或中庸，有的则相对保守。基金经理身上难免都会有基金公司的烙印，所以在挑选基金时适当考虑不同基金公司层面的分散也是非常有必要的。

（4）攻防有道，不追求极致进攻。

我个人是稳健均衡偏积极的投资风格，所以我构建投资组合也本着均衡稳健原则，不喜欢过于进攻的极致风格。

当然，每位投资者都可以根据自己对投资风格的理解，以及对风险的承受能力，构建适合自己的投资组合。但我还是有个建议："稳"字当先，小心驶得万年船，构建投资组合后虽然也可以在以后的投资中进行微调，但也要尽可能考虑周全，减少自己的试错成本。

2. 不同的风险偏好对应着不同的投资组合

①低风险投资。

用主动管理的纯债型基金或者指数型纯债基金构建投资组合。

②中低风险投资。

用偏债混合型基金构建投资组合，也可以用 2 成左右偏股混合型基金加上 8 成左右一级债基构建投资组合，用 2 成股票指数型基金加上 8 成纯债型基金构建投资组合，或者用 4 成左右平衡混合型基金加上 6 成左右纯债型基金，构建投资组合。

还可以有更多方案，很多时候都取决于自己最先接触及偏好哪些类型的基金，总之做到大体债 8 股 2 的配置就可以了。

③中高风险投资。

稳健型投资方案：

- 股 3 债 7、股 4 债 6 到股债均配；
- 哈利·布朗的永久组合：权益 25%、长债 25%、黄金 25%、现金（工具）25%；
- 瑞·达利欧的全天候组合：长期国债 40%+中期国债 15%+股票 30%+7.50%的大宗商品+7.50%的黄金。

适度进取型投资方案：

- 股 6 债 4，股 7 债 3，股 6 债 3 商品黄金 1。

激进型投资方案：

- 100%偏股混合型基金组合，100%股票型基金组合。

3. 用基金构建投资组合的基本思路

根据投资者的投资基金知识体系、自我认知情况，用基金构建投资组合●要有以下思路：

（1）主动型投资组合。

只用主动管理型基金构建投资组合，在执行和优化管理阶段需要根据宏观经济周期、货币财政政策变化等适时调整成分基金，力争获得自己的阿尔法收益；也可以在执行和优化管理阶段不根据宏观经济周期、货币财政政策变化等适时调整成分基金，"放手"让主动管理型基金经理施展才华，专业的事情交给专业的人去做。

（2）被动型投资组合。

只用被动管理型基金（指数基金）构建投资组合，在执行和优化管理阶段需要根据宏观经济周期、货币财政政策变化等适时调整成分基金，力争获得自己的阿尔法收益；也可以在执行和优化管理阶段不根据宏观经济周期、货币财政政策变化等适时调整成分基金，完全躺平，获得市场的平均收益（贝塔收益）。

（3）混合型投资组合。

用部分主动管理型基金和部分指数基金构建投资组合，在执行和优化管理阶段需要根据宏观经济周期、货币财政政策变化等适时调整成分基金，力争获得自己的阿尔法收益；也可以在执行和优化管理阶段不根据宏观经济周期、货币财政政策变化等适时调整成分基金，在"躺平"的基础上获得部分贝塔收益和部分主动基金的超额收益。

4. 用基金构建投资组合的具体步骤

（1）根据自己的风险偏好，选择目标基金。

①进攻配置（偏股基金，或中观、成长风格）。

②能攻善守配置（平衡混合型基金，或价值风格）。

③防守配置（纯债或偏债基金）。

（2）确定股债比例，试算各目标基金占比。

①大体测算各目标基金股债比例，方法是参照基金档案里的"业绩比较基准"，比如兴全趋势的业绩比较基准是"沪深 300 指数×50%+中证国债指数×45%+同业存款利率×5%"，同时结合基金最近多个季度股票持仓，确定其股债比例大致为股票 60%、债券 40%。

②通过试算组合的总体股债比例，确定出各目标基金在组合里的权重。

这样，一个完整的基金投资组合就构建完成了。

7.1.4 构建投资组合用多少只基金较为合适

这是我在与投资者交流过程中被问到最多的问题之一。

先说我自己长期以来习惯的持仓基金数量，当然是指重仓的权益基金，买入作为观察仓的基金不算。我通常是以 10~15 位基金经理管理的主动权益基金作为底仓，底仓部分在大多数时间里会占到我总投资额的 80%~90%，余下的 10%~20%仓位我会择机逆势布局 2~3 只行业主题指数基金。

同一位基金经理管理的主动基金有时出于限购等原因会买入不止 1 只，但它们的策略和持仓是高度雷同的，因此同一位基金经理管理的基金就只能算 1 只。这样算下来，**我重仓的权益基金数量通常是 10~15 只**。

之所以持仓多只主动基金，基于两个原因：一是任何一位过往业绩优秀的基金经理，其未来续创佳绩的稳定性都是不够的，多用几位优秀基金经理是为了确保总体良好业绩的稳定性；二是利用基金经理的不同能力圈和投资风格进行基金配置上的分散，从而在一定程度上降低总体净值波动幅度，增加短中期的持仓"舒适度"。

除了传统的成长、价值和均衡风格，基于未来 A 股大概率还是结构性行情的判断，我还特别配置了三位偏"灵活"风格的基金经理，有中观风格，有"景气猎手"，还有特别重视市场反馈的投资理念和风格。总之，**我对多只基金配置原则的理解是，不应该有完全同质化的两只基金，否则就失去了分散配置的意义**。

经常有人会问，他资金量小，不用配置几只基金，单买 1 只基金，可不可以？我的回答是："**配置的目的是分散风险、增加确定性，不应该因为资金量大小而有所不同**。"一旦年初买了 1 只"拉胯"的明星基金，那么一年的投资体验肯定是非常不好的。因为一般投资者只要仓位过重、压力过大、结果很差，就难免会心理失衡，做出一些看起来很可笑的事。

那么到底持有几只基金较为合适呢？对形形色色的投资者来说没有一个标准答案，也不应该有一个标准答案。

我自己重仓的基金为 10~15 只。我分析过一些 FOF，它们的重仓基金数量一般也是 10~15 只。我曾参加过三家公募基金公司的基金投顾产品体验，那三个投顾产品持仓基金也是 10~15 只，中证工银财富股票混合基金指数的成分股数量当前是 24只……

多配置几只不同风格的基金，这样在不同的市况下都可能会有涨得比较好的，可以平滑波动，并在一定程度上能够减轻投资者患得患失的心理负担。但与此同时，分散配置基金会由于不同风格的基金在涨幅方面此消彼长，所以短中期进攻性不够，从而导致短中期总体业绩较为平庸。

但多配优秀的基金从长期来看并不会降低收益，原因很简单，如果我们配置的都是年化收益率为 15%~20% 的基金，配 5 只、10 只乃至 100 只，长期年化收益率还是 15%~20%。多配几只不同风格基金的目的是降低波动，获得较高的收益回撤比。

可能很多投资者对短中期"平庸"的投资业绩不以为然，然而现实是绝大部分投资者连"平庸"的基金业绩都拿不到，因为追求高收益的投资体验不好，才会导致"越是想要的越是得不到"。

所以对普通投资者而言，配置不同风格的 5~15 只基金，从收益回撤比的角度来看，是性价比较高的一种选择。

也有网友"指点"我，何必那么复杂，选最好的一两只基金不就行了吗？问题是具体哪一两只基金最好，只有 5 年、10 年后才知道，事前做准确判断是不可能的事。

如果自认对波动承受能力比较强，也可以尝试只配置前述偏"灵活"风格的两三只基金，它们的特点是换手率较高、有一定的轮动特征，进攻性较强，短中期业绩可能比较突出，但波动也可能更大。

还有一种比较极端的情形是，只要是别人说好的基金，就都买，生怕错失任何一个赚钱机会，结果手里拿了几十只甚至上百只基金。别笑话这类投资者，能够买那么多基金的投资者，现金流都不会差，而且他们正走在"成熟"的路途中。他们只需要慢慢做减法，设定一定的收益率目标，比如 20% 的年化收益率，达到目标后止盈出来，转到 5~15 只不同风格的基金上就可以了。

其实在我的观念里，持有几十、上百只基金这种"一锅粥"式的投资方式也没什么大问题，绝对的分散能够让我们不太在乎每一只基金的涨跌，长期"糊涂"持有下去一定比反复折腾的收益率还好。

而无论如何，不管选择几只基金，一个真正可行的方案和策略，必须保证你能把大部分可投资资金放心"放"进去。否则，再好的想法都只是"想得挺美"的空中楼阁，成为名副其实的"空想"。

7.2　构建主动基金组合的基本方法和示例

7.2.1　选择主动基金的具体要求

构建投资组合时，可以参考本书第 4 章中提到的选择主动基金的一些基本原则和方法，在组合中尽量做到基金公司、基金经理和投资风格多方面的分散。

在具体成分基金的选择上，我主张先基金公司、其次基金经理、最后才是基金产品的总体方法。

选基金的目标：不追求短期业绩的"锐度"，力争做到所选基金长周期业绩不错。

相关细节请参看第4章。

各类型基金的成立时长最好5年以上，尽量选择晨星3年三星、5年三星以上评级，现任基金经理管理3年以上，管理5年以上最好。

也可以直接从近几年晨星年度基金奖积极配置型基金提名名单中优选，剔除基金经理近期离任者（有自己信任的接任者除外）。

注意成长与价值、进攻与防守等不同投资风格搭配所需，挑选不同投资风格的成分基金。

对于主动基金的规模，我持略偏中性立场，别选太小的规模，避免清盘风险；也尽量别选百亿以上的超大规模，因为超大规模的基金实现超额收益的难度更大。

7.2.2 挑选各类主动基金基金池

根据前文所述要求，挑选出各类主动基金基金池。

需要特别说明的是，"优选"基金，业绩是最重要的一个判断标准，因此一定是业绩靠前的基金才能入选。但是，基金的过往优秀业绩并不能代表其未来表现，所涉及的具体基金也不构成投资建议。

构建组合时各部分基金的数量可多可少，根据自己的偏好灵活掌握。一般来说，所用基金数量越多，组合的波动就可能会显得越平滑一些。

1. 超短债基金

嘉实超短债债券（李金灿）、易方达安悦超短债债券（刘朝阳）、创金合信恒利超短债债券（郑振源等）、光大超短债（杨逸君）、山西证券超短债（刘凌云）。

2. 纯债基金

鹏华丰禄债券（刘涛）、富国信用债债券（黄纪亮）、圆信永丰兴融（林铮）、华安纯债债券（郑如熙）、招商招瑞纯债（刘万锋）、工银纯债债券（张略钊）、建信纯债债券（黎颖芳）、嘉实稳祥纯债债券（王亚洲）、博时富嘉纯债债券（程卓）、招商招享纯债债券（万亿）、创金合信尊享纯债债券（郑振源）、长信纯债壹号债券（张文琍）。

3. 一级债基

博时稳健回报债券（LOF）（邓欣雨）、工银四季收益债券（何秀红）、华夏债券

基金投资全攻略：养只金基下金蛋

（何家琪）、东方红信用债债券（纪文静）、鹏华丰利债券（LOF）（王石千）、富国天利增长债券（黄纪亮）、国投瑞银中高等级债券（宋璐）、银河银信添利债券（蒋磊）、大成债券（王立）、西部利得汇享债券（严志勇）、招商产业债券（马龙）、华宝宝康债券（李栋梁）。

4. 偏债混合型基金（股债比例大约股2债8）

易方达双债增强债券（王晓晨）、华夏聚利债券（何家琪）、南方广利回报债券（刘文良）、博时信用债券（过均）、工银双债增强债券（张洋）、国富新机遇灵活配置混合（刘晓）、鹏华弘尚灵活配置混合（张栓伟）、东方红价值精选混合（纪文静）、华泰柏瑞鼎利灵活配置混合（郑青）、嘉实策略优选混合（胡永青）、博时新策略灵活配置混合（杨永光）、华安康灵活配置混合（石雨欣）、嘉实新趋势灵活配置混合（刘宁）、国富焦点驱动混合（赵晓东）、浦银安盛盛世精选混合（褚艳辉）、金鹰灵活配置混合（杨晓斌）、安信稳健增值混合（张翼飞）、富国增强收益债券（张明凯）、易方达安心回报债券（张清华）、华夏双债债券（柳万军）、工银双债增强债券（张洋）、易方达增强回报债券（王晓晨）、西部利得稳健双利债券（林静）、工银添颐债券（杜海涛）、华商稳定增利债券（张永志）、南方宝元债券（林乐峰）、工银双利债券（欧阳凯）、诺安双利债券（曲泉儒）。

5. 保守混合型基金（股债比例大约股3债7）

易方达安心回馈混合（林虎、李中阳）、华夏永福混合A（何家琦）、博时鑫泰混合A（杨永光）、安信新优选灵活配置混合A（张明）、招商丰美混合（王刚）、中银新趋势灵活配置混合A（杨成）、中银丰利灵活配置混合A（杨成）。

6. 平衡混合型基金（大约股债均配）

易方达安盈回报混合（张清华）、招商安泰平衡混合（李崟）、建信积极配置混合（姚景）、博时平衡配置混合（孙少峰、杨永光）、博时量化平衡混合A（黄瑞庆、林景艺）、广发稳健增长混合A（傅友兴）、南方均衡回报混合（林乐峰）。

7. 偏股混合型基金

中观选股、行业景气轮动风格：华安逆向策略混合（万建军，中观、成长）、银优选灵活配置混合（王伟，中观）、圆信永丰优加生活股票（范妍，中观）、银华心怡灵活配置混合A（李晓星，中观）、华安沪港深外延增长混合A（胡宜斌，中观、成长，略偏左侧）、万家品质生活混合（莫海波，中观、逆向）。

成长风格：易方达环保主题混合（祁禾，成长）、上投摩根新兴动力混合A（杜猛，成长）、易方达高端制造混合（祁禾，成长）、西部利得量化成长混合A（盛丰衍，量化成长）。

均衡或均衡偏成长风格：海富通改革驱动灵活配置混合（周雪军，均衡）、易方达新经济混合（陈皓，均衡偏成长）、兴全合润混合（谢治宇，均衡偏成长）、华安安信消费混合（王斌，均衡偏成长）、交银优势行业混合（何帅，均衡偏成长）、大成新锐产业混合（韩创，周期成长）。

价值成长风格：交银先进制造混合（刘鹏，价值成长）、国富研究精选混合 A（徐荔荣，价值成长）、交银先进制造混合（刘鹏，价值成长）、华安动态灵活配置混合 A（蒋璆，价值成长）。

价值风格：国富弹性市值混合（赵晓东，价值）、广发睿毅领先混合（林英睿，兼顾效率的逆向、价值）、嘉实价值优势混合 A（谭丽，价值）、安信价值精选股票（陈一峰，价值）、景顺长城核心竞争力混合（余广，价值）、国投瑞银瑞利混合（綦缚鹏，价值）。

QDII：国富大中华精选混合（徐成，QDII）、华安香港精选股票（翁启森，QDII）、广发全球精选股票（李耀柱，QDII）、华夏移动互联混合人民币（刘平，QDII）、工银香港中小盘人民币（单文，QDII）、易方达蓝筹精选混合（张坤，QDII）。

优秀权益基金持仓指数再增强策略：万家量化睿选混合（乔亮，主动量化）、博道远航混合（杨梦，主动量化）、中欧量化驱动混合（曲径，主动量化）。

7.2.3　低风险投资组合

低风险投资完全投资债券型基金，不涉及权益投资。

1.　1 年之内要用的钱或者 1 年之内不用但只想赚到比货币基金稍高点的收益

（1）用 3~5 只超短债基金分散风险。尽管概率很小，但还是要防止"爆雷"。

（2）短期持有以 C 份额为主，因为 C 份额免收申购费，但 1 年中有 0.30%左右的销售服务费。

（3）长期持有可以选择 A 份额，没有销售服务费，在互联网平台购买 0.30%左右的申购费只按一折收取，也就是收取 0.03%的申购费。

（4）组合示例（不构成投资建议）如下。

嘉实超短债债券 C（刘金灿）25%+易方达安悦超短债债券 C（刘朝阳）25%+创金合信恒利超短债债券 C（郑振源）25%+光大超短债 A（杨逸君）25%。

（5）组合回测结果及简评。

该组合子基金最晚成立日为 2018 年 12 月 5 日。

2019 年 1 月 1 日至 2022 年 7 月 29 日的 3.58 年，该组合累计收益率为 10.31%，最大回撤为 0.31%，年化收益率为 2.78%。

同期中证货币基金指数累计收益率为 8.48%，年化收益率为 2.30%。

虽然有一定的回撤，但每年比货币基金多 50%左右的收益率还是值得的。

2. 2 年之后要用的钱或长期持有但只愿意承担低风险

（1）若是 2 年之后要用的钱，则用 3~5 只主动管理的不投资可转债的纯债型基金构建投资组合。业绩比较基准：纯债基金指数。

如果追求低风险投资，但是可以长期持有（3 年以上），那么可以用 3~5 只可投资可转债的一级债基构建投资组合。业绩比较基准：普通债券基金指数。

管理债基 5 年以上的老将一般都不会差。

也可以直接从近 3 年的晨星年度基金奖积极配置型基金提名名单中优选，剔除基金经理近期离任者。

（2）投资 2 年以上，选择 A 份额没有销售服务费。

（3）组合示例（不构成投资建议）如下，读者朋友可以从对具体基金的分析中学习选基方法。

纯债基金组合：鹏华丰禄债券 A（刘涛）20%+富国信用债债券 A（黄纪亮）20%+圆信永丰兴融 A（林铮）20%+华安纯债债券 A（郑如熙）20%+招商招瑞纯债 A（刘万锋）20%。

一级债基组合：博时稳健回报债券（LOF）A（邓欣雨）20%+工银四季收益债券 A（何秀红）20%+华夏债券 A（何家琪）20%+东方红信用债债券 A（纪文静）20%+鹏华丰利债券（LOF）（王石千）20%。

（4）各组合回测结果及简评。

①纯债组合子基金最晚成立日为 2016 年 10 月 27 日。

该组合在 2017 年 1 月 1 日至 2022 年 7 月 29 日的 5.58 年，累计收益率为 31.56%，最大回撤为 1.36%，年化收益率为 5.04%；2019 年 1 月 1 日至 2022 年 7 月 29 日的 3.58 年，累计收益率为 18.77%，最大回撤为 1.36%，年化收益率为 4.92%。

②一级债基组合子基金最晚成立日为 2016 年 4 月 25 日。

该组合在 2017 年 1 月 1 日至 2022 年 7 月 29 日的 5.58 年，累计收益率为 33.01%，最大回撤为 2.03%，年化收益率为 5.24%；2019 年 1 月 1 日至 2022 年 7 月 29 日的 3.58 年，累计收益率为 27.15%，最大回撤为 1.99%，年化收益率为 6.93%。

③可以投资少量可转债的一级债基组合，长期收益率要比纯债组合好一些，但波动也要大一些，年化收益率分布也显得更不均衡。

7.2.4 中低风险投资组合

中低风险投资以投资债券为主，辅之以少量权益资产。投资组合的股债比例大约是债8股2，业绩基准锚定偏债混合型基金指数。

这一类投资时长在3年以上，应该选择基金A份额构建投资组合。

1. 用5~10只偏债混合型基金构建投资组合

（1）一般选择A份额。

（2）由于所有成分基金都是偏债混合型基金，所有单个基金的风险收益特征较为相近，不必担心单个基金回撤过大的问题。

（3）组合示例（不构成投资建议）如下。

易方达双债增强债券A（王晓晨）20%+华夏聚利债券20%+南方广利回报债券A（刘文良）20%+易方达安心回报债券A（张清华）20%+博时信用债券A（过均）20%。

如果希望波动更平滑一些，那么可以从备选基金池中再挑选5只基金，用10只偏债混合型基金构建投资组合，每只基金占比10%。尽量选择不同基金公司管理的基金。

易方达双债增强债券A（王晓晨）10%+华夏聚利债券（何家琪）10%+南方广利回报债券A（刘文良）10%+博时信用债券A（过均）10%+工银双债增强债券A（张洋）10%+国富新机遇灵活配置混合A（刘晓）10%+鹏华弘尚灵活配置混合A（张栓伟）10%+东方红价值精选混合A（纪文静）10%+华泰柏瑞鼎利灵活配置混合（郑青）10%+嘉实策略优选混合A（胡永青）10%。

（4）组合回测结果及简评。

①5只偏债基金构建的组合，子基金最晚成立日为2013年3月19日。

该组合在2014年1月1日至2022年7月29日的8.58年，累计收益率为145.52%，最大回撤10.35%，年化收益率为11.03%；该组合2017年1月1日至2022年7月29日的5.58年，累计收益率为51.74%，最大回撤9.22%，年化收益率为7.75%；2019年1月1日至2022年7月29日的3.58年，累计收益率为49.55%，最大回撤为9.22%，年化收益率为11.88%。

②10只偏债基金构建的组合，子基金最晚成立日为2016年12月22日。

该组合在2017年1月1日至2022年7月29日的5.58年，累计收益率为54.93%，最大回撤7.10%，年化收益率为8.16%；2019年1月1日至2022年7月29日的3.58年，累计收益率为49.79%，最大回撤7.10%，年化收益率为11.94%。

③10 只基金与 5 只基金构成的偏债混合型基金组合从收益率来看差别不大，但最大回撤有明显的降低。

2. 用 2 成左右偏股混合型基金加上 8 成左右一级债基构建投资组合

（1）用 3~5 只偏股混合型基金（总比例 20%）和 3~5 只一级债基（总比例 80%）构建投资组合。

（2）组合示例（不构成投资建议）如下。

偏股混合型基金部分：华安逆向策略混合（万建军，中观、成长）4%+易方达新经济混合（陈皓，均衡偏成长）4%+兴全合润混合（谢治宇，均衡偏成长）4%+大成新锐产业混合（韩创，周期成长）4%+国富弹性市值混合（赵晓东，价值）4%。

一级债基部分：博时稳健回报债券（LOF）A（邓欣雨）16%+工银四季收益债券 A（何秀红）16%+华夏债券 A（何家琪）16%+东方红信用债债券 A（纪文静）16%+鹏华丰利债券（LOF）（王石千）16%。

（3）组合回测结果及简评。

①组合子基金最晚成立日为 2016 年 4 月 25 日。

该组合在 2017 年 1 月 1 日至 2022 年 7 月 29 日的 5.58 年，累计收益率为 64.37%，最大回撤为 12.07%，年化收益率为 9.31%；2019 年 1 月 1 日至 2022 年 7 月 29 日的 3.58 年，累计收益率为 61.12%，最大回撤为 12.07%，年化收益率为 14.24%。

②与全部为偏债混合型基金构成的组合相比，从收益率来看要高一些，但最大回撤也大不少，不同时段的收益率差也明显加大。

3. 用 4~6 成平衡（保守）混合型基金加上 6~4 成纯债型基金构建投资组合

（1）如果所用的平衡混合型基金股票比例为 50%左右，则全部平衡混合型基金在组合中的占比可以达到 40%左右；如果保守混合型基金比例为 30%左右，则全部保守混合型基金在组合中的占比可以达到 60%左右，以此类推，总体配置使股票占比达到 20%左右。

（2）组合示例（不构成投资建议）如下。

①**平衡混合型基金部分（示例 1，占比 40%）**：招商安泰平衡混合（李崟）14%+建信积极配置混合（姚景）13%+博时平衡配置混合（孙少峰、杨永光）13%。

纯债基金部分（占比 60%）：鹏华丰禄债券 A（刘涛）10%+富国信用债债券 A（黄纪亮）10%+圆信永丰兴融 A（林铮）10%+华安纯债债券 A（郑如熙）10%+招商招瑞纯债 A（刘万锋）10%+工银纯债债券 A（张略钊）10%。

②**保守混合型基金部分（示例 2，占比 60%）**：易方达安心回馈混合（林虎、李

中阳）15%+华夏永福混合A（何家琦）15%+博时鑫泰混合A（杨永光）15%+安信新优选灵活配置混合A（张明）15%。

纯债基金部分（占比40%）：鹏华丰禄债券A（刘涛）10%+富国信用债债券A（黄纪亮）10%+圆信永丰兴融A（林铮）10%+华安纯债债券A（郑如熙）10%。

③组合回测结果及简评。

平衡混合型基金与纯债基金构建的组合，子基金最晚成立日为2016年10月27日。

该组合在2017年1月1日至2022年7月29日的5.58年，累计收益率为46.64%，最大回撤为5.91%，年化收益率为7.10%；2019年1月1日至2022年7月29日的3.58年，累计收益率为43.42%，最大回撤为5.91%，年化收益率为10.59%。

保守混合型基金与纯债基金构建的组合，子基金最晚成立日为2016年10月29日。

该组合2017年1月1日至2022年7月29日的5.58年，累计收益率为61.74%，最大回撤为4.83%，年化收益率为8.99%；2019年1月1日至2022年7月29日的3.58年，累计收益率为47.98%，最大回撤为4.81%，年化收益率为11.56%。

保守混合型基金与纯债基金构建的组合，最大回撤比平衡混合型基金与纯债基金构建组合要更小一些。当然这跟平衡混合型基金数量不多、挑选余地不大也有一定关系。

4. 小结

（1）2017年1月1日至2022年7月29日这近5.58年来，偏债混合型基金指数的年化收益率为5.95%，2019年1月1日至2022年7月29日这近3.58年来，年化收益率为7.94%。

股2债8组合的正常平均水平与此大体相当。

不同时段的收益率水平相差巨大。

比如，2019年1月1日正好是股市的阶段低点，以此为起点统计的阶段收益率比长期收益率要高不少；2021年2月10日前后是股市的阶段高点，2022年4月26日前后是股市的阶段低点，若将这两个时间作为不同的统计终点，结果肯定相去甚远。

此外，"优选"主动基金构建的组合，其过往业绩一定是大幅超越平均水平的，但并不预示着未来也一定能超越平均水平。

（2）中低风险投资组合业绩基准锚定偏债混合型基金指数，我们提供了几种不同的构建组合思路，不同思路构建的投资组合在风险收益特征上是有一些差异的，这也为读者朋友提供了更多的选择。

最便捷的方法当然是全部用偏债混合型基金构建组合；如果想追求一定的业绩弹性，则可以用偏股混合型基金与一级债基构建组合的思路，但波动也明显增加了；而用保守混合型基金或平衡混合型基金与纯债基金构建投资组合，可以实现更小的波动，与单纯用偏债混合型基金构建组合的收益率大体相当。

目前偏债混合型基金数量众多，可选余地较大；而保守混合型基金和平衡混合型基金数量较少，这不能不说是个缺憾。

7.2.5　中高风险投资组合

中高风险投资根据每个人不同的财务状况、不同的投资诉求和目标，可以分为稳健型、适度进取型和激进型投资方案。

1.　稳健型投资方案

（1）股3债7。

①只用股票持仓占比为30%左右的保守混合型基金构建投资组合。

组合示例（不构成投资建议）如下。

易方达安心回馈混合（林虎、李中阳）20%+华夏永福混合 A（何家琦）20%+博时鑫泰混合 A（杨永光）20%+安信新优选灵活配置混合 A（张明）20%+招商丰美混合（王刚）20%

②用股票持仓占比80%以上的偏股混合型基金（20%）+股票持仓占比20%左右的偏债混合型基金（80%）构建投资组合。

组合示例（不构成投资建议）如下。

偏股混合型基金部分（20%）：华安逆向策略混合（万建军，中观、成长）4%+兴全合润混合（谢治宇，均衡偏成长）4%+易方达新经济混合（陈皓，均衡偏成长）4%+大成新锐产业混合（韩创、周期成长）4%+国富弹性市值混合（赵晓东，价值）4%。

偏债混合型基金部分（80%）：国富新机遇灵活配置混合 A（刘晓）16%+鹏华弘尚灵活配置混合 A（张栓伟）16%+东方红价值精选混合 A（纪文静）16%+华泰柏瑞鼎利灵活配置混合（郑青）16%+嘉实策略优选混合 A（胡永青）16%。

③用股票持仓占比80%以上的偏股混合型基金（35%）+纯债基金构建投资组合（65%）。

组合示例（不构成投资建议）如下。

偏股混合型基金部分（35%）：华安逆向策略混合（万建军，中观、成长）7%+兴全合润混合（谢治宇，均衡偏成长）7%+易方达新经济混合（陈皓，均衡偏成长）7%+大成新锐产业混合（韩创，周期成长）7%+国富弹性市值混合（赵晓东，价值）7%。

纯债基金部分（65%）：鹏华丰禄债券A（刘涛）13%+富国信用债债券A（黄纪亮）13%+圆信永丰兴融A（林铮）13%+华安纯债债券A（郑如熙）13%+招商招瑞纯债A（刘万锋）13%。

④各组合回测结果及简评。

A.只用保守混合基金构建的组合，子基金最晚成立日为2016年12月29日。

该组合在2017年1月1日至2022年7月29日的5.58年，累计收益率为78.83%，最大回撤为8.67%，年化收益率为10.97%；2019年1月1日至2022年7月29日的3.58年，累计收益率为64.30%，最大回撤为8.67%，年化收益率为14.86%。

B.偏股混合型基金与偏债混合型基金构建的组合，子基金最晚成立日为2016年12月22日。

该组合在2017年1月1日至2022年7月29日的5.58年，累计收益率为83.20%，最大回撤为13.06%，年化收益率为11.45%；2019年1月1日至2022年7月29日的3.58年，累计收益率为74.69%，最大回撤为13.06%，年化收益率为16.85%。

C.偏股混合型基金与纯债基金构建的组合，子基金最晚成立日为2016年10月27日。

该组合在2017年1月1日至2022年7月29日的5.58年，累计收益率为82.40%，最大回撤为16.43%，年化收益率为11.37%；2019年1月1日至2022年7月29日的3.58年，累计收益率为74.55%，最大回撤为16.43%，年化收益率为16.82%。

D.只用保守混合型基金构建的组合，最大回撤小得多，也是性价比最好的；偏股混合型基金总权重越大，回撤越大。

（2）股4债6。

①用股票持仓占比80%以上的偏股混合型基金（30%）+股票持仓占比20%左右的偏债混合型基金（70%）构建投资组合。

组合示例（不构成投资建议）如下。

偏股混合型基金部分（30%）：华安逆向策略混合（万建军，中观、成长）6%+兴全合润混合（谢治宇，均衡偏成长）6%+易方达新经济混合（陈皓，均衡偏成长）6%+大成新锐产业混合（韩创，周期成长）6%+国富弹性市值混合（赵晓东，价值）6%。

偏债混合型基金部分（70%）：国富新机遇灵活配置混合A（刘晓）14%+鹏华

弘尚灵活配置混合 A（张栓伟）14%+东方红价值精选混合 A（纪文静）14%+华泰柏瑞鼎利灵活配置混合（郑青）14%+嘉实策略优选混合 A（胡永青）14%。

②用股票持仓占比 80%以上的偏股混合型基金（50%）+纯债基金（50%）构建投资组合。

组合示例（不构成投资建议）如下。

偏股混合型基金部分（50%）：华安逆向策略混合（万建军，中观、成长）10%+兴全合润混合（谢治宇，均衡偏成长）10%+易方达新经济混合（陈皓，均衡偏成长）10%+大成新锐产业混合（韩创，周期成长）10%+国富弹性市值混合（赵晓东，价值）10%。

纯债基金部分（50%）：鹏华丰禄债券 A（刘涛）10%+富国信用债债券 A（黄纪亮）10%+圆信永丰兴融 A（林铮）10%+华安纯债债券 A（郑如熙）10%+招商招瑞纯债 A（刘万锋）10%。

③各组合回测结果及简评。

A.偏股混合型基金与偏债混合型基金构建的组合，子基金最晚成立日为 2016 年 12 月 22 日。

该组合在 2017 年 1 月 1 日至 2022 年 7 月 29 日的 5.58 年，累计收益率为 95.14%，最大回撤为 16.05%，年化收益率为 12.72%；2019 年 1 月 1 日至 2022 年 7 月 29 日的 3.58 年，累计收益率为 88.84%，最大回撤为 16.05%，年化收益率为 19.41%。

B.偏股混合型基金与纯债基金构建的组合，子基金最晚成立日为 2016 年 10 月 27 日。

该组合在 2017 年 1 月 1 日至 2022 年 7 月 29 日的 5.58 年，累计收益率为 104.49%，最大回撤为 20.20%，年化收益率为 13.67%；2019 年 1 月 1 日至 2022 年 7 月 29 日的 3.58 年，累计收益率为 100.93%，最大回撤为 20.20%，年化收益率为 21.50%。

C.这两种配置方式的回测结果有一定的差异，一定程度上是因为二者的股债比例只是大约相似的，做不到精确相等。此外，进攻资产配置比例越高，波动也会越大，但性价比不一定好。

（3）股债均配。

①只用股票持仓占比为 50%左右的保守（平衡）混合型基金构建投资组合。

组合示例（不构成投资建议）如下。

招商安泰平衡混合（李崟）34%+建信积极配置混合（姚景）33%+博时平衡配置混合（孙少峰、杨永光）33%。

易方达安盈回报混合（张清华）、博时量化平衡混合 A（黄瑞庆、林景艺）都是

2017年以后才成立的，如果不是出于便于回测的需要，则可以将这2只加上，每只基金按20%进行配置。

②用股票持仓占比80%以上的偏股混合型基金（50%）+股票持仓占比20%左右的偏债混合型基金（50%）构建投资组合。

组合示例（不构成投资建议）如下。

偏股混合型基金部分（50%）：华安逆向策略混合（万建军，中观、成长）10%+兴全合润混合（谢治宇，均衡偏成长）10%+易方达新经济混合（陈皓，均衡偏成长）10%+大成新锐产业混合（韩创，周期成长）10%+国富弹性市值混合（赵晓东，价值）10%。

偏债混合型基金部分（50%）：国富新机遇灵活配置混合A（刘晓）10%+鹏华弘尚灵活配置混合A（张栓伟）10%+东方红价值精选混合A（纪文静）10%+华泰柏瑞鼎利灵活配置混合（郑青）10%+嘉实策略优选混合A（胡永青）10%。

③用股票持仓占比80%以上的偏股混合型基金（60%）+纯债基金（40%）构建投资组合。

组合示例（不构成投资建议）如下。

偏股混合型基金部分（60%）：华安逆向策略混合（万建军，中观、成长）12%+兴全合润混合（谢治宇，均衡偏成长）12%+易方达新经济混合（陈皓，均衡偏成长）12%+大成新锐产业混合（韩创，周期成长）12%+国富弹性市值混合（赵晓东，价值）12%。

纯债基金部分（40%）：鹏华丰禄债券A（刘涛）8%+富国信用债债券A（黄纪亮）8%+圆信永丰兴融A（林铮）8%+华安纯债债券A（郑如熙）8%+招商招瑞纯债A（刘万锋）8%。

④各组合回测结果及简评。

A.只用保守（平衡）混合型基金构建的组合，子基金最晚成立日为2014年1月23日。

该组合在2017年1月1日至2022年7月29日的5.58年，累计收益率为73.47%，最大回撤为13.28%，年化收益率为11.45%；2019年1月1日至2022年7月29日的3.58年，累计收益率为91.27%，最大回撤为13.28%，年化收益率为19.84%。

B.偏股混合型基金与偏债混合型基金构建的组合，子基金最晚成立日为2016年12月22日。

该组合在2017年1月1日至2022年7月29日的5.58年，累计收益率为119.04%，最大回撤为20.60%，年化收益率为15.08%；2019年1月1日至2022年7月29日的 3.58 年，累计收益率为 118.47%，最大回撤为 20.60%，年化收益率为 24.37%。

C.偏股混合型基金与纯债基金构建的组合，子基金最晚成立日为 2016 年 10 月 27 日。

该组合在 2017 年 1 月 1 日至 2022 年 7 月 29 日的 5.58 年，累计收益率为 119.32%，最大回撤为 20.20%，年化收益率为 15.10%；2019 年 1 月 1 日至 2022 年 7 月 29 日的 3.58 年，累计收益率为 119.45%，最大回撤为 22.20%，年化收益率为 24.53%。

D. 不同组合回测结果的差异一定程度上来自于股债比例的误差：后两种组合的股债比有可能明显大于第一种。此外，保守（平衡）混合型基金中能满足股债均配且成立时间在 2017 年之前的太少，几乎没得选，这一组合仅 3 只基金，可能缺乏一定的代表性。

（4）哈利·布朗的永久组合。

这一组合来自克雷格·罗兰（Craig Rowland）和 J.M.劳森（J.M.Lawson）所著《哈利·布朗的永久投资组合》一书，具体比例是"权益 25%+长债 25%+黄金 25%+现金（工具）25%"。

"权益 25%+长债 25%"部分可以用前文"股债均配"中的任意组合大体模拟，比如直接用平衡混合型基金 50%，或者用偏股混合型基金 25%+偏债混合型基金 25%，也可以用偏股混合型基金 30%+纯债基金 20% 进行模拟。

组合示例 1（不构成投资建议）：[易方达安盈回报混合（张清华）10%+招商安泰平衡混合（李崟）10%+建信积极配置混合（姚景）10%+博时平衡配置混合（孙少峰、杨永光）10%+博时量化平衡混合 A（黄瑞庆、林景艺）10%]+华安黄金 ETF 联接（许之彦）25%+[博时合惠货币 B（魏桢）15%+建信现金添益货币（陈建良）10%]。

组合示例 2（不构成投资建议）：[华安逆向策略混合（万建军，中观、成长）5%+兴全合润混合（谢治宇，均衡偏成长）5%+易方达新经济混合（陈皓，均衡偏成长）5%+大成新锐产业混合（韩创，周期成长）5%+国富弹性市值混合（赵晓东，价值）5%]+[国富新机遇灵活配置混合 A（刘晓）5%+鹏华弘尚灵活配置混合 A（张栓伟）5%+东方红价值精选混合 A（纪文静）5%+华泰柏瑞鼎利灵活配置混合（郑青）5%+嘉实策略优选混合 A（胡永青）5%]+华安黄金 ETF 联接（许之彦）25%+[博时合惠货币 B（魏桢）15%+建信现金添益货币（陈建良）10%]。

组合示例 3（不构成投资建议）：[华安逆向策略混合（万建军，中观、成长）6%+兴全合润混合（谢治宇，均衡偏成长）6%+易方达新经济混合（陈皓，均衡偏成长）6%+大成新锐产业混合（韩创，周期成长）6%+国富弹性市值混合（赵晓东，价值）6%]+[鹏华丰禄债券 A（刘涛）4%+富国信用债债券 A（黄纪亮）4%+圆信永丰兴融 A（林铮）4%+华安纯债债券 A（郑如熙）4%+招商招瑞纯债 A（刘万锋）4%]+华安黄金 ETF 联接（许之彦）25%+[博时合惠货币 B（魏桢）15%+建信现金添益货币（陈建良）10%]。

组合回测结果及简评：

①权益部分用保守（平衡）混合型基金构建的组合，子基金最晚成立日为 2017年 5 月 4 日。

该组合在 2017 年 5 月 4 日至 2022 年 7 月 29 日的 5.24 年，累计收益率为 53.82%，最大回撤为 10.54%，年化收益率为 8.57%；2019 年 1 月 1 日至 2022 年 7 月 29 日的 3.58 年，累计收益率为 55.34%，最大回撤为 7.74%，年化收益率为 13.08%。

②用偏股混合型基金与偏债混合型基金模拟股债比的组合，子基金最晚成立日为 2017 年 1 月 13 日。

该组合在 2017 年 1 月 13 日至 2022 年 7 月 29 日的 5.55 年，累计收益率为 75.15%，最大回撤为 12.65%，年化收益率为 10.63%；2019 年 1 月 1 日至 2022 年 7 月 29 日的 3.58 年，累计收益率为 68.62%，最大回撤为 12.65%，年化收益率为 15.70%。

③用偏股混合型基金与纯债基金模拟股债比的组合，子基金最晚成立日为 2017年 1 月 13 日。

该组合在 2017 年 1 月 13 日至 2022 年 7 月 29 日的 5.55 年，累计收益率为 68.29%，最大回撤为 12.73%，年化收益率为 9.83%；2019 年 1 月 1 日至 2022 年 7 月 29 日的 3.58 年，累计收益率为 60.99%，最大回撤为 12.73%，年化收益率为 14.21%。

④不同组合回测结果的差异一定程度上来自主动基金股债比例的误差。哈利·布朗的永久组合的回收益率水平介于偏债组合与股 3 债 7 组合之间，黄金基金与货币基金的加入并没有起到降低波动的作用，主因还是黄金价格的波动远远大于债券。

（5）瑞·达利欧的全天候组合。

这一组合来自托尼·罗宾斯（Tony Robbins）所著的《钱，7 步创造终身收入》一书，具体比例是"长期国债 40%+中期国债 15%+股票 30%+7.50%的大宗商品+7.50%的黄金"。

"长期国债 40%+中期国债 15%+股票 30%"可以按照股 30 债 55 的大致比例用主动基金做近似模拟。

目前的商品基金以持有海外原油子基金为主，由于移仓损耗以及管理费多重收取等原因，建议直接用黄金 ETF 代替，也可以在原油跌破 50 美元后配置国泰大宗商品、银华抗通胀主题等。

组合示例（不构成投资建议）：[华安逆向策略混合（万建军，中观、成长）4%+

兴全合润混合（谢治宇，均衡偏成长）4%+易方达新经济混合（陈皓，均衡偏成长）4%+大成新锐产业混合（韩创，周期成长）4%+国富弹性市值混合（赵晓东，价值）4%]+[国富新机遇灵活配置混合 A（刘晓）13%+鹏华弘尚灵活配置混合 A（张栓伟）13%+东方红价值精选混合 A（纪文静）13%+华泰柏瑞鼎利灵活配置混合（郑青）13%+嘉实策略优选混合 A（胡永青）13%]+国泰大宗商品（QDII）7.5%+华安黄金 ETF 联接（许之彦）7.5%。

组合回测结果及简评：

子基金最晚成立日为 2016 年 12 月 22 日。

该组合在 2017 年 1 月 1 日至 2022 年 7 月 29 日的 5.58 年，累计收益率为 77.63%，最大回撤为 11.18%，年化收益率为 10.84%；2019 年 1 月 1 日至 2022 年 7 月 29 日的 3.58 年，累计收益率为 72.55%，最大回撤为 11.18%，年化收益率为 16.44%。

组合收益率水平略低于本节的股 3 债 7 组合，最大回撤也要低一些，说明本组合比股 3 债 7 组合更为稳健一些。

与偏股基金和偏债基金模拟股债比例的哈利·布朗的永久组合比，本组合的收益率略高、最大回撤略低。

投资组合收益率差距的主要原因还是权益比重的高低。

（6）小结。

①2017 年 1 月 1 日至 2022 年 7 月 29 日这 5.58 年，偏债混合型基金指数的年化收益率为 5.95%，偏股混合型基金指数的年化收益率为 12.03%；2019 年 1 月 1 日至 2022 年 7 月 29 日这 3.58 年，偏债混合型基金指数的年化收益率为 7.94%，偏股混合型基金指数的年化收益率为 23.65%。

以偏股混合型基金指数为全股、偏股混合型基金指数为全债粗略推算：

- 股 3 债 7 组合近 5.58 年的平均年化收益率大约为 7.77%，近 3.58 年的年化收益率大约为 12.65%；
- 股 4 债 6 组合近 5.58 年的平均年化收益率大约 8.38%，近 3.58 年的年化收益率大约为 14.22%；
- 股债均配组合近 5.58 年的平均年化收益率大约为 8.99%，近 3.58 年的年化收益率大约为 15.80%。

②截取不同时段，哪怕只是相差一个月，所计算出来的年化收益率有时都会有比较大的差异。

此外，"优选"主动基金构建的组合，其过往业绩一定是大幅超越平均水平的，但并不预示着未来也一定能超越平均水平。

2. 适度进取型投资方案

（1）股6债4。

①用股票持仓占比80%以上的偏股混合型基金（65%）+股票持仓占比20%左右的偏债混合型基金（35%）构建投资组合。

组合示例（不构成投资建议）如下。

偏股混合型基金部分（65%）： 华安逆向策略混合（万建军，中观、成长）13%+兴全合润混合（谢治宇，均衡偏成长）13%+易方达新经济混合（陈皓，均衡偏成长）13%+大成新锐产业混合（韩创，周期成长）13%+国富弹性市值混合（赵晓东，价值）13%。

偏债混合型基金部分（35%）： 国富新机遇灵活配置混合A（刘晓）7%+鹏华弘尚灵活配置混合A（张栓伟）7%+东方红价值精选混合A（纪文静）7%+华泰柏瑞鼎利灵活配置混合（郑青）7%+嘉实策略优选混合A（胡永青）7%。

②用股票持仓占比80%以上的偏股混合型基金（75%）+纯债基金（25%）构建投资组合。

组合示例（不构成投资建议）如下。

偏股混合型基金部分（75%）： 华安逆向策略混合（万建军，中观、成长）15%+兴全合润混合（谢治宇，均衡偏成长）15%+易方达新经济混合（陈皓，均衡偏成长）15%+大成新锐产业混合（韩创，周期成长）15%+国富弹性市值混合（赵晓东，价值）15%。

纯债基金部分（25%）： 鹏华丰禄债券A（刘涛）5%+富国信用债债券A（黄纪亮）5%+圆信永丰兴融A（林铮）5%+华安纯债债券A（郑如熙）5%+招商招瑞纯债A（刘万锋）5%。

③组合回测结果及简评。

A.用偏股混合型基金与偏债混合型基金模拟股债比的组合，子基金最晚成立日为2016年12月22日。

该组合在2017年1月1日至2022年7月29日的5.58年，累计收益率为136.99%，最大回撤为23.14%，年化收益率为16.71%；2019年1月1日至2022年7月29日的3.58年，累计收益率为141.94%，最大回撤为23.14%，年化收益率为27.96%。

B.用偏股混合型基金与纯债基金模拟股债比的组合，子基金最晚成立日为2016年10月27日。

该组合在2017年1月1日至2022年7月29日的5.58年，累计收益率为141.72%，最大回撤为24.50%，年化收益率为17.13%；2019年1月1日至2022年7月29日的 3.58 年，累计收益率为 148.74%，最大回撤为 24.50%，年化收益率为 28.95%。

C.两个组合的收益与波动水平相差不大。

（2）股 6 债 3 黄金 1。

①用股票持仓占比 80%以上的偏股混合型基金（75%）+纯债基金（15%）+黄金（10%）构建投资组合。

组合示例（不构成投资建议）：[华安逆向策略混合（万建军，中观、成长）15%+兴全合润混合（谢治宇，均衡偏成长）15%+易方达新经济混合（陈皓，均衡偏成长）15%+大成新锐产业混合（韩创，周期成长）15%+国富弹性市值混合（赵晓东，价值）15%]+[国富新机遇灵活配置混合 A（刘晓）3%+鹏华弘尚灵活配置混合 A（张栓伟）3%+东方红价值精选混合 A（纪文静）3%+华泰柏瑞鼎利灵活配置混合（郑青）3%+嘉实策略优选混合 A（胡永青）3%]+华安黄金 ETF 联接（许之彦）10%。

②组合回测结果及简评。

组合子基金最晚成立日为 2016 年 10 月 27 日。

该组合在 2017 年 1 月 1 日至 2022 年 7 月 29 日的 5.58 年，累计收益率为 143.06%，最大回撤为 24.10%，年化收益率为 17.24%；2019 年 1 月 1 日至 2022 年 7 月 29 日的 3.58 年，累计收益率为 151.36%，最大回撤为 24.10%，年化收益率为 29.33%。

与股 6 债 4 相比，黄金的加入基本没有影响收益率和波动水平，仅从 5 年多的维度看，配不配置黄金意义不大。

（3）股 7 债 3。

①用股票持仓占比 80%以上的偏股混合型基金（80%）+股票持仓占比 20%左右的偏债混合型基金（20%）构建投资组合。

组合示例（不构成投资建议）如下。

偏股混合型基金部分（80%）：华安逆向策略混合（万建军，中观、成长）16%+兴全合润混合（谢治宇，均衡偏成长）16%+易方达新经济混合（陈皓，均衡偏成长）16%+大成新锐产业混合（韩创，周期成长）16%+国富弹性市值混合（赵晓东，价值）16%。

偏债混合型基金部分（20%）：国富新机遇灵活配置混合 A（刘晓）4%+鹏华弘尚灵活配置混合 A（张栓伟）4%+东方红价值精选混合 A（纪文静）4%+华泰柏瑞鼎利灵活配置混合（郑青）4%+嘉实策略优选混合 A（胡永青）4%。

②用股票持仓占比 80%以上的偏股混合型基金（85%）+纯债基金（15%）构建投资组合。

组合示例（不构成投资建议）如下。

偏股混合型基金部分（85%）： 华安逆向策略混合（万建军，中观、成长）17%+兴全合润混合（谢治宇，均衡偏成长）17%+易方达新经济混合（陈皓，均衡偏成长）17%+大成新锐产业混合（韩创，周期成长）17%+国富弹性市值混合（赵晓东，价值）17%。

纯债基金部分（15%）： 鹏华丰禄债券A（刘涛）3%+富国信用债债券A（黄纪亮）3%+圆信永丰兴融A（林铮）3%+华安纯债债券A（郑如熙）3%+招商招瑞纯债A（刘万锋）3%。

③各组合回测结果及简评。

A.用偏股混合型基金与偏债混合型基金模拟股债比的组合，子基金最晚成立日为2016年12月22日。

该组合在2017年1月1日至2022年7月29日的5.58年，累计收益率为154.96%，最大回撤为25.18%，年化收益率为18.25%；2019年1月1日至2022年7月29日的3.58年，累计收益率为166.57%，最大回撤为25.18%，年化收益率为31.47%。

B.用偏股混合型基金与纯债基金模拟股债比的组合，子基金最晚成立日为2016年10月27日。

该组合在2017年1月1日至2022年7月29日的5.58年，累计收益率为156.75%，最大回撤为25.77%，年化收益率为18.40%；2019年1月1日至2022年7月29日的3.58年，累计收益率为169.35%，最大回撤为25.77%，年化收益率为31.85%。

C.两个组合的收益率与波动水平相差不大。

（4）小结。

①以偏股混合型基金指数为全股、偏股混合型基金指数为全债粗略推算。

股6债4组合近5.58年的平均年化收益率大约为9.60%，近3.58年的年化收益率大约为17.37%；

股7债3组合近5.58年的平均年化收益率大约为10.21%，近3.58年的年化收益率大约为18.94%。

②"优选"主动基金构建的组合，其过往业绩一定是大幅超越平均水平的，但并不预示着未来也一定能超越平均水平。

3. 激进型投资方案

100%偏股混合型基金组合（不同投资风格）。

（1）用5只主动偏股基金，等权重配置（组合示例，不构成投资建议）。

华安逆向策略混合（万建军，中观、成长）20%+兴全合润混合（谢治宇，均衡偏成长）20%+大成新锐产业混合（韩创，周期成长）20%+国富弹性市值混合（赵晓东，价值）20%+国富大中华精选混合（徐成，QDII）20%。

（2）用 10 只主动偏股基金，各占 10%（组合示例，不构成投资建议）。

华安逆向策略混合（万建军，中观、成长）10%+中银优选灵活配置混合（王伟，中观）10%+大成新锐产业混合（韩创，周期成长）10%+易方达新经济混合（陈皓，均衡偏成长）10%+兴全合润混合（谢治宇，均衡偏成长）10%+海富通改革驱动灵活配置混合（周雪军，均衡）10%+国富弹性市值混合（赵晓东，价值）10%+嘉实价值优势混合 A（谭丽，价值）10%+国富大中华精选混合（徐成，QDII）10%+华安香港精选股票（翁启森，QDII）10%。

（3）用 20 只主动偏股基金，各占 5%（基本上相当于"摊大饼"）（组合示例，不构成投资建议）。

华安逆向策略混合（万建军，中观、成长）5%+万家生活品质混合（莫海波，中观，逆向）5%+中银优选灵活配置混合（王伟，中观）5%+圆信永丰优加生活股票（范妍，中观）5%+华安沪港深外延增长混合（胡宜斌，中观，偏左侧）5%+海富通改革驱动灵活配置混合（周雪军，均衡）5%+易方达新经济混合（陈皓，均衡偏成长）5%+兴全合润混合（谢治宇，均衡偏成长）5%+华安安信消费混合（王斌，均衡偏成长）5%+大成新锐产业混合（韩创，周期成长）5%+交银先进制造混合（刘鹏，价值成长）5%+国富研究精选混合 A（徐荔荣，价值成长）5%+国富弹性市值混合（赵晓东，价值）5%+嘉实价值优势混合 A（谭丽，价值）5%+安信价值精选股票（陈一峰，价值）5%+景顺长城核心竞争力混合（余广，价值）5%+国富大中华精选混合（徐成，QDII）5%+华安香港精选股票（翁启森，QDII）5%+华夏移动互联混合人民币（刘平等，QDII）5%+广发全球精选股票（李耀柱，QDII）5%。

（4）用 3 只以主动权益基金指数为基础做增强策略的量化基金，各占三分之一。

万家量化睿选混合（乔亮，主动量化）34%+博道远航混合（杨梦，主动量化）33%+中欧量化驱动混合（曲径，主动量化）33%。

（5）各组合回测结果及简评。

①5 只基金构建的组合，子基金最晚成立日为 2015 年 2 月 3 日。

该组合在 2017 年 1 月 1 日至 2022 年 7 月 29 日的 5.58 年，累计收益率为 158.99%，最大回撤为 26.23%，年化收益率为 18.58%；2019 年 1 月 1 日至 2022 年 7 月 29 日的 3.58 年，累计收益率为 175.27%，最大回撤为 26.21%，年化收益率为 32.65%。

②10 只基金构建的组合，子基金最晚成立日为 2016 年 4 月 28 日。

该组合在 2017 年 1 月 1 日至 2022 年 7 月 29 日的 5.58 年，累计收益率为 166.52%，

最大回撤为 26.59%，年化收益率为 19.19%；2019 年 1 月 1 日至 2022 年 7 月 29 日的 3.58 年，累计收益率为 171.03%，最大回撤为 26.59%，年化收益率为 32.08%。

③20 只基金构建的组合，子基金最晚成立日为 2016 年 12 月 14 日。

该组合在 2017 年 1 月 1 日至 2022 年 7 月 29 日的 5.58 年，累计收益率为 164.05%，最大回撤为 27.46%，年化收益率为 18.99%；2019 年 1 月 1 日至 2022 年 7 月 29 日的 3.58 年，累计收益率为 167.05%，最大回撤为 27.46%，年化收益率为 31.54%。

④以上三个组合的收益率及最大回撤水平大体相当。

10 只和 20 只基金构建的组合在最大回撤水平上并没有比 5 只基金构建的组合更优，主要原因是每个投资组合的基金投资风格无法做到比例精准一致。

⑤三个组合的收益率水平都比偏股基金指数相同时段 12.03%（5.58 年）和 23.65%（3.58 年）的年化收益率高得多。

"优选"主动基金构建的组合，其过往业绩一定是大幅超越平均水平的，但并不预示着未来也一定能超越平均水平。

⑥用三只以主动权益基金指数为基础做增强策略的量化基金构建的组合，因为应用该策略的时间不长（分别从 2021 年 1 月 1 日、6 月 1 日和 8 月 1 日才开始），所以无法进行有效回测。

但这一组合很有意义，值得观察，看能否稳定战胜偏股混合型基金指数。

7.3 构建指数基金组合的基本原则和方法

7.3.1 选择指数基金的具体要求

挑选被动指数基金其实主要是选指数。

我国的股票宽基指数之前主要是规模指数，编制规则是有一定问题的。

以沪深 300 指数为例，每次调整成分股时，因为市值上涨，中证 500 指数中靠前的一些成分股可能进入沪深 300 指数，而沪深 300 指数尾部的一些成分股则因为市值下跌而被剔除了，指数实际上是不断在追涨杀跌的。

而且，只考虑市值规模而不考虑行业结构的指数，有可能造成成分股中传统行业或成熟行业比重过大、新兴行业占比太小甚至没有的问题。

而中证 100 指数在 2022 年 5 月的一次大的指数规则修订中，充分考虑了行业的均衡问题，使中证 100 指数由一个规模指数变成了行业龙头指数，纳入了 A 股几乎所有有代表性的"核心资产"。因此，市场对中证 100 指数未来的收益是有更多期待的。

其他的规模指数，比如上证 50 指数、沪深 300 指数、中证 500 指数等，未来会不会也有类似的规则修改呢？

由于过去跟踪上证 50 指数、沪深 300 指数的基金要多得多，而跟踪中证 100 指数的基金数量和规模均小得多，所以本节构建投资组合示例时，为方便回测，还是更多地使用了上证 50 指数和沪深 300 指数。

在实际构建投资组合时，完全可以考虑用中证 100 指数代替上证 50 指数或沪深 300 指数。

构建投资组合时，可以参考本书第 5 章指数基金的风险收益特征，在组合中尽量做到价值与成长、大中小盘等投资风格多方面的分散。

在具体成分基金的选择上，我主张选择大中型基金管理公司的产品，同时注意跟踪误差和费率差异，同等条件下优先选择低费率的产品。

基金成立时间越早越好，要求基金经理相对稳定，现任基金经理最好管理 3 年以上。

指数增强产品选择超额收益较为稳定、现任基金经理最好连续管理超过 5 年以上的。

对于指数基金的规模，我持中性立场，别选太小规模的就可以，避免清盘风险。

构建投资组合时，跟踪同一指数的指数基金原则上选择 1 只就可以了，但增强型指数基金应该选择 2 只或以上来分散超额收益不稳定及波动加大的风险。

7.3.2 挑选各类指数基金基金池

根据前文所述要求，挑选出各类指数基金基金池。

需要特别说明的是，基金过往业绩并不代表未来表现，所涉及的具体基金不构成投资建议。

1. 债券型基金

（1）同业存单指数基金。

鹏华中证同业存单 AAA 指数 7 天持有期、富国中证同业存单 AAA 指数 7 天持有期、南方中证同业存单 AAA 指数 7 天持有期。

（2）全债指数基金。

易方达中债新综指（LOF）、长盛全债指数增强债券。

（3）中长债指数基金。

平安中证 5—10 年国债活跃券 ETF、广发中债 7—10 年国开债指数、易方达中债 7—10 年国开债指数。

（4）中短债指数基金。

兴业中债 1—3 年政金债、南方中债 1—3 年国开债、广发中债 1—3 年国开债。

2. 宽基指数基金

（1）被动指数基金。

- 华夏上证 50ETF 联接、易方达上证 50 联接、博时上证 50 联接；
- 长盛中证 100 指数、诺安中证 100 指数、南方中证 100 指数；
- 华泰柏瑞沪深 300ETF 联接、华夏沪深 300ETF 联接、嘉实沪深 300ETF 联接（LOF）；
- 南方中证 500ETF 联接、华夏中证 500ETF 联接、嘉实中证 500ETF 联接；
- 易方达创业板 ETF 联接、南方创业板 ETF 联接、广发创业板 ETF 联接；
- 易方达中证科创创业 50ETF 联接、华夏中证科创创业 50ETF 联接、南方中证科创创业 50ETF 联接；
- 南方中证 100ETF 联接、华夏中证 1000ETF 联接、广发中证 1000 指数；
- 易方达 MSCI 中国 A50 互联互通 ETF 联接、华夏 MSCI 中国 A50 互联互通 ETF 联接、南方 MSCI 中国 A50 互联互通 ETF 联接；
- 华夏恒生 ETF 联接（QDII）、南方恒生 ETF 联接（QDII）、汇添富恒生指数（QDII-LOF）；
- 广发纳斯达克 100ETF 联接人民币（QDII）、国泰纳斯达克 100 指数（QDII）、华安纳斯达克 100 指数（QDII）。

（2）增强指数基金。

- 易方达上证 50 增强；
- 富国沪深 300 指数增强、景顺长城沪深 300 指数增强、兴全沪深 300 指数增强；
- 富国中证 500 指数增强、西部利得中证 500 指数增强、建信中证 500 指数增强；
- 创业板增强似乎都不太理想，建议用创业板 50 指数替代：华安创业板 50 指数 A、交银创业板 50 指数；
- 富国中证 1000 指数增强。

3. 行业指数基金

- 汇添富中证主要消费 ETF 联接、嘉实中证主要消费 ETF 联接；
- 招商中证白酒指数（LOF）；

- 华安中证医疗 ETF 联接、国泰中证医疗 ETF 联接、广发中证医疗指数；
- 易方达中证科技 50ETF 联接；
- 华夏恒生科技 ETF 联接（QDII）、易方达恒生科技 ETF 联接（QDII）、天弘恒生科技指数（QDII）；
- 富国中证高端制造指数增强（LOF）。

中概互联网类：易方达中证海外中国互联网 50 ETF 联接（QDII）、广发中证海外中国互联网 30ETF（QDII）、华夏恒生互联网科技业 ETF 联接；天弘中证中美互联网（QDII）。

4. 策略型指数基金

- 富国中证红利指数增强、大成中证红利指数、易方达中证红利 ETF 联接；
- 泰达消费红利指数；
- 工银深证红利 ETF 联接、西部利得深证红利 ETF 联接；
- 易方达中证 500 质量成长 ETF、鹏扬中证 500 质量成长指数（成立时间较短，回测暂用富国中证 500 指数增强代替）；
- 华夏创成长 ETF 联接（成立时间较短，回测暂用华安创业板 50 指数代替）。

7.3.3 低风险投资组合

1. 1 年之内要用的钱或者 1 年之内不用但只想赚到比货币基金稍高点的收益

用 2~3 只同业存单指数基金分散风险。

同业存单指数基金成立时间都不长，优先选择大中型基金公司管理的产品。

组合示例如下，不构成投资建议。

富国中证同业存单 AAA 指数 7 天持有期 50%+南方中证同业存单 AAA 指数 7 天持有期 50%。

2. 2 年之后要用的钱或长期持有但只愿意承担低风险

考虑在久期上适当搭配，用 1 只全债指数基金、1 只 3—5 年期国债指数基金和一只 7—10 年期国开债指数基金 A 份额等权重构建投资组合。

组合示例如下，不构成投资建议。

易方达中债新综指（LOF）A 34%+易方达中债 3—5 年期国债指数 33%+广发中债 7—10 年期国开债指数 A 33%。

3. 组合回测结果及简评

（1）中证同业存单 AAA 指数过去 3~5 年的年化收益率大约处于 3% 的水平，最大回撤为 0.16%。

（2）债券指数组合子基金最晚成立日为 2016 年 9 月 26 日。

该组合在 2017 年 1 月 1 日至 2022 年 7 月 29 日的 5.58 年，累计收益率为 24.21%，最大回撤为 4.09%，年化收益率为 3.96%；2019 年 1 月 1 日至 2022 年 7 月 29 日的 3.58 年，累计收益率为 14.93%，最大回撤为 4.09%，年化收益率为 3.96%。

（3）债券指数组合近 3~5 年的年化收益率仅比同业存单高 1 个左右百分点，但最大回撤却大了很多。当前看，同业存单的性价比似乎要好一些。

7.3.4 中低风险投资组合

用 2 成股票指数型基金加上 8 成指数型债券基金构建投资组合。

其中的"2 成股票指数型基金"可以用被动指数型基金或者增强型指数基金，也可以用策略型指数基金。

1. 被动型指数基金

组合示例如下，不构成投资建议。

[上证 50 指数（大盘，价值风格）5%+沪深 300 指数（大盘，价值成长风格）5%+中证 500 指（中小盘，价值成长风格）5%+创业板指数（中大盘，成长风格）5%]+[易方达中债新综指数（LOF）A 25%+易方达中债 3—5 年期国债指数 25%+广发中债 7—10 年期国开债指数 A 30%]。

2. 增强型指数基金

组合示例如下，不构成投资建议。

[上证 50 增强（大盘，价值风格）5%+沪深 300 增强（大盘，价值成长风格）5%+中证 500 增强（中小盘，价值成长风格）5%+创业板指数增强（中大盘，成长风格）5%]+[易方达中债新综指（LOF）A 25%+易方达中债 3—5 年期国债指数 25%+广发中债 7—10 年期国开债指数 A 30%]。

3. 策略型指数基金

组合示例如下，不构成投资建议。

[中证红利（大盘，价值风格）5%+深证红利（中大盘，价值成长风格）5%+中证 500 质量成长指数（中小盘，价值成长风格）5%+创业板动量成长指数（中大盘，

成长风格）5%]+[易方达中债新综指（LOF）A 25%+易方达中债 3—5 年期国债指数 25%+广发中债 7—10 年期国开债指数 A 30%]。

4. 组合回测结果及简评

各相关指数默认用基金池第一只基金参与回测。

（1）被动型指数基金构建的组合，子基金最晚成立日为 2016 年 9 月 26 日。

该组合在 2017 年 1 月 1 日至 2022 年 7 月 29 日的 5.58 年，累计收益率为 25.98%，最大回撤为 7.49%，年化收益率为 4.22%；2019 年 1 月 1 日至 2022 年 7 月 29 日的 3.58 年，累计收益率为 21.29%，最大回撤为 7.49%，年化收益率为 5.53%。

（2）增强型指数基金构建的组合，子基金最晚成立日为 2016 年 9 月 26 日。

该组合在 2017 年 1 月 1 日至 2022 年 7 月 29 日的 5.58 年，累计收益率为 30.40%，最大回撤为 8.58%，年化收益率为 4.87%；2019 年 1 月 1 日至 2022 年 7 月 29 日的 3.58 年，累计收益率为 25.31%，最大回撤为 8.58%，年化收益率为 6.50%。

（3）策略型指数基金构建的组合，子基金最晚成立日为 2016 年 9 月 26 日。

该组合在 2017 年 1 月 1 日至 2022 年 7 月 29 日的 5.58 年，累计收益率为 25.98%，最大回撤为 7.46%，年化收益率为 4.22%；2019 年 1 月 1 日至 2022 年 7 月 29 日的 3.58 年，累计收益率为 24.52%，最大回撤为 7.46%，年化收益率为 6.31%。

（4）近 5.58 年大体只相当于比纯债基金略高的收益率水平。

表征主动基金股 2 债 8 组合平均水平的偏债混合型基金指数近 5.58 年的平均年化收益率为 5.95%，近 3.58 年的年化收益率为 7.94%，说明主动基金确实存在超额收益。

7.3.5 中高风险投资组合

各相关指数默认用基金池第一只基金参与回测。

1. 稳健型投资方案

（1）股 3 债 7。

①被动型指数基金。

组合示例如下，不构成投资建议。

[上证 50 指数（大盘，价值风格）7.5%+沪深 300 指数（大盘，价值成长风格）7.5%+中证 500 指（中小盘，价值成长风格）7.5%+创业板指数（中大盘，成长风格）7.5%]+[易方达中债新综指数（LOF）A 20%+易方达中债 3—5 年期国债指数 20%+广发中债 7—10 年期国开债指数 A 30%]。

②增强型指数基金。

组合示例如下，不构成投资建议。

[证50增强（大盘，价值风格）7.5%+沪深300增强（大盘，价值成长风格）7.5%+中证500增强（中小盘，价值成长风格）7.5%+创业板指数增强（中大盘，成长风格）7.5%]+[易方达中债新综指（LOF）A 20%+易方达中债3—5年期国债指数 20%+广发中债7—10年期国开债指数 A 30%]。

③策略型指数基金。

组合示例如下，不构成投资建议。

[中证红利（大盘，价值风格）7.5%+深证红利（中大盘，价值成长风格）7.5%+中证500质量成长指数（中小盘，价值成长风格）7.5%+创业板动量成长指数（中大盘，成长风格）7.5%]+[易方达中债新综指（LOF）A 20%+易方达中债3—5年期国债指数 20%+广发中债7—10年期国开债指数 A 30%]。

④组合回测结果及简评。

各相关指数默认用基金池第一只基金参与回测，四个权益指数7.5%在回测时按7%、8%、7%、8%整数处理。

A.被动型指数基金构建的组合，子基金最晚成立日为2016年9月26日。

该组合在2017年1月1日至2022年7月29日的5.58年，累计收益率为25.98%，最大回撤为11.33%，年化收益率为4.22%；2019年1月1日至2022年7月29日的3.58年，累计收益率为25.01%，最大回撤为11.33%，年化收益率为6.43%。

B.增强型指数基金构建的组合，子基金最晚成立日为2016年9月26日。

该组合在2017年1月1日至2022年7月29日的5.58年，累计收益率为33.29%，最大回撤为12.61%，年化收益率为5.28%；2019年1月1日至2022年7月29日的3.58年，累计收益率为30.85%，最大回撤为12.61%，年化收益率为7.79%。

C.策略型指数基金构建的组合，子基金最晚成立日为2016年9月26日。

该组合在2017年1月1日至2022年7月29日的5.58年，累计收益率为31.46%，最大回撤为10.78%，年化收益率为5.02%；2019年1月1日至2022年7月29日的3.58年，累计收益率为29.69%，最大回撤为10.78%，年化收益率为7.52%。

D.被动指数组合近5.58年的收益率水平与纯债基金指数大体相当，增强和策略指数组合比纯债基金高1个左右百分点。

上一节粗略测算主动基金股3债7组合近5.58年的平均年化收益率大约为7.77%，近3.58年的年化收益率约为12.65%，可见主动基金存在明显的超额收益。

（2）股4债6。

①被动型指数基金。

组合示例如下，不构成投资建议。

[上证 50 指数（大盘，价值风格）10%+沪深 300 指数（大盘，价值成长风格）10%+中证 500 指数（中小盘，价值成长风格）10%+创业板指数（中大盘，成长风格）10%]+[易方达中债新综指（LOF）A 20%+易方达中债 3—5 年期国债指数 20%+广发中债 7—10 年期国开债指数 A 20%]。

②增强型指数基金。

组合示例如下，不构成投资建议。

[上证 50 增强（大盘，价值风格）10%+沪深 300 增强（大盘，价值成长风格）10%+中证 500 增强（中小盘，价值成长风格）10%+创业板指数增强（中大盘，成长风格）10%]+[易方达中债新综指（LOF）A 20%+易方达中债 3—5 年期国债指数 20%+广发中债 7—10 年期国开债指数 A 20%]。

③策略型指数基金。

组合示例如下，不构成投资建议。

[中证红利（大盘，价值风格）10%+深证红利（中大盘，价值成长风格）10%+中证 500 质量成长指数（中小盘，价值成长风格）10%+创业板动量成长指数（中大盘，成长风格）10%]+[易方达中债新综指（LOF）A 20%+易方达中债 3—5 年期国债指数 20%+广发中债 7—10 年期国开债指数 A 20%]。

④组合回测结果及简评。

A.被动型指数基金构建的组合，子基金最晚成立日为 2016 年 9 月 26 日。

该组合在 2017 年 1 月 1 日至 2022 年 7 月 29 日的 5.58 年，累计收益率为 25.63%，最大回撤为 14.49%，年化收益率为 4.17%；2019 年 1 月 1 日至 2022 年 7 月 29 日的 3.58 年，累计收益率为 27.80%，最大回撤为 14.49%，年化收益率为 7.08%。

B.增强型指数基金构建的组合，子基金最晚成立日为 2016 年 9 月 26 日。

该组合在 2017 年 1 月 1 日至 2022 年 7 月 29 日的 5.58 年，累计收益率为 36.21%，最大回撤为 16.17%，年化收益率为 5.69%；2019 年 1 月 1 日至 2022 年 7 月 29 日的 3.58 年，累计收益率为 35.99%，最大回撤为 16.17%，年化收益率为 8.96%。

C.策略型指数基金构建的组合，子基金最晚成立日为 2016 年 9 月 26 日。

该组合在 2017 年 1 月 1 日至 2022 年 7 月 29 日的 5.58 年，累计收益率为 33.15%，最大回撤为 10.78%，年化收益率为 5.26%；2019 年 1 月 1 日至 2022 年 7 月 29 日的 3.58 年，累计收益率为 34.50%，最大回撤为 13.97%，年化收益率为 8.62%。

D.被动指数组合近 5.58 年的收益率水平与纯债基金指数大体相当；增强和策略指数组合比纯债基金高 1 个多百分点。

上一节粗略测算主动基金股 4 债 6 组合近 5.58 年的平均年化收益率大约为 8.38%，近 3.58 年的年化收益率约为 14.22%，可见主动基金存在明显超额收益。

（3）股债均配。

①被动型指数基金。

组合示例如下，不构成投资建议。

[上证 50 指数（大盘，价值风格）12.50%+沪深 300 指数（大盘，价值成长风格）12.50%+中证 500 指数（中小盘，价值成长风格）12.50%+创业板指数（中大盘，成长风格）12.50%]+[易方达中债新综指（LOF）A16%+易方达中债 3—5 年期国债指数 16%+广发中债 7—10 年期国开债指数 A 18%]。

②增强型指数基金。

组合示例如下，不构成投资建议。

[上证 50 增强（大盘，价值风格）12.50%+沪深 300 增强（大盘，价值成长风格）12.50%+中证 500 增强（中小盘，价值成长风格）12.50%+创业板指数增强（中大盘，成长风格）12.50%]+[易方达中债新综指（LOF）A16%+易方达中债 3—5 年期国债指数 16%+广发中债 7—10 年期国开债指数 A 18%]。

③策略型指数基金。

组合示例如下，不构成投资建议。

[中证红利(大盘，价值风格)12.50%+深证红利(中大盘，价值成长风格)12.50%+中证 500 质量成长指数（中小盘，价值成长风格）12.50%+创业板动量成长指数（中大盘，成长风格）12.50%]+[易方达中债新综指（LOF）A16%+易方达中债 3—5 年期国债指数 16%+广发中债 7—10 年期国开债指数 A 18%]。

④组合回测结果及简评。

A.被动型指数基金构建的组合，子基金最晚成立日为 2016 年 9 月 26 日。

该组合在 2017 年 1 月 1 日至 2022 年 7 月 29 日的 5.58 年，累计收益率为 25.84%，最大回撤为 17.44%，年化收益率为 4.20%；2019 年 1 月 1 日至 2022 年 7 月 29 日的 3.58 年，累计收益率为 31.28%，最大回撤为 7.44%，年化收益率为 7.89%。

B.增强型指数基金构建的组合，子基金最晚成立日为 2016 年 9 月 26 日。

该组合在 2017 年 1 月 1 日至 2022 年 7 月 29 日的 5.58 年，累计收益率为 39.27%，最大回撤为 19.62%，年化收益率为 6.11%；2019 年 1 月 1 日至 2022 年 7 月 29 日的

3.58 年，累计收益率为 41.82%，最大回撤为 19.62%，年化收益率为 10.24%。

C.策略型指数基金构建的组合，子基金最晚成立日为 2016 年 9 月 26 日。

该组合在 2017 年 1 月 1 日至 2022 年 7 月 29 日的 5.58 年，累计收益率为 35.46%，最大回撤为 10.78%，年化收益率为 5.59%；2019 年 1 月 1 日至 2022 年 7 月 29 日的 3.58 年，累计收益率为 40.04%，最大回撤为 16.63%，年化收益率为 9.85%。

D.被动指数组合近 5.58 年的收益率水平与股 3 债 7 组合竟然相差不大，与纯债基金指数大体相当，增强和策略指数组合比纯债基金高 1~2 个百分点。

上一节粗略测算主动基金股债均配组合近 5.58 年的平均年化收益率大约为 8.99%，近 3.58 年的年化收益率约为 15.88%，可见主动基金相对指数基金的超额收益还是很明显的。

（4）哈利·布朗的永久组合。

权益 25%、长债 25%、黄金 25%、现金（工具）25%。

①被动型指数基金。

组合示例如下，不构成投资建议。

[上证 50 指数（大盘，价值风格）6%+沪深 300 指数（大盘，价值成长风格）6%+中证 500 指数（中小盘，价值成长风格）6%+创业板指数（中大盘，成长风格）7%]+[易方达中债新综指（LOF）A 10%+广发中债 7—10 年期国开债指数 A 15%]+华安黄金 ETF 联接 25%+建信现金添益货币 A 25%]。

②增强型指数基金。

组合示例如下，不构成投资建议。

[上证 50 增强（大盘，价值风格）6%+沪深 300 增强（大盘，价值成长风格）6%+中证 500 增强（中小盘，价值成长风格）6%+创业板指数增强（中大盘，成长风格）7%]+[易方达中债新综指（LOF）A 10%+广发中债 7—10 年期国开债指数 A 15%]+华安黄金 ETF 联接 25%+建信现金添益货币 A 25%]。

③策略型指数基金。

组合示例如下，不构成投资建议。

[中证红利（大盘，价值风格）6%+深证红利（中大盘，价值成长风格）6%+中证 500 质量成长指数（中小盘，价值成长风格）6%+创业板动量成长指数（中大盘，成长风格）7%]+[易方达中债新综指（LOF）A 10%+广发中债 7—10 年期国开债指数 A 15%]+华安黄金 ETF 联接 25%+建信现金添益货币 A 25%]。

④组合回测结果及简评。

A.被动型指数基金构建的组合，子基金最晚成立日为 2016 年 9 月 26 日。

该组合在 2017 年 1 月 1 日至 2022 年 7 月 29 日的 5.58 年，累计收益率为 28.46%，最大回撤为 8.13%，年化收益率为 4.56%；2019 年 1 月 1 日至 2022 年 7 月 29 日的 3.58 年，累计回收益率为 26.51%，最大回撤为 8.13%，年化收益率为 6.78%。

B.增强型指数基金构建的组合，子基金最晚成立日为 2016 年 9 月 26 日。

该组合在 2017 年 1 月 1 日至 2022 年 7 月 29 日的 5.58 年，累计收益率为 35.20%，最大回撤为 10.15%，年化收益率为 5.54%；2019 年 1 月 1 日至 2022 年 7 月 29 日的 3.58 年，累计收益率为 31.47%，最大回撤为 10.15%，年化收益率为 7.93%。

C.策略型指数基金构建的组合，子基金最晚成立日为 2016 年 9 月 26 日。

该组合在 2017 年 1 月 1 日至 2022 年 7 月 29 日的 5.58 年，累计收益率为 33.37%，最大回撤为 7.75%，年化收益率为 5.29%；2019 年 1 月 1 日至 2022 年 7 月 29 日的 3.58 年，累计收益率为 30.47%，最大回撤为 7.75%，年化收益率为 7.71%。

D.所有组合近 5.58 年和近 3.58 年的收益率水平与相应的股 3 债 7 组合大体相当，但最大回撤水平要低得多，所以**指数基金永久组合应该可以作为股 3 债 7 组合的较好替代**。

黄金的加入对平滑主动基金组合波动的效果好像就没那么明显。

（5）瑞·达利欧的全天候组合。

长期国债 40%+中期国债 15%+股票 30%+7.50%的大宗商品+7.50%的黄金。

目前的商品基金以持有海外原油子基金为主，由于移仓损耗以及管理费多重收取等原因，建议直接用黄金 ETF 代替，也可以在原油跌破 50 美元后配置国泰大宗商品、银华抗通胀主题等。

①被动型指数基金。

组合示例如下，不构成投资建议。

广发中债 7—10 年期国开债指数 A 40%+易方达中债 3—5 年期国债指数 15%+[上证 50 指数（大盘，价值风格）7.50%+沪深 300 指数（大盘，价值成长风格）7.50%+中证 500 指数（中小盘，价值成长风格）7.50%+创业板指数（中大盘，成长风格）7.50%]+国泰大宗商品 7.50%+华安黄金 ETF 7.50%。

②增强型指数基金。

组合示例如下，不构成投资建议。

广发中债 7—10 年期国开债指数 A 40%+易方达中债 3—5 年期国债指数 15%+[上证 50 增强（大盘，价值风格）7.50%+沪深 300 增强（大盘，价值成长风格）7.50%+中证 500 增强（中小盘，价值成长风格）7.50%+创业板指数增强（中大盘，成长风格）7.50%]+国泰大宗商品 7.50%+华安黄金 ETF 7.50%。

③策略型指数基金。

组合示例如下，不构成投资建议。

广发中债 7—10 年期国开债指数 A 40%+易方达中债 3—5 年期国债指数 15%+[中证红利（大盘，价值风格）7.50%+深证红利（中大盘，价值成长风格）7.50%+中证 500 质量成长指数（中小盘，价值成长风格）7.50%+创业板动量成长指数（中大盘，成长风格）7.50%]+国泰大宗商品 7.50%+华安黄金 ETF 7.50%。

④各组合回测结果及简评。

A.被动型指数基金构建的组合，子基金最晚成立日为 2016 年 9 月 26 日。

该组合在 2017 年 1 月 1 日至 2022 年 7 月 29 日的 5.58 年，累计收益率为 24.89%，最大回撤为 8.96%，年化收益率为 4.06%；2019 年 1 月 1 日至 2022 年 7 月 29 日的 3.58 年，累计收益率为 27.55%，最大回撤为 8.96%，年化收益率为 7.03%。

B.增强型指数基金构建的组合，子基金最晚成立日为 2016 年 9 月 26 日。

该组合在 2017 年 1 月 1 日至 2022 年 7 月 29 日的 5.58 年，累计收益率为 32.79%，最大回撤为 9.98%，年化收益率为 5.21%；2019 年 1 月 1 日至 2022 年 7 月 29 日的 3.58 年，累计收益率为 33.72%，最大回撤为 9.98%，年化收益率为 8.45%。

C.策略型指数基金构建的组合，子基金最晚成立日为 2016 年 9 月 26 日。

该组合在 2017 年 1 月 1 日至 2022 年 7 月 29 日的 5.58 年，累计收益率为 30.57%，最大回撤为 9.21%，年化收益率为 4.89%；2019 年 1 月 1 日至 2022 年 7 月 29 日的 3.58 年，累计收益率为 32.59%，最大回撤为 9.21%，年化收益率为 8.19%。

D.所有组合近 5.58 年的收益率水平不如永久组合，但近 3.58 年的收益率水平力却超过永久组合，最大回撤水平比永久组合还要更高一些。这一结果可能是受到了国泰大宗商品的拖累，目前已有的商品基金确实没有配置价值。

2. 适度进取型投资方案

各相关指数默认用基金池第一只基金参与回测。

（1）股 6 债 4。

①被动型指数基金。

组合示例如下，不构成投资建议。

[上证 50 指数（大盘，价值风格）15%+沪深 300 指数（大盘，价值成长风格）15%+中证 500 指数（中小盘，价值成长风格）15%+创业板指数（中大盘，成长风格）15%]+[易方达中债新综指（LOF）A13%+易方达中债 3—5 年期国债指数 13%+

广发中债 7—10 年期国开债指数 A 14%]。

②增强型指数基金。

组合示例如下，不构成投资建议。

[上证 50 增强（大盘，价值风格）15%+沪深 300 增强（大盘，价值成长风格）15%+中证 500 增强（中小盘，价值成长风格）15%+创业板指数增强（中大盘，成长风格）15%]+[易方达中债新综指（LOF）A13%+易方达中债 3—5 年期国债指数 13%+广发中债 7-10 年期国开债指数 A 14%]。

③策略型指数基金。

组合示例如下，不构成投资建议。

[中证红利（大盘，价值风格）15%+深证红利（中大盘，价值成长风格）15%+中证 500 质量成长指数（中小盘，价值成长风格）15%+创业板动量成长指数（中大盘，成长风格）15%]+[易方达中债新综指（LOF）A13%+易方达中债 3—5 年期国债指数 13%+广发中债 7—10 年期国开债指数 A 14%]。

④各组合回测结果及简评。

A.被动型指数基金构建的组合，子基金最晚成立日为 2016 年 9 月 26 日。

该组合在 2017 年 1 月 1 日至 2022 年 7 月 29 日的 5.58 年，累计回收益率为 26.39%，最大回撤为 20.42%，年化收益率为 4.28%；2019 年 1 月 1 日至 2022 年 7 月 29 日的 3.58 年，累计收益率为 35.20%，最大回撤为 20.42%，年化收益率为 8.78%。

B.增强型指数基金构建的组合，子基金最晚成立日为 2016 年 9 月 26 日。

该组合在 2017 年 1 月 1 日至 2022 年 7 月 29 日的 5.58 年，累计收益率为 42.20%，最大回撤为 22.63%，年化收益率为 6.51%；2019 年 1 月 1 日至 2022 年 7 月 29 日的 3.58 年，累计收益率为 47.72%，最大回撤为 22.63%，年化收益率为 11.50%。

C.策略型指数基金构建的组合，子基金最晚成立日为 2016 年 9 月 26 日。

该组合在 2017 年 1 月 1 日至 2022 年 7 月 29 日的 5.58 年，累计收益率为 37.65%，最大回撤为 19.11%，年化收益率为 5.89%；2019 年 1 月 1 日至 2022 年 7 月 29 日的 3.58 年，累计收益率为 45.67%，最大回撤为 19.11%，年化收益率为 11.07%。

D.相较股债均配各组合，以上各组合的年化收益率与最大回撤大体同比例增加，性价比差不多。

（2）股 7 债 3。

①被动型指数基金。

组合示例如下，不构成投资建议。

[上证 50 指数（大盘，价值风格）17.50%+沪深 300 指数（大盘，价值成长风格）17.50%+中证 500 指数（中小盘，价值成长风格）17.50%+创业板指数（中大盘，成长风格）17.50%]+[易方达中债新综指（LOF）A10%+易方达中债 3—5 年期国债指数 10%+广发中债 7—10 年期国开债指数 A 10%]。

②增强型指数基金。

组合示例如下，不构成投资建议。

[上证 50 增强（大盘，价值风格）17.50%+沪深 300 增强（大盘，价值成长风格）17.50%+中证 500 增强（中小盘，价值成长风格）17.50%+创业板指数增强（中大盘，成长风格）17.50%]+[易方达中债新综指（LOF）A10%+易方达中债 3—5 年期国债指数 10%+广发中债 7—10 年期国开债指数 A 10%]。

③策略型指数基金。

组合示例如下，不构成投资建议。

[中证红利（大盘，价值风格）17.50%+深证红利（中大盘，价值成长风格）17.50%+中证 500 质量成长指数（中小盘，价值成长风格）17.50%+创业板动量成长指数（中大盘，成长风格）17.50%]+[易方达中债新综指（LOF）A10%+易方达中债 3—5 年期国债指数 10%+广发中债 7—10 年期国开债指数 A 10%]。

④各组合回测结果及简评。

A.被动型指数基金构建的组合，子基金最晚成立日为 2016 年 9 月 26 日。

该组合在 2017 年 1 月 1 日至 2022 年 7 月 29 日的 5.58 年，累计收益率为 26.71%，最大回撤为 23.24%，年化收益率为 4.33%；2019 年 1 月 1 日至 2022 年 7 月 29 日的 3.58 年，累计收益率为 39.10%，最大回撤为 23.24%，年化收益率为 9.65%。

B.增强型指数基金构建的组合，子基金最晚成立日为 2016 年 9 月 26 日。

该组合在 2017 年 1 月 1 日至 2022 年 7 月 29 日的 5.58 年，累计收益率为 45.12%，最大回撤为 25.24%，年化收益率为 6.90%；2019 年 1 月 1 日至 2022 年 7 月 29 日的 3.58 年，累计收益率为 53.83%，最大回撤为 25.24%，年化收益率为 12.77%。

C.策略型指数基金构建的组合，子基金最晚成立日为 2016 年 9 月 26 日。

该组合在 2017 年 1 月 1 日至 2022 年 7 月 29 日的 5.58 年，累计收益率为 39.83%，最大回撤为 21.55%，年化收益率为 6.19%；2019 年 1 月 1 日至 2022 年 7 月 29 日的 3.58 年，累计收益率为 51.56%，最大回撤为 21.55%，年化收益率为 12.31%。

D.相较股 6 债 4 各组合，以上各组合的年化收益率与最大回撤大体同比例增加。说明这种股债比例的指数基金组合的性价比是差不多的。

（3）股6债3商品黄金1。

①被动型指数基金。

组合示例如下，不构成投资建议。

[上证50指数（大盘，价值风格）15%+沪深300指数（大盘，价值成长风格）15%+中证500指数（中小盘，价值成长风格）15%+创业板指数（中大盘，成长风格）15%]+[易方达中债新综指（LOF）A10%+易方达中债3—5年期国债指数10%+广发中债7—10年期国开债指数A10%]+华安黄金ETF10%。

②增强型指数基金。

组合示例如下，不构成投资建议。

[上证50增强（大盘，价值风格）15%+沪深300增强（大盘，价值成长风格）15%+中证500增强（中小盘，价值成长风格）15%+创业板指数增强（中大盘，成长风格）15%]+[易方达中债新综指（LOF）A10%+易方达中债3—5年期国债指数10%+广发中债7—10年期国开债指数A10%]+华安黄金ETF10%。

③策略型指数基金。

组合示例如下，不构成投资建议。

[中证红利（大盘，价值风格）15%+深证红利（中大盘，价值成长风格）15%+中证500质量成长指数（中小盘，价值成长风格）15%+创业板动量成长指数（中大盘，成长风格）15%]+[易方达中债新综指（LOF）A10%+易方达中债3—5年期国债指数10%+广发中债7—10年期国开债指数A10%]+华安黄金ETF10%。

④各组合回测结果及简评。

A.被动型指数基金构建的组合，子基金最晚成立日为2016年9月26日。

该组合在2017年1月1日至2022年7月29日的5.58年，累计收益率为27.90%，最大回撤为20.21%，年化收益率为4.51%；2019年1月1日至2022年7月29日的3.58年，累计收益率为37.17%，最大回撤为20.21%，年化收益率为9.22%。

B.增强型指数基金构建的组合，子基金最晚成立日为2016年9月26日。

该组合在2017年1月1日至2022年7月29日的5.58年，累计收益率为43.81%，最大回撤为22.41%，年化收益率为6.73%；2019年1月1日至2022年7月29日的3.58年，累计收益率为49.74%，最大回撤为22.41%，年化收益率为11.93%。

C.策略型指数基金构建的组合，子基金最晚成立日为2016年9月26日。

该组合在2017年1月1日至2022年7月29日的5.58年，累计收益率为39.24%，最大回撤为18.64%，年化收益率为6.11%；2019年1月1日至2022年7月29日的

3.58 年，累计收益率为 47.72%，最大回撤为 18.64%，年化收益率为 11.50%。

D.这一组合总体收益率表现优于股 6 债 4，略逊于股 7 债 3，并且最大回撤水平均低于后两种组合，说明至少这一时段的黄金在指数基金组合中是具有配置价值的。

3. 激进型投资方案

100%股票型指数基金组合。兼顾大小盘、成长与价值风格。各相关指数默认用基金池第一只基金参与回测。

（1）被动宽基指数型基金。

组合示例如下，不构成投资建议。

①上证 50 指数（大盘，价值风格）25%+沪深 300 指数（大盘，价值成长风格）25%+中证 500 指数（中小盘，价值成长风格）25%+创业板指数（中大盘，成长风格）25%。

②中证 100 指数（大盘，价值成长风格）25%+创业板指数（中大盘，成长风格）25%+中证 500 指数（中小盘，成长风格）25%+恒生指数（大盘，价值成长风格）25%。

③MSCI A50 指数（大盘，价值风格）25%+科创创业 50 指数（中大盘，成长风格）25%+恒生指数（大盘，价值成长风格）25%+纳斯达克 100 指数（大盘，成长风格）25%。

④组合回测及简评。

A.第一个组合全部是 A 股的宽基指数。

该组合子基金最晚成立日为 2016 年 9 月 26 日。

该组合在 2017 年 1 月 1 日至 2022 年 7 月 29 日的 5.58 年，累计收益率为 29.55%，最大回撤为 29.12%，年化收益率为 4.75%；2019 年 1 月 1 日至 2022 年 7 月 29 日的 3.58 年，累计收益率为 57.48%，最大回撤为 29.12%，年化收益率为 13.51%。

B.第二个组合用中证 100 指数替代了上证 50 指数和沪深 300 指数，中证 100 指数新修订指数规则后，由单纯的市值规模指数变身为首选行业龙头、兼顾市值规模的指数，指数的收益率特征与上证 50 指数和沪深 300 指数可能会有较大的不同。

该组合子基金最晚成立日为 2012 年 8 月 21 日。

该组合在 2017 年 1 月 1 日至 2022 年 7 月 29 日的 5.58 年，累计收益率为 29.46%，最大回撤为 29.17%，年化收益率为 4.73%；2019 年 1 月 1 日至 2022 年 7 月 29 日的 3.58 年，累计收益率为 52.84%，最大回撤为 29.17%，年化收益率为 12.57%。

C.第三个组合加入了 MSCI A50 指数，其编制规则与中证 100 指数相似。另外还加入了投资美股的纳斯达克 100 指数。

中证 100 指数、双创 50 指数基本覆盖了 A 股，恒生指数基本覆盖了中概互联网等新经济，而纳斯达克 100 指数则覆盖了目前在世界上具有垄断地位的美股高科技。

由于 MSCI A50 指数发布较晚，跟踪基金成立时间很短，科创创业 50 指数和跟踪基金成立也较晚，故组合中用中证 100 指数代替 MSCI A50 指数，用创业板 50 指数代替科创创业 50 指数进行回测。

该组合子基金最晚成立日为 2015 年 7 月 6 日。

该组合在 2017 年 1 月 1 日至 2022 年 7 月 29 日的 5.58 年，累计收益率为 68.80%，最大回撤为 26.39%，年化收益率为 9.83%；2019 年 1 月 1 日至 2022 年 7 月 29 日的 3.58 年，累计收益率为 56.20%，最大回撤为 26.39%，年化收益率为 13.25%。

D.这三个组合中，加入了纳斯达克 100 指数的组合的收益率表现当然是最好的，因为纳斯达克 100 指数是近 10 年来当之无愧的"宽基指数之王"。当然，纳斯达克 100 指数在 2000 年至 2009 年也出现过 10 年下跌 44% 的惨状，所以也不能由过往辉煌的收益率简单线性外推。

（2）被动行业主题指数型基金。

组合示例如下，不构成投资建议。

①中证主要消费 20%+中证医疗 20%+中证科技 50 指数 20%+中证高端制造指数 20%+恒生科技指数 20%。

②中证白酒指数 25%+中证医药研发服务主题指数 25%+中证新能源指数 25%+中证海外中国互联网 50 指数 25%。

③组合回测及简评

这几年大家都知道消费、医药、科技是可以长牛的行业，我们做了两种组合，第一组用综合行业指数构建，第二组用最犀利的细分行业指数构建。

A.第一组中的中证科技 50 指数于 2019 年年底才发布，时间太短，我们暂用其他四个行业指数均配做一个简单回测。

该组合在 2017 年 1 月 1 日至 2022 年 7 月 29 日的 5.58 年，累计收益率为 64.52%，年化收益率为 9.33%；2019 年 1 月 1 日至 2022 年 7 月 29 日的 3.58 年，累计收益率为 79.93%，年化收益率为 17.81%。

观察这四个指数自 2017 年以来的叠加走势图，大的牛熊周期基本上是同步的，因此把四个指数的最大回撤（2017 年以来中证主要消费、中证医疗、中证高端指数和恒生科技指数的最大回撤分别是 39.88%、49.87%、42.95% 和 68.52%），通过简单算术平均作为组合的最大回撤，这一数据是 50.31%。

虽然优选行业构建组合的收益率比宽基指数组合的收益率可能要高一些，但最大回撤却大得多，一般人可能还真承受不了。

B.第二选择的细分行业则更为犀利。白酒、新能源、CXO，乃至中概互联网，都是或曾经是收益率最好的细分行业指数。

医药收益率最好的细分行业主题 CXO（研发服务）目前还没有跟踪基金。

举这一组合例子是想说明，行业越细分，收益率特征可能显得越"犀利"，比如中证白酒指数同期最大回撤 45.34%就比中证主要消费的 39.88%高不少，中证新能源最大回撤 47.98%也比中证高端制造指数的 42.95%高，CXO 应该也比中证医疗和中证医药波动更大。

优选行业或细分行业的收益率可能更好，但投资难度是更大的，不一定适合普通投资者。

（3）增强型指数基金。

组合示例如下，不构成投资建议。

上证 50 增强（大盘，价值风格）25%+沪深 300 增强（大盘，价值成长风格）25%+中证 500 增强（中小盘，价值成长风格）25%+创业板 50（中大盘，成长风格）25%。

该组合在 2017 年 1 月 1 日至 2022 年 7 月 29 日的 5.58 年，累计收益率为 57.33%，最大回撤为 31.71%，年化收益率为 8.45%；2019 年 1 月 1 日至 2022 年 7 月 29 日的 3.58 年，累计收益率为 69.72%，最大回撤为 31.35%，年化收益率为 15.91%。

（4）风格或策略型指数基金。

组合示例如下，不构成投资建议。

中证红利（大盘，价值风格）25%+深证红利（中大盘，价值成长风格）25%+中证 500 质量成长指数（中小盘，价值成长风格）25%+创业板动量成长指数（中大盘，成长风格）25%。

该组合在 2017 年 1 月 1 日至 2022 年 7 月 29 日的 5.58 年，累计收益率为 49.87%，最大回撤为 31.33%，年化收益率为 7.52%；2019 年 1 月 1 日至 2022 年 7 月 29 日的 3.58 年，累计收益率为 66.20%，最大回撤为 26.54%，年化收益率为 15.23%。

4. 小结

（1）为了叙述方便，我将指数基金投资组合分成了被动型指数、增强型指数、风格或策略型指数，以及行业指数这几组，实际构建投资组合时完全可以根据自己的偏好做"混搭"，不管是被动型指数、增强型指数、风格或策略型指数还是行业指数，只要选择自己认可的基金、确定好比例就可以构建一个心仪的组合。

（2）组合收益率水平主要取决于股债比例，权益占比越高收益率越高，但波动和回撤也就越大。

（3）所有的回测数据表明，增强型指数组合的收益率水平最高，但波动和回撤也最大。策略型指数组合的收益率水平高于被动型指数组合、略低于增强型指数组合。

随着指数规则的不断修订和完善，未来是否还是这一结果，存在不确定性。

（4）尽管黄金的波动也比较大，但在本节回测时段是有配置价值的，有平滑波动的效果。当然这可能跟近几年黄金表现较好有关系。

（5）优选行业指数基金构建投资组合有可能获得更好的收益率，但回撤也要大得多，投资难度也太大，不一定适合普通投资者。

（6）指数基金组合的过往收益率水平总体上是不如主动基金组合的，因为主动基金还存在明显的超额收益。

7.4 主动基金与指数基金"混搭"的基本方法和示例

虽然说不同的投资者对主动基金和指数基金会有不同的偏好，但绝大部分人不会做非此即彼的选择。因此，构建投资组合时，主动基金和指数基金"混搭"也是正常且常见的。

我们在第 3 章专门讨论过主动基金与指数基金各自的优点和缺点，不同的投资者对主动基金和指数基金持有不同的看法，其实也很正常。

我自己倾向于以主动基金为主构建投资组合，不管主动基金有多少缺点，它比指数基金还有更高的超额收益就是最好的选择理由。

所以我更倾向于构建一个"（主动基金）核心+（指数基金）卫星"的投资组合。

我在平时与投资者的交流过程中也发现，有部分投资者偏好指数基金，那也没问题，构建一个"（指数基金）核心+（主动基金）卫星"的投资组合就可以了。

7.4.1 "（主动基金）核心+（指数基金）卫星"组合

在这样的组合中，主动基金占比 80%或以上，指数基金占比 20%或以下。

不同的风险偏好对应着不同的股债比，直接照搬前面各种主动基金和指数基金组合，并将主动基金总比例调整到 80%或以上、指数基金总比例调整到 20%或以下就可以了。

在具体构建过程中，可以根据自己的喜好，对子基金中的主动基金和指数基金做精简或调整。

以激进型投资方案为例，可以选择 5 只主动基金+2 只指数基金。

组合示例如下所示，不构成投资建议。

核心部分（主动基金）：华安逆向策略混合（万建军，中观、成长）16%+兴全合润混合（谢治宇，均衡偏成长）16%+易方达新经济混合（陈皓，均衡偏成长）16%+大成新锐产业混合（韩创，周期成长）16%+国富弹性市值混合（赵晓东，价值）16%。

卫星部分（指数基金）可以有多种选择，看自己的偏好：

[中证 500 质量 10%+创业板动量成长 10%]（策略）；

[中证白酒指数 10%+中证新能源指数 10%]（行业）；

[沪深 300 指数增强 10%+中证 500 指数增强 10%]（增强）；

[恒生指数 10%+纳斯达克 100 指数 10%]（QDII）；

[保险主题指数 10%+中概互联网指数 10%]（行业、超跌、逆向布局）；

[中证红利 10%+深证红利 10%]（策略、红利）；

[中证 1000 指数 10%+国证 2000 指数 10%]（被动、小盘）。

以主动基金为主、指数基金为辅的投资组合，从过往收益特征来看，收益率和波动水平介于主动基金组合与指数基金组合之间，且更接近主动基金组合。

当然，根据自己的认知和能力圈，可以自由调整主动基金与指数基金的比例，比如主动基金占比 60%~70%、指数基金占比 30%~40%，只要适合自己就都行。

7.4.2 "（指数基金）核心+（主动基金）卫星"组合

在这样的组合中，指数基金占比 80%或以上，主动基金占比 20%或以下。

同样可以直接照搬前面各种主动基金和指数基金组合，将指数基金总比例调整到 80%或以上、主动基金总比例调整到 20%或以下就可以了。

在具体构建过程中，可以根据自己的偏好，对子基金中的主动基金和指数基金做精简或调整。

以激进型投资方案为例，自由选择自己心仪的 4~6 只指数基金和 2~5 只主动基金就可以。

组合示例如下所示，不构成投资建议。

核心部分（指数基金）：中证红利（大盘，价值风格）15%+深证红利（中大盘，价值成长风格）15%+中证 500 质量成长指数（中小盘，价值成长风格）15%+创业板动量成长指数（中大盘，成长风格）15%+恒生科技指数（QDII，大盘成长）10%+纳斯达克100指数（QDII，成长）10%。

卫星部分（主动基金）：这部分可以根据配置需要，对自己看重的方向做一个补充。可以是均衡配置，可以是中观（景气轮动）或价值风格，也可以是高端制造或其他看好的主题。

[华安逆向策略混合（万建军，中观、成长）5%+兴全合润混合（谢治宇，均衡偏成长）5%+大成新锐产业混合（韩创，周期成长）5%+国富研究精选混合A（徐荔荣，价值成长）5%]（均衡配置）；

[华安逆向策略混合（万建军，中观、成长）5%+中银优选灵活配置混合（王伟，中观）5%+银华心怡灵活配置混合A（李晓星，中观）5%+圆信永丰优加生活股票（范妍，中观）5%]（中观）；

[国富弹性市值混合（赵晓东，价值）5%+广发睿毅领先混合（林英睿，兼顾效率的逆向、价值）5%+嘉实价值优势混合A（谭丽，价值）5%+国投瑞银瑞利混合（綦缚鹏，价值）5%]（价值）；

[国投瑞银先进制造混合（施成）5%+易方达高端制造混合（祁禾）5%+广发制造业精选混合（李巍）5%+中银智能制造股票（王伟）5%]（高端制造）；

[国富大中华精选混合（徐成，QDII）5%+华安香港精选股票（翁启森，QDII）5%+广发全球精选股票（李耀柱，QDII）5%+华夏移动互联混合人民币（刘平，QDII）5%]（QDII）；

[万家量化睿选混合（乔亮）5%+博道远航混合（杨梦）5%+中欧量化驱动混合（曲径）5%+西部利得量化成长混合（盛丰衍）5%]（主动量化）。

各基金的比例完全可以调整到自己认为舒适的程度。

一个适合自己的组合，一定是逻辑自洽、不拧巴的组合，只有这样，才能安心长期持有，达到自己的投资目的。

7.5 基金组合、FOF 和基金投顾的区别

7.5.1 FOF 的概念和主要类型

FOF（Fund of Fund，基金中的基金）是一种专门投资于其他投资基金的基金。

FOF 不直接投资股票或债券，投资的是一个子基金组合，通过持有其他证券投资基金而间接持有股票、债券、商品等证券资产。

我们都知道，挑选单只基金的风险高和难度大，FOF实际上就是帮助投资者一次性买"一篮子基金"的基金，通过基金经理二次精选基金，通常通过基金公司、基金经理和基金产品三个维度选择子基金进行分散配置，可以有效分散单一基金阶段表现不佳甚至爆雷的风险，有效降低非系统性风险。

从常识来看，FOF这种"摊大饼"的投资方式，通常能够获取市场平均收益率，如果基金经理足够优秀，那么也能够获得一定的超额收益。

FOF在我国成立的时间不算长，投资者经常抱怨的内容通常有两点：首先是部分FOF仅选自家公司的产品作为子基金，实际上成了捆绑销售自家产品的一种方式；其次是作为基金中的基金，自然要重复收取管理费、托管费等费用。

其实，一些头部基金公司的产品线丰富，每一类基金都不乏优秀者，选择自家公司产品并不是问题，我们最终还是要看投资结果，不能一概否定。另外，运作基金毕竟是需要成本的，重复收取管理费等费用也无可厚非。

如果我们不满意，且自己又有能力，那么完全可以自己构建投资组合，把这些费用省掉。

1. FOF 的主要类型

FOF的种类比较多，分述如下。

如果你是一位低风险偏好者，那么一只债券型FOF（全部投资债券型基金）就可能满足你的需求。部分债券型FOF的明细详见表7-5。

表7-5　部分债券型FOF明细表

基金代码	基金名称	资产净值/亿元	现任基金经理	成立日期	投资类型
015377.OF	兴证全球优选稳健六个月持有债券（FOF）A	14.24	林国怀、刘潇	2022-04-22	债券型 FOF
015378.OF	兴证全球优选稳健六个月持有债券（FOF）C	10.42	林国怀、刘潇	2022-04-22	债券型 FOF
015189.OF	浙商智配瑞享一年持有债券（FOF）	5.30	管宇	2022-07-19	债券型 FOF
015882.OF	平安盈泽一年持有债券（FOF）A	2.54	易文斐	2022-07-20	债券型 FOF
012909.OF	平安盈盛稳健配置三个月持有债券（FOF）A	2.05	代宏坤、易文斐	2021-08-25	债券型 FOF

基金规模截至 2022 年 6 月 30 日，数据来源：东方财富 Choice 数据。

如果你是一位中低风险偏好者，一只偏债型FOF（底层资产中债券占比不低于80%）会是不错的选择。部分偏债型FOF的明细详见表7-6。

表7-6　部分偏债型FOF明细表

基金代码	基金名称	资产净值/亿元	现任基金经理	成立日期	基金类型
011605.OF	交银招享一年持有混合（FOF）A	61.2037	刘兵	2021-08-24	偏债混合型 FOF
009372.OF	浦银安盛嘉和稳健一年持有混合（FOF）A	43.6690	陈曙亮、许искан峰	2021-06-22	偏债混合型 FOF
005215.OF	南方全天候策略（FOF）A	31.9492	夏莹莹、李文良	2017-10-19	偏债混合型 FOF

基金代码	基金名称	资产净值/亿元	现任基金经理	成立日期	基金类型
011606.OF	交银招享一年持有混合（FOF）C	29.2667	刘兵	2021-08-24	偏债混合型 FOF
011580.OF	民生加银稳健配置六个月持有期混合（FOF）	23.1338	于善辉	2021-02-25	偏债混合型 FOF
014566.OF	国泰君安善融稳健一年持有期混合（FOF）A	19.5625	高琛、李少君	2021-12-28	偏债混合型 FOF
012776.OF	华夏聚鑫优选六个月持有混合（FOF）A	18.8184	廉赵峰	2021-09-15	偏债混合型 FOF
011591.OF	民生加银稳健配置九个月持有混合（FOF）	17.5609	于善辉	2021-07-27	偏债混合型 FOF
013300.OF	工银价值稳健六个月持有混合（FOF）A	15.5095	蒋华安、徐心远	2021-11-09	偏债混合型 FOF
014665.OF	广发悦享一年持有混合（FOF）	15.0748	杨喆	2022-01-25	偏债混合型 FOF
014582.OF	浦银安盛兴荣稳健一年持有混合（FOF）A	9.5473	陈曙亮、缪夏美	2022-01-25	偏债混合型 FOF
014617.OF	易方达如意安和一年持有混合（FOF）A	8.5648	汪玲、张振琪	2021-12-28	偏债混合型 FOF
012777.OF	华夏聚鑫优选六个月持有混合（FOF）C	7.4100	廉赵峰	2021-09-15	偏债混合型 FOF
014682.OF	富国智浦稳进十二个月持有混合（FOF）A	6.6742	张子炎	2022-01-14	偏债混合型 FOF
013778.OF	交银智享一年持有期混合（FOF）A	5.7257	刘兵	2021-12-01	偏债混合型 FOF
008144.OF	工银智远配置三个月持有期混合（FOF）	4.2545	周崟	2019-11-19	偏债混合型 FOF
013343.OF	平安盈欣稳健1年持有混合（FOF）A	4.0902	代宏坤	2021-09-28	偏债混合型 FOF
009373.OF	浦银安盛嘉和稳健一年持有混合（FOF）C	3.9173	陈曙亮、许文峰	2021-06-22	偏债混合型 FOF
009787.OF	鹏华聚合多资产三个月持有期混合（FOF）	3.6854	孙博斐	2020-07-21	偏债混合型 FOF，可投 QDII
005216.OF	南方全天候策略（FOF）C	3.4718	夏莹莹、李文良	2017-10-19	偏债混合型 FOF

基金规模截至 2022 年 6 月 30 日，数据来源：东方财富 Choice 数据。

如果你具备较高风险偏好，但又是稳健型投资者，那么一只保守混合型 FOF（底层资产中权益占比介于 30%~40%）或者平衡混合型 FOF（底层资产中权益占比介于 40%~60%）的投资组合可能比较适合你。部分保守混合型 FOF 明细，详见表 7-7。

表 7-7　部分保守混合型FOF明细表

基金代码	基金名称	资产净值/亿元	现任基金经理	成立日期	基金类型
014646.OF	平安盈禧均衡配置一年持有混合（FOF）C	25.0726	高莺	2022-01-18	保守混合型 FOF
008886.OF	民生卓越配置六个月持有混合（FOF）	22.8588	于善辉	2020-02-20	保守混合型 FOF
501211.OF	民生加银优享六个月定开混合（FOF-LOF）	16.6636	于善辉	2021-12-07	保守混合型 FOF
014645.OF	平安盈禧均衡配置一年持有混合（FOF）A	15.5755	高莺	2022-01-18	保守混合型 FOF
011600.OF	银华华智三个月持有混合（FOF）	5.3923	吴志刚	2021-09-08	保守混合型 FOF
012656.OF	建信龙祥稳进六个月持有期混合（FOF）A	4.4497	梁珉	2021-11-30	保守混合型 FOF

基金规模截至 2022 年 6 月 30 日，数据来源：东方财富 Choice 数据。

部分平衡混合型 FOF 明细，详见表 7-8。

表 7-8　部分平衡混合型FOF明细表

基金代码	基金名称	资产净值/亿元	现任基金经理	成立日期	基金类型
012654.OF	兴证全球优选平衡三个月持有混合（FOF）	62.7189	林国怀、丁凯琳（休产假）	2021-07-14	平衡混合型 FOF，可投 QDII

基金代码	基金名称	资产净值/亿元	现任基金经理	成立日期	基金类型
011752.OF	广发核心优选六个月持有混合（FOF）A	42.0946	杨喆	2021-04-27	平衡混合型 FOF
011587.OF	东方红欣和平衡两年混合（FOF）	38.8489	陈文扬、邓炯鹏	2021-03-09	平衡混合型 FOF
013287.OF	易方达优势价值一年持有混合（FOF）A	19.9273	张浩然	2021-08-24	平衡混合型 FOF
008168.OF	汇添富聚焦价值成长三个月混合 FOF	9.6049	袁建军	2020-07-13	平衡混合型 FOF
015326.OF	交银慧选睿信一年持有期混合（FOF）A	6.3040	刘兵	2022-07-27	平衡混合型 FOF
011753.OF	广发核心优选六个月持有混合（FOF）C	4.8788	杨喆	2021-04-27	平衡混合型 FOF
015360.OF	上投摩根博睿均衡一年持有混合（FOF）C	3.8355	杜习杰、恩学海	2022-04-27	平衡混合型 FOF
015265.OF	中泰星汇平衡三个月持有混合（FOF）C	3.0842	田宏伟	2022-08-02	平衡混合型 FOF
015327.OF	交银慧选睿信一年持有期混合（FOF）C	3.0559	刘兵	2022-07-27	平衡混合型 FOF
015359.OF	上投摩根博睿均衡一年持有混合（FOF）A	2.9643	杜习杰、恩学海	2022-04-27	平衡混合型 FOF
013782.OF	浙商汇金卓越配置一年持有混合（FOF）B	2.1070	宋青涛	2021-11-08	平衡混合型 FOF

基金规模截至 2022 年 6 月 30 日，数据来源：东方财富 Choice 数据。

如果你是位进取型投资者，那么你需要一只偏股混合型 FOF（底层资产中权益占比高于 60%）或者股票型 FOF（全部投资于股票型基金）。

部分偏股混合型 FOF 明细，详见表 7-9。

表 7-9　部分偏股混合型FOF明细表

基金代码	基金名称	资产净值/亿元	现任基金经理	成立日期	基金类型
501215.OF	兴证全球积极配置三年封闭混合（FOF-LOF）A	37.8084	林国怀、丁凯琳（休产假）	2021-11-12	偏股混合型 FOF
008145.OF	兴全优选进取三个月持有（FOF）A	35.1568	林国怀、丁凯琳（休产假）	2020-03-06	偏股混合型 FOF
012282.OF	中欧睿智精选一年混合（FOF）	31.5888	桑磊、侯丹琳	2021-06-28	偏股混合型 FOF
012652.OF	易方达优势领航六个月持有期混合（FOF）A	30.7729	张浩然	2021-12-10	偏股混合型 FOF
009214.OF	易方达如意安泰一年持有混合（FOF）C	29.4876	张浩然、张振琪	2020-08-14	偏股混合型 FOF
501210.OF	交银智选星光一年封闭运作混合（FOF-LOF）	28.4346	刘兵	2021-11-10	偏股混合型 FOF
012791.OF	汇添富聚焦经典一年持有混合（FOF）A	24.8259	李彪	2021-08-05	偏股混合型 FOF，可投 QDII
013381.OF	中欧甄选 3 个月持有混合（FOF）A	16.7420	桑磊	2021-10-28	偏股混合型 FOF
952013.OF	国泰君安君得益三个月持有混合（FOF）A	15.2817	高琛、李少君	2020-11-16	偏股混合型 FOF
008169.OF	汇添富核心优势三个月混合（FOF）	10.6257	袁建军	2020-04-26	偏股混合型 FOF
501212.OF	广发优选配置两年封闭混合（FOF-LOF）A	9.7281	杨喆	2021-11-02	偏股混合型 FOF
860022.OF	光大阳光 3 个月持有（FOF）A	9.3348	沈吟	2021-07-22	偏股混合型 FOF
501213.OF	中欧汇选一年封闭混合（FOF-LOF）A	8.7560	桑磊	2021-11-10	偏股混合型 FOF
900012.OF	中信证券财富优选一年持有混合（FOF）A	7.8439	陈晓非	2021-07-22	偏股混合型 FOF
011696.OF	南方浩睿进取京选 3 个月持有混合（FOF）A	6.6800	夏莹莹	2021-04-20	偏股混合型 FOF
014568.OF	华夏聚盛优选一年持有混合（FOF）A	6.4790	许利明	2022-02-22	偏股混合型 FOF
161133.OF	易方达优势回报一年封闭混合（FOF-LOF）	6.4143	张浩然、胡云峰	2022-03-23	偏股混合型 FOF

基金代码	基金名称	资产净值/亿元	现任基金经理	成立日期	基金类型
007898.OF	富国智诚精选三个月持有混合（FOF）	6.2561	王登元	2019-09-06	偏股混合型FOF，跟踪工银股混指数
014569.OF	华夏聚盛优选一年持有混合（FOF）C	5.6864	许利明	2022-02-22	偏股混合型FOF
013787.OF	交银智选星光一年封闭运作混合（FOF-LOF）C	5.4969	刘兵	2021-11-10	偏股混合型FOF

基金规模截至 2022 年 6 月 30 日，数据来源：东方财富 Choice 数据。

部分股票型 FOF 明细，详见表 7-10。

表 7-10　部分股票型FOF明细表

基金代码	基金名称	资产净值/亿元	现任基金经理	成立日期	基金类型
160326.OF	华夏优选配置一年封闭运作股票（FOF-LOF）A	4.6943	李晓易	2021-12-30	股票型 FOF
501218.OF	工银睿智进取一年封闭运作股票（FOF-LOF）A	2.9736	蒋华安	2021-11-24	股票型 FOF
501216.OF	富国智鑫行业精选一年封闭运作股票（FOF-LOF）A	2.8476	张子炎	2021-12-16	股票型 FOF
501217.OF	华夏行业配置一年封闭运作股票（FOF-LOF）A	2.5126	李晓易	2022-04-08	股票型 FOF
501220.OF	国泰行业轮动一年封闭运作股票（FOF-LOF）A	2.2496	周珞晏、晏曦	2022-07-19	股票型 FOF

基金规模截至 2022 年 6 月 30 日，数据来源：东方财富 Choice 数据。

通过以上表格所示的 FOF 明细（2022 年 6 月 30 日规模超过 2 亿元的全部非养老主题型 FOF）可以看出，大部分 FOF 产品成立时间都不够长，业绩和基金经理的管理能力还没有经过充分验证。不过大部分 FOF 产品都有一定的持有期要求，较长期的视角确实更容易获得良好的收益。

如果有养老理财的需要，养老主题 FOF 也是不错的选择。

养老主题 FOF 有两类，一类是"养老目标日期"FOF，此类 FOF 设定退休养老年限，靠前的年度较为进取，配置较大比例权益资产，越接近退休养老的年度越稳健保守，以债券类资产为主。

按基金规模排序，前 20 只养老目标日期 FOF 的明细详见表 7-11。

表 7-11　部分养老目标日期FOF（按基金规模排序前 20 只）明细表

代码	名称	资产净值/亿元	现任基金经理	成立日期	股债比例	基金类型
006321.OF	中欧预见养老2035 三年持有（FOF）A	11.7664	桑磊	2018-10-10	沪深 300 指数收益率×下滑曲线值+中债综合指数收益率×（1-下滑曲线值）	养老目标日期 FOF
006289.OF	华夏养老2040 三年持有混合（FOF）	11.7320	许利明	2018-09-13	50%×沪深 300 指数收益率+（1-50%）×上证国债指数收益率	养老目标日期 FOF
006620.OF	华夏养老2045 三年持有混合（FOF）A	10.4061	许利明	2019-04-09	X×沪深 300 指数收益率+（1-X）×上证国债指数收益率	养老目标日期 FOF
015682.OF	华夏福源养老目标2045 三年持有混合发起式（FOF）	10.3970	许利明	2022-06-24	沪深 300 指数收益率×X+中债综合（全价）指数收益率×（1-X）	养老目标日期 FOF

基金投资全攻略：养只金基下金蛋

代码	名　称	资产净值（亿元）	现任基金经理	成立日期	股债比例	基金类型
008697.OF	交银养老 2035 三年(FOF)	10.0773	蔡铮	2020-04-29	90%×中债综合全价指数收益率+10%×沪深 300 指数收益率	养老目标日期 FOF
006290.OF	南方养老 2035（FOF）A	8.8359	黄俊、鲁炳良	2018-11-06	X×沪深 300 指数收益率+（100%-X）×上证国债指数收益率	养老目标日期 FOF
007059.OF	汇添富养老 2040 五年持有混合（FOF）	8.5388	李彪	2019-04-29	中证 800 指数收益率×X+中债综合指数收益率×（1-X）	养老目标日期 FOF
007238.OF	平安养老 2035（FOF）A	6.3228	高莺	2019-06-19	中证平安 2035 退休宝指数收益率×95%+同期银行活期存款利率×5%	养老目标日期 FOF
006292.OF	易方达汇诚养老三年持有（FOF）	5.6170	汪玲	2018-12-26	55%×沪深 300 指数收益率+40%×中债新综合总财富指数收益率+5%×活款利率	养老目标日期 FOF
006295.OF	工银养老 2035（FOF）	4.8322	蒋华安	2018-10-31	中证 800 指数收益率×X+中债新综合（财富）指数收益率×（1-X）	养老目标日期 FOF
006763.OF	汇添富养老 2030 三年持有混合（FOF）	4.3409	蔡健林	2018-12-27	中证 800 指数收益率×51+中债综合指数收益率×49	养老目标日期 FOF
006245.OF	嘉实养老 2030 混合（FOF）	4.0625	张静、唐棠	2019-08-05	中债总财富指数收益率×（1-X×0.85）+中证 800 指数收益率×X×0.85	养老目标日期 FOF
006296.OF	鹏华养老 2035 混合（FOF）	3.2183	孙博斐	2018-12-05	中证 800 指数收益率×60%+中证全债指数收益率×40%	养老目标日期 FOF
013245.OF	泰达宏利悠然养老目标日期 2025 一年持有混合（FOF）	3.1129	张晓龙	2021-10-18	沪深 300 指数收益率×A%+中证综合债指数收益率×B%	养老目标日期 FOF
007271.OF	鹏华养老 2045 混合发起式（FOF）	3.0026	孙博斐	2019-04-22	中证 800 指数收益率×60%+中证全债指数收益率×40%	养老目标日期 FOF
006305.OF	银华尊和养老 2035 三年持有混合（FOF）	2.8536	肖侃宁、熊侃	2018-12-13	沪深 300 指数收益率×40%+中证全债指数收益率×60%	养老目标日期 FOF
007779.OF	银华尊和养老 2030 三年持有混合发起式（FOF）	2.8450	肖侃宁、熊侃	2019-08-16	沪深 300 指数收益率×27%+中证全债指数收益率×73%	养老目标日期 FOF
006894.OF	兴业养老 2035（FOF）A	2.8040	王晓辉	2019-05-06	X%×沪深 300 指数收益率+（1-X）%×中债综合全价指数收益率	养老目标日期 FOF
007188.OF	嘉实养老 2050 混合（FOF）	2.7087	张静、唐棠	2019-04-25	中债总财富指数收益率×（1-X×0.85）+中证 800 指数收益率×X×0.85	养老目标日期 FOF

截至 2022 年 6 月 30 日，数据来源：东方财富 Choice 数据。

　　另一类是"养老目标风险"FOF，为具备不同养老理财需要的投资者提供偏债、平衡、偏股类 FOF，以偏债类为主。

　　即使不以养老理财为目的，此类偏债 FOF 因为成立时间相对较长，也是中低风险偏好投资者的较好选择。

　　按基金规模排序，前 20 只偏债类养老目标风险 FOF 的明细详见表 7-12。

表7-12 部分偏债类养老目标风险FOF（按基金规模排序前20只）明细表

基金代码	基金名称	资产净值/亿元	现任基金经理	成立日期	股债比例	基金类型
006880.OF	交银安享稳健养老一年（FOF）	198.6237	蔡铮	2019-05-30	偏债型	养老目标风险 FOF
012509.OF	兴证全球安悦稳健养老目标一年持有混合（FOF）	63.7601	林国怀	2021-09-17	偏债型，可投 QDII	养老目标风险 FOF
012190.OF	汇添富添福盈和稳健养老一年持有混合（FOF）	43.7713	蔡健林、李彪	2021-09-13	偏债型	养老目标风险 FOF
013529.OF	南方富誉稳健养老目标一年持有混合（FOF）	40.2102	李文良	2021-09-29	偏债型	养老目标风险 FOF
006991.OF	民生加银康宁稳健养老目标一年持有期混合（FOF）	36.8008	于善辉	2019-04-26	偏债型	养老目标风险 FOF
010277.OF	嘉实民安添岁稳健养老一年持有期混合（FOF）	32.5263	张静	2021-01-13	偏债型	养老目标风险 FOF
007402.OF	浦银安盛颐和稳健养老一年混合（FOF）C	27.9207	陈曙亮、许文峰	2019-11-26	偏债型	养老目标风险 FOF
006861.OF	招商和悦稳健养老一年持有期混合（FOF）A	24.7697	章鸽武	2019-04-26	偏债型	养老目标风险 FOF
010266.OF	兴安安泰稳健养老一年持有混合（FOF）	21.5744	林国怀	2020-11-26	偏债型	养老目标风险 FOF
012505.OF	华安民享稳健养老目标一年持有混合发起式（FOF）	20.5343	杨志远、袁冠群	2021-10-22	偏债型	养老目标风险 FOF
006581.OF	建信优享稳健养老目标一年持有期混合（FOF）	17.0917	梁珉	2019-01-31	偏债型	养老目标风险 FOF
013696.OF	广发安裕稳健养老目标一年持有混合（FOF）	16.8759	杨喆	2022-03-15	偏债型	养老目标风险 FOF
007643.OF	华安稳健养老一年（FOF）	15.5828	何移直、杨志远	2019-11-26	偏债型	养老目标风险 FOF
012167.OF	浦银安盛颐享稳健养老目标一年持有混合（FOF）	14.8759	陈曙亮、缪夏美	2021-12-09	偏债型	养老目标风险 FOF
006297.OF	富国鑫旺稳健养老目标一年持有期混合（FOF）	14.4346	张子炎	2018-12-13	偏债型	养老目标风险 FOF
007401.OF	浦银安盛颐和稳健养老一年混合（FOF）A	13.9853	陈曙亮、许文峰	2019-11-26	偏债型	养老目标风险 FOF
006862.OF	招商和悦稳健养老一年持有期混合（FOF）C	13.6372	章鸽武	2019-04-26	偏债型	养老目标风险 FOF
012515.OF	南方富瑞稳健养老（FOF）	13.0664	李文良	2021-07-27	偏债型	养老目标风险 FOF
012743.OF	汇添富添福睿选稳健养老目标一年持有混合（FOF）	11.5456	蔡健林	2021-08-20	偏债型	养老目标风险 FOF
013192.OF	华商嘉悦稳健养老目标一年持有混合型发起式（FOF）	11.4378	孙志远	2021-09-23	偏债型	养老目标风险 FOF

基金规模截至 2022 年 6 月 30 日，数据来源：东方财富 Choice 数据。

平衡型和偏股型养老目标风险 FOF 明细详见表 7-13。

表7-13 平衡型和偏股型养老目标风险FOF明细表

基金代码	基金名称	资产净值/亿元	现任基金经理	成立日期	股债比例	基金类型
006580.OF	兴全安泰平衡养老三年持有（FOF）	17.7015	林国怀	2019-01-25	平衡型	养老目标风险 FOF

基金代码	基金名称	资产净值/亿元	现任基金经理	成立日期	股债比例	基金类型
011233.OF	泰康福泰平衡养老三年持有混合（FOF）	10.6730	潘漪	2021-04-28	平衡型	养老目标风险 FOF
007249.OF	广发均衡养老三年持有混合（FOF）	4.8715	曹建文	2019-09-24	平衡型	养老目标风险 FOF
009884.OF	民生加银康宁平衡养老目标三年持有混合（FOF）	4.8411	于善辉	2020-09-09	平衡型	养老目标风险 FOF
009183.OF	东方红颐和平衡养老三年（FOF）	3.0771	陈文扬	2020-06-11	平衡型	养老目标风险 FOF
012450.OF	长信颐年养老三年持有混合（FOF）	2.9330	杨帆	2022-01-14	平衡型	养老目标风险 FOF
007221.OF	上投摩根锦程养老（FOF）	2.8026	杜习杰	2019-09-02	平衡型	养老目标风险 FOF
013519.OF	易方达汇智平衡养老目标三年持有混合（FOF）	2.4160	汪玲	2021-11-04	平衡型	养老目标风险 FOF
007232.OF	万家平衡养老目标三年（FOF）	2.3622	徐朝贞、王宝娟	2019-04-22	平衡型	养老目标风险 FOF
006872.OF	长信颐天平衡养老目标三年持有期混合（FOF）A	2.0530	杨帆	2019-09-26	平衡型	养老目标风险 FOF
010267.OF	兴全安泰积极养老五年持有混合（FOF）	10.5624	林国怀	2020-12-16	偏股型	养老目标风险 FOF
009184.OF	东方红颐和积极养老五年（FOF）	2.6508	陈文扬	2020-06-23	偏股型	养老目标风险 FOF

基金规模截至 2022-06-30，数据来源：东方财富 Choice 数据。

2. 选择 FOF 的基本思路

虽然想要选择 1 只理想的 FOF 持有并不容易，但也有大体可行的选择思路：

（1）尽量选择成立时间较长、业绩和基金经理管理能力经过验证的 FOF。

（2）成立时间较短的基金，基金经理管理能力可以通过其管理时间最长的其他 FOF 产品加以验证。

（3）基金经理保持稳定，不频繁更换。

（4）同等条件下选择大中型基金公司的 FOF 产品，毕竟大公司有人才和团队投研的优势。

7.5.2　基金投顾简介

我们在本书第 2 章就讲过，基民收益率与基金收益率之间巨大的差距被称为基民的负行为差，它主要来自基民的非理性行为：持有时间过短、过度自信、盲目择时、追涨杀跌、频繁买卖、下跌时放弃定投……

但基金公司及销售环节的卖方立场也是造成这种负行为差的重要原因：基金公司的收入只跟基金规模挂钩，与基民赚或赔无关，所以基金公司都有在行情热火朝天时发行新基金、推销老基金的冲动，道理大家都懂，这时候的推销效果最好；收益短期暴涨更能吸引投资者申购，所以会有基金公司成立布局不同单一行业或赛道的主动基金，通过暴露风险制造爆款基金；而销售方也会倾向于推销"好卖"的基金产品或者佣金和渠道分成更高的基金……

基金投顾被描述为有买方立场的基金代客理财，提供从匹配投资者风险、制定投资策略、设计基金产品组合、购买基金组合、持有环节陪伴（心理按摩）、子基金调仓、赎回基金，也就是投前、投中、投后的"一条龙服务"。

说到底，基金投顾就是要消除基民的负行为差，解决基金赚钱、基民不赚钱的问题。

基金投顾是一种买方投顾，对投资者的服务体现在以下几方面。

- **投前服务**：根据投资者的财务状况、投资周期、收益目标、风险偏好，为投资者匹配适宜的投资策略。
- **投中服务**：对投顾策略、持仓明细、调仓等信息做及时、透明的披露，方便投资者清楚明了策略运行情况。
- **投后服务**：完整投后服务包括投后陪伴（市场解读、账户诊断和心理按摩等，投顾团队以图文、视频、直播等形式传达给投资者）、基金调仓、基金赎回等"一条龙服务"。

基金投顾一般收取每年0.30%~1%的投顾服务费，与FOF的费用大体相当。

中国证监会于2019年10月启动基金投顾试点，截至2022年6月底，全市场共计60家机构获取试点资格，其中43家已展业，主要分为基金及基金子公司、券商、第三方投顾平台三大类型。

而具体的基金投顾策略主要分为稳健型、均衡型和进取型三大类，通常券商、银行和各大互联网销售平台都会根据对投资者需求的评估结果匹配适宜的策略类型。

基金投顾的关键是能否真正做到以买方立场、站在客户的角度做好投顾。

从目前推出的投顾策略来看，除了稳健、均衡、进取策略，什么碳中和策略、医疗健康策略等行业主题、赛道型策略都有了，这似乎有点重回卖方立场的感觉：尽量多出策略，哪个策略跑出惊艳业绩哪个就大卖。

当然，目前基金投顾还处于试点阶段，各试点机构在"顾"方面的口碑效应还未形成。

不过，专业的事情交给专业的人去做，以我的思路，还是建议尽量选择头部公募基金公司的投顾策略。

笔者于2021年6月16日买入了两家大型公募基金公司的进取型投顾策略产品并一直持有，截至2022年7月底的收益率表现来看，一个比偏股混合型基金指数的同期收益率好一些、另一个则略差一点。总体来看，大体相当于主动偏股混合型基金的平均收益率水平，与"进取型"的定位是相符的。

从"顾"的方面来看，几乎每周都会有一篇投顾相关文章，要么解读市场，要么提供定投方案。但 1 年多来我从未收到过任何电话或短信通知，只能自己登录交易平台去看，跟买普通的基金产品没任何区别。

7.5.3 基金组合、FOF 和基金投顾的区别

FOF 本质上仍然是标准化的基金产品，只不过它的持仓由股票、债券、商品等变成了基金。

基金投顾，既是投，又是顾，而且更多还是"顾"。它的本质是一整套基金投资方案，FOF 具备的特征基金投顾基本上都能覆盖，还多了完整的顾问服务。

FOF 和基金投顾是将"专业的事情交给专业的人做"，需要额外增加管理费或投顾服务费，适合基金小白或没有时间精力自建并管理基金组合的投资者。

自己构建基金组合是一种 DIY 行为，需要投资者有自己的投资体系，对各类基金有较为深入的了解。

自己构建基金组合最大的好处是，有自己的逻辑，对子基金也有较为充分的了解，更有信心长期持有。必要的时候，还可以根据自己的逻辑适时调仓。

从主动管理的角度，其实无论是 FOF 还是基金投顾，只选一只或一家进行投资，确定性仍然是不够的，或者说，至少我们是不放心的。

从这个角度看，FOF 或者基金投顾仍然需要通过组合的方式分散风险。

因此，真正想做好投资的朋友，自己构建基金组合几乎是必选项，算是一种投资进阶。

第 8 章

基金的买入、持有和止盈

从为什么要投资基金，一步步认识、了解基金，到学着构建自己的基金投资组合，本章我们进入更为实操的环节：基金的买入、持有和止盈。

谁都知道低买高卖是投资基金赚钱的基本思路，但是在实际的操作中，相当多的投资者却陷入了追涨杀跌、高买低卖的怪圈。原因也很简单，我们是普通人，容易受到情绪的裹挟：股市大跌的时候我们缺乏信心甚至陷入恐慌，股市大涨的时候我们却信心满满、盲目乐观。

投资者只有不断提高自己的认知，用一些可行的方法和技巧让自己更为理性，除此之外别无他法。

当然，任何投资实操的方法和策略都应该是极具个性化的，本章内容也只是试图给读者朋友提供一种有益的思路，简单的照抄照搬并不理性和科学。

8.1 高不买、低不卖

趋势投资者认为强者恒强，因此他们更喜欢右侧交易、喜欢追涨。如果追涨失败，则一定认赔出局，等待下一次机会出现时再度出手。

他们靠高频的交易和严酷的纪律赚钱。普通投资者大部分是业余投资者，在精力上就没办法进行高频交易，更遑论遵守严酷的交易纪律了。

因此，长期价值投资成为我们大部分投资者想要成功的必选项，买得足够便宜才能为未来获得更大的赢利空间。

8.1.1 高不买、低不卖，做起来并不容易

要想通过投资基金赚钱，最基本也最朴素的方法就是低买高卖，这道理谁都懂。

但在实际的操作中却很难，因为低了可能还有更低，高了可能还有更高。

而更重要的是，一只业绩落后的基金或者处在下跌过程中的基金，我们通常凭直觉推定那是一只坏基金或该基金的基金经理能力不行，至少那不是一只好基金，因此这样的基金应该被卖出才对，所以"低买"这样的基金，我们是有心理障碍的，根本下不了手。

我们更倾向于购买业绩排名靠前的基金，因为那才是"好基金"的代表（业绩好啊）。

买"好基金"（追涨）、卖"坏基金"（杀跌）看起来似乎天经地义啊。

可是，这明摆着与低买高卖的基本原则背道而驰，一定有问题。

8.1.2 买基金赚钱的正确方式

我曾于 2021 年 9 月中旬对 2012 年以来每年排名最靠前和最靠后的各十只主动偏股基金按买入后一直持有和每年更换基金两种情形做了回测，得出了买入最靠后的十只基金明显优于最靠前的十只基金的初步结论。

之后我又很好奇，买入居中的十只基金又会怎样呢？买入处于前 10%位置、后 10%位置的各十只基金呢？与代表主动偏股混合型基金平均水平的偏股混合型基金指数，以及代表指数基金平均水平的被动式股票型基金指数做对比会有什么样的结论？业绩收益领先或落后背后的逻辑是什么？这些结论对我们的基金投资决策有什么启示？

坐着想，不如起来行动。于是我把 2012 年以来每年业绩排名处于 10%、50%、90%位置的各十只主动偏股基金，加上原本已回测过的排名最靠前或最靠后的各十只基金，一起做了回测。

同时我还对 2012 年以来每年排名最靠前和最靠后的各十只指数基金每年更换基金买入的收益情形做了回测。

原始数据来源于天天基金自定义排行，选样方法是：（1）从参与排名的基金中选取最靠前和最靠后的各十只基金；（2）按参与排名的基金数量计算出 10%、50%和 90%在基金中的起始位置，从该位置依次往后选取十只基金；（3）剔除股票持仓占比不足 50%的基金，剔除 QDII 基金；（4）由同一位基金经理管理的基金在每十只入选基金中只能出现一次；（5）跟踪同一指数的基金在每十只入选基金中只能出现一次。

1. 每年按上年排名更换新基金买入

回测结果详见表 8-1。

表 8-1　每年买各分段排名的十只基金累计收益率对比表

年化收益率	每年买上年前十只主动基金/%	每年买上年前 10%十只主动基金/%	每年买上年居中十只主动基金/%	每年买上年后 10%十只主动基金/%	每年买上年后十只主动基金/%	偏股混合型基金指数 809002/%	中证被动式股票型基金指数 930891/%	每年买上年前十只指数基金/%	每年买上年后十只指数基金/%
2013 年	15.52	10.31	16.35	12.41	17.06	15.36	-4.67	-12.17	22.69
2014 年	32.11	21.69	22.87	28.08	28.63	23.12	47.91	17.13	39.04
2015 年	22.61	28.93	49.55	49.93	39.17	43.82	6.31	-5.22	43.37
2016 年	-21.74	-10.79	-12.85	-12.55	-11.10	-13.56	-13.40	-19.66	-9.99
2017 年	11.35	15.50	7.03	4.97	15.65	14.26	9.46	29.77	-12.93

年化收益率	每年买上年前十只主动基金/%	每年买上年前10%十只主动基金/%	每年买上年居中十只主动基金/%	每年买上年后10%十只主动基金/%	每年买上年后十只主动基金/%	偏股混合型基金指数809002/%	中证被动式股票型基金指数930891/%	每年买上年前十只指数基金/%	每年买上年后十只指数基金/%
2018年	−18.27	−25.42	−16.29	−21.06	−24.34	−22.87	−18.38	−22.82	−29.29
2019年	29.42	26.34	33.80	49.80	53.38	44.53	34.41	18.13	37.31
2020年	53.52	71.45	59.85	47.67	42.76	56.87	29.33	59.29	0.82
2021年	23.11	7.47	8.35	17.71	8.45	6.97	0.51	7.78	11.67
份额累计净值	3.2594	3.0964	3.8688	4.0728	3.8706	3.7739	2.0263	1.5914	2.0952
年化收益率/%	14.52	13.85	16.80	17.49	16.80	16.46	8.44	5.48	8.86

数据截至 2021 年 9 月 17 日，原始数据来源：天天基金自定义排行。

（1）回测数据显示，每年按上年排名更换新基金买入，大体遵循买入上年业绩越靠后的十只主动基金累计收益率越高的规律，后 10%（407.28%）>后十（387.06%）>居中（386.88%）>前十（325.94%）>前 10%（309.64%）。

每年买入上年排名最后 10%十只主动偏股基金的年化收益率为 17.49%，比最低的买入前 10%十只基金 13.85%的年化收益率多了 3 个多百分点，这个差额差不多是纯债基金的年化收益率了。

（2）从单一年度收益指标看，买入的后十主动基金在 2013 年、2017 年和 2019 年领先，买入的后 10%十只主动基金在 2015 年领先，买入的居中十只主动基金在 2018 年领先，买入的前 10%十只主动基金在 2016 和 2020 年领先，而买入的前十只主动基金在 2014 和 2021 年领先。后、中、前领先年度比例为 4∶1∶4。

主动基金年度收益垫底指标中买入前十占了 2 个年度，分别是 2015 年和 2016 年；买入前 10%十只基金独占 5 个年度，分别是 2013 年、2014 年、2018 年、2019 年和 2021 年；买入后十和后 10%各占一个年度，分别是 2017 年和 2020 年。前、后垫底年度比例是 7∶2，也就是说，买入前十和前 10%十只主动基金在 78%的年度业绩垫底。

（3）买入后十和后 10%对买入居中十只主动基金有一定的相对优势，但优势并不显著；买入前十与前 10%主动基金，与买入后十与后 10%主动基金相比，二者的业绩收益在 9 个统计年度中互有超越，差距也并不明显。

（4）买入居中十只主动基金的累计收益率与代表主动偏股基金平均收益率水平的偏股混合型基金指数基本相当；买入前十、前 10%十只主动基金的累计收益率明显低于偏股混合型基金；买入后十、后 10%十只主动基金的累计收益率好于偏股混合型基金指数。

（5）每年买入上年后十指数基金的累计收益率大幅战胜每年买入上年前十指数基金。

每年买入上年后十指数基金的累计收益率显著优于中证被动股票型基金指数，而买入前十指数基金的累计收益率明显不如中证被动股票型基金指数。

分年度看，买入上年排名后十只指数基金的收益率，在全部 9 个统计年度中有 7 个年度超过买入排名前十只指数基金，年度占比超过 77.78%。

（6）所有主动基金回测组的累计收益率碾压式战胜指数基金回测组和中证被动式股票型基金指数，各主动基金回测组的年化收益率差不多是指数基金回测组和中证被动式股票型基金指数的两倍。

2. 每年买入上年排名基金组别后一直持有

回测结果详见表 8-2。

表 8-2　每年买入上年各分段排名十只基金后一直持有的累计收益率对比

2013 年年初持有至统计日收益率（十只基金均按等权重买入）偏股混合型基金指数其间收益率 277.34%		2012 年前十只基金（9 金牛经理）	330.33%	2012 年前十平均涨幅 24.44%
		2012 年前 10% 十只基金（3 金牛经理）	256.79%	
		2012 年中十只基金（0 金牛经理）	279.62%	2012 年中十平均涨幅 4.39%
		2012 年后 10% 十只基金（1 金牛经理）	337.00%	
		2012 年后十只基金（3 金牛经理）	300.73%	2012 年后十平均涨幅 -9.04%
2014 年年初持有至统计日收益率（十只基金均按等权重买入）偏股混合型基金指数其间收益率 227.11%		2013 年前十只基金（6 金牛经理）	231.86%	2013 年前十平均涨幅 64.24%
		2013 年前 10% 十只基金（1 金牛经理）	314.46%	
		2013 年中十只基金（2 金牛经理）	235.86%	2013 年中十平均涨幅 13.26%
		2013 年后 10% 十只基金（3 金牛经理）	329.00%	
		2013 年后十只基金（5 金牛经理）	278.45%	2013 年后十平均涨幅 -20.47%
2015 年年初持有至统计日收益率（十只基金均按等权重买入）偏股混合型基金指数其间收益率 165.69%		2014 年前十只基金（7 金牛经理）	142.17%	2014 年前十平均涨幅 71.85%
		2014 年前 10% 十只基金（0 金牛经理）	267.22%	
		2014 年中十只基金（2 金牛经理）	206.50%	2014 年中十平均涨幅 21.64%
		2014 年后 10% 十只基金（0 金牛经理）	277.80%	
		2014 年后十只基金（4 金牛经理）	167.07%	2014 年后十平均涨幅 -6.33%
2016 年年初持有至统计日收益率（十只基金均按等权重买入）偏股混合型基金指数其间收益率 84.74%		2015 年前十只基金（4 金牛经理）	61.50%	2015 年前十平均涨幅 138.36%
		2015 年前 10% 十只基金（0 金牛经理）	111.73%	
		2015 年中十只基金（2 金牛经理）	106.00%	2015 年中平均涨幅 41.26%
		2015 年后 10% 十只基金（0 金牛经理）	104.45%	
		2015 年后十只基金（1 金牛经理）	109.90%	2015 年后十平均涨幅 -8.08%
2017 年年初持有至统计日收益率（十只基金均按等权重买入）偏股混合型基金指数期间收益率 113.72%		2016 年前十只基金（1 金牛经理）	68.00%	2016 年前十平均涨幅 41.55%
		2016 年前 10% 十只基金（0 金牛经理）	97.76%	
		2016 年中十只基金（1 金牛经理）	192.00%	2016 年中十平均涨幅 -5.86%
		2016 年后 10% 十只基金（0 金牛经理）	110.50%	
		2016 年后十只基金（1 金牛经理）	130.72%	2016 年后十平均涨幅 -40.05%
2018 年年初持有至统计日收益率（十只基金均按等权重买入）偏股混合型基金指数其间收益率 87.05%		2017 年前十只基金（4 金牛经理）	70.56%	2017 年前十平均涨幅 93.80%
		2017 年前 10% 十只基金（4 金牛经理）	85.45%	
		2017 年中十只基金（3 金牛经理）	121.40%	2017 年中十平均涨幅 7.99%
		2017 年后 10% 十只基金（1 金牛经理）	108.04%	
		2017 年后十只基金（1 金牛经理）	92.66%	2017 年后十平均涨幅 -23.59%

2019年年初持有至统计日收益率（十只基金均按等权重买入）142.53%	偏股混合型基金指数其间收益率142.53%	2018年前十只基金（2金牛经理）	122.07%	2018年前十平均涨幅9.87%
		2018年前10%十只基金（2金牛经理）	112.40%	
		2018年中十只基金（0金牛经理）	119.93%	2018年中十平均涨幅–16.57%
		2018年后10%十只基金（1金牛经理）	191.21%	
		2018年后十只基金（3金牛经理）	194.63%	2018年后十平均涨幅–43.86%
2020年年初持有至统计日收益率（十只基金均按等权重买入）67.80%	偏股混合型基金指数其间收益率67.80%	2019年前十只基金（1金牛经理）	73.85%	2019年前十平均涨幅99.01%
		2019年前10%十只基金（2金牛经理）	71.51%	
		2019年中十只基金（3金牛经理）	75.40%	2019年中十平均涨幅30.83%
		2019年后10%十只基金（1金牛经理）	60.65%	
		2019年后十只基金（1金牛经理）	68.51%	2019年后十平均涨幅0.46%
2021年年初持有至统计日收益率（十只基金均按等权重买入）6.97%	偏股混合型基金指数其间收益率6.97%	2020年前十只基金（1金牛经理）	28.35%	2020年前十平均涨幅128.70%
		2020年前10%十只基金（1金牛经理）	7.47%	
		2020年中十只基金（2金牛经理）	8.35%	2020年中十平均涨幅40.76%
		2020年后10%十只基金（0金牛经理）	17.71%	
		2020年后十只基金（1金牛经理）	8.45%	2020年后十平均涨幅2.50%

数据截至2021年9月17日，原始数据来源：天天基金自定义排行。

（1）回测数据显示，每年按上年排名买入主动基金组别后一直持有，将各组别所有年度的累计收益率进行简单算术平均，也基本遵循买入上年业绩越靠后的十只**基金累计收益率越高**的规律，与每年更换新基金买入的排名仅一处不同，即买入持有后 10%十只基金的平均累计收益率高于买入后十基金，具体顺序是：后 **10%（139.82%）>后十（132.38%）>偏股混合型基金指数（130.33%）>居中（127.84%）>前十（124.60%）>前10%（111.62%）**。

（2）从单个统计年度看，9 个统计年度中，买入持有后 10%十只主动基金的累计收益率有 3 个年度领先，后十 1 个年度领先，居中为 3 个年度领先，前十和前 10%各有 1 个统计年度领先，后、中、前领先统计年度总占比为 4∶3∶2。

将排名前十与前 10%、后十与后 10%分别简单相加，也可以比较靠前和靠后的基金的收益率特征：仅 2020 年和 2021 年 2 个统计年度买入并持有上年业绩靠前的基金组合的累计收益率领先，其余 7 个统计年度都是买入并持有上年业绩靠后的基金组合的累计收益率领先。

垫底统计年度指标中，买入持有前十独占 5 席，买入持有前 10%十只基金占 3 席，买入持有后 10%十只基金占 1 席。也就是说，在所有 9 个统计年度中，买入并**持有前十和前 10%十只基金在 8 个年度中垫底，垫底年度比例接近 90%。**

（3）买入持有后十和后 10%十只主动基金相较买入持有居中十只主动基金总体仍然具有一定优势，但后者仍然有亮点：9 个统计年度中，买入持有上年居中十只主动基金有 3 个年度领先，但从来没有在 1 个年度中业绩垫底。

以上说明不一定要刻意追求上年业绩落后指标，只要不追涨买入上年业绩太过拔尖的基金就好。

3. 买入后持有不动与每年更换基金的收益差距如何

每年更换基金相当于每年多了一次全额赎回和全额申购。主动偏股基金超过 1 年不足 2 年的赎回费率一般是 0.25%，申购费率是 1.2%~1.5%，按互联网平台打一折算是 0.12%~0.15%，这样 9 个年度的申赎费率会增加 3~4 个百分点。我们在做每年换基收益率测算的时候是没有考虑这一因素的，但在分析持有不动与每年更换基金收益的时候这个因素应该考虑进去。

我们先看不考虑申购赎回费用情形下两种投资方式的收益率对比，详见表 8-3。

表 8-3　买入持有不动与每年更换买入基金累计收益率对比

2013 年年初持有至统计日收益率（十只基金均按等权重买入）%	2012 年前十只基金	330.33	2013 年起每年更换买入基金（均按等权重买入）%	上年前十只基金	225.94
	2012 年前 10%十只基金	256.79		上年前 10%十只基金	209.64
	2012 年居中十只基金	279.62		上年居中十只基金	286.88
	2012 年后 10%十只基金	337.00		上年后 10%十只基金	307.28
	2012 年后十只基金	300.73		上年后十只基金	287.07
2014 年年初持有至统计日收益率（十只基金均按等权重买入）%	2013 年前十只基金	231.86	2014 年起每年更换买入基金（均按等权重买入）%	上年前十只基金	182.15
	2013 年前 10%十只基金	314.46		上年前 10%十只基金	180.69
	2013 年居中十只基金	235.86		上年居中十只基金	232.53
	2013 年后 10%十只基金	329.00		上年后 10%十只基金	262.33
	2013 年后十只基金	278.45		上年后十只基金	230.66
2015 年年初持有至统计日收益率（十只基金均按等权重买入）%	2014 年前十只基金	142.17	2015 年起每年更换买入基金（均按等权重买入）%	上年前十只基金	113.57
	2014 年前 10%十只基金	267.22		上年前 10%十只基金	130.66
	2014 年居中十只基金	206.50		上年居中十只基金	170.63
	2014 年后 10%十只基金	277.80		上年后 10%十只基金	182.89
	2014 年后十只基金	167.07		上年后十只基金	157.06
2016 年年初持有至统计日收益率（十只基金均按等权重买入）%	2015 年前十只基金	61.50	2016 年起每年更换买入基金（均按等权重买入）%	上年前十只基金	74.19
	2015 年前 10%十只基金	111.73		上年前 10%十只基金	78.90
	2015 年居中十只基金	106.00		上年居中十只基金	80.97
	2015 年后 10%十只基金	104.45		上年后 10%十只基金	88.68
	2015 年后十只基金	109.90		上年后十只基金	84.72
2017 年年初持有至统计日收益率（十只基金均按等权重买入）%	2016 年前十只基金	68.00	2017 年起每年更换买入基金（均按等权重买入）%	上年前十只基金	122.58
	2016 年前 10%十只基金	97.76		上年前 10%十只基金	100.54
	2016 年居中十只基金	192.00		上年居中十只基金	107.66
	2016 年后 10%十只基金	110.50		上年后 10%十只基金	115.77
	2016 年后十只基金	130.72		上年后十只基金	107.78
2018 年年初持有至统计日收益率（十只基金均按等权重买入）%	2017 年前十只基金	70.56	2018 年起每年更换买入基金（均按等权重买入）%	上年前十只基金	99.90
	2017 年前 10%十只基金	85.45		上年前 10%十只基金	73.62
	2017 年居中十只基金	121.40		上年居中十只基金	94.01
	2017 年后 10%十只基金	108.04		上年后 10%十只基金	105.56
	2017 年后十只基金	92.66		上年后十只基金	79.66

2019年年初持有至统计日收益率（十只基金均按等权重买入）%	2018年前十只基金	122.07	2019年起每年更换买入基金（均按等权重买入）%	上年前十只基金	144.60
	2018年前10%十只基金	112.40		上年前10%十只基金	132.79
	2018年居中十只基金	119.93		上年居中十只基金	131.75
	2018年后10%十只基金	191.21		上年后10%十只基金	160.39
	2018年后十只基金	194.63		上年后十只基金	137.46
2020年年初持有至统计日收益率（十只基金均按等权重买入）%	2019年前十只基金	73.85	2020年起每年更换买入基金（均按等权重买入）%	上年前十只基金	89.00
	2019年前10%十只基金	71.51		上年前10%十只基金	84.25
	2019年居中十只基金	75.40		上年居中十只基金	73.20
	2019年后10%十只基金	60.65		上年后10%十只基金	73.82
	2019年后十只基金	68.51		上年后十只基金	54.82
2021年年初持有至统计日收益率（十只基金均按等权重买入）%	2020年前十只基金	23.11	2021年起每年更换买入基金（均按等权重买入）%	上年前十只基金	23.11
	2020年前10%十只基金	7.47		上年前10%十只基金	7.47
	2020年居中十只基金	8.35		上年居中十只基金	8.35
	2020年后10%十只基金	17.71		上年后10%十只基金	17.71
	2020年后十只基金	8.45		上年后十只基金	8.45

数据截至 2021 年 9 月 17 日，原始数据来源：天天基金自定义排行。

（1）买入持有不动与每年更换基金在 2021 年这一统计年度中不存在差异，在余下 8 个统计年度中，前十、前 10%、后 10% 和后十 5 种情形的买入持有不动与每年更换基金各有 40 个收益率数据，在两组 40 个数据的对比中，买入持有不动组有 29 个收益率明显超过每年更换基金组，比例为 72.50%。如果算上每年更换基金组 3%~4% 的摩擦成本，则持有不动组有 31 个收益率超过每年更换基金组，比例达到 77.50%。

将持有不动组和每年更换基金组各 40 个收益率数据进行简单算术平均，前者平均收益率为 165.39%，后者平均收益率为 141.53%。如果按 3.50% 计算每年更换基金的摩擦成本，则后者调整后的平均收益率为 138.03%。按调整后收益率计算，**持有不动组与每年更换基金组的收益率绝对差为 27.36%，相对差为 19.82%，这一幅度还是相当可观的。**

以上分析说明每年买入各回测基金组合持有不动显著优于每年更换基金。

（2）无论是买入后一直持有，还是每年换基买入，买入上年居中或靠后的十只基金，大概率都可以做到接近或超过偏股混合型基金指数的累计收益率水平。

4. 买入业绩排名靠后基金的收益显著优于买入排名靠前者之背后原因分析

前面我们把业绩排名靠前、居中和靠后三种情况放在一起分析，得出的结论是：买入之前业绩排名的前、中、后正好对应着买入之后业绩收益的差、中、好。

凭直观和常理推断，买入业绩排名靠前的基金是一种追涨行为，导致持仓成本较高；而买入业绩靠后的基金则是逢低介入，建仓成本较低。证明追涨不如逢低介入，这个道理说得通，这种解释也合乎逻辑。

具体到主动偏股基金这一特殊"商品"，对于上年度业绩排名靠前的基金，它们的基金经理为什么不能通过主动管理来消除后期表现落后这一现象呢？毕竟每一个年度买入上年度表现不同的各种基金，它们"比赛"的时间起点都是一样的啊。

如果把它们的买入时间提前1年，也就是在确定业绩排名靠前靠后的当年年初就买入。结果会怎么样呢？尽管实际操作中办不到，因为年初谁排名靠前谁又排名靠后根本无法提前预知，但我们在理论上做出这样一个假设并进行业绩回溯，有利于我们进一步分析。

回溯结果见表8-4。

表8-4 假定每年年初买入当年各分段排名十只基金的累计收益率对比

2012年年初买入并持有至统计日收益率（十只基金均按等权重买入）	2012年前十只基金（9金牛经理）	435.50%	2012年前十平均涨幅24.44%
	2012年居中十只基金（0金牛经理）	310.71%	2012年居中十平均涨幅4.39%
	2012年后十只基金（3金牛经理）	264.50%	2012年后十平均涨幅-9.04%
2013年年初买入并持有至统计日收益率（十只基金均按等权重买入）	2013年前十只基金（6金牛经理）	445.05%	2013年前十平均涨幅64.24%
	2013年居中十只基金（2金牛经理）	278.65%	2013年居中十平均涨幅13.26%
	2013年后十只基金（5金牛经理）	200.98%	2013年后十平均涨幅-20.47%
2014年年初买入并持有至统计日收益率（十只基金均按等权重买入）	2014年前十只基金（7金牛经理）	316.17%	2014年前十平均涨幅71.85%
	2014年居中十只基金（2金牛经理）	289.97%	2014年居中十平均涨幅21.64%
	2014年后十只基金（4金牛经理）	150.16%	2014年后十平均涨幅-6.33%
2015年年初买入并持有至统计日收益率（十只基金均按等权重买入）	2015年前十只基金（4金牛经理）	284.95%	2015年前十平均涨幅138.36%
	2015年居中十只基金（2金牛经理）	190.81%	2015年居中十平均涨幅41.26%
	2015年后十只基金（1金牛经理）	92.94%	2015年后十平均涨幅-8.08%
2016年年初买入并持有至统计日收益率（十只基金均按等权重买入）	2016年前十只基金（1金牛经理）	137.80%	2016年前十平均涨幅41.55%
	2016年居中十只基金（1金牛经理）	174.24%	2016年居中十平均涨幅-5.86%
	2016年后十只基金（1金牛经理）	38.31%	2016年后十平均涨幅-40.05%
2017年年初买入并持有至统计日收益率（十只基金均按等权重买入）	2017年前十只基金（4金牛经理）	230.54%	2017年前十平均涨幅93.80%
	2017年居中十只基金（3金牛经理）	152.15%	2017年居中十平均涨幅7.99%
	2017年后十只基金（1金牛经理）	47.21%	2017年后十平均涨幅-23.59%
2018年年初买入并持有至统计日收益率（十只基金均按等权重买入）	2018年前十只基金（2金牛经理）	143.99%	2018年前十平均涨幅9.87%
	2018年居中十只基金（0金牛经理）	88.69%	2018年居中十平均涨幅-16.57%
	2018年后十只基金（3金牛经理）	65.41%	2018年后十平均涨幅-43.86%
2019年年初买入并持有至统计日收益率（十只基金均按等权重买入）	2019年前十只基金（1金牛经理）	245.98%	2019年前十平均涨幅99.01%
	2019年居中十只基金（3金牛经理）	128.05%	2019年居中十平均涨幅30.83%
	2019年后十只基金（1金牛经理）	69.29%	2019年后十平均涨幅0.46%
2020年年初买入并持有至统计日收益率（十只基金均按等权重买入）	2020年前十只基金（1金牛经理）	193.54%	2020年前十平均涨幅128.70%
	2020年居中十只基金（2金牛经理）	52.16%	2020年居中十平均涨幅40.76%
	2020年后十只基金（1金牛经理）	11.16%	2020年后十平均涨幅2.50%

数据截至2021年9月17日，原始数据来源：天天基金自定义排行。

画风突变有没有？！

在 9 个统计年度中，业绩排名前十基金在 8 个年度中对居中和后十基金实现了碾压式超越！

为什么仅仅相差 1 个年度，统计结果就大相径庭呢？是计算错了吗？当然不是！前十和后十的当年业绩收益在大部分年度中相差达到 80% 以上，而且在大部分年度中，它们一个是正收益，另一个是负收益，按复利计算的结果当然就带来了业绩收益的巨大差距。

分析深层次的原因，每一位主动基金经理的能力圈是相对稳定的，他（她）最熟悉和深入研究的行业或个股（池）基本上也是相对固定的，他们中的绝大部分人并不具备行业或风格轮动能力。业绩排名当年最靠前的，主因是基金持仓与当年市场风格恰好契合度极高，因此也极大地透支了未来几年的业绩；而业绩靠后的，主因也是基金持仓与当年市场风格极度不契合；而所谓"峰回路转"，是因为未来几年的市场风格大概率对它们有利，市场会对它们当年业绩的极端落后进行一定程度的补偿。

可见，无论基金经理水平高低，只要基金经理的投资风格是相对稳定的，主动基金在大幅飙涨的时候就一定不是好的介入时机；而业绩大幅落后，尤其是年度（不一定是自然年）业绩大幅落后的时候，大概率是好的买入时点。

我们觉得过去业绩好（拔尖）的基金是好基金，并且买入它，潜意识里有一个隐含假设，那就是我们能够获得该基金过去的好收益，而实际上并没有。

一只基金过去再好的收益，在我们买入它之前都跟我们没有任何关系。

5. 回测结果对我们进行基金投资决策的参考价值

（1）此次回测，每一组排名都挑选了十只基金，因而所有的结果都是针对由十只基金构成的组合来说的，任何一只单一的基金都无法保证符合回测结果。

换言之，对基金组合进行投资，才有更高的确定性。

（2）闭着眼睛买十只主动偏股基金的累计收益率，大概率优于买入上年业绩排名前十或后十的指数基金。因此，主动基金是基金投资更好的选择。

（3）选择上年业绩居中或靠后的十只主动偏股基金，且买入后一直持有或者每年换基金买入持有 1 年，大概率可以做到接近或超过偏股混合型基金指数的收益水平。

（4）我们觉得过去业绩好（拔尖）的基金是好基金，并且买入它，是因为我们潜意识里有一个隐含假设，那就是我们能够获得该基金过去的好收益，而实际上并没有。

一只基金过去再好的收益，在我们买入它之前都跟我们没有任何关系。

（5）追涨一定不是个好主意，但同时需要提升对逢低介入的认知。

大部分有经验的基金投资者，追涨应该可以避免；但对逢低介入的认知仍然不够，当自己优选的主动基金出现持续下跌时，我们有时还是不免持有负面评价，以致会犹豫要不要加仓，或者甚至考虑要不要换仓。

此次深度回测让我对主动基金业绩的周期性有了进一步的认识，涨得太好或跌得太多在不远的将来都会走向反面。这对稳定和完善我们的基金投资决策体系会有重大而深远的影响。

（6）虽然逢低介入业绩靠后的基金（组合）优于追涨业绩靠前者，但不必刻意而简单地追求业绩靠后指标，如果已经持有优选的基金组合并且不是追涨买入的，那么从业绩排名靠后的基金中选基换仓并不一定是一个好主意。

（7）好公司要有一个好价格才处好股票，同理，好基金也一定要有一个好价格，而业绩持续不佳，大部分人"恨铁不成钢"的时候，好基金的好价格才会出现。进攻属性越强的主动偏股型基金，这种等待"好价格"的策略越有价值。

（8）如果持有一个由偏股主动基金构建的投资组合，那么每1到2年进行一次动态再平衡是有价值的，恢复各基金原始比例就是被动实现低买高卖的过程。

（9）站在大众的对立面，"基金反着买，别墅靠大海"具有实操价值，并不是一句过头的玩笑话。

8.2 分批买入、定投和抄底

一把买入的难度最大，分批买入次之，定投的实操难度最小，也契合绝大部分投资者强制性储蓄和投资的需要。

8.2.1 分批买入

上一节的基金深度回测告诉我们，买基金应该力求以一个相对较低的成本买，追涨一定不是一个好主意。

但在实际的投资过程中，我们很难做到选择最近一个年度业绩落后的基金无脑买入。因为对于自己不熟悉的基金，即使以组合的形式我们也确实下不了手去购买。

通常，对于自己下了一番心思选定的基金，我们首先应该等待时机买入，即使时机不错，比如跌幅较大、估值较低，我们也不应该"一把梭"，而应该分批买入或者采取更为保守的形式：定投。

分批买入是根据当时的市场情况，把需要投入的资金分成几份，比如 3~6 份，每下跌一定的百分点，比如每下跌 5%就买入 1 份，如果等不到预期的下跌幅度，可以考虑每个月买入 1 份，用 3~6 个月完成建仓。

初入市的投资者，往往容易根据简单的技术分析，或者对市场的简单判断，采取一把买入的方式。这种买入方式最大的问题是买入后一旦碰到较大的回撤，就会导致心理压力较大。大部分投资者碰到这种情况通常是恐慌得不行，可能就"割肉"了，投资也就坚持不下去了。

当然，分批买入也没法做到买完后不出现大幅下跌的情形，但有计划的分批买入总能够以相对较低的成本买入，是比一把买入更好的买入方法。

分批买入是对投资经验要求较高的买入方法，因为需要对开始买入的时机做出比较有利的判断，而大部分普通投资者是不具备这种能力的。

所以，时间跨度更长的定投应该更适合普通投资者。

8.2.2 基金定投

1. 定投的本质

定投是选择享受国家和社会发展进步的红利：只要社会发展进步，股市就会滚滚向前。

定期定额投资最大的好处是获得市场平均成本。定投 1 周，获得的就是最近 1 周的市场成本；定投 1 个月，获得的就是最近 1 个月的平均市场成本；定投 1 年，获得的就是最近 1 年的市场平均成本，以此类推。

获得市场平均成本意味着不谋求打败市场，同时也不被市场打败。对于长期价值投资者来讲，我们本来的目的就是"养只金基下金蛋"，以市场平均成本来获得股市长期螺旋式上升的成果，相信这是最明智的做法，也是基金定投的要义。

这里再强调一下股市长期螺旋上升的底层逻辑：上市公司每天、每周、每月、每年都在赚钱赢利，之所以螺旋上升而不是直线上升，是因为交易引起了波动。

情绪钟摆使人在交易中有时像打了鸡血，有时像霜打的茄子，而定投恰好可以让人跳出这种折磨，它是对付波动恶魔、让投资无限回归理性的利器。在定投中，如果市场上涨，你会开心，因为你投进去的部分已经开始赚钱；如果市场下跌，你也会开心，因为花同样的钱能买到更多的基金份额。

而定投解决了基民"善于而且敢于"追高的问题，改善了基民的投资体验，给基民带来了切切实实的好处。不信可以查阅一下历年的权益基金发行数据，发行量最大的时候几乎都在市场最高点，2021 年年初某基金发行遭 2300 亿热钱追捧的新纪录，也几乎"完美"地发生在近期市场的最高点附近。

2. 教你克服总怕投在高点、总想投在低点的心魔

好多朋友在问，是不是越跌越投啊，上涨是不是就不投或者少投啊⋯⋯非常正常，大部分投资者一上来就想择时，就想着战胜市场。

可长期来看择时是一种输家游戏，而定投的基本特点就是定期投入、到时就投，完全不择时。你可以随时开始定投，马上开始也无妨。

跟追涨杀跌的基民不一样，想定投的基民也会走向另一个反面：我会不会投在最高点上啊？我能不能低点再投啊？答案是办不到。

定投嘛，投在高点上一两次是可能的，但无碍大局。以按月定投为例，我们来看下大家最为熟悉的上证指数月线图，详见图8-1。（上证指数大家最熟悉，因此用它举例，但它的投资价值非常有限。）

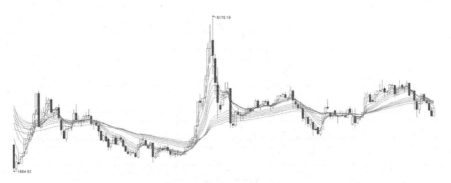

图 8-1　上证指数月线图（2009—2022 年）

最不幸运的，就算从 2015 年大水牛投起，收盘点位高于 4000 点的月份只有 4 月、5 月、6 月这 3 个月，而 4 月和 6 月这 2 个月还有低于 4000 点的交易日。在最高的 6 月份，收盘点位高于 5000 点的交易日只有 7 个，6 月份定投一次，选择不同定投日投在 5000 点之上的概率只有三分之一（6 月份 21 个交易日）。

如果从收盘点位高于 4000 点的 2015 年 4 月份开始定投，为方便计算，把定投日都确定为每月最后一个交易日，则定投 1 年至 2016 年 3 月底的平均成本为 3504.15，剔除超过 4000 点的 3 个月，平均成本为 3191.02，为不剔除的 91.06%；定投 2 年，这一数值为 95%；定投 3 年至 2018 年 3 月份，这一数值达到 96.80%。可见，定投时间越长，高点的几个月对平均成本的影响越小，而且，这些年 A 股的走势大体都遵循这样一个规律：大涨之后必有大跌，高点之后紧随着低点，按月平均之后总的成本曲线是比较平滑的。

再拿 2021 年一季度大盘的走势举例，如果第一次定投就不幸投在 2 月 10 日的

高点，3月10日马上给你来个近期最低点，是不是很魔幻？所以定投择时完全没有意义，时间拉长了怎么努力都只能拿到一个市场平均成本，还是老老实实地到时间就投、完全不折腾为好。

图 8-2 为 2020 年 12 月 4 日至 2021 年 3 月 12 日的上证指数日线图。

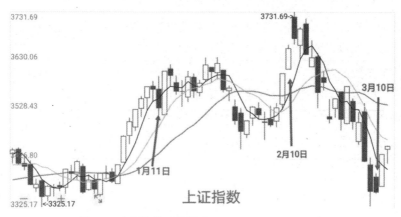

图 8-2　上证指数日线图（2020-12-4—2021-3-12）

3. 定投投什么

（1）首先我主张以优秀的主动基金为主。

通过前几章及上一节的分析我们知道，优秀的主动基金相较指数基金有着不菲的超额收益，而且这种超额收益还会在相当长时间内存在。

（2）估值不便宜的市况最好以股债配置的方式进行。

市场估值有低估、正常和高估几种情形，市场的大部分情况可能是正常或者偏高估。

我们知道，股市投资胜算只在两种情况下出现：绝对低估，如 2018 年年底，或者 2022 年 3、4 月份，只买不卖，可以完全持有股票基金；绝对高估，如 2015 年 5、6 月，只卖不买，可以完全持有债券基金或货币基金。

处于两种极端情况之间的中间阶段，股市上下皆有可能，以股债配置的方式定投，相当于留有一部分抄底股票的类现金期权，进可攻、退可守，是更有胜算的投资方式，使我们更容易"甩开膀子"大胆投资。

方案如下。

①稳健偏积极：股 6 债 4。

②稳健均衡：股债均配。

③稳健偏防守：股 4 债 6。

④积极进攻型：股7债3至100%股票基金。

如果你长期获取现金流的能力很强，且对投资和波动的理解到位，那么可以增加股票基金占比，直至只投股票基金。

（3）如果想投指数基金，那么建议不超过20%。

成熟市场的主动基金大多跑不过宽基指数基金。A股虽然也在不断成熟完善，但离成熟市场还很远，所以我的建议目前还是以主动基金为主、指数基金为辅。

（4）不定投自己不了解或者理解不了的基金。

不定投强周期行业基金、夕阳产业行业基金。

不投细分行业主题基金，因为行业越细分，风险程度越接近于个股。

4. 存量资金与增量资金在定投方法上会有所不同

我们通常所指的定投，是指我们用每个月节余的钱按计划进行的投资，在我们几十年的职业生涯中几乎是源源不断的。增量资金，也就是每月节余的钱，每月定时投一份，不择时，不中断。

当然也可以周定投，不过周定投会让人随时关心行情。对工薪族来说，可能会出现在1个月内时间拉长了进而出现资金挪用问题，所以我不太主张周定投。

若在决定投资基金的时候已经有一笔比较大的积蓄，就是存量资金。对于用存量资金定投，我有以下几个观点。

（1）如果存量资金数额较大，是自己每月节余可以用于基金定投金额的若干倍，那么就以倍数计算，是多少倍就分成多少份，每月投入1份，与每月节余资金一起投，相当于投入双份。即使存量资金很多，拆分数量最多也不要超过36份，也就是说，可投资存量资金再多，也不要超过3年投完。

这样做的目的是既在一定程度上考虑投资效率，也照顾到投资心态容易平稳的问题。虽然没有更多数据支撑，但在我多年的投资过程中，选择优秀的主动基金定投，基本上定投到第3年都会有赢利了。我的体会是，只要后续有钱投入，就不会太在乎前面的投资浮亏。而等到有浮盈了，投资心态会更好。

（2）如果不想分3年投资完，比如想1年就投完，也完全可以。只需要把股债比调整一下，将债基调高10个百分点，比如原来打算股6债4的，现在就调整成股债均配；原来打算股债均配的，现在就调整成股4债6，以此类推。这样做是**用配置的保守对冲时间上的激进**，如果觉得1年投完股票基金成本偏高一点，那么也可以在之后通过动态再平衡或逐步调整股债比降低成本。

5. 定投投多久

在我的观念里，投资理财应该是一种生活方式，是一辈子的事。所以我主张定投时间尽可能拉长。我甚至会做这样的安排：留出一部分钱并在我们工作赚钱的时候完全不动用，直至退休之后才逐步拿出来用。

一方面确实因为复利积累靠的是时间，如果听任它积累 50 年，那么我们普通人完全不敢想象的财富就会被创造出来。

另一方面是因为随着我国老龄化的来临和日益严重，80 后之后的大量年轻人可能会面临养老金不足的局面。如果在退休后还想过体面有尊严的生活，恐怕现在就得为多年之后的退休养老作打算。

6. 定投止不止损？止不止盈？如何止盈

定投止盈不止损，定投止盈不止损，定投止盈不止损。

重要的事说三遍。

如果不是长期不用的钱，就一定不要拿来定投。定投就一定要投到赢利，达到赢利目标了，才考虑止盈。

（1）除非投资标的有问题，比如你定投了一堆强周期品种、夕阳产业行业基金，等下一波周期到来可能要很多年，或者行业趋势性衰退、看不到前景，否则定投一律不止损。如果看错了、投错了，不管盈亏都要出来，转换成宽基指数基金、宽赛道主动基金或者有长期投资价值的消费、科技、成长主题行业基金。

（2）傻傻定投完全不止盈，行不行？从回测数据来看是完全可行的。我们拿成立时间最久、知名度也最高的富国天惠和兴全趋势做回测，2 只基金都成立于 2005 年年底，假如我们从 2006 年起每个月 10 号都傻傻定投 1000 元，到 2021 年 2 月 10 日最后 1 期投完，一共定投 182 期，本金投入都是 18.2 万元，很巧合的是这 2 只基金到 2021 年 3 月 9 日期末累计金额都超过了 80 万，定投年化收益率分别达到 17.71% 和 17.76%。

但是傻傻定投不止盈，就要坐很多次过山车，我们是拿不住的。

所以我建议年化收益率达到 20% 就止盈。为什么是 20% 呢？因为如果我想达到 15%、16%，也就是公募偏股基金长期平均年化收益率，定投止盈后又再开始定投的运作，就会损失一定的投资效率，所以把止盈的年化收益率定得稍高一点，长期投资才能达到我们的目标。

注意这个 20% 的年化收益率是计算复利的，从投资第一笔算起，第 1 年 20%，第 2 年 44%（1.20×1.20），第 3 年 72.80%（1.20×1.20×1.20），以此类推。

达到目标止盈后，把全部资金分成 24～36 份，和每个月增量资金一起开始新一轮定投，依然按照 20%的年化收益率止盈。如此循环往复。

（3）前面说了，在总体不高不低的市况下，我主张以股债配置的方式定投，以我自己的风险偏好，我喜欢按股 6 债 4 配置定投。

这种配置式定投止不止盈呢？如何止盈？

从近几年的走势结合国家对股市的政策和制度建设来看，长期震荡走慢牛的可能性大于 2007 年、2015 年那种短期急促的疯涨。果真如预期的话，那么在每年春节后第一个交易日（我的习惯，其他时间也可以）做一次动态再平衡就可以了。动态再平衡实际上就是一种止盈方式，将运行了 1 年的投资组合重新恢复比例至股 6 债 4。

如果出现 2007 年、2015 年那种急促的疯涨，总市值每上涨 10%就将股票基金比例调降 10 个百分点，直至完全清仓股票基金。配置的是主动基金组合还是指数基金组合，具体止盈方法和细节会有所不同，但总体思路都是一样的。

7. 关于定投的其他重要问题

（1）有没有优化的定投方案？像智慧定投、低估定投什么的。

我们都有一个梦想，就是总想打败市场。

智慧定投、低估定投依赖的底层逻辑是精准估值。有经验的投资者都知道，同一天不同渠道给出的估值数据可谓五花八门、差别很大。对此的解释是经过优化过的，比如有的剔除了商誉等估值因子。其实我们应该认识到，所谓估值都只是"毛估"，不能不信，但太过相信就过了。

这类方法有个最大的问题，需要等待很长时间比如 2~3 年才能等到一次低估机会，从资金使用效率来讲是有问题的。另外，低估到与非低估相差不到 1 个百分点就不能投了，也太过机械了。我们在有的平台上使用了智慧定投，好几个月不给扣款，于是只能改手动或者普通定投了。

用股债配置的方式定投，就可以解决估值不便宜时段的定投问题，而且如果 A 股未来像成熟市场一样走出慢牛行情的话，估值不便宜可能会成为常态。我认为股债配置定投的方式是一种更为"模糊的正确"，更适合大多数普通投资者。

（2）熊市要不要停止定投。

这是个气死人不偿命的问题。熊市是最好的定投时机，下跌越多，定投成本越低，牛市来了才能有更好的收益。如图 8-3 所示，典型的定投微笑曲线就是左侧定投，越跌越投，静待右侧来临，曙光初现，直至大获全胜。

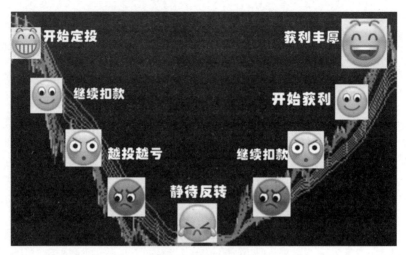

图 8-3　定投微笑曲线

可是就有一些朋友在熊市里因为恐惧干脆停止了定投，错过了捡便宜筹码的大好机会，这是定投最不应该犯的错误。

千万、千万不要在市场下跌的时候停止扣款。

（3）要不要趁大跌加个仓。

定投最重要的原则就是遵守纪律，除非你有富裕的资金，否则不要开这种"黑车"，一次大跌早早把子弹打光了，等定投时间到了说不定点位更低，可是没有钱投了。

（4）定投时间恰好碰到大涨，要不要等等再投。

不等。说不定越等越高。

（5）再问一次，我真的真的忍不住了，要不要止损。

恐慌、忍不住想跑的时候，可能正是遍地黄金的时候。千万、千万不能止损，坚持定投，静待获利。

如果你实在实在忍不住止损出来了，说明你不适合定投，也不适合做权益投资，把钱老老实实放货币基金里就好。很多人一辈子都不投资权益市场，一样过着花儿一样的幸福生活。

8. 小结

定投就是跟随市场，不谋求打败市场。

跟市场争利的，往往会"死"得很惨。等着市场发钱的，往往都会赚得盆满钵满。

8.2.3 逆向投资之难——抄底是个技术活

在股市呆久了，大概率会听说过"新手死于追高、老手死于抄底"的段子。

无论投资股票还是基金，相信我们或多或少都有过"抄底"的经历。本想着抄个大底狠赚一笔，但往往事与愿违，我们大部分的抄底并不成功，轻则小亏离场，重则抄底不成反被"抄家"，被抄底"虐"到"遍体鳞伤"。

不信？抄房地产的底，抄保险的底，抄中概互联网的底……有哪个是让你轻易得手了的？

事实证明，抄底并不是一件容易的事，因为抄底是个技术活。

1. 底在哪儿。

（1）技术底。

老资格的投资者都知道量在价先、天量天价、地量地价，当成交量萎缩到最近天量的三分之一时，有可能见到"地价"。

问题来了，你依据的是日地量，还是周地量？万一地量之后还有地量呢？

（2）估值底。

依据 PE、PB、PS，还是 PE、PB、PS 百分位？是 3 年百分位，还是 5 年百分位？百分位低于 30%、20%、10%还是 0 才是底？低于全部历史百分位还在创新低的并不少见。

（3）政策底。

大盘、行业跌到一定程度后，官方出台政策"呵护"。把政策底当底？政策底之后必定还有市场底。

（4）市场底、情绪底。

当市场产生绝望情绪的时候，市场底出现。传说很多了，可信的情绪指标在哪儿？

2. 磨底时间超长，而抄底收益可能并没有想象的那么高

我们都想着抄个世纪大底，赚它个四五倍，再不堪也要赚个一倍。

而且抄底者生怕错过抄底时机，以为我抄进去了，马上就会涨给我看。

这也是抄底很难但抄底者却前赴后继的重要原因。

且慢！你听说过"筑顶 1 天、筑底 1 年"吗？

其实大部分宽基或行业指数筑底的时间不止 1 年，却也熊不过 2 年。

我有个不那么准确的印象，我们的基钦周期（库存周期）大约 3～3.5 年，对应的股市涨跌周期也大约是 3 ~ 3.5 年。

指数或个券从最高点下跌 20% 算进入技术性熊市，触底不创新低大约 1 年，磨磨蹭蹭再来 1 年，第 3 年可能才进入主升浪。

如果你还算熬得住，也许刚解套你就想跑；赚了 10% 更想跑，因为熬怕了，怕一不小心又转盈为亏。

能够熬到创新高，小赚一倍，也许一个涨跌周期还办不到。

能够熬过四五年的，已经算得上是人中俊杰了，我们大部分人办不到。

所以我们普通投资者抄底的收益可能并没有想象的那么高。

3. 抄底过程中一定伴随着各种利空

股市上涨给人信心，下跌让人泄气。

而下跌过程中一定伴随着各种利空：也许是个股或行业并没有市场之前想象的那么好；也许是碰到了难以想象的困难；也许是受到政策限制或打压，如环保、低碳、节能、反垄断……还有突如其来的黑天鹅，譬如疫情，譬如地缘政治紧张。结果必然是业绩下滑叠加估值下降——戴维斯双杀。

抄底过程中的各种利空会让我们一次次陷入绝望。

4. 一个中庸但可行的抄底策略

一个可行的抄底策略一定要面对以下问题并提供解决方案：

（1）底不确定，底下可能还有底。

（2）磨底时间太长，收益有限。

（3）磨底过程中会伴随各种利空。

①资金规划。

如前所述，伴随着各种利空的一次次下跌会让人一次次泄气。所以在抄底某一个券时一定要有明确的资金规划。我的做法是单一个券（主要是基金）投入资金一般不超过我可投资总额的 10%，同时进行抄底的个券数量一般不超过 2 个（总资金不超过 20%）。

这是用策略规避人性弱点。抄底本来就是主动买套，同时进行的抄底项目不超过可投资总额的 20%，有利于控制总浮亏，提升投资体验和投资舒适度；而单一个券投入金额不超过可投资总额的 10%，即使出现极端情形，比如抄底之后再暴跌50%，也只会影响总投资净值的 5%，有利于减轻我们在面对各种利空时患得患失的心理负担，从而能够坚持下去直至抄底成功。

而投资者抄底失败的最重要原因，就是没有解决好抄底资金占可投资金额比例的问题：第一次抄底出现明显浮亏后，急于摊低成本，于是马上追加投入；再次出现明显浮亏后，再次追加投入；越补越亏，越亏越补，直至补成重仓甚至全仓，再来一次暴跌必然心理崩溃，低位斩仓出局，导致抄底失败。

②择机开始投入，拉长建仓周期，分批布局。

择机开始投入，拉长建仓周期，分批布局，虽然不能精准抄底，但可以买到相对底部区域的平均成本，是一种可行的、能够让投资者心安的中庸的抄底方式。

这种抄底方式必须以严格的纪律做保证，那就是按月定期、定额无脑投入，逢大跌（单日跌幅超3%以上）可以临时加投一次，但不能显著缩短投入周期。

③适时止盈。

采用这种策略买入基金，可以按照每只基金从投入第一笔计算时间，按累计收益除以累计本金计算收益率，达到年化收益率20%止盈。

当然也有投资者觉得这个收益率目标有点低，说实话，是因为缺乏经验的投资者仅凭想象才会提出这样的问题。因为这种不按每次投入的金额和时间精确计算收益率的方法，真实的年化收益率不止20%而是33%左右，恰恰是因为"抄底"才能达到的收益目标，实现起来并不那么容易。

达到止盈条件时，如果市场情绪不疯狂或者估值不算太高，可以只止赢利润部分，本金先留着，让"子弹再飞一会儿"；如果市场情绪疯狂或者存在巨大泡沫，则果断执行清仓止盈。

5. 完美抄底只是完美幻想

可能会有投资者拿某次完美抄底（买在最低点卖在最高点）的经历来否定中庸抄底策略，因为中庸抄底策略的资金使用效率不够高、收益不够理想。事实上某次完美抄底只是偶然和运气，不可能复制。

追求完美抄底的结果大概率是：要么完美错过，要么被"虐"得体无完肤。

当然抄底也不是投资必选项，右侧做多是体验更好的投资实践（只是较难等到投资机会、需要更多耐心），比如利用顾比均线月线、周线长期均线组向上穿越短期均线组买入权益基金的胜率就比较高，值得一试。

6. 小结

买入方法按难易程度排序，最难的是一把买入，因为对择时的要求最高。

从买入后的持有体验看，一把买入的压力也最大。

因此，除非有非常高的确定性，比如估值极低，或者市场情绪极度悲观，最好避免一把买入。

分批买入和定投实质上是一样的，只不过定投设定的时间更长而已。

做买入决策时决不能只考虑收益率，能不能拿得住、最后是否能获得不错的收益才是最重要的。

因此，分批买入和定投有可能牺牲一定的资金使用效率，获得的收益也可能不是最优的，但对普通投资者来说是更容易坚持且最终能获得投资成功的买入方法。

买在左侧、进行抄底几乎是长期投资者都会碰到的实操问题。

抄底，说到底还是要提前做好投资规划，对抄底后的各种情形有预案，至少要有心理准备，胸有成竹才能成功。

8.3　几个实用的基金买入方法

分批买入和定投都是很好的基金买入方法，如果配合上有效的择时，以及投资方向上的选择，那么买入基金的效果应该会更好。

8.3.1　低估值买入

低估值买入是一个很好的买入思路，通常使用的估值指标有 PE（市盈率）、PB（市净率）、PS（市销率）、PEV（内含价值），以及 ERP（股权风险溢价）等。

1. 低市盈率买入

市价赢利比率，Price Earning Ratio，简称 PE 或市盈率，是股价与每股赢利的比值，或者市值与净利润的比值。它意味着，如果以当前价格买入，仅靠公司赢利，多少年能够回本。比如，PE 为 10 倍，就意味着以当前价格买入，仅靠公司赢利，需要 10 年才能回本。

市盈率是用来评价股价水平是否合理的最常用指标之一。一般情况下，一只股票或指数的市盈率越低，表明投资回收期越短，投资风险就越小，股票或指数的投资价值越高；反之亦然。

PE 估值主要适用于业绩相对稳定、周期性不强的消费医药类公司或行业，以及主要的宽基指数。

（1）我们通常使用的市盈率指的是滚动市盈率。

按赢利计算期间，市盈率可以分为静态市盈率、动态市盈率和滚动（TTM）市盈率。

①静态市盈率。

当前股价（市值）除以最近公布年报的上一会计年度每股净利润（净利润总额）得出的数据就是静态市盈率。

这个数据最大的优点是准确，但反映的是过去的经营成果，有明显的滞后特征。

②动态市盈率。

以已经公布的季度报告数据，预测未来一年的净利润，由此计算出来的市盈率称为动态市盈率。

比如已经公布一季报，则预测年利润就是一季度净利润×4；已经公布半年报，则预测年利润就是半年净利润×2；已经公布三季报，则预测年利润就是前三季净利润×$\frac{4}{3}$。

动态市盈率在一定程度上反映未来的经营成果，缺点是数据不够准确，因为企业净利润并非每季度都一样。

③滚动市盈率。

以最近报告的 12 个月（四个季度）计算的年度净利润，由此得出的市盈率被称为滚动市盈率（Trailing Twelve Months，TTM），或 TTM 市盈率。

TTM 市盈率是静态市盈率的一种改进，如果现在是 4~6 月份，则年度净利润=去年后三季度净利润+今年一季度净利润；在 7~9 月份，则年度净利润=去年下半年净利润+今年上半年净利润；在 10~12 月份，则年度净利润=去年四季度净利润+今年前三季度净利润；在 1~3 月份，则 TTM 市盈率与静态市盈率相同。

滚动市盈率既准确又显得没那么滞后，所以很多行情软件默认显示的就是滚动市盈率。但几乎都同时提供三种市盈率数据。

（2）多少倍 PE 为合理呢。

所谓 PE（TTM 市盈率）百分位估值，就是将历史上每一天的 PE 从小到大排序，将当前交易日的 PE 历史排名除以历史数据总数再乘以 100%，就得出了历史百分位。

既然是历史百分位，那么选取的历史时间段不同，得出的数据肯定是有差别的，一般选取 5 年以上的历史数据来计算历史百分位。

目前历史百分位大多应用于宽基指数和行业指数的估值，估值标准大同小异。

天天基金的标准是历史百分位低于 35% 为低估，在 35%~70% 区间为正常估值，高于 70% 为高估。

蛋卷基金的标准是历史百分位低于 30%，且 PE<20 为低估；历史百分位处于 30%~70%，且 PE<20 为正常估值；历史百分位高于 70%，且 PE>20 为高估。

（3）多少倍 PEG 为合理呢。

PEG 即市盈增长比率，是由市盈率衍生出来的一个比率，由股票或指数的市盈率除以未来数年净利润复合增长率得出：

$$PEG=PE/(净利润年复合增长率 \times 100)$$

PEG 估值法将市盈率与公司或指数的业绩成长性进行对比，比单纯用市盈率指标更有意义。比如一只股票的市盈率为 100，如果它的净利润复合增长率为 100%，假设股价不变，那么下一年它的市盈率就只有 100/(1+1)=50 倍了；另一只股票的市盈率为 60 倍，如果它的净利润复合增长率只有 10%，假设股价不变，那么它下一年度的市盈率变为 60/1.1=54.54 倍。显然市盈率为 100 的企业比市盈率为 60 的更有投资价值。

通常 PEG 等于 1 时为正常估值，低于 1 时为低估，高于 1 时为高估。也就是说，对于一个年复合增长率为 20% 的企业，市场通常会给予其 20 倍左右的合理估值。

但价值型股票的 PEG 通常会低于 1，以反映业绩低增长的预期；而对于成长型股票，市场往往会给予其 2 倍甚至更高的 PEG。

PEG 估值的重点在于准确估算未来至少 3 年的净利润复合增长率，这往往需要从付费研报中获取数据。

2. 不适用 PE 估值法的一些行业

以下行业不适用 PE 估值方法。

（1）强周期行业，如传统能源、有色金属、钢铁、原材料等行业，景气周期顶点的 PE 很低，却往往是可能需要卖出的时候；而在景气低点赢利很少或者亏损时，PE 很高，最悲观的时候反而可能逐步迎来布局时机。所以强周期行业的股票或指数基金主要靠判别周期进行投资，而不能用 PE 进行估值。

（2）银行业，带有明显的周期属性，不适用 PE 估值，常用 PB（市净率）进行估值，一般在五大行的 PB 为 0.7 以下时达到低估。

（3）保险业，不适用 PE 估值，常用 PEV（内含价值）估值，一个专属保险企业的估值方法。PEV=股价/EV，EV 一般会在保险企业年报里公布。

（4）证券行业，该行业具有明显的反身性，业绩波动巨大，股市越好，业绩越好，PE 甚至 PB 可能越低；股市越差，业绩越差，PE 甚至 PB 可能越高。不适用 PE 或 PB 估值，只能靠判断股市周期进行投资或进行右侧趋势投资。

（5）房地产行业具有明显的周期特征，不适用 PE 估值。

（6）初创企业或者创新型企业，一般用 PS（市销率）估值。

（7）高科技企业在走向成功的途中"每天都面临着破产"，也不适用 PE 估值。

3. 其他低估值买入方法

除了前面提到的市净率、市销率和内含估值法，还有 ERP（股权风险溢价，Equity Risk Premium）估值法，以及 DCF（现金流折现）估值方法。

DCF 估值方法主要适用于企业，本节主要介绍 ERP 估值法。

股市估值，最著名的估值模型就是股权风险溢价了。

股权风险溢价是指股票收益率与无风险收益率的差额。市场无风险收益率是投资者在市场参与投资活动的预期"门槛"，若股市预期收益率高于无风险收益率，理性投资者则会选择投资股市；反之则会卖出权益资产、投资国债，获得无风险收益。

根据这个模型，有以下两个公式。

（1）股权风险溢价=赢利收益率–市场无风险收益率=1/PE–r。

PE 为全部 A 股市盈率（或者沪深 300 指数、中证 500 指数、创业板指数等宽基指数的市盈率），r 为 10 年期国债收益率。

（2）股债比=赢利收益率÷市场无风险收益率=1/PE÷r。

PE 为全部 A 股市盈率（或者沪深 300 指数、中证 500 指数、创业板指数等宽基指数的市盈率），r 为 10 年期国债收益率。

在实际应用中，大部分情况下并不是权益和债券非此即彼的选择，而往往是按照不同的股权风险溢价确定不同的股债比例的，从而提高投资决策的效率。

什么样的股权风险溢价应该对应什么样的股债配比，只是一种经验统计规律，对于 A 股，目前并没有权威可信的指标标准。

全 A 指数与其他宽基指数的市盈率差别较大，判断不同风格（大小盘、价值与成长）的指数或基金投资价值肯定对应着不同的股权风险溢价指标。

所以股权风险溢价看似很重要，但实际操作的难度不小，因此大体上也只能作为判断大市估值的粗略参考指标。

以基金分析工具"韭圈儿"为例，它将股债风险溢价比按近 3 年、近 5 年、近 10 年，以及自成立以来 4 个时段进行统计，不同时段对应着不同的均值，当前时点的股债比对应着不同的分位值，不同统计时段视角得出的结论可能就不一样。

以 2022 年 8 月 18 日为例，万得全 A 的股权风险溢价为 2.99%，该指标过去 3 年和 5 年的均值分别为 2.23%和 2.29%，当前处于过去 3 年和 5 年的高位，分别高于 87.23%和 80.58%的时间，因此目前性价比高；而该指标过去 10 年和自成立以来的均值分别为 2.45%和 2.09%，当前处于过去 10 年和自成立以来的中性位，分别高于 67.53%和 69.92%的时间，因此目前性价比中性。

虽然按不同时段和视角得出的结论在细节上有差别，但有一点是一致的，即 2022

年 8 月 18 日，A 股的性价比不低。

对于第二个公式，有人根据近几年 A 股的历史数据做了回测，得出这样的结论：全 A 股债比 > 2.50，权益资产性价比很高，可以全仓买入；在 2.00~2.50，权益资产性价比高，只买不卖；1.50~2.00，权益资产性价比欠佳，只卖不买；1.50 以下，权益资产性价比很差，应该考虑全仓卖出。

以 2022 年 8 月 18 日为例，当万得全 A 市盈率为 17.84，10 年期国债收益率为 2.61%，根据以上公式得当前股权风险溢价为 2.99%，股债比为 2.15。结论是在 2.00~2.50，权益资产性价比高，只买不卖，与"韭圈儿"的结论一致。

4. 被高估的还要更高，被低估的还要更低，看估值进行投资，科学吗

任何一种估值方法，既然是"估"，那么它大致上还不属于科学，而应该归结于艺术的范畴。它们虽然重要，但只能作为一个大致而粗略的参考，完全凭借精确估值进行投资。目前可能行不通，还需结合其他方法和策略一起使用，才能帮助我们成功地进行投资。

比如，最近几年，成长和景气被赋予"至高无上"的地位，被高估的还在惯性上冲，被低估的依旧趴在地上。

成长风格的基金经理依旧乐观：高估自有其道理，低估也有合理逻辑。

应该这样说，像低碳新能源、万物互联这样的行业，未来很多年都可能会保持高景气度，对于这样的行业市场，我们给予适当高估也是情有可原的。

但再有前景的行业都必然经过野蛮生长、竞争白热化最后到成熟稳定阶段，野蛮生长阶段可能有明显的超额收益。在竞争白热化阶段，行业规模扩张，利润下降；而在成熟稳定阶段，行业则呈现寡头垄断格局，利润增速高于营收增速。

估值的分母（利润、营收）在不同阶段呈现的特征差异是很明显的，尤其是竞争到白热化的阶段时，需要警惕泡沫破裂。美股互联网泡沫破裂曾经导致 2000—2009 年近 10 年的股市下跌（此后又迎来十几年的长牛），这样的情形不能不防。

因此长期高景气的行业也不适合追高买入。

低估值的行业如果不是夕阳行业，应该还是值得关注的。

我主张行业上均衡配置，不因高估或低估而在行业上赌方向。

8.3.2　一个简单易行的基金买入策略

买入基金有个简单易行的策略。

（1）宽基指数基金从高点下跌 20%、行业主题指数基金从最高点下跌 30% 以上，即开始分批布局，布局周期 12~24 个月。

（2）主动基金：①近半年在同类业绩中排名 50%以后；②没跑赢业绩比较基准和；③达到近 2~3 年最大回撤。以上三个条件只要满足一个，即可开始分批布局，布局周期 6~12 个月。

很多读者问我，宽基指数和行业指数基金布局周期 12~24 个月、主动基金布局周期 6~12 个月这两个时间是怎么确定的？其实很简单，我通过分析宽基指数和行业主题指数基金的月线，发现下跌周期一般就是 1 至 2 年，基本不会超过 2 年；我关注的优秀主动基金的下跌周期更短一些，差不多是宽基指数和行业主题指数基金的一半，也就是 0.5 年到 1 年。

我平时买入基金的频率基本上是 1 个月一次，因而也习惯在行情软件里看基金的月线图。月线图最大的好处是过滤掉了日线的频繁波动，能够让我们看清楚大的方向和趋势，因而更容易让人心安。权益投资要有长期视角，这句话不只是心灵鸡汤，的确能让我们感受到实实在在的好处。

看基金月线图时，我喜欢用的主图指标是 GMMA（Guppy Multiple Moving Average，顾比复合移动平均线），简称顾比均线。这样的月线图看多了以后，我发现**利用顾比均线确定基金的买入时机是一个有效而简便易行的方法**。

我们先用 2005 年以来的偏股混合型基金指数月线图（如图 8-4 所示）来科普一下顾比均线。

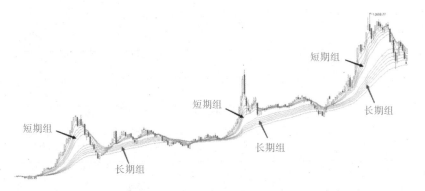

图 8-4　偏股混合型基金指数月线图（2005—2022 年）

顾比均线由两组均线构成，分别是长期组和短期组。其中，短期组有 6 根均线，分别是 3、5、8、10、12 和 15 日（周、月）平均线；长期组也有 6 根均线，分别是 30、35、40、45、50 和 60 日（周、月）平均线。这两组指标分别反映了短线交易者和中长期投资者的行为。当这两组指标相互靠近的时候，说明投资者和投机者对于证券的价值有了共识；而当两组相互远离的时候，就说明二者对价值的认识产生了分歧。

从偏股混合型基金指数自 2005 年以来的月线图来看，在顾比均线短期组完全上穿长期组时买入，胜率达到了100%。

我们不是趋势交易者，而是结合市场情绪判定买入机会的长期投资者。如果利用顾比均线短期组完全上穿长期组确定买入时机，往往只有1个月时间。按我的理解，1个月买入差不多相当于"一把梭"，即使历史上的胜率很高，但我们一般人是缺乏这个胆量的，也不符合长期价值投资稳健审慎的原则。我们需要确定分批买入的时机，而顾比均线可以协助我们来做这个决策。

我们先来讨论行业主题指数基金的买入方法。如图8-5、图8-6、图8-7所示，为近几年涨得比较好的半导体、消费、医药指数月线图。

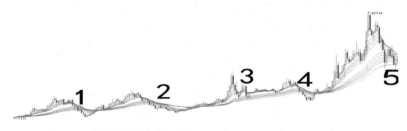

图 8-5　半导体板块指数（代码880491）月线（2005—2022年）

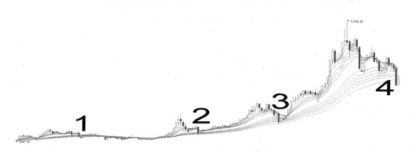

图 8-6　中证主要消费指数月线（2010—2022年）

图 8-7　中证医药指数月线（2009—2022年）

当价格跌进长期均线组（标示数字的位置）时，将准备投入的资金分成12份，在价格处于长期均线组范围或以下每月买入1份，高于长期均线组不买。从三个指数看，这种方法都可以买在底部，均值比短期均线组上穿长期均线组时更低。

再看近几年表现不佳或跌幅较大的几个行业主题指数，中证方正富邦保险主题指数、中证银行指数和中概互联网 ETF 三个行业主题指数（基金）的月线图分别如图 8-8、图 8-9、图 8-10 所示。

图 8-8　中证方正富邦保险主题指数月线（2012—2022 年）

图 8-9　中证银行指数月线（2013—2022 年）

图 8-10　中概互联网 ETF（代码 513050）月线（2017—2022 年）

跌入月线长期均线组后，把资金分成 12 份，每月买入 1 份的策略依然可行。

对以上六个行业主题指数，用这种方法都可以买在底部区域，而且比最高点下跌 30% 开始分批买入的结果更优：对于最高点下跌达到 30% 以上的指数，以这种方法买入的位置更低；对于弹性不够大、最大跌幅达不到 30% 的指数（比如银行），这种方法也提供了可以操作的有效策略。

主动基金用这种方法行不行呢？我通过对自己持仓或曾经持仓的几只基金——工银文体产业、华安逆向、兴全合润、兴全趋势、大成新锐产业混合、交银优势、国富弹性市值和富国天惠用月线进行回测，发现买入机会太少，交银优势自 2015 年以来就没出现过买入机会。原因是优秀主动基金的波动和回撤比行业主题指数小得多，走熊的时间也短得多。

工银文体产业、华安逆向、兴全合润、兴全趋势、交银优势的月线图分别详见图 8-11、图 8-12、图 8-13、图 8-14、图 8-15。

图 8-11　工银文体产业月线（2015—2022 年）

图 8-12　华安逆向月线（2012—2022 年）

图 8-13　兴全合润月线（2012—2022 年）

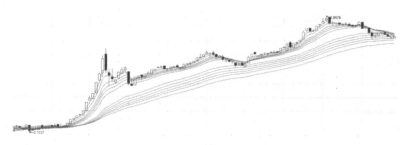

图 8-14　兴全趋势月线（2013—2022 年）

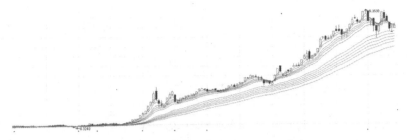

图 8-15　交银优势月线（2010—2022 年）

如图 8-16 至图 8-20 所示，我尝试用周线进行回测，发现买入机会增加了不少（数字标示部分），当单位净值跌进周线长期均线组时，最开始的买入策略依然有效。主动周期的买入周期调整为 6 个月，较行业主题指数基金的买入周期缩短一半。也就是将准备投入的资金分成 6 份，当单位净值跌入长期均线组范围或以下时，每月买入 1 份；当单位净值上涨位于长期均线组上方时，当月停止买入。

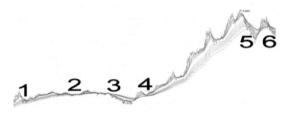

图 8-16　华安逆向周线（2014—2022 年）

图 8-17　工银文体产业周线（2016—2022 年）

图 8-18　交银优势周线（2015—2022 年）

图 8-19　兴全合润周线（2015—2022 年）

图 8-20　兴全趋势周线（2016—2022 年）

可转债基金和激进型二级债基也适用净值跌进周线长期均线组的买入方法，例如兴全可转债和博时信用债。图 8-21 为博时信用债的周线图。

图 8-21　博时信用债周线（2015—2022 年）

保守型二级债基和纯债基金则可以采用日线级别单位净值跌进长期均线组分批买入的办法，买入周期调整为 3 个月。例如工银瑞信双利债、易方达增强回报债等。图 8-22 为工银瑞信双利债的日线图。

图 8-22　工银瑞信双利债日线（2017—2022 年）

综上所述，选取顾比均线作为主图指标，行业主题指数一般适用于价格跌进月线长期均线组的买入策略，买入周期为 12 个月；主动基金适用于单位净值跌进周线长期均线组的买入策略，买入周期为 6 个月；而保守型二级债基和纯债基金适用于单位净值跌进日线长期均线组的买入策略，买入周期为 3 个月。

但这也不是绝对的，波动和回撤从大到小依次适用月线、周线和日线策略，所以部分科技主题主动基金或风格过于激进的其他类别主动基金也可能适用月线策略；风格过于激进的高收益纯债基金也可能适用周线甚至月线策略。

具体某只基金到底适用哪种组别的策略也容易判定，在月线、周线和日线之间切换，看哪种组别的顾比均线更具有操作价值，就可以确定采用这一组别的策略。

细心的读者可能会发现，如果将准备投入的资金分成 3、6、12 份，并按照我们的策略每月买入 1 份，那么大部分时候是买不完就涨破长期均线组了，而个别时候也存在 3、6、12 份买完后价格还在长期均线组范围内甚至之下的情况。

遇到这种情况该怎么办呢？我觉得买不完更主动，毕竟安心赚到钱比投入完了迟迟不上涨进而导致心态崩溃更划算；而且买不完的钱放在货币基金里一样赚钱。另外还有一个解决办法，就是自己做一个备用基金池，将自己看好的基金都放在里面。如果计划投入标的基金的钱还没有投完该基金就涨上去了，那么余下的钱就可以用来投资基金池中达到条件的其他基金，方法也是把剩余资金再分成 3 份、6 份、12 份，分 3 个、6 个、12 个月买完。

如果不是采用存量资金投资，而是每月用节余资金投入，那么这个问题更好办，做一个自选基金池，每个月投资达到条件的基金。若当时达到条件的基金不止 1 只，则可以把当月资金分成几份并等量投入；如果没有达到条件的基金，则停止买入，安心等待买入时机。

至于买完之后价格还在长期均线组范围之下，这种情况很难避免，因为任何一种策略都无法做到买完就涨。当然还有一种更稳健和保守的解决方案，那就是**等到价格跌破长期均线组再买而不是跌入长期均线组就买**。这样做最大的问题是可能很长时间都等不到买入机会，但换一个角度思考，等不到机会就坚决不买，这样也有好处，因为没有什么基金是必须要买的，只买机会出现的基金就行了。

这种策略，从过往回测来看，胜率是非常高的，但资本市场最大的确定性就是未来充满不确定，所以这种方法应该结合其他分析方法一起使用，尤其要结合基本面分析。如果一个行业是趋势性衰退行业，那么价格跌入长期均线组可能只是下跌噩梦的开始，相对于基本面分析，技术分析终究只能作为辅助决策的手段。

无论如何，我认为这种分析方法还是具备实操价值的。

采用这种基金买入策略，我仍然建议每只基金从投入第一笔就开始计算时间，按累计收益除以累计本金计算收益率，达到 20% 的年化收益率即止盈。达到止盈条件时，如果市场情绪不疯狂或者估值不算太高，就可以只止赢利润部分；如果市场情绪疯狂或者存在巨大泡沫，则果断执行清仓止盈。

8.3.3　行业主题基金的投资思路

在上一节中，我们已经对行业主题基金的买入方法做了探讨，本节专门从资产配置的角度再谈一谈行业主题基金的投资思路。

我们在做投资决策的时候，首先要解决的问题就是把资金在不同类别的资产中进行分配，也就是资产配置问题。

我给普通投资者的建议是，资产配置主要选全市场风格的主动基金，行业主题基金通常只能作为战术配置的一部分，一般只占全部可投资总额的10%~20%，采取左侧布局，目标收益率止盈，只赚能力圈范围的钱。

这么做的主要原因是，全市场均衡配置的主动基金能够适应全市场风格，可以稳定地赚到市场的贝塔收益和基金经理的阿尔法收益，波动较小，适合长期持有；而行业主题基金则会有各自独特的行业周期特点，把握难度较大，涨起来可能气吞山河，跌起来也会飞流直下，波动太大，长持难度很大。

从我本人的投资经验看，当行业主题基金累计收益率达到40%~50%时，我就有强烈的兑现冲动，我投资过消费、医疗、互联网、有色金属和黄金，基本上都是达到 40%~50%的累计收益率就止盈的。消费和医疗的最高点在我止盈后几乎又翻倍了；互联网的最高点则在我卖出后又涨了30%左右；站在2022年三季度看，有色金属和黄金则卖在了次高点上，未来还会不会涨、涨多少根本不知道。

这样做，其实是因为普通投资者对行业或主题的研究深度不够，认知不到位。

我对行业主题投资的基本思路是：第一，行业前景不错，至少不能是趋势性衰退行业，需要做一个"模糊的正确"的判断；第二，行业主题基金从高位调整幅度巨大（比如30%甚至更多），或者强周期行业周期即将来临，这时开始以定投的方式逆向布局。退出方法则是目标止盈，从第一笔投资开始计算时间，年化收益率达到20%时止盈；强周期行业则在周期到顶（我的指标是铜价和PPI双双出现拐点）时，不管赚不赚钱、赚多少钱都坚决退出。

当我们看到一个行业主题基金近几年赚了很多很多的钱而心生羡慕时（比如白酒 400%，新能源车 300%），其实这个超高的收益率与我们绝大部分投资者是没有关系的，因为我们没办法完整地赚到它们的全部收益或者大部分收益。但是如果你持有几只优秀的主动基金，它们这几年在不同时间段大概率都配置了茅台、五粮液和宁德时代，那么实际上你还是赚到了这些行业成长的钱的一部分，而应付波动和调仓这样的事就交给专业的基金经理吧。

当然有的时候我也会思考，全仓投资行业主题基金与全仓全市场配置的主动基金到底哪个的收益会更高？短期的爆发力肯定是行业主题基金的更好，波动也肯定更大；但时间拉长就不一定了，因为我们不一定有那么好的命，能在白酒或新能源车价格最低的时候拿到筹码，又在行业景气高点退出。但选股能力优秀的主动基金经理是有可能拿到它们相当部分涨幅的，只是他们做的是行业均衡配置，所以在每个行业上获得的绝对收益幅度小一点，但是如果他们在不同时间段把大部分行业的涨幅都拿到了，那么最后的总收益就不会差。

如果一只基金近 2 年的涨幅分别是 100%和-30%，而另一只基金近 2 年的涨幅都是 20%，你选哪个？你绝对会不假思索地说肯定选第一只啊！虽然波动大，但它涨幅高啊。但仔细一算，第一只基金第一年涨 100%，净值变为 2，第二年下跌 30%，净值是 1.40；而第二只基金第一年上涨 20%，净值变为 1.20，第二年再上涨 20%，净值就变成了 1.44！虽然这样的类比不一定很准确，但第一只基金确实更像行业主题基金，而第二只则更像均衡配置的优秀主动基金。

有一种观点认为行业主题基金因为便于估值，所以更容易投资；主动基金则不然。事实是怎样的呢？估值这种事情在大部分时间段会失真，比如消费行业，之前很多年大家都觉得它是成熟行业，成长有限，所以 20 倍左右的 PE 估值是它的常态。但是当 GDP 从两位数降到个位数，大家又发现消费行业的成长性相对来说还是不错的，于是市场给出了 40~50 倍的 PE 估值（其实行业成长性前后变化不大）。面对现在的新能源等新兴行业，只看高景气不需看估值的理论又出来了，你到底信哪个？因此在我看来，行业主题基金投资更难。

在我的投资认知里，主要投资全市场配置的优秀主动基金，行业主题基金参不参与，最后的投资结果差别是不大的。但参与行业主题基金的投资会使投资过程更有挑战和趣味，有时也会让自己有点小小的成就感。

8.4 基金的持有和止盈

我们可能都听说过"会买是徒弟、会卖才是师傅"的段子，长期投资者并不是买入后完全不动，适时的止盈或动态再平衡还是需要的，这有利于长期持有的良好体验。

8.4.1 投资的实质是应对

在第 7 章我们讲到，投资最重要的第一步是投资规划。具体的投资规划包括投资组合的构建、实施，以及后续的管理和优化。

而后续的管理和优化实际上就是一个应对的过程。

1. 投资策略在实际执行过程中需要不断优化和迭代

建仓、持有和止盈的策略都可能需要在实际执行过程中不断进行优化和完善，不同投资者的策略细节可能千差万别。

以建仓为例，原来确定的可能是无脑定投，但随着自己认知和忍耐力的提高，也可以大部分时间持有固收资产，达到一定的条件（低估、下跌一定幅度）再逐步建仓权益资产。

而对于原来确定的较为复杂的建仓策略，如果我们工作繁忙抽不出更多精力管理，那么也可以将其简化为无脑强制储蓄式定投。

总之，投资策略既要保证一定的收益目标，更要保证投资过程的可执行、可坚持属性，否则再高的收益目标都可能成为空中楼阁。

2. 检视成分基金的相对业绩表现，看是否需要调仓

大部分成分基金建仓后应该坚持长期持有，不要频繁调仓、陷入追涨杀跌怪圈。

但成分基金也需要考察在同类型、相似投资策略基金中的相对业绩表现，比如规模变得过大、业绩过于平庸，基金经理换人或不在状态（比如网传的基金经理抑郁情况），都应该考虑调仓换基。

3. 基金新产品层出不穷，看是否需要有新类型基金加入

我国的基金行业正在飞速发展，新的投资策略、新的产品类型会不断被推出来。比如一些新的量化策略、对冲策略，新的 FOF、MOM，新的基金投顾，等等。作为投资者，不能故步自封，应该适时跟进了解新的投资策略、新的基金产品，如果有合适的基金，也应该将其加入自己的基金组合。

4. 突发情况的应对

（1）个人工作、生活、家庭发生重大变化。

我们的一生会面临很多变化，比如工作升迁，或者降职、失业，或者工作地点变动到新的城市；也可能家庭成员出现严重疾病，或者家庭关系面临分居、离婚等变故……

虽然我们在做投资规划时会尽可能考虑到各种情况，但毕竟不可能穷尽所有的突发状况。当一些突发状况出现的时候，我们可能需要调整原有的投资目标，并变更相应的投资策略。如果升职、加薪，前景一片光明，那么我们的投资目标和策略就可以稍微激进一些；而如果出现不利的情况，则可能需要将投资目标和策略调整得更为保守稳健。

（2）外部黑天鹅。

外部黑天鹅主要包括重大政策变化（从宏观政策到行业政策）以及地缘政治变化。重大政策的变化及地缘政治变化是我们个人投资者无法改变或加以影响的事情，我们只能调整自己去适应新的变化。

比如，在我们原有的认知里，消费、医药和科技是最有前途的投资方向，但医药集采政策可能会改变原有医药行业的投资逻辑，我们就可能需要调降医药行业主题基金的占比；而港股中的中概互联网主题由于各种负面因素的影响出现了极具吸引力的估值水平，我们就可能需要适当调增它们的投资比例。

5. 调仓

调整投资目标、调整成分基金，做阶段止盈，或者动态再平衡，都需要涉及调仓。调仓一定要有切实的依据和理由，避免随意调仓增加不必要的摩擦成本。

我们不是趋势投资者，所以调仓频率不能太高，而调仓的方式最好采取渐进和分批调整的方式，可以在此过程中观察调仓效果和继续调仓的必要性。

6. 丰富基金池

虽然我们不能见异思迁，但也一定要有一个开放的心态，随时将一些优秀的投资理念和投资策略吸收进来，把相应的基金产品加入基金池，甚至买入观察仓，为进一步优化组合做准备。

比如，以量化手段在偏股混合型基金指数上进行增强的策略就是一个不错的投资方向，虽然我们不能以一只基金来替代一个组合，但一定可以把它们加入组合，使其成为成分基金的一部分。

再如，中性对冲策略基金目前来看没有债券基金的性价比高，但随着利率水平的不断降低，中性对冲策略的配置价值可能会逐渐显现出来，所以也值得加入基金池。

8.4.2 给自己的基金投资设定一个业绩基准

大部分投资者对自己的投资都会有一个朦胧而模糊的期望，肯定都希望收益越高越好。

多高算高？多好算好？能不能实现？有没有跟自己的风险承受能力相适应？

问问这些问题就知道，其实我们中的绝大部分人对自己的投资都是缺少规划的，我们的投资大都处于一种漫无目的的状态："踩上西瓜皮，滑到哪儿算哪儿。"

即使有投资规划，有明确的预期收益率，但任何组合的收益都不是线性的，短中期收益总是不断波动的，会让我们无所适从。

这种漫无目的会让我们经常处于一种焦虑之中，总想追求最好的基金和最优组合，可现实却啪啪"打脸"，因为自己选定的基金或自己设定的组合大概率不是阶段收益最好的，于是不断换基金、不断调整方案，陷入追涨杀跌的怪圈。

一番折腾下来，累死累活，亏了大把的钱，赚了个寂寞。

所以，根据自身情况，给自己的基金投资定一个"锚"，也就是一个业绩基准，我认为还是非常有必要的。因为一个具体可行的业绩基准会让我们有方向感，不再像无头的苍蝇。

只要我们的短期业绩跟业绩基准偏离不大，我们就完全可以放心"躺平"；如果偏离大了，我们也有明确的调仓方向。

基金投资确定业绩比较基准主要基于以下基础认知和原则：

（1）长期投资，长期收益与国运深度绑定。

（2）市场不可战胜，获取市场平均水平的收益即为投资成功。

（3）不同风险偏好、不同投资目标对应着不同的业绩比较基准。

每个人想象中的风险偏好与实际风险偏好可能是有差距的，有时候这个差距可能还很大。

只有满仓经历过一次大幅下跌，或者较长时间的下跌，经过实实在在的压力测试，才能得出一个人真实的风险偏好水平。

我经历过 2018 年越跌越买最后满仓的全过程，也经历了 2022 年开年以来猝不及防的大幅下跌。基本感受是：没感觉，几乎毫无压力，大幅下跌还会让我有一种莫名的兴奋感，因为又可以获得一些廉价筹码了。所以我把自己定义为较高风险偏好者，相应地，我给自己基金投资设定的业绩比较基准是偏股混合型基金指数，长期年化收益率为 15% 左右。

风险承受能力再低一点的中等风险偏好者，对应的业绩比较基准可以设定为平衡混合型基金指数，长期年化收益率为 10%~12%。

较低风险偏好者，对应的业绩比较基准可以设定为偏债型基金指数，长期年化收益率大约为 8%~10%。

稳健型投资者，对应的业绩比较基准可以设定为债型基金指数，长期年化收益率大约为 4%~6%。

保守型投资者，直接买货币基金或者存定期存款就可以了。

如此一来，我们就有了与我们投资的基金组合净值同步更新的业绩比较基准。

以较高风险偏好的投资者为例，不要心比天高，首先确保自己能拿到偏股混合型基金指数 15% 左右的长期年化收益率，如果运气够好、能力够强，再谋求自己的超额收益。

几乎所有的互联网基金销售平台都能显示我们投资的基金组合在各个时间段的收益率，我们就用"今年以来"的收益率与偏股混合型基金指数的做比较。

如果我们基金组合的"今年以来"的收益率与偏股混合型基金指数的偏离度不大，比如±5%以内的偏离度，就可以维持基金组合中各基金比例不动，增量资金按各基金原始比例追加投入。

如果基金组合"今年以来"的收益率超越基准5%以上（比如今年以来基金组合收益率16%，基准涨幅10%），则可以卖出一部分超过基准涨幅的基金，买入同等金额涨幅不如基准的基金，恢复组合中各基金的原始比例；如果全部基金涨幅都超过基准，说明成分基金都处在热门赛道或风格上，组合结构不合理，需要调出部分热门赛道或风格的基金，调入部分均衡风格基金或者冷门赛道、冷门风格的基金。

如果基金组合"今年以来"的收益率落后基准5%以上（比如今年以来基金组合收益率–5%，基准涨幅1%），就需要检视组合中的成分基金是否过于集中于某个行业或某种风格，或者是否大部分为追高买入，或者逆向布局的基金是否占比过大，是否需要调整为总体风格较为均衡的结构。

当然，如果增量资金相对已投资部分占比较高，也可以通过调整增量资金的买入比例达到以上目的，不用对现有基金做出调整。

可能有投资者会觉得，5%会不会太少了？这样做会不会触发频繁调仓？其实，如果我们的基金组合不赌方向，相对来说是比较均衡的结构，那么与偏股混合型基金指数要产生5%以上的偏离度其实并不容易。

对于我自己构建的基金组合，从2022年年初以来，我一直在公众号写《实盘周记》，对其做详细记录，基本上能够做到稳定在比偏股混合型基金指数好1%~2%的水平。

如果一个基金组合过于赌方向，偏向某一行业主题，或者单纯布局典型成长或深度价值风格，那么它的业绩与偏股混合型基金指数的偏离度就会比较大，除非自认是轮动高手，能够战胜市场，否则是很不利于长期投资的，需要检视并做出调整，以行业和风格均衡配置为好。

当然，对应每一种风险偏好，相应的基准偏离度达到多少才需要调仓、怎么调仓，依每个人构建投资组合的思路不同而应该有所不同，需要在投资实践中不断调整和完善。

8.4.3 不在基金落后的时候轻易抛弃它

开车的朋友恐怕都有过这样的经历：开车行驶在一条车道上，总感觉在这条车道上行驶的自己的车是慢腾腾的，没有旁边车道的车跑得快，于是并道到旁边车道去；走一段后发现，还是在原来的车道上更快，于是又在别人的白眼中变换到原来的车道。折腾来折腾去，发现自己冒着剐蹭的风险、厚着脸皮加塞变换车道，结果并没有比别的车跑得更快，甚至还落后了。

基金投资大体上也是这样的。

在新基民眼里，市场上涨得好的永远是"别人的基金"，而自己持有的基金却像蜗牛一样爬得慢。一番抱怨后"果断"赎回原来持有的基金，去申购那些涨得快的基金。过一段时间，可能又发现原来赎回的那只基金涨得更好。当然，肯定还有更好的基金。新入市的投资者免不了"一顿操作猛如虎"，不经意间已经买卖了好几回。

对！频繁操作，持有期过短就是这么来的。我在前面的章节中写过，这是基民"负行为差"的主要来源，直接后果就是基金赚钱、基民不赚钱。

其实，这样的现象实在是太普遍了。我们这样的老基民还时不时地要面临这种考验。几乎每一只基金，无论是主动基金还是指数基金，都会在不同时间段碰到跑不赢指数、跑不过同类基金的现象。

因为任何一种投资策略，任何一种投资风格，都存在与市场风格阶段性不契合的情况。这是不容置疑的，因为如果真有一种永远战胜市场的策略，那么这个世界上所有的钱就迟早会被掌握这一投资策略的人赚走。事实是，这样的策略在世界百年金融史上就从来没有出现过。

自己持仓的基金业绩落后了，换谁都不可能心情舒畅。但只要你投资够久，持有基金时间够长，任何一只基金都会有相对落后的时候。也就是说，不管你持有什么基金，暂时落后都是不可避免的。既然不可避免，我们就必须学会正确面对。

指数基金存在风格和行业轮动，不同的规模指数或者不同的行业主题指数会在不同的时段领先或落后，这都很容易理解。

比如中等市值规模的中证 500 指数，2019 年和 2020 年连续 2 年跑输大市值规模的沪深 300 指数，但 2021 年和 2022 年的收益表现就远好于沪深 300 指数，迎来了均值回归。

再比如，红利指数基金中的中证红利指数、标普中国 A 股红利机会指数和上证红利指数在 2019 年和 2020 年都大幅跑输沪深 300 指数，主要原因就是持股中抱团股、核心资产占比较低；另一方面，低估值的金融地产、顺周期的原材料、工业占比较高。但它们在 2021 年和 2022 年也迎来了均值回归，大幅战胜了沪深 300 指数。

而主动基金业绩暂时落后主要有以下原因：（1）以精选个股并长期持有为主要特征的基金经理，其基金策略与当前市场风格不契合；（2）有高频交易和行业、风格轮动特征的基金经理，明显踏不准节奏；（3）以量化策略为主要特征的基金经理，量化策略暂时失效；（4）基金经理其他不可预知或难以准确描述的应对失误；（5）有行业主题特征的主动基金前期涨幅过大，当前迎来均值回归。

对于前述的第五种情形，我们所能做的就是不要盲目追高，比如 2020 年年底和 2021 年年初不要追高白酒、医药，2021 年三季度末不要追高新能源、有色金属。但这种情形不是本节讨论的重点，本节重点讨论前四种情形。

对于前四种情形，站在非常理性的角度，我们可以说，再聪明的策略、再优秀的基金经理都不可能全市场通吃，不可能适应所有市场风格，所以接受基金业绩暂时落后应该是顺理成章的事。

而如果站在挑剔的角度，前四种情形都是基金经理的错误或失误导致的：做价值投资不跟随市场风格是一种无能；提前逃了顶、减了仓，导致最后一段最丰厚的利润没有吃到；在不合时宜的时候买入了所谓的低估资产，结果低估之后还有更多的下跌在等待；为什么不在 2021 年春节前减仓白酒，为什么不在 2021 年三月、四月买入新能源？……

凡是业绩落后的，站在"后视镜"角度，都能看到基金经理明显的失误甚至是错误。可是我要说，既然是自己耗费不少精力选择的基金经理，我们当时选择他，把那么多的钱交给他管理，实际上是出于信任，那么在他状态不佳、暂时落后的时候，就应该多给他一些时间，多给他一些包容，甚至要允许基金经理犯错误。

允许基金经理犯错误？为什么？

因为再换一个基金经理同样还会犯错误。

偏股基金近几年的平均换手率为 300% 还多一点，也就是平均不到 4 个月，所有偏股基金的股票仓位就要换一遍。这么高的平均换手率，都是正确而高效的交易？我相信相当比例的交易是在不断地试错。

所以说要允许基金经理犯错误，但关键要看他有没有纠错能力，至少不要在同一个地方跌倒两次。基金经理也是像我们一样的普通人，落后的时候也会挣扎，会有情绪，会凌乱。有的时候试图做点什么，想要改变落后的状况，有的改变可能做对了，但也有可能发生极端情况，越试越错，左右"打脸"。所以也会有干脆什么都不做的时候：静静地观察、等待一段时间。当然也有基金经理在落后的时候选择坚守原定策略，不做任何调整，默默等待，静待时间的玫瑰绽放。

通常情况下，我们选择的优秀基金经理会暂时落后，用不了多少时间，大部分都会迎头赶上。我们需要的只是多一分耐心，等一下，再等一下。

对我而言，不仅不在基金经理暂时落后的时候抛弃他，而且敢于在落后的时候适当加仓买入，抄基金经理的底。我说的是"适当"加仓，不是孤注一掷。加仓幅度太大，导致该基金在整个可投资金额中占比过高，反而会加重自己的心理压力。

反之，如果在基金经理落后到一定程度的时候，终于忍不住卖出了，实际上就是在"杀跌"；而通常杀跌的同时，往往还伴随着追涨，因为既然判定暂时落后的是差劲的，短期业绩出众、涨得好的肯定才是好的啊，这是很多人通常的想法。

我自己总结的避免压力太大、老有换基冲动的办法：多选几位基金经理（10 位甚至以上），分散持仓。但总有投资者提出选那么多的基金是多此一举，其实我这样分散基金经理是一种合理示弱：我没有能力选到一株"基坛常青树"（相信绝大部分投资者也选不到，买入后就涨得很好的大多出于运气），只有多选几位还不错的，不把"宝"押在一两位基金经理身上，实现不同基金经理、不同投资风格的分散，在同一时间有涨有跌，短期体验就不会太差，反而利于长期持有。

当然，碰到自己持有的基金短期落后了，下列情况也要区别对待。

如果是在某种主题或行业比较狂热的阶段追高买入的，那么该类主题或行业的指数基金和主动基金可能阶段到顶，尤其是强周期行业，比如有色金属，可以考虑转换到相对低估值的弱周期行业或主题基金，或者行业配置相对分散均衡的主动基金里。强周期一旦到顶，腰斩甚至跌去百分之七八十都有可能。转换到弱周期行业或主题基金，或者行业配置分散均衡的主动基金更安全。

历史业绩再优秀的主动基金，如果更换了基金经理，而新基金经理又是自己不熟悉的，因为不熟悉、不信任，那么一旦出现跑不赢的情况，我们就会没有信心。所以不管跑得赢跑不赢，如果换了自己不熟悉、不信任的基金经理，我都主张果断换仓，换到自己熟悉和信得过的基金经理管理的基金中。

结论是：好基金，落后的时候，表现不好的时候，不仅不应抛弃，反而是买入良机。

8.4.4 主动基金和指数基金的止盈方法

1. 不止盈

对长期价值投资有信仰，而且非常有耐心和定力的"头铁"型投资者可以一直傻傻持有、不止盈，真正做到与市场共进退、靠企业的长期成长赚钱。

尤其是主动基金组合，还可以在一定程度上将止盈及止盈后再买入这类择时的任务也完全交给基金经理。

长期持有不止盈的收益可能并不比止盈后再择机买入的方法差，因为止盈后再择机买入至少是两次大的择时，普通投资者这种择时的胜率（两次都做对）并不大。

但不止盈最大的问题是反复坐过山车，绝大多数投资者是很难坚持的，因此这一方法不适合绝大多数普通投资者。

2. 部分止盈和清仓止盈

相较于不止盈这样的极端做法，有一种持有体验稍微好一点的方法，就是做部分止盈，比如止赢利润部分，本金则一直留着。待市场出现大幅下调，又重新把止盈的利润部分重新买回去。市场出现大幅上涨，又重新止赢利润部分。如此实现往复循环。

这样做的好处是进退自如，止盈后股市继续上涨，本金部分继续赚钱；止盈后股市大幅下跌，可以用止盈出来的利润部分实现抄底。

我投资主动基金（组合）通常采用的方法就是只止赢利润的部分止盈方法。

清仓止盈就是卖出全部仓位，等待市场出现大幅下跌再择机重新投入，或者投入更好的投资标的。

清仓止盈通常适合并非想长期战略性持有的投资标的，比如将强周期行业主题基金在周期高点附近卖出。因为"捡漏"买入的一些行业主题基金，赚到了估值回归到正常的钱。

3. 目标年化收益率止盈

确定一定的年化收益率目标，达到年化收益率目标后止盈。

这个年化收益率目标需要定得比自己规划的长期年化收益率目标稍微高一点，因为止盈后还需要择机再投入，投资时间上是不连续的，这就可能有时间和择时的双重损耗，只有稍微高一点的止盈目标年化收益率才能保证我们长期投资目标的实现。

比如我们确定长期年化收益率为 10%的投资目标，那么我们在实际做止盈计划时最好定 12%~15%的目标收益率止盈；15%的长期年化收益率投资目标，需要做18%~20%的年化收益率止盈计划，以此类推。

指数基金组合和主动基金组合的收益率特征不一样，通常指数基金组合的收益率比主动基金组合要低一些，因此在确定止盈目标年化收益率时也要稍微定得低一些。

4. 阶梯止盈

阶梯止盈适合买入成本相对较高但涨势依然强劲的基金品种，也适合市场情绪进入亢奋阶段使用。例如，每上涨 10%就止盈三分之一，上涨 30%就全仓止盈。上涨 20%就止盈一半，上涨 40%就全仓止盈。利润达到 10%就止赢利润一次，永远只止赢利润部分。

5. 看市场情绪止盈

每一次当我们觉得赚钱很容易的时候，也就是市场一致看多，指数走势变得陡峭，伴随着成交量的持续放大的时候，我们就要警惕市场情绪亢奋，需要随时做好逃跑的准备，或者直接启用阶梯止盈的方法先跑一部分。

6. 股债（商品）动态再平衡

以大类资产配置构建基金组合的投资者，通过股债（商品）的动态再平衡，可以在一定程度上实现止盈和高卖低买的目的。

这种止盈方法也分为两种：一种是股债（商品）比例偏离过大时再平衡，例如由原本的股6债3商品1变成了股8债1.5商品0.5时主动做一次再平衡，重新恢复原始比例；另外一种方法是每一到两年，在固定的时间，比如每年或隔一年春节后的第一个交易日，主动进行一次再平衡，重新恢复原始比例。

7. 不同（投资风格）基金的动态再平衡

除了大类资产的动态再平衡，在不同投资风格的权益基金间甚至不同的权益基金间在比例偏离过大时做一次动态再平衡，或者每一到两年定期做一次动态再平衡，也能一定程度上实现高卖低买的目的，改善我们的持有体验。

8.4.5　动态再平衡的意义

投资做资产配置的朋友都知道股债动态再平衡的概念，将股票基金和债券基金两种大类资产按一定比例（比如股6债4、股债均配、股4债6）配置好了后，每年选一个固定的时间，将运行了一年后发生偏离的股债比例，重新调整回原始比例，方法就是：股票基金涨多了就卖出一部分股票基金，同时买入相同金额的债券基金，反之亦然。

从开始学习投资的第一天起，股债再平衡可以增厚投资收益的观点就深入我心，原理也很简单，这个过程本身就是低买高卖的过程，而低买高卖能增厚收益也是很好理解的。

有一个说法更吸引人，即通过股债均配并进行每年动态再平衡，在降低波动的同时，可以达到单配股票不配债券的收益率。计算方法很简单：股票年化收益率10%，债券年化率6%，则股债均配不做动态再平衡的情况下可以达到年化收益率=(10+6)/2=8%，通过股债动态再平衡可以增厚2%左右的年化收益率，两数相加，股债均配的总收益率仍然达到了股票年化收益率的10%。

后来做过几次偏股基金与偏债基金组合动态再平衡的回测，竟然发现有时候做了动态再平衡后的收益反而不如不做动态再平衡的收益。当时也没把它当回事，因为有时候也会出现做了动态再平衡后收益更高的情形。直到有一次，我对沪深300指数和中证全债指数这两个指数按50%对50%的均配方式，做了10多年动态再平衡和不平衡的收益率手工计算对比，才使我对一些细节有了进一步的认识：在沪深300指数涨幅可观的几年中，动态再平衡的结果是沪深300指数的份额减少了。这一下我才恍然大悟：股债动态再平衡，长期来看可能不仅不能增厚收益，反而会降低收益率。

当然，得出这一个结论需要基于有以下三个前提的简单而理想化的模型：

（1）股市和债市虽然有波动，但长期来讲肯定都是螺旋向上的。

（2）股票基金的年化收益率一定是大于债券的年化收益率的，也就是我们通常知晓的，股票指数年化收益率为10%左右，债券基金年化收益率为6%左右。

（3）绝大部分年度股票基金收益率大于债券基金收益率。

基于以上简单模型，我们就可以得出以下推论：

（1）由于股票基金年均上涨幅度大于债券基金，所以股债再平衡是不断卖出股票基金、买入债券基金的过程。比如，股票基金每年上涨10%，债券基金每年上涨6%，则再平衡基本上就是每年卖出2%的股票基金，并买入同等金额的债券基金。

（2）股票基金长期来看肯定是净卖出的，也就是说，股票基金到最后的份额是减少的，债券基金的份额则是增加的。

（3）高收益资产份额减少，低收益资产份额增加，相对于不做动态再平衡，股债再平衡最后一定是降低了组合的收益率。

股债再平衡从正面看是低买高卖，从反面看，则是拔了"鲜花"种"杂草"。

（4）股债再平衡只在股熊债牛，或者大部分年度股票基金收益率小于债券基金时能够提升组合收益率。

当然上述结论是基于股票基金收益率几乎每年都超过债券基金这一简单而理想化的模型。现实的股债市场肯定不是这种单边而线性的涨跌模式，而是双向波动而且是波幅巨大的。因此需要做大量的组合实测对上述结果进行验证。

我设计了三组股债均配进行实测，如下所示。

第一组：优秀主动偏股基金与积极型二级债基两者均配的动态再平衡与不平衡的对比。

第二组：业绩处于中下游的主动偏股基金或标准混合基金与稳健型二级债基两者均配的动态再平衡与不平衡的对比。

第三组：沪深300指数基金或中证500指数基金与中证全债指数基金两者均配的动态再平衡与不平衡的对比。

我们先看第一组。富国天惠与积极型二级债基（南方宝元债）各50%构成一个组合，兴全合润与南方宝元债各50%构成另一个组合。回测时间是基金成立以来的每一年截至2021年6月10日，分别计算累计收益率。

回测结果见表8-5。

表 8-5　动态再平衡第一组回测

基金组合	富国天惠 50%+南方宝元债 50%					兴全合润 50%+南方宝元债 50%				
回测时间起点	不平衡/%	季平衡/%	年平衡/%	平衡与不平衡最大差额/%	差额年化/%	不平衡/%	季平衡/%	年平衡/%	平衡与不平衡最大差额/%	差额年化/%
2005-11-16	1356.39	1240.61	1286.51	−115.78	−5.06					
2006-01-01	1296.38	1185.38	1229.38	−111.00	−4.96					
2007-01-01	616.58	561.27	579.57	−55.31	−3.09					
2008-01-01	295.60	275.34	284.61	−20.26	−1.38					
2009-01-01	526.02	462.04	465.89	−63.98	−4.05					
2010-01-01	318.05	287.39	284.77	−30.66	−2.38					
2011-01-01	266.11	244.30	243.12	−22.99	−2.00	402.66	346.10	363.08	−56.56	−4.39
2012-01-01	347.70	303.60	301.59	−46.11	−4.11	475.04	409.11	428.45	−65.93	−5.51
2013-01-01	317.79	275.27	273.84	−43.95	−4.41	443.00	381.20	399.99	−61.80	−5.87
2014-01-01	267.00	233.20	231.85	−35.15	−4.14	358.16	303.17	317.43	−54.99	−6.06
2015-01-01	196.73	170.43	169.66	−27.07	−3.79	253.58	211.58	222.29	−42.00	−5.60
2016-01-01	92.03	77.77	81.20	−14.26	−2.48	120.91	98.56	104.14	−22.35	−3.78
2017-01-01	116.60	93.44	98.13	−23.16	−4.80	133.25	107.43	113.83	−25.82	−5.31
2018-01-01	78.21	63.69	67.34	−14.82	−4.10	93.55	75.11	80.63	−18.44	−5.04
2019-01-01	121.84	93.00	96.25	−28.84	−10.95	134.59	104.84	110.90	−29.75	−11.28
2020-01-01	52.82	40.52	41.51	−12.30	−8.40	63.82	48.76	51.10	−15.06	−10.25
2021-01-01	4.81	3.84	3.83	−0.98	−2.25	5.80	4.55	4.52	−1.28	−2.94
2011-01-01 2021-06-10	富国天惠年化收益率 14.89%；南方宝元债年化收益率 8.87%					兴全合润年化收益率 21.26%；同期南方宝元债年化收益率 8.87%				
2005-11-16 2021-06-10	富国天惠年化收益率 22.22%；南方宝元债年化收益率 12.62%									

回测时间终点均为 2021-6-10，数据来源：东方财富 Choice 数据。

这一组的特点是偏股基金部分的收益率以绝优势超过与它构成组合的二级债基：富国天惠自 2005 年成立以来年化收益率达到 22.22%，远超同期南方宝元债的 12.62%；兴全合润自 2010 年成立以来的年化收益率超过 20%，而同期南方宝元债的年化收益率为 8.87%。

这样本组比较符合本节前面的假设条件，更接近于股债组合简单而理想化的模型，所以本组的测试结果呈现以下特点：

（1）无论从哪年开始测试，不做动态再平衡的收益率都是最高的。

（2）绝大部分时间段每季度都做动态再平衡的收益率是最低的（灰底部分）。

（3）动态再平衡拉低的组合收益率是颇为巨大的，简单算术平均达到了年化收益率 7% 左右，差不多损失一整个稳健型二级债基的收益率了。

再看第二组。这一组我随机找了一只长期表现处于中下游的主动偏股基金（易方达积极成长）与稳健型二级债基（工银瑞信双利债）各 50% 构成一个组合，标准混合型基金（广发稳健增长）与稳健型二级债基（工银瑞信双利债）各 50% 构成另一个组合。

回测结果详见表 8-6。

表 8-6　动态再平衡第二组回测

基金组合	易方达积极成长 50%+工银瑞信双利债 50%					广发稳健增长 50%+工银瑞信双利债 50%				
回测时间起点	不平衡/%	季平衡/%	年平衡/%	平衡与不平衡最大差额/%	差额年化/%	不平衡/%	季平衡/%	年平衡/%	平衡与不平衡最大差额/%	差额年化/%
2010-08-16	110.63	128.24	124.67	17.61	1.51	161.1	166.46	168.81	7.71	0.65
2011-01-01	98.63	115.33	111.87	16.70	1.49	142.85	147.96	150.03	7.18	0.67
2012-01-01	127.56	146.15	140.71	18.59	1.82	170.03	174.46	175.71	5.68	0.59
2013-01-01	114.64	132.35	127.75	17.71	1.95	151.88	155.80	157.40	5.52	0.64
2014-01-01	94.45	108.80	104.51	14.35	1.82	132.76	135.77	137.13	4.37	0.58
2015-01-01	74.72	89.42	85.20	14.70	2.15	109.51	113.65	114.34	4.83	0.74
2016-01-01	47.35	52.38	55.01	7.66	1.37	61.76	60.99	62.44	0.68	0.13
2017-01-01	46.37	51.47	54.99	8.62	1.88	57.48	56.66	58.15	0.67	0.15
2018-01-01	35.59	38.17	41.16	5.57	1.59	43.31	42.50	43.57	0.26	0.08
2019-01-01	46.75	54.77	55.74	8.99	3.60	42.86	41.53	42.27	−1.33	−0.55
2020-01-01	22.37	24.96	25.03	2.66	1.84	19.20	18.27	18.51	−0.93	−0.65
2021-01-01	3.47	3.73	3.61	0.26	0.60	0.93	1.02	1.01	0.09	0.21
2010-08-16 2021-06-10	易方达积极成长年化收益率 6.67%；工银瑞信双利债同期年化收益率 7.57%					广发稳健增长年化收益率 10.76%；工银瑞信双利债同期年化收益率 7.57%				

回测时间终点均为 2021-6-10，数据来源：东方财富 Choice 数据。

本组第一个组合中，易方达积极成长自 2010 年以来的年化收益率 6.67% 不及工银瑞信双利债的 7.57%；第二组中，广发稳健增长 10 多年的年化收益率 10.78% 超过了工银双利债的 7.57%，但超过幅度仅 3% 左右，远没有第一组的股债业绩差异明显。

第一个组合的股债收益率对比处于本节理想假设的对立面，所以无论从哪一年开始测试，不做再平衡的收益率都是最低的（灰底部分），而且超过一半的测试时段中，每季度都做再平衡的收益最高，可能是易方达积极成长每个季度的净值波动较大所致。但是再平衡对组合正收益的贡献不算大，年化收益率平均略低于 2%。

第二个组合的股债收益率对比符合股大于债的条件，但幅度显著小于第一组的两个组合。可能是收益率优势抵不过净值波动对再平衡的影响，所以这一组合在超过一半的测试时段中，每年再平衡一次的收益率都比不做再平衡的略高。但是再平衡对这一组合各时间段的收益率影响轻微，年化收益率幅度平均低于 0.50%，几乎可以忽略不计。

第三组也有两个组合，分别是易方达沪深（简称易沪深）300ETF 联接与易方达中债新综指，二者各 50% 构成一个组合；广发中证 500ETF 联接与易方达中债新综指各 50% 构成第二个组合。

回测结果详见表8-7。

表 8-7　动态再平衡第三组回测

基金组合	易沪深 300ETF 联接 50%+易中债新综指 50%					广发中证 500ETF 联接 50%+易中债新综指 50%				
回测时间起点	不平衡/%	季平衡/%	年平衡/%	平衡与不平衡最大差额/%	差额年化/%	不平衡/%	季平衡/%	年平衡/%	平衡与不平衡最大差额/%	差额年化/%
2012-11-08	106.27	113.65	107.61	7.38	0.83	79.61	98.56	85.97	18.95	2.04
2013-01-01	94.66	101.62	95.91	6.96	0.80	75.13	93.60	81.33	18.29	2.01
2014-01-01	103.13	110.00	104.25	6.87	0.90	63.78	81.79	69.95	18.01	2.28
2015-01-01	55.76	61.46	57.46	5.70	0.87	33.03	49.42	39.52	16.39	2.39
2016-01-01	43.33	43.15	44.27	0.94	0.17	5.49	12.55	12.91	7.42	1.33
2017-01-01	49.03	46.55	48.64	−2.48	−0.55	16.89	20.02	21.40	4.51	1.00
2018-01-01	31.21	30.85	32.33	1.12	0.33	15.34	17.91	19.65	4.31	1.24
2019-01-01	46.12	41.94	42.27	−4.18	−1.70	35.86	34.93	34.66	−1.20	−0.49
2020-01-01	20.85	18.49	18.42	−2.43	−1.69	18.79	17.79	17.58	−1.21	−0.83
2021-01-01	1.85	1.90	1.88	0.05	0.11	4.98	4.55	4.57	−0.43	−0.99
2012-11-08 2021-06-10	易沪深 300ETF 联接年化收益率 12.05%；易方达中债新综指同期年化收益率 4.57%					广发中证 500ETF 联接年化收益率 9.16%；易方达中债新综指同期年化收益率 4.57%				

回测时间终点均为 2021-6-10，数据来源：东方财富 Choice 数据。

这两个组合中的股债收益率股大于债的特点都是比较显著的。在第一个组合中，易沪深 300ETF 联接 12.05%的年化收益率显著超越易中债新综指的 4.57%；在第二个组合中，广发中证 500ETF9.16%的年化收益率显著超越易中债新综指的 4.57%。与第一组的主动基金组合相比较，可能是由于指数基金波动幅度更大的缘故。本组两个组合在 70%的测试时段中，股债再平衡的收益率都好过不做再平衡。

波动更大的广发中证 500ETF 联接与易中债新综指构成的组合，其动态再平衡对各测试时段的收益率影响更大些。广发中证 500ETF 联接在 40%的测试时段中，其动态再平衡达到了年化收益率 2%左右的正收益贡献。而对于易沪深 300ETF 联接与易中债新综指构成的第一个组合，再平衡对它的收益率的影响较为轻微，大部分时段小于年化收益率 1%的水平。

通过上面三组六个组合的测试，虽然无法得出一个普遍适用的结论，但对我们的实际操作还是有充分的参考价值的。总结如下：

（1）如果用优秀的偏股主动基金与偏债主动基金构成组合，那么从实现绝对收益的角度看，不需要我们去做动态再平衡，我们只需选择信任基金经理，将这些事交给基金经理就好了。我们做动态再平衡无异于画蛇添足，很有可能带来负收益。

（2）用宽基指数基金与纯债基金构建的组合，每年做一次动态再平衡是必要的。由于指数基金波动较大，动态再平衡对收益率的影响略偏正面，但总的来说影响幅度不大。

（3）尽量避免选到长期业绩不佳的主动基金。第二组第一个组合只是想多使用一种组合构成方式看测试结果。如果一只主动权益基金的长期年化收益率不如二级债基，那么全部持有二级债基就好了，完全不需要这样的组合。

（4）上述所有动态再平衡都没有考虑基金的申赎费用，即使理论上某种组合的季度再平衡增收效果显著也不建议采用，因为若每个季度申赎一次，可能 4%的收益就没了。

（5）股债再平衡最主要的目的是降低波动幅度，改善股债组合的持有体验，使我们能够坚持长期投资。从"天下没有免费的午餐"这一规律来讲，既然能降低波动幅度，那么即使以降低一定的收益率作为代价也是值得的。

第 9 章

基金投资"躺赢"可期

在工作和生活中,"躺平"意味着落后,"躺赢"当然只能是一种天真的幻想。

但基金投资完全不一样,"多动"往往容易挨打,是产生投资负行为差的主要根源,往往会带来负收益。

基金的长期收益,靠的是基金背后企业的成长,以及国家和社会的进步。根据自己的实际情况做好投资规划并买入基金(组合)后,我们所需要做的就是耐心等待。

在等待过程中,从容面对涨跌和波动是一种磨炼,更像是一场修行。

"修行"的主要内容就是尽量少动,动则尽量提高胜率。

好好工作,与时俱进,多赚本金;逢低买进更多的基金份额,多拿"筹码"。

工作之余,享受生活。

基金赚钱的事,交给时间,"躺赢"可期。

9.1 看淡波动,从容面对股市大跌

不管你愿不愿意,面对股市大跌都是投资者的必修课。

从容面对股市大跌,想要投资成功的投资者必须做到这一点,没有其他选择。

9.1.1 每一年看起来都很糟糕,但股市却越来越好

投资久了我们会有一种强烈的感受:哪一年看起来似乎都很糟糕,但股市却越来越好。不信,盘点最近几年:

2018 年,去杠杆加贸易战,"我们完了"的论调并不鲜见,股市单边下跌。到了年底,投资者更是迎来了最难熬的"至暗时刻"。可是,在这一年买买买的投资者,包括我自己,却成了这几年最大的赢家。

2019 年,贸易战正酣。那边"班长"发一个推特都能让 A 股震荡好几天。我们在惊疑和犹豫中不断坚强。挖坑,震荡,再挖坑,再震荡,但全年下来沪深 300 指数上涨 36.07%,创业板指数上涨 43.79%。

2020 年更是让人印象深刻,新冠疫情席卷全球,春节后的第一个交易日(2 月3 日)大盘几乎跌停,之后震荡上行,到 3 月 6 日达到阶段高点后又返身向下,挖了一个更大的"坑",沪指在 3 月 19 日见到了去年的最低点 2646 点。回看 2020 年

的日 K 线图，股市真是走得步步惊心。可是，2020 年沪深 300 指数上涨了 27.21%，创业板指数更是雄冠全球，涨幅超过 60%。

2021 年，春节后股市出现大幅回调，曾经的白马蓝筹成为重点抛售对象。但股市毕竟已经连续大幅上涨 2 年了，确实需要像样的调整。没想到的是，股市在多空剧烈震荡中全年并没有大幅下跌，中证全指小幅上涨 6.19%，上证 50 指数和沪深 300 指数分别下跌 10.06% 和 5.20%，但中证 500 指数和创业板指数却分别上涨了 15.58% 和 12.02%。

2022 年，开年股市就出现大跌。3 月下旬，疫情防控形势恶化叠加俄乌战争突发引发极度悲观预期，3 月、4 月股市继续大跌。上证 50 指数和沪深 300 指数年内最大跌幅接近 20%，中证 500 指数最大跌幅超过 30%，而创业板指数最大跌幅接近 40%！在此轮下跌行情中，多名知名公募老将出现自投资以来的最大回撤，更有网友 4 月末私信我"一轮史诗级大熊市正在开始"。

最悲观时往往孕育着机会，此后 5 月、6 月股市大幅反弹，但之后又陷入震荡调整。

每次大的下跌和调整都会改变股市的长期向好吗？我坚信不会。

悲观者可以找出很多种悲观理由，大国角逐正酣、美国极限施压、在房地产"只住不炒"的政策定位下我国经济结构面临较大的升级转型压力……但那又如何？所有这一切只会造成波动，改变不了长期向好的现实。

历史上的一次最大回撤发生在 2007 年 10 月至 2008 年 11 月，12 个多月偏股混合型基金指数最大回撤达到 58.40%；另一次发生在 2015 年 6 月至 2015 年 9 月期间，短短 3 个多月偏股混合型基金指数最大回撤达到 46.12%。

跟历史上这两次最大回撤相比，2022 年上半年偏股混合型基金指数最大回撤仅为约 26%，只有历史最大回撤的一半不到，应该只是中等水平的回撤。

仔细翻看股市交易的历史，看着大起大落的 K 线图，其实震荡才是股市的常态，应该说超过 90% 的时间里都是震荡，能让我们舒舒服服的单边上涨时间可能只有不到 10%。

所以，要在股市里长期生存，乐观和看淡波动是大前提，也是大智慧。

悲观和乐观，只是看问题的角度不同。一旦时间拉长、格局放大、站得更高，所有的困难、折磨终将成过眼烟云。在最悲观的人眼里，人生下来就奔向死亡，所以活得了无生趣；在最乐观的人眼里，即使是在生命的最后时光，也依然对美好的未来充满期待。

悲观者想的似乎都对，所以就把自己装在套子里保护起来了；而乐观者善于在众人悲观时抓住机会、主动出击，所以总能在雾霾散去后迎来胜利的曙光。

经验告诉我，当我在下跌途中快要扛不住、忍不住想要割肉的时候，往往是买入的好时机。大部分时候，逆向思维非常重要。

悲观者负责正确，乐观者负责赚钱。

9.1.2 从容面对股市大跌

股市里主要有两类投资者：一类是短线投资者，以交易博取短期价差为目的；另一类是长期投资者，以**股东思维**赚取企业长期成长的钱。

俗话说"屁股决定脑袋"，短线交易者相信强者恒强，在上涨趋势中追涨才能赚钱；而长期投资者喜欢以更低的成本买入企业股权，股市跌得越多买入机会越好，越能够为长期持有争取更大的利润空间。

而我恰恰属于后者，经营企业产生的余钱、闲钱，几乎全部被我用来逢低买入权益基金，从赚取主动收入慢慢向赚取被动收入过渡。

从 2018 年以来的每次股市大跌，我不仅没有丝毫的焦虑，反而会有一种莫名的兴奋感，因为又可以用更低的成本买入一些筹码了。

我平时与网友交流频繁，很多的长期投资者在股市大幅下跌的时候都会难过、焦虑甚至扛不住，他们总是希望我能够分享一些我在股市下跌的时候能够"云淡风轻"的经验或感悟。

我认为所有的"麻烦"都来自没有投资规划，至少是思考不足。

首先，长期投资最重要的一点，就是必须用"闲钱"。"闲"的意思就是 5 年，甚至 10 年、20 年都用不上，不用这些钱也不会影响我们的生活质量；哪怕发生紧急情况，也不需动用它们。

其次，长期投资一定要有持续的现金流。这样在股市大幅下跌的时候我们才总有钱加仓，哪怕这笔钱并不是很多，但持续的逢低加仓会带给我们很好的投资体验。我们的投资规划应该对现金流中断的情况提前做好预案，比如一旦退休、歇业，我们的投资就应该有更为保守的方案。

最后，更为重要和紧迫的是，在市场极度悲观的时候，我们需要做好心理建设。

在市场大跌的时候，负面新闻和悲观情绪会被无限放大，很多人担心自己的投资会血本无归，因此不仅不敢加仓，反而会在市场最悲观的时候选择割肉减压，失去了宝贵的筹码。

纵观古今中外，所有经济体都在"好"与"坏"的周期中无限循环往复，就像人的昼出夜伏一样，每个周期实际上都是经济体的自我修复和再发展过程。普通平常的"坏"是经济衰退，严重的"坏"就可能是经济危机。我国市场经济的历史不够长，西方尤其是美国的历次经济危机过程中也许曾经险象环生，但之后都迎来了经济的快速修复与增长。

因此，经济预期最差的时候，即股市最悲观的时候，恰好也是理性长期投资者建仓的好时机，这一点毋庸置疑。也有投资者担心来自外围的挤压会影响我们的经济发展，甚至担心战争的爆发。我们有稳定的政局、世界上最为完善的工业体系、庞大的内需市场，还有孜孜不倦追求美好生活的国民。2018年以来的一切都表明我们有极强的韧性和竞争力，所以我对未来抱有十足的信心。

与此同时，各种不同程度的"麻烦"一定会此起彼伏，我们需要以平常心对待，无须过于关切。

至于战争，我认为发生的概率很小，更无须杞人忧天。退一万步讲，即使发生战争，我一样会选择继续持有，如果条件允许，还会在极度悲观的时候择机加仓。因为小战对经济的影响甚微，大战则可能事关生死存亡的问题，这时候除了把自己的命运与国运深度绑定，我们别无选择，而这时候投资与不投资也许并没有什么两样，所以我一样会选择继续投资。

在最坏的情况下，我依然可以坚持继续持有，这个问题想透了，投资事实上没那么复杂，有闲钱就逢低买，一至两年做一次动态止盈或再平衡。至于涨涨跌跌，只要我们不关心它，就不会对心理造成任何的波动和不适。

路虽远，行则将至。长期投资亦然。

9.2　注重投资舒适度，摒弃投资中的一些"恶习"

别想一步登天，投资暴富的事天天发生，但可遇而不可求。

定一个契合自身实际情况的投资目标，回归投资本源，接受慢慢变富。

9.2.1　投资没有最优解

焦虑往往源自对现状的不满，适度和非持续的焦虑是我们每个人前进的动力。投资过程中自然也会伴随着或轻或重的焦虑不安情绪，懒人养基主张"舒适投资"，因而也要想办法疏解这种焦虑。

焦虑产生于两方面的原因：认知偏差和行为偏差。我们需要从认知和行为上进行纠偏，为舒适投资、健康投资打好基础。

1. 适度克制欲望，因为我们的能力永远覆盖不了

人是欲望的动物，无欲无求当然也就失去了人生的意义。但人的欲望又是无止境的，每上一个台阶，我们都会产生新的、更高的欲望，所以相对于我们的欲望，

人的能力显得相当力不从心。

从投资的角度来讲，当我们有 10 万元本金的时候，就会希望有一天本金能达到 100 万元；当我们的本金真达到 100 万元的时候，又会希望达到 1000 万元。

当本金到了 1000 万元的时候，我们的眼界会更高。可对绝大部分的普通投资者来说，千万级别已经是投资能达到的天花板了。

然而，千万财富又算得了什么？百万起步的限量款皮包，各种极尽奢侈的"销金窟"，一辆超跑……就会让我们望而却步，更遑论动辄数亿的豪宅了。

我在上大学的时候第一次参观故宫，帝王的世界让我第一次感受到普通人财富的局限性。当我研究生毕业参加工作乃至自己创业后第一次听说有人用黄金做马桶时，又一次对财富产生了无力感。

所以适度克制欲望，是我们绝大多数人必须要做的事。因为凭着自身的能力，我们永远都满足不了那些深不见底的欲望。

2. 努力，但不需要拼命

投资和工作一样，目的都是创造更好的生活。所以，我们需要付出，需要努力，否则我们就会太过落后于人。

但我们不需要拼命，相对于健康和生命，财富不过是身外之物。换个角度看，如果你腰缠万贯，甚至富可敌国，却健康不再，那么你也享受不了财富，这样的财富对你就毫无意义。

如果要以牺牲健康甚至生命为代价获取财富，我认为大可不必。

具体到投资来讲，盲目加杠杆、赌性太重甚至押上身家性命是必须杜绝的。超过自己的风险承受能力，成天忧心忡忡、茶饭不思也不可取。因为这样做，投资不容易成功不说，即使成功了，自己也可能成神经病了，实在是不划算的"买卖"。

所以我一贯主张投资走中庸道路，在稳健基础上适度进攻，讲求投资舒适度，能够达到"不差"的投资效果就可以。

3. 具体到投资细节上

（1）需要一个脚踏实地的投资定位和投资策略。

N 年 N 倍只是神话，我们需要一个脚踏实地的投资定位。

我们在第 7 章就写过，绝不与人攀比，根据自己的投资需求制定一个切实可行的投资策略和方案，是为要务。

①如果你只需要比银行存款利息高一点的收益，或者只想要资金取用更方便一些，那么你只需要一个保守的投资方案：用"货币基金+超短债基金+银行同业存单

指数基金"构建一个基金组合就可以。收益目标：年化收益率达到 3%左右。

②如果你只想战胜通胀，那么用几只中等收益的纯债基金构建一个纯债基金组合就行。收益目标：年化收益率达到 4%~6%。

③如果你是一个稳健风格的权益投资者，用几只"二级债基+可转债基金构建"一个组合就可以达到目的。收益目标：年化收益率达到 6%~8%。

④要求还要高一点，你也只需要一个中庸风格的投资组合，进可攻、退可守。组合需要的材料不过是几只标准混合基金或相似风格的灵活配置混合基金。收益目标可定为年化收益率达到 10%~15%。

⑤想要激进和进攻一点的，那么用几只积极配置型风格的偏股基金构建一个投资组合就行了。收益目标：年化收益率达到 15%~20%。

（2）追求一个完美的投资方案或投资体系是徒劳的，差不多就行。

①从收益目标来讲，宁愿定低一点。说到底，收益目标的实现，短期看趋势，长期看国运，个人的努力会有效果，但效果有限。

②构建投资组合、制订配置方案时，也没那么复杂，分散配置就好，只要不配置完全同质化的基金就可以。

③具体的基金筛选上，由于主动基金还有不菲的超额收益，所以我主张以主动基金为主。选择主动基金的基金经理时也不必过于纠结，名校硕博加上公募基金经理的选拔机制，有四五年以上的基金管理经验，加上基金公司的投研团队，基金经理之间的差别并没有我们想象的那么大。从选基金的硬指标看，3 年、5 年三星级以上的基金差别也并不大，逢低买入就行。

④在止盈方式上，止不止盈，是否按收益目标止盈，清仓止盈还是止赢利润部分，最终效果都会有差别，但也不用太过纠结，赚到钱就好。

至于用什么样的方案和策略最好，事后（若干年后）才知道，我们可以事后总结，但事前不必过于纠结。

（3）远离噪音，我们并不需要那么多"投资信息"。

投资久了的朋友可能都有体会，每天、每周乃至每月的行情分析，各种相关经济新闻解读，是引起我们调仓冲动的主因，也是我们情绪波动的重要诱因。

我们会自觉或不自觉地冲动投资和冲动调仓。大部分冲动投资和冲动调仓要不了多久都会让我们后悔。有的从短期来看好像是对的，我们甚至还会为此沾沾自喜，但年底一看，稳稳拿着原来的基金实际上收益可能更好。

想抓住短期波动，想做一做波段，但从长期来看，带来负收益的概率更大。

所以远离行情，远离各种经济新闻，远离各种行情分析和新闻解读。相信我们投资基金背后的企业还在不断运作、源源不断地赚钱就好。各种宏观分析、行情走向和趋势，放心交给基金经理团队就好。

我们并不需要那么多"投资信息"，我们甚至不需要那么勤奋和"聪明"。不信看看那些傻傻持有基金的大爷大妈，他们的收益说不定比我们还好。

4. 理性投资，活在当下

引起我们投资过程中焦虑不安的原因，除了投资过程本身，还有我们的资金在生活和投资之间分配不当：我们总想多投资一点，多赚一点，早一点实现财务独立、财务安全甚至财务自由。

在自己的可支配收入中，如果用于投资的资金占比过高，就可能使我们在生活中处处捉襟见肘，成为富有的"葛朗台"。这种"主动贫穷"的状态一定会影响我们的生活品质，还可能会影响家庭关系，一定程度上也会影响我们的投资心态。

多投资一点没错，但这个"度"一定要把握好，就是不能影响正常的生活和工作开支。我自己是个想得开的人，在我的观念里，投资不仅不能影响正常的生活和工作，甚至还要为不时之需留足备用金，原因很简单，生活与工作无忧是投资无忧的先决条件。

还有一句话说得很好：明天和意外不知道哪一个先来。所以投资人也一定要活在当下，不要老想着等赚了更多的钱再享受。如果运气不好，说不定就等不到好好享受的那一天。

所以投资也必须接地气，不慌不忙，不疾不徐，脚踏实地。

以我自己的理解，脚踏实地的人很少焦虑。大部分时间，我们的焦虑是来自空想：想要的太多，而且想得太多、做得太少。

行动起来，活在当下，别为模糊的未来担忧，只为清晰的当下努力。

此乃投资正途。

9.2.2　摒弃投资中的一些"恶习"

要说"不良投资习惯"，每一位投资者多多少少都会有，毕竟我们是人而不是机器。但有的"顽疾"或"恶习"对投资来说是致命的，必须去除。下面就来看一看都有哪些恶习。

（1）冒大险，赚大钱。 这是站在价值投资者立场的"顽疾"。新入市投资者中有一定比例的人常常会想，"因为我投资的钱太少了，所以长期持有，等待慢慢赚钱不适合我""有没有来钱快的，天天涨那种"。天天涨的当然有，但是事后才知道。

有没有趋势投资高手，能够做到哪个最强买哪个，实现长期赚钱的呢？反正我没亲眼见过。我听说过有人用这种方法在牛市胜率颇高，不过牛转熊后用不了一两个月又全赔进去的占绝大多数。

我们必须要有合理、理性的投资收益期望，并用确定性更高的方法赚到它。

（2）倒金字塔加仓。上涨途中买入，涨得越多，给他越大的安全感，因而买入越多，等到顶了就全仓进入，然后迎接暴跌。

这是用趋势投资的方法做价值投资。价值投资总体上是逆向投资，越跌越买，直至买出"微笑曲线"，止盈出局。

（3）"一把梭"或者定投"抢跑"。对于看好的股票或基金，发现它们出现一定跌幅后，一冲动就一把买入，或者在下跌定投过程中"抢跑"。"子弹"打光后，又出现大幅下跌，结果心态崩溃，底部"割肉"。

类似情况很常见。像我们这种老资历的投资者有时也忍不住开"黑车"，也就是碰到大跌临时加仓。但这种开"黑车"是很克制的，只是临时多投出去一个定投周期的份额，实现心理上抄底的一个愿望，因为金额占比不大，所以其实对整个投资的影响很有限。

"一把梭"或"抢跑"则不同。本来应该10个月或者20个月投完的，碰到大跌，一冲动，一两次就买完了。一只股票或基金一旦下跌趋势形成，底在哪儿是不可预知的，万不可盲目猜底，只能用多次定投拉长时间，投出一个市场平均成本。

（4）汰强留弱，拔了"鲜花"种"杂草"。看到涨得好的股票或基金有点微利就卖掉了，亏损的却一直留着，亏得越多越"踏实"。不少投资者多少年一贯如此，踏踏实实地亏着。

对于此种行为，我猜测是源自"亏怕了"，生怕有微利的股票或基金一不小心又陷入亏损状态。解决这个问题的根本方法是提高自己的选股选基能力，或者投资宽基指数基金和均衡风格的主动基金，踏踏实实地持有，总有涨回来并获得丰厚收益的一天。

（5）强周期股或行业基金用PE估值进行"价投"。尽管所有股票和行业都会有一定的周期性，但强周期股或行业的投资逻辑与其他股票或行业是完全不一样的。强周期股和行业在景气顶点是赢利最高、PE最低的时候，可也是最应该获利退出的时候。

好多朋友误以为估值很低，在景气顶点买入强周期股或行业主题基金，结果站在高高的山岗上，几年后价格腰斩甚至跌去百分之七八十是常态。所以对于强周期行业，我主张不赚最后一个铜板，宁可错过，不可做错。

（6）这山望着那山高，频繁换股换基。由于风格不停转换，我们在投资中最大的感受应该就是"涨得好的总是别人的股票和基金"，加上价格信息极端透明，涨得最好的股票和基金的信息每天都会第一时间被推送给我们，所以我们每天都要忍受自己的股票和基金落后的"煎熬"。意志不坚定者会忍不住诱惑换到涨得更好的标的，可是才换过去不久肯定又会遭遇调整，于是自己的持仓又处于落后的尴尬境地。反复折腾几次之后造成亏损不说，更是严重打击了自己的投资信心。

解决的办法是努力提高自己的认知，远离这些排名信息。花无百日红，那么多股票和基金，"总有涨得更好的"本身就是常态，计较这些，就是自寻烦恼。

（7）**盲目迷信权威，把自己的投资希望完全寄托在他们身上**。向权威学习他们的思路和投资框架是值得鼓励的，但如果把投资希望完全寄托在他们身上，而自己完全放弃思考是非常危险的。如果自己实在懒得花精力但又想投资，那么选一两个靠谱的基金投顾是一种可行的解决办法。

（8）**把预判当策略**。一个积极进取的投资者肯定要对自己的投资进行深度的思考和预测，但不能把预判当成策略，因为预判只是一种大概率发生的可能性，如果把预判当策略，就相当于把自己的预判当成必然发生的结果。而我们的投资策略要保证即使预判错误也不能出现大的损失。

说到底就是不能赌方向。比如虽然我们预判低估的银行或互联网行业将会出现均值回归，但我们不能将所有的投资都转到单一方向上，只能用10%至多20%的资金配置在一个方向，其他资金仍然均衡配置。万一均值迟迟不回归，也不至于心态崩溃。

9.3　适当见好就收还是长期持有不动

完全"躺平"的投资收益也许更好，但持有体验不佳。

少而精、胜率较高的见好就收，牺牲一定的收益率换来更好的基金持有体验也许是更好的选择。

9.3.1　巴菲特式的长期持有不动，不是谁都能够学得来的

巴菲特式的长期持有广为人知，也为广大价值投资者所推崇。

以我们所熟知的比亚迪为例，巴菲特于2008年买入，此后14年一直持有不动，直到2022年8月底才开始卖出。

巴菲特之所以能够长期持有比亚迪不动，有以下两个重要原因。

第一是比亚迪在伯克希尔哈撒韦公司2008年最初的总持仓中占比仅3%左右，到2021年年末也只占到8.20%。仓位不重所以对总收益的影响不大，这是巴菲特能

够长期持有的一个重要原因。

第二个原因也是最重要的原因，巴菲特的伯克希尔哈撒韦公司有源源不断的保险浮存金收入，我们经常"听说"巴菲特账上有几百亿至上千亿美元现金，这才是他能够长期持有不动的"压舱石"。普通投资者，包括一般机构投资者，都是不可能有这种充裕的现金流条件的。

巴菲特对深度看好的富国银行、可口可乐等股票确实能够做到几十年如一日地长期持有，但持有过程中对富国银行是有增减择时操作的。而他对中石油的投资从2002年开始买入至2007年清仓卖出也只有5年左右的时间。

实际上巴菲特的持仓也并非一直持有不动地死扛，比如当他认为自己买错了，就会很快认赔出局。2020年，新冠疫情爆发以来，全球航空业遭遇了史无前例的打击。大跌之后的航空股也吸引了巴菲特的注意，在2020年2月底，巴菲特抄底近100万股达美航空，并表示面对市场震荡，不会出售持有的航空公司股票。然而抄底之后不久，股价即遭腰斩，一向奉行长期持有的价值投资理念的巴菲特对航空股展开了短线割肉操作，从买入到减持仅仅33天，亏损约48%。

9.3.2　适当的见好就收应该是更好的选择

我们都听过"忘记密码"长期持有、无法操作等完全"躺平"而创造的神话，但好像都是个例。

其实，"长期持有，收益率更好"这个说法也有数据支撑。在8.1.2节中，对超过800只基金自2013年以来买入持有不动和每年更换基金的80组数据所做的回测表明，持有不动的收益率显著优于每年更换基金。

如果是均衡风格的主动基金或者总体均衡的基金组合，"折腾"大概率会带来负收益，从长期收益最佳的角度来看，大概率是"躺平"不动、长期傻傻持有更好。

但是，不用说我们普通投资者几乎都做不到买入基金后就长期持有不动，连专业机构的投顾产品和基金组合也做不到持有不动，而总是要适时调仓。

当然机构投资者也有自己的难处，如果不调仓，要是处在上涨通道还好说，但要是处在下降通道或者震荡行情中，那么想以不变应万变、无为而治，客户是万万不答应的。极端的投资者连指数基金的基金经理都要"怼"，足以见得，机构投资者除了应对市场，还得应对客户，因而机构投资者想要"躺平"绝无可能。

说到底，再理智的投资者也要求"心安"，主观上总是希望能够适时"动一动"，担心要是"躺平"不动就会被市场抛下。

从这个角度看，长期持有不动的收益只是一种看得到或者想得到的理论收益，做个并不那么恰当的比喻，就像天上的星星，不是我们想摘就能摘下来的。

隔在我们投资者和这个理论收益之间的几乎不可逾越的鸿沟，是人性：涨的时候贪婪，跌的时候恐惧，从大赚到大亏则是大喜大悲和后悔不已。通过提高我们的认知，不断进行心理建设，也许可以在一定程度上减轻这种贪婪、恐惧和后悔，但却不能完全克服或去除。

长期持有不动最大的考验是"过山车"。一轮大的"过山车"坐下来，我们大部分人一定会缴械投降，轻则割肉不玩，仓位过重甚至加了杠杆的可能导致抑郁乃至轻生。

也就是说，长期傻傻持有不动、完全"躺平"，对于我们普通投资者来说并不容易办到，即使能办到，也可能要以牺牲一定的身心健康为代价，而这可能是我们普通投资者不能承受之重。

如果因为投资导致每天茶饭不思、神经兮兮的，那还真不是我们想要的。投资的最终目的还是拥有更好的生活，而不是那个看着更诱人的数据。

所以，不考验人性，见好就收、适时止盈，然后择机重新开始投资，这应该是我们普通投资者更好的选择。

而"懒人养基"式的止盈，即收获"金基"下的"金蛋"，达到年化收益率20%后只止赢利润部分，并将止盈出来的利润转入债基。在达到一定的股债比例后（比如股债均配或股6债4），就可以大体"躺平"，之后每年进行一次股债动态再平衡就可以了。

靠一定程度的见好就收和牺牲一定的收益率，有利于获得长期投资的良好体验，应该是更为理性和实际的选择。

9.4 终身学习，与时俱进

投资"躺平"的本意是尽量减少操作，但我们还是要不断进取，无论是增加或更换基金，止盈、重新开始买入，还是对策略进行微调，我们都要追求较好的操作质量，追求较高胜率，这也是实现"躺赢"的基础。

9.4.1 既要深度，也要宽度

英裔加拿大作家马尔科姆·格拉德威尔在《异类》（2009年6月）一书中指出："人们眼中的天才之所以卓越非凡，并非天资超人一等，而是付出了持续不断的努力。1万小时的锤炼是任何人从平凡变成世界级大师的必要条件。"他将此称为"1万小时定律"。

利用"1万小时"深耕某一个领域其实就是把"深度"换了个说法，因为浅尝辄止往往难以成功。

通过前面的章节我们了解到，基金种类和数量繁多，投资方法也林林总总，我们必须有选择性地专注于某一类或某几类基金和投资方法，才能达到应有的深度，也更有利于我们投资成功。

但与此同时，我们也需要适时扩大自己的视野，随着我们投资实践的丰富和认知的提升，我们投资的基金种类和投资方法都可能需要不断地丰富和迭代。

我国的资本市场还很"年轻"，正迎来蓬勃发展，新的制度、产品和方法有可能会源源不断地被产生或创造出来；海外资本市场不同的产品类型为我们进行跨市场资产配置提供了更多可能。

作为投资者的我们不能故步自封，必须终身学习，不断开拓自己的视野，才能在时代洪流中不落伍，在投资这一残酷的排位赛中居于前列。

9.4.2 不要臆想和围观

想要知道梨子的滋味，就要亲口尝一尝。毛泽东在《实践论》中指出："一切真知都是从直接经验发源的。"我们当然不可能事事有直接经验，但臆想和漠视却是我们对待大多数新（陌）生事物的态度，而在投资上，这种态度和方法论可能会让我们错失一些不错的投资或学习机会。

以下是我在自己的投资过程中突破臆想和漠视的点点滴滴，希望能够给读者朋友们带来一些启迪。

我在自己的投资实践中发现，主动基金还存在不菲的超额收益，因此有一段时间我几乎都只关注少量自认为优秀的主动基金，对其他基金产品都选择了忽略和漠视。

但对基金投顾进行关注和跟踪的过程改变了我。

因为基金投顾的"买方视角"非常打动我，所以试点一开始，我就如饥似渴地查阅国内外相关资料，尤其是美国成功的投顾实践使我对国内的基金投顾重视起来，也许基金投顾真能打开基金投资的一片新天地呢！直至后来，我真金白银地买入了投顾产品，开始了切实的投顾体验。虽然体验时间很短，还不能给出非常有价值的结论，但参与投顾体验这个过程本身，在一定程度上改变了我对待新（陌）生事物的方法论：不要漠视，不靠臆想去理解，不要仅仅作为一个看客，因为被我们漠视的一切都可能蕴含着投资机会。

之后我把自己的视野扩大到了更多的主动基金，发现了不少值得投资的对象并收入基金池。与此同时，我对市场陆续推出的一系列指数产品给予了积极关注，从恒生科技、恒生互联网、公募 REITS，到创成长、双创 50、红利质量、消费红利，再到人工智能、数字经济、高端制造……不少指数基金也都被我收进了基金池。

此外，对于基金公司联合各大互联网平台推出的基金经理路演，我们通常会把它当成一种产品推荐或广告，根本不屑一顾。可认真参加过几期后，我却觉得收获挺大。因为基金经理在路演中一般都会认真介绍自己的投资框架和投资策略，发表自己对过往、当前和未来市场的看法，还会耐心细致地回答参会者提出的问题。作为一个有心人，我会对照自己对相应问题的思考和看法找自己的短板和不足，向基金经理这一专业投资群体不断学习。

这类路演的交流环节有时候是更有意义的，因为参会者提出的问题五花八门，更容易出现思想或思路的碰撞，带给我的收获更大。以我对军工主题的看法为例，我之前总认为军工主要还是一种题材或者主题性投资机会，由于只有一个需求方（国家），其业绩是没有想象空间的。可一位基金经理在路演中回答投资者的提问时说道，以目前的军工订单测算，未来至少 3 年内可以保持 25%以上的年复合增长率。这么简单一句话，就把我原来的固有思维打破了。我以后可能不会专门去投资军工主题，但之后在对任何一个行业做认真研究之前，我都不会再简单地予以否定。

参加这样的路演，还让我发掘了几位"灰马"基金经理，由于颇为认同他们的投资理念和投资策略，所以我在他们管理规模还很小和业绩还不怎么出彩的时候就以配置的思路买入了他们管理的产品，最后也获得了不错的收益。

不断拓展对基金产品认识和学习的过程让我认识到，一个新生事物或本来陌生的事物，不经意间，可能会为我们打开一扇新的窗户，让我们看到原本看不到的东西。

更为重要的是，我通过认真观察和学习，对这些原本不怎么关注的基金经理和产品有了比较深入的认识，它们逐渐嵌入我的脑海，成为我基金投资能力圈的一部分，而且在不同的时间段，它们都有可能成为我资产配置的一分子。

9.5 好好工作，好好生活

更好的投资是为了更好的生活，而不是相反。

9.5.1 投资并不是生活的全部

我们在 9.1 节讨论如何缓解自己的投资焦虑时就提到应该理性投资、活在当下，因为生活并不是为了投资，相反投资一定是为了能够更好地生活。

普通投资者除非有了非常好的基础和条件，钱很多，投资之外还留足了多年生活所需的充裕的备用金，否则最好不要选择专职投资，因为这条路可能太艰难。

权益投资收益波动太大，经常是"三年不开张、开张吃三年"。而生活需要持续而稳定的现金流，权益投资根本满足不了。

经常有投资者朋友在牛市阶段觉得靠投资赚钱容易，在自己没有多少本金的时候就贸然辞职或歇业，进行专职投资。但往往熊市一来，很快就亏到难以为继，那时才认识到专职投资之难。

理性的选择应该是把主要的精力放在工作上，争取不断升职加薪，或者自己经营的企业能够创造源源不断的利润，同时保证自己或家人拥有长期良好的生活品质。

把结余下来长期不用的钱用来投资，并保持非常好的心态，这样才更容易获得长期良好的收益。

9.5.2 在工作和投资之余培养一两种深度爱好

读书、下棋、追剧、唱歌、写作、健身、旅游，甚至不至于过分沉迷的游戏……

一方面，培养一两种深度爱好能让自己在工作和投资之余有一个追求或寄托，成为高品质生活的一部分。

另一方面，对投资者来说，更为重要的是，每年几乎都会有股市大幅下跌、最吓人的几天，这时候可以主动放纵一下自己，让自己沉浸在深度爱好中，避免在行情大幅波动中冲动操作、割肉减压。

我有时就会这么做，静下心来读读书，或者干脆自驾出游，兴奋中时间过得很快，也就忘了行情。过后一看，其实最吓人的行情无非也就"如此而已"。经历多次以后，即使面对大幅下跌的行情也就能恬淡平静了。

9.6 "躺赢"可期

"躺赢"有两层含义：一方面以股东思维投资，"坐等"权益资产背后的企业群体赚钱；另一方面在整个收入结构中不断提升被动收入比重，被动收入比重越大，"躺赢"越可期。

9.6.1 股东思维

总有人开玩笑说自己"炒股"炒成了股东，笑话短线投资者追涨不慎被套。

作为长期投资者的我们，买权益基金买的就是若干上市公司的微小份额，实质上就是当股东。

以股东思维投资的我们不会追涨，只能逢低买入后一路持有。

由于我们买的是优秀的上市企业群体，作为小小股东的我们根本无须操心它们的管理和经营，只要坐等它们发展和成长，享受由小到大、由大到强的过程就可以了。

这个投资过程是名副其实的"躺赢"。

9.6.2　力创更多的被动收入

通常情形下，人越年轻，靠自己劳动赚取的主动收入占比越高。

我们在成长过程中不断升职加薪，或者通过创业赚钱。年龄越大，挣的钱越多，我们就有更多的闲钱进行投资，不断积累权益资产、创造被动收入。

当权益资产积累越多，被动收入占比越高时，不工作也能赚钱，真正实现"躺赢"。

只要有心，并且有行动力，我们每个人就都可以在一定程度上实现"躺赢"。

看懂 10 年期国债收益率

　　总体来说，我是"养只金基下金蛋"的长期投资者，在我的认知里，投资获利最重要的是以一段时间的市场平均成本获得好资产并长期持有，静待复利的毛毛雨一点一滴地积累成江河湖海。像 10 年期国债收益率这类引起波动的短期因素，说到底，会促使我们进行基金或股票投资的择时操作，而大部分时候，择时的胜率很小，带来负收益的概率反而很大。相较于长期持有这样的大智慧，择时指标这类的知识只能算"雕虫小技"。

A.1　10 年期国债收益率从哪儿来，往何处去

　　我看过的新闻或文章，表述最多的是：10 年期国债收益率处于上行周期，债市走熊（价格下跌）；反之，债市走牛，是投资债券（基金）的好机会。

　　看起来好像是国债收益率影响和决定了债券价格的走向，但事实恰好相反，国债交易市场先交易出国债价格，再由计算机系统根据国债价格用相关公式算出实时的国债收益率。也就是说，实时的国债价格是输入变量，实时的国债收益率是输出变量。

　　10 年期国债收益率，完整的表述应该是 10 年期国债持有到期的年化收益率（Yield to Maturity，YTM）。它与国债价格是负相关的关系：国债价格上涨，收益率就下跌；国债价格下跌，收益率就上涨。

　　比如，一个 10 年期国债产品，票面价格是 100 元，发行时确定的票面利率是 3.50%，每半年兑付一次利息。如果在国债交易市场上该产品的交易价格是 90 元，则买到该国债产品的持有人每年获得的收益就不是 3.50%，而是 3.50÷90×100%=3.89%。当然，我们在英为财情等平台看到的实时国债收益率，它的计算方法（贴现率）比这个复杂，我们只需要了解这个原理就行了。

　　影响国债交易价格的主要因素是资金面和市场对国债收益率的预期，而不是实时的国债收益率本身。

　　一个国家的利率本质上是由经济增长速度决定的，比如日本长期 GDP 负增长，对应长期零利率甚至负利率；美国经济增速中值在 2%~2.50%，对应的美国 10 年期国债收益率中值在 1.50%左右；我们国家这几年正常的 GDP 增速在 6%~6.50%（受疫情影响的 2020 年除外），对应的 10 年期国债收益率中值为 3%~3.50%。

复杂的经济周期会导致利率波动，但总体趋势是，偏离中枢值多了，就会像钟摆一样逐渐回归。

A.2 10 年期国债收益率表征市场上资金价格的高低

资金的价格，或者说使用资金的成本，就是利率。

上面说到，利率与一国的经济增速密切相关，因为经济增长速度快，企业好赚钱，愿意以较高的利率获得资金；经济增速低，企业不好赚钱，企业赚到的钱覆盖不了之前的贷款利息，就只愿意付出更低的利息获得资金。

我们知道，GDP 是按年统计的，但在 1 年之中经济增速并不是线性的，存在小的周期和波动，所以资金的价格，也即利率，在 1 年之内同样会存在起伏波动。

企业债（信用债）通常因为存在违约的风险，其利率高于国债（利率债）。高出的部分就是一种风险补偿。

期限越长的债券，利率越高。10 年期国债收益率，应该高于 5 年；5 年期国债收益率，应该高于 2 年、1 年。有时我们在新闻中会听到国债收益率倒挂的事情，比如说 2019 年 8 月 14 日，美国 1 年期国债收益率为 1.79%，2 年期国债收益率为 1.57%，10 年期国债收益率为 1.56%，期限越长收益率反而越低，而且这是 2007 年以来的首次。

国债收益率倒挂的原因有两个：一个是经济中的流动性不足，直接推高了短期利率；另一个是人们不看好未来，避险情绪高涨，对久期长的国债给出了不合常理的高价，直接拉低了久期长的国债收益率。

国债收益率倒挂通常是经济危机的前兆。

2000 年 7 月，美国出现国债收益率倒挂，2001 年美国出现经济衰退。

2006 年 8 月，美国出现国债收益率倒挂，2008 年全球经济危机来临。

2019 年 8 月，美国出现国债收益率倒挂，2020 年美国和全球经济出现严重衰退，当然这次经济衰退的直接原因是新冠疫情。

A.3 10 年期国债收益率是各类资产估值的"锚"

资产从大类来讲有房产、股票（权益）、债券、商品、黄金、现金等。

一方面逐利是资本的本性，另一方面资本随时在寻找价值（估值）洼地，填平一个又一个"坑"（价值洼地），就是资本的运行轨迹。

所以我们创造了一个又一个的估值指标：房地产的投资价值用"租售比"衡量；股票有大家熟知的市盈率、市净率、市销率、巴菲特指标；商品、黄金有"金油比""金银比"，等等。

但所有这些估值都绕不开一个指标：10年期国债收益率。它代表着市场无风险收益率，是各种资产估值的"锚"。

持有每一种资产的风险不同，市场会给予不同的风险补偿。扣除掉风险补偿，如果哪一类资产的投资收益低于市场无风险收益，就会被判定为高估，投资者就会卖掉这种高估资产，转而购买10年期国债。相反，若该类资产扣除风险补偿后的收益率高于10年期国债，就会被判定为有投资价值，投资者会卖掉国债，买入该类资产。

A.4　10年期国债收益率走势对基金投资的参考价值

先来看最近5年我国10年期国债收益率走势，如图A-1所示。

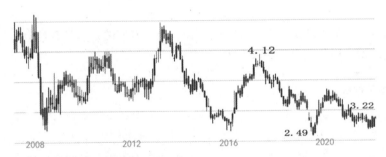

图 A-1　近5年我国10年期国债收益率月线走势

图 A-1 显示10年期国债收益率在2018年1月最高达到4.12%，之后逐波走低，到2020年4月创出最低2.49%后，触底转升，2021年3月25日收于3.22%。

总体判断：如果我国 GDP 增速维持在6%~6.50%的水平，那么10年期国债收益率就会围绕3.25%左右的中值上下波动；如果 GDP 增速下降，则10年期国债收益率也会相应下降。

1. 债券基金

事后看，2018年1月至2020年4月，债券总体处于牛市，2018年全年是债券的大牛市，如果在2018年做了股债配置，那么2018年债券基金可观的收益就会大大减少组合的波动。

投资债券基金只在两种极端情况下有比较高的确定性：10 年期国债收益率向上偏离接近 4% 和向下偏离接近 2.50%。接近 4% 时逐步调升债券基金的久期，增加长久期的债券基金比例；接近 2.50% 时进行反向操作，调降债券基金久期。为什么这样做呢？因为久期越长的债券基金，在利率（收益率）下降过程中涨幅越大，同样，在利率（收益率）上升过程中跌幅也越大。

大部分时间段里，市场可上可下，做好长中短久期均衡配置就好。

当然这是针对指数基金组合的。如果是主动基金组合，选择主动债券基金，基金经理会为你做这种调整。

2. 股票基金

上文说到 10 年期国债收益率是各种资产估值的"锚"，有一种开玩笑的说法，即撇开 10 年期国债收益率谈估值就是耍流氓！要是有 10% 的无风险收益率，谁还冒着风险买股票这类高风险资产啊？

针对股市估值，最著名的估值模型就是 ERP（股权风险溢价）了。

对于股权风险溢价估值模型在股票基金买入中的运用，本书 8.3.1 节中详细介绍过，这里不再赘述。

其实这一估值方法跟 PE、PB 估值一样，对于我们的投资只能是个参考，都说投资不是技术，而是艺术，深以为然。

3. 我的看法

无论是股票基金还是债券基金，我的基本投资思路是，根据自己的风险偏好做好股债配置（积极型股 6 债 4，均衡型股债均配，稳健型股 4 债 6），长期留在市场里，每年固定时间做一次动态再平衡。在上面**"考虑卖出"**的结论得出后，可以考虑调降部分股票资产；出现"全仓买入"的结论则调增股票资产。

当然，上述结论是根据全 A 股权风险溢价得出的，我们投资的并不是全 A 指数，因此它的参考价值就进一步降低了。

A.5　为什么我们投资 A 股，会受到美国 10 年期国债收益率的扰动

首先，虽然外资持有 A 股流通市值占比还不算高（据 2021 年 10 月 25 日证券日报报道，证监会副主席方星海表示，截至 2021 年 10 月末，外资持有 A 股流通市

值 3.67 万亿元，占比约 4.97%），但具有更为成熟理念的外资流入流出 A 股具备较高的市场影响力，而外资的流动显然会受美债收益率变动的影响。

其次，美元是世界货币，美国 10 年期国债收益率就是全世界资产估值的"锚"，它的上升意味着 A 股相对于这个世界无风险收益率性价比下降。

最后，也是最重要的一点，美国 10 年期国债收益率的上升引起了人们对美国通胀和加息的担忧，如果美国加息，就会从全世界回收流动性，造成非美资产价格的下跌。

A.6　最后提示

10 年期国债收益率的起起落落对我们的投资只会造成短期扰动，不会动摇我们"养只金基下金蛋"的底层逻辑：长期赚企业成长的钱和债券的票息。

不要让一知半解毁了我们的投资成果。

美林投资时钟、经济周期与基金投资

美林投资时钟（Merrill Lynch Investment Clock）由美林证券于 2004 年提出，基于对美国 1973 年到 2004 年这 30 余年历史数据的分析研究，将经济周期与资产和行业轮动联系起来，它的分析框架有助于投资者识别经济中的重要拐点，从周期的变换中获利，是资产配置领域的经典理论。

为了理解美林投资时钟，我们先要理解经济周期。

B.1　经济周期从何而来

下游产业、中游产业和上游产业构成了一个国家完整的产业链，也是产生经济周期的"中观"原因。

下游产业是我们最熟悉的消费行业，包括衣食住行、旅游娱乐等涉及消费的方方面面；中游产业是为下游产业提供原材料、机器设备和相关服务的产业；而上游产业是专为中游产业提供原材料和服务的产业，包括石油化工、钢铁建材、农业采矿、电力煤炭等。

所有的经济活动都围绕着下游消费展开。下游的消费需求相对稳定，它的增速取决于人口增长和收入预期，但它同时又是不稳定的，因为有竞争，下游厂家、商店都想多生产、多备货，扩大市场份额；下游的备货需求传导到中游后，同样由于竞争原因，中游厂家宁可多生产商品将其变成库存，也不能断货；中游的需求传导到上游后，需求同样被进一步放大，但是上游产业最大的特点是投资巨大、生产周期长、产能增长缓慢，常常来不及生产从而造成供不应求，结果就是"原材料涨价"。上游产品的涨价影响了中游厂商的预期，害怕原材料价格进一步上涨，中游厂家会倾向于多囤货，从而进一步刺激了上游原材料价格的上涨。

上中下游开足马力生产，整个经济欣欣向荣。然而，下游的总需求并没有超速增长，这些多生产出来的产品和设备全都变成上中下游的存货。存货多到一定程度后，敏感的商家会发现有点卖不动了，于是停止采购或生产，并主动降价去库存。等越来越多的人发现不对劲后，上中下游都减少生产，于是经济出现衰退。

衰退时人人感觉末日将至，但实际上，下游消费能力依旧，仓库里的产品过一段时间也会被消化掉，库存减少到一定程度后还会引发人们的涨价预期。随着预期逆转，所有的增长故事都会再来一次，这就形成了一个完整的"增长-衰退-增长"周期。

这里讨论的经济周期大体上就是前述的"库存周期"（基钦周期）。

B.2 美林投资时钟理论

美林投资时钟使用经济增长率（GDP）及通货膨胀率（CPI）两个宏观指标，分别将其划分为上行、下行两种状态，进而组成四个经济周期形态——衰退、复苏、过热、滞涨，而每一形态下，都有符合其周期特征的资产配置策略。

如图 B-1 所示。

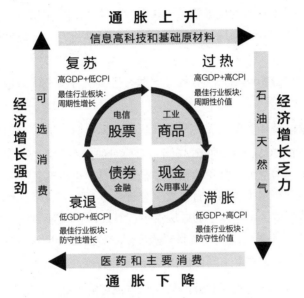

图 B-1　美林投资时钟：经济周期与资产配置

（1）衰退阶段的特征是"经济下行（低 GDP），通胀下行（低 CPI）"。此阶段大类资产中债券收益最优，最佳行业板块为防守性增长板块，金融、医药、主要消费和可选消费相对占优。

复苏阶段的特征为"经济上行（高 GDP），通胀下行（低 CPI）"。此阶段大类资产中股票收益最好，最佳行业板块为周期性增长板块，持有电信、可选消费、信息高科技和基础原材料行业最好。

过热阶段的特征是"经济上行（高 GDP），通胀上行（高 CPI）"。此阶段大类资产中商品收益最佳，最佳行业板块为周期性价值板块，持有工业、石油天然气、信息高科技和基础原材料行业最好。

滞涨阶段的特征是"经济下行（低 GDP），通胀上行（高 CPI）"。此阶段现金为王，最佳行业板块为防守性价值板块，可以持有公共事业、石油天然气、医药和主要消费。

（2）美林投资时钟理论的关键是经济周期分析，而淡化通常被认为是最重要的估值因素，但通过经济周期分析得出的结论与估值分析得出的结论是非常一致的。

判断经济周期的指标就是 GDP 与 CPI 运动方向的组合。从美林投资时钟的左下角开始，经济周期依次从"衰退、复苏、过热、滞涨——衰退、复苏、过热、滞涨"反复进行，每一个阶段都对应着收益最优的大类资产，同时每一阶段也有相对占优的权益类行业板块。

（3）美林投资时钟理论自推出以来获得了较为广泛的认同。投资者运用这一理论在成熟市场取得了不错的投资效果。但从 2008 年以后，美国进入了较长时间的股债双牛模式，日本的经济周期好像也没有清晰的规律可行。于是美林投资时钟理论短期失效。

（4）经济周期分析理论长期有效，永远有价值，可从来就不是马上见效的"灵丹妙药"。

随着各主要经济体宏观调控的不断升级，经济周期发生了"变形"。

成熟经济体在 2021 年的前 10 年间主要面对的问题是通缩，我们在 1.3 节有过详细分析。为了应对通缩，货币宽松几乎是这段时间里成熟经济体的常态。货币宽松的直接后果是利率水平长期下行，直至趋近于零利率，甚至负利率。而利率长期下行趋势正是美国股债长期双牛的底层逻辑。但是，"水"不能一直放下去，美国在 2022 年就迎来了多年难得一见的通胀威胁，缩表和加息是早晚的事。

这就意味着，原来意义上的经济周期发生了变形，从时间上看拉长了。

不论时间长短，美林投资时钟的部分细节都可能失效，但它的分析方法和逻辑是长期有效的，可供借鉴。

B.3　美林投资时钟这样的经济周期理论可以运用于基金投资吗

答案是肯定的。与估值分析一样，经济周期分析也是投资领域的一种重要分析手段和工具。

行业和风格轮动这样的事，很多基金经理都在做，不然也解释不了 A 股偏股基金平均换手率超过 300% 并且还有超额收益这样的事实。

（1）商品连续大涨之后，股票市场大概率即将逆转，需要转向防守。2022 年年初以来的 A 股走势是符合这一特征的。

（2）债市走牛之后，往往意味着股票逐渐迎来布局良机。2018 年债券（基金）大牛，就同时迎来了近 3 年布局股市最好的机会。

根据美林投资时钟理论，债市走强的同时，金融行业将迎来布局机会。这是否会继续有效呢？一样需要时间验证。

（3）每一轮经济周期有时并不完整，各个阶段会有反复。但往往在衰退期债券走牛的同时，重资产行业比如高速公路会率先迎来布局机会，之后**依次是金融、成长、周期、消费行业占优**。

2019—2020 年这轮牛市有所不同，消费、医药贯穿了整个牛市。往常周期到顶后，可以布局消费和医药作为防守资产，但这次不行，只能靠配置债券或货币基金来作防守。

（4）《积极型资产配置指南：经济周期分析与六阶段投资时钟》一书将"衰退、复苏、过热、滞涨"四阶段"升级"成了六阶段，并结合货币信用周期分析，有了更为细化和可操作的配置方案，感兴趣的朋友可以认真读一读。

（5）经济上行趋势，资产配置的 Beta 底是经济基本面，顶是投资者波澜壮阔的情绪；经济下行趋势，资产配置的 Beta 底是债券，顶是各类资产的 Alpha。

最后，我想用霍华德·马克斯在《周期》一书中的观点来结束本节：

"对于未来，我们唯一可以预测的基础，就是周期。

虽然预测不靠谱，但并不意味着我们要放弃思考。我们要根据经济周期的分析，校准我们的投资组合，通过对进攻防守资产比例的调整，来适应当前的市场环境。我们要通过投资组合，来抓住确定性，规避不确定性。"

附录C
货币信用周期与股债基金配置逻辑

如果将经济比作一列火车，那么流动性就是火车头。在附录B中，我从自由竞争和库存消长的角度分析了经济周期发生的过程。而经济周期必然伴随着信贷周期，它是金融体系自发性的信用扩张或信用收缩，而"看得见的手"（政府用于宏观调控的货币和财政政策）使得这种"原生性"的信用周期之外，产生了"外生性"的货币周期。

央行应用"看得见的手"，出发点是平滑经济波动，这会在一定程度上影响经济周期的运行，但不会消除经济周期。

货币宽松，资金流入金融体系；信用宽松，资金流入实体经济。往往是宽货币先发生，再出现宽信用；之后先紧货币，最后才是紧信用。货币信用周期与衰退、复苏、过热和滞涨四周期有交叉和跨越，但也有大体上的对应关系。

在经济下行时，央行会释放流动性，经济触底之前，企业和个人信心不足，贷款意愿不高，因此**衰退阶段大体上是宽货币、紧信用的特征**。

经济触底成功增加了企业和个人的信心，贷款意愿增加，信贷上升；同时经济增长不够强劲，央行会继续净投放。因此经济**复苏阶段大体上是宽货币、宽信用的特征**。

经济强劲增长，通胀苗头显现，央行开始收缩流动性，但企业和个人信心十足，贷款意愿依然高涨。**过热阶段大体对应着紧货币、宽信用的周期**。

经济增速见顶回落，物价依然高涨，央行继续收缩流动性，同时企业和个人信心丧失，贷款意愿下降。因此**滞涨阶段大体对应着紧货币、紧信用的周期**。

根据国内外多年历史经验，货币信用各周期对应着明显的股票、债券周期，但商品周期与货币信用周期的相关关系不明显。具体情形见图C-1。

总结如下：

- 宽货币紧信用周期，股票震荡市，债券强牛市；
- 宽货币宽信用周期，股票强牛市，债券震荡市；
- 紧货币宽信用周期，股票弱牛市，债券熊市；
- 紧货币紧信用周期，股票强熊市，债券震荡市。

宽货币有利于债市，适合配置较高比例的债券基金；宽信用有利于股市，这时应该降低债券基金比例，大比例配置股票基金。

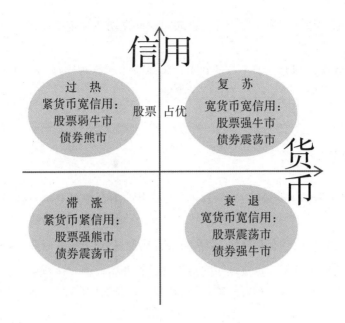

图 C-1　货币信用与股债周期

C.1　怎么判定货币信用周期呢

1. 判定货币"松紧"

（1）**看央行怎么说**：央行每个季度的《货币政策执行报告》会对下一阶段的货币政策做出展望：模糊地表达有宽松的货币政策、适度宽松的货币政策、稳健的货币政策、适度从紧的货币政策、从紧的货币政策。

（2）**看央行怎么做**：大的动作是调整存款准备金比率，往往几年一次，一次全面降准 0.5 个百分点就能直接释放高达万亿元的流动性；常规动作是公开市场操作、SLF、MLF、SLO 等。

关注央行网站或财经频道，可以及时了解到最短一周内央行是净回笼还是净投放资金。如果是宽货币政策中连续出现较大幅度净回笼资金，就要观察货币政策会不会转向。

2. 判定信用"松紧"

（1）**宏观定调**："去杠杆"就是信用收缩，2018 年就是一个典型的紧信用周期；"加杠杆"就是信用扩张（包括企业端和居民端）。

（2）**信用松紧可以用社会融资总额同比增速结合广义货币供应量 M2 同比增速**

来判定，但以社融增速为主要指标，社融总额同比增速稳定或上行为宽松，反之则为紧缩。

（3）观察信用利差，即企业债利率与国债同期利率的差值，信用利差收窄，表明处于宽信用周期；反之则处于紧信用周期。

C.2　小结

"人类一思考，上帝就发笑。"总体来说，周期分析依然是一种择时工具，需谨慎使用。

每一次的周期虽然有相似性，但从来没有出现过运行轨迹一模一样的经济周期。

经济周期各阶段不一定按顺序完整呈现，相邻阶段会发生折返，比如，经常会在衰退和复苏之间折返，对应的货币信用周期也一样会有反复。所以短周期分析往往胜率不够。

如果我国，未来经济增速总体趋势是下降的，充分就业、对抗通缩会成为我们货币政策的主要目标，那么未来数年宽货币和宽信用周期可能会成为常态，股市长期慢牛可期。

常用宏观指标简介

D.1　国内生产总值及其增长率

D.1.1　国内生产总值及人均国内生产总值

国内生产总值（Gross Domestic Product，GDP）是一个国家（或地区）所有常住单位在一定时期内生产活动的最终成果，是衡量一个国家和地区经济状况和发展水平的重要指标。

我国国家统计局目前定期公布年度国内生产总值和季度国内生产总值，季度国内生产总值的公布时间分别为每年 4 月、7 月、10 月和次年 1 月的 15 日左右，每年 1 月 15 日左右公布上年度国内生产总值的初步核算结果，年度 GDP 的最终核实数据一般在隔年 1 月份发布。

GDP 的核算有三种方法，即生产法、收入法和支出法，三种方法从不同的角度反映国民经济生产活动成果，理论上三种方法的核算结果相同。

生产法又叫部门法，按生产法核算国内生产总值，可以分为下列部门：农林渔业、矿业、建筑业、制造业、运输业、邮电和公用事业、电、煤气、自来水业；批发、零售商业；金融、保险、不动产；服务业；政府服务和政府企业。

把以上部门生产的国内生产总值加总，再与国外要素净收入相加，考虑统计误差项，就可以得到用生产法计算的 GDP。

用收入法计算 GDP，分为四项：

国内生产总值=劳动者报酬+生产税净额+固定资产折旧+营业盈余。

而用支出法计算 GDP 的公式则是：

$$GDP = C + I + G + (X\text{–}M),$$

其中 C 是居民消费，I 是企业投资，G 是政府支出，$(X\text{–}M)$ 是净出口（出口-进口），而政府支出又可以分解为政府消费和政府投资。因此用支出法计算 GDP 的公式又可以表述为：

GDP=最终消费+投资（资本形成总额）+（货物和服务）净出口。

我们经常听说的拉动经济增长的"三驾马车"就是这样来的。

2021 年消费、投资和出口对 GDP 的贡献率分别是 65.40%、13.70% 和 20.90%。

根据国家统计局发布的 2021 年统计公报，2021 年中国 GDP 为 114.37 万亿元，年末全国人口 14.13 亿人，2021 年国中人均 GDP 为 8.09 万元；根据国际货币基金组织公布的数据，中国 2021 年人均 GDP 为 1.2359 万美元。

2022 年 7 月 1 日，世界银行公布了最新的高收入国家标准，为人均 GNI（本地居民收入）达到 1.3205 万美元；而 2021 年中国 GNI 为 113.32 万亿元，与 GDP 相差不到 1%，按中国 GNI 与 GDP 的比例折算，中国离高收入国家水平尚有 7% 左右的差距。

D.1.2 GDP 增长率

与 GDP 总额相比，GDP 增长率显然更为人们所关注。

一方面，经济增长是保持高就业率必不可少的条件，事关基础民生；另一方面，GDP 保持一定速度的增长，是我们投资不断获利的基础。

GDP 增长率通常指年度增长率，是按可比价格计算出来的增长率。

GDP 增长率的计算公式为：

$$现价 GDP 增长率 = \frac{本期 GDP - 上期 GDP}{上期 GDP} \times 100\%。$$

而可比价 GDP 增长率与现价 GDP 增长率为：

$$可比价 GDP 增长率 = \frac{1 + 现价 GDP 增长率}{基期为 100 的价格指数} \times 100\%。$$

1993 年以来我国 GDP 年度增长率数据详见表 D-1。

表D-1　1993 年以来我国历年GDP增长率

年度	增长率	年度	增长率	年度	增长率	年度	增长率	年度	增长率	年度	增长率
1992	14.20%	1997	9.20%	2002	9.10%	2007	14.20%	2012	7.90%	2017	6.90%
1993	13.90%	1998	7.90%	2003	10.00%	2008	9.70%	2013	7.80%	2018	6.70%
1994	13.00%	1999	7.70%	2004	10.10%	2009	9.40%	2014	7.40%	2019	6.00%
1995	11.00%	2000	8.50%	2005	11.40%	2010	10.60%	2015	7.00%	2020	2.20%
1996	9.90%	2001	8.30%	2006	12.70%	2011	9.60%	2016	6.80%	2021	8.10%

数据来源：国家统计局，除 2021 年是初步核算数据外，其余年度均为最终核实数据。

从表 D-1 中可见，随着我国经济体量的增大，年度 GDP 增长率是趋于下降的。如果按照北京大学国家发展研究院名誉院长林毅夫的预测，中国未来 15 年能够维持 5%~6% 的年度增长率，那么 2035 年中国人均 GDP 将比 2020 年翻一番，达到 2.30 万美元左右。

而上市公司作为中国企业的优秀代表，其净利增长速度理应高于 GDP 增速，它们的总体增长就是我们未来能够获取的 Beta 收益。

D.2 社会消费品零售总额

社会消费品零售总额（Total Retail Sales of Consumer Goods）指企业（单位）通过交易售卖给个人、社会、集团的非生产、非经营用的实物商品金额，以及提供餐饮服务所取得的收入金额，**是反映经济景气程度的重要指标**。

社会消费品零售总额包括实物商品网上零售额，但不包括非实物商品网上零售额。

社会消费品零售总额不是最终消费指标。

社会消费品零售总额不包括服务性消费，例如金融服务、教育服务、医疗服务、文化艺术服务、娱乐服务等，而最终消费支出包括这些非物质性服务的消费；社会消费品零售总额也不包括农民自产自用的农牧产品，而最终消费支出则包括对这些产品的消费。

国家统计局每个月 15 日（遇周末或节假日顺延至第一个工作日）公布上月社会消费品零售总额月度报告，报告详细公布日程在国家统计局官网可以查询。

根据国家统计局发布的 2019—2021 年统计公报，2019 年、2020 年和 2021 年全年社会消费品零售总额分别为 41.1649 万亿元、39.1981 万亿元和 44.0823 万亿元，分别比上年增长 8.00%、−3.90%（2019 年数据修订后按同比口径计算）和 12.50%。

2019 年、2020 年和 2021 年最终消费支出拉动经济增长分别为 3.50、−0.50 和 5.30 个百分点，对经济增长的贡献率分别为 57.80%、−22% 和 65.40%。

消费是我国经济的基本盘，随着西方主导的逆全球化的推进，继续扩大内需、扩大最终消费在 GDP 中的比重是可以预见的。

D.3 净出口额

净出口额（Net eXports，NX）也称贸易差额，是商品和服务出口总额与进口总额的差额，从总体上反映一国的外贸余额地位，是反映外贸对国民经济作用的主要指标。

出口总值大于进口总值时，这一差额称为顺差，反之则为逆差；当出口总值与进口总值相等时，称为"贸易平衡"。

一国的进出口贸易收支是其国际收支中经常项目的重要组成部分，是影响一个国家国际收支的重要因素。

海关总署通常在每个月上旬公布我国上月及当年截至上月底的进出口数据。

影响一国贸易差额的主要因素有：

（1）该国商品和服务的相对成本优势。相对成本越低越有利于出口。

（2）汇率。本国货币贬值有利于出口、不利于进口，升值则不利于出口、有利于进口。

（3）贸易协定与贸易壁垒。贸易协定促进进出口，贸易壁垒则不利于进出口。

（4）本国和海外的景气循环。海外景气有利于出口；本国景气有利于进口。

根据国家统计局发布的 2019—2021 年统计公报，2019 年、2020 年和 2021 年全年货物进出口顺差分别是 2.9180 万亿元、3.7096 万亿元和 4.3687 万亿元，分别比上年增加 0.5932 万亿元、0.7976 万亿元和 0.7344 万亿元；服务进出口逆差分别为 1.5025 万亿元、0.6929 万亿元和 0.2113 万亿元。

2019 年、2020 年和 2021 年净出口拉动经济增长分别为 0.70、0.70 和 1.70 个百分点，对经济增长的贡献率为 12.60%、28%和 20.90%。

D.4 固定资产投资

"三驾马车"中的投资——"资本形成总额"是支出法 GDP 的主要构成项之一。它是常住单位在一定时期内获得的减去处置的固定资产和存货净额，包括固定资本形成总额和存货变动。其中，固定资本形成总额是主要组成部分。

固定资本形成总额（Investment in Fixed Assets）指常住单位在一定时期内获得的固定资产减去处置的固定资产的价值总额。而固定资产投资是指以货币形式表现的在一定时期内全社会建造和购置固定资产的工作量以及与此有关的费用的总称。

固定资产投资统计数据是核算固定资本形成总额的主要基础资料来源。

两者的主要区别有以下几点。

（1）固定资产投资包括土地购置费、旧设备购置费、旧建筑物购置费，固定资本形成总额不包括这些内容。

（2）固定资产投资不包括城镇和农村非农户 500 万元以下项目的固定资产投资，固定资本形成总额包括这部分投资。

（3）固定资产投资不包括矿藏勘探、计算机软件等知识产权产品的支出，固定资本形成总额包括这方面的支出。

（4）固定资产投资不包括房地产开发商的房屋销售收入和房屋建造投资成本之间的差额，即商品房销售增值，固定资本形成总额则包括这一内容。

国家统计局每月 15 日（遇周末或节假日顺延至第一个工作日）发布上月固定资产投资月度报告，详细公布日程在国家统计局官网可以查询。

根据国家统计局发布的 2019—2021 年统计公报，2019 年、2020 年和 2021 年全年全社会固定资产投资分别为 56.0874 万亿元、52.7270 万亿元和 55.2884 万亿元，分别比上年增长 5.10%、2.70%（2019 年数据修订后按同比口径计算）和 4.90%。

2019 年、2020 年和 2021 年资本形成总额拉动经济增长分别为 1.70、2.20 和 1.10 个百分点，对经济增长的贡献率为 29.60%、94% 和 13.70%。

D.5 居民消费价格指数

居民消费价格指数（Consumer Price Index，CPI），也称消费者物价指数，是反映一定时期内城乡居民所购买的生活消费品和服务项目价格变动趋势和程度的相对数，是对城市居民消费价格指数和农村居民消费价格指数进行综合汇总计算的结果。

通过该指数可以观察和分析消费品的零售价格和服务项目价格变动对城乡居民实际生活费支出的影响程度。

我国的 CPI 涵盖全国城乡居民生活消费的食品烟酒、衣着、居住、生活用品及服务、交通和通信、教育文化和娱乐、医疗保健、其他用品和服务等八大类，有 262 个基本分类的商品与服务价格。

国家统计局每月 10 日前后公布上月居民消费价格指数月度报告，详细公布日程在国家统计局官网可以查询。

稳定的 CPI 和充分就业（与 GDP 增速正相关）事关民生大计，是最重要的两个宏观指标。

作为度量通胀与通缩重要指标的 CPI，是市场经济活动与政府货币政策的一个重要参考指标，它的高低直接影响着国家的宏观经济调控措施的出台与力度，如央行是否调整利率、是否调整存款准备金率、调整幅度多大等。

一般来说，CPI 涨幅超过一定的上限，央行将会采取收缩货币供应和加息的方式应对，通常不利于经济发展，对股市的影响也是负面的。

2022 年 9 月 29 日，国家发改委价格司副司长牛育斌在国家发改委新闻发布会上表示，最近 10 年，我国物价运行平稳，价格总水平始终保持在合理区间，CPI 年均涨幅为 2%左右。

除了 2020 年因为疫情扰动将 CPI 调控目标设定在 3.50%以内，自 2015 年至 2022 年，每年的政府工作报告均把 CPI 调控目标确定为 3%以内。

可见 3%是我国可以接受的 CPI 涨幅上限，而 2%左右的涨幅则是一个比较"舒适"的状态。

自从 1989 年 12 月新西兰议会通过了该国央行 2%的通胀目标后，几乎所有发达国家在此后的几十年中都将 2%左右设定成了央行调控通胀的目标。

始自 2021 年 4 月美国的最近一轮严重通胀，CPI 涨幅（2022 年 6 月为 9.1%）创造了近 40 年新高，美联储依然将该国的通胀目标设定在了 2%。

为了应对通胀，2022 年 3 月至 9 月美联储已连续五次提高联邦基金利率，从 0~0.25%上升至 3%~3.25%，预计 11 月和 12 月美联储还要加两次息，分别加息 75 和 50 个基点，到 2022 年年底联邦基金利率大概率突破 4%，达到 4.25%~4.50%。

美国 2022 年的通胀数据和联邦基金利率从近年来看已经不低，但从历史上看并不算高。上世纪 70 年代末、80 年代初美国曾经历了超级大通胀，CPI 年率一度达到了 14%以上，时任美联储主席沃尔克将利率加到 20%后才逐步抑制住了美国的通货膨胀。

D.6 生产者价格指数

生产者价格指数（Producer Price Index，PPI）是衡量工业企业产品出厂价格变动趋势和变动程度的指数，是反映某一时期生产领域价格变动情况的重要经济指标，也是制定有关经济政策和国民经济核算的重要依据。

理论上讲，生产过程中所面临的物价波动将反映至最终产品的价格上（企业最终要把它们的费用以更高的消费价格的形式转移给消费者），因此观察 PPI 的变动情形将有助于预测未来物价（CPI）的变化状况。

PPI 反映了投资的景气状况，而 CPI 更多反映了消费的景气状况。

PPI 与 CPI 走势可以构成 PPI 上行/CPI 上行、PPI 上行/CPI 下行、PPI 下行/CPI 上行、PPI 下行/CPI 下行四种组合，分别对应宏观经济周期四个阶段：经济复苏→经济过热、企业赢利能力提升→滞涨、经济增速减缓→经济衰退。

国家统计局每月 10 日前后公布上月工业生产者价格指数月度报告（一般与 CPI 同步发布），详细公布日程在国家统计局官网可以查询。

D.7　采购经理人价格指数

采购经理人价格指数（Purchasing Managers' Index，PMI）是通过对采购经理人的月度调查汇总出来的指数，能够反映经济的变化趋势，是国际上通行的宏观经济监测指标体系之一，对国家经济活动的监测和预测具有重要作用。

PMI 是一个综合的指数体系，涵盖了经济活动的多个方面，如生产、新订单、新出口、积压订单、产品库存、采购量、进口、购进价格、出厂价格、原材料库存、从业人员、供应商配送时间、生产经营活动预期等，其综合指数反映了经济总体情况和总的变化趋势，而各项指标又反映了企业供应与采购活动的各个侧面；尤其是 PMI 中一些特有的指标是其他统计指标中所缺少的，如供应商配送时间和生产经营活动预期等，为国家宏观经济调控和指导企业经营提供了重要依据。

该指数分为制造业采购经理指数、非制造业商务活动指数和综合 PMI 产出指数，国家统计局于每个月最后一天发布当月月度报告。

PMI 指数是经济监测的领先指标。由于采取快速、简便的调查方法，每月发布一次，所以在时间上也早于其他官方数据。

因此 PMI 指数体系无论是对政府部门、金融机构、企业，还是对投资者来说，在经济预测和商业分析方面都有十分重要的意义。

PMI 指数 50%为荣枯分水线：

- PMI 高于 50%，表明整个经济处于扩张区间；低于 50%表明经济在收缩；接近 40%，则意味着经济萧条可能来临。
- PMI 略大于 50%，说明经济在缓慢前行，PMI 略小于 50%说明经济可能在慢慢走向衰退。

D.8　10 年期国债收益率

相关内容详见本书附录 A。

英为财情（Investing）可以查看实时和历史的国债收益率（CNTY，Chinese Treasury Yields）详情。

D.9　广义货币供应量 M2

货币供应量是指某个时点全社会承担流通和支付手段的货币存量；广义货币供应量（Broad Money Supply），是货币供给的一种形式或口径，以 M2 来表示。

我国现阶段将货币供应量划分为以下三个层次。

- M0：流通中现金，即在银行体系以外流通的现金。
- M1：狭义货币供应量，即 M0+企事业单位可开支票进行支付的活期存款。
- M2：广义货币供应量，即 M1+企事业单位定期存款+居民储蓄存款。

三个层次各有特点：

M0 与消费变动密切相关，是最活跃的货币；M0 是我国居民消费品购买力实现的主要媒介手段，可以对全国零售商品物价指数产生重要影响。

M1 中 M0 以外的活期存款部分是生产资料市场购买力的主要媒介，与生产资料价格水平和工业生产情况密切相关；M1 反映了经济体中的现实购买力，若 M1 增速较快，则消费和终端市场活跃，容易出现通货膨胀，因此 M1 是经济周期和价格波动的先行指标，对 M1 的严密监测与调控对抑制通货膨胀和实现经济的健康增长具有重要的意义。

M1 流动性强，是各国央行监管的重点对象。

M2 不仅反映现实的购买力，还反映潜在的购买力。若 M2 增速较快，则投资和中间市场活跃，容易出现资产泡沫。

虽然 M2 流动性偏弱，但反映的是社会总需求的变化和未来通货膨胀的压力状况，**通常所说的货币供应量，主要指 M2。**

其实还有 M3，是考虑到金融创新的现状而设立的，目前还没有形成正式的统计口径。

除了存量，平时我们更多关注的是 M1 和 M2 的增速。

- 若 M1 增速大于 M2，说明企业更愿意持有活期存款，对当前经济形势较为乐观，市场流动性较为充裕。
- 若 M2 增速大于 M1，则表明企业和居民都愿意将资金暂时存放起来，市场流动性会面临压力，这种压力也会反映到资本市场上。
- M1-M2 增速差上升，说明经济活力和经济景气度上升；M1-M2 增速差下降，说明经济活力和经济景气度下降。

中国人民银行每月 10 日左右发布上月金融数据统计报告，可以在报告中查询到上月 M0、M1 和 M2 余额和增速数字。

基金投资全攻略：养只金基下金蛋

D.10　社会融资规模

社会融资规模是指一定时期内（每月、每季或每年）实体经济从金融体系获得的全部资金总额。

我国社会融资重要的分项有：人民币贷款（俗称银行表内信贷）、委托贷款、信托贷款、未贴现银行承兑汇票（这三项俗称表外融资）、企业直接融资（包含非金融企业股票融资和债券融资）和政府债券。

社会融资规模与 M2 像是一个硬币的两面，一方面，M2 反映的是货币供给，社会融资反映的是货币需求；另一方面，社会融资是金融体系的资产、实体经济的负债，而 M2 则是金融体系的负债、实体经济的资产。

社会融资规模反映的是实体经济对融资的需求，以及金融体系对实体经济的支持力度，往往是经济增长的领先指标。

M2 表征的是金融体系可以提供的流动性，这种流动性能否真正注入实体经济最终还要看社会融资规模。如果企业和居民对未来缺乏信心，企业不愿意融资进行经营扩张，居民不想负债进行提前消费，那么社会融资规模就起不来，经济就可能面临衰退的风险。

社会融资增速与 M2、PMI、PPI、社会消费品零售总额、净出口额、固定资产投资等宏观指标一起，可以交叉验证经济景气度，对经济增长做出预测。

中国人民银行每月 10 日左右发布上月《社会融资规模存量统计数据报告》和《社会融资规模增量统计数据报告》，每季度还会发布《地区社会融资规模增量统计表》。

基金投资常用工具及网站

1. 天天基金 App 及网页版

（1）基金信息翔实。

基金概况、基金公告、基金经理、基金公司、基金持仓、基金持有人结构、基金风格、换手率等基金分类信息收录较为充分，查询方便。

（2）功能齐全。

有特色和较为有用的功能有：自建基金组合（方便分类管理和一键追加投资）、基金超级转换、基金筛选、基金比较、基金诊断、基金定投计算器。

2. Choice 金融终端

基金数据更为翔实丰富，基金分析和筛选功能相较天天基金 App 及网页版更上一层楼。

需要付费才能使用。

3. 通达信金融终端

免费版可以查询开放式基金场外净值走势，统计不同时段最大回撤、涨跌交易天数等，系列"宏观指标"也很有用。

4. 韭圈儿 App

韭圈儿 App 是我比较喜欢用的基金独立投研社区 App。

比较好用的功能有：自建基金组合并进行组合回测、基金持仓行业历史配置查看、基金持仓历史风格类型查看、基金筛选、基金基本持仓穿透、恐贪指数协助短期市场情绪判断。

5. 晨星网

查看晨星风格箱、晨星评级、基金分类筛选。

6. 中证指数官网及国证指数官网

投资指数基金必备。

查询各相关指数编制规则、指数样本股、指数行业权重分布、指数过往收益特征、指数基本面数据等，还可以进行指数比较。

7. 雪球 App 及网页版

国内参与人数最多的投资者交流平台。

可查看众多基金投资者的分享，也可以分享自己的投资心得。